D1723575

KARL BARTH – EMIL BRUNNER
BRIEFWECHSEL 1916–1966

KARL BARTH · GESAMTAUSGABE

Im Auftrag der Karl Barth-Stiftung
herausgegeben von Hans-Anton Drewes

V. Briefe

THEOLOGISCHER VERLAG ZÜRICH

# KARL BARTH – EMIL BRUNNER

## BRIEFWECHSEL 1916–1966

Herausgegeben von der Karl Barth-Forschungsstelle
an der Universität Göttingen (Leitung Eberhard Busch)

THEOLOGISCHER VERLAG ZÜRICH

Gedruckt mit Unterstützung der Evangelischen Kirche in Deutschland
und der Karl Barth-Stiftung

Die editorische Arbeit an diesem Band wurde gefördert durch namhafte
finanzielle Beiträge der Alfried Krupp von Bohlen und Halbach-Stiftung Essen

Die Betreuung des Bandes durch das Karl Barth-Archiv
wurde ermöglicht vom Schweizerischen Nationalfonds zur Förderung
der wissenschaftlichen Forschung

Die Deutsche Bibliothek – CIP-Einheitsaufnahme

*Barth, Karl:*
Gesamtausgabe / Karl Barth. Im Auftr. der Karl-Barth-Stiftung
hrsg. von Hans-Anton Drewes. – Zürich : Theol. Verl.

5. Briefe
Karl Barth, Emil Brunner: Briefwechsel ; 1916–1966 / hrsg.
von Eberhard Busch. – 2000
ISBN 3-290-17202-3

# INHALT

In der folgenden Übersicht werden folgende Abkürzungen verwendet:

B  = Brief
Pk  = Postkarte
Bk  = Briefkarte
H  = Handschrift
M  = Maschinenschrift
O  = Original
D  = Durchschlag
Ph  = Photokopie des Originals
PhD  = Photokopie des Durchschlags
KBA  = Karl Barth-Archiv, Basel
EBN  = Emil Brunner-Nachlaß im Staatsarchiv Zürich
PBN  = Peter Barth-Nachlaß im Universitätsarchiv Bern
EThN  = Eduard Thurneysen-Nachlaß in der Universitätsbibliothek Basel

| | | |
|---|---|---|
| 10. Barth | 20.11.1918 | 22 |
| Pk H, Ph im KBA | | |
| 11. Brunner, Obstalden | 28.11.1918 | 23 |
| B H, O im KBA | | |
| 12. Brunner, Obstalden | 30.11.1918 | 28 |
| B H, O im KBA | | |
| 13. Barth, Safenwil | 2.12.1918 | 34 |
| Pk H, Ph im KBA | | |
| 14. Brunner, Obstalden | 5.12.1918 | 35 |
| Pk H, O im KBA | | |
| 15. Brunner, Obstalden | 16.12.1918 | 36 |
| B H, O im KBA | | |
| 16. Barth, Safenwil | 17.12.1918 | 37 |
| B H, Ph im KBA | | |
| 17. Barth, Safenwil | 18.12.1918 | 40 |
| Pk H, Ph im KBA | | |
| 18. Brunner, Chicago, Hyde Park | 29.10.1919 | 41 |
| B H, O im KBA | | |
| 19. Brunner, Obstalden | 2. 9.1920 | 42 |
| B M, O im EThN | | |
| 20. Brunner, Obstalden | 14. 3.1921 | 53 |
| B H, O im KBA | | |
| 21. Barth, Safenwil | 15. 3.1921 | 54 |
| B H, Ph im KBA | | |
| 22. Brunner, Obstalden | 17. 3.1921 | 56 |
| B H, O im KBA | | |
| 23. Brunner, Obstalden | 15. 4.1921 | 57 |
| B H, O im KBA | | |
| 24. Brunner, Obstalden | 12. 5.1921 | 58 |
| Pk H, O im KBA | | |
| 25. Barth, Safenwil | 14. 5.1921 | 59 |
| Pk H, Ph im KBA | | |
| 26. Brunner, Obstalden | 15. 5.1921 | 60 |
| Pk H, O im KBA | | |
| 27. Barth, Safenwil | 26. 5.1921 | 61 |
| B H, Ph im KBA | | |

# VORWORT

Dieses Buch dokumentiert in der Gestalt des Briefwechsels zwischen Karl Barth und Emil Brunner ein halbes Jahrhundert Theologiegeschichte. Am 1.4.1916 wandte sich letzterer, der 28-jährige Pfarrer von Obwalden, Kanton Glarus, an seinen zwei Jahre älteren Kollegen im aargauischen Safenwil, um ihm für seine Predigt wider den falschen Propheten «Der Pfarrer, der es den Leuten recht macht» zu danken. Das war der Anfang einer 50-jährigen Beziehung, in der die beiden an so vielem beteiligt waren, was Theologie, Kirche und Welt in dieser Zeit bestimmte, und in der beide, miteinander kämpfend und auch aneinander sich reibend, das Geschehen dieser Jahre in prominenter Weise mitgestalteten. Indem ein Gutteil dessen sich in ihrer Korrespondenz widerspiegelt, begegnen wir hier zunächst zwei jungen reformierten Theologen, die über ihre pfarramtliche Predigtaufgabe diskutieren, dann über ihre akademische Lehraufgabe, in die sie Anfang der 20er Jahre als Systematiker berufen wurden. Wir begleiten darin die Geburt der zwei Römerbrief-Auslegungen Barths und die dadurch ausgelöste Entstehung der dialektischen Theologie, deren Blüte und Ausbreitung während der 20er Jahre und deren sich bereits am Ende des Jahrzehnts abzeichnendes Auseinanderbrechen. Uns tritt sodann in dem Briefkorpus der deutsche Kirchenkampf seit 1933 entgegen und besonders der im Zusammenhang damit stehende theologische Grundsatzstreit zwischen den beiden um das Verständnis von «Natur und Gnade», in dem Barth seinem Kollegen sein unerbittliches «Nein!» entgegensetzte und in dem im Grunde die Verbindlichkeit der 1. These der Theologischen Erklärung von Barmen (1934) von Jesus Christus als dem «einen Wort Gottes» zur Debatte stand. Der Streit verband sich alsbald mit einer nicht minder heftigen Auseinandersetzung um die Stellung zur Oxford-Gruppenbewegung und um die damit verbundene Frage der rechten Art kirchlicher Erneuerung. Sodann werden wir mit hineingenommen in die Zeit des Zweiten Weltkriegs und in die sich damit in der Schweiz und in ihren Kirchen stellenden Probleme einer kirchlichen und politischen Orientierung, dann in die Probleme der Nachkriegsjahre und die des aufbrechenden Kalten Kriegs zwischen Ost und West und dessen Bedeutung für die Haltung der Christenheit. Gleichzeitig taucht als ein die beiden beschäftigendes Thema ihre Beteiligung an der ökumenischen Bewegung auf, vor allem im Zusammenhang der 1. Weltkirchenkonferenz 1948 in Amsterdam; Brunner hatte sich aufgrund seiner guten Englischkenntnisse schon viel früher im anglo-amerikanischen Raum zu bewegen begonnen ... Kurz, all diese Stichworte deuten an, daß uns in ihrer Korrespondenz ihr engagiertes Mittun bei erheblichen theologisch-kirchlichen Vorgängen und an den Herausforderungen ihrer Zeit vor Augen geführt werden.

Ihr Briefwechsel ist aber mehr noch Dokument eines elementaren theologischen Streits, der auf weite Strecken wie ein roter Faden die Texte durchzieht und sie verbindet. Er entzündet sich im Lauf der Jahre an verschiedenen konkreten Problemen und in je anderen Situationen und nimmt dabei unterschiedliche Formen an, zeigt sich jetzt mehr in anderen Akzentsetzungen, dann in gegenseitigen bestimmten Anfragen oder dann auch in schroffen Entgegensetzungen. Aber in allen Wandlungen dreht sich der Streit im Kern um denselben Punkt. Das Spannende ist, daß beide dabei von gleichen Voraussetzungen ausgehen: davon, daß Gott wahrhaft nur aus seinem Wort, in der gnädigen Begegnung seines Sich-Offenbarens zu erkennen ist. Aber das noch Spannendere ist, daß es immer wieder eine offene Frage ist, ob es sich in ihren Abweichungen voneinander nur um je andere Folgerungen aus derselben Vorgabe handelt bzw. gar um Differenzen in Nebenfragen oder ob von da aus rückwärts die Gemeinsamkeit im Ausgangspunkt doch nur als eine scheinbare enthüllt wird. Der Streit geht um das, was Brunner schon am 18.11.1918 so benennt: «So sehr ich ... von dir lernen will, regt sich doch starker Widerspruch vor allem in unserm alten [sic!] Streitpunkt: deine Stellung zu all dem, was ich kurz als Humanismus bezeichnen will» (25). «Das ganze Gebiet der Kultur, des Humanismus ist für dich wirklich *ganz* relativ... Da kann ich nicht mit» (27). In allen folgenden Wandlungen und Differenzierungen, unter einem je anders benannten Etikett, geht es eigentlich immer wieder um diese eine Frage: ob Barth mit seiner Sicht die Gesprächsfähigkeit der Theologie mit dem modernen Menschen verhindert oder ob Brunner in seinem Anliegen mit einem anderen Gott als dem sich offenbarenden rechnet? Ob also die christliche Theologie auch auf der menschlichen Ebene ein Anderes außerhalb von ihr als Bedingung ihrer eigenen Möglichkeit zu berücksichtigen hat oder ob dieses andere immer nur nach Maßgabe der für sie allein verbindlichen Instanz zu würdigen ist? Und ob demnach die christliche Theologie anzuweisen hat, die Wirklichkeit des Wortes Gottes in sichtbaren «Erfolgen» zu erfahren, oder allein dazu, auf den Selbstbeweis dieser Wirklichkeit zu hören, ihm zu vertrauen und zu gehorchen? Der Briefwechsel der beiden dokumentiert das Ringen um dieses theologische Basisproblem, ein Ringen, das nun gerade mit ihren beiden Namen verbunden ist und das weit über ihre Zeit hinaus aktuell geblieben ist. Wobei gerade ihr Ringen uns einprägen mag, daß es sich in den genannten Fragen um Alternativen handelt!

Zugleich ist die Sammlung ihrer Briefe auch das Dokument des Dramas, um nicht zu sagen: der Tragödie einer Freundschaft. Wohl fanden sie zueinander als solche, die sich gegenseitig als «Waffenbruder» (87), als «Weggenosse» (14), als «Mitstreiter» (131), als «Bundesgenosse» (165), in den letzten Jahren auch als «Leidensgenosse» (387) anerkennen wollten. Doch war die Freundschaft, und zwar lange bevor es zu dem berühmten Zusammenstoß zwischen beiden 1934 kam, von früh an von tiefgehenden Spannungen überlagert. Und sie blieb in den Folgejahren belastet. Die nicht leicht durch eine Überparteilichkeit zu lösende Frage, wer sachlich in den Differenzen recht hatte, ist jedenfalls verwirrt durch das zuweilen schier unerträgliche Faktum, was sich diese beiden gegenseitig an Härten und Bitterkeiten zumuteten. In ihnen trafen zweifellos auch verschieden angelegte Charaktere aufeinander, die doch beide selbst wußten, daß sie die Unterschiede in ihrem theologischen Erkennen und Wollen nicht davon ableiten und damit erklären konnten. Wir sind, schrieb Barth an den Freund, «so verschieden konstruiert, interessiert und orientiert, daß wir, als wären wir zwei Pulverfässer, gewiß sehr sorglich miteinander werden umgehen müssen» (368). Sie gaben sich gegenseitig Rätsel auf, mit denen sie nicht fertig wurden, die sie nicht lösen konnten, allenfalls erleichtern – etwa Brunner mit dem Gedanken, daß sie eben eine andere Sendung hätten (99f.), oder Barth mit der Erinnerung an die Vorsehung Gottes, der offenbar in ihnen zwei Wesen schaffen wollte, die wie Wal und Elefant in so verschiedenen Elementen leben, daß sie sich nicht verständigen können (331). Immerhin zeigen die Briefe aber nun auch: Nicht weil sie so säuberlich zwischen Person und Sache trennten, sondern obwohl es zu ihrer beider theologischem Ernst gehörte, daß sich bei ihnen zwischen beidem schwer trennen läßt, kamen beide auch in den Momenten des tiefsten Gegensatzes nicht voneinander los und – ließen einander nicht los.

Daß sie bald nach Barths «Nein!» miteinander hoch zu Pferde ausritten, mag dafür ein Zeichen sein. Am 19.11.1960 begegneten sich beide, vermittelt durch ihren gemeinsamen Schüler Dr. John Hesselink, in Barths Haus das letzte Mal persönlich. Erst recht ist es bewegend, daß am Ende ihres gemeinsamen Weges Barths Zuspruch des gnädigen *Ja* Gottes das letzte war, was Brunner in diesem Leben erreicht hat.

Es versteht sich, daß die komplizierte Freundschaft der beiden reformierten Theologen mit ihren Konvergenzen und Divergenzen verschiedentlich Gegenstand von Darstellungen und Deutungen war. Rudolf Bohren hat bemerkt[1]: «Ein echter Konflikt hat seine Versuchung im Rechthaben und wird besonders gefährlich, wo beide recht haben... Wo aber beide recht haben, werden beide, gerade indem sie im Recht sind, aneinander schuldig, und wer mehr Recht hat, den trifft womöglich größere Schuld. Im Konflikt Barth-Brunner war Barth zweifellos der Stärkere und damit wohl auch der, den die größere Verantwortung traf.» Emil Brunners Sohn Hans Heinrich hat in fairer Weise beiden gerecht zu werden versucht[2], indem er Brunner als gesprächsbereiten Systematiker und Barth als unbeugsamen Propheten verstand, die in wunderlicher Weise zugleich höchst eigen geprägte Menschen waren: hier der Zürcher und dort der Basler. Wolfgang Schildmann weist wohl darauf hin, daß Barths «Streit mit Brunner im Ringen um die Wahrheit begründet ist und sich durch persönliche Animositäten allein nicht erklären läßt». Er meint aber auch in Barths Schroffheit gegenüber Brunner die des «Konvertiten» zu sehen, «der am Gegner die eigene überwundene Position bekämpft», und zwar mit dem Pathos des älteren gegenüber dem jüngeren Bruder.[3] Im Vorabdruck zweier Briefe der vorliegenden Sammlung legt Hans-Anton Drewes, wie auch Christoph Dahling-Sander in einer Voraus-Besprechung der Korrespondenz[4], den Finger besonders auf die Differenz der beiden in der Stellung zur Oxford-Gruppenbewegung, wodurch die auch uns berührende Frage aufgewor-

[1] Prophetie und Seelsorge. Eduard Thurneysen, Neukirchen-Vluyn 1982, S. 167.

[2] Mein Vater und sein Ältester. Emil Brunner in seiner und in meiner Zeit, Zürich 1986, S. 121–138.

[3] Was sind das für Zeichen? Karl Barths Träume im Kontext von Leben und Lehre, München 1991, S. 139f.145.

[4] Karl Barth – Emil Brunner. Ein spannungsreicher Briefwechsel von Beginn an, in: RKZ 140 (1999), S. 385–390.

fen sei: «Wo führt das Drängen nach konkreter Sichtbarkeit in die Irre? – wo weist die Unterstreichung, daß der Geist exklusiv Gottes Geist ist, ins Leere?»[5] Im Vorfeld dieser Veröffentlichung hat sich John W. Hart besonders eingehend mit der Barth/Brunner-Korrespondenz befaßt, und man darf seinem Buch gespannt entgegensehen.[6] Überhaupt dürfte deren Edition zu einer erneuten, vertieften Diskussion des Verhältnisses dieser Theologen und ihrer unterschiedlichen theologischen Erkenntnis dienen.

Der Edition liegt die Entscheidung zugrunde, ihr nicht auch noch den Briefwechsel zwischen Brunner und Thurneysen zu integrieren. Das hätte naheliegen können, da Thurneysen bei der Beziehung zwischen den beiden so etwas wie ein Dritter im Bunde war. Obwohl Thurneysen viel näher bei Barth stand (Brunner nannte ihn Barths «Stellvertreter-im-Notfalle», S. 158, und Barth konnte den Freund an Thurneysen verweisen, weil dieser ihn besser verstehe, als er sich selbst – S. 118), bestand zwischen Brunner und Thurneysen ein viel entspannteres Verhältnis. Dennoch wird in dieser Edition von einer Aufnahme des Briefwechsels Brunner/Thurneysen abgesehen – zum einen deshalb, weil die auch für das Verhältnis zu Brunner aufschlußreiche Beziehung zwischen Barth und Thurneysen durch eigene Briefbände dokumentiert ist, zum anderen deshalb, weil nun auch die Korrespondenz zwischen Brunner und Thurneysen derart umfangreich ist, daß dadurch der Rahmen der vorliegenden Edition gesprengt würde. Es ist zu hoffen, daß sie in nicht zu ferner Zeit gesondert erscheint. An Stellen, an denen es unmittelbar nützlich erschien, ist in diesem Buch auf diese Korrespondenz Bezug genommen. Und jedenfalls enthalten die Bände des Briefwechsels zwischen Barth und Thurneysen unentbehrliche Ergänzungen zu dem hier veröffentlichen Band.

Zum Technischen ist zu bemerken: Nach den Regeln der Karl Barth-Gesamtausgabe ist die Rechtschreibung und die Zeichensetzung der beiden Theologen, die sich im Laufe der Jahre auch wandelt, behutsam

[5] Karl Barth – Emil Brunner, «O Karl, Deine Konsequenzmacherei!». Zwei unveröffentliche Briefe aus dem Oktober 1933, eingeleitet von Hans-Anton Drewes, in: ZeitSchrift für Kultur, Politik, Kirche 48 (1999), S. 201–209, bes. S. 204.

[6] Er gab einen ersten Einblick in seine Forschung in seinem Vortrag «The Barth-Brunner Correspondence», bei der Konferenz «For the Sake of the World. Karl Barth and the Future of Ecclesial Theology» im Center for Barth Studies, Princeton, 17.6.1999.

vereinheitlicht worden. Nach den gleichen Regeln sind die Abkürzungen aufgelöst worden, die vor allem in den Postkarten häufig stehen. Bei dem in eckigen Klammern Gesetzten handelt es sich um Zusätze des Herausgebers. Gelegentlich sind allzu lange Passagen durch vom Herausgeber eingeführte Absätze, die mit einem senkrechten Strich | markiert sind, überschaubarer gemacht worden. Einige doppelt unterstrichene Worte stehen in gesperrtem Kursivsatz. Die wechselnde Schreibweise griechischer Worte in originalen und in lateinischen Lettern ist im Druck beibehalten worden. Häufig sind die Briefe, vor allem Brunners, undatiert. Wo sich nicht ein zufällig erhaltener Poststempel findet oder eine Notiz über den Eingang der Sendung beim Adressaten, wurde vom Herausgeber eine mutmaßliche zeitliche Einordnung vorgenommen. Da der Emil Brunner-Nachlaß im Staatsarchiv des Kantons Zürich erst während der Arbeit an diesem Buch von Dr. Barbara Stadler in seine jetzige, mustergültige Ordnung gebracht wurde, gestaltete sich etwa die Herstellung der Vollständigkeit des Briefwechsels zuweilen etwas umständlich. Dabei hat sich herausgestellt, daß nur vier der Briefe Barths an Brunner in den Nachlaß im Zürcher Staatsarchiv gelangt sind, während die sonstigen Originale verschollen sind. Schon früher hatte Brunners Schwager Fritz Lauterburg-Brauchli eine erste Sammlung des Briefwechsels an die Hand genommen und dabei Kopien mit dem Karl Barth-Archiv ausgetauscht. Die meisten der Briefe Barths an Brunner erscheinen im vorliegenden Abdruck nach diesen Kopien, bzw. nach Durchschlägen in Barths Briefakten. Im Inhaltsverzeichnis ist die Druckvorlage jeweils angegeben. Aus anderen Gründen ist erst gegen Ende der Drucklegung noch ein verloren geglaubter Brief aufgetaucht, der in letzter Minute der Sammlung einverleibt werden konnte. In einem Anhang sind einige illustrative und erhellende Ergänzungen zu dem im Hauptteil Verhandelten beigefügt.

Zuletzt möchte ich den Vielen danken, durch deren Mithilfe und Einsatz dieses Buch nunmehr der Öffentlichkeit übergeben werden kann: Astrid Zinnecker-Rönchen und Christoph Dahling-Sander, die vor allem halfen, den Grundbestand des Textes und seines Apparates zu erstellen, ferner meinen Hilfskräften Christine Schultze, Christina Iffert und Helma Wever und meiner Sekretärin Margret Lessner, auch meinem Sohn Karl Emanuel, die Wichtiges beigetragen haben auf dem Weg hin zur Druckreife des Textes. Ich danke auch Frau Lilo Brunner in Zürich-Erlenbach für ihr Einverständnis, den Briefwechsel in der Karl Barth-Gesamtausgabe zu edieren, und für ihre Unterstützung der Edition durch ihre Kenntnisse sowie Dr. Georg Plasger für die Erstellung des Sachregisters. Freundliche Unterstützung erfuhr ich bei der Textbearbeitung auch durch das Züricher Staatsarchiv (Emil Brunner-Nachlaß), durch die Basler Universitätsbibliothek (Eduard Thurneysen-Nachlaß), durch das Universitätsarchiv Bern (Peter Barth-Nachlaß) sowie durch das Archiv des Evangelischen Stifts Tübingen (Nachlaß von Harald Diem). Ausdrücklich bedanken möchte ich mich bei Prof. Dr. Berthold Beitz, der persönlich die Bewilligung von «Drittmitteln» aus der Krupp-Stiftung für dieses Buchprojekt befürwortete. Und namentlich gilt mein herzlicher Dank der mannigfachen, im besten Sinn tüchtigen Hilfe in Rat und Tat durch das Karl Barth-Archiv Basel, zunächst durch Dr. Dr. h. c. Hinrich Stoevesandt und dann durch seinen Nachfolger Dr. Hans-Anton Drewes. Ohne sie wäre das Buch nicht geworden, was es nun ist. Möge es in der Leserschaft ein angeregtes Interesse und Echo finden!

Göttingen, im März 2000                                    Eberhard Busch

# ABKÜRZUNGEN

| | |
|---|---|
| KJ | Kirchliches Jahrbuch für die Evangelische Kirche in Deutschland, Gütersloh |
| Lebenslauf | E. Busch, Karl Barths Lebenslauf. Nach seinen Briefen und autobiographischen Texten, München 1975, Gütersloh 1994[5] |
| NW | Neue Wege. Blätter für religiöse Arbeit, Zürich u. a. |
| NZZ | Neue Zürcher Zeitung |
| O.Br. 1945–1968 | K. Barth, Offene Briefe 1945–1968 (Gesamtausgabe, Abt. V), hrsg. von D. Koch, Zürich 1984 |
| OS | Ioannis Calvini Opera selecta, ed. P. Barth et alii, München 1926ff. |
| RE[3] | Realencyklopädie für protestantische Theologie und Kirche, hrsg. von A. Hauck, Gotha 1896–1913[3] |
| RG | Gesangbuch der Evangelisch-reformierten Kirchen der deutschsprachigen Schweiz, Basel / Zürich 1998 |
| Rings, Schweiz | W. Rings, Schweiz im Krieg. 1933-1945. Ein Bericht, Zürich 1974[2] |
| RKZ | Reformierte Kirchenzeitung, Freudenberg u. a. |
| Römerbrief 1 | K. Barth, Der Römerbrief (Erste Fassung). 1919 (Gesamtausgabe, Abt. II), hrsg. von H. Schmidt, Zürich 1985 |
| Römerbrief 2 | K. Barth, Der Römerbrief, München 1922[2] (= 1. Abdruck der Neubearbeitung); München 1923[3] (= 2. Abdruck der Neubearbeitung); die Seitenzählung der letzteren Ausgabe ist jeweils in Klammern angegeben |
| SchwSt | K. Barth, Eine Schweizer Stimme 1938–1945, Zollikon-Zürich 1945 |
| Scholder I | K. Scholder, Die Kirchen und das Dritte Reich. Bd. 1: Vorgeschichte und Zeit der Illusionen 1918–1934, Frankfurt / Berlin (1977) 1986 |
| Scholder II | K. Scholder, Die Kirchen und das Dritte Reich. Bd. 2: Das Jahr der Ernüchterung 1934. Barmen und Rom, Frankfurt / Berlin (1985) 1988 |
| SVRKG | Schriftenreihe des Vereins für Rheinische Kirchengeschichte, Düsseldorf |
| Theologie Calvins | K. Barth, Die Theologie Calvins (1922). Vorlesung Göttingen 1922 (Gesamtausgabe, Abt. II), hrsg. von H. Scholl, Zürich 1993 |
| Theologie Schleiermachers | K. Barth, Die Theologie Schleiermachers. Vorlesung Göttingen Wintersemester 1923/24 (Gesamtausgabe, Abt. II), hrsg. von D. Ritschl, Zürich 1978 |
| Th.Fr.u.A. | K. Barth, Theologische Fragen und Antworten (Gesammelte Vorträge Bd. 3), Zollikon 1957 |
| Th.u.K. | K. Barth, Die Theologie und die Kirche (Gesammelte Vorträge Bd. 2), München 1928 |
| ThB | Theologische Bücherei, München |
| ThBl | Theologische Blätter, Leipzig |
| ThExh | Theologische Existenz heute, München |

| | |
|---|---|
| ThExh NF | Theologische Existenz heute. Neue Folge, München |
| ThR | Theologische Rundschau, Tübingen |
| ThSt | Theologische Studien, Zürich |
| Wort I | E. Brunner, Ein offenes Wort. Vorträge und Aufsätze 1917– 1962. Bd. 1: Vorträge und Aufsätze 1917–1934 (Werke), einge- führt und ausgewählt von R. Wehrli, Zürich 1981 |
| Wort II | E. Brunner, Ein offenes Wort. Vorträge und Aufsätze 1917– 1962. Bd. 2: Vorträge und Aufsätze 1935–1962 (Werke), einge- führt und ausgewählt von R. Wehrli, Zürich 1981 |
| V.u.kl.A. 1905–1909 | K. Barth, Vorträge und kleinere Arbeiten 1905–1909 (Gesamt- ausgabe, Abt. III), hrsg. von H.-A. Drewes und H. Stoevesandt, Zürich 1992 |
| V.u.kl.A. 1909–1914 | K. Barth, Vorträge und kleinere Arbeiten 1909–1914 (Gesamt- ausgabe, Abt. III), hrsg. von H.-A. Drewes und H. Stoevesandt, Zürich 1993 |
| V.u.kl.A. 1922–1925 | K. Barth, Vorträge und kleinere Arbeiten 1922–1925 (Gesamt- ausgabe, Abt. III), hrsg. von H. Finze, Zürich 1990 |
| V.u.kl.A. 1925–1930 | K. Barth, Vorträge und kleinere Arbeiten 1925–1930 (Gesamt- ausgabe, Abt. III), hrsg. von H. Schmidt, Zürich 1994 |
| W.G.Th. | K. Barth, Das Wort Gottes und die Theologie. Gesammelte Vorträge, München 1924 |
| WuD | Wort und Dienst. Jahrbuch der Theologischen Schule Bethel. Neue Folge, Bielefeld |
| WA | M. Luther, Werke. Kritische Gesamtausgabe, Weimar 1883ff. |
| ZZ | Zwischen den Zeiten, München |

Emil Brunner und Karl Barth 1935 auf dem Bergli (vgl. S. 288, Anm. 2)

Emil Brunner 1933

Karl Barth 1932

Letzte Begegnung am 19.11.1960 in Basel

# BRIEFE 1916–1966

Brunner                                Obstalden, 1.4.1916

Lieber Herr Barth!
  Soeben habe ich Ihre Predigt über Hes. 13[1] gelesen und möchte Ihnen dafür herzlich danken. Es sagt in mir einfach laut Ja dazu. Ob ich
«ganz» damit einverstanden bin, weiß ich noch nicht, ist auch nicht
wichtig – ich meine natürlich von vornherein nicht für Sie –. Es freut
mich einfach, daß da in Safenwil einer auf der Kanzel oben steht und
so zu den Leuten redet. Da ist auch der letzte Zipfel vom Pfarrrock und
alle Kirchensalbe verschwunden und ein herzhaftes Deutsch, gradher-
aus, ohneschmuck[2] mit den Leuten geredet, wie ich's, glaube ich, noch
nie gehört. Da müssen's die Leute schließlich merken, daß die Dinge
Gottes grad so real und pressant sind wie irgend ein Viehhandel oder
eine gekündete Hypothek. Das ist unter allen Umständen etwas so Erfreuliches, daß das Was daneben fast gleichgültig ist. Wenn nur die
Leute *das* merken und Gott ihnen anfängt als einer verständlich zu werden, der ihnen zu Haus und auf der Gasse dreinredet, dann ist endlich
der Kirchengottnebel zerrissen. Ich werde mir von Zeit zu Zeit Ihre
Predigt vornehmen und mich daran «erbauen» – könnten Sie mir vielleicht ein halbes Dutzend Exemplare verschaffen für meine Freunde? –.
Das wichtigste Bedenken sachlicher Art ist dies: Halten Sie dieses Sich-
entscheiden für eine solche Augenblickssache?[3] Ist nicht der Jammer
eben der, daß wir uns ja schon oft entschieden haben, aber daß die
*Kraft*, dem Entscheid Folge zu geben, fehlt. Der alte Adam muß eben
buchstäblich jeden Tag aufs neue ersäuft werden.[4] Es ist eben doch dieselbe Schwierigkeit wie bei den Methodisten mit ihrer Bekehrung. Den

---

[1] K. Barth, *Der Pfarrer, der es den Leuten recht macht. Eine Predigt, gehalten in
der Kirche zu Safenwil* [am 6.2.1916, Text: Hes. 13,1–16], Zofingen 1916 (Privatdruck); wieder abgedruckt in: K. Barth, *Predigten 1916*, hrsg. von H. Schmidt
(Gesamtausgabe, Abt. I), Zürich 1998, S. 44–63.
[2] = unverschnörkelt.
[3] Spielt wohl an auf den Schlußabschnitt der Predigt (Anm. 1). Barth redet
dort von einer nötigen Entscheidung für oder gegen Gott, für oder gegen das
neue Leben, um dann mit der Aufforderung «Entscheidet euch *heute!*» zu schließen; vgl. K. Barth, *Predigten 1916*, a.a.O., S. 61.
[4] Vgl. M. Luther, *Der kleine Katechismus* (1529), BSLK 516,32f.

*redlichen* Willen haben viele, aber den ernsten, d. h. den kraftvollen wenige. Und da nützt aller Appell nichts – [das hieße nur:] an ein hohles
Faß klopfen. So würde ich aus der Predigt gegangen sein: Recht hat er
schon, das weiß ich schon lange – aber! Aber, wie gesagt, es bleibt bei
der Freude!

Mit herzlichem Gruß

Ihr E. Brunner


2


Barth                                            Safenwil, 12.4.1916


Lieber Herr Pfarrer!

Besten Dank für die Zusendung Ihrer Antwort[1] an Wernle[2]. Ich bin
mit dem, *was* Sie schreiben, einverstanden – aber noch besser wäre es
m. E. gewesen, sich auf sein blind-eifriges Gerede gar nicht einzulassen.
Die Hand hat mir schon oft nach der Feder gezuckt, wenn ich sein
Zeug las, ich sagte mir aber immer wieder – und Thurneysen bestärkt
mich aus intimer Kenntnis W.s[3] –, daß es rein nichts nützt, sich mit
diesem Mann und seinem Gefolge vom Kirchenblatt[4] zu streiten. Wir
haben Erfreulicheres zu tun.

[1] E. Brunner, *Grundsätzliches zum Kapitel «Die jungen Theologen»*, in: KBRS,
Jg. 31 (1916), S. 57–59.
[2] Paul Wernle (1872–1939), Professor für Neues Testament und Kirchengeschichte in Basel, gehörte der religionsgeschichtlichen Schule an. Der erste ver-
merkte Besuch Barths bei Wernle fand am 29.8.1909 zusammen mit E. Thurneysen statt. Vgl. K. Barth, V.u.kl.A. 1905–1909, S. 337; Bw.Th. I, S. 4.14–16.
46.49–51 u. ö.; sowie Lebenslauf, S. 87. Brunner reagierte auf P. Wernles Aufsatz
*Ein Nachtrag zur deutschen Gefahr*, in: KBRS, Jg. 31 (1916), S. 41–43.
[3] Eduard Thurneysen (1888–1974), 1913–1920 Pfarrer in Leutwil im Aargau,
1920–1927 in Bruggen, St. Gallen, 1927–1959 am Münster in Basel, seit 1929 daneben dort Dozent, später a. o. Professor für Praktische Theologie. Thurneysen
schrieb über seine Studienzeit bei Wernle an Barth: «Ich war eben doch jahrelang
Wernles intimster Schüler und in täglichem Verkehr mit ihm» (Bw.Th. I, S. 105).
Vgl. Bohren, Prophetie, S. 42–45.
[4] Gemeint ist das «Kirchenblatt für die reformierte Schweiz», dessen Mitar-
beiter Wernle war. Die verantwortliche Schriftleitung lag 1915–1928 bei Jakob
Wirz (1870–1944), Pfarrer 1911–1941; Leiter des Studentenheims Alumneum in
Basel; 1932–1941 außerdem Hebräisch-Lektor an der Universität; Mitherausge-

Eben vernehme ich mit Verwunderung und Entrüstung, daß Rade[5] in der neuesten Nr. der Christlichen Welt meine Safenwiler Predigt abdrucke.[6] Es geschieht dies ohne mein Wissen und zu meinem großen Bedauern.

Mit herzlichem Gruß

Ihr Karl Barth


## 3

Brunner                                              Obstalden, 9.6.1916

Lieber Herr Barth!

Ich hatte Ihnen in Brugg[1] versprochen, Ihnen schriftlich meine Aussetzungen an Ihrem Aarauer Vortrag[2] zu präzisieren. Ich sehe, daß ich dazu nicht im Stande bin. Einerseits finde ich den Schluß nicht mehr so nebelhaft wie bei der ersten Lektüre, anderseits kann ich einfach nicht genauer sagen, warum ich trotzdem auch jetzt noch nicht viel damit anfangen kann. Was Sie über «Gott anerkennen» (S. 152, oben)[3] schreiben – ja, wer von denen, gegen die Sie sich wenden, gäbe das nicht auch zu; es sollte doch ein Fazit aus dem Vorhergehenden sein, das sich vom gewöhnlichen «Betrieb»[4] wesentlich unterscheidet. Aber

ber des Kirchenblatts waren Rudolf Schwarz (1879–1945) und Max Rüetschi (1877–1958).
[5] Martin Rade (1857–1940), Professor für Systematische Theologie in Marburg, Schriftleiter der «Christlichen Welt».
[6] Vgl. S. 3, Anm. 1, und Bw.R., S. 138f.

---

[1] Tagungsort der schweizerischen religiös-sozialen Konferenz am 23.5.1916. Vgl. Bw.Th. I, S. 139, Anm. 3, und Lebenslauf, S. 104.
[2] K. Barth, *Die Gerechtigkeit Gottes* (Vortrag, gehalten am 16.1.1916 in der Stadtkirche in Aarau), in: NW, Jg. 10 (1916), S. 143–154; wieder abgedruckt in: W.G.Th., S. 5–17.
[3] K. Barth, a.a.O., S. 15: «Es wird sich dann vor allem darum handeln, daß wir Gott überhaupt wieder als Gott anerkennen. Das ist schnell gesagt: anerkennen. Aber das ist eine Sache, die nur in heißem persönlichem innerem Kampf erstritten und gewonnen wird.»
[4] A.a.O., S. 12: «Was soll all das Predigen, Taufen, Konfirmieren, Läuten und Orgeln? all die religiösen Stimmungen und Erbauungen, all die ‹sittlich-religiösen› Ratschläge ‹den Eheleuten zum Geleite›, die Gemeindehäuser mit und ohne

dieses Unterscheidende spüre ich weder beim Punkte «Demut»[5] noch bei «Erwarten»[6] und verstehe daher auch nicht, wie es zu jenem «Jetzt» (auf S. 153)[7] kommt, von dem Sie so Großes sagen. Es ist mir, trivial, gar nicht klar, was da gespielt wird, warum das Resultat jenes Jetzt wäre. Oder, sofern ich etwas Greifbares finde, ist es fast ganz negativ: Warten, nicht ...[8] Es ist freilich auch sehr schwer, davon zu reden. Vielleicht kann man's gar nicht; auf jeden Fall glaube ich nicht, daß dieser Schluß[9] irgend jemandem etwas gegeben hat, was er nicht besser im Vorherigen hatte finden können. Es mag auch sein, daß da eine sachliche Differenz mitwirkt: ich kann nämlich mit dem «Gott machen lassen»[10] nichts anfangen. Der Fehler steckt doch bei uns, nicht bei Gott, also müssen wir irgendwie unsere Energie, unsern innersten Willen auf ein anderes Ziel richten, und in diesem Sinne allerdings etwas «tun»,

Projektionsapparat, die Anstrengungen zur Belebung des Kirchengesanges, unsere unsäglich zahmen und nichtssagenden kirchlichen Monatsblättlein ...!»

[5] A.a.O., S. 15: Der Gerechtigkeit Gottes «gegenüber muß Demut das Erste sein.»

[6] A.a.O., S. 15f.: Es ist «von Gott für unser armes verworrenes belastetes Leben viel mehr zu erwarten ..., als wir ... es uns träumen ließen.»

[7] A.a.O., S. 16: «Wo geglaubt wird, da fängt mitten in der alten Kriegswelt und Geldwelt und Todeswelt der neue Geist an, aus dem eine neue Welt ... wächst. ... Die alten Fesseln wollen zerreißen, die falschen Götzen beginnen zu wanken. Denn jetzt ist etwas Reales geschehen ...: Gott selbst hat nun seine Sache an die Hand genommen.»

[8] Brunner bezieht sich auf die Negationen a.a.O., S. 16: «Wir sollten unsere Gefühle nicht so zerstreuen nach allen Seiten. Wir sollten uns das Herz nicht immer wieder so töricht in Verwirrung bringen lassen durch immer neue Turm von Babel-Bauten. Wir sollten unseren Glauben nicht daran verschwenden, uns und andere von unserem Unglauben zu überzeugen. Wir sollten nicht immer wieder die fruchtbarsten Augenblicke deshalb ungenützt verstreichen lassen, weil wir es jedesmal für frömmer und weiser halten, menschlich als göttlich zu denken.»

[9] A.a.O., S. 17: «Wir haben aus Jesus schon vielerlei gemacht. Aber wir haben das Einfachste noch am wenigsten begriffen, daß er der Sohn Gottes war und daß wir mit ihm den Weg gehen dürfen, auf dem man nichts tut, als glaubt, daß des Vaters Wille die Wahrheit ist und geschehen muß. ... Es wird sich zeigen, ob die Erschütterung des Turmes von Babel, die wir jetzt durchmachen, stark genug ist, um uns dem Weg des *Glaubens* ein klein wenig näher zu bringen. Eine Gelegenheit dazu ist jetzt da.»

[10] Anspielung auf W.G.Th., S. 16: «Wir sollten uns dafür mit aller Kraft darauf legen, mehr von Gott zu erwarten, wachsen zu lassen, was von ihm her tatsächlich in uns wachsen will.»

und wenn's bloß «Buße-tun» wäre. Aber vielleicht fehlt's mir da einfach noch an «Weisheit». – Beiliegend eine Pfingstbetrachtung.[11] Vielleicht sehen Sie daraus besser, wieweit wir das gleiche meinen.

Mit herzlichem Gruß

Ihr E. Brunner

Übrigens bin ich nicht etwa Artikellieferant. Es ist der erste und wird für lange der einzige sein.

4

Brunner                                                          Obstalden, 3.7.1916

Lieber Herr Barth,

Haben Sie wohl ein paar Minuten Zeit für mich? Ich habe Ihre Aarauer Predigt[1], die ich leider nicht hören und im Manuskript nicht lesen konnte, jetzt im Bericht mit großer Freude gelesen. Ich kann nicht mit Ihnen drüber disputieren; sie hat mich einfach gefreut und gepackt und auch geplagt. Darf ich Sie an das erinnern, was Sie S. 8 sagen: «Die müssen sich jetzt selber finden ...»?[2] Ich wollte, Sie wären hier; schriftlich ist es so schwer, sich verständlich zu machen. Und doch ist das nicht zu umgehen, wenn man nicht entweder ein Mönchs-Genie ist oder dann sich nichts daraus macht, immer ver-rückter zu werden in seiner Einsamkeit. Also, was meine Sache ist: Sehen Sie, ich bin einer

---

[11] E. Brunner, *Geist (Zum Pfingstfest)*, in: Gemeinde-Blatt für die Reformierten Kirchengemeinden des Kantons Glarus, Jg. 3 (1916), Nr. 6, S. 31f. Vgl. S. 12f., Anm. 5.

---

[1] K. Barth, *Das Eine Notwendige (Predigt über Gen. 15,6)*, in: *Die XX. Christliche Studentenkonferenz Aarau 1916. Den 13. bis 16. März*, Bern 1916, S. 5–15; wieder abgedruckt in: K. Barth, *Predigten 1916*, hrsg. von H. Schmidt (Gesamtausgabe, Abt. I), Zürich 1998, S. 109–124.
[2] A.a.O., S. 7f.: Wir haben «überall zu wenig von der schlichten erneuernden Kraft und Sachlichkeit solcher Menschen, die sich, abgesehen von den Künsten, die sie auch beherrschen und üben mögen, aufrichtigerweise von Gott wollen stark machen lassen. Es sind durch die Katastrophen unserer Tage viele ganz nahe an diese Aufrichtigkeit herangeführt worden. Die müssen jetzt sich selber finden. Die müssen sich auch gegenseitig finden...»

von den Ungeschickten, die einfach das Einfache nicht fertig bringen. Ich weiß nicht, wie weit daran das, was Sie S. 10–11[3] aufs Korn nehmen, schuld ist. Ich glaube aber nicht, daß bei uns das Haupthindernis aus dem Verstand kommt. Sondern vielmehr aus «der Schwachheit des Fleisches» [vgl. Röm. 6,19] und der «Kräftigkeit des alten Adam»[4]. Ich bin ja, wie Sie wissen, schon lange Kutterschüler[5], länger als Sie oder Thurneysen[6]. Aber so oft ich's schon versuchte – das «Gott gelten lassen, reden lassen»[7] hat mir noch nicht vorwärts geholfen; natürlich bin ich schuld dran und weiß ich, daß Kutter und Sie trotzdem recht haben, und weil ich's weiß und gleichsam in der Phantasie ganz deutlich schaue, so predige ich auch selber etwa so wie Sie in Aarau – wenn auch oft mit nur halbgutem Gewissen. Aber eben, warum kann man's nicht? Das sind die Erfahrungen, die ich damit etwa gemacht habe: Entweder will ich, ganz so, wie Sie es sagen, im Centrum sein[8], im Einen und gleichsam in diesen Model alles Erleben hineingießen oder allem diesen Stempel aufdrücken oder alles durch dieses Türlein passieren lassen: Gott lebt, Gott soll gelten. Dann finde ich bald, daß ich nur ein leeres Wort mit 4 Buchstaben und vielleicht einen Urnebel drum in der Hand habe, einen abstrakten Gedanken, mit dem ich mein Leben weder verstehen noch meistern kann. Ich sage: Gott soll gelten. Aber in Wahrheit

[3] A.a.O., S. 10: «Und dieses Einfache Notwendige, das noch nicht geschehen ist, ist doch nicht schwer. Nicht wahr, wir wollen uns doch nicht den Weg dazu verbauen, indem wir nun, weil wir akademische Leute sind, vor Allem nach Definitionen und Begriffen verlangen ..., wir werden im Umkreis weilen und nicht im Mittelpunkt, wir werden ewig probieren und nie wirken, wir werden nie Geschichte machen – solange wir uns weigern, einmal fröhlich mit dem Anfang anzufangen, bevor die Definition dazu fertig ist.»

[4] Wohl eine Anspielung Brunners auf Luthers Rede vom alten Adam, der uns so «am Hals» sei, daß er täglich ersäuft werden müsse, vgl. z. B. BSLK 686,8ff.; 707,33ff.; vgl. auch S. 3, Anm. 4.

[5] Hermann Kutter (1863–1931), Pfarrer am Neumünster in Zürich, zugleich Schriftsteller, der für ein neues, soziales Christentum eintrat. Kutters Frau Lydia, geb. Rohner war die Schwester von Brunners späterer Schwiegermutter; Brunners Frau Margrit, geb. Lauterburg war Kutters Patentochter. Brunner selbst war Konfirmand Kutters, 1915 Vikar bei ihm am Neumünster. Vgl. Brunner, Mein Vater, S. 61f. 121.389.

[6] Thurneysen kannte Kutter aus seiner Zeit als CVJM-Hilfssekretär im Glockenhof, Zürich (1911–1913) und vermittelte den Kontakt zwischen Kutter und Barth, vgl. Lebenslauf, S. 87f.

[7] Vgl. K. Barth, *Das Eine Notwendige,* a.a.O., S. 6.

[8] Vgl. Anm. 3.

gilt dann nicht Gott, sondern mein Gedanke «Gott soll gelten». Verstehen Sie, was ich meine? Es ließe sich ja gelehrt viel glänzender sagen, aber ich will nicht, daß hier die Gelehrsamkeit hereinkomme.|

Oder dann, deprimiert von jener Erfahrung, sage ich mir: du mußt eben nicht beim abstrakten «Gott» bleiben, sondern das, was in diesem Wort ist, entfalten und in seiner ganzen Mannigfaltigkeit vor dir ausbreiten. Und dann verfalle ich ins andere Extrem: «Gott soll gelten» löst sich mir durch das Mittelglied: «das Gute soll gelten» auf in den ganzen unübersehbaren Wirrwarr des sittlich-kulturellen Lebens, ein System der Ethik, das wohl bis zu einem gewissen Grad das Leben durchleuchtet, aber natürlich – sowenig wie «das Gesetz» bei Paulus – keine Kraft hat; und ob ich mir diese «Mannigfaltigkeit» oder Konkretheit Gottes mehr als «Gesetz» oder in der Person Jesu anschaute, machte in diesem Punkt, scheint mir, keinen großen Unterschied. Ich habe halt immer noch das Gefühl – und meine sittlichen Erfahrungen bestätigen es mir –, daß ich noch nicht zu Gott vorgedrungen sei, daß es mit meinem Glauben noch nichts sei. Denn theoretisch weiß ich ja natürlich besser als die meisten, daß auf *den Glauben* alles ankommt und wie aus ihm alles andere herausquillt.|

Noch eine typische (für mich) Erscheinung will ich Ihnen andeuten. Es soll doch der Glaube, das «Gott gilt» jeden Moment unseres Lebens bestimmen. Ich sage mir immer: Was hilft es, daß du zu gewissen Zeiten voll davon bist: Es kommt auf Gott an, Gott ist wichtig – wenn du zu andern Zeiten wieder ganz leer davon bist? Aber nun finde ich eben – und das ist der verfluchte Zirkel –, daß, um diesen perpetuellen Glauben zu haben, man eben ein ganz anderer Kerl sein muß; ich finde mich immer wieder faul und untreu und den Glauben so schwach, daß er gegen den robusten alten Adam oft nicht aufkommt. Ich sollte also zuerst ein anderer Kerl sein, um den Glauben zu haben; damit mich dieser Glaube zu einem andern Kerl mache – !|

Was sagen Sie nun zu alledem? Zunächst, *daß* ich's Ihnen gesagt habe, hat seinen Grund darin, daß ich von Ihnen hierzu am ehesten Hilfe [er]hoffe. Mit Kutter ist rein nichts anzufangen in solchen Dingen, hab's schon öfters versucht. Was ich von Ihnen schon gelesen und gesehen habe, ist mir immer sehr zu Herzen gegangen. Sie haben viel von der Erkenntnis Kutters, aber, mir scheint, mehr Liebe, Verstehen-wollen und persönliches Interesse. Und dann zur Sache. Das ist ja natürlich

alles nichts Neues. Darüber hätte ich schon vor einigen Jahren das gescheiteste Zeug zusammenschmieren können, psychologisch-philoso-
phisch-historisch usw. Das hilft ja nichts. Man muß es neu sehen, als
wär's noch nie dagewesen, und wenn ich das will, so sehe ich, wie hilflos ich bin, wie ein gutgedrillter Soldat, der plötzlich unter andern Umständen seine Kunst bewähren soll. Sie denken vielleicht und wollen
mir antworten: es freue Sie, daß ich so ein «Suchender» sei, und das sei
die Hauptsache. Damit könnte ich nichts anfangen. Ich glaube nicht
mehr an *dieses* Suchen. Es gibt ein Suchen, das nicht wie meines seit
Jahren sich im Kreis dreht, sondern vorwärts kommt. Denken Sie etwa
an Richard Rothes entsprechende Lebenszeit[9] oder an Adèle Kamm[10]
oder viele Tausende, die zwar auch Suchende waren, aber doch Freude
hatten, während ich eigentlich nie Freude habe, trotz meinem schönen
Obstalden[11], meiner herrlichen Musik[12] und meines «fröhlichen Ge-
müts». Das ist nicht etwa die «göttliche Traurigkeit» [2. Kor. 7,10] des
Paulus. – Also bitte, verzeihen Sie mir diese Expektoration. Sie werden
ja auch in diesem Brief wieder allerlei Dummes und Allzumenschliches
finden; aber schließlich dürfen Sie überzeugt sein, daß ich damit nichts
anderes will als etwas weiterkommen, oder endlich mal wo hin kommen, vielleicht durch Ihre Mithilfe. Ich hätte ja auch an Thurneysen
schreiben können, den ich schon länger kenne.[13] Doch glaube ich fast,
daß Sie mir noch eher helfen können. Übrigens doppelt genäht ... Ich
bin ja auch mit ihm in Korrespondenz über ähnliches.

Mit herzlichen Grüßen

Ihr noch etwas zurückgebliebener Weggenosse E. Brunner

---

[9] Vgl. D. Schenkel, *R. Rothe. Ein kurzgefaßtes Lebensbild*, in: *R. Rothe's nach-
gelassene Predigten*, hrsg. von D. Schenkel, Bd. 1, Elberfeld 1868, S. XI–LVI, z.B.
S. XVII.XX; ferner R. Rothe, *Theologische Ethik*, Bd. 1, Wittenberg 1867², S. VIIf.;
und ders., *Theologische Ethik*, Bd. 3, Wittenberg 1870², S. 290. Rothe findet in
der christlichen Lehre die sittliche *«Zufriedenheit»* auf der Grundlage tugendhaf-
ter Sehnsucht.

[10] Adèle Kamm, *Fröhlich in Trübsal*, Colmar 1910.

[11] Das oberhalb des Walensees gelegene Dorf Obstalden, Glarus, war 1916–
1924 Brunners Pfarrstelle.

[12] Brunner spielte Klavier, vgl. Brunner, Mein Vater, S. 29f.

[13] Brunner war nach seiner Zeit in Zürich (vgl. Anm. 5) Vikar in Leutwil im
Aargau. Er holte Thurneysen auf diese Pfarrstelle; vgl. Bohren, Prophetie, S. 157.

## 5

Barth                                    Safenwil, 9.7.1916

Lieber Freund!

Ich verstehe Sie sehr gut. Es geht mir gerade wie Ihnen, so ziemlich
in allen Stücken: leidliche theoretische Klarheit, aber Kräftigkeit des alten Adam, Schrecken über die Leerheit der 4 Buchstaben, Unvermögen
gegenüber ihrer Entfaltung zum Gesetz, der verfluchte Zirkel vom rechten Kerl zum rechten Glauben, das Suchen, bei dem nichts herauskommt – nichtwahr, Sie meinen doch ja nicht, Sie seien mit diesem
ganzen Elend in irgendeinem Sinn ein Spezialfall? Ich bin *wirklich* auch
so dran, und Sie sind durchaus kein «zurückgebliebener Weggenosse».
Aber das müssen Sie mir nun bitte *glauben* und nicht als theologischen
Truc auffassen. Ich könnte mich tatsächlich sofort mit Ihnen hinsetzen
und es mir trauernd klarer und immer klarer werden lassen, daß dieses
religiöse Labyrinth keinen Ausgang hat.

Aber gerade das dürfen und wollen wir nun doch beide gerade nicht.
Sie *auch* nicht, Sie wissen es so gut und besser als ich, daß wir das nicht
wollen *dürfen*. Es handelt sich um Gott, und was wundern wir uns,
wenn er in dem psychologischen Labyrinth unserer religiösen Erfahrungen nicht zu finden ist? Was suchet ihr den Lebendigen bei den Toten?
[Lk. 24,5]. Wer heißt uns in unsere Psychologie hineinstarren? Handelt
es sich denn darum, daß wir an unseren Glauben glauben, an unser ἐνθουσιάζειν[1], an unser Suchen, an unsere Freudigkeit etc. (oder umgekehrt, ist es nicht selbstverständlich, daß wir über die Dürftigkeit von
alledem immer wieder zu *seufzen* haben)? Wir sind doch keine Pietisten[2] und könnten es wissen und *wissen* es auch tatsächlich, daß der
Glaube ja gerade darin besteht, diese ganze psychologische Tatsächlich-
keit in keinem Sinn (weder positiv noch negativ, weder optimistisch
noch pessimistisch beleuchtet) ernst und wichtig zu nehmen, sondern
uns, mit geschlossenen Augen gleichsam, an Gott zu halten. Ritschl ist

[1] Der Begriff findet sich im klassischen, nicht im neutestamentlichen Griechisch, namentlich bei Plato und bedeutet: begeistert, verzückt, außer sich sein.
Vgl. z. B. Plato, Apologie 22,C und Phaidon 241,E; 249,D.
[2] Zu Barths damaliger Beschäftigung mit ihnen vgl. E. Busch, *Karl Barth
und die Pietisten. Die Pietismuskritik des jungen Karl Barth und ihre Erwiderung*
(BevTh 82), München 1978, S. 35–78.

mir im Ganzen keine sympathische Figur[3], aber die Energie, mit der er über diesen toten Punkt der religiösen Psychologie hinausgewiesen hat auf die göttliche Objektivität, ist doch einfach ein entscheidender Fortschritt gewesen, hinter den wir unter keinen Umständen zurück-wollen.[4] Und auch abgesehen von Ritschl und den Reformatoren ist's doch ein Axiom, mit dem wir *anfangen* müssen (*außerhalb* der Zirkel und Antinomien unseres Erfahrungsdenkens anfangen müssen!): Wer glaubt, flieht nicht [Jes. 28,16]. Sie fliehen – vor Wahrheiten, die nur ab-gesehen von Gott Wahrheiten sind –, und ich fliehe sehr oft, immer wie-der, mit Ihnen. Aber nichtwahr, wir *wollen* doch glauben, und wollen *nicht* fliehen! *Also:* Tun wir das Eine und lassen wir das Andere! Tun wir doch das, was wir eigentlich wissen und wollen, und tun wir das *nicht,* was wir im Grunde gar nicht wollen *können*. Besteht nicht die ganze Mi-sere unserer Lage ganz simpel darin, daß wir uns immer wieder auf uns selbst zurückbiegen, statt uns nach dem Objektiven auszustrecken? Man-gelt es uns nicht daran, daß wir, das «Gott in uns», von dem Sie im Ge-meindeblatt so schön und richtig geschrieben haben[5], in einer Art Hy-

[3] Albrecht Ritschl (1822–1889), seit 1852 Professor für Kirchengeschichte und Systematische Theologie in Bonn und Göttingen. Barth las Ende 1915 in A. Ritschl, *Geschichte des Pietismus,* 3 Bde., Bonn 1880, 1884, 1886; vgl. Bw.Th. I, S. 121. Vgl. auch K. Barth, *Die protestantische Theologie im 19. Jahrhundert. Ihre Vorgeschichte und ihre Geschichte,* Zollikon / Zürich 1952², S. 598–605.

[4] Vgl. K. Barth, a.a.O., S. 600: «Es ist Ritschls großes Verdienst, ... die Mög-lichkeit einer Preisgabe des Schleiermacher-Hegelschen Ansatzes auf den Plan geführt ... zu haben», obwohl ein anderer Ansatz erst bei einem anderen Aus-gangspunkt zu finden wäre.

[5] Vgl. S. 7, Anm. 11. Barth spielt wohl an auf die Schlußpassage, a.a.O., S. 32: «Das ist Pfingsten: Gott in uns. Ist das nicht gar kühn geredet? ‹Gott ist im Himmel, nicht in uns.› Nein! Gott will nicht im Himmel wohnen, sondern bei uns, unter uns Menschen. ...

Darum ist Pfingsten das Fest der Hoffnung. Ja, wir sind ein zerfahrenes, ma-terialistisches, schwaches Menschenvolk, wir heutigen, es ist wahr – aber eins ha-ben wir wieder, was unsere Vorfahren nicht hatten: eine große Hoffnung. Nach vielen Jahrhunderten fangen wir wieder an zu glauben, daß Gerechtigkeit, Wahr-heit und Liebe auf Erden kommen müssen, daß der Krieg, die Mammonsherr-schaft, die Sklaverei des Lasters verschwinden müssen; wir können uns nicht mehr abfinden mit den Dingen ‹wie sie nun einmal sind›; wir erwarten, daß et-was Neues werde, wir sehnen uns danach, wir hoffen.

Und wir hoffen, weil wir wieder an den Geist glauben, den Geist, der nicht bloß in schönen, frommen Stimmungen sich ergeht, der nicht bloß für mich, den Einzelnen, Heil schafft, sondern an den Geist, der die Kraft hat, die Welt umzugestalten und zu durchdringen, bis Gott ‹alles ist in allem›. Ein großer Probris vorausnehmend, den inneren Ruck uns zu geben versäumen, Gott vor Allem in seiner *Objektivität*, als Gott, Gehorsam und Vertrauen zu schenken? Es fällt Ihnen doch selbst nicht ein, Gott könnte in seiner Objektivität nur ein Gedankending von 4 Buchstaben oder dann Kulturgesetz sein, oder es führe kein Weg von uns zu ihm?! – Denken Sie, wenn Sie nicht so ein gelehrter Mann wären und wenn wir uns besser kennen würden und – – wenn ich Blumhardt[6] wäre, so hätte ich Ihnen als Antwort auf Ihren Brief am liebsten – mir selbst zum Trost und zur Ermunterung – irgendein kurzes zorniges Wort geschrieben, des Inhalts, was das nun solle, soviel Zeit zu verlieren damit, sich selber einzureden, Gott habe nicht recht oder Sie könnten nicht glauben. Denn – ich bin nicht stärker im Glauben als Sie – Ihre durchaus zutreffenden Darlegungen wirken auch auf mich wie erdrückend und erstickend, sowie ich mich darauf einlasse. Ich ahne, warum Kutter Ihnen da scheinbar so verständnislos begegnete.[7] Ich glaube: er versteht auch nur zu gut, aber er *will* nicht verstehen, sich auf diese Gedankenreihen einlassen. Müssen Sie ihm nicht selber recht geben? Büße ich die bessere Meinung, die Sie von mir punkto Verständnis hatten, ein, wenn ich nun *auch* darauf hinauskomme: ich verstehe, aber ich *will* das nicht verstehen!? Sie sollten unter keinen Umständen mehr einen solchen Brief schreiben. Empfinden Sie bitte diesen Rat nicht als brutal, es ist der nämliche, den ich mir selber gebe – oder den meine Frau mir gibt, wenn ich wider besseres Wissen solche pietistischen Gedanken spinne, was sehr oft (öfters, als man es meinen gedruckten Äußerungen anspüren kann!) vorkommt. Ich *haue* dann eben *ab*, sobald ich den Leim merke (es geht oft lange!), nehme ein nützliches Buch zur Hand oder mache einen Besuch in der Gemeinde oder spiele mit meinen Kindern, Gott gleichsam *gänzlich außer* mir, im Dunklen tappend, unsicher und betrübt, ungläubig, wenn man so will, aber irgendwie, mir selber ganz verborgen, mit einem gewissen Halt, der nicht versagt, wenn ich es nicht will. Dann warte ich eben ab,

phet der neuen Zeit, der Jesus und Pfingsten verstanden hat, ruft uns die Losung der Zukunft zu: ‹Wir heißen euch hoffen.›»

  6 Christoph Blumhardt (1842–1919), Leiter der unter seinem Vater Johann Christoph Blumhardt (1805–1880) im schwäbischen Bad Boll sich konstituierenden Gemeinde und geachtete seelsorgerliche Autorität. Brunner scheint Blumhardt vor dem ersten Weltkrieg in Bad Boll kennengelernt zu haben; vgl. Brunner, Mein Vater, S. 61. Barth traf Blumhardt erstmals 1907; vgl. Lebenslauf, S. 55.

  7 Vgl. S. 9; sowie C. van der Kooi, *Anfängliche Theologie. Der Denkweg des jungen Karl Barth (1909–1927)* (BevTh 103), München 1987, S. 68–71.

bis Freudigkeit, Glauben, ἐνθουσιάζειν etc. wiederkommt oder auch sehr lange nicht wiederkommt. Und dieser objektive Halt an Gott als Gott wird mir immer wichtiger gegenüber den vorläufig leider unvermeidlichen Schwankungen des Innenlebens. Ich glaube, da tut sich die Konstante auf, die ich wie Sie in meiner subjektiven Gläubigkeit umsonst gesucht habe. Daß ich von dem allem nicht rede, als ob ich's schon ergriffen hätte, sondern ... [vgl. Phil. 3,12f.] und daß ich mich in Ihren Schwierigkeiten in *jeder* Beziehung als Ihr Weggenosse in gleichem Schritt und Tritt[8] fühle, das müssen Sie mir zum Schluß nochmals glauben, aber auch das Andere, daß der Weg vor uns offen liegt, wenn wir ihn gehen *wollen*. Ich meinerseits glaube *nicht* an Ihren Unglauben.

Mit freundlichem Gruß

Ihr Karl Barth

Wir wollen uns doch wieder schreiben und vielleicht einmal besuchen und vielleicht, wenn es Ihnen recht ist, in Zukunft du sagen, wie es sich unter «Weggenossen» geziemt, nicht?


6

Barth                                                          Safenwil, 26.5.1917

Lieber Freund!

Was schickst du uns für eine erfreuliche Botschaft![1] Wir denken daran, wie unser eigenes Glück uns vor 6 Jahren um die gleiche Zeit aufging[2] und reichen dir mit den herzlichsten Wünschen die Hand. Es ist Alles so wundervoll in der Ehe: das Anfangen und das Fortfahren erst

---

[8] Nach L. Uhland, *Der gute Kamerad,* in: Uhlands Werke in vier Bänden, Bd. 2, Leipzig o. J., S. 40:

> Ich hatt' einen Kameraden,
> Einen bessern findst du nit.
> Die Trommel schlug zum Streite,
> Er ging an meiner Seite
> In gleichem Schritt und Tritt.

---

[1] Es handelt sich wohl um die Verlobungsanzeige von Emil Brunner und Margrit Lauterburg (1895–1972), Tochter von Ernst und Clara Lauterburg-Rohner in Bern. Dieses Schreiben Brunners konnte nicht nachgewiesen werden. Vgl. zu M. Brunner-Lauterburg S. 8, Anm. 5, und Brunner, Mein Vater, S. 60–67.

[2] Barth verlobte sich am 16.5.1911 mit Nelly Hoffmann (1893–1976). Vgl. Lebenslauf, S. 62f.

recht, und nun wirst du diese Wanderschaft von Entdeckung zu Entdeckungen also auch anbrechen.

Ob ich wohl deine verehrte Braut oder doch Ihre Familie kenne? Es gibt so manche Familie Lauterburg in Bern. Die Hallwylstraße ist auf dem Kirchenfeld. Auf dem Kirchenfeld gibt es eine Familie L.-Rohner, mit Kutters verwandt, doch war es mir nicht bewußt, daß es dort auch Töchter gibt. Habe ich wohl richtig geraten? Auf alle Fälle sind die Lauterburger samt und sonders ein gescheites bewegliches Geschlecht, aus dem schon Dutzende von Professoren und Pfarrern hervorgegangen sind. So weiß man, was man tut, wenn man dir gratuliert, auch ohne das Nähere zu wissen.

Freudigen Pfingstgruß senden dir

deine Karl und Nelly Barth


## 7

Brunner                                        Obstalden, 25.9.1917

Lieber Freund!

Gelt ich bin ein schöner! Horne[1] in Leutwil[2] von festerem Zusammenhang und regerem Austausch unter uns und verharre beharrlicher als je im Schweigen. Aber du wirst mir mildernde Umstände gern zubilligen, die vielleicht sogar zu Freispruch raten. Deine Predigt Über die Grenze[3] habe ich s. Z. mit größter Freude gelesen und einigen Freunden zum Lesen gegeben. Nun sollst du auch einmal eine von mir haben.[4] Ich weiß zwar nicht, ob du *ganze* Freude daran haben wirst, besonders am letzten Teil. Es ist mir wirklich schwer gefallen, auch einmal *so* über das Kirchengehen zu reden, nachdem ich sonst *immer* das Negative betont hatte. Ich glaubte, es tun zu *dürfen,* weil die Leute nun nachgerade wissen konnten, daß ich kein «Kirchenmann» sei; tun [zu] *müssen,* weil

[1] = Rede laut.
[2] Erstes Treffen im Pfarrhaus E. Thurneysens am 5./6.2.1917, vgl. Bohren, Prophetie, S. 157.
[3] K. Barth, *Über die Grenze!* (Predigt über Mk. 10,32–34), im April 1917 als Privatdruck erschienen; wieder abgedruckt in: *Predigten 1917,* hrsg. von H. Schmidt (Gesamtausgabe, Abt. I), Zürich 1999, S. 46–63.
[4] E. Brunner, *Ein offenes Wort an die Männer und Frauen von Obstalden und Filzbach zum Bettag 1917,* erschienen Obstalden 1917 im Selbstverlag; wieder abgedruckt in: Wort I, S. 38–45.

ich sah, daß bei meinen Leuten ganz äußerliche Gründe sie von der Kirche fernhalten und damit – das ist eben hier oben so – von aller Berührung mit dem göttlichen «Wort» im weiteren Sinne. – Der Diskussionsabend[5] verlief über Erwarten schön. An die 20 Voten fielen und fast alle so, wie ich es gewünscht hatte: Offene Kritik, Fragen, Anregungen. Allgemein wurde der Wunsch geäußert: Mehr Zusammenhang mit den Pfarrern, mehr und andersartige Gelegenheit, «etwas Rechtes» zu hören. Das will viel heißen bei der hiesigen Feindlichkeit gegen alle Stündeli[6]. Es gibt m.W. keinen einzigen Angehörigen einer Gemeinschaft oder Sekte. Ich habe natürlich sehr stark betont, daß es mir nicht drauf ankomme, etwas zu «gründen», daß ich aber dem Wunsch gern entgegenkomme und Freude habe daran. Was denkst du wohl darüber?

Kommen eure Predigten[7] bald heraus? Ich werde nun auch nicht mehr lange einsam sein. In 14 Tagen bin ich schon im anderen Zivilstand.[8] Laß wieder mal etwas von dir hören, ich werde in Zukunft auch fleißiger schreiben. Man hat's so nötig.

Von Herzen

dein E. Brunner

[5] Gemeint ist die Aussprache über Brunners «Offenes Wort». In der Einleitung des «Offenen Wortes», das Brunner, statt eine «regelrechte Predigt» zum «eidgenössischen Bet- und Bußtag» zu halten, am 16.9.1917 an seine Gemeinde richtete, heißt es: «Es ist etwas zwischen uns nicht in der Ordnung, und das tut mir leid und ich möchte alles dran setzen, um es wegzubringen. ... Denn der jetzige Zustand, wo wir sozusagen aneinander vorbeileben, ist sicher nicht der richtige, auch wenn ihr euch vielleicht nicht erinnern könnt, daß es je anders gewesen sei. Der Pfarrer und seine Gemeinde sollten doch eine wirkliche Gemeinschaft miteinander haben, gleichsam eine große Familie sein, die in einem Geist lebt und ein großes gemeinsames Ziel hat, nicht bloß ein anständiges Anstellungs- und Nachbarverhältnis. Hier fehlt's; was ist Schuld? Ist es wohl dies, daß ihr irgend etwas an meiner Person, meiner Lebensführung oder Predigtweise auszusetzen habt? Gut, so werdet ihr heute abend Gelegenheit haben, es mir offen zu sagen» (a.a.O., S. 38f.). Das «Offene Wort» endet mit den Sätzen: «Heute abend um halb acht Uhr werde ich im ‹Hirschen› einen kurzen Vortrag halten über ‹Pfarrer und Gemeinde›. Die Hauptsache aber ist nicht der Vortrag, sondern die Diskussion, von der ich erwarte, daß ihr darin alles vorbringt, was ihr auf dem Herzen habt; ihr dürft auch ganz persönlich werden, meinetwegen auch ‹ruppig› und grob. Wenn's nur ehrlich gemeint ist, will ich gern von euch lernen und mir meinerseits alle Mühe geben, daß wir einander besser verstehen lernen. Alle Erwachsenen sind willkommen.» (S. 45).

[6] Pietistische Versammlungen.

[7] K. Barth / E. Thurneysen, *Suchet Gott, so werdet ihr leben!*, Bern 1917.

[8] Heirat Brunners mit Margrit Lauterburg am 6.10.1917. Vgl. S. 14, Anm. 1.

Brunner [an Thurneysen und Barth via Thurneysen]

Obstalden, 30.1.1918

Liebe Freunde!

Es ist bald Zeit, daß ich euch für euer Weihnachtsgeschenk[1] danke. Es wollte aber erst besehen sein, und nun bin ich fürs erste damit fertig. Ich habe die Predigten teilweise meiner Frau vorgelesen, so haben wir sie miteinander genossen: Was sollte man anders als Freude haben daran! Schon das mehr Äußere, die lebendige Art des Redens, das ganz neue Anpacken des Textes vom Leben her, die vollständige Vermeidung der geprägten Kirchensprache. Es ist vielleicht unrichtig, das etwas Äußeres zu nennen. Es wäre ja unmöglich, das, was ihr sagt, anders zu sagen als auf diese lebendige Art. Denn *daß* ihr das alles sagen könnt, was in diesen 13 Stücken gesagt ist, kommt ja eben davon her, daß etwas Lebendiges da ist, das sich mit aller Macht dagegen sträubt, sich in die alten toten Worte einkapseln zu lassen. Gerade in dem unermüdlichen Eifer, den Hörer gleichsam zu hintergehen, wenn er an den gewohnten Weglein und Sträßlein «passet»[2], ihn zu überraschen, bevor er den Kirchenrock angezogen und den Kirchen-Herz-Panzer angeschnallt hat, an dem dann alle Worte vergeblich anschlagen – in dieser Treue gegen das, was euch aufgegangen ist, daß ihr es so, *wie* es euch aufgegangen ist, wollt bewahrt und hinübergeleitet haben in das Herz des Hörers –, darin verrät sich unmißverständlich das Lebendige, das euch geschenkt ist.

Und nun das Was. Das halte ich bei euren Predigten für das Entscheidende. Lebendige Predigten hatten wir ja doch in letzter Zeit manche kennengelernt, Rittelmeyer[3], Geyer[4], Greyerz[5], Ragaz[6] – aber es

[1] K. Barth / E. Thurneysen, *Suchet Gott, so werdet ihr leben!,* Bern 1917.

[2] = lauert.

[3] Friedrich Rittelmeyer (1872–1938), von der liberalen Theologie geprägter Pfarrer, 1902–1916 in Nürnberg, 1916–1922 in Berlin, schloß sich der Anthroposophie R. Steiners an und war 1922 Mitbegründer der Christengemeinschaft. Rittelmeyer gab gemeinsam mit Chr. Geyer (vgl. Anm. 4) zwei Predigtbände heraus: *Gott und die Seele. Ein Jahrgang Predigten,* Ulm 1906, und *Leben aus Gott. Ein neuer Jahrgang Predigten,* München 1911 (1918[8]). Beide gründeten 1910 das Monatsblatt «Christentum und Gegenwart».

[4] Christian Geyer (1862–1929), ab 1902 Pfarrer in Nürnberg, neigte unter

war nicht das volle Evangelium vom Gottesreich. Auch Ragaz' Dein Reich komme[7] war noch viel zu «menschlich», vielerlei, doch eben noch stark «Kulturreligion». Die einzigen Predigten, die mich an eure erinnern, sind Kutters «Welt des Vaters»[8]. Wie er wagt ihr es wieder, ganz unmodern von Gott auszugehen, aber nun eben nicht von der Lehre, sondern von den Taten, von dem Gott, der sein Reich baut auf Erden. Wie herrlich unmodern, objektiv, «massiv realistisch», ganz und gar nicht psychologisch-anthropozentrisch. A. Baur[9] wird wieder etwas hornen vom Kant und Schleiermacher, hinter den wir denn doch nicht mehr zurückwollen. Den Glauben an den neuschaffenden Gott – und daß Gott dabei wirklich nicht nur sozusagen der Hauptfaktor sei – finde ich nirgends so kräftig ausgesprochen, mit einziger Ausnahme von Kutter. Kutter gegenüber habt ihr den Vorteil, daß ihr weniger rhetorisch wirkt, wozu euch vielleicht euer ländliches Milieu verholfen hat, während Kutter sich vor seinem gebildeten Publikum Rhetorik glaubte leisten zu können. Deswegen steht ja doch Kutter, was die Kraft und Originalität betrifft, unerreicht da. Jeder hat ja wieder ganz seine Art, das ist das Feine bei der großen Gemeinsamkeit des Inhalts. Einige wenigstens glaube ich unbedingt sicher Barth oder Thurneysen zuschrei-

dem Einfluß Fr. Rittelmeyers vorübergehend zur Anthroposophie, distanzierte sich aber schließlich. Neben den in Anm. 3 genannten Predigtbänden und zahlreichen einzeln veröffentlichten Predigten publizierte er *Die Stimme des Christus im Krieg. Predigten aus dem 3. Kriegsjahr,* München 1917.

[5] Karl von Greyerz (1870–1949), religiös-sozialer Pfarrer in Winterthur und Bern, veröffentlichte folgende Predigten: *Von Gottes Ruf und Mahl. Predigt zu Lk. 14,16–24,* in: *Die 18. Christliche Studentenkonferenz. Aarau 1914,* Bern 1914, S. 7–16; *Moses, Elias, Jesus. Predigt zu Mk. 9,2–9,* in: *Die 22. Christliche Studentenkonferenz. Aarau 1918,* Bern 1918, S. 5–20; ferner seine Predigten in dem Sammelband: *Wir Zeugen vom lebendigen Gott! Predigten religiös-sozialer Pfarrer der Schweiz,* hrsg. von J. Eugster, Jena 1912: *Nach dem Berliner Weltkongreß* (Joh. 3,3), S. 148–155, und: *Feldpredigt,* S. 280–286.

[6] Leonhard Ragaz (1868–1945), Führer der religiös-sozialen Bewegung in der Schweiz, Pfarrer am Münster in Basel, seit 1908 Professor für Systematik und Praktische Theologie in Zürich, seit 1906 Herausgeber der Zeitschrift «Neue Wege» der Religiösen Sozialisten.

[7] L. Ragaz, *Dein Reich komme. Predigten von Leonhard Ragaz. In zwei Bänden,* Zürich / München / Leipzig 1908, 1922³.

[8] H. Kutter, *Die Welt des Vaters. Predigten über Lukastexte,* Zürich 1901.

[9] Wahrscheinlich meint Brunner den in Bw.Th. I, S. 20 erwähnten liberalen Basler Pfarrer und Kritiker der Religiösen Sozialisten Hans Baur (1870–1938).

ben zu können: So die gewaltigste von allen, wie mich dünkt: Hören (Barth)[10], und die, die uns fast am meisten persönlich gepackt hat (Wo ist nun dein Gott?, Barth)[11]; die über den ungetreuen Haushalter, an der ich zum ersten Mal das Gleichnis verstanden habe (Thurneysen)[12], die prächtige «Gideons»predigt über Lk. 18 (Thurneysen)[13]. Dagegen bin ich nicht klug geworden, von wem die ganz tiefgründige ist über den Karfreitagstext von der Schrift, die wider uns ist; zuletzt entschied ich mich doch für Barth.[14] Doch das ist ja alles ganz wurscht. Das Feine ist, daß da wieder einmal etwas von einem gemeinsamen Zeugnis vorhanden ist, wo alles Nachsagen ausgeschlossen ist. Den Ehrendoktor werdet ihr dafür schwerlich bekommen, denn man darf nicht so unmodern predigen und alle modernen Errungenschaften preisgeben, ohne doch orthodox-pietistisch zu sein. Viele, die noch Freude dran haben könnten, werden über die «Einseitigkeit» zu klagen haben. Sie sind ja in der Tat fast gefährlich einseitig. Der berechtigte Humanismus wird ebenso ungerecht behandelt wie Erasmus von Luther.[15] Als letztes Wort über die Sache wäre es natürlich falsch, die Menschen bloß als Schachfiguren Gottes anzusehen, über alle menschliche Verantwortung und Aktivität so hinwegzugehen, wie die Predigt von der Sündenvergebung und die über «die andere Seite» (Barth)[16] es tut. Als einziges und letztes

---

[10] «Hören!», über Ps. 40,7, a.a.O. (Anm. 1), S. 140–153, stammt von Barth, vgl. Bw.Th. I, S. 232. Wieder abgedruckt in: *Predigten 1917*, hrsg. von H. Schmidt (Gesamtausgabe, Abt. I), Zürich 1999, S. 283–297.

[11] «Wo ist nun dein Gott?», über Ps. 42,2–6, a.a.O., S. 92–104, stammt von Barth, vgl. Bw.Th. I, S. 232. Wieder abgedruckt in: *Predigten 1917*, a.a.O., S. 269–282.

[12] «Ein Beispiel des Gottesreiches», über Lk. 16,1–8, a.a.O., S. 117–128, stammt von Thurneysen, vgl. Bw.Th. I, S. 235. Wieder abgedruckt in: *E. Thurneysen, Die neue Zeit. Predigten 1913–1930*, hrsg. von W. Gern, Neukirchen-Vluyn 1982, S. 52–61.

[13] «Er kann auch anders», über Lk. 18,1–8, a.a.O., S. 16–29, stammt von Barth, vgl. Bw.Th. I, S. 232. Wieder abgedruckt in: *Predigten 1916*, hrsg. von H. Schmidt (Gesamtausgabe, Abt. I), Zürich 1998, S. 344–356.

[14] «Vergebung der Sünden», über Kol. 2,14, a.a.O., S. 56–68, stammt von Barth, vgl. Bw.Th. I, S. 232. Wieder abgedruckt in: *Predigten 1917*, a.a.O., S. 114–126.

[15] M. Luther antwortet in *De servo arbitrio* (1525), in: WA 18,551–787, auf Erasmus' Schrift *De libero arbitrio diatribe* (1524), in: Ausgewählte Schriften, Bd. IV, hrsg. von W. Lesowsky, Darmstadt 1969, S. 1–195.

[16] «Die andere Seite», über Mk. 10,35–45, a.a.O., S. 41–55, stammt von

würde mich eure an die Reformation erinnernde Gott-Objektivität, die alles subjektive Dazustellungnehmen so herabsetzt, sehr unbefriedigt lassen, oder vielleicht gar erdrücken. Aber es soll ja wohl gar nicht das Letzte sein; es soll das betonen, was unser Geschlecht vergessen hat, und soll daher cum grano salis verstanden werden wie [bei] Kutter auch. Wenn ich *predige,* kann ich ja auch gar nicht anders reden[17]. Aber für mich selber brauche ich noch etwas anderes. Beim Predigen muß ich *nur* an das Fundamentlegen denken, für mich selber auch an den Aufbau; für mich selber kann ich mit den Reformatoren allein nicht auskommen, da brauche ich meine «Humanisten» Fichte, Kierkegaard[18] – ich finde ja auch bei Kutter viel davon.

Ich will aber nicht weiter eure Zeit in Anspruch nehmen; ich hoffe, euch in Basel zu treffen, nächsten Sonntag.[19] Ich muß einfach wieder einmal unter Meinesgleichen. Hier im Lande Fridolins[20] läuft so gar nichts. In den N. W. werdet Ihr bald einen Aufsatz von mir lesen über «Konservativ oder radikal?»[21], wo ich wieder einmal «unsere» Sache zu sagen versuche. – Im übrigen geht's uns beiden ganz beschämend gut, und wir müssen euch Recht geben, daß es zu zweit je länger, je schöner wird. Beiliegend noch ein kleines opuschen[22] von mir, die humanisti-

Barth, vgl. Bw.Th. I, S. 232. Wieder abgedruckt in: *Predigten 1917,* a.a.O., S. 64–77. Nach der Predigt scheint das, was Menschen im Sichtbaren tun, nur ein «Schattenspiel» (a.a.O., S. 42) zu sein im Verhältnis zum Ringen Gottes im Unsichtbaren um die Seelen der Menschen.

[17] Brunner schwebte anscheinend vor: « ... reden als so». Er strich dann aber das angefangene Wort «als» und schloß den Satz mit einem «anders» (»reden anders»), ohne die Wortfolge zu korrigieren. Am 1.2.1918 schrieb er an Thurneysen, der sich über einige Wendungen des Briefs irritiert gezeigt hatte: «Ich habe übrigens selber an dem Brief mich weidlich geärgert, konnte ihn aber nicht einmal noch überlesen, da er auf die Post mußte.» (Im Thurneysen-Nachlaß).

[18] Zu Johann Gottlieb Fichte (1762–1814) und Sören A. Kierkegaard (1813–1855) vgl. Nr. 12; sowie E. Brunner, *Die Botschaft Sören Kierkegaards,* in: Wort I, S. 209–226, und ders., *Erlebnis, Erkenntnis und Glaube,* Tübingen 1923²·³, S. 116–119.

[19] Tagungsort einer religiös-sozialen Konferenz, an der Barth jedoch nicht teilnahm, vgl. Bw.Th. I, S. 263f.

[20] Gemeint ist der Kanton Glarus, dessen Wappen das Bild des Hl. Fridolin zeigt.

[21] E. Brunner, *Konservativ oder Radikal?,* in: NW, Jg. 12 (1918), S. 55–70.

[22] Vermutlich E. Brunner, *Über «Helden und Heldenverehrung»,* in: Korrespondenzblatt für studierende Abstinenten, Jg. 22 (1917/18), Nr. 2 (Dezember 1917), S. 36–39.

sche Seite, das Pendant zum «Philister»[23]. Dürfte ich dich, lieber Thurneysen, um deinen Konfirmandenunterricht[24] bitten?

Seid alle recht herzlich gegrüßt in alter Treue – hm, z. T. –

von euren Emil und Margrit Brunner

## 9

Brunner        Obstalden, 18.11.1918 [Ort und Datum des Poststempels]

Lieber Freund!

Ich habe Ragaz für die Weihnachtsnummer der N.W. eine Besprechung Eures Predigtbüchleins[1] geschickt.[2] Noch fast mehr läge mir aber daran, deinen «Römerbrief»[3] zu besprechen.[4] Doch sind die Scribifaxe

[23] E. Brunner, *Vom Philister,* in: Korrespondenzblatt für studierende Abstinenten, Jg. 21 (1916/17), Nr. 3 (Dezember 1916), S. 45–48.

[24] Vermutlich Leitsätze für den Konfirmandenunterricht, wie sie Thurneysen – ähnlich wie Barth (s. *Konfirmandenunterricht 1909–1921,* hrsg. von J. Fangmeier [Gesamtausgabe, Abt. I], Zürich 1987, z. B. S. 255ff. und S. 313ff.) – ausgearbeitet hatte.

[1] Vgl. S. 16, Anm. 7.

[2] Offenbar nicht gedruckt, vgl. S. 22, Anm. 3; sowie Bw.Th. I, S. 262f. In seiner Briefkarte vom 30.11.1918 an Brunner (im Brunner-Nachlaß W 55/68) bestätigt Ragaz den Eingang der «Besprechung» und bemerkt kritisch zu ihr: «Die Art, die Sie vertreten» hat «unsere Aktion (im tiefsten Sinn!) gelähmt... Immer weniger kann ich glauben, daß es besser gekommen wäre, oder käme, wenn wir noch etwas mehr ‹lebendiger Gott› sagen.» Im übrigen wolle er erst einmal jenes Predigtbuch selbst lesen. «Dann mag es einmal zu einer letzten Aussprache kommen.» In einem weiteren Brief vom 16.12.1918 an Brunner (a.a.O.) schreibt Ragaz, er wolle «die ganze Diskussion» aufnehmen, sobald er das Predigtbuch sowie den unterdes erschienenen *Römerbrief* von Barth gelesen habe. Der Sache nach betont er: «Gerade auf die Dinge, die Sie hervorheben, habe ich immer mehr Gewicht gelegt: Verinnerlichung, Jenseits, Leben aus dem Glauben, Gnade. Haben Sie das wirklich nicht bemerkt? Der Gegensatz» breche aber da auf, wo die «*pädagogische* Frage beginnt, d. h. die nach der rechten Art, diese Wahrheit *anzubringen*». Auch er weise «überall auf einen letzten Punkt hin, aber nur still. Denn ich will, daß der Leser *selbst* das letzte Wort spreche und weiter dringe.»

[3] K. Barth, *Der Römerbrief,* (1. Aufl.) Bern 1919; Neuausgabe: K. Barth, *Der Römerbrief (Erste Fassung),* hrsg. von H. Schmidt (Gesamtausgabe, Abt. II), Zürich 1985. Seitenangaben im folgenden nach der Neuausgabe, nach der Originalausgabe in Klammern.

[4] Vgl. S. 36, Anm. 1.

immer schneller als ich. Könntest du mir nicht die – oder doch einen Teil der – Druckbogen zustellen? Da ich selber ganz im Paulus drin bin, erwarte ich deine Arbeit mit doppeltem Interesse. Grad drum möchte ich etwas Gründlicheres bieten als das, wozu einem die Blätter in der Regel Zeit lassen. Übrigens, *wo* meinst [du], daß ich am besten mein Sprüchlein sage? – Gegenwärtig werde ich in einem feinen Blättlein als Bolschewiki den handfesten Polizisten und Landjägern aufs Wärmste empfohlen![5]

Herzliche Grüße –

dein E. Brunner

10

Barth          Ambulant[1], 20.11.1918 [Ort und Datum des Poststempels]

Lieber Freund!

Von deiner Rezension unsrer Predigten habe ich bereits durch Ragaz selbst gehört.[2] Thurneysen und ich haben ihn nämlich vorgestern aufgesucht. Er redete ungnädig über deinen Artikel und wollte ihn nur unter Beigabe eigener Bemerkungen drucken. Wir empfahlen ihm dann, lieber selbst eine ablehnende Besprechung zu schreiben!![3] Unsre Unter-

---

[5] Im Brunner-Nachlaß W 55/128 findet sich eine Sammlung von (zumeist ihres Datums beraubten) Zeitungsausschnitten aus den «Glarner Nachrichten», in denen Ende 1918 (Anfang 1919) ein Leserbriefstreit dokumentiert ist im Zusammenhang des Vorwurfs, «der Pfarrer von Kerenzen [s. S. 73, Anm. 1] predige bolschewistische Grundsätze und wolle die Kinder im Unterricht zu Bolschewisten erziehen.» Vgl. Wort I, S. 14f. und S. 68–75.

---

[1] Posteinwurf im Eisenbahnzug.

[2] Vgl. S. 21, Anm. 2.

[3] Eine Besprechung des Predigtbandes durch Ragaz ist nicht nachzuweisen. Vgl. jedoch die Rezension von P. Wernle, *Suchet Gott, so werdet ihr leben!*, in: KBRS, Jg. 33 (1918), S. 9–11. Zu P. Wernle vgl. S. 4, Anm. 2. Eine indirekte Auseinandersetzung von L. Ragaz mit der (religiös-sozialen) Kutter-Richtung, der Ragaz Barth und Thurneysen zurechnete, findet sich in *Die Religiös-Sozialen – ein Versuch*, in: NW, Jg. 12 (1918), S. 6–25, und in *Dem Durchbruch entgegen*, a.a.O., S. 25–28; beide Artikel wurden im Frühjahr 1919 überarbeitet und abgedruckt in: L. Ragaz, *Weltreich, Religion und Gottesherrschaft*, Bd. II, Erlenbach-

haltung war eben so lang als ergebnislos. Was nun den Römerbrief betrifft, so nehme ich dein freundliches Anerbieten mit herzlichem Dank an. Wenn du nur nicht zu arg enttäuscht wirst. Du kennst Paulus nun ziemlich sicher besser als ich; ich kenne eben eigentlich nur den Römerbrief. Am liebsten wär mir's, du schriebest ins Kirchenblatt[4], bevor der unvermeidliche Wernle[5] mich darin aufspießt. Ich habe Bäschlin[6] in diesem Sinn geschrieben, er soll dir die fertigen und fertig werdenden Bogen schicken. Wenn einer ausbleiben sollte, würdest du vielleicht direkt bei ihm selbst reklamieren (Amthausgasse 6, Bern). Auch ich bin als Bolschewik[7] denunziert. Böse Zeiten! Aber noch sind 7000 in Israel ... [vgl. 1. Kön. 19,18]!

Mit herzlichem Gruß und Dank

dein K. Barth

Ein Gespräch mit Kutter war beinahe *noch* unerfreulicher!

11

Brunner                                                    Obstalden, 28.11.1918

Lieber Freund!

Die ersten 19 Druckbogen habe ich ein erstes Mal gelesen. Du begreifst, daß ich da noch nichts irgendwie Definitives darüber zu sagen wage. Das Buch will verdaut sein in langer Arbeit. Ich möchte es am liebsten neben Kutters «Unmittelbare»[1] rücken; es ist, zunächst rein ob-

Zürich / München / Leipzig 1922, S. 376–403, vgl. a.a.O. besonders zum Vorwurf der Klerikalisierung des Reiches Gottes S. 387f.

[4] Vgl. S. 36, Anm. 1.

[5] Wernle rezensierte Barths Römerbrief: *Der Römerbrief in neuer Beleuchtung,* in: KBRS, Jg. 34 (1919), S. 163f.167–169.

[6] Gotthilf August Bäschlin, der Berner Verleger von Barths Römerbrief von 1919.

[7] Der Vorwurf stand im Zusammenhang der in Safenwil umgehenden Gerüchte, K. Barth habe den Schweizer Generalstreik (12.–14.11.1918) verherrlicht, woraufhin am 20.11.1918 vier der sechs Mitglieder des Safenwiler Presbyteriums zurücktraten, vgl. Lebenslauf, S. 119.

[1] H. Kutter, *Das Unmittelbare. Eine Menschheitsfrage,* Berlin 1902, Jena 1911[2], Basel 1921[3].

jektiv der Absicht nach, ein *Wurf,* und nach den üblichen Schablonen
ein ganzes «System» – so wenig es das sein will.* Es geht auf die aller-
letzten Gründe und überschaut das Leben in seiner ganzen Breite. Vielleicht stehe ich ihm zu nahe, um es richtig zu würdigen. Es erscheint
mir als das, was jetzt gesagt sein muß. Du sagst es auf deine Art, und
diese Art ist sehr gut. In was für einem Gegensatz sie zur «wissenschaftlichen» steht, weißt du.[2] Schon darin, daß du davon ausgehst, Paulus
habe *recht,* während der Arme sonst geschulmeistert wird je nach den
neuesten Methoden und «Resultaten der modernen Erkenntnis». Die,
die das nicht begreifen können, werden sich blau ärgern über deine unverschämt sachliche Art, die es verschmäht, auf ihre Fragen und Bedenken einzugehen, sondern einfach, unbeirrt durchs Publikum, die Sache
vorträgt, wie sie ist. Das muß ich bewundern; es ist ein Zeichen großer
Sicherheit und Kraft. Was soll ich aber zum Inhalt sagen? Er bedeutet
nicht weniger als eine Revolution des «theologischen» Denkens, durch
die Rückkehr vom modernen empirisch-psychologisch-historischen Individualismus zum Transzendentalismus der Bibel. Diese Revolution
hast ja nicht *du* vollzogen. Kutter hat dir das Wesentliche im Rohstoff
übergeben können zu weiterer Verarbeitung.[3] Aber du bist der erste,
der die Arbeit Kutters zu einer «theologischen» (verzeih!) Gesamtlei-
stung verwertete. Kutters Bücher sind doch alle nur große Aphorismen
oder Aperçus, sogar «Das Unmittelbare». Die Sache kommt nie *in i h -
r e r Logik* zum Recht, sondern in der Beleuchtung und Auswahl und
Form, die der augenblickliche Zweck erheischt. Vielleicht am ehesten
noch das Bilderbuch.[4] Aber das ist ja nun durch die Geschwätzigkeit
und Disziplinlosigkeit des alternden Gottesmannes[5] ein wenig ein Ungeheuer geworden. Wogegen bei dir eine wohltuende Straffheit, ein unerbittliches Vorwärts und eine im besten Sinn wissenschaftliche Objektivität auffällt, die alle Willkürlichkeiten ausschließt. Anderseits stellt
dieser gleichmäßige Fluß des Lehrvortrags große Anforderungen an den
guten beharrlichen Willen des Lesers. Dein Stil, der überaus lebendig

---

[2] Vgl. Römerbrief 1, S. 3 (S. V).

[3] Vgl. bes. das Anm. 1 genannte Werk Kutters; ferner: ders., *Die Revolution
des Christentums,* Jena 1908.

[4] H. Kutter, *Das Bilderbuch Gottes für Groß und Klein. I. Römerbrief Kapitel
1–4,* Basel 1917.

[5] Ab «die Geschwätzigkeit» von Barth mit Blaustift unterstrichen.

und erquicklich ist, erleichtert ja die lange Wanderung. Es passiert immer etwas Ergötzliches auf dem Weg. Aber du hast schon recht: mühsam bleibt's, trotz der ungewöhnlichen Farbigkeit und Saftigkeit deiner Diktion. Als Kommentar ist's ja wundervoll geraten, und wohl ohnegleichen (ich bin zwar nicht sehr bewandert, aber was ich an alten und neuen kenne, ist's dir am besten gelungen, ein strenges Folgen mit voller Selbständigkeit der Darstellung zu verbinden). Der Inhalt ist mir vorderhand noch zu gewaltig, um mich zu äußern.** So sehr ich dir in der Hauptsache folge, und N.B. vor allem von dir lernen will, regt sich doch starker Widerspruch vor allem in unserm alten Streitpunkt[6]: deine Stellung zu all dem, was ich kurz als Humanismus bezeichnen will. Da komme ich bei Kutter ganz anders auf meine Rechnung. Du vertrittst – um es einmal kurz schematisch anzudeuten – mir zu einseitig die Linie der Reformatoren; Eckehardt und Fichte[7] fallen unter den Tisch. Und doch haben sie soviel Wahrheit gesehen wie die Reformatoren. Das zeigt sich z. B. in deiner Stellung zur Prädestination.[8] Da kommt's mir fast ein wenig vor, du führest einen Eiertanz[9] auf. Es dünkt mich, man merke dir an, daß dir im Grund – wie mir – die Prädestination als ein gottloser Gedanke erscheint; aber anderseits willst du doch den Idealisten mit ihrer «Freiheit» eins hauen, sie ärgern, mit Formulierungen, die eben, trotz aller deiner Proteste, den Menschen als solchen[10] vernichten und zur Marionette machen. Mir sind deine gewundenen Erklärungen S. 273ff. (besonders Kapitel «Sachlichkeit»)[11] ein Zeichen dafür, daß du da etwas aufrechterhalten willst, was du im Grunde nicht

---

[6]  Vgl. z. B. Nr. 8.
[7]  Zu Eckehart (1260–1328) und Fichte vgl. S. 20, Anm. 18; sowie S. 34, Anm. 2.
[8]  Vgl. Römerbrief 1, S. 356–461 (S. 265–346), zu Röm. 9–11.
[9]  Wort von Barth mit Blaustift unterstrichen.
[10]  «Menschen als solchen» wohl von Thurneysen mit Bleistift unterstrichen.
[11]  «Gottes Sachlichkeit», über Röm. 9,14–29, Römerbrief 1, S. 370–387 (S. 276–290). Brunners Sätze spielen offenbar an auf Passagen wie z. B. zu V. 15–18, Römerbrief 1, S. 377 (S. 281): «Wenn Gottes Weisheit die Menschen erwählt oder verwirft, so nimmt sie ihnen damit nichts, was ihnen nach menschlichem Recht *gehört*, sie gibt ihnen aber auch nichts, was ihnen nur nach *menschlichem* Recht gehört, sondern sie gibt und nimmt ihnen nach ihrem eigenen Recht und richtet so *dieses* Recht, das Recht *Gottes* wieder unter ihnen auf als *das* Recht, das über allen Menschenrechten wieder erkannt und anerkannt werden muß.»

kannst. Man *muß* eben wählen zwischen der kosmologischen und der ontologischen Reihe. Bei Kutter ist die Sache klar: Prinzipielle, unzweideutige Überordnung des Τέλος über die Causa. Nur so werden wir den Materialismus der Kosmologie (nicht des kosmischen Denkens!) los und treten fest auf den Boden des Geistes. – Aus derselben Auffassung – ich würde sagen: aus demselben prinzipiellen *Fehler* – kommt dann die Überspannung des Dualismus von sittlich und göttlich[12]: Gewiß ist es ein Hauptverdienst, wenn du mit dem Kultus des Sittlichen aufräumst, als wäre es das Letzte und Höchste. Aber diese Kluft aufzureißen zwischen dem Gott als Gott und das Gute als das Gute anerkennen[13], das widerspricht dem Geist der Bibel. Die «gesetzliche» Haltung[14] ist eben nicht identisch mit der sittlichen. Es ist die Erstarrung des Sittlichen, die Paulus bekämpft, während er das Sittliche als Vorstufe und Übergang zum letzten durchaus gelten läßt[15]. Wo willst du den Schnitt machen zwischen Ehrfurcht und Gottesfurcht? Das Sittliche hat *eine* Komponente zum bloß Menschlichen hin, zu jener Persönlichkeitskultur, die du verabscheust[16], zur Unsachlichkeit und Unfreiheit. Aber auch eine zur Freiheit und sachlichen Hingabe. Es ist interessant, wie viel du[17] vom Glauben und wie wenig von der Liebe als dem Höchsten sprichst; sie ist gerade der Punkt, wo das Sittliche die Schwelle des Unmittelbaren überschreitet. Bei dir ist zwischen beiden «eine tiefe Kluft befestigt» [vgl. Lk. 16,26]. Damit hat dann auch das

[12] Brunner denkt vermutlich an Stellen wie Römerbrief 1, S. 265f. (S. 196f.) zu Röm. 7,7–13, wo Barth sich unter dem Titel «Das Gesetz und die Romantik» mit dem Idealismus auseinandersetzt. Dieser wird auf dem Nenner einer bloßen, leeren, unerfüllten Forderung verstanden, dem Barth das Evangelium als das von sich aus und von selbst wachsende Neue Sein gegenüberstellt.

[13] Vgl. z. B. Römerbrief 1, S. 74 und S. 93.233 (S. 49 und S. 63.169).

[14] Brunner wird sich hier darauf beziehen, daß Barth, a.a.O., S. 263ff. (S. 195ff) den Kampf des Paulus gegen das *Gesetz* (Röm. 7,7ff.) als Auseinandersetzung mit der idealistischen Sollens-*Sittlichkeit* auslegt.

[15] Ab «als Vorstufe» von Barth mit Blaustift unterstrichen und mit Fragezeichen am Rand versehen.

[16] Vgl. Römerbrief 1, S. 419f. (S. 313): Die Kirche «läßt sich das Göttliche sagen, aber sie läßt es sich sagen wie etwas Menschliches. Gottes Reich wird verkündigt, sie aber ... interessiert sich (dies die besondere Pest des Jahrhunderts!) für die redenden oder schreibenden Persönlichkeiten – als Persönlichkeiten, ... – und überhört bewußt und beharrlich jeden Hinweis auf Gott selbst.» Den Begriff «Persönlichkeitskultur» greift Barth, a.a.O., S. 108f. (S. 77) auf.

[17] Wort von Barth mit Blaustift unterstrichen; am Rand: «Pl!» (= Paulus).

ganze sittliche Gebiet keine positive Beziehung zum Gottesreich; es ist einfach Welt; und wenn du ihm trotzdem – natürlich – gelegentlich positiven Wert zuschreibst, so geschieht das in glücklicher Inkonsequenz, da sonst dein Bild einfach unerträglich dualistisch würde. Das ganze Gebiet der Kultur, des Humanismus ist für dich wirklich *ganz* relativ. Und deshalb gibt es eigentlich für dich auch keine *Entwicklung* des Gottesreichs, und alles das, was wir nicht anders als als Vorstufen auffassen können, ist für dich reine «Welt».[18] Es ist die prinzipielle Absage an die idealistische Geschichtsauffassung. Staat, Sozialismus, Pestalozzi, Beethoven ist für dich so gut bloße «Welt» wie die Menschenfresserei, ja eigentlich noch schlimmer[19], weil zudem noch das Bewußtsein dieses Elendes[20] hinzukommt. Da kann ich nicht mit; da sehe ich die Bibel mit viel mehr platonischen Augen an. In der reinen Pflichttreue, im sittlichen Ernst, ja in aller[21] uninteressierten Sachlichkeit und Freude am Mehr als Ich sehe ich einen Funken jenes Unmittelbaren, einen Keim jener gläubigen Objektivität, ein Fünklein Christusliebe und Gottvertrauen.[22] Zwischen dem Idealismus Fichtes und dem Glauben Luthers – zwischen dem Sermon von den guten Werken[23] und der Bestimmung des Gelehrten von 1812[24] sehe ich keinen wesentlichen Unterschied, außer vielleicht dem, daß Fichte noch deutlicher als Luther wußte[25], was uninteressierte Hingabe an Gott ist. Ich glaube, dabei nicht bloß Kutter (Reden![26] Gerechtigkeit![27] Das Unmittelbare, Kapitel

[18] Satz von Barth am Rand mit Blaustift angestrichen.

[19] Satz bis hierhin von Barth mit Blaustift unterstrichen.

[20] «Bewußtsein dieses Elendes» von Barth mit Rotstift unterstrichen; daneben Randbemerkung Thurneysens: «das ists! Beethoven!».

[21] Wort von Barth mit Blaustift unterstrichen.

[22] Satz am Rand von Thurneysen angestrichen; daneben Randbemerkung Thurneysens: «wie schön!».

[23] M. Luther, *Von den guten Werken* (1520), WA 6,202–276.

[24] J. G. Fichte, *Einige Vorlesungen über die Bestimmung des Gelehrten* (1794), Sämmtliche Werke, 6. Bd., Berlin 1845, Nachdruck 1965, S. 291–346. Vielleicht dachte Brunner auch an *Die Bestimmung des Menschen* (1800), auf die Barth in Römerbrief 1, S. 128f. (S. 92) – vgl. dort auch Anm. 24 – anspielt. Die angegebene Jahreszahl 1812 ist offenbar unrichtig.

[25] Wort wohl von Barth mit Rotstift eingerahmt; daneben Randbemerkung von Thurneysen: «Aber nur ‹wußte›!»

[26] H. Kutter, *Reden an die deutsche Nation*, Jena 1916.

[27] H. Kutter, *Gerechtigkeit. Ein altes Wort an die moderne Christenheit. Römer I–VIII*, Berlin 1905, Jena 1910².

Autonomie!²⁸), sondern auch die Bibel, sogar Paulus auf meiner Seite zu haben.

Wie tief dieser Gegensatz geht, übersehe ich jetzt noch nicht. Jedenfalls tut es uns Idealisten gut, die Sache einmal mit deinen Augen zu sehen. Wir müssen ja über den Idealismus hinauskommen, und da tut's gut, wenn du uns so eng machst²⁹, daß wir wirklich nur mit dem hindurchkommen, was hindurch soll. – Unsere Front und Haupttendenz bleibt trotzdem dieselbe, das merke ich ja an *meiner* Paulusarbeit gut genug. Und das muß ich dir nun zum Schluß doch sagen, daß du eben die Wahrheit ganz anders klar und lebendig siehst und ganz anders sicher dich darin bewegst und sie ins Leben stellst als ich. Ich fühle mich durchaus als dein Schüler in der Unterweisung über den Gottesglauben. Trotzdem weiß ich, daß du mir das, was ich soeben gegen dich angeführt, nie weglehren wirst. Nun aber vorläufig Schluß; es ist ja wirklich sehr «vorläufig» hingeworfen. Mit Spannung erwarte ich den Schluß des Buches. Beiliegend eine kurze Liste von eventuellen Interessenten.³⁰

Herzliche Grüße

dein E. Brunner

\* [Am Rand des Briefes hat Brunner zu diesen Sätzen nachgetragen:] Das Kapitel über Röm. 11 ist ein besonders gut gelungenes.

\*\* Nun hab ich's doch getan.


## 12

Brunner                                    Obstalden, 30.11.1918

Lieber Freund!

Du begreifst, daß dein Römerbrief nicht einfach gelesen werden kann. Er hat auch seine praktische Seite, und da möchte ich nun grad

---

²⁸ H. Kutter, *Das Unmittelbare*, a.a.O., S. 211–227: Das autonome Sittengesetz bei Kant und das Ich bei Fichte.
²⁹ = uns den Raum so einengst.
³⁰ Eine solche Liste konnte nicht nachgewiesen werden.

mit einer seelsorgerlichen[1] Bitte an dich geraten. Das Problem Glaube und Pietimus hat mir, seit ich bei Kutter im Unterricht war (1905)[2], praktisch ungeheuer viel zu schaffen gemacht, und der Kuttersche «Transzendentalismus»[3] hat mich – natürlich durch Mißverständnis – ungeheuer oft und schwer gehemmt, so dankbar ich doch dafür sein muß. Auch dein Römerbrief hat diese Seite. Die «Objektivität»[4] wird so leicht zum bequemen Intellektualismus (wie auch die Geschichte beweist). Der «Akt» des Glaubens[5] (im Unterschied von psychologischen Zuständen) ist eben wie alle «Akte» zeitlos, qualitätslos, gradlos, «schlechterdings»; und es ist furchtbar schwer, das praktisch vom «ohne weiteres» zu unterscheiden – was doch ungefähr sein Gegenteil ist. Du siehst darin – das merke ich aus allem – praktisch viel klarer als ich. Drum tu mir den Gefallen und korrigiere mir – oder approbiere mir – folgendes Selbstgespräch. So spricht Paulus[6]:

Gewiß mußt du Gott suchen von *ganzem Herzen* und aus *allen* deinen Kräften [vgl. Dtn. 6,5]; nicht zufrieden sein mit *halbem* Sehen und Hören, halbem Ernst, halber Intensität, blasser Gläubigkeit. Nicht im Vorhof stehen bleiben, bei irgend welchen Vermittlungen. Daß du das nicht tust, dazu darfst (und sollst du raffinierter Selbsttäuscher!) du mit allem Kierkegaardschen psychologischen Raffinement dich prüfen[7], auch mit Tolstoi die «Werke» als Kriterien herbeiziehen[8]. Aber eben –

[1] Wort von Barth unterstrichen.
[2] Vgl. S. 8, Anm. 5.
[3] Brunner bezieht sich wohl auf Kutters radikale Betonung der Transzendenz von «Gott selbst» gegenüber allen Satzungen, Ideen, Dogmen, Frömmigkeitspraktiken der Kirche. «Zum lebendigen Gott durchdringen heißt ... abwerfen ... alles abgeschlossene, verborgene Innenleben, allen frommen Individualismus, ... alle Dogmatik und Ethik, alle Andacht und Erbauung. Das gesamte Glaubenssystem.» H. Kutter, *Die Revolution des Christentums* (1908), Jena 1912³, S. 224.250f.
[4] Mit «Objektivität» bezeichnet Barth das dem Menschlich-Subjektiven Entgegengestellte, vgl. seine Auslegung zu Röm. 1,28a in: Römerbrief 1, S. 38 (S. 21): Die Menschen «halten es nicht mehr für nötig, ja sie sind überhaupt nicht mehr im Stande, mit einer Objektivität zu rechnen, ihre mißbrauchte, gelähmte Vernunft dient gerade nur noch dazu, alles, was über Empfindungen, Erfahrungen und Erlebnisse hinausgeht, abzuschätzen und dieses Vorgehen sophistisch zu rechtfertigen!»
[5] Vgl. etwa Römerbrief 1, S. 449 (S. 335).
[6] Ab «Selbstgespräch» von Barth unterstrichen.
[7] Vgl. E. Brunner, *Die Botschaft Sören Kierkegaards,* in: Wort I, S. 209–226.
[8] Vgl. Römerbrief 1, besonders S. 548–550 (S. 412–414); sowie S. 259 (S. 191), S. 421 (S. 315), S. 535 (S. 401).

das alles dir dienen lassen, um *Gott* zu suchen, um von ihm allein zu leben und dich rechtfertigen zu lassen. Ja nicht auf dem Weg stehen bleiben und dich umwenden und betrachten, wie weit du gekommen, um *daraus* zu bestimmen, woran du mit Gott seiest. Eben darauf kommt alles an. Gerade darauf soll dein ganzer Ernst, dein «Furcht und Zittern»[9], dein ganzes «Suchen»[10], deine ganze Leidenschaft gerichtet sein, *direkt* auf Gott zu schauen und auf jedem Punkt deines Weges das, was von dorther kommt, als maßgebend zu betrachten, auch wenn's noch von weither ist. Wie weit du noch bist, geht dich freilich etwas an, und zu diesem Zweck darfst du dich schon umdrehen und zurückschauen, aber eben nur in dem Interesse, daß du noch näher zu Gott kommen, d. h. noch direkter auf ihn sehen willst. Du wirst nie ganz zufrieden sein und sagen können: nun bin ich aber Gott Aug in Auge; aber das soll dir nie ein Grund werden, umzubiegen aus der direkten Richtung, die Meilensteine zu zählen, die du heute siehst, und *daraus* deine «Rechtfertigung» abzuleiten. Deine Rechtfertigung kommt immer daraus, daß du direkt auf Gott schaust, und wenn du auch noch so weit bist, daß du's erst recht blaß und schematisch siehst. Gerad indem du es *siehst,* wirst du die Aufforderung an dich ergehen hören: Geh weiter, laß nicht lugg[11] – kommt etwas vom Kierkegaardschen «Furcht und Zittern» und heiligem Eifer und Ernst über dich und die Unruhe, nicht zu ruhen, bis es auch heute und morgen schon, so gut's halt geht, im Leben wahr wird. Aber nur ja nicht durch diese «Erfahrungen» dich entmutigen lassen; nur ja nicht dir *daraus,* sei's positiv oder negativ, dein Urteil sprechen. Du bist noch lange nicht «direkt», es ist wahr, du bist noch heillos in der begonnenen «Gläubigkeit» statt im Glauben[12], in bequemer Rechtfertigungsruhe, in einer laxen und unintensiven Haltung gegen Gott; raffe dich nur auf, so gut du *irgend* kannst; nimm alle Kraft zusammen, die Lust und auch den Schmerz[13], um «direkt» zu werden;

---

[9] S. Kierkegaard, *Furcht und Zittern. Dialektische Lyrik von Johannes de silentio* (1843), Gesammelte Werke, Bd. III, Jena 1909.

[10] Zum «Suchen» als Thema Brunners, vgl. Nr. 4.

[11] = laß nicht locker.

[12] Zu «Glaube» und «Direktheit» vgl. Römerbrief 1, S. 160 (S. 115); sowie E. Brunner, *Die Botschaft Sören Kierkegaards,* in: Wort I, S. 223f.

[13] L. Uhland, *Des Sängers Fluch,* Strophe 4, Zeile 3, in: Uhlands Werke in vier Bänden, Bd. II, hrsg. von R. von Gottschall, Leipzig o. J., S. 133:
Der Alte sprach zum Jungen: «Nun sei bereit mein Sohn!

aber denke daran: in jedem Moment gibt's doch *etwas* Direktes für dich, und das allein ist maßgebend. Glaub ja nicht, ich wolle dir das Beten und Suchen und alles das, wovon du findest, es helfe dir, es ernst zu nehmen mit Gott – verleiden. Nein! Du *sollst* es tun, bei Gottes heiligem Zorn nichts unterlassen, weder Bibellesen noch sonst etwas lesen, noch nachdenken, noch Selbstprüfung, noch gewissenhafteste Pflichterfüllung – nichts von dem geringachten und unterlassen; dir nicht «Furcht und Zittern» durch eine «christliche Freiheit» in einer Schwarzkaffee-Gemütlichkeit[14] verleiden oder verhöhnen lassen – und wenn's ein Gottesmann täte[15] – nimm's in alledem so ernst wie der skrupulöseste Pietist und der werkheiligste Tolstoianer; aber *stelle nie* auf das *ab,* halte das nie für den Anfang, das A, sondern immer für das B, das aus dem A kommt, und denke immer daran, daß du dir mit allem Eifer das A nicht erwerben kannst, sondern daß just all dein Eifer darin bestehen soll, dir in die Rolle des Sichbeschenkenlassens hineinzuhelfen, aus der des Machenwollens hinauszukommen. Dann ist dein Eifer gut und gesegnet, wenn dir dein psychologischer Scharfsinn hilft, diese beiden Rollen zu unterscheiden – praktisch, in jedem Moment –, und deine «Übungen» dazu, dich aus dem einen ins andere zu lupfen[16], und deine «Werke» einfach um Gottes willen, um Gott zu gehorchen, – so gut's geht – getan sind, und deine Gewissenhaftigkeit dir helfen soll, ja nichts von Gottes Willen «fürs Heute» zu verfehlen – dann ist das alles recht und notwendig. Kierkegaard hat ganz recht: wenn du's mit Gott auch nur ein wenig ernst und redlich meinst, hört die innere und wahrscheinlich auch die äußere Bequemlichkeit auf.[17] Seine Analysen und Vorbilder und harten Kriterien geben dir ein ganz unschätzbares Hilfsmittel ab, den rechten Glauben nicht mit fauler intellektueller Gläubigkeit zu verwechseln und tun dir praktisch wahrscheinlich viel besser als der

Denk unsrer tiefsten Lieder, stimm an den vollsten Ton!
Nimm alle Kraft zusammen, die Lust und auch den Schmerz!
Es gilt uns heut, zu rühren des Königs steinern Herz.»
[14] Spielt an auf die Schweizer Sitte, nach dem Mittagessen einen «schwarzen Kaffee» zu trinken.
[15] Einschub von Barth unterstrichen.
[16] = als einen schweren Gegenstand in die Höhe zu heben.
[17] Zu Bequemlichkeit als dem Gegenteil von Leidenschaft vgl. E. Brunner, *Die Botschaft Sören Kierkegaards,* a.a.O., S. 218f.

«Humor» der «Reden»[18] und die Heimeligkeit des Bilderbuchs[19].[20] Laß dich nur von deinen Idealisten anfeuern und richten; nur laß sie dich *zu Gott* treiben und zu Gott richten.

Unterlaß nichts, was ein «sittlich-religiöser» Mensch tut, aber tu es in anderm Sinn; tu alles, was dir hilft, Ehrfurcht vor und Freude an Gott zu bekommen und seinen Heilswillen (auch über dich) zu verstehen; und geh und lebe dann aus diesem Verstehen dieser Ehrfurcht und Freude.

So.

Willst du so gut sein und mir, sobald du kannst, schreiben, ob du damit einverstanden bist?[21]

Herzliche Grüße

dein E. B.

Nachschrift.

Beim Überlesen meines Briefes sehe ich, daß er sehr schlecht meinen Eindruck wiedergibt.

Der Haupteindruck ist natürlich der: Da hört man endlich einmal *Paulus,* den berufenen Apostel Jesu Christi, und zwar eben wie am Pfingsttag – «redet er nicht unsere Sprache?» [vgl. Apg. 2,6]. Es ist erstaunlich, was für einen lebendigen, «modernen» und doch ewigen Sinn diese alten Schulsprüchlein bekommen. Weiter ist dein Kommentar ein Tatbeweis für die Beck-Kuttersche These, der Römerbrief sei ein Organismus.[22] Das hast du ebenso überzeugend wie unaufdringlich-natür-

---

[18] H. Kutter, *Reden an die deutsche Nation,* a.a.O., vgl. S. 113.

[19] H. Kutter, *Das Bilderbuch Gottes für Groß und Klein,* a.a.O.

[20] Satz ab «dir praktisch» von Barth unterstrichen.

[21] Satz ab «sobald» von Barth unterstrichen, am Rand mit Ausrufezeichen versehen.

[22] J. T. Beck, *Erklärung des Briefes Pauli an die Römer,* hrsg. von J. Lindenmeyer, 2 Hälften, Gütersloh 1884; H. Kutter, *Gerechtigkeit,* a.a.O.; ferner: ders., *Der Römerbrief als Katechismus,* in: Kirchenfreund. Blätter für evangelische Wahrheit und kirchliches Leben, Basel, Jg. 28 (1894), S. 353−359.369−376.385−391. Beck (1804−1874), seit 1836 Professor in Basel, seit 1843 in Tübingen für Systematische Theologie, versteht den Römerbrief als «dogmatisch und praktisch» dargelegte *«Gesammt-Anschauung ... von der evangelischen Offenbarung»* (a.a.O., S. 9). Kutter versucht den Römerbrief unter einem organischen Prinzip mit dem Begriff der Gerechtigkeit zu fassen. Vgl. auch E. Busch, *Karl Barth und die Pietisten,* a.a.O. (S. 11, Anm. 2), S. 43f.55−62.

lich herausgestellt. Beides aber hat mir nicht so großen Eindruck gemacht, wie es mir noch vor zwei Jahren gemacht hätte. Ich erwartete das ungefähr so von dir (wie unverschämt, gelt!).

Die Hauptsache aber ist doch das Ausgehen sozusagen vom Standpunkt Gottes und das unbeirrte Festhalten dieses Eben-nicht-«Standpunktes»[23] durch alle Wirrnisse alter und neuer Fragestellungen. Dadurch wird dein Buch etwas ganz Neues sein; es geht eben doch auch wesentlich über die positive Theologie, auch über Beck hinaus; es steht eben doch ganz anders im Gegenwartsleben drin als jene im gewissen Sinn sehr «theologischen» Arbeiten. Übrigens, um noch ein Schlämperlig[24] anzuhängen, bist du mir auch noch ein wenig zu kirchlich-konservativ[25]. Nur eins unter vielen: Paul Gerhardt, der Kirchenheilige, vertritt eben *tatsächlich* jenen Schicksalsglauben, wenigstens etwas, was jenem ähnlicher ist[26] als dem biblischen Reichgottesglauben.[27] – Was ich *da* gegen dich habe, trifft aber ziemlich mit dem zusammen, was ich über Kutter und Fichte gesagt.[28] Ich werde es mir zur Aufgabe machen zu zeigen, daß Paulus die Vollendung und Erfüllung auch jener «Reihe» (Eckhardt – Fichte)[29] darstellt und ebenso gut in jener Sprache reden könnte wie in der Luthers.[30]

Zum Schluß also: Hab vielen Dank für dein Opus. Es ist dir ganz entschieden ein Lupf[31] gelungen; nicht im frivol-ästhetischen Sinn, sondern in frommer Sprache – «es wird ein gesegnetes Buch sein». Es wird manchem den Star stechen und Leuten wie mir und hoffentlich auch besseren immer wieder «eine Leuchte sein auf unserem Weg» [Ps. 119,105] und ein Halt, grad wie Eure Predigten[32], die eben trotz Ragaz' Widerspruch[33] mehr Wort Gottes enthalten, als was man sonst in die Finger bekommt. Also gratulor ex animi mei sententia!

[23] Vgl. Römerbrief I, S. 203 (S. 146).
[24] = schmutziges Anhängsel, beschimpfende Nachrede.
[25] Ab «ein wenig» von Barth unterstrichen.
[26] Ab «wenigstens etwas» von Barth unterstrichen.
[27] Bezieht sich wohl auf Römerbrief I, S. 336 (S. 249), vgl. auch S. 321 (S. 238).
[28] Vgl. Nr. 11.
[29] Vgl. Römerbrief I, S. 128–131 (S. 91–93) und vgl. Nr. 11.
[30] Ab «ebenso gut» von Barth unterstrichen.
[31] Vgl. Anm. 16, hier auch soviel wie: ein Wurf.
[32] Vgl. S. 16 Anm. 7.
[33] Vgl. Nr. 10.

Barth                    Safenwil, 2.12.1918 [Ort und Datum des Poststempels]

Lieber Freund!

Habe *vorläufig* besten Dank für deine drei Briefe.[1] Der Gegensatz,
den du aufdeckst, ist wichtig und lehrreich. Das letzte Wort über meine
Auffassung der «Ethik» bei Paulus mußt du freilich erst fällen, wenn du
auch c. 12–14 gesehen hast. Aber deinen Anforderungen wird auch das
dort Gesagte kaum genügen. Gerade Eckehardt und Fichte haben mir
bis jetzt erschreckend wenig gesagt.[2] Ich muß mich mit neuem Ernst
gerade an diese zwei machen. Aber ob du Paulus nicht zu nahe trittst,
wenn du sie gerade unter *seine* Flügel stellen willst? Wo ist bei ihnen
das eigentümlich Rollende, Bewegungsmäßige, Dramatisch-Geschicht-
liche, das für das paulinische Denken so bezeichnend ist? Wären sie
nicht besser zu *Johannes* zu stellen? Das «Selbstgespräch»[3] deines Paulus
muß ich erst abschreiben (deine s.v.v.[4] Pfote ist mindestens so schlimm
wie meine), um dann zu überlegen, was mein Paulus dazu sagt. Ich will
es dir dann eröffnen, wenn ich kann! Augenblicklich danke ich dir ro-
her Weise besonders herzlich für die erwischten Druckfehler. Du
schreibst:

316,16 v.o. Herrschafts*an*spruch

Die Zahl stimmt nicht und ich finde den Kerl nicht. Wo steckt er?
Diese Woche soll nun der Druck fertig werden.
Herzlichen Gruß!

Dein K. B.

---

[1] Laut Barth kamen am 1.12.1918 «drei Briefe Brunners ... in einem Couvert»
an (Bw.Th. I, S. 304). Neben dem vom 28.11.1918 ist der Brief vom 30.11.1918 offensichtlich der zweite Brief (a.a.O., S. 305). Mit dem dritten Brief könnte Barth
die ein eigenes Blatt füllende «Nachschrift» zum Brief vom 30.11.1918 meinen,
andernfalls müßte der Brief verloren sein. Das von Brunner beigelegte Druck-
fehlerverzeichnis ist nicht erhalten.
[2] Eckehart wird im Römerbrief 1 nicht zitiert. Auch Fichte hat Barth anscheinend erst nachträglich gelesen und sich Notizen gemacht für Einfügungen in
eine eventuelle nächste Auflage; vgl. Römerbrief 1, S. 502, Anm. 45, S. 522,
Anm. 71 und S. 128f., Anm. 24. Vgl. auch Bw.Th. I, S. 304f.
[3] Vgl. Nr. 12.
[4] = sit venia verbo = mit Verlaub.

«Eiertänze»[5] kommen noch mehr vor! Freue dich auf [Röm.] 13,1ff![6]
Aber der Fluß der Aare[7] bei Bern ist doch auch kein Eiertanz, sondern
eben ein Fluß. Könnt's bei Paulus nicht auch das sein?


## 14

Brunner          Obstalden, 5.12.1918 [Ort und Datum des Poststempels]

Lieber Freund!

Vielen Dank für deine Karte. Der Druckfehler «Herrschaftsanspruch»
findet sich S. 313, Z. 16 v. o. Ich habe soeben an Wirz[1] geschrieben. Die
Leseprobe ist m. E. sehr ungeschickt gewählt.[2] Ich habe mit anderen uns
z. T. sehr nahestehenden Freunden gesprochen, die dasselbe sagten. Einige sagten, sie hätten mit Spannung dein Buch erwartet, aber die Leseprobe habe sie wenig glustig[3] gemacht. Einer hat's sogar daraufhin entgegen seiner Absicht nicht bestellt. Diesen Schaden konnte ich gut machen; ein 2. Exemplar haben wir in der Lesemappe des P.V.[4] gebracht.
Von unserem Differenzpunkt werde ich in der Besprechung kaum etwas
sagen, da ich mich inzwischen überzeugt habe, daß diese Einseitigkeit
jetzt notwendig ist.[5] Den Schluß habe ich noch nicht erhalten.

Herzliche Grüße

dein E. Brunner[6]

[5] Vgl. S. 25, bei Anm. 9.

[6] In Römerbrief 1, S. 501–522 (S. 376–391) führt Barth zu Röm. 13,1–8 aus,
daß die Christen den Staat, obwohl er böser Machtstaat ist, nicht umstürzen,
sondern sich «ihm unterziehen», ihn aber «religiös aushungern» sollen, um ihn
gerade so auszuhöhlen.

[7] Die Aare kehrt sich um die Altstadt Berns in einer engen Schlaufe.

---

[1] Zu Jakob Wirz vgl. S. 4, Anm. 4.

[2] Der Inhalt und Umfang dieser Leseprobe konnte nicht nachgewiesen werden.

[3] = begierig.

[4] Pastoral-Verein. Die Leitung der Pastoralvereine pflegte neuere theologische
Literatur zu sammeln und dann in einer geräumigen Postmappe reihum durch
die Pfarrämter zirkulieren zu lassen.

[5] Vgl. Nr. 11, dort kritisiert Brunner Barths Abwehr eines psychologisch-sittli-
chen Humanismus.

[6] Von Barth sind handschriftlich auf der Karte folgende Stichworte notiert:
Generalstreik Fürsorgekomm. Römerbr. Brunner Kirche Predigten

Brunner                                          Obstalden, 16.12.1918

Lieber Freund!
Hier wäre also so ein Spiegel, in dem du deinen Römerbrief sehen
kannst.[1] Sieh zu, ob es ein Hohlspiegel oder ein ebener ist. Es wäre mir
lieb, wenn du mir eine kurze Antikritik schriebest, falls du nicht ganz
mit meinen Ausführungen einverstanden bist. Mir hat die Rezensions-
arbeit – wenn man sie so bezeichnen kann – viel Freude gemacht und
Gewinn gebracht. Ich habe dabei so recht gemerkt, wie groß unser Gemeinsames, wie geringfügig das Trennende ist. Ich habe dieselbe Arbeit
gern noch einmal gemacht, indem ich Ragaz auf einen sehr kuriosen
Brief (betr. Rezension eurer Predigten)[2] ganz prinzipiell unsere Sache
und was wir gegen das vulgär-«religiös-soziale» auf dem Herzen haben
dargelegt habe.
Ich fange an, ein wenig sicherer zu werden in der Unterscheidung
unseres transzendentalen metaphysischen von diesem psychologisch-
ethischen Denken, woran dein Römerbrief nicht wenig schuld ist. Ganz
persönlich dankbar bin ich dir auch für Röm. 12 und 13[3]. Das ist dir
*ganz* fein geraten, während mir Röm. 14[4] als ein z. T. unverständlicher
Monolog deiner tiefen Weisheit mit sich selber vorkommt. Ich merke
ja schon, um was es geht, aber es ist doch viel zu allgemein-abstrakt gehalten. Mit [Röm.] 15–16[5] bin ich noch nicht ganz fertig, hatte aber
trotzdem das Bedürfnis, vorläufig meine Rezension zu beendigen. Sollte
sich unerwarteterweise noch etwas Umstürzendes in den ungelesenen
Bogen finden, so ließe sich das schon noch berücksichtigen. Bitte
schicke mir die Blätter *möglichst bald* zurück. Wirz will zwar die Besprechung erst im neuen Jahrgang haben, hat sie aber sehr begrüßt. –
An Röm. 12–13 habe ich wieder gemerkt, wie nötig wir – wenigstens

[1] E. Brunner, «*Der Römerbrief*» von Karl Barth. *Eine zeitgemäß-unmoderne*
*Paraphrase*, in: KBRS, Jg. 34 (1919), S. 29–32; wieder abgedruckt in: Anfänge I,
S. 78–87.
[2] Vgl. Nr. 9 und Nr. 10.
[3] Vgl. Römerbrief 1, S. 462–529 (S. 346–396).
[4] Vgl. a.a.O., S. 530ff. (S. 397ff.).
[5] Vgl. a.a.O., S. 568ff. (S. 428ff.).

ich – persönlichen Kontakt hätten; es ist ja eben doch Lebenssache, ganz Persönlichstes, um was es da geht, das, was im praktischen Leben, Pfarramt, Seelsorge etc. zur Geltung kommen soll. Da hätte ich «Ermahnung»[6] sehr nötig, und ich sehe auch [?], wie sie möglich wäre. Also nochmals von ganzem Herzen Dank für deine Weihnachtsgabe.

Dein Emil Brunner

Daß ich mich bemüht habe – d. h. es kam von selber so –, deine Objektivität wieder durch Objektivität zu ehren und zu verdanken[7], indem ich vom «Buch» möglichst wenig sagte, dafür umso mehr von der Sache, wirst *du* nicht als Geringschätzung deiner Leistung betrachten.

16

Barth                                                    Safenwil, 17.12.1918

Lieber Freund!*
Du hast gründliche und erleuchtende Arbeit getan.[1] Zu einer Anti-Kritik habe ich gar kein Bedürfnis. Die Sache wird sich auf der von dir gewählten Ebene in der Tat irgendwie in dieser Gestalt präsentieren. Du hast dich als Chorege[2] (in diesem Fall als erklärender Theologe) zwischen die theologische Brüderschaft und meinen Paulus hineingestellt und versiehst dein Amt meisterhaft, besser als ich es je gekonnt[3]; ich war ganz erstaunt, wie sich das, was ich so «objektiv» und «naiv» aus Paulus heraus vor mich hin gehornt habe, unter deinen Händen alsbald zum

---

[6] Anspielung wohl auf Römerbrief 1, S. 463–466 (S. 347–349), bes. S. 463 (S. 347): «Ermahnen kann ich also und ermahnen lassen können sich nur Brüder, Mitbewegte, Menschen, die sich mit mir in der gleichen Situation befinden, aus der heraus und für die ich rede.»
[7] = mich für sie bedanken.

[1] Gemeint ist die S. 36, Anm. 1 genannte Rezension Brunners.
[2] = Chorführer, Anführer eines Reigens (aus dem Griechischen).
[3] «hineingestellt» und «meisterhaft ... gekonnt» von Brunner unterstrichen.

wohlgerüsteten kleinen System gerundet hat, das der theologischen Sippe einladend und drohend vorgestellt wird. Eigentlich wollte ich in einem ersten, viel längeren, Vorwort das Gleiche[4], habe dann aber darauf verzichtet, vielleicht aus Impotenz, vielleicht aus einem gewissen Instinkt, daß es damit nicht pressiere. Du bist für diese Saulsrüstung [vgl. 1. Sam. 17,38f.] der starke Mann und offenbar auch der Mann, der sie mit einer gewissen Lust anlegt und trägt. Wenn ich dich schon besser kennen würde, so würde ich vielleicht jetzt schreiben: du *mußtest* gerade das sagen! würde dir wohl gar nichts schreiben, als daß ich dir herzlich danke für den freundlichen verständnisvollen Empfang, den du diesem Eidgenossen da auf der theologischen Bühne bereitest und beim Publiko verschaffen möchtest. Vielleicht ist's auch in dem Kirchenblatt, für das du schreibst[5], das einzig Richtige und Mögliche, so zu reden.

Nur als Jota subscriptum[6] möchte ich hinzusetzen, daß ich dich eigentlich noch lieber als in der Rolle des Choregen gleich – um im Bilde zu bleiben – in der des Antagonisten *neben* meinem Eidgenossen gesehen hätte. Du hättest möglicherweise deine Aufgabe als Rezensent darin suchen können, das Publikum sofort ein zweites Mal durch hirtenmäßig-weihnachtliches Reden *aus* Paulus ins θαυμάζειν zu versetzen, statt ihm das, was es bei mir mit Recht vermissen wird, nachträglich durch deine treffliche Deutung und Beleuchtung doch zu bieten. Das hätte den Nachteil gehabt, daß Buch *und* Rezension die Leser in die *gleiche* Verlegenheit gesetzt hätten, vielleicht aber auch den Vorteil, daß die «direkte Aktion»[7] gleich weitergegangen wäre, statt dem Bürgertum eine Erholungspause zu erlauben. Das willst du natürlich so wenig wie ich. Ich meine nur: das, was wir fürchten müssen wie die Pest, das ist die Möglichkeit, daß das Bürgertum sich alsbald wieder bei dem Eindruck beruhigt, es handle sich bei «unsrer Auffassung» um einen neuesten, allerraffiniertesten -ismus, um eine respektable, aber auch diskutable Schulspezialität. Du hast *Alles* getan, um *innerhalb* der Cremato-

---

[4] Fünf Entwürfe zu Vorworten finden sich im Anhang zur Neuausgabe Römerbrief 1, S. 581–602.

[5] Vgl. S. 36, Anm. 1.

[6] = kleine Randbemerkung.

[7] Es handelt sich wohl um eine Anspielung auf den schweizerischen Generalstreik von 1918, vgl. zu diesem S. 23, Anm. 7; sowie M. Mattmüller, *Leonhard Ragaz und der religiöse Sozialismus. Eine Biographie. Bd. II: Die Zeit des Ersten Weltkrieges und der Revolutionen*, Zürich 1968, S. 382–420.

riumsatmosphäre der akademischen Weisheit auszurufen und zu verkündigen, daß es draußen frische Luft gebe. Wäre es nicht angängig gewesen, statt des an sich so verdienstlichen κράζειν Johannes des Täufers [vgl. Joh. 1,15] gleich in das messianische ἐθεασάμεθα Johannes des Evangelisten [vgl. Joh. 1,14] einzustimmen? Ich wiederhole, daß ich das nicht zur Kritik deiner Arbeit sage, die ich, so wie sie ist, nur anerkennen kann und die sicher in ihrem Rahmen ihren Zweck versehen wird. Es ist mir nur, wir müßten jetzt die kleine Einsicht in die biblische Wahrheit, die wir zu haben meinen, sofort zu praktizieren anfangen durch das direkte biblische Denken und Reden. Sie muß ja in uns und den Andern *wachsen,* und wir haben eigentlich gar keine Zeit, uns reflektierend neben sie zu stellen. Dies mein Jota subscriptum.

Zum Einzelnen ist nur zu sagen, daß ich dir für die Objektivität, mit der du von *mir* geredet hast, *sehr* dankbar bin; ich erwartete es so von dir. Zweitens, daß ich dich bitte, die mit X bezeichnete Stelle auf S. 2 zu revidieren.[8] Gerade *dieser* Empfehlung begehre ich nicht, höchstens in Form eines kurzen Satzes, man merke (ja nicht: man *höre!*), daß ich einige Bücher (ja nicht: von Hieronymus bis ... . Ich habe Hieronymus nie mit einem Finger angerührt!) gelesen habe. «Alle» Finessen und Delikatessen ist viel zu stark; wenn Schmiedel[9] über mich kommt, könnte es zu schönen Bloßstellungen kommen. Hüte dich, dich in dieser Hinsicht mit mir zu kompromittieren! Wenn du etwas über den «wissenschaftlichen» Hintergrund sagen willst, dann sag darüber, was du aus dem Buch wahrgenommen, nicht was du offenbar über meinen Apparat gehört hast.

Es war sehr freundlich von dir, mir deine Arbeit vor dem Druck noch vorzulegen, und wenn du die eben berührte Streichung oder Änderung noch anbringen willst, so gebe ich mit nochmaligem Dank für alle Mühe, die du dir genommen, und in der Hoffnung auf Fortsetzung der gemeinsamen Forschung das Imprimatur! Wir sollten uns bald einmal persönlich sprechen können. Ich lese nun Eckehardt[10], aber er bleibt mir sehr problematisch. Gib doch Achtung, bevor du *das* mit *Paulus*

---

[8] Die angekreuzte Passage ist offenbar wunschgemäß revidiert worden; sie ist im gedruckten Text nicht nachzuweisen.

[9] Paul Wilhelm Schmiedel (1851–1935), Professor für Neues Testament in Zürich.

[10] Vgl. S. 34, Anm. 2.

zusammenbringst. Aber du kennst ihn besser; ich will also nichts gesagt haben.

Mit herzlichsten Grüßen zur Weihnacht

dein Karl Barth

\* [Im freien Raum neben der Anrede von Barth nachgetragen:] Willst du mir dann ein Exemplar des betr. Kirchenblattes[11] zuhalten; ich bin nicht Abonnent.

## 17

Barth                Safenwil, 18.12.1918 [Ort und Datum des Poststempels]

*Nachtrag*

Lieber Freund!

«Ein Programm»?[1] Ist's das? Der Römerbrief selbst doch sicher nicht. Und mein Buch möchte es wenigstens auch nicht sein. Du meinst doch damit: der orientierende Grundriß einer neuen Theologie? Dann könnte ja die Leidensgeschichte des Römerbriefs von vorne anfangen. Wir sehen doch im Römerbrief wie im ganzen Neuen Testament den von dir beschriebenen Vertikalstoß, den es nun nicht in der Horizontale programmatisch zu erklären, sondern weiterzuleiten gelten würde. Wenn dieses unser Bemühen u. a. auch ein neues theologisches Programm zum Ertrag hat, so wollen wir uns dieses Nebenproduktes freuen, aber nicht durch die Gleichung Römerbrief = Programm den Verdacht erwecken, als ob wir es *darauf* abgesehen hätten. Sonst kommt der Teufel wieder und holt auch uns! Sag das, was du mit diesem Untertitel sagen willst, irgendwo beiläufig, wenn's gesagt sein muß, aber ja nicht an der Spitze.

Mit herzlichem Gruß

dein K. B.

[11] Vgl. S. 36, Anm. 1.

---

[1] Der geplante Untertitel in Brunners Rezension ist im Druck gestrichen.

## 18

Brunner                                    Chicago, Hyde Park, 29.10.1919[1]

Lieber Barth,

Die Welt ist klein! Treffe ich nicht hier in der Dreimillionenstadt Chicago einen gewissen Pfarrer Charles Gilkey, der mich liebenswürdigst in sein Haus aufnimmt, bewirtet und [mir] alles mögliche und erdenkliche Gute «zufügt». Und wie wir unsere Studienerlebnisse austauschen, findet sich's, daß dieser Reverend Gilkey mit dir und Peter eine fröhliche Marburgerzeit verlebte[2] und dich einmal gehörig durchs offene Fenster mit Äpfeln bombadierte usw. Trotzdem er ein hochangesehener und in ganz Amerika bekannter geistlicher Herr ist, traute ich ihm auch jetzt noch ein ähnliches Jüxlein zu. Wir hatten ein paar herrliche Tage miteinander. Hoffentlich hält er sein Versprechen, uns bald einmal in der Schweiz zu besuchen, samt Frau; seine zwei Kinder wird er wohl zu Haus lassen.*

* [Unter Brunners Worten von Hand notiert:]
    Gilkey
    Woodlawn Avenue 5828
    *Chicago*


My dear Barth –

It has been a most unusual pleasure for me to have Dr. Brunner here in our home, and to learn from him what great things you are doing and thinking in Switzerland. I was particularly glad to hear about *you*. Some day I do hope we can get together for a day, or better still, a

---

[1] Von Charles W. Gilkey (1882–1968) handschriftlich über Brunners Ortsangabe notiert: «5828 Woodlawn Ave – Hyde Park Baptist Church». Gilkey studierte 1908–1909 in Berlin und Marburg, wirkte 1910–1928 an der genannten Kirche als Reverend und ab 1926 an verschiedenen Universitäten als Professor. Der Anlaß für Brunners USA-Aufenthalt war ein Studienjahr am Union Theological Seminary in New York, vgl. Brunner, Mein Vater, S. 389.

[2] Barth hielt sich vom April 1908 bis zum August 1909 als Student und dann als Redaktionsgehilfe bei der Christlichen Welt in Marburg auf. Ebenfalls studierte sein Bruder Peter Barth 1909 dort, vgl. Lebenslauf, S. 61.

walking trip, in the mountains, and discuss theology to our heart's delight –

Till then – Glück auf. Ihr alter Studienfreund –

Charles W. Gilkey

19

Brunner                                                    Obstalden, 2.9.1920

Liebe Freunde![1]

Nachdem ich mich von dem Keulenschlag, den ihr mit Wucht und

---

[1] Barth und Thurneysen verbrachten in der Zeit vom 23.8. bis 7.9.1920 gemeinsame Ferien auf dem Bergli bei Oberrieden bei Zürich. Von dort aus haben sie laut Barths Pfarrerkalender Brunner am Sonntag, dem 29.8., in Obstalden besucht, vgl. auch Bw.Th. I, S. 419, Anm. 9; sowie G. Pestalozzi-Eidenbenz, *Ein Leben 1893–1978. Tagebücher und Briefe,* [Privatdruck Aarau 1993], S. 213. Eine Antwort Barths auf diesen Brief Brunners ist nicht auffindbar. Offenbar hat Thurneysen mit einem Brief reagiert (o. D., im Brunner-Nachlaß W 55/49): «Mein Lieber, was soll ich Dir antworten auf Deine triumphierende Gegenoffensive? Ich antworte überhaupt nur ungerne, und weils draußen regnet und regnet, denn Rechthaberei in Fragen der Auferstehung (*darum* handelt es sich letztlich zwischen uns) ist an sich ungut ...» Auf diesen Brief antwortet Brunner an Thurneysen am 11.9.1920 folgendermaßen (im Thurneysen-Nachlaß):
Mein Lieber!
Ich hatte dir schon wieder zwei, allerdings kurze, Briefe geschrieben, sie aber wieder beiseite gelegt, weil sie vielleicht wieder mißverstanden werden konnten. Ich will es noch einmal probieren. Voraussetzung aller weiteren Korrespondenz ist freilich, daß du mir nicht mehr «Rechthaberei» vorwirfst, sondern mir glaubst, daß es mir so ernst um die Wahrheit, um das Verstehen des Evangeliums zu tun ist wie euch. Ohne *dies* Vertrauen (das mir, im Gegensatz zu früher, wo ich gerade das an dir immer so wohltuend und anspornend empfand, diesmal fehlte) ist alles weitere Reden «in den Wind.» ... Ich hab mich wieder bemüht aus deinem Brief einen klaren Begriff zu gewinnen, was Ihr unter Auferstehung resp. dem Sterben versteht; aber ich bin nur auf Allgemeinheiten gestoßen. ... Bei euch geht fortwährend durcheinander der Gedanke, daß, an der Parusie gemessen alles, auch der Glaube ein nichtig vorläufiges ist; und der andere, daß der Glaube im schlechthinigen Wegsehen vom Bloßmenschlichen besteht. ... Denn daß der Hunger nach einer völligeren Erschließung der Gotteskräfte nur aus dem chronischen Zusammenbruch resp. moralischen Nihilismus (wie es von dir S. 35 angedeutet ist) komme, scheint mir ein ebenso falsches Mißverständnis wie die Marx-Lasallesche Verelendungstheorie. Bitte schreib mir nicht, das sei technisch-kirchl. ... etc. geredet. Es kann ja sein, ich weiß nicht. Aber es hilft mir absolut nichts. Mir jedenfalls sind damit meine ernsten Fragen nicht erledigt. ...

Sicherheit gegen mein armes Haupt geführt[2], einigermaßen erholt, nachdem ich auch eure neuesten Kundgebungen[3] sowie das Gespräch vom Sonntag[4] nochmals mit großer Lernbegier durchgangen, bin ich etwa zu folgenden Gedanken gekommen, von denen ich denke, daß sie auch für euch von einigem Wert sein würden.

Euer Keulenschlag war für mich etwas schlechterdings Wertvolles. Er hat eine gründliche Revision aller meiner Positionen ins Werk gesetzt, die zwar freilich einen etwas anderen Gang eingeschlagen hat, als ihr wohl erwartet. Jedenfalls tut es einem gut, besonders wenn man Pfarrer auf dem Land ist, wieder einmal zu hören, man predige billig, psychologisch, langweilig, kirchlich, ohne Distanz etc. Ich nehme das *auch* von *euch* an, nicht bloß von einem Kierkegaard oder Kutter, gerade weil ich weiß, daß ihr euch diese Predigt von Zeit zu Zeit auch haltet.

Nun zur Sache. Unter dieser verstehe ich jetzt unseren Differenzpunkt, von dem aus wir uns nicht verstehen können, eure Todesweisheit[5]. Ich bitte, das zu bemerken, da ich alles, was ich sonst, positiv, sagen könnte, z. B. über den Römerbrief[6], ungesagt lasse.

I. Zur Theorie. Mein zunächst instinktives Ablehnen eurer Todesweisheit wird durch die Reflexion durchaus gerechtfertigt. Ihr verwechselt nämlich, ganz abstrakt formuliert, das dialektische mit dem kriti-

---

[2] Mit «Keulenschlag» dürfte eine mündliche Kritik an Brunners Predigt(en) gemeint sein.

[3] Vgl. K. Barth / E. Thurneysen, *Zur inneren Lage des Christentums. Eine Buchanzeige und eine Predigt,* München 1920. Der darin S. 3–24 abgedruckte Aufsatz Barths *Unerledigte Anfragen an die heutige Theologie* ist wieder abgedruckt in: Th.u.K., S. 1–25. Das Bändchen enthält daneben eine Predigt E. Thurneysens, *Die enge Pforte. Predigt [über] Luk. 15,3–7,* a.a.O., S. 25–36 (abgedruckt in: E. Thurneysen, *Die neue Zeit,* a.a.O. [S. 19, Anm. 12], S. 84–97). Vgl. außerdem K. Barth, *Biblische Fragen, Einsichten und Ausblicke.* Vortrag, gehalten an der [24.] Aarauer Studentenkonferenz (17. April 1920), München 1920; abgedruckt in: W.G.Th., S. 70–98, und in: Anfänge I, S. 49–62.

[4] Vgl. Anm. 1.

[5] Vgl. K. Barth, *Unerledigte Anfragen,* a.a.O., S. 15, und ders., *Biblische Fragen, Einsichten und Ausblicke,* in: W.G.Th., S. 91. Mit der Bezeichnung der Gotteserkenntnis als Todesweisheit hebt Barth den grundsätzlichen Gegensatz des ursprünglichen Christentums zur modernen Welt hervor, seine eschatologische Kontur, seine Sperrigkeit gegen seine Umwandlung in eines unter anderen Kulturphänomenen. Barth übernahm den Begriff von Fr. Overbeck, *Christentum und Kultur. Gedanken und Anmerkungen zur modernen Theologie,* aus dem Nachlaß herausgegeben von C.A. Bernoulli, Basel 1919, S. 279.

[6] Gemeint ist Römerbrief 1.

schen Nein. Dialektik ist bekanntlich Hegelsche Philosophie[7], nicht
Kantsche. Für Kant ist das Nein kritisch, d.h. der Hofhund, der alle
anbellt mit Ausnahme der Eigenen, die ins Haus gehören. Der dialektische Hofhund bellt prinzipiell alle an. Kant kommt zu Resultaten, die
nicht mehr (dialektisch) aufgelöst werden (Kategorientafel etc.)[8]. Das
liegt ja im Begriff des Kritischen: Krinein, Scheiden, die Schafe von
den Böcken [vgl. Mt. 25,32f.].

Die Bibel nun geht kritisch vor. Sie hebt ein Gebiet ab, wo die Hetz-
jagd des dialektischen Nein aufhören soll, die Sphäre der Auferstehung
und deren Prolepse, [die Sphäre] des Glaubens. Für den Glauben gilt –
nicht nur für die erhoffte Auferstehung – : Tis engkalesei kata toon ek-
lektoon [Röm. 8,33]. Der Rechtfertigungsglaube – die Prolepse mit
göttlich gutem Gewissen, das göttlich gerechtfertigte Als Ob – ist das
Stillstellen der dialektischen Spiralbewegung. Keine Angst haben müssen, Freude trotz der mangelnden Distanz etc.

Das wirft nun allerlei merkwürdige Lichter auf eure Todesweisheit.
Schon euer Lieblingsbegriff Sicherungen[9] erinnert merkwürdig an spät-
jüdische Vorstellungen. Das Akzentlegen auf die Furcht und Distanz
(Korrelat göttliche ... letzte absolute schlechthinige Furcht)[10] tönt, an
dieser Stelle, d.h. als Eingangspforte zu Gott, *sehr* vom Sinai her. Genauer untersucht, erweist es sich einfach als eine Neuauflage der alten
Werkgerechtigkeit. Denn das Sterben Christi ist euch nicht mehr zuerst
ein Sterben *für* die Menschen, durch das das Sterbenmüssen der Menschen prinzipiell abgelöst ist (als geschehen angesehen), so daß jetzt
trotz allem Adamswesen aus der Freude und Gewißheit gelebt werden
darf, sondern (in nur scheinbarer Anlehnung an Röm. 6) das Christus-
Nachsterben, auf Grund dessen erst Gott zugänglich wird. Das ist der

7 Vgl. etwa G. W. F. Hegel, *Phänomenologie des Geistes,* Gesammelte Werke,
Bd. IX, hrsg. von W. Bonsiepen und R. Heede, Hamburg 1980, S. 58–60.

8 Vgl. I. Kant, *Kritik der reinen Vernunft,* Kant's gesammelte Schriften, hrsg.
von der Königlich Preußischen Akademie der Wissenschaften, Bd. III, Berlin
1904, bes. S. 90–99, §§ 10–12.

9 Der Begriff findet sich nicht in den in Anm. 3 genannten Veröffentlichungen. Zum Sinn, in dem Barth und Thurneysen ihn gebrauchten, vgl. unten
S. 49.51f. und S. 60, Anm. 4.

10 Vgl. K. Barth, *Biblische Fragen, Einsichten und Ausblicke,* a.a.O., S. 86f.:
«Das menschliche Korrelat zu der göttlichen Lebendigkeit heißt weder Tugend,
noch Begeisterung, noch Liebe, sondern Furcht des Herrn, und zwar Todesfurcht, letzte, absolute, schlechthinnige Furcht.»

Sinn des Distanzhalten! Das Distanzhalten ist ein dynamisches und damit unendliches Prinzip, es gibt da kein Haltmachen, so wenig als beim Gesetz. Der dialektische Hetzhund wird jeden, der sich heranwagt, zerreißen.

Merkt ihr nicht, auf was für eine falsche Fährte euch Overbeck gelockt hat?[11] «Historisches, der Zeit unterworfenes Christentum ist etwas Absurdes» (10). «... Verwirklichung in der Zeit fähig?»[12] Entweder ist damit eine Trivialität gemeint, daß der Glaube überzeitlich ist, oder dann das andere, Eschatologische oder Metaphysische, daß er in der Zeit nicht zu verwirklichen sei. Damit ist natürlich das dialektische Nein gesetzt und mit ihm der prinzipiell unendliche Regreß – oder Progreß –, der ganze Fluch der Gesetzlichkeit. Ein kritisches Nein ist das nicht, denn was sollte es noch zu «unterscheiden» geben, wo alles a priori unter den Tisch gewischt wird?

Da wird eben alles, *auch der Glaube,* durch die Neinlinse geschaut. Dem steht der dialektisch unsinnige Gedanke des Evangeliums gegenüber: Das Wort ward Fleisch [Joh. 1,14]. Die Zeit ist erfüllt, das Ewige ist jetzt da, im Fleisch, in der Zeit. Eure Todesweisheit weist nicht nach Jerusalem, sondern nach Benares.[13] Auch dort soll ja trotzdem letztlich das Positive gemeint sein. Aber eben nur letztlich, während das Evangelium die Offenbarung in der Zeit und damit die Prolepse des Glaubens kennt. Nicht ob überhaupt ein Positives erscheint, ist die Frage, sondern an welchem (logischen) Ort, ob das Nein kritisch oder dialektisch gemeint ist. Ob Christus *in* der Zeit erscheint, ob das Reich Gottes *in* der Zeit wachse, mit dem Unkraut zusammen [Mt. 13,24–30], ob wir einen Schatz in tönernen Gefäßen [2. Kor. 4,7] *haben,* ob der Glaube proleptisch-forensisch *recht*fertigt.

Jawohl, alle Großen im Reich Gottes haben ein Nein gesetzt. Aber was für eins? Habt ihr noch nicht gemerkt, daß eure Todesweisheit jeweils von der Kirche dem Gottesmann gegenüber (Paulus, Luther etc.) vertreten wurde, während er das leichtsinnige «Ja-zuerst!» vertrat. Daß die Kirche just die große Distanzkünstlerin war, während der Gottes-

---

[11] Vgl. Anm. 5.

[12] K. Barth, *Unerledigte Anfragen,* a.a.O., S. 10.

[13] Stark besuchter Wallfahrtsort am Ganges, heilige Stadt der Buddhisten, dann der Hindus, jahrhundertelang auch unter islamischer Herrschaft.

mann Gott in unerhörte Nähe zu bringen wagte.[14] Daß die Kirche die komplizierten dialektischen Kunststücke brauchte und der Gottesmann mit plebejischer Einfalt sie zuschanden machte. Daß die Kirche wie ihr am Sonntag beim Wort Liebe auffuhr, während der Gottesmann sie aller Gefahr des Mißverständnisses zum Trotz in den Vordergrund rückte. Daß die Kirche mißtrauisch über ihrem Furcht und Zittern wachte, während der Gottesmann seines Glaubens sich zu freuen lehrte. Ihr seid mit eurer Todesweisheit in eine sehr dubiose Nachbarschaft geraten, die jedenfalls bedeutend gefährlicher ist als die des Hl. Franz, bei dem immerhin einiges Wesentliche stimmte: Spielmann Gottes, Kindlichkeit, Liebe, Demut etc.[15] Soviel von der Theorie.

Nun laßt mich anhand der Predigt[16] eure Praxis etwas beleuchten.

Der erste Teil ist in der Tat die praktische Anwendung des Theorems: «Nicht wie Kierkegaard als Vertreter eines wahren Christentums etc.»[17], es geht gegen «alles Bisherige»[18], auch die bisherige beste Frömmigkeit und Buße eingeschlossen. Es muß jetzt eine Bußpredigt erfolgen, die «durchdringt», die trotz der Müdigkeit der europäischen Menschen diese «vom Ofen lockt»[19], etwas nicht wie «die ganze Buße der Kirche und ihrer Theologen»[20] – kurz, etwas prinzipiell Neues, nicht graduell Verschiedenes, das nichts Geringeres sein kann als die Parusie. «Ein neues Leben, ein Sprung in eine andere Welt, es vergehe die Gestalt dieser Welt, es komme dein Reich»[21]. So muß es heißen. Denn

[14] Die handschriftlich im Brunner-Nachlaß W 55/67 aufbewahrte Predigt Brunners vom 29.8.1920 behandelt, unmittelbar ohne Bibeltext, das Thema «Das erste und letzte Wort der Bibel». Sie beginnt mit dem Satz: «Die wichtigsten Wahrheiten sind wenige und einfache.» Im weiteren heißt es von allem Dunkel und aller Macht des Verderbens: «Das alles gehört nicht uns, denn das alles gehört nicht Gott. Wir sind Gottes.» Er will dir «seine Liebe, seine Kraft des Guten, sein allen Tod überwindendes Leben geben.»

[15] Vgl. P. Sabatier, *Leben des Heiligen Franz von Assisi,* Zürich 1919, S. 284; und: J. von Görres, *Der heilige Franziskus von Assisi. Ein Troubadour,* Regensburg 1879, bes. S. 55.101.

[16] Gemeint ist die Anm. 3 genannte Predigt Thurneysens: *Die enge Pforte.*

[17] K. Barth, *Unerledigte Anfragen,* a.a.O., S. 14.

[18] E. Thurneysen, a.a.O., S. 29: «Wir wissen auch, daß etwas geschehen und werden muß, aber es muß anders, ganz anders aussehen als alles Bisherige.»

[19] Vgl. E. Thurneysen, a.a.O., S. 28f.

[20] E. Thurneysen, a.a.O., S. 28.

[21] E. Thurneysen, a.a.O., S. 30. Vgl. Die Didache, hrsg. von H. Lietzmann, Bonn 1912³, S. 11 (Kap. 10,6): Ἐλθέτω χάρις καὶ παρελθέτω ὁ κόσμος οὗτος.

nur an *dem* gemessen, lassen wir uns die vorige Verneinung bieten, nur an ihr gemessen, ist die Erfahrung Luthers vom Immernachwachsen des Altadamsbartes[22], die Erfahrung von Röm. 7 ein Beweis der Nichtigkeit aller bisherigen Lösungsversuche (S. 29 «brach er wieder auf wie eine Wunde, die nicht heilen will»)[23]. Nur an ihr gemessen, läßt sich aller «Aufstieg» erledigen.[24] Denn daß hier eine prinzipiell verschiedene *Richtung* eingeschlagen sei, ist Irrtum, da immer schon die christliche Buße den Abstieg vor den Aufstieg setzte. Es kann sich nur darum handeln, den Aufstieg, das Ausgehen von einem in der menschlichen Erfahrung gegebenen Punkt zu einem höhern überhaupt auszuschalten, d. h. alles Wachstum, das ja in der Tat in der Parusie aufhören kann. Denn um etwas anderes kann es nicht gehen, sobald wir als Gegensatz nicht einen Kulturoptimismus, sondern das positive Christentum setzen, das als jenen Punkt, der gegeben ist, nicht einen der natürlichen Erfahrung angehörigen, sondern einen göttlich gegebenen annimmt.

Nun aber die Hauptfrage des ersten Teils, die merkwürdigerweise nur implizite berührt und beantwortet ist: Kraft wessen ist diese radikale Buße? Sie setzt nichts voraus. Alles ist abgesägt. Sie ist in der Tat ein «Ins Leere treten»[25]. Die Frage: woher kommt die Einsicht und Kraft zu einer solchen Negation, wird nicht aufgeworfen. Klar ist nur, daß nichts Positives vorausgesetzt ist, kein Glaube, kein Wissen etc. Das ist allerdings eine neue Bußlehre. Jedenfalls nicht die biblische. Denn in der Bibel ist der Sprung nicht ein Sprung ins Leere, das Nein ist nicht voraussetzungslos, die Buße kommt aus dem Positiven, aus dem Anblick des Christus[26], man tritt nicht ins Leere, sondern tritt den Weg

[22] Vgl. der Sache nach BSLK 707,33–37. Vgl. S. 3, Anm. 4; S. 8, Anm. 4.

[23] E. Thurneysen, a.a.O., S. 29: «Wir waren in unserm persönlichen Lebenswandel untadelig gewesen, aber ein einziger Schritt auf die Seite in einem unbewachten Momente, und seither brannte ein peinlicher Vorfall in unserm Gewissen; wir konnten ihn lange vergessen, aber plötzlich brach er wieder auf wie eine Wunde, die nicht heilen will, und nahm uns alle Freude an unserm sonst so ehrenhaften und unanstößigen Leben.»

[24] E. Thurneysen, a.a.O., S. 26: Wer Gott «nahe treten will …, der muß zunächst einmal statt aufwärts abwärts steigen und darf nicht zurückschrecken vor der schauerlichen Tiefe, die uns von Gott trennt.»

[25] E. Thurneysen, a.a.O., S. 33: «Ja, nun sollen und dürfen wir es zum Schluß doch noch hören, wenn wir es hören wollen, daß man nicht umsonst ins Leere hinaustritt».

[26] »Anblick des Christus» wohl von Thurneysen hervorgehoben, am Rand wahrscheinlich von Thurneysen handschriftlich: «Das ist *Leere* / Kreuz».

nach der Heimat an, und es ist das Bild der Heimat, das beides wirkt: Die Erkenntnis des Elendes und die Bewegung heimwärts. Das wollt ihr nicht. Das Positive darf nicht vor dem Nein stehen, sonst wäre das ja nicht die Todesweisheit, wo das Schwert der Cherubim das Paradies hütet [vgl. Gen. 3,24], wo eben just das Nein das erste sein muß im Unterschied von aller distanzlosen, leichtfertigen «kirchlichen Buße»[27]. Der Dogmatiker würde allerdings ein scharfes Wörtlein reden. Die Todesweisheit ist natürlich Selbsterlösung. Just weil sie nichts Positives voraussetzt, weil die Buße vor dem Gottergreifen, vor allem Positiven steht. Nicht das Bild der Heimat, nicht der Christus hat die zur Buße bewegende Kraft, sondern das Elend. Das ist der konsequente Ausdruck eurer geistigen Verelendungstheorie; die auch darin wie in vielen andern Punkten mit der Lassalleschen so genau übereinstimmt.[28] Das Nein hat schöpferische Kraft. Die bekannte Lehre vom Vacuum, via negationis, «aus dem Nein bricht das Ja hervor»[29]. Das ist höchst verdächtig, ja, mich dünkt, die ganze Geschichte ist mit diesem unsinnigen Negativismus erledigt. Aber sparen wir unser Urteil bis nach Tische. Noch sind wir ja bei den Präliminarien.

Wir stehen immer noch in der Erwartung des radikal Neuen. Wir hoffen, es werde mit dem Versprechen ernst gemacht. Es werde wirklich die ganze Beute von Amalek vernichtet, da sie in Bann getan ist [vgl. 1. Sam. 15]. Es werde nicht heimlich doch ein Beutestück auf die Seite geschafft und für neuen Gebrauch zugerichtet. Unsere Ohren wären jetzt scharf genug, das Blöken zu hören [1. Sam. 15,14]. Umso mehr, als der Übergang S. 32 sehr verdächtig unprinzipiell, bloß-dynamisch tönt: *Zu* viel, *zu* leicht, *zu* sicher etc.[30] Wir wollen hoffen, es sei mit dem radikal

[27] E. Thurneysen, a.a.O., S. 27f.: «Man sagt, die *Kirche* müsse Buße tun... Man leistet das Menschen*mögliche,* aber eben nur das *Menschen*mögliche.»

[28] Nach der Verelendungstheorie von Ferdinand Lassalle (1825–1864) kommt die Kraft zur Veränderung der Machtverhältnisse aus der Erkenntnis des Elends. Vgl. F. Lassalle, *Offenes Schreiben an das Central-Comité zur Berufung eines Allgemeinen Deutschen Arbeiter-Congresses zu Leipzig* (1863), Chicago 1872[3]; sowie ders., *Arbeiterprogramm. Über den besonderen Zusammenhang der gegenwärtigen Geschichte mit der Idee des Arbeiterstandes* (1863), Chicago 1872, bes. S. 30–39.

[29] E. Thurneysen, a.a.O., S. 33: «Nun dürfen wir es hören, daß ... aus dem Nein und nur aus dem Nein das *Ja* hervorbricht, daß es aber aus dem Nein wirklich *hervorbricht!*»

[30] E. Thurneysen, a.a.O., S. 32f.: «Wer einmal da außen und da unten steht,

Neuen nicht bloß das Sicherungen-Anbringen gemeint. Denn Sicherungen wie: «Die Hilfe ist nicht so leicht zu haben, sie liegt nicht in den Worten Bildung, ... nicht in den Systemen ... unserer Theologie»[31], das wäre ja wirklich nichts Neues, sondern gehört durchaus zum Bestand des «Bisherigen», zum Inventar jedes Bußpredigers, vom Methodistenprediger bis zu Kierkegaard. Sollte aber die Meinung sein, daß es sich hier nicht um die *gewöhnlichen* Sicherungen (direkte, wie die angegebenen, oder indirekte, wie der ganze Tenor des Redens), sondern um das prinzipielle, radikale Nein handelt, so ist doch klar, daß das zunächst ein Wechsel auf die Zukunft ist, dessen Wert ganz davon abhängt, ob er im Folgenden eingelöst wird oder nicht. Ob's mit dem Bann wirklich ehrlich gemeint war oder nicht, ob man wirklich, nicht nur in abstracto, «alles Bisherige» verneint. Sollte das sich nicht so verhalten, sollten wir im Neuen ein Stück aus der Beute erkennen, so fiele der Anspruch dahin, die Buße sei eine prinzipiell andere. Denn das bloße Versprechen von etwas Neuem und die bloße Behauptung einer radikaleren Verneinung ist selber weder etwas Neues noch etwas Radikales. Erst nachdem der Schlußpunkt erreicht ist, werden wir wissen, ob man den neuen Tisch ohne Überbleibsel vom alten bestellt hat.

Nun also kommt das Neue. Die Parusie, die neue Welt, das Durchdringende, das Ungeheure. Was ist's? «Du allein sollst es sein ... die demütige Einsicht ...»[32] Man traut seinen Augen kaum. Nicht daß es so ein «einfaches Sätzlein ist»[33], sondern daß das das Andere, die Parusie

dem kann auch der leibhaftige Tod nicht mehr Schrecknis bieten. Er ist gestorben vor dem Sterben.
Aber – wie ein Geheimnis sei es aufgedeckt – er hat auch das ewige Leben geschmeckt vor dem Sterben. Er hat das gelobte Land jenseits der Wüste gesehen und – oder sage ich schon wieder vorschnell zu viel? – betreten.»

[31] E. Thurneysen, a.a.O., S. 31.
[32] E. Thurneysen, a.a.O., S. 32:

> Du allein sollst es sein,
> Herr der Himmelsheere,
> Dir gebührt die Ehre!

Nach G. Tersteegen, «Gott ist gegenwärtig», im Gesangbuch für die evangelisch-reformierte Kirche der deutschen Schweiz, Zürich 1890, Nr. 174, Str. 3 (jedoch: «... Gott der Himmelsheere»); vgl. EG 165, Str. 3.
[33] E. Thurneysen, a.a.O., S. 34f.: «Oder gibt es festern Boden als die Gewißheit: nur *Gott* kann helfen, aber er *kann* helfen!? Dieses einfache Sätzlein will wieder wahr werden mitten in den Stürmen unsrer Zeit.»

sein soll, das nicht bloß graduell, sondern prinzipiell Andere. Nehmt irgendeinen frommen Pietisten, Rieger oder Bengel oder Hofacker oder Knapp[34], oder einen kleinern Stern, jenen orthodoxen Pastor Roller bei Kügelgen[35]. Er hat gelesen bis S. 32, ist gespannt wie eine Uhrfeder, nach der vernichtenden Kritik seiner Buße, seiner Frömmigkeit, seines Von-Gott-Redens das ungeheure Neue zu hören. Und jetzt kommt – ausgerechnet das, was er immer gesagt, geglaubt, ernstgemeint, für das er gelitten und gestritten, für das er jederzeit gestorben wäre, und just in den Worten, die er gedichtet. Muß sich diese Spannung nicht in einem Lachgewitter entladen? Parturiunt montes ...[36] Nicht das Wort vom Glauben ist etwa der ridiculus mus, sondern der Anspruch, etwas Niedagewesenes zu verkünden, und dann das zu sagen, was immer gesagt worden ist. Man hat mit großartigem Schwung alles in die Abfallkiste geworfen und gerade in diesem Alleshineinwerfen die besondere Bedeutsamkeit der Tat gesehen, und dann geht man heimlich und holt aus der Abfallkiste ein wackeres Stück heraus hinter dem Rücken des Gastes und serviert es ihm als eine noch nie gekostete Delikatesse. Das einzige bisher Unterscheidende war das *Alles*fortschmeißen gewesen – das allein rechtfertigte den Anspruch, daß hier etwas Besonderes geschehe –, und das wird jetzt zurückgenommen, und das einzige, was bleibt, ist die Möglichkeit, daß man dieses Manöver nicht bemerkt, d. h. ein geschickt inszenierter Bluff. Denn entweder *ist* das – das Erlebnis des Glaubens an Gottes Alleinwirksamkeit – ein Anfang der Parusie, wie es in der Tat bei Paulus und Luther angeschaut wird (die Prolepse, die der Tatsache gegenüber, daß der alte Adam immer noch da ist, das göttliche Als Ob der Rechtfertigung geltend macht) –, dann hätte nie die Prolepse, wie anfangs mit Emphase geschah (S. 30), zum anderen «Bisherigen» in den gleichen Bann getan werden dürfen. Oder man will die Kluft zwischen Prolepse und Parusie aufreißen – was man ja auch

---

[34] Gemeint sind Vertreter des schwäbischen Pietismus: Georg Konrad Rieger (1687–1743) oder Karl Heinrich Rieger (1726–1791), Johann Albrecht Bengel (1687–1752), Ludwig Hofacker (1798–1828) und Albert Knapp (1798–1864).

[35] Vgl. W. von Kügelgen, *Jugenderinnerungen eines alten Mannes,* Stuttgart 1870. In der Ausgabe des vielfach gedruckten Buches von 1909, S. 267ff. und 395 wird Samuel David Roller (gest. 1846) vorgestellt als der ebenso konservative wie allseits hilfsbereite lutherische Pastor in Lausa.

[36] Parturient montes nascetur ridiculus mus. (Die Berge kreißen, geboren wird eine lächerliche Maus.) Horaz, *Ars poetica,* 139.

kann und soll –, aber dann um Gotteswillen nicht dergleichen tun, als ob mit dem, was sich zwischen S. 31 und 32 abspielt, die Parusie da wäre.[37] Ist «das wahre Heilige wiedergefunden»[38] und «haben wir das ewige Leben geschmeckt»[39], dann darf dies mein Pastor so gut für sich in Anspruch nehmen als der Bußprediger von S. 25–32[40]. Es ist absolut nichts in seiner Bußpredigt, was ihm auf ein irgendwie anderes Resultat Anspruch gäbe, als die «Bußpredigt aller Väter»[41] es hatte, wenn sie vom gleichen Ernst des Gottesglaubens ausging. Der Bluff an sich wird doch keine so schöpferische Kraft haben? Ihr könnt allerdings mit meinem Pastor zu händeln anfangen über den Ernst seiner Buße. Er antwortet euch: Meint ihr, mit eurem Nein, das das Unterscheidende eurer Buße sein soll, alles Bloßmenschliche, Kultur, Werke etc., und am Glauben das, was vom Fleisch ist und nicht von Gott, so hab ich je und je das alles in *meine* Buße eingeschlossen. Meint ihr aber auch den Glauben selber, das Aufgottabstellen, so sehe ich nicht, daß ihr euer sonderbares Versprechen haltet. Denn auf eben diesen Glauben greift ihr, sobald's vom abstrakten programmatischen Reden zum «Zeigen» kommt, selbst zurück. Und dieser kolossale Selbstbetrug, das großartige Hineinschmeißen und verstohlene Wiederherausholen, wirkt auf mich außerordentlich komisch. Ihr könnt euch mit ihm noch etwas länger herumschlagen über den Ernst, die Objektivität seines Glaubens, über seine Demut (wobei er nicht allzu schweres Spiel gegen euch haben wird), er kann euch mit dem einfachen Hinweis abfertigen, daß ihr ja selbst ausdrücklich auf solche Unterscheidungen («nicht wie Kierkegaard ...»)[42] verzichtet habt, und je mehr ihr von Sicherungen redet, desto mehr wird er über euren malgré-bongré-Psychologismus[43] lachen. Denn alle Bestimmungen liegen ja auf dem rein dynamisch-faßbaren Gebiet, seitdem sich der pseudoinhaltliche Unterschied, das dialektische Nein als ein Selbstbetrug erwies. Und das ist denn in der Tat der einzige Ertrag – eine mit z. T. zweifelhaften Mitteln hervorgebrachte, sonst aber

[37] Vgl. Anm. 30.
[38] E. Thurneysen, a.a.O., S. 33.
[39] E. Thurneysen, a.a.O., S. 32.
[40] Scil. Thurneysen.
[41] E. Thurneysen, a.a.O,. S. 33.
[42] Vgl. Anm. 17.
[43] In Kauf genommener Psychologismus.

wertvolle Kierkegaardsche, dynamisch-romantisch-pietistische Schärfung des Glaubensernstes, der Demut, der Aufrichtigkeit etc. (S. 34/5), die, wie das bei Bußpredigten üblich ist, ohne allerlei Zudringlichkeiten und Überredungskünste (S. 34) nicht abgeht. Daß es eine sonst sehr gute Bußpredigt ist, die sich namentlich durch lebendig-packende Sprache auszeichnet, soll damit nicht bestritten sein.

Nun aber der Rahmen. Glaubt ihr, daß Overbeck angesichts dieser Neuauflage eines pietistisch-ernsten Christentums (nichts anderes ist's in diesem Zusammenhang) sein Verdammungsurteil zurücknehmen werde, nachdem ihm weder Luther noch die großen württembergischen Pietisten noch Franz noch Blumhardt imponierten?[44] Kann er [es] denn von seinen eigenen Prämissen aus? Und seht ihr nicht, daß ihr euer dialektisches Nein gar nicht ernst nehmen könnt, sobald's aus der Theorie in die Praxis, aus dem Abstrakten ins Konkrete kommt, sondern daß ihr es im Lauf der Predigt aus einem dialektischen zu einem kritischen werden lasset?

Es hätte ja auch anders gehen können. Statt auf das dynamisch-pietistische Prinzip der Sicherungen hättet ihr ja auf den Inhalt des Glaubens den Akzent legen können und dort das Unterscheidende finden. Dann wäre mehr herausgekommen. Denn dort *habt* ihr Neues gesehen, vom Inhalt aus *lassen* sich neue Ansprüche begründen. Aber das hätte euch eben gerade den umgekehrten Weg geführt. Statt vom traditionellen Bußprediger-Nein hättet ihr das Blumhardtsche Ja, das Unterscheidende unserer ganzen Sache voran gestellt. Ihr habt euch durch eure Erfahrungen mit dem (rein inhaltlichen und darum so wertvollen!) Römerbrief ins Bockshorn jagen lassen, wie Luther seinerzeit durch die Täufer und Bauern, nur in der entgegengesetzten Richtung. Es kann ja sein, daß so eine pietistisch-romantische Sicherungsreaktion für euch und das Verständnis des Römerbriefs nötig ist, aber dann gebt's als solche aus, und macht kein Prinzip (das in gleicher Weise schöpferisch wäre wie das inhaltliche) und vor allem kein neues Prinzip daraus. Für mich ist diese ganze Entwicklung ein trefflicher Beweis, daß ich mit meiner Behauptung recht habe: Inhalt *und* Dynamik, Erkenntnis und Erlebnis, das Objektiv-Sachliche und das Subjektiv-Persönliche, das

---

[44] Vgl. Fr. Overbeck, *Christentum und Kultur,* a.a.O. (S. 43, Anm. 5), bes. S. 114–118.

[Rich]tige[45] und das Echte sind für uns eine unüberwindliche Polarität[46]. Ihr habt's jetzt erlebt.

Habt nochmals herzlichen Dank für euren Besuch, kommt bald wieder und laßt auf jeden Fall bald von euch hören.

In herzlicher Freundschaft

euer E. Brunner

20

Brunner                                      Obstalden, 14.3.1921

Lieber Freund!

Soeben erhalte ich die Einladung zur Aarauerkonferenz[1]. Die glustet[2] mich nun so sehr, daß ich, trotzdem ich «eigentlich» jetzt nicht reisen sollte, der Versuchung nicht widerstehen kann. Bin ich aber einmal so weit im Westen, so möchte ich auch gern einmal meinen alten Plan, dich heimzusuchen, ausführen, falls du nichts dagegen hast. Ich habe mich ja den ganzen Winter über, fast tagtäglich, mit dir herumgeschlagen, aber das einseitige Gespräch verleidet einem auf die Dauer. Es ist unvermeidlich, daß man sich dabei in Mißverständnisse hineinbohrt. Ich würde gern mindestens einen Tag in Safenwil zubringen, meine aber natürlich nicht, daß *du* mir so viel Zeit widmen müssest. Du wirst mir überhaupt ganz ungeniert sagen, ob du mich «empfangen» willst und kannst. Deiner Haushaltung möchte ich am liebsten nicht zur Last

---

[45] Durch Lochung zerstört.

[46] Vgl. E. Brunner, *Erlebnis, Erkenntnis und Glaube,* Tübingen 1921 (vgl. S. 54, Anm. 5), S. 128: Der Glaube «redet von ‹Wahrheit›, ‹Richtung› ...; aber er kommentiert diese ‹Wahrheit› als ‹Leben›, als ‹das Echte›.»

---

[1] Auf der jährlichen Aarauer Studentenkonferenz redeten 1921 Paul Natorp (1854–1924), Professor für Philosophie und Pädagogik in Marburg, mit Hermann Cohen Begründer des Marburger Neukantianismus, und Eduard Thurneysen. Vgl. P. Natorp, *Individuum und Gemeinschaft. Vortrag, gehalten auf der 25. Aarauer-Studenten-Konferenz am 21. April 1921. Mit einem Anhang: Vom echten Tode,* Jena 1921; E. Thurneysen, *Dostojewski. Erweiterte Form des an der Aarauer Studentenkonferenz (21. April 1921) gehaltenen Vortrags,* München 1921.

[2] = lockt mich.

53

fallen, sondern irgendwo sonst herbergen, du hast ja sowieso viel Gastung.

Es liegt mir aber *sehr* daran, einmal etwas ausführlicher – und überlegter als im Sommer[3]! – mit dir über einige mir dunkle Punkte deiner bisherigen Evangeliumsinterpretation zu reden. Bist du am Montag und Dienstag vor der Konferenz (am 18. u. 19. IV.) daheim? Nachher würde es mir vorderhand nicht mehr möglich sein, da ich mit Semesteranfang meine Vorlesung in Zürich beginnen muß, wenn nicht noch etwas dazwischen kommt. Einige der Herren scheinen durch meinen Kirchenblattartikel[4] etwas verletzt zu sein, sogar ziemlich verschnupft, doch habe ich anderseits die Versicherung, es werde diesmal «ohne Opposition» gehen.[5] Bitte teile mir bald kärtlich mit, was du zu meinem Überraschungsplan meinst.

Mit herzlichem Gruß, auch an Frau Pfarrer,

dein Emil Brunner

21

Barth                                                          Safenwil, 15.3.1921

Lieber Freund!

Deine Absicht, mich zu besuchen, freut mich sehr und du mußt sie ja ausführen, umso mehr, als die Möglichkeit besteht, daß ich in absehbarer Zeit nicht mehr hier, sondern einige Breitengrade nördlicher zu

---

[3] Anspielung auf das Gespräch vom 29. August 1920 in Obstalden mit Barth und Thurneysen, vgl. S. 42, Anm. 1.

[4] E. Brunner, *Das Elend der Theologie. Ein Nachwort zum Zürcher Ferienkurs, zugleich ein Vorwort*, in: KBRS, Jg. 35 (1920), S. 197–199.201–203. Brunner wirft darin der «modernen Theologie» (ohne genaue Präzisierung) Unfruchtbarkeit und Lebensferne vor, die in ihrem Historismus und Psychologismus begründet seien.

[5] 1915 wurde Brunners erste Habilitationsschrift laut Brunners Brief an Thurneysen vom 13.12.1915, Original im Brunner-Nachlaß W 55/62, nicht anerkannt. Im selben Nachlaß W 55/79 liegt ein Typoskript seiner projektierten Habilitationsschrift o. D. vor unter dem Titel: «Die Bedeutung Henri Bergsons für die Religionsphilosophie.» Im Januar 1921 reichte Brunner schließlich *Erlebnis, Erkenntnis und Glaube*, Tübingen 1921[1], 1923[2.3], ein, vgl. dazu sein dortiges Vorwort zur ersten Auflage. Vgl. auch Nr. 24.

finden bin[1], wo die Verbindung von Obstalden aus noch komplizierter werden dürfte. Es besteht aber eine ernste Schwierigkeit: Wir erwarten nämlich eben auf jene Tage die Vermehrung unsrer Kinderschar um ein 4tes Nümmerchen[2]. Du weißt als ebenfalls erfahrener Hausvater, was das bedeutet. Könntest du am Dienstag, also den 19., so früh als möglich hier eintreffen und von Dienstag auf Mittwoch schon in Aarau nächtigen? Und würde es dir nichts machen, die Mittagsmahlzeit mit mir in irgendeinem Landkneiplein der Umgebung einzunehmen? Unter dieser Bedingung und unter dem Vorbehalt von force majeure, deren Eintreten ich dir telegraphisch mitteilen würde, bist du also freudig willkommen.

Wir wollen dann den Tag gut ausnutzen. Ich hatte, wenigstens teilweise, Einsicht in deine Briefe an Thurneysen und sah daraus, daß du unsern Versuch, uns um eine weitere Achtelsdrehung von der Romantik der Theologen ab[zu]wenden, mit tiefem Mißfallen verfolgst.[3] Hier hast du einige Korrekturbogen des neuen Römerbriefs[4] (ich arbeite un-

[1] Barth war gefragt worden, ob er bereit wäre, die neu zu errichtende Honorarprofessur für reformierte Theologie an der Universität Göttingen zu übernehmen, vgl. den Brief von J.A. Heilmann vom 29.1.1921 an Barth (im Karl Barth-Archiv, Basel): «Der Professor sollte vor allem systematische Fächer lesen, daneben auch etwas geschichtliche Vorlesungen aus dem Gebiet der reformierten Kirche halten können.» Vgl. auch Bw.Th. I, S. 463, und J. Fr. G. Goeters, *Reformierter Lehrstuhl und Studienhaus in Göttingen,* in: *Die evangelisch-reformierte Kirche in Nordwestdeutschland,* hrsg. von E. Lomberg / G. Nordholt / A. Rauhaus, Weener 1982, S. 268–278, bes. S. 271f.

[2] Robert Matthias Barth, geb. am 17.4.1921; er verunglückte als Theologiestudent am 23.6.1941 tödlich bei einer Bergbesteigung, vgl. S. 311.

[3] Barth wird auf die Briefe Brunners an Thurneysen vom 11.9.1920, vom 15.10.1920 und vom 23.2.1921 anspielen, in denen Brunner ähnliche Kritik übt wie in Nr. 19. Brunner verwahrt sich darüber hinaus gegen das Zusammenspannen von Blumhardt und Overbeck durch Barth/Thurneysen (Brunner an Thurneysen, 15.10.1920). Er wirft Thurneysen vor, auf seine Einwände in seinen Briefen nicht einzugehen, und erklärt die Kommunikation unter diesen Bedingungen für sinnlos (Brunner an Thurneysen, 23.2.1921). Auf der Aarauerkonferenz scheint es zu einer Verständigung gekommen zu sein, vgl. Brunner an Thurneysen, 25.4.1921: «Die Zeit unfruchtbarer Opposition ist vorüber, ich habe wieder eine Sache. Nein, nicht eine, sondern *die* Sache. Wenn auch nicht alle Bedenken gehoben sind – wie sollten sie auch, sah ich doch, daß [sie] auch für Karl B. von sehr realer Art sind! – so weiß ich nun doch wieder, welches die Hauptrichtung ist.» (Alle genannten Briefe im Thurneysen-Nachlaß.)

[4] = Römerbrief 2.

ter Hochdruck, buchstäblich, denn die Drucker im fernen Ansbach in Bayern sind mir auf den Fersen wie die Hunde dem Hasen), von denen ich hoffe, daß sie nicht allzu aufreizend auf dich wirken, wohl aber dir, wie man jetzt mit Gogarten[5], unserm Verbündeten, zu sagen pflegt, einen «Aspekt»[6] auf den Sinn jener von dir offenbar als Schrulle betrachteten Evolution geben werden.

Mit herzlichem Gruß von Haus zu Haus

dein Karl Barth

Die Druckbogen brauchst du etwaigem einkehrendem Theologenvolk noch nicht zu zeigen. Sie können nachher noch früh genug den Kopf schütteln.

22

Brunner                                                    [Obstalden,] 17.3.1921

Lieber Freund!

Herzlichen Dank für deinen Brief mit der unter diesen Umständen ganz besonders schätzenswerten Zusage. In der Tat würde ich es gut begreifen, wenn du auch ohne *besondere* Veranlassung diese zurücknehmen würdest. Im andern Fall freue ich mich sehr auf ein Zusammenkommen. Deine Anspielung betreffend nördliche Breitengrade hätte ich wahrscheinlich im Sinn einer Nordpolfahrt mißverstanden, wenn nicht unterdessen aus Bern eine kommentierende Mitteilung eingetroffen wäre. Soll ich dir grad beichten, wie ich darauf reagierte? Ich hatte

[5] Friedrich Gogarten (1887–1967), Pfarrer in Stelzendorf (Thüringen), später Professor für Systematische Theologie in Breslau und Göttingen. Barth war Gogarten erstmals begegnet, als er vom 22.–25. September 1919 im Erholungsheim Tannenberg in Tambach/Thüringen war, um seinen Vortrag *Der Christ in der Gesellschaft* (vgl. S. 57, Anm. 2 zu Nr. 23) zu halten, vgl. Lebenslauf, S. 124.

[6] Vgl. Fr. Gogarten, *Die Krisis unserer Kultur,* in: Anfänge II, S. 101–121, S. 102: «Denn wir suchen den Aspekt, unter dem alles Geschehen nicht nur ein buntes, wechselndes Verändern ist... Unter dem Aspekt, den wir suchen, ist der Augenblick, der nun gerade ist, nun gerade gelebt sein will, der – nun, der nichts anderes will, als eben jetzt gelebt sein.»

eine ganz unbändige Schadenfreude[1], daß auch der große Karl Barth, princeps theologophagorum, dem Getier zur Beute gefallen ist. Doch wirst du warnend deinen berühmten Zeigfinger erheben: Quod licet Jovi ... ![2] Aber du darfst mir glauben, daß ich etwas von dem «Furcht und Zittern»[3], mit dem du dein Amt antreten wirst, zum voraus durchgemacht habe. Ich hatte dazu einen genügend einsamen Winter in meinem Obstalden. – Für die Korrekturbogen vielen Dank; sie sind in der Tat schon klärend, ich habe noch nichts Besseres von dir gelesen. Aber meine Zweifel haben sie nicht zerstreut, sondern bestärkt, – in dem, wo's für mich überhaupt Zweifel gab. Doch davon hoffentlich mündlich.

Herzlich

dein E. Brunner

23

Brunner                                         Obstalden, 15.4.1921

Lieber Freund!

Falls also kein Gegenbericht mehr kommt, werde ich Dienstag mit dem ersten Zug von Lenzburg her (ich übernachte bei Rutz[1]) oder per Velo bei dir eintreffen. Es ist höchste Zeit, daß ich einmal dazu komme, mit dir ausführlich zu verhandeln. Bis das Problem «Barth» für mich abgeklärt ist, bin ich zu keiner andern Arbeit frei. Ich habe, ich weiß nicht zum wievielten Mal, gestern wieder den Tambacher Vortrag[2] gele-

---

[1] «unbändige Schadenfreude» von Barth unterstrichen.

[2] Quod licet Jovi, non licet bovi. (Was Jupiter erlaubt ist, ist einem Rindvieh nicht erlaubt.) Die Quelle dieses mittelalterlichen Reimes ist nicht sicher nachzuweisen, vgl. *Veni vidi vici. Geflügelte Worte aus dem Griechischen und Lateinischen,* ausgewählt und erläutert von K. Bartels, Darmstadt 1992⁹, S. 150.

[3] Vgl. Phil. 2,12 und S. Kierkegaard, *Furcht und Zittern,* a.a.O. (S. 30, Anm. 9).

---

[1] Joseph Rutz (1880–1950); damals Pfarrer in der aargauischen Gemeinde Holderbank.

[2] K. Barth, *Der Christ in der Gesellschaft. Eine Tambacher Rede, mit einem Geleitwort von Hans Ehrenberg,* Würzburg 1920; abgedruckt in: W.G.Th., S. 33–69; sowie in: Anfänge I, S. 3–37.

sen und kam zu dem Schluß: Wenn dein Späteres nicht irgendwie im Gegensatz dazu, sondern nur zur Verstärkung von einzelnen Positionen, als Unterstreichung einzelner Gedanken (aber mit denselben Gegenakzenten und in derselben Gedanken*verbindung*) gemeint ist, kann ich nur freudig zustimmen. Nur kann ich dann unser Obstalder Gespräch – das für mich eine der heftigsten inneren Erschütterungen war, die ich bisher erlebte – nicht begreifen.[3] Hoffentlich bringt unsere Zusammenkunft darüber Klarheit. Wirst du mich auslachen, wenn ich ein paar geschriebene und kommentierte Streitthesen mitbringe?

Für den Änderungsfall willst du mir bitte nach Zürich (bis Montag nachmittag), Waffenplatzstr. 68[4], oder nach Holderbank (bis Dienstag früh morgens), Pfarrhaus, berichten. An die Aarauer[5] gehe ich eineweg[6].

Mit herzlichen Grüßen und besten Wünschen für deine liebe Frau,

dein E. Brunner

24

Brunner                                                    Obstalden, 12.5.1921

Lieber Freund!

Die paar Druckbogen deines Römerbriefes II sind ganz zerlesen. Mich verlangt nach neuer Kost, resp. Nachschub. Was ich habe, reicht bis S. 126. – Gestern erhielt ich endlich Bescheid, daß die Fakultät Zürich meine Habilitation[1] empfohlen habe, allerdings mit großem Widerstand einer Minderheit (W. Köhler[2] und Schmiedel[3]). Weißt du,

---

[3] Korrigiert aus: «Nur begreife ich ... nicht begreifen».
[4] Wohnung der Eltern von E. Brunner.
[5] Gemeint ist die Aarauer Studentenkonferenz.
[6] = in jedem Fall.

---

[1] Vgl. E. Brunner, *Erlebnis, Erkenntnis und Glaube*, vgl. dazu S. 54, Anm. 5. Brunners Habilitationsvorlesung *Die Grenzen der Humanität* ist abgedruckt in: Wort I, S. 76–97.
[2] Walther Köhler (1870–1946), Professor für Kirchengeschichte in Gießen (1904–1909), Zürich (1909–1929) und Heidelberg (seit 1929).
[3] Zu Paul Wilhelm Schmiedel vgl. S. 39, Anm. 9.

daß Ragaz und L. Köhler[4] nur mit knapper Not wiedergewählt worden sind (von der Regierung)?[5] So kann also meine Habilitation («ein Roter») auch an dieser Instanz noch scheitern! Wie steht's mit Göttingen? Laß auch wieder mal von dir hören. Ich arbeite gegenwärtig an Kierkegaard und einem Kolleg über Idealismus und Religion. Das Thema habe ich mir gestellt, weil's mich selber brennt – seit Aarau[6] erst recht. Ich komme nicht darum herum: Wenn Plato schon alles Wesentliche besaß – wie die Natorpleute behaupten[7] –, wozu brauchte es dann *Jesus Christus?* das *Ereignis* Karfreitag – Ostern? Darauf gab mir Römerbrief I (vorläufig) klarere Antwort als Römerbrief II[8].

Mit herzlichem Gruß

dein E. Brunner

## 25

Barth                    Safenwil, 14.5.1921 [Ort und Datum des Poststempels]

Lieber Freund!

Augenblicklich ist der Druck erst um einen Bogen weiter als du ihn kennst; auch bist du mir ein wenig ein gefährlicher Kunde für solche Pränumerando-Lektüre, so daß ich mir's noch überlegen muß, ob du Weiteres kriegst, bevor sich die Sache eimerweise über das Publikum ergießt. Du müßtest dazu schon hervorragende Beweise von tüchtiger Denkungsart geben. Was soll eigentlich die Besorgnis, der Herr Jesus könnte zu kurz kommen, wenn es vor ihm und neben ihm Leute gegeben, die das Wesentliche (man denke!) auch schon «gehabt» haben? O

[4] Ludwig Köhler (1880–1946), Professor für Altes Testament in Zürich; Mitbegründer der religiös-sozialen Bewegung in Degersheim, vgl. M. Mattmüller, *Leonhard Ragaz und der religiöse Sozialismus,* a.a.O. (S. 38, Anm. 7), S. 567f.

[5] Bei der von der Kantonsregierung im Abstand von sechs Jahren zu vollziehenden Wiederwahl der Professoren scheint die Zugehörigkeit der beiden zum Religiösen Sozialismus Anlaß zu Diskussionen gegeben zu haben, bei Ragaz speziell auch seine kritische Behandlung der Universitätszustände in seiner Vorlesung vom Sommer 1919, vgl. M. Mattmüller, a.a.O., S. 572.

[6] Gemeint ist die Aarauer Studentenkonferenz, vgl. S. 53, Anm. 1.

[7] Vgl. S. 53, Anm. 1; sowie P. Natorp, *Religion innerhalb der Grenzen der Humanität. Ein Kapitel zur Grundlegung der Sozialpädagogik,* Tübingen 1908².

[8] Ab «selber brennt» von Barth am Rand angestrichen.

laß von *dieser* Problemstellung sich Positive und Moderne[1] nächtlich unterhalten! Was gehet *uns* das an? Und warum schimpfst du immer noch über die Natorp-Leute! Nachdem du doch gesehen, wie ihr Meister[2], «der gütige Greis», wie es in der Frankfurter Zeitung hieß[3], zum Predigen[4] übergegangen ist, viel schöner als es wenigstens mir erfreulich war. Göttingen steht auf des Messers Schneide.[5] Ich wollte, ich hätte Zeit, auch schon an meine *sehr* wahrscheinlich auch zu haltenden Vorlesungen zu denken.

Mit herzlichem Gruß!

Dein Karl Barth


26

Brunner          Obstalden, 15.5.1921 [Ort und Datum des Poststempels]

Lieber Barth,

Auf die Gefahr hin, deine offenbar sehr ermüdeten Augen noch um ein weniges mehr zu beanspruchen, möchte ich dir doch auf deine son-

[1] Die rechtgläubige und liberale «Richtung» in den evangelischen Kirchen der Schweiz.

[2] Zu P. Natorp vgl. S. 53, Anm. 1.

[3] Am 8.5.1921 schreibt R. Ehrenberg an Barth (Brief im Karl Barth-Archiv, Basel): «Haben Sie den komischen Bericht über Aarau in der Frkft. Ztg gelesen? Von einem Weiblein! Sie ist natürlich ganz von Natorp begeistert und sinkt dem ‹gütigen Greis› an die Brust.» Die Wendung gibt Ehrenbergs Leseeindruck wieder, sie steht nicht in dem Bericht von Dr. Helene Sack (Frankfurter Zeitung, Jg. 65, Nr. 332 [6.5.1921], S. 3).

[4] Barth spielt mit «Predigen» offenbar auf Natorps Aarauer Vortrag an, vgl. S. 53, Anm. 1. Am 25.4.1921 schreibt Barth auf einer Postkarte an seinen Freund R. Siebeck: «Wir haben Aarau hinter uns. ... Natorp machte es nur *zu* gut: er hielt zwei Vorträge und brach mit Vehemenz, aber leider mit wenig Umsicht aus der Immanenz in die Transzendenz hinüber, d. h. aber in eine Quäker- und Jugendromantik, wie sie etwas vergröbert im Neuen Werk blüht, und bekannte sich in aller Form zu Gogartens und meinen Aufstellungen – ohne unsre Sicherungen zu beachten, so daß ich genötigt war, leise, aber bestimmt von ihm abzurücken. So interessant das Phänomen ist – er war mir als Rationalist lieber denn jetzt als Orphiker.» (Im Karl Barth-Archiv, Basel).

[5] Nach J. Fr. G. Goeters, *Reformierter Lehrstuhl und Studienhaus in Göttingen*, a.a.O. (S. 55, Anm. 1), bes. S. 271f., stand die Entscheidung über den Lehrauftrag unmittelbar bevor: am 12.5.1921 entschied sich die Göttinger Fakultät positiv; am 16.8.1921 sprach das Ministerium die Berufung aus. Zu Barths eigenen Bedenken vgl. Lebenslauf, S. 136f.

derbare Apostrophe ein Wörtlein antworten. Du wirst mich doch nicht glauben machen wollen, daß *dich* das Problem, das einen Kierkegaard zeitlebens umgetrieben hat: Sokrates – Plato / Christus oder Gottesidee und geschichtliche Gottesoffenbarung[1], nicht auch des Nachdenkens wert dünke. Was anders als eine Antwort auf diese Frage ist dein Griff auf Overbecks «Urgeschichte»[2], und was anders als eine Verdeutlichung dieser Idee sollte mein (offenbar ungeschickter) Ausdruck meinen? Muß denn die Denkuhr des andern immer genau die gleiche Stunde zeigen wie deine, damit sie «tüchtige Denkungsart» verrate? Über die Natorpleute zu schimpfen kann mir, da ich bis über beide Ohren in ihren Gedanken stecke, nicht wohl einfallen. Dich aber möchte ich im Interesse der Sache bitten, etwas weniger päpstlich an deine Mitsucher der Wahrheit[3] zu schreiben.

Herzlich

dein E. Brunner

27

Barth                                             Safenwil, 26.5.1921

Lieber Freund!

Aus Ost und West dringt zu mir das Echo deiner Beschwerden über mich.[1] Muß ich dir nun einen Kommentar schreiben zu jener Postkar-

[1] Vgl. z. B. S. Kierkegaard, *Philosophische Brocken. Auch ein bißchen Philosophie von Johannes Climacus* (1844), Gesammelte Werke, Bd. VI, Jena 1910, S. 1–100.

[2] Vgl. K. Barth, *Unerledigte Anfragen*, a.a.O. (S. 43, Anm. 3), S. 7 passim; vgl. bes. a.a.O., S. 11: «Der mögliche Ort des Christentums liegt eben, was die Vergangenheit betrifft, nicht in der Geschichte, sondern in der Geschichte *vor* der Geschichte, in der *Urgeschichte*. Und nur unhistorische Begriffe, Maßstäbe und Beobachtungsmöglichkeiten könnten uns in den Stand setzen, dieses Christentum, das noch gar nicht Christentum in irgend einem historischen Sinn ist, zu verstehen, davon zu reden, es zu vertreten.»

[3] Barth unterstrich «im Interesse der Sache» und «deine Mitsucher der Wahrheit».

[1] Brunner schickte (ohne Datum, wahrscheinlich am 15.5.1921 geschrieben) u. a. Thurneysen Barths Postkarte vom 14.5.1921 (= Nr. 25) zur Ansicht «mit der Bitte, deinen Einfluß bei unserem Freunde geltend zu machen, daß er davor bewahrt wird, sich für den lieben Gott zu halten».

te? Was der «gefährliche Kunde» bedeutet, was unter «tüchtiger Denkungsart» zu verstehen ist und inwiefern das Gespräch über Plato und Jesus, in dieser Weise angekurbelt, unter die Mondscheingespräche Unbeschäftigter zu verweisen ist? Lieber, nimm doch das alles in der Zweideutigkeit und Harmlosigkeit, mit der es gemeint ist, und vor allem: nimm doch mich und – dich nicht so blutig ernst, du fürchterlicher Wahrheitssucher mit allen deinen systematischen Saugnäpfen und Fangarmen! Wäre ich der Papst, als den du mich bereits verklagst, ich würde doch wahrlich die «direkte Mitteilung»[2] nicht so verweigern, wie es im vorliegenden Fall ohne meine bewußte Absicht geschehen ist. Und wüßtest du, wie qualifiziert wehrlos ich mich gegenüber deinem Forschungseifer fühle, so würdest du mir den Rückzug der Schnecke in ihr Haus nicht so grimmig verübeln. *Also laß nicht Zank sein zwischen dir und mir* [Gen. 13,8] und nimm des zum Pfande die eben durch Nachschub frei gewordenen letzten Bogen als Gruß von der sancta sedes apostolica[3], die wäger[4] *nur* in deinen erzürnten Träumen besteht.

Mit herzlichem Gruß an dich und deine Frau

dein Karl Barth

28

Brunner                                                    Obstalden, 23.8.1921

Lieber Barth,

Nach längerer Stille sollst du wieder einmal ein kräftiges Wörtlein aus dem Glarnerland hören. Ich schicke dir unbefugterweise ein Referat meines Freundes Bruppacher[1] in Mühlehorn, das er gestern einem ent-

---

[2] Eine von Kierkegaard übernommene, für Barths damaliges Denken bezeichnende Wendung, vgl. etwa: Römerbrief 2, S. 75 (S. 73): «‹Nimm die Möglichkeit des Ärgernisses weg, ... so ist das ganze Christentum direkte Mitteilung und dann ist das ganze Christentum abgeschafft ...› (Kierkegaard).»

[3] Bezeichnung des päpstlichen Stuhles Petri.

[4] = wirklich.

---

[1] Hans Bruppacher (1891–1978), Pfarrer in Mühlehorn, Kanton Glarus, hatte durch Barth auf der Aarauer Konferenz von 1921 inspiriert einen Gemeindevor-

setzten Pastoralverein gehalten hat. Ich schicke es dir, ohne sein Wissen, weil ich weiß, daß du Freude daran haben wirst, und damit du siehst, daß nicht alle Leute dich so übel mißverstehen wie der gute Münchner[2], der dich in der Chr. Welt mit Joh. Müller[3] zusammenspannen will. Bitte schicke mir das Manuskript umgehend zurück, da ich selbst baldige Zurückgabe versprochen.

Alles fragt mich, wann du nach Göttingen reisest, und ich weiß darüber nichts als: Ich hörte, du wollest erst Römerbrief II vollenden. Ist das so? Wann, wo? In diesem Fall möchte ich dich noch einmal dringlich einladen, mich vor deiner Abreise noch einmal zu besuchen. Bis dahin wirst du auch mein endlich erscheinendes Buch[4] in Händen haben, das die Zürcher Fakultät die Güte hatte, 5 Monate lang zur Zirkulation zu behalten. Dank den Intrigen einer Minoritätsgruppe (Schmiedel und W. Köhler)[5] ist meine Habilitation immer noch in der Schwebe.

Mit herzlichen Grüßen

dein Emil Brunner

---

trag gehalten. Innerhalb der Gemeinde führte dieser zu derart kritischen Reaktionen, daß er von seinem Pfarramt zurücktrat, um sich nunmehr «auf Gottes Seite» (Brief Bruppachers an Barth vom 5.9.1921, Original im Karl Barth-Archiv, Basel) und nicht auf die Seite der Mühlehorner – die Seite der Welt – zu stellen. Vgl. auch die Briefe Bruppachers an Barth vom 15.8., 29.8. und 2.11.1921, und die Postkarten Barths an Bruppacher vom 18.8. und 16.11.1921; Originale im Karl Barth-Archiv, Basel. Zu Bruppacher als frühem Weggefährten Brunners vgl. Brunner, Mein Vater, S. 59.

[2] A. Albers, *Johannes Müller und Karl Barth – was sie uns heute sind,* in: CW, Jg. 35 (1921), Sp. 498–501.

[3] Johannes Müller (1864–1949), religiöser Schriftsteller, wandte sich den entkirchlichten Gebildeten zu, Herausgeber der «Blätter zur Pflege persönlichen Lebens» (seit 1914 «Grüne Blätter»).

[4] E. Brunner, *Erlebnis, Erkenntnis und Glaube,* a.a.O. (S. 54, Anm. 5).

[5] Zu. P.W. Schmiedel vgl. S. 39, Anm. 9; zu W. Köhler vgl. S. 58, Anm. 2.

## 29

Barth                    Safenwil, 25.8.1921 [Ort und Datum des Poststempels]

Lieber Freund!

Du kannst dem Verfasser des Vortrags ruhig sagen, daß er bei mir ist. Er kommt nämlich nächsten Freitag [2.9.] hieher, und ich kann dann gleich selbst mit ihm darüber reden. Er ist trefflich, und ich danke dir vielmals für die Sendung. Nach Göttingen gehe ich Mitte Oktober. [1] Der Römerbrief *muß* eben bis dahin fertig sein. Ich bin am 12. cap. Was ich nachher den deutschen Studenten sagen soll, das werde ich aus dem Boden stampfen müssen. *Wie* brenzlich es mir bei dieser Aussicht zumute ist, kannst du dir vorstellen – oder vielmehr bei deinen wohlgespickten Magazinen *nicht* vorstellen. Zu einer Tour ins Glarnerland dürfte es bei so bewandten Umständen kaum mehr langen. Die aargauische freisinnige Presse hat mich bei Anlaß der Berufung noch einmal aus allen Geschützen angepöbelt[2], so daß auch ich weinend den «Glauben an die Schweiz»[3] verlieren könnte. Was hast du zu der Raga-

---

[1] Familie Barth brach am 13.10. nach Göttingen auf, vgl. Lebenslauf, S. 138.

[2] In der *Neuen Aargauer Zeitung*, im *Zofinger Tagblatt* sowie im *Zürcher Volksblatt* war von Barth die Rede als sozialistischem Mandatar. «Er machte von seiner Überzeugung auf der Kanzel, in und außer dem Pfarrdienste vollen Gebrauch. ... Die Kirchengenossen verstanden ihn nicht und er verstand sie nicht. Einzig die sozialistische Partei fand in ihm den erwünschten Protektor und Agitator. Die hiesige Großindustrie hatte in ihm einen zähen Gegner». Außerdem: «Also weil er als Pfarrer nicht taugte, wurde er Professor, um Andere zu untauglichen Pfarrern zu machen. Ragaz der Zweite.» Gegenüber diesen Polemiken gab es auch etliche Barth zustimmende Voten. Diese Zeitungsartikel hat Barth damals in einem Heft eingeklebt.

[3] 1921 legte Ragaz seine Professur für Systematische und Praktische Theologie nieder, um sich in einem Arbeiterviertel Zürichs ganz der Sozial- und Volksbildungsarbeit zu widmen. Auf Ragaz' Demissionsgesuch hin stellten verschiedene Gruppen (Studenten, Pfarrer und vier der sechs Professoren-Kollegen von Ragaz) den Antrag, Ragaz von der praktisch-theologischen Lehrverpflichtung zu entlasten und ihm eine außerordentliche Professur für Systematische Theologie zu geben. Die Demission wurde jedoch in vollem Umfang vom Regierungsrat genehmigt. Ragaz begründete nun in den *Neuen Wegen* seine Entscheidung und deutete dabei an, der Regierungsrat habe sich aus unlauteren Motiven diese Position zu eigen gemacht, um ihn loszuwerden. Vgl. L. Ragaz, *Warum ich meine Professur aufgegeben habe?*, in: NW Jg. 15 (1921), S. 283–293; S. 291: «Über die Art

ziade[4] gesagt? Die Antwort der Regierung in der N.Z.Z.[5] war m. E. einfach *richtig* und anständig.

Mit herzlichem Gruß und Dank

dein Karl Barth

## 30

Barth          Göttingen, 30.11.1921 [Ort und Datum des Poststempels]

Lieber Freund!

Gestern Abend bekam ich dein Buch[1] und habe es, wie es wichtigen Büchern gegenüber sich geziemt, in einem Zug durchgelesen. Habe herzlichen Dank für die Gabe. Du leistest mir u. a. den sehr wichtigen Dienst, mich über mich selbst, mein Woher? und Wohin? wieder einmal aufzuklären. So fasse ich auch die mir S. 55 errichtete kleine Seitenkapelle auf.[2] Ich weiß nicht, was ich bei dir mehr bewundern soll: die

und Weise, wie die Behörden sich benahmen, ließe sich freilich Verschiedenes berichten, das einen allgemeinen Wert hätte, weil es unsere Zustände beleuchtet. Es mag ein andermal geschehen. Der Glaube an die Schweiz wird dadurch nicht gestärkt. Aber was meine Person betrifft, so hat es mich nicht tiefer berühren können.» Zum Ganzen vgl. auch M. Mattmüller, *Leonhard Ragaz und der religiöse Sozialismus,* a.a.O. (S. 38, Anm. 7), S. 566–578.

⁴ Vgl. Anm. 3.

⁵ In dem mit «M.» gezeichneten Artikel der NZZ, Jg. 142, Nr. 1215 (23.8.1921), hieß es, man rufe nun den Behörden zu: «‹Ihr gedachtet es böse zu machen. Gott aber gedachte es gut zu machen.› Und doch haben die Behörden weder etwas Böses noch etwas Gutes gedacht, bis Herr Ragaz wünschte, die Professur zu verlassen, in der er *kurz vorher* durch die gleichen Behörden *bestätigt* worden war, und [richtig ist schließlich,] daß sie ihm die Entlassung unter Verdankung der geleisteten Dienste gewährten... Die Behörden haben nicht in böser Absicht dem Gesuche des Herrn Ragaz entsprochen und ihm dadurch, ohne es zu wollen, den besten Dienst erwiesen.»

¹ E. Brunner, *Erlebnis, Erkenntnis und Glaube,* Tübingen 1921.

² E. Brunner, a.a.O., S. 55f., Anm. 1 heißt es: «Ich möchte bei diesem Anlaß nicht versäumen, meine große Dankesschuld für die bedeutende Gedankenarbeit Karl Barths anzuerkennen. Er ist der erste, der die prophetischen Gesichte Kutters in strengeren Zusammenhang brachte und selbständig des Meisters Gedanken – in gemeinsamer Arbeit mit Eduard Thurneysen – weiterführte, während wir anderen noch mit ihrem Verständnis ringen mußten. Er hat aber auch,

beneidenswerte Belesenheit im theologischen Büchermeer, die sachkundige Art zu disponieren und den Leser gegürtet zu führen, wohin er nicht will [vgl. Joh. 21,18], oder die kritische Säure, mit der die Widrigen erst freundlich gebeizt, dann aber in ihre Atome aufgelöst werden. In letzterer Hinsicht bin ich besonders über die große Stelle gegen Heiler[3] vergnügt, und auch daß Otto[4] (mit dem du offenbar nebenbei ein Hühnchen in Trinitätssachen zu rupfen hast) eins wegbekommt, ist nur richtig; besonders aber die erhobene Faust gegen Schleiermacher[5]. Was aber mag «der Meister»[6] zu der ihm gewidmeten Schrift sagen? Von mir habe er jüngst den Spruch getan, ich sei im Begriff, mit der Theologie dasselbe zu tun wie s. Z. Ragaz mit dem Sozialismus, während er, Kutter, fernerhin der *Sache* warten werde!! Das könnte dich auch angehen und treffen, nicht!

Ich werde mir ein Vergnügen daraus machen, deine Schrift nächstens meinem neuen Freund Stange[7] zu unterbreiten mit kräftigen Randstri-

---

über Kutter hinausgehend, besonders die Objektivität des Glaubens in einer Weise herausgearbeitet, die für die weitere Entwicklung der Theologie entscheidend sein dürfte.»

[3] Vgl. E. Brunner, a.a.O., S. 53–55. Brunner bezieht sich dort auf Fr. Heiler, *Das Gebet. Eine religionswissenschaftliche und religionspsychologische Untersuchung,* München 1919, und lehnt dessen Psychologismus «auf dem Boden der romantisch-ästhetischen Erlebnisreligion» ab; E. Brunner, a.a.O., S. 54. «Die psychologischen Modalitäten des empirischen Gebetserlebnisses lassen auf seinen geistigen *Gehalt,* auf seine Glaubensrichtung, seinen Ewigkeitsernst, keinen Schluß zu. Sie verhalten sich dazu als Zufälligkeiten, die im Grunde mit der Sache ebensowenig zu tun haben, wie die Tintenkleckse Beethovens mit der 5. Sinfonie.» Dieser Ansatz führe daher zu einer Naturalisierung des Geistigen, vgl. a.a.O., S. 55.

[4] Vgl. E. Brunner, a.a.O., S. 118, zu R. Otto, *Das Heilige. Über das Irrationale in der Idee des Göttlichen und sein Verhältnis zum Rationalen,* Breslau 1917: «Bei ihm steht das Numinose in keinem oder höchstens einem umgekehrt proportionalen Verhältnis zu dem, was er den ‹rationalen Inhalt› der religiösen Vorstellungen nennt. ... Das Irrationale muß [aber] vielmehr als Exponent der inhaltlichen Offenbarung angesehen werden, sonst wäre es ja nicht Gott *als* Gott, der sich offenbarte, sondern Gott, sofern er menschlich ist, Gott als Nicht-Gott.»

[5] Brunner wirft Schleiermacher extremen religiösen Subjektivismus, einen Zug zum Pantheismus und moralistische Verflachung vor, vgl. E. Brunner, a.a.O., S. 33.58.89.

[6] Hermann Kutter, vgl. Anm. 2.

[7] Carl Stange (1870–1959), Professor für Systematische Theologie in Göttingen. Zu Barths Begegnung mit Stange und der Weitergabe von Brunners Buch vgl. Bw.Th. I, S. 504; sowie Bw.Th. II, S. 23.

chen. Überhaupt könnte hier alle Welt nur daraus lernen, denn die Ahnungslosigkeit ist groß. – Ich bin heftig beschäftigt, Vorlesungen aus dem Boden zu stampfen.[8] Die Beteiligung der Studenten ist erfreulich (16+60) und das Echo nicht unbefriedigend. Die Fragwürdigkeit des ganzen Tuns freilich nicht geringer als im Pfarramt. Vale und nochmals herzlichen Dank. Ich las heute die letzten Römerbrief-Korrekturen. Grüße bitte deine Frau!

Mit freundlichem Gruß

dein K. Barth


31

Brunner      Obstalden, 22.12.1921 [Ort und Datum des Poststempels]

Lieber Freund!

Soeben ist mir dein Römerbrief auf den Schreibtisch gepoltert und hat mich beim Predigtschreiben gestört.[1] Er wird noch lange dort liegen bleiben als ein Stein des Anstoßes und Ärgernisses. Ich bin froh, daß er dicker und schwerer geworden, er eignet sich so besser als (nicht Brief-, aber) Predigtbeschwerer. Einen weniger massigen kann man leichter auf die Seite legen. Gelesen habe ich ihn noch nicht (so etwas kann man ja nicht, trotzdem es eins der «wichtigern» Bücher ist, «in einem Zug» tun)[2]. Nur das Vorwort habe ich mit köstlicher Freude genossen. *Ich* werde dir jedenfalls von nun an nicht mehr den Vorwurf machen, du solltest einfacher schreiben. Du hast da das, was ich in meinen Kirchenblattartikeln über die «kritische» Theologie[3] zu sagen versuchte, viel einfacher und besser gesagt.[4]

[8] Barth hielt eine zweistündige Vorlesung über den Heidelberger Katechismus und eine einstündige über den Epheserbrief, vgl. Lebenslauf, S. 143f.

[1] Gemeint ist Römerbrief 2, der noch Ende 1921 erschien, obwohl im Impressum des Buchs als Erscheinungsjahr 1922 angegeben ist.
[2] Anspielung auf Barths Formulierung in Nr. 30.
[3] E. Brunner, *Das Elend der Theologie,* a.a.O. (S. 54, Anm. 4).
[4] Vgl. Römerbrief 2, S. VIII–XII (S. X–XIII). «*Kritischer* müßten mir die Historisch-Kritischen sein! ... Bis zu dem Punkt muß ich als Verstehender vorstoßen, wo ich nahezu nur noch vor dem Rätsel der *Sache,* nahezu nicht mehr vor dem Rätsel der *Urkunde* als solcher stehe» (a.a.O., S. Xf. [S. XII]).

Hoffentlich lässest du mir Zeit, die 2. Auflage wirklich zu lesen, bevor du, in einer dritten, zu einem neuen Schlage ausholst, noch ehe wir uns vom 2. erholt. – Daß dir auch mein Buch einige Freude machte, war mir sehr lieb zu hören. Inzwischen habe ich auch Thurneysens Dostojewski gelesen, ein ingens opus auf seinen 70 Seiten.[5]

Herzliche Wünsche und Grüße über alle Berge

dein E. Brunner

Und nun hab ich noch das Danken vergessen! Es versteht sich von selbst, nicht wahr!


## 32

Brunner                                                    Obstalden, 5.1.1922

Lieber Freund,

Soeben habe ich deinen Römerbrief[1] zu Ende gelesen, für einmal. Ich werde ihn, trotz seines fast unmöglichen Umfangs, noch etliche mal lesen müssen. Denn das ist mir klar, daß es das wichtigste theologische Buch ist, das seit vielen Jahrzehnten erschienen ist. Ich halte es für unmöglich, daß die Theologie irgendeiner Richtung daran vorbeigehen wird. Es enthält zu viel Säure, um nicht eine Scheidung der Geister großen Stils, mit gewaltigem Zischen, Dampf- und Rauchentwicklung herbeizuführen. Darf ich ein wenig «töricht» [vgl. 2. Kor. 11,17], «nach Menschenart» [vgl. Röm. 6,19] reden, wohl wissend, daß ich, nähme ich's selber allzu ernst, meinem eigenen Lesen und Verstehen das Urteil sprechen würde? In allererster Linie muß ich dir dafür danken, obschon du grad das ablehnen wirst. Aber warum sollten wir nicht auch dem danken dürfen, der sich für die andern und mehr als die andern um die Wahrheit gemüht hat? Ich habe bei jedem Kapitel aufs neue und immer mehr staunen müssen über deine ganz beispiellose Zähigkeit, mit der du dein kostbares Erkenntnisgut durch die Sümpfe und das Urwaldgestrüpp alter verwurzelter Denkgewohnheiten hindurchträgst, über dei-

---

[5] E. Thurneysen, *Dostojewski*, a.a.O. (S. 53, Anm. 1).

---

[1] = Römerbrief 2.

ne fast unmögliche Unbeirrbarkeit, mit der du an allen, auch den verlockendsten Abwegen vorbeisteuerst. Es ist mir *kein* Buch bekannt (Kierkegaards Krankheit zum Tode[2] vielleicht ausgenommen), das den ganzen wohlgepflegten Gartenboden der Theologie (im weitesten Sinn) so gründlich durchwühlte und auflockerte, daß es endlich wieder einmal möglich und notwendig scheint, ganz von vorne anzufangen. All die saubern Häglein und Beetlein sind verschwunden, es ist diesmal nicht nur der Feinfeinrechen des Kunstgärtners, sondern der Dampfpflug des Urwaldsiedlers drübergegangen, und auf die Oberfläche gebracht – in mächtigen Schollen –, was seit allzulanger Zeit unberührt unter dem fein durchsiebten Humus der Oberfläche lag. Wo ist, seit Kant[3], das Problem der Ethik so radikal, «weltfremd»-kühn[4] (zum Teil etwas kühn[3]!), so unkompendiös-umfassend gestellt und dadurch die Ethik aus ihrer verdächtigen Allzubekanntheit (Schleiermacher![5] Rothe![6]), aus ihrem langweilig-geistlosen Domestikationszustand in ihre gefährliche Urwaldnähe zurückgebracht worden?

Vielleicht, nein, sicher das untrüglichste Zeichen der Echtheit und Größe der hier gebotenen Erkenntnis scheint mir (rein äußerlich, und doch nicht äußerlich betrachtet), daß du es fertig bringst, 520 Seiten lang *einen* Gedanken immer wieder und immer neu und immer gleich zu sagen. Wer solchen Atem hat, der *hat* etwas zu sagen. Ich war froh, daß ich nicht ganz unvorbereitet von diesem Gedankenkoloß angefallen wurde. Das Ärgernis war mir ja schon im August 1920 an jenem für mich immer denkwürdigen Sonntag in Obstalden erstmals kräftig ge-

---

[2] S. Kierkegaard, *Die Krankheit zum Tode. Eine christlich-psychologische Entwicklung zur Erbauung und Erweckung von Anti-Climacus* (1849), Gesammelte Werke, Bd. VIII, Jena 1911.

[3] Vgl. I. Kant, *Grundlegung zur Metaphysik der Sitten*, Riga 1785.

[4] Vgl. Römerbrief 2, S. 413 (S. 411): «Doktrinär ist nicht das sog. ‹komplizierte›, sondern das vielgerühmte ‹einfache› Denken, das immer schon zu wissen meint, was es doch nicht weiß. Echtes Denken kann *darum* die oft gewünschte Geradlinigkeit nicht haben, muß *darum* so unmenschlich und weltfremd sein ...».

[5] Vgl. Fr. Schleiermacher, *Die christliche Sitte nach den Grundsätzen der evangelischen Kirche im Zusammenhange dargestellt. Aus Schleiermacher's handschriftlichem Nachlasse und nachgeschriebenen Vorlesungen herausgegeben von L. Jonas*, Friedrich Schleiermacher's sämmtliche Werke, Abt. I, Bd. XII, Berlin 1843.

[6] Vgl. R. Rothe, *Theologische Ethik*, Bd. I–II, Wittenberg 1867², Bd. III–IV, Wittenberg 1870², Bd. V, Wittenberg 1871².

boten worden.[7] Mehr als ein halbes Jahr habe [ich] damals gegen den Stachel gelöckt, ohne ihn herauszubringen.[8] Dann kamen deine ersten Druckbogen (Kap. 2–5), die ich «durchaus und mit heißem Bemühen studiert»[9] habe. Verstehst du, was ich meine, wenn ich sage, daß daraufhin der ganze Römerbrief auf mich befreiend wirkte? Er bot mir statt der Ärgernisse *das* Ärgernis. Ich sah jetzt erst die Logik des Ärgernisses, seine Ganzheit, seine *alles* umspannende Bedeutung. Die Fragmente wuchsen zum Ganzen zusammen, so erst wurde der Sinn erkennbar, oder doch erst jetzt sicher erkennbar, während ich früher manchen Strich, den die Skizze kaum andeutete, selber ziehen mußte und doch dieser Aufgabe mich nicht ganz gewachsen fühlte. Besonders Röm. 12– 14 mußte ich von dir interpretiert haben, gerade weil ich fühlte, was du selbst sagst: daß die «Dogmatik» durchaus ethisch-existentiell und die «Ethik» mit der Dogmatik eins sein müsse[10], ohne daß es mir doch befriedigend gelungen wäre, die Ethik so radikal auf ihren Ursprung zurückführen. Daher kam es, daß meine Fragen und Argumente so oft moralisch-direkt ausfielen und ich mich, entgegen meinem eigentlichen Interesse, immer nach den ethischen Konsequenzen erkundigen mußte. Nun ist diese Ängstlichkeit von der *«großen* Beunruhigung»[11] verdrängt worden, und ich kann mich erst jetzt recht der «dogmatischen» Wahrheiten freuen. Es ist gut, daß du *nicht,* wie du im Frühling meintest, Röm. 12–14 sehr verkürzt gebracht hast, sondern im Gegenteil sehr eingehend gerade auf dies scheinbar peinliche Thema eingetreten bist. Das Gespenst einer notwendigen Ergänzung durch oder [einer] falschen Gegensätzlichkeit zu Kierkegaard (Subjektivität, Existentiell etc.) ist damit gewichen. – Ich kann nicht alles schreiben, was ich sagen möchte. Am

7  Vgl. S. 42, Anm. 1.

8  Vgl. Nr. 20 und S. 54, Anm. 3.

9  Nach J. W. von Goethe, *Faust.* Der Tragödie erster Teil, V. 357.

10  Römerbrief 2, S. 416 (S. 414): «Innerhalb der ethischen Problematik» muß das entscheidende Wort «das radikale Wort sein, und radikal ist nur *das* Wort, das (scheinbar ‹theoretisch›, in Wirklichkeit eminent und allein ‹praktisch›) alle (vermeintlichen) Mittelglieder überspringend, direkt auf das Erbarmen Gottes verweist als auf den einzig zureichenden Grund und Zielpunkt der Problematik unsres Lebens».

11  Römerbrief 2, S. 412 (S. 410), trägt für die Auslegung der Kapitel 12–15 die Überschrift «Die große Störung». Vgl. auch S. 418 (S. 416): «Eine andere, eine *wirkliche* und wirklich *ethische* Beunruhigung des Menschen außer der durch Gnade gibt es nicht».

besten werde ich dir danken können, indem ich mich mit deinen Gedanken immer und immer wieder auseinandersetze, was ich dir allerdings als sicher (weil für mich unumgänglich) in Aussicht stellen kann.

Worüber ich am meisten das Bedürfnis habe, mit dir das Gespräch fortzusetzen, ist [Röm.] 13,11–13[12]. Was heißt denn noch *hoffen*, wenn wir nicht auf einen einmal eintretenden *Abbruch* der Zeitlichkeit hoffen dürfen? Sowenig die Parusie als ein *Teil* dieser Welt, als ein Ausgedehntes in ihr verstanden werden darf, so notwendig muß sie als ein Schnittpunkt gedacht werden, wo ἐν ἀτόμῳ [1. Kor. 15,52] Zeit und Ewigkeit sich berühren, wo die letzte irdische Sekunde geschlagen hat und wo dann auch das Stundenzählen aufhört. Oder sollen wir uns die Linie unserer Existenz ins ∞ verlängert denken, über das Grab und die Jahrmillionen hinaus, und wir immer nur auf eine (nie eintretende, aber doch zu glaubende) Erlösung *hoffen* müssen, ohne je «jenen Tag» zu «schauen»?[13] Das, scheint aber, kann unmöglich die Meinung von Seite 487 sein.[14]

Es würde mich herzlichst freuen, wieder einmal etwas von dir zu hören. Dem Schulemachen wirst du mit dem besten Willen nicht entrinnen können, so kritisch du dieser Unvermeidlichkeit gegenüberstehst. Übrigens – warum solltest du nicht gehört werden, und warum sollte nicht eine Anzahl merken, daß hier wieder einmal Theo-logie getrieben wird? Bei uns liegt hoher Schnee, winterlich sieht's ja auch sonst aus, besonders auch in der Zürcher theologischen Fakultät, die sich bei der Neubesetzung der Ragazprofessur[15] eine wohlverdiente Blamage zuge-

[12] Vgl. Römerbrief 2, S. 482–488 (S. 480–486). Barth vertritt hier die Ansicht, die Ewigkeit sei eine besondere Qualifikation der Zeit, nicht das Ende ihres Verlaufs. «Nicht die Parusie ‹verzögert› sich, wohl aber unser Erwachen. *Erwachten* wir, *erinnerten* wir uns, *vollzögen* wir den Schritt von der unqualifizierten in die qualifizierte Zeit, *erschräken* wir vor der Tatsache, daß wir, ob wir wollen oder nicht, an der Grenze aller Zeit, in jedem zeitlichen Augenblick tatsächlich stehen, *wagten* wir es, an dieser Grenze stehend, den Unbekannten zu lieben, im Ende den Anfang zu erkennen und zu ergreifen, wir würden ... eben darin, daß der *ewige* Augenblick *nicht* ‹eintritt› (nie eingetreten ist und nie eintreten wird) die Würde und Bedeutung des uns gegebenen zeitlichen Augenblicks, seine Qualifizierung und sein ethisches Gebot erkennen.» (A.a.O., S. 486f. [S. 484f.]).
[13] Anspielung auf Römerbrief 2, S. 487 (S. 485): «Handeln ‹als ob es schon *Tag* wäre›, also ... hinschauend auf die unanschauliche Mitte des Vorher und Nachher *unseres* Lebenstages ...».
[14] Gemeint ist Römerbrief 2, S. 487 (S. 485), vgl. das Zitat oben in Anm. 12.
[15] Vgl. S. 64f., Anm. 3.

zogen hat. (Ihre zwei Vorschläge Dr. med. W. Gut und Dr. phil. Max Schinz[16] wurden als nicht akzeptabel in wissenschaftlicher Hinsicht zurückgewiesen!) In den nächsten Tagen werde ich Thurneysen besuchen. Der «Römerbrief» und sein Verfasser werden uns mehr als sonst etwas beschäftigen.

Sei samt deiner Frau und von meiner Frau herzlich gegrüßt

von deinem E. Brunner

## 33

Brunner            Obstalden, 9.6.1923 [Ort und Datum des Poststempels]

Lieber Freund!

Ich möchte dir nur wieder einmal mächtig danken für alles, was ich in der letzten Zeit von dir habe lesen dürfen und nach dem unsereiner, als «in einem dürren und trocknen Lande lechzt» [Ps. 63,2], vor allem für die zweite Antwort an Harnack[1] und den Artikel in Zwischen den Zeiten II[2]. Es hatte mich auch gejuckt, Harnack zu antworten, aber ich dachte, du werdest es besser tun, und so war's auch. Du bist nun doch merkwürdig nahe dran, die Sachen «auch einfach sagen» zu können, ohne Kompromisse, jedenfalls einfacher und mächtiger, als ich's vorläu-

[16] Walter Gut (1885–1961), 1923–1955 Professor für Systematische Theologie in Zürich. Brunner schreibt ohne Datum (vermutlich vor dem 14.12.1921) an Thurneysen, die Fakultät Zürich habe als Ordinarius für Systematische Theologie die folgenden beiden freisinnigen Kandidaten vorgeschlagen: «1. Dr. Max Schinz, Schüler und Anhänger des Medicopsychologen Störring, jedermann bekannt als ein Langweiler erster Güte, von dem jedenfalls n[oc]h kein Mensch irgend etwas interessantes oder geistvolles gehört hat, bei dessen Nennung jedermann meint, man mache einen schlechten Witz; 2. Dr. med. Walter Gut, dessen einzige theologische Qualifikation ein vor ca. 10 Jahren bestande[ne]s mittelgutes Staatsexamen ist, und der seitdem als überarbeiteter Mediziner unmöglich Zeit und Kraft hatte, zu jener theologischen Bildung irgend etwas hinzuzutun.» (Im Thurneysen-Nachlaß). Der zunächst vom Erziehungsdepartement zurückgewiesene Vorschlag wurde 1923 durch die Berufung von W. Gut akzeptiert.

[1] K. Barth, *Antwort auf Herrn Professor von Harnacks offenen Brief*, in: CW, Jg. 37 (1923), Sp. 244–252; wieder abgedruckt in: Th.Fr.u.A., S. 18–30.
[2] K. Barth, *Das Problem der Ethik in der Gegenwart*, in: ZZ, Heft II [Jg. 1 (1923)], S. 30–57; wieder abgedruckt in: V.u.kl.A. 1922–1925, S. 144–175.

fig noch (?) kann. Gelegentlich bekomme ich auch durch Thurneysen einen Brief von dir, der mich für viele Entbehrungen an geistlicher Speise im Obstalder Patmos [vgl. Apk. 1,9] entschädigt. Von meiner Schleiermacheroffensive wirst du in absehbarer Zeit hören; das Buch soll über die Sommerferien gedruckt werden.[3] Inzwischen erscheint Erlebnis, Erkenntnis und Glaube in zweiter Auflage.[4] Könntest du nicht deine Aufsätze in der Christlichen Welt herausgeben, denn die C. W. «hat» man ja nicht, bei unserem wohlbekannten Mäpplisystem[5]. Und doch sollte man diese Sachen haben. Bleib uns gesund.

Dein Brunner

34

Barth          Göttingen, 12.6.1923 [Ort und Datum des Poststempels]

Lieber Freund!

Dank für deine teilnehmenden Worte. Ich denke oft an dich und wieviel besser du die Rolle des Professors (mit ihren verwünschten wissenschaftlichen Ansprüchen, die ich nicht erfülle), die ich hier zu agieren habe, spielen würdest. Sei doch froh über dein Patmos, einmal wird's ja auch ein Ende nehmen und dann blickst du mit derselben milden Wehmut auf den Kerenzerberg[1] zurück wie wir jetzt auf den Bezirk Zofingen. Weißt du, daß Karl Heim[2] sehr große Stücke auf dir hält?

---

[3] E. Brunner, *Die Mystik und das Wort. Der Gegensatz zwischen moderner Religionsauffassung und christlichem Glauben, dargestellt an der Theologie Schleiermachers*, Tübingen 1924.
[4] Vgl. S. 53, Anm. 46, und S. 54, Anm. 5.
[5] Vgl. S. 35, Anm. 4.

[1] Die über dem Walensee gelegene Berghöhe, auf der Obstalden, Brunners frühere Wirkungsstätte, liegt.
[2] Karl Heim (1874–1958), Professor für Systematische Theologie in Münster und Tübingen. Am 1.6.1923 schreibt Thurneysen an Barth über eine Begegnung, die wenig zuvor stattgefunden hatte, und lobt die «erfreuliche Fühlung» mit Heim «im Heinrichsbad»: «Er ist irgendwie auch auf der Fährte, immerhin noch deutlich hinter dem Römerbrief II zurück, etwa auf der Höhe von Emil Brunner, den er fast mehr zu billigen scheint als dich.» (Im Karl Barth-Archiv, Basel). Ähnlich in einem Brief Thurneysens an Barth vom 6.6.1923 (Bw.Th. II, S. 174f.).

Thurneysen kann dir Näheres berichten. Deine Frau Schwester in Zürich[3] hilft mir sehr freundlich, hier allerlei Löcher verschoppen[4]; es ist böse Zeit [Eph. 5,16].[5] Wenn du mir dann von deinem Schleiermacher Druckbogen oder dergleichen zugänglich machen kannst, so bin ich sehr empfänglich. Ich muß im Winter eine 4stündige Vorlesung über ihn halten (mit dem einzigen Zweck, damit *ich* ihn kennenlerne – das ist überhaupt der esoterische Sinn meiner bisherigen Lehrtätigkeit!). Zur Zeit pauke ich reformierte Bekenntnisschriften[6], wahrscheinlich, sicher ganz unmodern, unwissenschaftlich etc., aber es ergeben sich immer allerhand Beleuchtungen. Irgend einmal, wahrscheinlich nächsten Sommer, muß ich dann meine Dogmatik steigen zu lassen beginnen. Ich sinne schon jetzt auf irgendeine scholastische Einrichtung, bei der alle Religionsphilosophie und dergleichen gänzlich in Wegfall kommt, sondern bolzgrad auf die Sache los: De Cognitione Dei et nostri[7] oder noch lapidarer: De Deo, die Offenbarung und womöglich das Dogma *voraus* gesetzt! Es wird sicher ein arger Skandal werden, doch ist's vorläufig noch nicht reif. Exegese ist doch immer noch das Gescheiteste, was man in der Theologie treiben kann. Grüße deine Frau!

Herzlichst!

Dein Karl Barth

[3] Lydia de Trey-Brunner (1887–1968), war bis zu ihrer Verheiratung Sekretärin. Sie war nahe mit C. G. Jung bekannt und später in der Bewegung der Moralischen Aufrüsung engagiert.

[4] = zustopfen. Anspielung auf Barths Geldsammlung in der Schweiz für bedürftige Studenten.

[5] Wohl Anspielung auf die durch die Inflation bedingte Not, die 1923 ihrem Höhepunkt entgegenging. Vgl. D.J.K. Peukert, *Die Weimarer Republik. Krisenjahre der Klassischen Moderne* (edition suhrkamp 1282), Frankfurt/M. 1987, S. 71–76.

[6] Barth hielt im Sommersemester 1923 eine Vorlesung über die reformierten Bekenntnisschriften: *Die Theologie der reformierten Bekenntnisschriften,* hrsg. von E. Busch (Gesamtausgabe, Abt. II), Zürich 1998.

[7] Nach Calvins erstem Satz in seiner Institutio (I 1,1) besteht nahezu unsere ganze Weisheit darin: Dei cognitione et nostri.

## 35

Brunner        Obstalden, 27.8.1923 [Ort und Datum des Poststempels]

Lieber Freund!

Du hast dich vor einiger Zeit nach meiner Schleiermacherarbeit[1] erkundigt und um «Korrekturbogen etc.» gebeten[2]. Wolltest du mir den Gefallen tun und mir die Korrektur lesen, nicht auf Druckfehler hin natürlich, sondern aufs Inhaltliche hin? Ich würde sie dir direkt von der Druckerei aus zustellen lassen, und die einzige Bedingung meinerseits wäre rasche Erledigung mit oder ohne Glossen deinerseits. Wenn dir daran liegt, würde ich dir die Druckbogen wieder zustellen, doch bekommst du natürlich – auch ohne deine Mitarbeit – ein Exemplar. Bitte um möglichst umgehende Antwort.

Auch auf deinen Besuch habe ich noch eine geheime Hoffnung, besonders nachdem aus dem von Pfr. Merz[3] nichts geworden. Es gibt so wenig Freunde, die sich meiner Einsamkeit erbarmen.

Mit herzlichen Grüßen

dein E. Brunner


36

Brunner                                [ohne Ort und Datum;
                              nach dem 27.8.1923, vor dem 4.10.1923]

Lieber Freund!

Hier erhältst du die erste Korrektur[1]. Sie ist bereits als korrigiert zurückgeschickt worden – natürlich nicht so wie hier –, es ist also hier

[1] Vgl. S. 73, Anm. 3.
[2] Vgl. Nr. 34.
[3] Georg Merz (1892–1959), Pfarrer in einer Vorortgemeinde Münchens, später Dozent in Bethel, Rektor der Augustana-Hochschule Neuendettelsau. Merz brachte Barths Römerbrief in den Chr. Kaiser-Verlag und war Schriftleiter der Zeitschrift «Zwischen den Zeiten».

[1] Vgl. Nr. 35. Die Antwort Barths auf diese Postkarte Brunners ist offenbar verlorengegangen.

nichts mehr zu ändern. Für dieses Exemplar bitte ich um baldige Rücksendung, da es mein einziges ist, dagegen habe ich für die Zukunft Weisung gegeben, daß du eine Korrektur gerade aus Tübingen erhältst. Wenn nicht du dich nach meinem Buch erkundigt hättest, hätte ich mit meiner Bitte Thurneysen belästigt. Nun ist's mir – zugleich ein lieber und ein schrecklicher Gedanke, daß ihr *beide* die Köpfe zusammenstreckt und murmelt und Unheimliches entdeckt etc. Doch hoffe ich aus dieser Konspiration immerhin einiges zu profitieren, und was erträgt man nicht alles, wenn man etwas profitieren kann! Hm.

Thurneysen schulde nun einmal *ich* einen Brief, während es sonst umgekehrt ist. Er soll bald erfolgen. Vielleicht gibt die Korrektur dazu besonderen Anlaß. Übrigens also: ich erwarte von dir keine Korrektur, sondern nur ad libitum Mitteilungen. Damit du eine Ahnung hast, was da gespielt wird, gebe ich umstehend mein Programm zum besten oder das Menu oder womit dir sonst am besten gedient ist[2]. Fertig ist alles bis auf ein als Nachwort geplantes Vorwort.

Gegenwärtig lese ich Holl[3] und Gogarten. Mich wundert, was ihr zu seinem Glaube und Offenbarung[4] meint. Ich habe erst den ersten Aufsatz gelesen und bin erschrocken über diese Zurückbiegung in die Bahnen neuplatonischer Mystik. Das kommt davon, wenn man das Problem der Ethik in der Weise relativiert, wie Gogarten es tut. Dann bleibt als Gottesgedanke nur noch der der Überwesenheit – und also Plotin, mit seinem mystischen Gefolge. Gogarten ist eben nicht an Kant, sondern an Fichte geschult[5], und das zeigt sich immer wieder.

Mit herzlichen Grüßen von Haus zu Haus

dein E. Brunner

---

[2] Das auf der Rückseite des Briefes in Maschinenschrift mitgeteilte «Programm» wird diesem folgend abgedruckt.

[3] Vermutlich handelt es sich um K. Holl, *Gesammelte Aufsätze zur Kirchengeschichte. I. Luther,* 2. und 3. vermehrte und verbesserte Auflage, Tübingen 1923. Vgl. auch Bw.Th. II, S. 195.

[4] Fr. Gogarten, *Von Glauben und Offenbarung. Vier Vorträge,* Jena 1923.

[5] Vgl. Fr. Gogarten, *Fichte als religiöser Denker,* Jena 1914.

Die Mystik und das Wort. Der Gegensatz zwischen moderner Religionsauffassung und biblisch reformatorischem Glauben dargestellt an der Theologie Schleiermachers.

Umfang ca. 400 S.

## 37

Barth     Göttingen, 4.10.1923 [Ort und Datum des Poststempels]

Lieber Freund!

Eben erhalte ich deinen Brief an Thurneysen zur Einsicht. Er bringt mir u. a. die Erklärung des Ausbleibens weiterer Druckbogen.[1] Ich vermisse sie schmerzlich; denn ich sitze ziemlich ratlos vor Schleiermacher, dessen Zeitalter und Umwelt mir ebenso fremd und unsympathisch ist wie der Mann selber, für den ich doch einst soviel übrig hatte.[2] Man lebt eben nicht ungestraft[3] jahrzehntelang in so ganz anderen Jagdgründen. Was soll man z. B. zu dem ganzen guten begeisterten Papa Dilthey[4] sagen? Also hoffentlich treffen deine Mitteilungen bald wieder ein. Was Gogarten betrifft, so ist mir dein Widerspruch wohl verständlich; das Zusammenspannen mit ihm[5] machte mich vor einem Jahr eine halbe Nacht schlaflos. Aber er hat nun doch auch eine Bewegtheit in die Sache gebracht, die ich nicht missen möchte. Daß ich wider den Stachel löcke [vgl. Act. 9,5; 26,14], wirst du an meinem Luther-Aufsatz

[1] Der Brief Brunners an Thurneysen (nicht aufgefunden) lag offenbar Thurneysens Brief an Barth vom 30.9.1923 (Bw.Th. II, S. 190) bei. In einem weiteren Brief an Thurneysen (o. D., nach dem 27.10.1923 [Thurneysen-Nachlaß B 38, 81]) schreibt Brunner: «Mein Schleiermacher-Buch hat bisher keine glückliche Fahrt gehabt, sondern ist nun reichlich zwei Monate in Tübingen vor Anker gelegen. Windstille. Jetzt ist [es] wieder im Lauf.»

[2] Vgl. K. Barth, *Der christliche Glaube und die Geschichte,* in: Schweizerische Theologische Zeitschrift, Jg. 29 (1912), 1–18.49–72, bes. S. 49–55.64f.; wieder abgedruckt in: V.u.kl.A. 1909–1914, S. 149–212, bes. S. 180–188.202f. Vgl. auch die «kleine Übersicht über die Geschichte meines eigenen Verhältnisses zu diesem ‹Kirchenvater des 19. (und auch des 20.!?) Jahrhunderts›» in K. Barths *Nachwort* zur *Schleiermacher-Auswahl,* hrsg. von H. Bolli (Siebenstern-Taschenbuch 113/114), München / Hamburg 1968, S. 290–312. – Im Oktober 1923 bereitete sich Barth auf seine Vorlesung im WS 1923/24 über Schleiermacher vor, vgl. Theologie Schleiermachers.

[3] J. W. v. Goethe, *Die Wahlverwandtschaften* (1809), 2,7: «Es wandelt niemand ungestraft unter Palmen.»

[4] W. Dilthey, *Leben Schleiermachers,* Bd. I, Berlin 1870; hrsg. von H. Mulert, Berlin / Leipzig 1922².

[5] Gemeint ist die Gründung von Zwischen den Zeiten im August 1922; vgl. Lebenslauf, S. 157–160. Zu Barths von Anfang an gegebenen Bedenken gegenüber einem «Zusammenspannen» mit Gogarten bei der Herausgabe dieser Zeitschrift vgl. Bw.Th. II, S. 97f.

gesehen haben[6]; über den als eine μετάβασις εἰς ἄλλο γένος du im Übrigen getrost grinsen darfst. Der Haber stach mich offenbar, einmal etwas «mit Anmerkungen» zu verfassen. Weiteres zu Gogarten kommt dann in Heft 5 in meinem Emdener Vortrag über «Reformierte Lehre»[7]. Vielleicht wäre zu bemerken, daß nach *reformierter* lateinischer Grammatik durchaus ist*e* statt ist*us* (4,61!)[8] zu sagen wäre und dergleichen mehr. Im Neuwerk Nr. 6 wirst du sehen, daß ich zu Foerster etwas weniger friedfertig Stellung nehme[9] als du[10]. Der Kerl ist mir widrig bis in die Fingerspitzen. Andrerseits räume ich mit dem «Schriftprinzip» nicht so auf, wie du es offenbar wünschest[11], sondern weiß, wie Nr. 5 zeigen wird, allerhand Gutes darüber zu sagen[12]. Du wirst dort überhaupt al-

[6]  K. Barth, *Ansatz und Absicht in Luthers Abendmahlslehre,* in: ZZ, Heft IV, [Jg. 1 (1923)], S. 17–51; wieder abgedruckt in: V.u.kl.A. 1922–1925, S. 248–306. Barth spielt hier wohl an auf den Schluß des Aufsatzes a.a.O., S. 305: «*Reformierte* Lehre» habe «das lutherische *Ja* durch ihr «*Aber* zu durchkreuzen, zu ergänzen, zu erklären»: in Erinnerung an den Punkt, wo, indem das «*letzte* Wort fällt, ... die Gleichung wieder zum Gleichnis werden» muß.

[7]  K. Barth, *Reformierte Lehre, ihr Wesen und ihre Aufgabe.* Vortrag, gehalten vor der Hauptversammlung des «Reformierten Bundes in Deutschland» Emden 17.9.1923, in: ZZ, Heft V, [Jg. 2 (1924)], S. 8–39; wieder abgedruckt in: V.u.kl.A. 1922–1925, S. 202–247. Barth spielt hier besonders auf die Passage S. 233–238 an, in der er unter Hervorhebung des «Extracalvinisticum» die Auseinandersetzung des älteren Reformiertentums mit dem Luthertum paraphrasiert.

[8]  Fr. Gogarten, *Die Kirche und ihre Aufgabe,* in: ZZ, Heft IV, [Jg. 1 (1923)], S. 61: «Diese offenbarte Verborgenheit Gottes ... ist eben die offenbare, das aber heißt einfach: die reale, sichtbare, hörbare, tastbare Verborgenheit Gottes vor den Menschen, das aber ist der Mensch, istus homo Jesus Christus».

[9]  Friedrich Wilhelm Foerster (1869–1966), seit 1920 als Publizist tätig, zuvor Professor für Philosophie in Wien (1913–1914) und für Pädagogik in München (1914–1920). Barth setzte sich mit Foerster auseinander in *Gegenrede zu dem Aufsatz von Friedrich Wilhelm Foerster,* in: Neuwerk. Ein Dienst am Werdenden, Jg. 5 (1923/24), S. 242–248; wieder abgedruckt in: V.u.kl.A. 1922–1925, S. 180–201. Vgl. auch S. 81f., Anm. 4 und 6.

[10]  Bezieht sich offenbar auf Äußerungen Brunners in seinem erwähnten Brief an Thurneysen, vgl. auch Nr. 38.

[11]  Vgl. E. Brunner, *Ist die sogen. kritische Theologie wirklich kritisch?,* in: KBRS, Jg. 36 (1923), S. 101f.105f.

[12]  Vgl. z. B. K. Barth, *Reformierte Lehre,* a.a.O., S. 223: «Am Anfang der reformierten Kirche steht die Erkenntnis, daß die Wahrheit allein im Worte Gottes und das Wort Gottes allein in der alt- und neutestamentlichen Schrift enthalten sei, daß alle *Lehre* der Wahrheit also in der Schrift ihre unveränderliche und unüberschreitbare Regel zu anerkennen habe.» A.a.O., S. 229: «In der *Vorbereitung* einer neuen Erfassung des ‹*Schriftprinzips›,* das doch viel mehr enthält als dieser

lerlei «Enthüllungen» finden, über die freilich im Einzelnen noch zu reden sein wird. Im nächsten Frühjahr sollte ich mit *Dogmatik* anfangen.[13] Lieber, wie macht man das?? Woher weiß man, was da zu sagen ist? Hier stock ich schon[14] und frage alle Weisen um Rat, aber ich konnte bis jetzt nichts Rechtes über das Kindlein erfahren [vgl. Mt. 2,1–8]. Die Lage in Deutschland sieht in den Basler Nachrichten mit den vielen: ☞ sensationeller aus als in Wirklichkeit, ist aber schwül genug.[15]
Herzlichen Gruß!

Dein Karl Barth

38

Brunner                                    [ohne Ort und Datum;
                              nach dem 4.10.1923, vor dem 27.10.1923]

Lieber Freund!
Vielen Dank für deine Karte. Ich schicke dir nun mit gleicher Post mein (einziges) Doppel meines Schleiermacher-Buches, bitte aber, es mir bis *spätestens 1. Nov.* zurückzuschicken. Wie's mit dem Druck gehen wird, weiß ich vorläufig nicht. Es geht ja noch mit einigem anderen nicht bei euch draußen (und bei uns)! Du mußt allerdings die sehr unvollkommene Technik und den völligen Mangel aller und jeder Korrek-

Name sagt ... , sehe ich den einzigen ernsthaften Programmpunkt einer reformierten Theologie für die nächste Zukunft.»

[13] Im Sommersemester 1924 las Barth: «Unterricht in der christlichen Religion». Prolegomena, vgl. Lebenslauf, S. 169, sowie K. Barth, *«Unterricht in der christlichen Religion»*, Bd. I: *Prolegomena 1924*, hrsg. von H. Reiffen (Gesamtausgabe, Abt. II), Zürich 1985.

[14] Vgl. J.W. von Goethe, *Faust*. Der Tragödie erster Teil, V. 1225:
Hier stock ich schon! Wer hilft mir fort?

[15] Anspielung auf den sog. Ruhrkampf infolge der französischen Besetzung des Ruhrgebiets vom 11.1.1923 und die im September und Oktober daraufhin innenpolitisch zugespitzte Lage. Die Basler Nachrichten berichteten täglich, seit dem 24.9.1923 mindestens zweispaltig, als es um die Aufgabe des passiven Widerstandes ging, die von blutigen Zusammenstößen begleitet war, vgl. die Basler Zeitung vom 1.10.1923. Schlagzeilen oder markante Passagen wurden wie üblich durch Handsymbole hervorgehoben. Vgl. zum Ganzen D.J.K. Peukert, *Die Weimarer Republik,* a.a.O.; sowie H. Köhler, *Geschichte der Weimarer Republik* (Beiträge zur Zeitgeschichte, Bd. IV), Berlin 1982².

tur des Textes gütigst entschuldigen, es wird sich wohl gelegentlich sehr komisch lesen: Z. B. steht irgendwo Beleibtheit statt Beliebtheit. Ss!

Daß du nun just noch meinen Brief an Thurneysen bekommen mußtest! Er hat mich schon kurz, nachdem ich ihn geschickt hatte, heillos gefuxt, hauptsächlich wegen Foerster[1]. Ich habe natürlich schon, bevor Thurneysen mir antwortete, gemerkt, daß ich wieder einmal «ine-gheit»[2] war. Die Situation erinnerte mich peinlich an eine Aarauerkonferenz, wo ich mich (als Präses!) von Frau Hoffmann außerordentlich* begeistern ließ.[3] Ich habe gelegentlich solche Zeiten (hauptsächlich nach langdauernder übertriebener intellektueller Arbeit), wo ich sowohl für Sentimentalitäten als auch für elementa paedagogica sehr empfänglich bin; nur sollte ich nachgerade so klug sein und während dieses Sentimentalitätsschnupfens keine Briefe schreiben!

In dem Foersterbuch finde ich allerdings nach wie vor die Darstellung der Jugendbewegung sehr wertvoll, und mir war das alles Neuland.[4] Ich hatte nur gelegentlich einmal durch den Kunstwart[5] oder da oder dort etwas erhascht, aber als Ganzes war mir die Jugendbewegung Deutschlands nur dem Namen nach bekannt.

Sobald man freilich über die Mitte des Foersterschen Buches hinauskommt (die Auseinandersetzung mit dir[6] hatte ich, à la Kinderstube,

---

[1] Vgl. zu Fr. W. Foerster S. 79, Anm. 9.

[2] = hereingefallen.

[3] Es handelt sich bei der Referentin um die Genfer Pfarrfrau Aline Rossier-de Visme (1856–1920), die 1878 Pfr. Adolphe Hoffmann geheiratet hatte und sich nach früherem französischem und welschen Brauch auch mit dem Vornamen ihres Mannes nannte. Sie hatten zunächst in Berlin in der christlich-sozialen Bewegung um A. Stöcker gewirkt, dann ab 1882 in Genf, wo sie in der Union chrétienne de Jeunes Gens junge Männer und Frauen aktivierten und ein Kellnerheim wie eine Mädchenherberge errichteten. Vgl. die Biographie *Aline. «Fast ein Roman». Frau Adolf Hoffmanns Lebensbild,* hrsg. von ihren Kindern, 1921². Frau Hoffmann hielt den Vortrag *Die gegenseitige Verantwortung der Geschlechter* auf der XVI. christlichen Studentenkonferenz, Aarau 1912. Er ist abgedruckt in: *Die christliche Studentenkonferenz. Aarau 1912,* Bern 1912, S. 58–75. Brunner schreibt dazu in: *Einleitender Bericht,* a.a.O., S. 3: «Die warmen Worte der Referentin konnten eines tiefen Eindrucks nicht verfehlen.»

[4] Fr. W. Foerster, *Jugendseele, Jugendbewegung, Jugendziel,* Erlenbach-Zürich/München / Leipzig 1923.

[5] *Der Kunstwart,* Monatsschrift für Kunst und Literatur, gegründet von Ferdinand Avenarius, erschien 1887–1932 in München.

[6] Fr. W. Foerster, a.a.O., S. 241–252, wirft Barth vor, man vermisse bei ihm,

zuerst gelesen!), merkt man immer mehr, daß es dem Manne mit Christus ja gar nicht ernst ist, daß ihm Christus nur die gleiche Funktion versieht wie Maria, d. h. Ideal-Symbol, daß der Mann christlich immer gleich katholisch nimmt, im Sinne einer 1820er Romantik, daß er vom Glauben eigentlich nichts weiß und darum die Reformation glatt ignoriert, sondern immer nur die Frage stellt: Christlich (d. h. katholisch) oder – renaissanceisch, modern.

Also da gibt's in der Tat nicht viel zu lernen. Es ist ungefähr alles, was ich bei Foerster zur Korrektur für uns holen wollte, und dazu nun im richtigen Zusammenhang und mit dem einzig möglichen Hintergrund in deinem Jakobusbrief[7] enthalten.

Deinen Lutherartikel[8] konnte ich noch nicht ganz bewältigen. Es ist allerdings eine Metabasis, und ich kann mir verschiedene Leute denken, die darüber triumphieren: Seht, nun kommt's aus, es handelt sich einfach um eine Theologie im alten üblen Sinne. Es nimmt mich wunder, ob du nach Durchsicht meines Buches der Ansicht bist, ich sei der Wahrheit, die du Schriftprinzip nennst, nicht gerecht geworden.[9] Ich habe schon vor zwei Jahren anhand von Kierkegaards «Brocken» Thurneysen darauf aufmerksam gemacht, daß hinter dem Kierkegaardschen Paradox, hinter seinem Gewichtlegen auf die Zeitlichkeit des Ewigen in Christus, für uns eine große Aufgabe stecke.[10] Den zweiten Anstoß gab mir der Aufsatz über Christus von Ebner im Brenner[11], letzten Winter,

bei aller Berechtigung seiner Kritik am modernen Christentum, «die dem Leben und dem Menschen zugewandte Seite Christi» (a.a.O., S. 246).

[7] Barth hatte im WS 1922/23 die Vorlesung: Erklärung des Jakobusbriefes gehalten. Brunner hat das (unveröffentlichte) Manuskript offenbar eingesehen.

[8] Vgl. S. 79, Anm. 6.

[9] Vgl. E. Brunner, *Die Mystik und das Wort,* a.a.O. (S. 73, Anm. 3). Für Brunner ist das «Wort» Oberbegriff, vgl. a.a.O., S. 79–106. Das Verhältnis zur Schrift wird allenfalls indirekt verhandelt, vgl. etwa a.a.O., S. 96f.: «Weil es sich um Gott handelt, weil die Wahrheit allein uns frei machen kann, darum: verbum solum habemus. ... Freilich nicht ein Menschenwort, weder ein geschriebenes noch ein gesprochenes ist damit, als solches, gemeint. Nur wo in, mit und unter dem Menschenwort das Gotteswort erkennbar wird, nur wo das Menschenwort transparent wird für die göttliche Mitteilung, nur da ereignet es sich, daß jemand ‹glaubt›. Aber eben: Gottes *Wort.* Nicht irgend eine Tat*sache,* sondern nur die *Tat*sache, die Tat*wort* ist.»

[10] S. Kierkegaard, *Philosophische Brocken,* a.a.O. (S. 61, Anm. 1), S. 1–100.

[11] F. Ebner, *Die Christusfrage,* in: Der Brenner, hrsg. von L. Ficker, Siebte Folge, Zweiter Band, Innsbruck 1922, S. 3–62.

und von da an war's mir klar, welche weitere Wendung zu machen sei. Du wirst allerdings bald bemerken, daß für mich der Logos immer noch das Band ist, das sowohl Altes Testament als [auch] Plato mit Christus verbindet, ohne daß der spezifisch neutestamentliche Offenbarungsgedanke, der mit der Vergebung gegeben ist, abgeschwächt würde. Doch will ich da deinem Urteil nicht vorgreifen.

Ich hatte immer gehofft, dich diesen Winter in Göttingen besuchen zu können, da ich im Dezember in Holland (Kantgesellschaft Utrecht und philosophische Gesellschaft Amsterdam) ein paar Vorträge halten muß.[12] Aber es scheint nun doch ratsamer, den Weg über Frankreich zu nehmen. Der neueste Bericht aus Zürich ist nun, daß ich vom Kirchenrat einstimmig der Regierung als Nachfolger von Orelli vorgeschlagen bin.[13] Nun kommt's noch auf die Fakultät an. Allerdings wollen sie mich, auf Drängen der Positiven[14], von der praktischen Theologie entlasten, wodurch die Professur eine außerordentliche würde. Das wäre mir aber besonders für den Anfang ganz recht.

Sei samt deiner Frau herzlich gegrüßt von deinem

E. Brunner

* [Am Rand zur Erklärung übereinander gedruckter Buchstaben handschriftlich von Brunner:] meine Donners-Schreibmaschine streikt gelegentlich.

39

Barth          Göttingen, 27.10.1923 [Ort und Datum des Poststempels]

Lieber Freund!

Das Manuskript ist eben wohl verpackt wieder an dich abgegangen und kommt hoffentlich gut in deinen Bergen an. Leider habe ich neben

---

[12] E. Brunner, *Das Grundproblem der Philosophie bei Kant und Kierkegaard.* Vortrag vor der Kantgesellschaft in Utrecht. Dezember 1923, in: ZZ, Heft VI, [Jg. 2 (1924)], S. 31–46.

[13] Konrad von Orelli (1882–1961) war 1917–1923 Professor für Systematische Theologie in Zürich, 1923–1949 Pfarrer am Zürcher Neumünster.

[14] Vgl. S. 60, Anm. 1.

allem Andern, was ich zu mir nehmen muß, nur etwa 1/3 davon konsumieren können, sehe aber schon ziemlich, wie der Hase läuft. Die Auseinandersetzung S. 68f. gefiel mir besonders gut[1]; überhaupt sehe ich dir mit höchster Bewunderung zu, wie du den Mann abschlachtest, ein sicher hochverdienstliches Tun, das nicht nur Eindruck, sondern Epoche machen wird. Weißt du, ich *könnte* einen einzelnen historischen Menschen und sein Werk nicht so hernehmen, weil ich das Gefühl nicht loswerde, daß da bei solcher Exstirpation bei höchstem Recht dazu doch «irgendwie» Unrecht geschehen möchte. Aber vielleicht ist das nur meine Unbehilflichkeit und Kurzsichtigkeit und Unwissenheit, die mich (trotz allem Abscheu, mit dem mich Schleiermacher erfüllt) «warten» läßt, ob nicht doch etwas dran sein möchte. So gehe ich ganz ohne Kriegsplan, sondern nur mit sozusagen statistischen Absichten an meine Vorlesung heran. Ich fange, trotz deiner Warnung[2], mit einem großen Kapitel über das Christentum der *Predigten*[3] an, gehe von da zurück auf Christlicher Glaube[4] und Sitte[5], von da auf Philosophische Ethik[6] und Dialektik[7], al-

---

[1] In *Die Mystik und das Wort*, a.a.O., S. 49–78 kritisiert Brunner am Verständnis der Religion als «Gefühl der schlechthinigen Abhängigkeit» u. a., daß die Frage nach dem Woher des schlechthinigen Abhängigkeitsgefühls materialiter «auf dem Boden der Ichspekulation, der Immanenzphilosophie, des Ontologismus» stehe (a.a.O., S. 71) und daß als «ausdrücklich festgestellter Inhalt des schlechthinigen Abhängigkeitsgefühls ... nichts anderes übrig bleibt als die *Idee* der Allkausalität.» (a.a.O., S. 74). Der genaue Passus des Manuskripts, S. 68f., konnte nicht ausfindig gemacht werden.

[2] Vgl. *Die Mystik und das Wort*, a.a.O., S. 17, auch S. 238, Anm. 1. Im Hintergrund steht auch Brunners These, daß es im Verhältnis von Schleiermachers und reformatorischer Theologie um die Alternative geht: «Entweder die Mystik, oder das Wort» (a.a.O., S. 89), und seine Warnung davor zu verkennen, daß Schleiermacher, wenn er zwar auch vom «Wort» rede, damit tatsächlich «kein Kerygma *an* uns» meine, sondern nur «ein Quasiwort, das *aus*geht von der religiös erregten Seele» (a.a.O., S. 120).

[3] Fr. Schleiermacher, *Predigten*, Bd. I–X, Friedrich Schleiermacher's sämmtliche Werke, Zweite Abtheilung, Berlin 1843–1856. Zum Aufbau der Vorlesung Barths vgl. Theologie Schleiermachers, S. Vf.

[4] Fr. Schleiermacher, *Der christliche Glaube nach den Grundsätzen der evangelischen Kirche im Zusammenhange dargestellt,* 1821/22, 1830/31².

[5] Fr. Schleiermacher, *Die christliche Sitte*, a.a.O. (S. 69, Anm. 5).

[6] Fr. Schleiermacher, *Grundriß der philosophischen Ethik,* mit einleitender Vorrede von A. Twesten, Berlin 1841.

[7] Fr. Schleiermacher, *Dialektik,* aus Schleiermachers handschriftlichem Nachlasse herausgegeben von L. Jonas, Friedrich Schleiermacher's sämmtliche Werke, Dritte Abtheilung. Zur Philosophie, Vierten Bandes zweiter Theil, Berlin 1839.

so eigentlich das Schema der Kurzen Darstellung[8], nur umgekehrt. Auf dein Buch als die *eigentliche* Drachentötung werde ich das Volk natürlich gleich in der ersten Stunde geziemend aufmerksam machen.[9] Für alle überflüssigen Korrektur-Bogen bin ich natürlich fernerhin *sehr* dankbar.

Mit freundlichem Gruß und herzlichem Dank

dein Karl Barth

Eben habe ich die Korrektur meines reformierten Vortrags[10] gelesen; daneben laufen auch immer noch Predigten für die neue auf Weihnachten erscheinende Barth-Thurneysen-Postille[11]. Des Büchermachens ist kein Ende [Pred. 12,12] ...

40

Barth          Göttingen, 18.1.1924 [Ort und Datum des Poststempels]

Lieber Freund!

Eben von deinem Schleiermacher kommend, möchte ich dir auch wieder einmal einen Dankes- und Sympathiegruß schicken. Ich lese deine Arbeit mit viel Behagen. Sie wird klatschend auf den Tisch des Hauses fallen, wenn sie erscheint (wann?!), und ich freue mich schon jetzt auf das mißmutige Gesicht des «bedeutenden Gelehrten» W.[1], der, nur drei Häuser von mir wohnend, mit: «Nun, Ihr Freund Brunner ...» sicher etwas Wichtigtuerisch-Verlegenes vorzubringen nicht unterlassen wird. Auch meinem Erbfeind Stange greifst du wüst an die Gurgel: ihm ist Schleiermacher der große Mann, weil er das Christentum als «Stifterreligion» entdeckt habe.[2] Der Zwang, immer wieder Vorlesungen

---

[8] Vgl. Fr. Schleiermacher, *Kurze Darstellung des theologischen Studiums zum Behuf einleitender Vorlesungen,* Berlin 1810, 1830², §§ 21 – 31.
[9] Vgl. Theologie Schleiermachers, S. 7f.
[10] Vgl. S. 79, Anm. 7.
[11] K. Barth / E. Thurneysen, *Komm Schöpfer Geist! Predigten,* München 1924.

---

[1] Georg Wobbermin (1869 – 1943), Professor für Systematische Theologie in Marburg, Breslau, Heidelberg, Göttingen, Berlin.
[2] Vgl. z. B. Fr. Schleiermacher, *Über die Religion. Reden an die Gebildeten un-*

aufzuschreiben (bei mir ein mühsames Werk), läßt mich leider nur zu wenig ausgebreiteter Lektüre Schleiermachers kommen, umso dankbarer bin ich für dein Buch. Schade, daß du die *Predigten* nicht herangezogen hast.[3] Du hättest dort zu allen Teilen deines Buches ein *fabelhaftes* Bilderbuch gefunden. Ich habe bis Neujahr in diesem Irrgarten mich aufgehalten[4], augenblicklich bin ich an der K.D.[5] An deiner Stelle hätte ich weniger pathetisch als Titel des Ganzen nur den Namen «Schleiermacher» gesetzt, der ja nach dem alten Scherzwort Alles sagt.[6] Die positiven Ausführungen über Bibel, Reformation etc. hätte ich nur in kürzester änigmatischer Form gewünscht, am besten nur in Form von Randglossen, dafür breitere Mitteilungen und Darstellungen aus Schleiermacher selbst. Die Szene wird manchmal zu offen zum Tribunal[7], statt daß die treffliche pamphletarische Absicht unter der Toga einer ernst-wehmütigen wissenschaftlichen Untersuchung einherschritte. Aber das sind formelle Bedenken. Gegen den Inhalt sehe ich nirgends etwas* einzuwenden, sondern freue mich diebisch, wie die Sonne «es» an den Tag bringt[8]. Meine Frau, der ich eine von den Reden über die Religion[9] vorlas, prägte den Spruch: «Die Rationalisten nagten an einem leeren Knochen, Schleiermacher aber warf auch noch den Kno-

*ter ihren Verächtern,* Berlin 1799, V. Rede: Über die Religionen. Zu C. Stange vgl. S. 66, Anm. 7, und vgl. C. Stange, *Die Wahrheit des Christusglaubens mit einem Anhang über die Eigenart des christlichen Glaubens,* Leipzig 1912, S. 12, und ders., *Christentum und moderne Weltanschauung,* Bd. I: *Das Problem der Religion,* Leipzig 1913[2], bes. S. 42–65. Vgl. auch Theologie Schleiermachers, S. 426.

[3] Vgl. S. 84, Anm. 2 und 3.

[4] Vgl. Theologie Schleiermachers, S. 13–243.

[5] Fr. Schleiermacher, *Kurze Darstellung des theologischen Studiums,* a.a.O.

[6] Wohl Anspielung auf den Spottvers von August Wilhelm Schlegel, in: Sämtliche Werke, Bd. II, hrsg. von E. Boecking, Leipzig 1846, S. 233:

> Der nackten Wahrheit Schleier machen
> ist kluger Theologen Amt
> und Schleiermacher sind bei so bewandten Sachen
> die Meister der Dogmatik insgesamt.

[7] Vgl. Fr. v. Schiller, *Die Kraniche des Ibykus,* in: Schiller's sämmtliche Werke, Bd. 1, Stuttgart / Tübingen 1835, S. 300:

> Die Scene wird zum Tribunal,
> Und es gestehn die Bösewichter,
> Getroffen von der Rache Strahl.

[8] Vgl. A. von Chamisso, *Die Sonne bringt es an den Tag,* in: Chamissos gesammelte Werke, Bd. 1, Stuttgart o. J., S. 73f.

[9] Vgl. Anm. 2.

chen weg.» Schick mir den Schluß auch noch, gelt, falls das Buch nicht bald erscheint.

Mit herzlichem Gruß und Dank

dein Karl Barth

\* Es kutterret etwas heftig (*formal!*).

41

Brunner Obstalden, 23.1.1924

Mein lieber Freund!

Aus einer großen Not heraus schreibe ich dir heute – der Waffenbruder dem Waffenbruder in Todesnot. Du wirst deshalb diesen Brief nicht zur üblichen Korrespondenz rechnen, die halt warten muß, bis dafür Zeit ist, sondern trotz aller Arbeitslast, die dich drückt, mir zu Hülfe *eilen*. Die Geschichte in Zürich ist nun so weit gediehen, daß ich mit ziemlicher Bestimmtheit auf eine Berufung innert weniger als 14 Tagen rechnen kann. Und dann heißt es: Im Frühjahr liest Brunner Religionsphilosophie. So steht es auf dem Küchenzettel, nur daß vorläufig mein Name durch ein X ersetzt ist.

Ich habe nun angefangen, zu sitzen und die Kosten zu überschlagen [Lk. 14,28], und gerate immer tiefer in die Bedrängnis hinein: Ich soll bis morgen früh ein Haus voll Stroh zu Gold spinnen, bei Verlust aller Ehren.[1]

Eins ist mir nun sicher geworden: Ich kann nicht mehr Religionsphilosophie lesen, im Sinne einer Fundamentierung meiner Dogmatik. Das heißt, als Theologe kann ich's nicht mehr, ich kann's also überhaupt nicht mehr – andere mögen und sollen es tun. Darüber brauche ich wohl mit dir nicht weiter zu diskutieren. Aber was nun?

Dogmatik I! Aber das heißt natürlich: Dogmatik überhaupt, denn ich werde nicht ein Semester lang bei Prolegomena mich aufhalten können. Also denn: Ich lese Dogmatik. Welche? Was heute unter Dogmatik geht, ist ein trübes Gemisch aus Religionsphilosophie, biblischer Theo-

---

[1] *Brüder Grimm, Kinder- und Hausmärchen.* In der ersten Gestalt, hrsg. von W. Killy, Frankfurt a.M. / Hamburg 1962, S. 157f.

logie und Dogmatik – im Sinn von Interpretation des kirchlichen Bekenntnisses. Ich habe mir nun überlegt, daß es nur folgende Möglichkeiten gibt:

1. Dogmatik, als Auslegung eines kirchlichen Bekenntnisses.
2. Biblische Theologie – etwa wie Beck[2] oder Hofmann[3].
3. Lehre von der christlichen Religion als Ausschnitt aus der allgemeinen Religionswissenschaft.
4. Spekulative Theologie, die von vornherein weiß, daß sie bei christlichen Resultaten endet.

Die zwei letzten fallen von vornherein außer Betracht; 3. führt zu Wobbermin[4] = Troeltsch[5], 4. zu Biedermann[6] oder Eucken[7] oder sowas.

Aber *kann* man 2. oder 1. überhaupt? Wir haben ja kein Bekenntnis und haben auch keine Bibel, sondern nur einen gewissen, wenig scharfen Ausschnitt aus der allgemeinen Literatur des vorderasiatischen und hellenistischen Altertums, auch dieser Bezirk aussehend wie ein Trümmerfeld in Nordfrankreich. Zum mindesten besteht eine undurchsichtige Wechselbeziehung zwischen dem Neuaufbau der biblischen Theologie durch die Dogmatik und der Dogmatik durch die biblische Theologie.

Dazu würde überdies das Einsetzen bei der Bibel schon wieder das reformatorische Schriftprinzip und damit die ganze Rechtfertigungslehre voraussetzen.

[2] Vgl. J. T. Beck, *Die christliche Lehrwissenschaft nach den biblischen Urkunden I,* Stuttgart 1841, und S. 32, Anm. 22.

[3] Johann Christian Konrad von Hofmann (1810–1877), Vertreter der Erlanger Theologie, die er 1841–1842 und 1845–1877 als dortiger Professor für Enzyklopädie, Neues Testament und Ethik prägte. Vgl. seine Hauptwerke *Weissagung und Erfüllung im Alten und Neuen Testamente. Ein theologischer Versuch,* 2 Bde., Nördlingen 1841–1844, und: *Der Schriftbeweis. Ein theologischer Versuch,* 1. und 2. Hälfte, Nördlingen 1852–1855, 1857–1860[2].

[4] Vgl. G. Wobbermin, *Systematische Theologie nach religionspsychologischer Methode,* 3 Bde., Leipzig 1913–1925; vgl. S. 85, Anm. 1.

[5] Vgl. E. Troeltsch, *Gesammelte Schriften I–IV,* Tübingen 1912–1925. Ernst Troeltsch (1865–1923), systematischer Theologe u. a. in Bonn und Heidelberg, seit 1914 Philosoph in Berlin.

[6] Vgl. A. E. Biedermann, *Christliche Dogmatik,* 2 Bde., Berlin 1869.

[7] R. Eucken (1846–1926), seit 1871 Professor für Philosophie in Basel, seit 1874 in Jena, vertrat einen sozialethisch ausgerichteten «neuen Idealismus»; vgl. R. Eucken, *Der Wahrheitsgehalt der Religion,* Leipzig 1901.

Das ehrlichste an Dogmatik ist immer: die auf den Bekenntnisschriften fußende. Denn sie geht aus von der Tatsache, daß man einen bestimmten Glauben habe, nicht voraussetzungslos an die Arbeit gehe, sie stellt sich mitten in die Gegenwart, sie ist existentiell, ohne doch (wie die Erlanger)[8] subjektivistisch zu sein. Ich würde ohne weiteres zugreifen, wenn wir nur ein Bekenntnis hätten. Aber es wäre ja geradezu lächerlich, wenn ein Schweizer so etwas behaupten wollte.[9] Tabula rasa. Das Ehrliche ist also diesmal wohl, mit der tabula rasa zu beginnen, aber das ist ein wenig verlockendes Menu. Ist auch nur ein Scheinanfang, denn wenn's nun zum wirklichen Anfangen kommt, wird's doch bei einer der vier Möglichkeiten anfangen müssen, das heißt, man ist so klug als wie zuvor.[10]

Ich hasse den Eklektizismus. Aber ich sehe nicht ein, wie er vermieden werden kann. Denn jede der genannten Möglichkeiten vertritt ein berechtigtes Anliegen.

1.: Wir treiben Dogmatik als zukünftige Pfarrer der reformierten Kirche und stehen auch jetzt schon tatsächlich irgendwie auf dem Boden der reformierten Theologie.

2.: Die Bibel ist trotz der Zersetzung durch die Kritik und Historie genau wie früher das Fundament, der Real- und Erkenntnisgrund unseres Glaubens. Denn sie allein enthält die Offenbarung, Christus, mit der Weissagung auf ihn hin und dem Zeugnis des heiligen Geistes.

3.: Aber der alte Supranaturalismus ist uns trotz allem zerbrochen. Wir machen Unterschiede in der Bibel, ganz weite Strecken des Alten Testaments fallen für uns gänzlich außer Betracht, und auch im Neuen

---

[8] Gemeint ist die Erlanger Theologie, die vor allem durch G. Thomasius (1842–1875), J. Chr. K. von Hofmann, H. Schmid (1848–1875) und Fr. H. R. Frank (1857–1894) geprägt wurde. Sie suchten die subjektive Heilserfahrung mit der Schrift und dem Bekenntnis der lutherischen Kirche in Beziehung zu setzen.

[9] Fr. Meyer, Art. «Schweiz», in: RE[3] 18, S. 57, 16–21: «Die *Kirchenlehre* ist in keiner schweizerischen Landeskirche mehr an ein offizielles Glaubensbekenntnis gebunden, sondern beruht auf der allgemeinen Anerkennung der evangelischen Wahrheit... Ebensowenig stehen noch Katechismen aus der Reformationszeit in allgemeinem und obligatorischem Gebrauch...» Vgl. zur «Abschaffung» der Bekenntnisse Ende des 18., Anfang des 19. Jahrhunderts in den einzelnen schweizerischen Kantonen *Das Zweite Helvetische Bekenntnis. Confessio Helvetica Posterior,* hrsg. vom Kirchenrat des Kantons Zürich, übersetzt und kommentiert von W. Hildebrandt / R. Zimmermann, Zürich 1966, S. 156–161.

[10] Vgl. J. W. von Goethe, *Faust.* Der Tragödie erster Teil, V. 359.

Testament müssen wir die Einheit und das Wesentliche erst aus dem Trümmerfeld der Kritik herausretten. Was verdanken wir Plato[11], was hat Thurneysen für Kapital geschlagen aus dem Bilde Laotses vom Wagenrad[12]. Immerhin: 3. hat weniger Gewicht als alle anderen.

4.: Dagegen bekennst du dich im Römerbrief zu einer Synthese von 2 und 4.[13] Die Art, wie wir die menschliche Lage *selber* erfassen, wie wir doch irgendwie von Kant herkommen und uns dieses Herkommens nicht schämen, die Souveränität, mit der wir dem Bibel*buchstaben* gegenüber stehen, trotz aller Unterordnung unter den Geist der Bibel; das mühsame Selberdenken, das z. B. gerade Gogartens Bedeutung ausmacht und das uns überhaupt im Gegensatz zu allen bequem Positiven «auszeichnet». Einem Hoffmann oder Beck gegenüber wird die Art, wie wir die Bibel uns wiedererobern, doch wohl irgendwie «spekulativ» genannt werden.

Und nun also: Was? Setzen wir bei der Bibel ein, so wäre das wohl der Weg, den Melanchthon mit seinen Loci gegangen.[14] Systematisierter Biblizismus. Oder wir bringen den systematischen Gesichtspunkt energischer zur Geltung, rücken den Gedanken der Vergebung oder der qualitativen Differenz[15] in den Mittelpunkt und schaffen eine Institutio religionis christianae[16], mit oder ohne Theologia naturalis – aber dann sind wir ja wohl eben – wenigstens formal – wieder an dem Punkt, wo die tausend und eine Dogmatiken entstehen.

Oder wie wäre es mit dem, was mir ein ungarischer Theologieprofessor als den bei ihnen gangbaren Weg rühmte: Dogmatik im Anschluß an Calvins Institutio? Diese Idee gewinnt immer mehr Macht über mich. Es wäre sozusagen das Gegenstück zu meinem Schleiermacher. Aber der Bedenken sind natürlich nicht wenige: Die Gefahr einer Re-

[11] Vgl. Römerbrief 2, S. VI (S. VII).

[12] Laotse, *Tao Te King,* hrsg. von G. Wyneken, Hannover 1922, S. 15: «Dreißig Speichen laufen zur Nabe; durch ihr Nicht wird der Wagen gut.» Vgl. Bw.Th. II, S. 56f. 113, sowie Römerbrief 2, S. 238 (S. 236).

[13] Vgl. Römerbrief 2, S. X–XIV (S. XII–XVI).

[14] Ph. Melanchthon, *Loci communes rerum theologicarum seu Hypotyposes theologicae,* 1521. Zur Entstehung von Melanchthons Loci communes von 1521 aus seiner Vorlesung über den Römerbrief von 1520 vgl. Melanchthons Werke, Bd. II, 1, hrsg. von H. Engelland, Gütersloh 1952, S. 1f.

[15] Vgl. dazu Römerbrief 2, S. XII (S. XIII).

[16] Nach J. Calvins *Institutio religionis christianae,* 1559 (letzte lateinische Fassung).

pristinationstheologie – die ich in Holland (Kuyper)[17] zur Genüge kennenlernte, um sie ebenso sehr zu fürchten als das gegenwärtige Chaos der modernen Theologie; die Gefahr einer Orthodoxie, die sich mir bereits in der Gestalt unseres neuorthodoxen Calvinisten Grob[18] in Zürich sehr unsympathisch vor Augen malt; die Gefahr, dem Suchen und Fragen der Besten unter den Jungen nicht genug zu tun und überhaupt den Zusammenhang mit der Gegenwart zu verlieren; die Gefahr, sich durch Calvin Probleme aufdrängen zu lassen, die nun einmal für uns nicht mehr oder noch nicht Probleme sind. Es ließe sich das alles ja vielleicht vermeiden, aber es fragt sich doch, ob man dann nicht vom Wortlaut der Institutio sich so weit entfernte, daß der Anschluß an sie mehr Last als Förderung wäre.

Du hast den Heidelberger Katechismus erprobt[19]: Wäre das ein möglicher Ausgangspunkt? Ist er nicht schon zu sehr Produkt der nachreformatorisch orthodoxen Erstarrung?

Gogartens Aufsatz ruft uns das Apostolikum in Erinnerung.[20] Ich glaube zu verstehen, was er damit will; aber ich zweifle, ob nun grad das Apostolikum der vollwertigste Ausdruck christlicher Glaubenserkenntnis sei. Die lapidare Form, der einfache trinitarische Aufbau hätte allerdings viel für sich. Aber es ist mir darin irgend etwas doch wieder zu massiv-undialektisch, zu quantitativ-gläubig, zu sehr Aufzählung von credenda, zu sehr inventarhaft – z. B. auch das Nachhinken der Vergebung.

[17] Abraham Kuyper (1837–1920) war die leitende Persönlichkeit des Neocalvinismus und der orthodox-reformierten Bevölkerung in den Niederlanden. Als Theologe stiftete er die Freie Universität in Amsterdam (1880), als Kirchenmann leitete er die Doleantie (1886), in deren Folge später die «Gereformeerde Kerken» entstand, und als Politiker war er Vorsitzender der «Anti-Revolutionaire Partij» und als solcher Minister-Präsident von 1901–1905. Vgl. auch S. 83, bei Anm. 12, und S. 125, Anm. 14.

[18] Rudolf Grob (1890–1982), Pfarrer, 1914–1953 Leiter der Schweizerischen Anstalt für Epileptische in Zürich, Führer der schweizerischen Jungreformierten, einer Gruppe von kirchlich und politisch Konservativen. Vgl. H. Vorländer, *Aufbruch und Krise. Ein Beitrag zur Geschichte der deutschen Reformierten vor dem Kirchenkampf* (Beiträge zur Geschichte und Lehre der Reformierten Kirche, Bd. 37), Neukirchen-Vluyn 1974, S. 29–37.

[19] Barth hatte in seinem ersten Göttinger Semester WS 1921/22 über den Heidelberger Katechismus gelesen, vgl. Lebenslauf, S. 141.

[20] Vgl. Fr. Gogarten, *Glaube und Offenbarung. Der zweite Artikel des Apostolikums,* in: ders., *Von Glauben und Offenbarung,* a.a.O. (S. 76, Anm. 4), S. 41–62.

Kurz – ich bin einfach am Berg und weiß mir nicht zu helfen und erkenne in meiner Hülflosigkeit so recht die Verwirrung, in der wir nun einmal drin stecken. Natürlich getraue ich mir, so gut wie die Schlatter[21], Heim[22], Wendt[23], Kaftan[24] etc. eine Dogmatik zusammenschustern zu können, vielleicht eine recht originelle. Aber was ist damit geholfen? Wir sollten doch eben gerade aus dem herauskommen. Es sollte doch schon in der Anlage des Ganzen Protest erhoben werden können gegen den modernen Subjektivismus und ein Zeugnis gegeben werden, daß wir nicht unsere Weisheit auskramen wollen.

Rate mir, lieber Freund! Es wird auch zu unserer Aufgabe gehören, daß wir nicht mehr so originalitätssüchtig sein wollen und uns nicht schämen, nach dem Muster, das ein anderer gefertigt, unsere eigene Arbeit zu tun. Wie haben sie das in der Reformationszeit getan – und sind wahrlich dabei nicht schlecht gefahren. Das bißchen eigener Geist, das wir etwa haben, wird wohl mehr als genug Platz finden auch im Rahmen eines vorgegebenen Ganzen.

Für deine Karte vielen Dank.[25] Natürlich hätten die Predigten nicht fehlen sollen. Aber ich fürchtete, mit der Herbeiziehung des *alles*sagenden Predigers Schleiermacher die für die Grenzbereinigung unbedingt erforderliche Klarheit und Eindeutigkeit zu verlieren. Ich sah anläßlich eines Gesprächs mit Wendland[26], wie die Herbeiziehung der Predigten es immer wieder möglich macht, die Schleiermacherschen Formeln christlich umzudeuten. Es freut mich mächtig, daß du inhaltlich einverstanden bist. Das Ganze wirst du hoffentlich spätestens in 14 Tagen vor dir haben.

Gestern habe ich Thurneysen aus einem Brief von Heim an Schrenk[27] sehr erfreuliche Zitate mitteilen können. Du wirst sie wohl

[21] A. Schlatter, *Das christliche Dogma*, Stuttgart 1911.

[22] K. Heim, *Leitfaden der Dogmatik. Zum Gebrauch bei akademischen Vorlesungen. Erster Teil*, Halle a.S. 1916²; *Zweiter Teil*, Halle a.S. 1912.

[23] H. H. Wendt, *System der christlichen Lehre*, Göttingen 1906, 1920². Hans Hinrich Wendt (1853–1928), systematischer Theologe in Göttingen, Kiel, Heidelberg, Jena.

[24] J. Kaftan, *Dogmatik*, Tübingen 1897. Julius Kaftan (1848–1926), systematischer Theologe seit 1874 in Basel, seit 1883 in Berlin.

[25] Vgl. Nr. 40.

[26] Johannes Wendland (1871–1947), Professor für Systematische Theologie in Basel.

[27] Zu K. Heim vgl. S. 73, Anm. 2. Gottlob Schrenk (1879–1965) war von

bald zu Gesicht bekommen.[28] Es ist fein, daß der Mann sich so wenig auf sein Eigenes versteift, sondern so schnell ist zum Hören [vgl. Jak. 1,19]. Auch mein zukünftiger Kollege Schrenk ist ganz von dieser Art, und wir freuen uns beide auf eine feine Zusammenarbeit. Er berichtete mir einmal ganz beglückt von deinem letzten Aufsatz in Zwischen den Zeiten[29] und sagte mir auf meine Frage, was denn jetzt eigentlich in Deutschland theologisch laufe: Es geht überhaupt nichts als das, was Barth in Bewegung gebracht hat. Er selber ist ein tüchtiger Gelehrter und gar kein Stubengelehrter, sondern der ganze Mann ist Theologus. Großes wird nicht von ihm zu erwarten sein, aber Tüchtiges. Und ich werde an ihm einen guten Freund haben. Auch Walther Köhler[30] scheint seinen Reformatoren auf die Dauer nicht widerstehen zu können. Er, der ehemalige Erzrationalist, ist für Schrenk und für mich mit gleicher Wärme und Entschiedenheit eingetreten. Sonst wäre ich rettungslos den Intriguen der Liberalen zum Opfer gefallen. Es ist übrigens auch jetzt noch nicht die letzte Klippe umschifft: Erziehungsrat und Regierungsrat haben noch nicht gesprochen.

Es ist also weiter notwendig, daß du das offene Geheimnis noch nicht weiter verbreitest.

Wer ist übrigens der Kollege W., der nur ein paar Häuser weit von dir wohnt?[31]

Also: sei so gut und berichte mir mit bedächtger Schnelle[32], wie man Dogmatik lesen muß.

Mit herzlichen Grüßen

dein E. Brunner

1913–1923 Dozent an der Theol. Hochschule in Bethel, von 1923 bis zur Emeritierung 1949 Professor für Neues Testament in Zürich.

[28] K. Heims völlige Umarbeitung seines Werkes *Glaubensgewißheit. Eine Untersuchung über die Lebensfrage der Religion*, Leipzig 1923², «erfolgte vor allen Dingen unter dem Eindruck der neuen, durch Karl Barth hervorgerufenen Bewegung in der Theologie», a.a.O., S. III. Vgl. hierzu Bw.Th. II, S. 219.222f.

[29] Vgl. K. Barth, *Ansatz und Absicht in Luthers Abendmahlslehre*, a.a.O. (S. 79, Anm. 6).

[30] Zu W. Köhler vgl. S. 58, Anm. 2.

[31] Gemeint ist Georg Wobbermin, vgl. S. 85, Anm. 1.

[32] J.W. von Goethe, *Faust. Der Tragödie erster Teil*, V. 241.

## 42

Barth                                                    Göttingen, 26.1.1924

Lieber Freund!

Ich will dir umgehend antworten, damit dein Brief[1] ja nicht den Weg alles Fleisches gehe, obwohl ich Schleiermachers Hermeneutik[2] lesen sollte, über die ich am Montag und Dienstag einiges vorbringen will. Vor Allem gratuliere ich dir zu der offenbar so gut wie eroberten Festung.[3] Du hast den Einzug wirklich verdient, und da du daselbst Schrenk[4] und den – welches Wunder begibt sich? – halb-bekehrten Walther Köhler[5] vorfindest, so kann und wird nun ein zürcherischer Geistesfrühling anbrechen, an dem ich mich von Weitem mitfreuen werde. Doch zur Sache. Wir sind durchaus Leidensgenossen. Auch ich werde in diesem Sommer mit Dogmatik anfangen[6], und es wäre eventuell erwägens- und wünschenswert, wenn wir uns auf einen mindestens ähnlichen Plan einigen und so den Grundstock für die kommende *disziplinierte* reformierte Lehre errichten könnten. Meine Vor-Erwägungen jedenfalls sehen den deinigen sehr ähnlich. Die «Tafel der Möglichkeiten»[7] hat bei mir diese Gestalt:

1. «Loci» im Anschluß an den *Römerbrief* (Melanchthon!)[8].
2. Biblische Theologie à la Beck[9].
3. Spekulative à la Biedermann[10].

---

[1] Vgl. Nr. 41.

[2] Fr. Schleiermacher, *Hermeneutik und Kritik mit besonderer Beziehung auf das Neue Testament.* Aus Schleiermachers handschriftlichem Nachlasse und nachgeschriebenen Vorlesungen herausgegeben von Dr. Friedrich Lücke, Fr. Schleiermacher's sämmtliche Werke, Erste Abtheilung. Zur Theologie, Siebenter Band, Berlin 1838.

[3] Anspielung auf Brunners langen Weg zur Berufung als Ordentlicher Professor für Systematische und Praktische Theologie an die Universität Zürich, vgl. Brunner, Mein Vater, S. 389.

[4] Vgl. zu G. Schrenk S. 92f., Anm. 27.

[5] Vgl. zu W. Köhler S. 58, Anm. 2.

[6] Vgl. S. 80, Anm. 13.

[7] Vgl. Nr. 41.

[8] Vgl. S. 90, Anm. 14

[9] Vgl. S. 88, Anm. 2.

[10] Vgl. S. 88, Anm. 6.

4. Scholastische (anstelle des Petrus Lombardus[11]: Calvins Institutio, also wie dein ungarischer Gewährsmann[12], oder der Katechismus Genevensis 1545).

5. «Prophetische», d. h. selber Calvin sein, auf den Tisch schlagen und unter beständiger Kontrolle 1° durch die Bibel, 2° durch das kirchliche Altertum + Reformation einen selbstgewählten Weg gehen.

6. Konfessionelle: Stoff der Dogmatik ist nun einmal das «Dogma»; gibt uns die verglunggte[13] modern-reformierte Kirche kein solches an die Hand, so stehen wir offenbar wieder am *Anfang* der reformierten Reformation, haben zu fragen, was *dort* Dogma war *vor* den Bekenntnisschriften, kämen also auf das Apostolikum. Bekenntnis-Schriften *heuristisch* zu verwenden. Autorität der Schrift als des Ursprungs des ganzen Krams selbstverständlich.

7. Der helle Unfug: Schleiermacher und, was hinter ihm kreucht und fleucht.

Mir scheint es nun vor Allem, diese Tafel selbst enthalte eine solche Fülle von schweren und entscheidenden Problemen, daß, bevor die «Dogmatik» selbst in Szene gehen kann, eine gründlichste «Erlesete»[14] von dem Allem nötig ist: auch die *Studenten* müssen nachher *wissen*, was gespielt wird. Also habe ich für den Sommer «Prolegomena zur Dogmatik» angezeigt, 4stündig, 1924/25 folgen dann Dogmatik I und II, eventuell je 5stündig. Ich habe den Gang noch nicht vor mir, aber ich suche nach einem System der Begriffe Offenbarung, Glaube, Geist, Kirche, Schrift, Dogma, Bekenntnis (für uns Reformierte nicht dasselbe!), Dogmatik, Predigt, in dem natürlich auch a) das durch Kant aller Metaphysik gebotene Schach, b) das durch die Fehlentwicklung der nach-reformatorischen Theologie entstandene Loch teils ernst bedenkend, teils mit trauerndem Zorn beständig zu erwägen sein wird.

Was nun die Auswahl aus der Tafel, d. h. das Resultat der Prolegomena betrifft, so bin auch ich, bei lauter parallelen Erwägungen, wie du

---

[11] Die Kommentierung der «Sentenzen» des Petrus Lombardus *(Libri IV sententiarum,* studio et cura PP. collegii S. Bonaventurae in lucem editi. Secunda editio, Florenz 1916) war die Weise theologischer Lehre in der Scholastik.

[12] Vgl. S. 90

[13] = verschlampte.

[14] = Sichtung, Auslese.

sie anstellst, noch nicht mit mir einig. In Betracht kommen natürlich nur 1,4,5,6. 1 wäre bestechend, aber ich möchte den Stier etwas kräftiger bei den Hörnern fassen. 4 schien mir lange die einzige Möglichkeit. Z.Z. neige ich zu einer Kombination von 5 und 6, und wie es scheint, schwankt die Nadel bei dir zwischen denselben Graden. Es wird sich darum handeln, eine wohlüberlegte Rangordnung von oben (Offenbarung) nach unten (Prophetie als eigene Deutung des göttlichen Wortes) zu finden, in die sich die Dogmatik dann an ihrer (bestimmten!) Stelle einzugliedern hat. Aber wie? Ja, da hoffe ich dann Ende Juli einiges darüber sagen zu können, vorläufig kann ich nur mit dir weinen, weil ich es auch nicht weiß, und ich möchte dir nur anheimgeben zu überlegen, ob es nicht auch für dich ratsam wäre, zunächst eine solche die Religions-Philosophie ersetzende *Vor*übung steigen zu lassen? Im Herbst findet sich dann hoffentlich das Weitere.

Zu Schleiermacher wäre auch noch Einiges zu sagen. Wahrscheinlich werde ich die Ehre haben, dich in Zwischen den Zeiten zu rezensieren[15]. W. ist Wobbermin.[16] Im März oder April komme ich einmal rasch in die Schweiz, vielleicht gelingt es, daß wir uns da irgendwo sehen und ein bißchen fachsimpeln können. So weit ist es nun also mit uns gekommen. Ein Attentat der theologischen Fakultät, die mich nötigen wollte, «*Reformierte* Dogmatik» anzuzeigen, konnte ich erfolgreich abwehren.[17]

Mit herzlichen Grüßen und Wünschen!

Dein Karl Barth

43

Brunner                                                          Obstalden, 31.7.1924

Lieber Freund!

Von Thurneysen bekam ich dieser Tage einen Abzug deiner Kritik meines Schleiermachers, die ich, offengestanden, mit einiger Bangigkeit

---

[15] K. Barth, *Brunners Schleiermacherbuch,* in: ZZ, Heft VIII, [Jg. 2 (1924)], S. 49–64; wieder abgedruckt in: V.u.kl.A. 1922–1925, S. 401–425.

[16] Vgl. S. 85, Anm. 1.

[17] Vgl. Bw.Th. I, S. 213ff.

zur Hand nahm und mit größtem Interesse, mehrmals natürlich, las.[1] Ein gutes Gewissen hatte ich eigentlich nie, während ich meinen Schleiermacher schrieb; das «Gefühl, daß hier Unrecht geschehe»[2], verließ mich nie ganz, so sehr ich mich mir gegenüber immer wieder rechtfertigte. Aus diesem Gefühl kam denn auch das Schlußwort, das freilich nur mein Wissen um das Unrecht anzeigt, aber nicht das Geschehene ungeschehen macht.[3] Als eine Art innerweltliche Askese oder Bußzucht[4] hatte ich, allen Gelüsten zum Trotz, das Bild Schleiermachers über meinem Studiertisch nicht weggenommen, sondern ließ es dort zur täglichen Beunruhigung.

Ich war darum von dieser Seite deiner Kritik nicht überrascht, sondern mußte sie, schon als du sie erst auf einer Postkarte andeutetest[5], gutheißen. Ich spürte selber gar wohl, daß ich da viel zu forsch, sicher und siegesbewußt vorgegangen war. Die Konsequenzen, die du am Schluß andeutest[6], vermochte ich gerade noch selbst zu sehen, aber nur

[1] K. Barth, *Brunners Schleiermacherbuch*, a.a.O.

[2] Vgl. Nr. 39.

[3] Brunner meint offenbar die Passage seines Schlußwortes von *Die Mystik und das Wort*, a.a.O., S. 386f.: «... Gefühlsreligion ist das feinste Destillat des Heidentums. Sie sucht – daran ist kein Zweifel – das wahrhaft Geistige, den wahren Gott... Sie hat so oft, den rasch verhärteten Glaubensbewegungen gegenüber, mitten in Priester- und Kirchen- und Theologentümern, die Gottesfrage lebendig erhalten. Denn die Seele der Mystik ist Sehnsucht nach Gott, oft genug ergreifende, leidenschaftliche, opferfreudige Sehnsucht. Sie lebt ... vom Bewußtsein der ursprünglichen Gottzugehörigkeit der Menschenseele, von jener göttlichen Bestimmung des Menschen. Aber sie will oder kann sich nicht den Ernst unserer Lage eingestehen. Sie sieht nicht mit nüchternem Auge, mit ganzem Wahrheitsernst jenen Bruch; sie erkennt nicht, daß er von der Art ist, daß nur die Schöpfertat Gottes ihn heilen kann.»

[4] Anspielung auf die Kennzeichnung der Ethik des Calvinismus z. B. bei E. Troeltsch, *Die Soziallehren der christlichen Kirchen und Gruppen*, Gesammelte Schriften, Bd. I, Tübingen 1912, S. 645ff.

[5] Vgl. Nr. 39.

[6] K. Barth, a.a.O., S. 424f.: «Besser zu machen, was Schleiermacher schlimm gemacht hat, heißt das etwas anderes als das theologische Denken, wie es nun ... seit mindestens drei Jahrhunderten gerichtet war, in einem Winkel von mindestens 180° um seine eigene Achse zu drehen, und ist das nicht das Unternehmen einer Hybris, mit der wir alle nach menschlichem Ermessen nur scheitern können? ... Können wir uns bei solcher Rebellion, bei solchem *Ungehorsam gegen die Geschichte* (der Neuzeit!) anders rechtfertigen als damit, daß wir eben noch viel mehr erschrocken sind vor der Hybris dieser drei Jahrhunderte und vor der Zumutung, in *dieser* Hybris zu verharren? Aber dann müssen wir wirklich auch für

wie Wetterleuchten ohne Donner, wie dies überhaupt meine Schwäche ist, und woraus der nicht ganz unberechtigte (von dir nicht erhobene) Vorwurf des Intellektualismus kommt. Ich sehe, was andere nicht oder noch nicht sehen, aber ich sehe es bloß, ohne sein ganzes Gewicht zu spüren. Das pflegt dann bei mir lang hinterher zu kommen.

Es ist sehr gut und nötig, daß du diesen dritten Punkt so gewichtig hervorhobst.

Über die beiden ersten ließe sich, glaube ich, eher streiten. Gewiß ist der Gegensatz Mystik und Wort nicht der einzige[7]; er ist es auch nicht in meinem Buch. In den Kapiteln Rechtfertigungsglaube, Ethik, Eschatologie und auch in den philosophischen Schlußkapiteln dürfte es wohl ziemlich klar werden, daß Schleiermacher auch der Vater des modernen Kulturprotestantismus ist. Die Analyse seines Fortschrittsgedankens und des ganzen Aufbaus seiner Kulturethik dürfte darüber nicht im Zweifel lassen. Mein Fehler besteht vielleicht darin, daß ich die Mystik und diese Diesseitigkeit zu sehr subordinierte statt koordinierte. Aber dann hätte mir ein Oberbegriff gefehlt, und ich hätte wohl die Eindrücklichkeit des ganzen Arguments, auf die nun nicht weniger als alles ankommt, sehr gefährdet. Daß ich nicht «Schleiermacher» formulierte[8], hat eben darin seinen Grund, daß mir Schleiermacher bei der ganzen Sache nicht in erster Linie wichtig ist. Darum konnte auch jene objektive differenzierte Darstellung, die du wünschest – und die zweifellos als Erledigung Schleiermachers weit besser wäre –, für diesen Zweck nicht in Betracht fallen. Ich zweifle, ob in der gegenwärtigen geistigen Situation so etwas überhaupt verstanden werden könnte. Meine Berufung auf Reformatoren etc. war mir natürlich als ein sehr anfechtbares Vorgehen sehr wohl bewußt. Aber es kam mir hier wirklich weniger aufs Beweisen als aufs Verdeutlichen an. Ohne den Kontrast getraute ich

uns selbst erschrocken sein: darüber, daß wir eine *andre* Rechtfertigung als diese, eine *positive* Rechtfertigung unsres Tuns Gott und uns selbst und unsern Zeitgenossen *nicht* vorzuweisen haben. Und nur aus diesem zweiten Erschrockensein heraus dürfte dann etwa zum Angriff gegen die falschen Götter unsres Zeitalters geblasen werden.»

[7] Barth wendet gegen Brunners Betonung des Stichworts Mystik ein, daneben sei mindestens auch das apologetische und das kulturprotestantisch-ethische Motiv für Schleiermachers Werk bestimmend, vgl. K. Barth, a.a.O., S. 413–417.

[8] K. Barth, a.a.O., S. 412: «Warum gleich die anklägerische Überschrift ‹Die Mystik und das Wort›? Warum nicht ganz trocken ‹Schleiermacher›?».

mir hierin überhaupt nichts klar machen zu können. Doch magst du recht haben, und der Erfolg resp. Mißerfolg wird dir vielleicht bald recht geben. Ich muß zufrieden sein, wenn denen, die überhaupt fähig sind, auf den Gedankengang des Ganzen einzugehen, durch jene Zitate der sachliche Zusammenhang zwischen dem, was wir meinen, und dem, was die Reformatoren meinten, einigermaßen einleuchtet.

Endlich: die Predigten.[9] Daß sie als Illustrationsmaterial unvergleichlich sind, weiß ich wohl. Umgekehrt weißt du deinerseits, daß man aus den Predigten so ungefähr alles herauslesen kann, was man will. Ich hielt es darum für das methodisch Richtigste, mich statt ans Potpourri an die Originalthemen zu halten. Die Situation, die dadurch entsteht, ist die: Ich disputiere nicht mit euch über die Predigten, weil diese Diskussion nie etwas Bestimmtes zutage bringen wird, weder positiv noch negativ. Lasse ich mich aber, durch glänzende Möglichkeiten verführt, auf diesen Disput ein, d. h. anerkenne ich die Möglichkeit, die theologisch-philosophischen Schriften durch die Predigten zu interpretieren, so weiß ich, daß alle meine Arbeit vergeblich ist, eben weil man aus den Predigten ebensogut das eine wie das andere herauslesen kann, während die Glaubenslehre[10] denn doch viel eindeutiger-bedenklich ist.

Doch empfinde ich all dies als Nebensachen deinem dritten Punkt gegenüber. Für diese Kritik bin ich dir zu großem Dank verpflichtet, und du kannst sicher sein, daß du gerade dann, wenn du mich von *d a* aus ermahnst, bei mir immer ein offenes Ohr findest. Du wirst dich beharrlich gegen mein intellektuelles perrumpamus[11], gegen den «Zürcher» in mir zur Wehr setzen müssen. Ja, fast muß ich sagen: ich darf überhaupt meine Arbeit nur wagen, weil immer noch du in letzter Reserve stehst. Es ist, als ob ich *d i e* Verantwortung, die ich als Pfarrer (wohl auch als Dozent) selbst tragen muß, als theologischer Schriftsteller unbewußt auf dich abwälzte und abwälzen müsse oder dürfe. Findest du diese Gewaltentrennung unrichtig? Es scheint mir: es gibt vieles, was *du* nicht schreiben solltest, was aber unbedingt doch geschrieben werden muß. Historische Analogien drängen sich auf. Zwar möch-

[9] Vgl. Nr. 39 und K. Barth, a.a.O., S. 408–410.
[10] Fr. Schleiermacher, *Der christliche Glaube*, a.a.O. (S. 84, Anm. 4).
[11] Vgl. Luthers antischwärmerische Polemik gegen Zwingli, in der er das im «perrumpamus» gipfelnde Selbstvertrauen Zwinglis anklagt, in: WA.TR 3,56,11–26 (Nr. 2891b). Vgl. dazu Theologie Calvins, S. 128.

te ich um keinen Preis die Rolle des «Melanchthon» in unserer Bewegung spielen. Ich glaube zu wissen, was für einen Abweg «Melanchthon» bedeutet. Aber sag meinetwegen «Calvin» – diesmal nur nach der formalen Seite von Luther unterschieden –, so hast du ein Notwendiges formuliert, das nur solange gut ist, als es trotz seiner Notwendigkeit von höherer Warte aus letztlich doch immer wieder als Möglichkeit verneint wird. Ich werde diese Verneinung immer selbst im Stillen vollziehen; aber zur öffentlichen Verneinung fehlt mir die Kraft oder, was dasselbe ist, die Autorität. Für diese Verneinung wirst du deine Kraft sparen müssen. In diesem Sinne möchte ich sagen: Es ist die letzte Aufgabe von «Barth», den leider notwendigen «Brunner» öffentlich immer wieder abzuschütteln, wenn auch so, daß er immer wieder aufstehen und wiederkommen soll.

Gesetzt, du und Gogarten würden uns genommen – nun denn, so müßten wir wohl oder übel jene Verantwortlichkeit übernehmen, so gut es halt geht – mir würde vor mir selbst grauen –; so aber hat's keine Not – du verstehst, was ich damit meine und nicht meine –; die Maschine darf ordentlich heiß laufen, wenn der Kühler funktioniert.

Deine Kritik hat mir insbesondere darum gut getan, weil ich durch sie merkte, daß ich als Dozent jener Verantwortlichkeit kaum mehr oder doch nicht wesentlich mehr mir bewußt war als als Scribent. Und da kann's denn fatal werden. Gut, daß ich das homiletische Seminar habe, wo ich Woche für Woche Gelegenheit habe, über das Echo meiner kühnen Theologie zu erschrecken. Für nichts gäbe ich dieses anfangs mir so lästige «Anhängsel» meiner Professur wieder aus der Hand. Irgendwie – wahrscheinlich zu meiner Schande – wird's immer erst dort ganz ernst. Die praktische Theologie ist der genial erfundene Kühler der sonst zu heiß laufenden theologischen Maschine.

Gegenwärtig wandere ich durch ein höchst verwirrliches und gefährliches Karrenfeld[12]: Ich bereite ein Quasi-Kolleg vor über Pfarramt und Gegenwartsleben, ein Fetzen aus einer noch nicht existierenden Pastoraltheologie. Das Verwirrliche ist die Menge der Weglein und Wegweiser, die alle dem Verdacht unterliegen, umgedreht worden zu sein. Für einige topographische Winke deinerseits wäre ich da sehr empfänglich!

[12] *Deutsches Wörterbuch* von J. und W. Grimm, Bd. 11, Leipzig 1873, Sp. 204: «In den Schweizer alpen ... eine strecke voller klippen mit etwas grün dazwischen».

Karrenfelder pflegen den Effekt zu haben, daß man bei großen Anstrengungen immer gehend nirgendwo hinkommt.

Die spezielle Dogmatik, die ich im Winter lesen soll, ist mir noch lauter dunkel Afrika. Und vollends die Ethik, über die dann die nächsten zwei Semester gelesen werden sollte! Vorläufig habe ich im Sinn, die Tradition zu durchbrechen und statt Ethik «Dogmatik 3» zu lesen, die Lehre vom heiligen Geist und von der Kirche. Was sagst du dazu? Daneben habe ich noch die mir sehr komisch vorkommende Rolle eines Hausbauers und zukünftigen Hausbesitzers zu spielen, wo ich aber das Spielen meiner Frau überlasse und mich mehr aufs gehorsame Tanzen verlege.[13] Hoffentlich werden wir dich recht oft als Gast in unserem dem Architekten in einer schlaflosen Nacht abgelisteten Gastzimmerchen haben. Zwei Zimmer müssen wir vermieten resp. durch Pensionäre besetzen. Auf deinen Besuch in Obstalden, der mir von Eduard angekündigt worden, freue ich [mich] sehr. Hoffentlich kommt's wirklich dazu. Aber lieber nicht zu einer Predigt! Gegenwärtig studiert eine amerikanische Theologin im Nebenzimmer mein letztes Kolleg. Sie kommt mehr und mehr ins Bild, mit erstaunlichem Ernst und Fleiß. Genug. Herzliche Grüße, auch an deine Frau, sowie von der meinen,

dein E. Brunner


## 44

Brunner                           [ohne Ort; vermutlich August 1924[1]]

Lieber Freund!

Seit ich von eurer Höhe hinabgestiegen bin[2], brüte ich ununterbrochen über meiner Dogmatik. Die Brutwärme ist bis jetzt offenbar noch nicht beträchtlich, da in meine Eier, d.h. Begriffe bis jetzt noch nicht viel Leben gekommen zu sein scheint.

---

[13] Vgl. Mt. 11,17. – Brunners bauten im Klusdörfli in Zürich ein Haus.

---

[1] Zur Datierung vgl. Anm. 2.

[2] Im Sommer 1924 verbrachte Barth seine Ferien mit E. Thurneysen in Pany in Graubünden, vgl. Bw.Th. II, S. 268, und Lebenslauf, S. 169. Brunner spielt vermutlich auf seinen Besuch dort an.

Ich habe lange einen Einstieg in die stotzige³ Felswand gesucht. Endlich habe ich so etwas wie ein Couloir⁴ entdeckt, weiß aber nicht, ob's mich auch sicher zum Gipfel führt.

Natürlich kreist all mein Denken um den Begriff Offenbarung, und zwar geben mir die Bemerkungen, die du und Thurneysen zu meinem propädeutischen Aufbau⁵ gemacht habt, viel zu schaffen; ebenso die wenigstens scheinbar so ganz andere Art, wie du die Sache angepackt hast. Zwar weiß ich mich mit deinen Ausführungen in «Reformierte Lehre»⁶ in völligem Einverständnis, einzelne Formulierungen abgerechnet; aber eben diese paar charakteristischen Wendungen, die wohl auf denselben Punkt zurückweisen wie die Differenzen bei unseren Gesprächen, geben mir jetzt, wo ich vom Offenbarungsbegriff als dem festen Punkt ausgehen sollte, sehr zu schaffen.

Ich habe deshalb die drei wichtigsten Kapitel bei Calvin über Altes Testament und Neues Testament (II,9–11)⁷ sowie die entsprechenden Ausführungen im Galaterkommentar Luthers⁸ gründlich durchgepflügt. Vielleicht interessiert es dich zu hören, was mir daraus für Einsichten und Fragen unseren Streitpunkt betreffend gekommen sind.

Ihr habt, wenigstens anfänglich, starke Bedenken gehabt, daß ich meine Propädeutik auf die Dialektik von Gesetz und Evangelium aufgebaut habe und so, scheinbar lutherisch, das Evangelium, die Offenbarung, ganz auf die Rechtfertigung stellte. Die Bedenken gegen die hier

³ = steile.

⁴ = eine schluchtartige Rinne im Gebirge, durch die sich aufsteigen läßt.

⁵ Brunners Vorlesung im SS 1924 «Christliche Theologie im Zusammenhang. 1. Teil» (Manuskript in seinem Nachlaß W 55/100) behandelt als «Prolegomena zur christlichen Theologie» «die Frage nach der Norm». In einem historisch-kritischen Teil bezieht er sich auf Orthodoxie, Rationalismus, Historismus, Psychologismus. In einem transzendentalen Teil handelt er von «Offenbarung und Glaube», was er in Beziehung setzt zum Schriftprinzip, zu den Religionen, zur modernen Welt. Es folgt ein konstruktiver Teil: «Der Inhalt der (speziellen) Theologie» und zuletzt ein abgrenzender Teil: «Die Theologie im Verhältnis zu Wissenschaft und Leben».

⁶ Vgl. S. 79, Anm. 7.

⁷ Institutio II 9: Christum, quamvis sub lege Iudaeis cognitus fuerit, tamen in evangelio demum exhibitum fuisse; II 10: De similitudo veteris et novi testamenti; II 11: De differentia unius testamenti ab altero.

⁸ M. Luther, *In epistolam Pauli ad Galatas commentarius* (1519), WA 2,436–618, oder der *Commentarius ex praelectione D. Martini Lutheri collectus* ([1531] 1535), WA 40/ I und 40/ II, 1–184 (vgl. unten S. 120, Anm. 6).

drohende Verengerung (reformierte Lehre) kenne und teile ich durchaus, kann aber nicht zugeben, daß «drohen» gleich «notwendig sein» sei! Umgekehrt kann ich nicht sehen, wie das Evangelium anders als durch den (dialektischen) Gegensatz zum Gesetz als notwendig kontingente, autoritative und paradoxe Mitteilung, als Deus dixit[9] im strengen Sinn von der autonomen, semper et ubique stattfindenden Gotteserkenntnis durch Ideen soll abgegrenzt werden können.

Zum ersten, positiven: Die Rechtfertigung *muß* ja nicht anthropozentrisch, vom Heil suchenden Menschen aus verstanden werden. Sie ist ja ebensosehr die Betonung der Gottesgerechtigkeit gegenüber der Menschengerechtigkeit, ebensosehr Wiederherstellung der Gottesordnung als Rettung des Menschen.

Und weiter verstehen wir doch Rechtfertigung nie als etwas in sich abgeschlossenes, sondern als promissio vitae aeternae[10], als Anbruch der Gottesherrschaft.

Zum zweiten, negativen: Wie wollen wir denn das Deus dixit, im Unterschied zur rationalen, etwa platonischen oder stoischen Gotteserkenntnis – oder zur Mystik – als «törichte Predigt» [vgl. 1. Kor. 1,21], als nur zu glaubendes Paradox erfassen, wenn wir den Punkt verfehlen, wo der Bruch mit dem Gesetz – also mit der Ratio sich vollzieht: In der Gerechtigkeit choris tu nomu [vgl. Röm. 3,21]? Wenn wir nicht das Deus dixit im orthodoxen Sinn verstehen und als einziges Kriterium dafür das scriptum est setzen wollen – was du s. Z. energisch ablehntest[11] –, wie wollen wir dann das arrogante Deus dixit eines quilibet vom wahren Deus dixit unterscheiden? Können wir es anders als inhaltlich: Christus und «was Christum treibet»[12]?

Du *scheinst* bloß ein anderes, weiteres Kriterium zu haben: Die Einheit des Deus absconditus und Deus revelatus.[13]

[9] Zu dieser Grundformel in Barths früher Theologie zur Bezeichnung der biblisch bezeugten Offenbarung vgl. K. Barth, «*Unterricht in der christlichen Religion*», Bd. I, a.a.O. (S. 80, Anm. 13), S. 53–82.

[10] Vgl. Institutio II 9,3.

[11] Vgl. z. B. K. Barth, V.u.kl.A. 1922–1925, S. 223–228.

[12] Vgl. WA DB 7,384,25–27.

[13] Vgl. Römerbrief 2, S. 410 (S. 408): «Daß der Deus absconditus *als solcher* in Jesus Christus Deus revelatus ist, das ist der Inhalt des Römerbriefs.»

[...][14] in dies revelationis incrementis illustraret (10,20)[15], von einer intelligentiae tenuitas, und nennt die ganze alttestamentliche Erkenntnis gustum sapientiae quae olim ad liquidum manifestanda erat (11,5)[16], betont die praerogativa praesentiae Christi (11,6)[17] und geht sogar in Auslegung von Matth. 11,13 so weit, von den Propheten zu sagen: utcunque mirifica in illis notitia emineret ... in puerorum grege ipsi quoque censentur (11,6)[18] (das Bild aus Gal 4,1).

Und dabei ist, um dies nochmals hervorzuheben, das Kriterium immer: Die Promissio misericordiae[19], die Rechtfertigung! Ich kann also nicht sehen, daß das Deus dixit bei Calvin anders verstanden wäre als bei Luther. Der Schnitt zwischen Offenbarung im strengen Sinn (Christus) und allgemeines «zeitloses» Wissen um Gott ist dort, wo die justitia conditionalis und die justitia sine conditione, also Gesetz und Gnade sich scheiden. Daß aber, abgesehen von dieser inhaltlichen Bestimmung des Deus dixit, Calvin vielleicht reichlicher als Luther das «Gotteswort» einfach mit dem Bibelwort gleichsetzt, kann ich nur als Übergang zu der alles verderbenden orthodoxen Inspirationslehre ansehen, die ihrerseits mit Notwendigkeit der aufklärerischen Zersetzung des Offenbarungsglaubens rufen mußte, die denn auch naturgemäß auf reformiertem Boden früher einsetzte als auf lutherischem. Ist einmal auch das Gesetz in gleichem Maße als Offenbarung anerkannt wie das Evangelium, so ist der weitere Schritt unvermeidlich, Offenbarung mit Vernunfterkenntnis

[14] Hier ist ein Stück des Briefes verlorengegangen. Man ergänze sinngemäß etwa: Demgegenüber spricht Calvin von einem Sichunterscheiden, ja, von einem Sichentfernen der Offenbarung Gottes von seiner alttestamentlichen Verborgenheit: ut maioribus.

[15] Institutio II 10,20: Hanc enim oeconomiam et hunc ordinem in dispensando misericordiae suae foedere tenuit Dominus, ut quo proprius, temporis progressu, ad plenam exhibitionem accedebatur, ita maioribus in dies revelationis incrementis illustraret.

[16] Institutio II 11,5: Quid lex et prophetae sui temporis hominibus prodiderunt? nempe gustum praedebant eius sapientiae, quae olim ad liquidum manifestanda erat, et procul emicantem praemonstrabant.

[17] Institutio II 11,6: Et sane hac praerogativa Christi praesentiam pollere aequum fuit, ut ab ea dilucidor emerget coelestium mysteriorum revelatio.

[18] Institutio II 11,6: Ad haec, utcunque mirifica in illis notitia emineret, quum tamen ad communem populi paedagogiam submittere se necesse habuerint, in puerorum grege ipsi quoque censentur. Calvin bezieht sich dort auf Mt. 13,17 und hatte zuvor in Institutio II 11,5 u. a. auch Mt. 11,13 zitiert.

[19] Institutio II 11,7.

(eventuell verbunden mit Evolutionismus) ineins zu setzen. Denn zur Erkenntnis des Gesetzes brauchen wir nun einmal keine Offenbarung; sie ist (wie auch alle Reformatoren anerkennen) innata, rational.[20]

So habe ich also, scheint mir, keinen Grund, meine Prolegomena anders aufzubauen. Der dialektische Gegensatz von Gesetz und Evangelium ist nicht der spezifisch lutherische, sondern auch der calvinische, wie er der neutestamentliche ist. Suchen wir das Kriterium anderswo, etwa im Zusammen von Deus absconditus und revelatus, so laufen wir Gefahr, den kosmologischen Gegensatz von endlich und unendlich, absolut und relativ über den ethischen zu setzen, was (vorausgesetzt daß auch dann Christus im Fleisch der Mittelpunkt bliebe) höchstens zu einer Religion der staunenden kontemplativen Wunderanbetung, nicht aber zum Glauben an die Gottesgerechtigkeit führen würde.

Damit genug für diesmal. Wenn du mir ein paar Worte der Erwiderung schreiben willst, bin ich dir dankbar. Doch mußt du selber wissen, ob sich's dir lohnt.

Ich denke mit großer Freude an die wichtigen Tage von Pany zurück und freue mich besonders auch darüber, daß ich bei dieser Gelegenheit endlich auch deine Frau kennenlernte. Auch deine lieben Buben werde ich nicht vergessen, besonders das Brüderli[21], das es mir gar sehr angetan hat.

Mit herzlichen Grüßen, auch von meiner Frau,

dein E. B.


## 45

Brunner                    Zürich, 28.1.1925 [Ort und Datum des Poststempels]

Lieber Freund!

Zürne mir nicht, daß ich dich nicht von Marburg aus besuchte. Am Wollen und Lusthaben fehlte es nicht, nur an der Zeit. Es war ein Ge-

---

[20] Zu dieser Interpretation Brunners vgl. seine späteren ausführlichen Thesen in: *Natur und Gnade. Zum Gespräch mit Karl Barth,* in: Wort I, S. 333–375, bes. S. 352–367. In Institutio II 11 ist dieser Gedanke nicht nachweisbar.

[21] Laut Auskunft von Hinrich Stoevesandt Matthias, der damals jüngste Sohn Barths (1921–1941); vgl. Nr. 137.

hetz. In Gießen ging's mir gut, in Marburg schlecht.[1] Ich war so ermü-
det, daß ich darauf verzichten mußte, den etwas pöbelhaften Anrempe-
lungen Heideggers[2] und der scharfen Polemik Tillichs[3] zu begegnen. So
schwieg ich und verlor damit die Schlacht. Ich war an diesem Ausgang
insofern nicht ganz unschuldig, als ich viel zu viel in meinen Vortrag
hatte hineinpacken wollen und so meine Formulierungen viel zu unge-
schützt herauskamen. Etwas erstaunt war ich, daß Bultmann[4] nichts
sagte. Ich bin froh, wenn das Semester einmal vorbei ist. Die Dogma-
tikarbeit hat mein Gehirn ausgewunden, wie eine Wäscherin Leintü-
cher auswindet. Gegenwärtig stehe ich am Anfang der Christologie, mit
der ich noch fertig zu werden hoffe, um im Sommer-Semester den dritten Artikel zugleich als Grundlegung der Ethik zu behandeln. Über die
Ohrfeige, die du Wernern zuteil werden ließest[5], habe ich mich gefreut,
auch über deine «Weihnachtsfeier»[6]. Mit Althaus[7] habe ich hier
Freundschaft geschlossen; er ist sicher auf gutem Wege, und ich glaube,
ich habe ihm allerlei Nutzbringendes sagen können. In Marburg haben

[1] Brunner hielt in Gießen am 22.1. und in Marburg am 23.1.1925 den Vortrag
«Die Menschheitsfrage im Humanismus und Protestantismus», vgl. E. Brunner,
*Gesetz und Offenbarung. Eine theologische Grundlegung*, in: ThBl, Jg. 4 (1925),
Sp. 53–58; wieder abgedruckt in: Anfänge I, S. 290–298. Nach a.a.O., S. 290,
Anm. 1, gibt der Aufsatz «die Grundgedanken» des Vortrags wieder, «den ich am
23. Januar in Marburg gehalten, und enthält zugleich das, was ich auf die verschiedenen heftig oppositionellen Diskussionsvoten erwidern wollte, aber aus
(der Sache gegenüber zufälligen) Gründen nicht sagen konnte.»
[2] Martin Heidegger (1889–1976), Professor für Philosophie in Marburg
(1923–1928) und Freiburg.
[3] Paul Tillich (1886–1965), Professor für Systematische Theologie und Religionsphilosophie in Marburg, Dresden, Leipzig und Frankfurt/M., lehrte nach
1933 in den USA.
[4] Rudolf Bultmann (1884–1976), Professor für Neues Testament seit 1916 in
Breslau, 1920 in Gießen und von 1921–1951 in Marburg. Am 24.1.1925 schrieb
Bultmann an Barth: «Gestern redete Brunner hier... Sehr schwach, geradezu blamabel. Heidegger hat ihn fürchterlich mitgenommen», vgl. Bw.B., S. 40.
[5] K. Barth, *Sunt certi denique fines. Eine Mitteilung*, in: ZZ, Jg. 3 (1925),
S. 113–116; wieder abgedruckt in: V.u.kl.A. 1922–1925, S. 490–499. Bezieht sich
auf M. Werner, *Das Weltanschauungs-Problem bei Karl Barth und Albert Schweit-
zer*, Bern 1924.
[6] K. Barths, *Schleiermachers «Weihnachtsfeier»*, in: ZZ, Jg. 3 (1925), S. 38–61;
wieder abgedruckt in: V.u.kl.A. 1922–1925, S. 458–489.
[7] Paul Althaus (1888–1966), Professor für Systematische Theologie in Rostock und Erlangen.

sie ihn scheint's noch rüppelhafter behandelt als mich. Freude hatte ich an Heim[8], den ich in Tübingen bei Siebeck[9] traf. Er scheint nun ganz mit uns zu gehen. Wie geht's euch allen, dem Brüderli[10]?

Herzlich

dein Brunner

46

Brunner                                            Zürich, 10.3.1925

Mein lieber Barth,

Soeben habe ich deinen Brief[1] via Dr. Spoendlin[2] erhalten und mit Genuß gelesen – du bist selber schuld, daß es so ist, warum schreibst du so gut. Schon lang hatte ich im Sinn, dir auch einmal einen Gruß zu schicken, aber auch mich hatte das Semester in den Schraubstock gespannt. Nun endlich ist's aus, man kann schnaufen und mal wieder etwas Allotria treiben.

Es ist aber auch eine Schinderei gewesen: ich hätte eigentlich die ganze Dogmatik abhaspeln sollen. So ist ja der Betrieb von früher bei uns, und auf einen Schlag wird sich nicht alles umorgeln lassen. Ich hab mir nun wenigstens die Freiheit genommen, die Ethik zugunsten der Dogmatik zu kürzen, indem ich im nächsten Semester nicht einfach Ethik, sondern vor allem Dogmatik 3 lese, d.h. die Lehre vom Glauben und der Kirche, was ja einigermaßen als Grundlegung einer Ethik sich einrichten läßt. Allerdings sollte ich dann auch noch die Eschatologie unterbringen; wie, das ist mir ganz duster. Mit meiner Dogmatik bin ich

---

8   Zu Karl Heim vgl. S. 73, Anm. 2.

9   Gemeint ist entweder allgemein der Verlag J.C.B. Mohr (Paul Siebeck) oder speziell dessen damaliger Leiter Oskar Siebeck. Der Verlag, in dem Brunner die dialektische Theologie repräsentierte, publizierte von 1914 bis zum 2. Weltkrieg Brunners Werke. Vgl. O. Rühle, *Der theologische Verlag von J.C.B. Mohr (Paul Siebeck). Rückblicke und Ausblicke,* Tübingen 1926, S. 150–153.

10   Vgl. S. 105, Anm. 22.

1   Gemeint sein könnte der Rundbrief Barths vom 15.2.1925, Bw.Th. II, S. 301–310.

2   Dr. jur. Wilhelm Spoendlin, Rechtsanwalt in Zürich, Jugendfreund Barths.

bis und mit der Christologie «fertig» geworden. Es ist mir selbst wie ein Wunder, daß ich da überhaupt durch gekommen bin. Es war wie eine Gletscherwanderung bei dichtem Nebel, da konnte nichts retten als der Kompaß: Immer wieder auf den Gedanken Offenbarung in Christus zurück. Es ist erstaunlich, wie dieses «Sesam, öffne dich» alle verschlossenen, schweren Tore und Schlösser der Dogmatik öffnet: Die Lehre von den Eigenschaften Gottes, vor allem die von der Trinität, vom Ratschluß usw. Am wenigsten bin ich befriedigt von meiner Behandlung der Prädestinationslehre. Die Unterscheidung zwischen der psychologischen und transzendentalen Auffassung[3] wirkte zunächst wie eine große Befreiung, aber gerade diese Freude ließ in mir die Freude nicht aufkommen, sondern weckte die Frage, ob wir nicht wirklich das Ärgernis der psychologischen Prädestinationslehre auf uns nehmen müssen, da sonst das Paradox verschliffen wird. Aus deinen Bemerkungen über die Schöpfung[4] sehe ich, daß wir nicht weit voneinander marschiert sind, wenn wir auch keine Fühlung hatten. Dagegen bestätigte sich mir bei Anlaß der Lehre von der Inkarnation das, was ich schon in Pany[5] deiner Begründung der Jungfrauengeburt entgegengehalten hatte: So läuft es auf einen Apollinarismus hinaus.[6] Ich habe bei Apollinaris nachgelesen und gefunden, wie er mit seiner Elimination des menschlichen Nus gerade das im Auge hat, [was] du bei deiner Beseitigung der menschlichen Persönlichkeit im Sinn des Richtunggebenden, Geschichtsbildenden [behauptest]. Ganz besonders wichtig ist mir der locus de munere sacerdotali geworden. Erst dort kommt es ganz zum Verständnis, was das Evangelium mit Offenbarung meint.

Auch über das Verhältnis des Profan-Geschichtlichen und des Glau-

[3] Vgl. Nr. 11 und Nr. 15.
[4] Vgl. Bw.Th. II, S. 302.
[5] Vgl. S. 101, Anm. 2.
[6] Apollinaris von Laodicea (ca. 310–390) vertrat, um die Einheit des «Gottmenschen» Jesus Christus denken zu können, die Lehre, daß das Wort so Fleisch wurde, daß es an die Stelle des menschlichen νοῦς dieses «Fleisches» trat. Diese Lehre wurde in der Alten Kirche verurteilt mit dem Argument: Was der Gottessohn nicht angenommen habe, werde auch nicht erlöst. Vgl. A. Gilg, *Weg und Bedeutung der altkirchlichen Christologie* (ThB 4), München 1955, S. 88–91.98f. Diese Lehre ist nicht zu verwechseln mit der für Barth wichtigen Lehre von der An- oder Enhypostasie der menschlichen Natur, die besagt, daß der göttliche Logos das eine Subjekt ist, das das Menschliche völlig als sein Eigentum besitzt. Vgl. K. Barth, *«Unterricht in der christlichen Religion»*, Bd. I, a.a.O. (S. 80, Anm. 13), S. 191–204.

benszeugnisses werden wir noch Deutlicheres sagen müssen als Thurneysen in seinem Aufsatz über das Schriftprinzip und den Prolog[7]. Wir dürfen uns da nicht vornehm abseits halten, als ginge uns die Not der kritischen Theologie nichts an. Aber daß ich das erlösende Wort gesprochen, dürfte ich nicht behaupten, trotzdem ich glaube, in einigen Punkten etwas vorwärts gekommen zu sein.

Daß ich einmal einen Sprung nach Marburg machte und mit verbrannter Pfote heimkam, weißt du.[8] Ich war zu unvorsichtig gesprungen, hatte die Gegner zu sehr gereizt und war nicht frisch genug, ihren fast wütenden Gegenangriff zu parieren. So endete die Sache etwas kläglich: nämlich mit meinem Verstummen. Ich habe nun versucht, das Versäumte in einem Aufsatz in den Theologischen Blättern nachzuholen.[9] Er wird eben jetzt erschienen sein. Ich wäre dir *sehr* dankbar (maxime, maxime), wenn du mir eine Karte schicken würdest, woraus ich sehe, ob ich mich getäuscht habe oder nicht, wenn ich meinte, es sei mir dort geglückt, das Verhältnis von Philosophie und Theologie und implicite auch das von Glaube und Kultur deutlicher bestimmt zu haben, als es bisher geschehen ist. Denn von hier aus droht uns nun doch wohl am meisten Gefahr. Ich habe das in Marburg deutlich gespürt. Die Marburger hielten meinen schroffen Kantianismus einfach für Hinterwäldlerei, weil ja doch seit Natorp die Phänomenologie und die Wendung zur Metaphysik gekommen sei.[10] Vor beidem müssen wir uns hüten. Es stammt beides, wie die Kommentare, die Hochland[11] und Stimmen der Zeit[12] der ganzen Bewegung gaben, deutlich zeigen, aus der katholisch-mystischen Vetterschaft. Es ist die alte Geschichte,

---

[7] E. Thurneysen, *Schrift und Offenbarung.* Vortrag, gehalten auf Einladung der Theologenschaft der Universität Marburg am 20. Februar 1924, in: ZZ, Heft VI, [Jg. 2 (1924)], S. 3–30; wieder abgedruckt in: ders., *Das Wort Gottes und die Kirche. Aufsätze und Vorträge* (ThB 44), München 1971, S. 35–64; ferner: ders., *Der Prolog zum Johannes-Evangelium,* in: ZZ, Jg. 3 (1925), S. 12–37; wieder abgedruckt in: ders., *Das Wort Gottes,* a.a.O., S. 185–211.

[8] Vgl. Nr. 45.

[9] E. Brunner, *Gesetz und Offenbarung,* a.a.O. (S. 106, Anm. 1).

[10] Die Philosophie E. Husserls, M. Schelers und M. Heideggers. Vgl. KD I/2, S. 817.

[11] Th. Steinbüchel, *Kant in der philosophischen Problematik der Gegenwart,* in: Hochland, Jg. 22 (Okt. 1924 – März 1925), S. 421–436, bes. S. 429–436.

[12] E. Przywara, *Neue Philosophie? Das Problem von Philosophie überhaupt,* in: Stimmen der Zeit, Jg. 50 (1925), S. 294–305, bes. 302–305.

daß man zum Wissen und Schauen machen will, was des Glaubens ist. Das ist für uns nicht neutraler Boden, sondern Feindesland. Hier steht Tillich mit seiner Böhmeschen Gnosis[13], die jetzt in Marburg Trumpf ist. Weißt du, warum Bultmann sich mir gegenüber so unkameradschaftlich benahm in diesem Kampf?[14]

Unsere Theologie hat nun auch das Inselreich von Großbritannien betreten.[15] Der bedeutendste Systematiker dorten, Mackintosh in Edinburgh, hat eine recht anständige, obschon nur sehr mäßig einsichtige Besprechung meines Schleiermacherbuches unter dem Titel The Swiss Group in der expository times erscheinen lassen.[16] Er scheint vorderhand nur mich genauer zu kennen, läßt mir ziemlich viel gelten, was immerhin etwas heißen will, da er gerade mit [einer] Neuübersetzung Schleiermachers beschäftigt ist, hat aber den eigentlichen Sinn der Sache nicht erfaßt. Etwas anders steht es mit den Ungarn, die sich sehr intensiv mit uns beschäftigen.[17] Nur habe ich den Verdacht, daß wir ihnen gelegen kommen zur Stärkung ihres dogmatisch-kirchlichen orthodoxen Traditionalismus. Es haben einige Ungarn bei mir studiert, z. T. sehr interessante Kerle, die noch etwas wissen von der Kraft des calvinischen Glaubens. In einer ähnlichen Unsicherheit bin ich den Holländern gegenüber, die sich für uns sehr stark interessieren. Am erfreulichsten ist mir das von der liberalen Seite her. Roessingh in Leyden hat eine sehr ausführliche Besprechung meiner Bücher losgelassen[18], die, so-

---

[13] Vgl. P. Tillich, *Mystik und Schuldbewußtsein in Schellings philosophischer Entwicklung,* Gütersloh 1912; wieder abgedruckt in: Gesammelte Werke, Bd. I: Frühe Hauptwerke, Stuttgart 1959, S. 11–108; sowie ders., *Religionsphilosophie,* in: *Lehrbuch der Philosophie,* Bd. II, hrsg. von M. Dessoir, Berlin 1925; wieder abgedruckt in: Gesammelte Werke, Bd. I, a.a.O., S. 295–364, bes. S. 313–317.

[14] Vgl. S. 106, Anm. 4.

[15] Satz von Barth unterstrichen.

[16] H. R. Mackintosh, *The Swiss Group,* Expository Times, Jg. 36 (1924/25), S. 73–75, nennt Brunners Sicht von Schleiermacher «a one-sided picture».

[17] Vgl. z. B. S. Tavaszy, *A dialektikai theologia problémája és problémái: a dialektikai theologia kritikai ismertetése,* Cluj-Kolozsvár 1929; ferner: ders., *A theológiai irányok átértékelése: a dialektikai theologia, mint a theológiai irányok korrekciója,* Cluj-Kolozsvár 1931 (= Die Umwertung der theologischen Richtungen: die dialektische Theologie als Korrektur der theologischen Richtungen); ferner: I. Juhász, *Der Einfluß Karl Barths auf die Theologie der reformierten Kirche in Rumänien,* in: EvTh, Jg. 30 (1970), S. 1–5.

[18] K. H. Roessingh: *Rez. Lic. Emil Brunner, Erlebnis, Erkenntnis und Glaube, 2. u. 3. Aufl., Tübingen 1923 und Lic. Emil Brunner, Die Mystik und das Wort.*

viel ich verstehen kann, nicht übel ist. Und das kommt nun von ganz links. Von rechts her kam Aalders mit einem 20 seitigen Aufsatz über Die Mystik und das Wort[19] und van Nes[20]. Man muß es den Leuten lassen, sie geben sich sehr Mühe, uns recht zu verstehen. Bedenklich aber ist es mir, daß nun die Kuyperianer[21] an uns so große Freude haben, während mir bei allem Verwandten diese ganze kirchenpolitische Benützung und Orientierung des reformierten Glaubens sehr unsympathisch ist.

In Zürich haben wir auch einen Tschechen, etliche Österreicher und Siebenbürger, so daß also die gute alte Bullingertradition wieder aufgenommen zu sein scheint.[22] Sie machen tüchtig mit, wenn auch ihre wissenschaftliche Vorbildung mangelhaft ist.

Nach Amerika[23] sind wir bisher noch nicht gebracht worden, außer in ganz persönlicher Weise. Doch steht mir fest, daß es in Kurzem auch dort losgehen wird, wenn die Yankees auch gegenwärtig wirklich unsere Antipoden sind. Mit China habe ich leider nur wenig Beziehungen.[24] Doch das sieht ja lächerlich strategisch aus, während man froh sein muß, wenn man nur seinen Studenten alle Tage etwas Rechtes aufzutischen hat. Im Herbst soll ich von erhabener Stelle, an der Predigerversammlung[25], über das selbstgewählte Thema «Was heißt: erbaut auf

*Der Gegensatz zwischen moderner Religionsauffassung und christlichem Glauben dargestellt an der Theologie Schleiermachers, Tübingen 1924,* in: Nieuw Theologisch Tijdschrift, Jg. 14 (1925), S. 57−62; wieder aufgenommen in: K. H. Roessingh, *Verzamelde Werken,* Tweede Deel, Arnhem 1926, S. 373−377.

[19] W. J. Aalders, *Schleiermacher − und kein Ende,* in: Nieuwe Theologische Studiën, Jg. 7 (1924), S. 164−174.

[20] H. M. van Nes: *De objectiviteit des geloofs naar Brunner,* in: Stemmen voor Waarheid en Vrede, Jg. 61 (1924), S. 561−586.

[21] Zu den Anhängern des niederländischen reformierten Theologen Abraham Kuyper, vgl. S. 91, Anm. 17, gehört auch Herman Bavinck (1854−1921), Professor für Dogmatik in Amsterdam. Zu ihnen vgl. auch Bw.Th. II, S. 255.

[22] Vgl. C. Pestalozzi, *Heinrich Bullinger. Leben und ausgewählte Schriften,* Elberfeld 1858, S. 457f.; ferner: G. W. Locher, *Die Zwinglische Reformation im Rahmen der europäischen Kirchengeschichte,* Göttingen 1979, S. 595f., und: W. Hadorn, Art. «Musculus, Wolfgang», RE³ 13, S. 581−585, hier S. 584,2−4 und 584,39−585,2. Es ging um briefliche Kontakte und den gelegentlichen Empfang von Besuchen, noch nicht um ein Studium von Osteuropäern in Zürich.

[23] Wort von Barth unterstrichen.

[24] Satz von Barth unterstrichen.

[25] Die Schweizerische reformierte Predigergesellschaft (seit 1855), wenig spä-

dem Grund der Apostel und Propheten» sprechen[26]. Da möchte ich vorher freilich noch von dir und Eduard einige mahnende Worte hören. Grob scheint über meine Theologie sehr erbaut zu sein, während mir seine Kirchenpolitik nach wie vor zweifelhaft vorkommt. Doch halte ich es nicht für ausgeschlossen, daß wir von beiden Seiten uns annähern.

Mit meinen Kollegen habe ich wenig Verkehr, am meisten noch mit Schrenk, der uns sehr nahe steht. Übrigens ist auch Walter Köhler immer merkwürdig darauf versessen herauszubringen, was wir denn eigentlich meinen, und ist darin viel ernsthafter als die anderen liberalen Kollegen. Deine Arbeit über das Abendmahl[27] schätzt er hoch, und das will bei einem solchen unglaublichen Wisser etwas heißen. Er war letzthin bei uns, und wir haben uns vortrefflich miteinander unterhalten, was bei Köhler eine Seltenheit ist. Ich hatte den Eindruck, er leidet schwer darunter, daß er nicht glauben kann, was wir glauben[28], denn als Historiker weiß er, daß, wenn schon einmal Theologie, dann so. Meine Antrittsvorlesung über Offenbarung als Grund und Gegenstand der Theologie[29] scheint ihm sehr großen Eindruck gemacht zu haben. Er sieht die Auseinandersetzung mit uns als die Hauptaufgabe der gegenwärtigen Theologie an.

Übrigens: Althaus wirst du kaum mehr unter deine Gegner zählen können. Er gestand mir, daß er seinen letzten Artikel[30] nicht mehr schreiben könnte, nachdem wir mehrere mehrstündige Gespräche miteinander geführt hatten. Er hatte einige nicht unbegründete Bedenken

---

ter umbenannt in Schweizerischer reformierter Pfarrverein, ist die Sammlung der reformierten Pfarrer der Kantonalkirchen und tritt vor allem durch seine Jahresversammlungen hervor. Die Jahresversammlung fand 1925 in Schleitheim statt.

[26] E. Brunner, *Was heißt: Erbaut auf dem Grunde der Apostel und Propheten?*, in: *Verhandlungen der Schweiz. ref. Predigergesellschaft*, Schleitheim 1925, S. 34–53.

[27] Vgl. S. 79, Anm. 6.

[28] Satz ab «daß er» von Barth unterstrichen.

[29] E. Brunner, *Philosophie und Offenbarung. Die Offenbarung als Grund und Gegenstand der Theologie. Antrittsrede an der Universität Zürich, 17. Januar 1925,* Tübingen 1925.

[30] P. Althaus, *Paulus und sein neuester Ausleger. Eine Beleuchtung von Karl Barths «Auferstehung von den Toten»,* in: Christentum und Wissenschaft, Jg. 1 (1925), S. 20–24.97–102.

gegen die philosophische Dialektik im Römerbrief, die z. T. wirklich in der Richtung lagen, wie der Fortschritt sich seitdem vollzogen hat, und wo man ihm wirklich nicht übelnehmen kann, daß auch er sah, was du selbst zuerst, aber ohne es zu sagen, gesehen hattest. Es scheint ihm wie einigen anderen gegangen zu sein, daß er erst durch mein Schleiermacherbuch merkte, was du meinst, und dann von mir aus erst den Zugang zu dir und die Freude an deinen Sachen gewann. Ich scheine also so ungefähr die Rolle eines Schäferhundes von Karl Barth zu spielen, was auch ein ganz nützlicher Beruf ist.

Daß sehr viele aus deiner Rezension meines Schleiermacherbuches sich das Recht nehmen, nun ebenso von mir oder zu mir zu reden, war gewiß deine Absicht nicht. Deine Kritik scheint nun für die anderen Kritiker das Klischee zu werden, das sie fertig übernehmen, um nur noch einige Zusätze zu machen. Ich hab mich allmählich dran gewöhnt.[31]

Jedesmal wenn ich von dir lese oder höre, bin ich beschämt von deiner Arbeitsleistung. Kerl, hast du eigentlich keine Nerven?[32] Ich glaubte, auch ein guter Schaffer zu sein, aber so kann ich's nicht treiben. Ich habe diesen Winter spüren müssen, daß ich's seit einem Jahr mit Arbeiten etwas zu toll getrieben hatte. Auch das Rauchen habe ich auf ein Minimum herabsetzen müssen, wenn ich arbeitsfähig bleiben wollte. Paß auf. Kannst du noch zwei Federhalter an den äußern Enden gehalten so zusammenhalten, daß die Spitzen nicht beständig aneinander vorbei tanzen? Kannst du noch schlafen, wenn du willst?[33]

Du siehst, mir bekommt das Hausbesitzertum nicht wohl: ich werde Philister mit Schlafrock und Pantoffel, wenn auch ohne Pfeife diesmal. So geht's halt, «wenn man älter wird».

Grüß mir deine Frau recht herzlich. Daß es dem Brüderli besser geht, hab ich mit Freude gehört. Auch bei uns ist alles in guter Ordnung. Schreib mir bald eine Karte, wenn's dir irgend möglich ist, wegen des Aufsatzes, der mir wegen Marburg sehr auf dem Magen liegt.

Sei herzlich gegrüßt

von deinem E. Brunner

---

[31] Absatz von Barth am Rand markiert.
[32] Satz von Barth unterstrichen.
[33] Ab «Paß auf» von Barth am Rand angestrichen.

## 47

Barth                                              Göttingen, 13.3.1925

Lieber Freund!

Ich weiß nicht recht, was ich dir antworten soll. Dein Aufsatz ist sehr
schön und gescheit und klar wie Alles, was du schreibst.[1] Man kann es
gewiß auch einmal *so* sagen. Ich sehe jetzt deutlicher, wohin du steuerst,
habe auch zunächst nichts *dagegen* zu sagen. Nur verwehrt mir ein Dai-
monion, dessen Stimme ich noch nicht in wissenschaftliche Formeln
übersetzen kann, dir zu *folgen*, weder in der *Unternehmung an sich,* die
mir (wie deine Unternehmungen in der Regel) «irgendwie» zu großartig
angelegt ist (ich weiß noch immer nicht deutlich genug, was Theologie
ist, und wage an ihr Verhältnis zur Philosophie noch kaum zu denken,
vielleicht muß hier doch eine «Arbeitsteilung» sein?), noch in der *Ausführung,* die mir wiederum «irgendwie» zu einfach, zu eindeutig ist
(auch hier wie bei deinen andern Arbeiten, wo ich dich andauernd mit
deinem langen Säbel Streiche austeilen, Antworten geben sehe, wo ich
eigentlich erst am Entdecken bzw. Aufwühlen von Fragen bin). – Was
das Philosophische betrifft, so mußt du bedenken, daß das meine
schwache (und variable!) Seite ist, wo ich mir gerne von so viel beschla-
generen Leuten wie du, Hirsch[2], Heinzelmann[3] ... die Leviten lesen
und Note 2–3 erteilen, wo ich mich aber auch nicht so festlegen lasse,
wie du dich weiland auf Bergson[4] und jetzt auf Kant festgelegt hast[5].
Du wirst mich da vielleicht noch allerlei Häfen anlaufen, aber hoffentlich nirgends endgültig vor Anker gehen sehen. In das Handgemenge
der Philosophen untereinander möchte ich mich grundsätzlich eigent-

[1] Vgl. S. 106, Anm. 1.
[2] Emanuel Hirsch (1888–1972), seit 1921 Professor für Kirchengeschichte,
später für Systematische Theologie in Göttingen.
[3] Gerhard Heinzelmann (1884–1951), Professor für Systematische Theologie
in Basel und Halle. Vgl. G. Heinzelmann, *Das Prinzip der Dialektik in der Theologie Karl Barths,* in: Neue Kirchliche Zeitschrift, Jg. 35 (1924), S. 531–556.
[4] Zu Brunners Rezeption des französischen Philosophen Henri Louis Bergson (1859–1941) vgl. E. Brunner, *Erlebnis, Erkenntnis und Glaube,* Tübingen
1923[2.3], S. 20.61–87, und oben S. 54, Anm. 5.
[5] Vgl. E. Brunner, *Das Grundproblem der Philosophie bei Kant und Kierkegaard,* a.a.O. (S. 83, Anm. 12).

lich *gar nicht* stürzen, 1. weil ich nicht das Zeug dazu habe, 2. weil es nicht meines Amtes ist, 3. weil mir nichts ungemütlicher wäre als das Bewußtsein, mit meiner Theologie zu stehen und zu fallen mit einer *bestimmten* Philosophie. Natürlich denke ich bei jeder theologischen Aufstellung auch unter bestimmten philosophischen Voraussetzungen, aber ich möchte das *Ganze* nicht an eine solche knüpfen, sondern suche nach einer theologischen Plattform, von der aus ich mich mit möglichst *vielen* Philosophen zur Not unterhalten kann, wie mir ja bis jetzt auch leidlich geglückt ist, heute mit Richard Kroner[6], morgen mit Moritz Geiger[7], übermorgen mit meinem klugen Bruder[8], den ich schon lange nicht mehr mit direktem Widerspruch reize. Du kannst gut und gerne sagen, daß ich aus der Not eine Tugend mache, aber du mußt auch verstehen, daß mir unheimlich zumute ist, dir bei deiner «Grundlegung» zuzusehen, bei der man sich zuerst vom Aristoteliker zum Kantianer und dann vom Kantianer zum Christen bekehren und auch als Christ notwendig Kantianer sein *muß*, was ich höchstens als wünschenswert und hilfreich bezeichnen könnte. Viel raffinierter, vielseitiger, gebrochener, offen lassender wünschte ich eine solche «Grundlegung» zu sehen, wenn ich philosophisch das Zeug dazu hätte und theologisch die Zeit dazu für gekommen erachtete, ein solches Anschlußgeleise zu erstellen. Es sind immer noch Leute jenseits der Berge, Emil (du kannst die Wendung auch ins Lateinische übersetzen!)[9], mit denen zu reden ich mir durch Festlegung auf eine *Philosophie* jedenfalls nicht verunmöglichen möchte. – Zum Theologischen wäre im Anschluß daran zu fragen, ob

[6] Richard Kroner (1884–1974), seit 1919 Professor für Philosophie in Freiburg/Breisgau, Dresden, Kiel und Berlin, nach der Emigration 1938 in New York seit 1941. Kroner war durch sein Werk *Von Kant bis Hegel*, 2 Bde., Tübingen 1921–1924, bestimmend für den Neuhegelianismus. Zu Barths sporadischem Kontakt mit Kroner vgl. Bw.Th. II, S. 393.

[7] Moritz Geiger (1880–1937), Professor für Philosophie in München und Göttingen, Vertreter der Phänomenologischen Schule. Zu Barths Begegnung mit Geiger vgl. Lebenslauf, S. 170; sowie Bw.Th. II, S. 304f.

[8] Heinrich Barth (1890–1965), Professor für Philosophie in Basel, Plato- und Kantforscher. Vgl. Römerbrief 2, S. VI (S. VII); wieder abgedruckt in: Anfänge I, S. 105–118, S. 107.

[9] Ultramontanisten. Nach Barth ist die Auseinandersetzung mit dem Katholizismus nicht so zu führen, daß sich die protestantische Theologie nur eben mit einer anderen Philosophie verbindet als die römische Normaltheologie, vgl. V.u.kl.A. 1922–1925, S. 651f.

der Gegensatz Gesetz – Offenbarung (= Vergebung!!?) wirklich gut ist. Vom Kantianismus aus wohl, und ich gebe wohl zu, daß in bestimmtem Zusammenhang tatsächlich so zu kontrastieren ist. Aber als «Grundlegung»? Ist das Gesetz nicht *auch* Offenbarung, und zwar nicht nur als Strafe und Gegensatz? Oder gilt der Lobpreis des Gesetzes Ps. 119 nur dem «Mark der Humanität»[10]? Die Gleichung Offenbarung = Evangelium = Vergebung ist lutherisch. Willst du den ethischen Charakter der Offenbarung aufrecht erhalten, so läufst du *entweder* den modernen Osiandristen (Holl[11] und seiner Sippe mit ihrer verkitschten Rechtfertigungslehre in die Arme – darum hast du dich vielleicht mit Althaus so gut verständigt?!), *oder* du mußt dich mit Calvin[12] zu einer komplizierteren Formel herbeilassen:

$$
\text{Offenbarung (Wort Gottes)}
\left\{
\begin{array}{l}
\text{Evangelium } - \text{ Vergebung} - \text{Glaube} \\[1em]
\text{Gesetz} - \left\{ \begin{array}{l} \text{Gericht} \\ \text{Aufrichtung} \end{array} \right. - \left\{ \begin{array}{l} \text{Buße} \\ \text{Gehorsam} \end{array} \right.
\end{array}
\right\}
\text{(Spiritus sanctus!)}
$$

wie ich es für richtig halte, und wozu du ja eigentlich durch deine Auffassung von dem außerhalb der Offenbarung unvollständig (d. h. gar nicht!) erkannten Gesetz genötigt bist. Das wirklich und wirksam erkannte Gesetz steht eben mit dem Evangelium in unauflöslicher Korrelation und umgekehrt. Das sagst du selber. Dann steht es aber mit der «theologischen Grundlegung» mau, sofern darin mit einem scheinbar der Theologie und Philosophie gemeinsamen Gesetzesbegriff operiert wird. Die Philosophie *als solche* kann vom «Gesetz» im theologischen Sinn wohl etwas «merken», aber nichts *sagen,* und darauf würde es doch ankommen. Und es wäre dann zu überlegen, ob sie nicht ebensoviel wie vom «Gesetz» allenfalls auch vom «Evangelium» – «merken» sollte?

[10] E. Brunner, *Gesetz und Offenbarung,* a.a.O. (S. 106, Anm. 1), Sp. 53: «Das Gesetz ist das Mark der Humanität» (im Original gesperrt).

[11] Karl Holl (1866–1926), Professor für Kirchengeschichte in Tübingen und Berlin. Zu seiner Rechtfertigungslehre vgl. K. Holl, *Gesammelte Aufsätze zur Kirchengeschichte,* Bd. I, Tübingen 1923², S. 111–154, und Bd. III, hrsg. von H. Lietzmann, Tübingen 1928, S. 525–557, bes. S. 527–534.

[12] Vgl. Theologie Calvins, S. 219–221.

Ich glaube, schon mein Bruder würde deiner allzu saubern Verteilung der Rollen nicht zustimmen, um von den Phänomenologen nicht zu reden.[13] – So ist mir deine Darlegung, ohne daß ich etwas Direktes *dagegen* hätte (sofern sie z. B. nur ein *Exkurs* etwa zu dem Locus De foedere sein sollte), als theologische *Grundlegung* zu dünn und ungesichert, und ich fürchte, daß dir die Deutschen, die sich eben jetzt theologisch soweit erholt haben, daß sie nicht mehr wie 1919 einfach umfallen wie die Kegel[14], eventuell *auch* eins auf den Pelz brennen werden. Bultmann war nach jenem 23. Januar so ergrimmt über dich wie offenbar du betrübt über ihn.[15] Er ist nicht für dich eingesprungen, weil er selber nicht mit dir einverstanden war, und du kannst noch froh sein, daß er sich nicht als dritter reißender Löwe *gegen* dich gewandt hat. Sämtlichen Tieren sind jetzt eben die Klauen wieder gewachsen, und man muß sich vorsehen, wenn man sich persönlich *oder* literarisch in die Arena begibt. Ich weiß wohl, warum es mir so sauer fällt, auch nur Bäh! zu sagen, um von dem freudigen Hornen, auf das du es abgesehen hast, nicht zu reden. Du bist eben, lieber Emil, ein theologischer «Cheib-Cheib»[16], wie wir in glücklicheren Jugendjahren ein Wesen nannten, das, einmal in Gang gesetzt, unaufhaltsam lospfurrt[17], *Zwingli*, auf dessen Lehrstuhl du ja sitzest, sehr wohl vergleichbar, so daß ich dir hiemit auch ein Kompliment gemacht habe. So sehr ich dich bewundere und beneide um deine Gaben, so heilfroh bin ich, gewisse Dinge, die du urbi et orbi vorgelegt, nicht gesagt zu haben (z. B. über die Mystik, wo du wahrscheinlich mit der Zeit auch noch zurückstekken mußt; im nächsten Heft Zw.d.Z. wirst du etwas Unerhörtes darüber zu lesen bekommen[18]), und so dankbar ich dir bin dafür, daß mit-

[13] Heinrich Barth suchte nach einer Inbeziehung-Setzung von Philosophie und christlicher Theologie, vgl. H. Barth, *Das Problem des Ursprungs in der platonischen Philosophie,* München 1921.

[14] Vielleicht spielt Barth hier darauf an, wie deutsche Theologen 1919 seiner Theologie derart zustimmten, daß es ihn selbst stutzig werden ließ. Vgl. Bw.Th. I, S. 349.351.356f.436.

[15] Vgl. S. 106, Anm. 4; S. 110.

[16] Das schweizerische «Cheib» kann je nach Betonung eine liebevolle, bewundernde oder auch beschimpfende Bedeutung haben und hat öfters etwa den Sinn von «Schlitzohr».

[17] = mit Geknatter abfährt, losbraust.

[18] E. Peterson, *Der Lobgesang der Engel und der mystische Lobpreis,* in: ZZ, Jg. 3 (1925), S. 141–153.

telst deiner übersichtlichen Formulierungen manche dann auch mein Abrakadabra besser verstehen, so sicher mußt du damit rechnen, daß bei mir immer noch ein x spukt, das du so nicht erwischest. – Mit dieser Freundschaftsversicherung muß ich schließen für heute. Zwei Studenten sitzen da, die mit mir spazierengehen und mich aushorchen wollen. Mit dem Apollinarismus[19] ist es nichts. Was ich in Pany vorgetragen habe, war nach lutherischer, reformierter und katholischer Lehre orthodox: die «Person» Christi ist die des Logos, neben der seine «menschliche Natur» keine *eigene* hat, ἀν ὑπόστατος ist. Wie hast denn *du* die Jungfrauengeburt begründet?

Vielleicht sendest du den Brief zur Erläuterung an Eduard Thurneysen. Er versteht mich besser, als ich mich selbst verstehe[20], und kann dir im Notfall sagen, wie ich es meine. Dank für deine Grüße. Brüderli erwidert sie besonders. In 2–3 Wochen erwarten wir Nr. 5[21]!

Herzlichst

dein Karl Barth

48

Brunner                    [ohne Ort und Datum; nach dem 13.3.1925]

Lieber Freund,

Für deinen offen freundschaftlichen Brief habe vielen Dank. Er zwickt mich zwar nicht wenig, denn er zielt nach meiner wunden Stelle: das, was dir als meine «Sicherheit» ärgerlich ist. Da hast du natürlich einfach immer recht, und ich spüre es auch jedesmal, wie verflucht notwendig es ist, daß man mir das immer wieder sagt. Du machst zwar etwas damit durcheinander. Auf meine Gescheitheit und mein philosophisches Können habe ich gar nicht so eine große Einbildung. Meine

[19] Vgl. S. 108, Anm. 6.
[20] Vgl. Fr. Schleiermacher, *Hermeneutik und Kritik mit besonderer Beziehung auf das Neue Testament*, a.a.O. (S. 94, Anm. 2), S. 32: Die hermeneutische Aufgabe ist die, «die Rede zuerst eben so gut und dann besser zu verstehen als ihr Urheber.»
[21] Johann (Hans) Jakob Barth, geb. 6.4.1925, später Gartenarchitekt und Kunstmaler in Riehen bei Basel. Er starb am 25.7.1984.

Sicherheit kommt nicht von daher, und ich meine auch gar nicht, in diesen Dingen besser Bescheid zu wissen als du. Wenn's bei mir sicherer, fanfarenhafter, proletiger herauskommt, so ist's eben wegen meiner Proletigkeit, die du schon in Pany mit Recht mir vorhieltest. Ich weiß, daß ich ein heilloser Prolet bin von Natur, und dieser alte Adam, den ich wohl kenne, ist nicht so leicht unterzukriegen. Daher also kommt meine Sicherheit: nicht daß ich besonders große Stücke auf mich hielte, sondern daß ich leichtsinnig bin, daß ich gern schnell fertig werde mit etwas, daß ich nicht ernst und zäh genug bin, all die Hemmungen einzuschalten, die du aus deiner tieferen Einsicht hast. So liegen die Dinge, und ich habe das schon lange gewußt und beklagt, aber sie liegen immer noch so. Sogar die Studenten merken ein wenig etwas davon, auch sie geben die falsche Interpretation wie du, sie nennen es Intellektenstolz oder sowas, aber da liegt's gar nicht. Sondern eben darin, daß ich mich viel zu leicht in meine Gedanken verliebe, weil ich mich leicht aus der Nähe der Wahrheit herausstehle, wo einem dieses Sichverlieben von selbst vergeht. Der leichtsinnige Ostschweizer – nur das ist keine Entschuldigung. Du könntest auch sagen: der Epimetheus[1]. Hinterher merke ich's jeweils ganz gut. So geht's mir auch mit der Grundlegung[2]; es war mir nicht wohl dabei, als ich schrieb: eine theologische Grundlegung – aber der Teufel juckte mich, so zu schreiben, um die Marburger zu ärgern, um ihnen zu sagen, daß ich wegen ihrem Blasen noch nicht umgefallen sei [vgl. Jos. 6,20]. Jetzt sitzt's halt verdammt protzig da: Grundlegung – und war gar nicht anders gemeint als ein vorläufiger Versuch, die Grenzen von Philosophie und Theologie zu bestimmen.

Dieser Aufgabe werden wir uns, eben darum, weil es nicht ein Streit der Fakultäten[3] ist, doch nicht entziehen können. Denn die Philosophie sitzt in den theologischen Fakultäten und gibt sich als Theologie aus. Ich habe gar nichts gegen die Phänomenologen. Aber wenn nun die Theologen meinen, mit ihren phänomenologischen Kategorien die theologischen Begriffe neu formen zu müssen, so muß Protest erhoben werden. Ich habe nichts gegen die Metaphysiker. Aber wenn ein Tillich

[1] = der «Nachherüberlegende»; in der griechischen Sage Bruder des Prometheus und Gatte der Pandora.

[2] Vgl. S. 106, Anm. 1.

[3] Vgl. I. Kant, *Der Streit der Facultäten in drey Abschnitten*, Königsberg 1798.

als theologischer Lehrer Schellingsche Gnosis auftischt[4], so muß protestiert werden. Oder hältst du es nun mit der rein thetischen Theologie, nachdem du dein Teil in Antithetik geleistet hast?

So wie du das Verhältnis von Gesetz und Evangelium bestimmst, so tue ich es wirklich auch. Aber was du scheinbar nebenbei in ein Sätzlein bringst: Die Philosophie kann zwar vom Gesetz etwas merken, aber es nicht sagen, das ist eine Erkenntnis, die du, Karl Barth, geschenkt bekommen hast, du weißt nicht wie, die aber außer in deinem Kopfe sich in wenig anderen Köpfen findet. Eben dem nachzugehen ist der Sinn meines Aufsatzes. Eine saubere Grenzbestimmung von Philosophie und Theologie ist ebenso notwendig als eine klare Lehre von der Rechtfertigung, ein klarer Begriff von Offenbarung. Du vergissest wohl, daß du manchmal die wichtigsten Sachen in einem einzigen Satz hinschmeißest, den andere eben nicht ebenso in einem Bissen zu schlucken vermögen. Du hast im Grund die Grenzen von Theologie und Philosophie ebenso, wenn ich so sagen soll, «intolerant» gezogen, wie ich es tue, sobald du überhaupt zwischen Offenbarung und natürlicher Erkenntnis unterscheidest, d.h. sobald du überhaupt von Offenbarung im bestimmt christlichen und nicht im symbolistisch modernen Sinn sprichst. Die Unterscheidung wird nur von Christus aus möglich sein, nicht von einem rein formalen Schriftprinzip aus. Damit aber ist zunächst mit Paulus Gesetz und Evangelium als Paidagogos eis Christon [Gal. 3,24] und Christus als dikaiosyne aneu nomu [vgl. Röm. 3,21] gegeneinanderzustellen, und erst nachträglich gewinnt man dann auch ein Verständnis für den Offenbarungscharakter des Gesetzes als «Christus im Alten Testament». Denn *so* heißt, wie du ja gut weißt, die alttestamentliche Offenbarung auch bei Calvin.[5] Auch bei ihm gilt das Christus dominus et rex scripturae[6], nur macht er von dem Gedanken – den auch Luther kennt –, daß Christus schon im Alten Testament sich offenbart habe, stärkeren Gebrauch.[7] Wird aber dieser Beziehungspunkt preisgegeben, so landen wir wieder entweder bei der orthodoxen Inspirationslehre oder beim Rationalismus.* Und die Weiche befindet sich, wie du aus der Geschichte der reformierten Theologie weißt, just

[4] Vgl. S. 110, Anm. 13.
[5] Vgl. Institutio II 10,2.23.
[6] Vgl. M. Luther, WA 40/I,420 bzw. 458f.
[7] Vgl. Institutio II 6; II 9.

an dem Ort, auf den ich mit meinem Aufsatz hingewiesen habe.[8] Ich sagte mir freilich schon zum Voraus: ich habe nur die eine Seite des Gesetzes dargestellt, die, worin es nur Paidagogos, nicht auch Offenbarung sei, und habe darum vom Problem der Glaubensethik ganz geschwiegen. Ich glaube, das ist der Klärung dienlich. Ich sehe aber wirklich nicht ein, warum dieses Problem, ohne das der Begriff Offenbarung niemals geklärt werden kann, weniger brennend sein sollte als etwa das der Ethik. Vor ein paar Jahren war es die Psychologie und Historie, die die Einsicht in die Glaubenswahrheit verbaute. Jetzt ist es die Phänomenologie und Metaphysik. Und wenn ich mit meinem langen Stecken herumfuchtle, so tue ich's nur darum, weil ich keinen kurzen habe wie du, d. h. weil ich nicht imstande bin, von Offenbarung im christlichen Sinn zu reden, ohne die Grenze von Offenbarung gegen das, was eben nicht Offenbarung ist, gegen die Vernunft abzustecken. Vielleicht bin ich hierin etwas erblich belastet als Schulmeisterssohn[9]; aber dir scheint umgekehrt Klarheit schon an sich etwas Pedantisches oder Gefährlich-Sicheres zu sein. Aber wie du es machst, wenn die Studenten deinem Lehren von Offenbarung die Frage entgegenhalten: Ja, braucht es denn dazu Offenbarung, weiß man das nicht aus Vernunfteinsicht, wissen das die, die nichts von Christus wissen, nicht ebenso gut wie die, die von ihm wissen? – das ist mir nicht begreiflich. Aus dieser Notlage heraus (plus ziemlich viel philosophischem «Spieltrieb») kommen meine Versuche nach jener Richtung. Du wirst ihnen auf die Dauer auch nicht entrinnen, und ich werde dir gern Gefolgschaft leisten, wenn du's dann, was mir überaus wahrscheinlich ist, besser machen wirst. Warum solltest du nicht auch das besser machen? Ich habe von dir philosophisch mehr gelernt als von den meisten gegenwärtigen «Philosophen». Aber gemacht werden muß es jedenfalls, und ich sehe wirklich nicht ein, warum hier gebremst werden soll. Es ist wichtiger, daß wir über das Verhältnis von Vernunft und Offenbarung ins Klare kommen – was ja identisch ist damit: mit dem Begriff Offenbarung ins Klare kommen –, als daß wir jetzt schon über alle Finessen der Trinitätslehre unterrichtet werden.[10]

[8]  E. Brunner, *Gesetz und Offenbarung*, a.a.O. (S. 106, Anm. 1), S. 294–298.

[9]  Emil Brunners gleichnamiger Vater war Primarlehrer in Winterthur.

[10]  Nach seinem Rundbrief vom 18.5.1924 hatte Barth in seinem ersten Dogmatikkurs im SS 1924 die altkirchliche Trinitätslehre neu entdeckt und sich dabei auf ihre Begrifflichkeit eingelassen, vgl. Bw.Th. II, S. 253f.

Doch damit Schluß. Ich habe deine Zeit reichlich in Anspruch genommen. Dein Brief wird mir noch eine Weile zu schaffen geben, und ich werde jedenfalls für solche Bremswirkungen immer empfänglich sein, da ich weiß, wie nötig sie mir sind. So weit gehst du ja nicht, wie Luther zu sagen: wohl dem, der nicht wandelt im Rate der Sektierer noch steht auf dem Weg der Zwinglianer noch sitzet auf dem Lehrstuhl der Zürcher![11]

Zu dem bevorstehenden Familienereignis[12] wünscht ganz besonders meine Frau alles Gute.

Mit herzlichen Grüßen

dein E. Brunner

* [Von Brunner am Rand handschriftlich zu dieser Passage nachgetragen:] Die reformierte Theologie beginnt wohl nicht umsonst mit dem Kap.: De theologia naturali et revelata. Was ist links ohne rechts, was ist Offenbarung ohne ihren Gegensatz: Vernunft.

49

Barth          Göttingen, 20.5.1925 [Ort und Datum des Poststempels]

Lieber Freund!

Eben lese ich in der Zeitung von deiner wohlverdienten Doktorierung durch die Münsteraner[1], die damit ein neues Zeichen ihrer besonderen Courage gegeben haben; denn wenn du auch wissenschaftlich präsentabler bist als ich s. Z., so bist du doch ebenso wenig genehm in der leitenden Schicht unsres Rabbinates. Es freut mich auch, daß wir nun Doktoren derselben Fakultät sind[2].

[11] Spöttische Paraphrase von Ps. 1,1 bei Gnesiolutheranern, die wohl auf M. Luther zurückgeht. Vgl. J. Köstlin, *Martin Luther. Sein Leben und seine Schriften*, Bd. 2, Elberfeld 1875, S. 602.
[12] Vgl. S. 118, Anm. 21.

[1] Am 16.5.1925 wurde Brunner das Ehrendoktordiplom der Universität Münster verliehen, Original im Brunner-Nachlaß W 55/138.
[2] Barth wurde die Doktorwürde 1922 durch die evangelisch-theologische Fakultät Münster verliehen, vgl. Lebenslauf, S. 141.

Mit herzlichem Gruß und Glückwunsch (auch an die neue *Frau Doktor!*)

dein Karl Barth

Ich bin an der Lehre vom munus triplex. Letzten Sonntag habe ich in Halberstadt gegen Rade und F. W. Schmidt-Halle[3] gefochten.[4] Letzterer leidet an der «Platzangst», und das ist symptomatisch auch für seine Theologie; sie besteht aus einer langen Kette von Lutherzitaten.

50

Brunner                                                        Zürich, 2.7.1925

Mein lieber Barth,

Da du in deinem letzten Rundbrief[1], den ich gestern gelesen, über mangelnde Schweizerkorrespondenz dich beklagst und ich überdies dir noch für deinen Glückwunsch zu danken habe, setze ich mich hinter mein Schreibklavier und spiele dir was Kleines. Der Anlaß ist eigentlich ein Drittes: Vor etlichen Wochen kamen zwei feierliche Mannen daher, die Vertreter des Vereins sozialistischer Kirchgenossen Neumünster[2], um mich zu fragen, wen ich ihnen als Nachfolger für Kutter empfehlen würde. Ich sagte ihnen sofort, es gebe nur drei würdige Nachfolger Kutters, von denen aber einer sicher nicht, einer kaum und einer vielleicht

---

[3] Zu Martin Rade vgl. S. 5, Anm. 5. Friedrich Wilhelm Schmidt (1893–1945), Professor für Systematische Theologie in Halle und Münster.

[4] Barth hielt dort den Vortrag: *Die dogmatische Prinzipienlehre bei Wilhelm Herrmann.* Vortrag, gehalten im Wissenschaftlichen Predigerverein in Hannover und an der Tagung des freien Protestantismus für Anhalt, Braunschweig und Provinz Sachsen in Halberstadt am 13. und 17.5.[1925], in: ZZ, Jg. 3 (1925), S. 246–280; wieder abgedruckt in: V.u.kl.A. 1922–1925, S. 545–603. Zur Auseinandersetzung mit Rade und Schmidt, vgl. Bw.R., S. 211f., und Bw.Th. II, S. 330f.

---

[1] Es handelt sich um den Brief Barths vom 7. Juni 1925; abgedruckt in: Bw.Th. II, S. 327–336.

[2] Eine dem damaligen Pfarrer am Zürcher Neumünster Hermann Kutter nahestehende Vereinigung; vgl. H. Kutter jr., *Hermann Kutters Lebenswerk,* Zürich 1965, S. 104. Durch den Religiösen Sozialismus hatte sich in Schweizer evangelisch-reformierten Gemeinden neben den bisherigen Parteien: (liberale) Reformer und (altgläubige) Positive, eine solche dritte gebildet.

zu haben sei. Der erste, nicht zu habende sei Schädelin[3], der zweite du und der dritte Thurneysen. Als sie mich fragten, ob es nicht ganz unnütz sei, dich zu fragen, sagte ich: nein, ich würde es doch probieren, man könne ja nie wissen usw. Ganz besonders aber habe ich ihnen natürlich Thurneysen herausgestrichen. Nun kommt heute morgen wieder einer daher gezäpft[4] und will Genaueres über dich wissen. Du habest dich scheint's für die Sache interessiert. Ich beruhigte den Mann, so gut ich konnte, betreffs Religionsunterricht, Umgang mit den Leuten, Seelsorge usw., hatte aber leider nicht allzuviel Konkretes zu sagen. Vor allem aber hab ich mich gefreut, die Möglichkeit, entweder dich oder Thurneysen so in meine nächste Nähe zu bekommen, näher rükken zu sehen. Ich habe dem Mann gehörig eingeheizt, sie sollen doch ja in der Kirchenpflege alle minderen Fragen zurückstellen hinter der einen: wer kann uns Kutter ersetzen. Praktische Leute usw. haben sie ja ihrer 6[5], und überdies würdest du oder Thurneysen auch das so gut und besser besorgen als der arme Konrad[6]. Also das wär ein Spaß. Nur glaub ich noch nicht so recht dran.[7]

Zweitens hatten wir neulich an einem theologischen Abend R. Grob bei uns, der uns seinen Vortrag Repristination oder Erneuerung zum Besten gab.[8] Ich muß gestehen, daß ich die Sache sehr gut fand und ihm auch meine Zustimmung nicht vorenthielt. Ich habe sogar die zwei Mannen Zeller[9] und Grob zum Schwarzen[10] zu mir gebeten und gefunden, daß sie aus der Nähe nicht so übel seien wie von weitem. Wir haben uns dann lang und eifrig hauptsächlich über reformierte Ethik unterhalten – über die dogmatischen Fragen scheint vorläufig vollkomme-

---

[3] Albert Schädelin (1880–1961), Dr. theol., Pfarrer am Münster in Bern, Professor für Praktische Theologie.

[4] = dahergeeilt.

[5] Gemeint sind die sechs Pfarrer der Gemeinde.

[6] Gemeint ist wohl Konrad von Orelli, der 1923 eines der Pfarrämter der Gemeinde Neumünster übernommen hatte. Vgl. oben S. 83, Anm. 13.

[7] Barth erhielt im Juni 1925 das Angebot, die Nachfolge Kutters am Zürcher Neumünster anzutreten, lehnte aber ab; vgl. Lebenslauf, S. 176.

[8] R. Grob, *Repristination oder Erneuerung*, in: RKZ, Jg. 75 (1925), S. 163f. 169–171.177f.185f.; vgl. zu R. Grob S. 91, Anm. 18.

[9] Konrad Zeller (1897–1978), 1921–1941 Direktor des Evangelischen Lehrerseminars in Zürich-Unterstraß.

[10] Der nach Schweizer Sitte nach dem Mittagessen stattfindende «schwarz» genossene Kaffeetrunk.

ne Einigkeit zu bestehen, wobei sie mir von unseren Bedenken sehr viel mehr zu wissen schienen, als ich ihnen zutraute. Ich weiß auch direkt, daß sie beide sehr viel von uns angenommen und gelernt haben. Ich hatte einige Theologen im Kolleg, die bei Grob wohnten und die ihm regelmäßig berichten mußten, was ich da lehre. Und auch Zwischen den Zeiten lesen sie eifrig. Nun haben sie außerdem ein Kränzchen, mit straffer Disziplin, wo steif und tüchtig Calvins Institutio getrieben wird, wozu sich jeder vorbereiten und jeweils ihrer zwei oder drei Referate halten müssen. Das ist nicht übel, und auch in der Epileptischen[11] wird tüchtig studiert: Basilius, Athanasius, Calvin etc. Kurzum, die Begegnung war für uns beide eine gewisse freudige Überraschung. Trotzdem bin ich die Bedenken noch nicht los, die ich mit den gleichen Worten ausdrückte wie du in deinem gestrigen Brief[12]: eine gewisse Jesuiterei wie – – – bei Calvin? Ich werde die Parallele Calvin – Ignatius immer noch nicht los, trotz[dem] ich je länger je mehr von Calvin eingefangen werde. Aber froh bin ich doch, daß ich vom religiösen Sozialismus und Kutter her komme und nicht direkt von Calvin gestartet habe. Es wird da eben doch etwas lockerer sein müssen als in der cité de dieu[13].

Auch aus Ungarn bekomme ich ab und zu Nachricht. Wir sind dort offenbar gut eingeführt, dagegen ist in Holland bei den Kuyperleuten großes Gebell gegen uns.[14] In vierzehn Tagen soll ich vor den deutschen Lutherleuten (Tagung des Luthervereins) über Reformation und Romantik[15] hornen, welche Gelegenheit ich hauptsächlich dazu benütze, um ihnen zu zeigen, daß ihre Staats- und Geschichtsbegeisterung nicht aus der Reformation, sondern aus der Romantik stamme. Damit Schluß für diesmal. Viel Gutes euch allen, besonders deiner lieben Frau.

Dein E. Brunner

[11] Gemeint ist die Anstalt für Epileptische in Zürich, deren Leiter R. Grob war.
[12] Vgl. Barth in dem Anm. 1 genannten Brief, a.a.O., S. 333f.
[13] Zu dieser Bezeichnung Genfs zur Zeit Calvins vgl. Theologie Calvins, S. 153.
[14] Zu A. Kuyper vgl. S. 91, Anm. 17. Kuypers Anhänger vertraten einen stark antiliberalen, politisch konservativen, konfessionalistischen Calvinismus. Vgl. W. Kolfhaus, *Dr. Abraham Kuyper 1837–1920. Ein Lebensbericht,* Elberfeld 1924.
[15] E. Brunner, *Reformation und Romantik.* Vortrag, gehalten bei der Tagung der Luthergesellschaft in München, München 1925; wieder abgedruckt in: Wort I, S. 123–144.

## 51

Brunner                                                   Zürich, 16.12.1925

Mein lieber Barth,

Ich habe eben deinen Aufsatz Kirche und Theologie[1] gelesen und möchte dir herzlich dafür danken. Du hast wohl noch selten so glücklich sachliche Belehrung und polemische Abwehr miteinander verbunden und dabei auch im Ton die Linie klassischer Theologie so streng innegehalten. Das ist einfach, ich möchte es wörtlich verstanden wissen, muster-gültig für uns alle. Von großer Bedeutung scheint mir sachlich vor allem die durchschlagende Begründung der sekundären Autorität der Kirche, und, wenn man so will, der tertiären der Theologie. Alles, was Kutter – dessen Belehrung ich mir immer wieder oft und gern gefallen lasse – mit seinen Bedenken gegen unsere Arbeit meint[2], ist da unmißverständlich zu seinem Recht gekommen. Wenn man auch selbst diese Dinge mehr oder weniger weiß und auch sagt, so tut es einem doch gut, sie *so* gesagt zu bekommen und dadurch in den Senkel gestellt zu werden.

Mein Kollege W. Köhler hat mir natürlich mit Schmunzeln von der Petersonschen Schrift[3] gesprochen. Er meint eben, Peterson habe nur aus der Schule geschwatzt, was im Grunde wir alle denken müßten. Für ihn ist eben das Augustinische ego evangelio non crederem nisi prius ecclesiae crediderim[4] die einzige Möglichkeit einer Offenbarungstheologie, da er nur die eine Kategorie: supranatural zur Verfügung hat wie sein Meister Troeltsch. Nun nimmt's mich wunder, was so ein Mann zu deinem Aufsatz meint. Ich fürchte, er wird ihn nicht kapieren.

[1] K. Barth, *Kirche und Theologie.* Vortrag, gehalten am 7.10.1925 an der Göttinger Herbstkonferenz und am 23.10.1925 in der theologischen Woche zu Elberfeld, in: ZZ, Jg. 4 (1926), S. 18–40; wieder abgedruckt in: V.u.kl.A. 1922–1925, S. 644–682.

[2] Vgl. H. Kutter jr, *Hermann Kutters Lebenswerk,* Zürich 1965, bes. S. 124–137.

[3] E. Peterson, *Was ist Theologie?,* Bonn 1925; wieder abgedruckt in: E. Peterson, *Theologische Traktate,* München 1951, S. 9–43. Barth setzt sich in dem in Anm. 1 genannten Vortrag mit der Schrift auseinander.

[4] Vgl. A. Augustinus, *Contra epistulam Manichaei quam uocant fundamenti* 5, 6, CSEL 25, 197,22f.: «ego uero euangelio non crederem, nisi me catholicae ecclesiae conmoueret auctoritas.»

Ich bin gegenwärtig in eine, wenn auch nicht tragische, so doch wenig angenehme Situation hineingedrängt durch meinen Kollegen Gut[5], der neuerdings alle wesentlichen dogmatischen Positionen von uns übernimmt, sie als freisinnige Theologie ausgibt, um uns dadurch bei den Gläubigen in Mißkredit zu bringen. Er denkt vorzugsweise in kirchenpolitischen Kategorien, was mir meinerseits die Arbeit, wie du begreifst, nicht leicht macht.

Sonst haben wir in Zürich theologische hausse. Die Statistik meldet 61 Theologen und 85 Hörer an der theologischen Fakultät, was für Zürich allerdings erstaunliche Ziffern sind. Was mich aber mehr als das freut, ist die unverkennbare Tatsache, daß die Leute wieder ernstlich anfangen, Theologie zu studieren, die Studenten, aber auch die Pfarrer. Wir haben jetzt ein Pfarrkränzchen, wo wir den Heidelbergerkatechismus miteinander lesen – unter Beiziehung der Helvetica posterior und des Genfer Katechismus – und ernsthafte theologische Gespräche führen. Es werden nahezu 30 Pfarrer aus Zürich, Schaffhausen und Glarus sein.

Was sagst du wohl zu einer anderen Neuerung: Hinter unserem Rükken haben die Studenten eine neue Institution, Morgengottesdienste oder eigentlich Morgenpredigt, geschaffen, wo einmal in der Woche einer von uns Bibel auslegen soll. Vorderhand hat das zweimal funktioniert, es waren gut hundert Theologen und andere Studenten da.

Im Übrigen fresse ich mich langsam durch die zähe Masse der Probleme der speziellen Ethik durch. Ich möchte wünschen, daß Loew[6], dessen Aufsatz ich sonst sehr [gern] gelesen habe, das tun müßte. Es würde dann immerhin einiges anders aussehen in seiner Auffassung der Sozialethik. Um einen Versuch, auch inhaltliche – nicht Rezepte, aber doch Richtlinien zu geben, wird man, besonders als reformierter Theologe, nicht herumkommen können. Heute habe ich gerade die nüchterne Calvinische Auffassung der Ehe[7] mit großen Worten gepriesen und die Romantik, die gerade darin ihre Prinzipien mit besonderer Fruchtbarkeit entfaltet hat[8], in den Winkel gestellt. Solche Sachen also passie-

[5] Zu W. Gut vgl. S. 72, Anm. 16.

[6] W. Loew, *Zum Problem der evangelischen Sozialethik,* in: ZZ, Jg. 4 (1926), S. 60–75.

[7] Vgl. Institutio II 8,41–44; IV 19,34–37.

[8] Vgl. z.B. Fr. Schleiermacher, *Predigten über den christlichen Hausstand.*

ren in meinem Kolleg – und ich sehe nicht ein, wie ich es vermeiden könnte.

Ich wünsche dir und den deinen schöne Festtage und grüße herzlich.

Dein E. Brunner

Dein Schüler Mettler[9] ist jetzt also hier, und wir haben alle Freude an ihm.

52

Barth                    Münster, 21.12.1925 [Ort und Datum des Poststempels]

Lieber Freund!

Hab Dank für deine freundliche Begrüßung. Ich hatte dieser Tage ebenfalls die Absicht, dir zu schreiben, wegen des Artikels von Koepp gegen dich[1]: dich zu bitten, die von Koepp so energisch betonte *konfessionelle* Seite der Frage in deiner Antwort nur leise oder gar nicht – jedenfalls aber höchst vorsichtig! – zu behandeln. Am besten vielleicht so, daß du ihn veranlassest und ermutigst, noch mehr solche unvorsichtigen Äußerungen zu tun, wie er es bereits getan hat. Wir können uns nichts Besseres wünschen, als daß die Lutheraner die Ubiquitätslehre wieder erneuern mit oder ohne philosophischem Realismus, und dieser Absicht Koepps sollte man zunächst ja nicht störend in den Weg treten. Wenn dann die diesbezüglichen «Kräfte des Luthertums» alle an der «Front» sind[2], kommt *unsre* Stunde. – Von dem Zürcher Geistesfrüh-

*Über die Ehe* (1818), in: Fr. Schleiermacher, *Predigten*, Erster Band. Neue Ausgabe, Berlin 1843, S. 553–578.
[9] Artur Mettler (1901–1990), studierte 1921–1924 bei Barth. Vgl. V.u.kl.A. 1922–1925, S. 427.

---

[1] W. Koepp, *Thesen zu Emil Brunner's «Philosophie und Offenbarung»*, in: ThBl, Jg. 4 (1925), Sp. 301f.
[2] Die Thesen Koepps (Anm. 1) schließen mit den Sätzen, «daß es von hier aus geradezu als die größte Notwendigkeit der gegenwärtigen theologischen Lage bezeichnet werden dürfte, daß die Theologie der radikalen Infragestellung und der Glaubensdialektik nur ein Uebergang werde und bleibe zu einer Neuerfassung der tiefsten, bis zu den paradoxesten Fassungen der Gegenwartsunio cum Christo aufsteigenden Gläubigkeit Luthers in Wort, Geist, Gegenwart und Glauben. Die Kraft der Luthertums muß an die Front.» (a.a.O., Sp. 302).

ling höre ich mit ehrfürchtigem Staunen. Sind die 30 Pfarrer «Grob«i-ane[3]? *Diese* Leute sind mir nämlich *nicht* die erfreulichste Nachbarschaft. Könnte ich doch von den von dir ausgesteckten «Richtlinien» der Sozialethik auch profitieren! Du bist halt ein H... G... D...[4], wo dich die Haut anrührt. Für nächstes Semester habe ich «Geschichte der protestantischen Theologie seit Schleiermacher» angekündigt[5] und verspreche mir Spaß, aber auch *viel* Arbeit davon. Zur Zeit bin ich ganz Exeget[6], auch in 14 Tagen bei einem Ferienkurs in Danzig![7] Zur Weihnacht bin ich in Göttingen, denn wir leben immer noch getrennt.[8] Ihr im schönen Neutralien[9] habt keine Ahnung, *was* für Verdrüsse und Schwierigkeiten das Leben hier verursacht. Mit deinem Kollegen Gut habe ich als Zofinger[10] Bier getrunken.

Hab schöne Weihnacht und ein glückseliges neues Jahr!

Dein Karl Barth

## 53

Brunner                                              Zürich, 7.1.1926

Lieber Freund,

Dank für deine Karte. Ich beabsichtige nicht, auf Koepps Thesen zu antworten.[1] Sie scheinen mir eigentlich mehr dir als mir zu gelten. Ihr

[3] Die Jungreformierten der Schweiz, die R. Grob (S. 91, Anm. 18, und S. 124, Anm. 8) anführte, suchten eine Besinnung auf die reformierte Tradition; vgl. H. Vorländer, *Aufbruch und Krise,* a.a.O. (S. 91, Anm. 18), S. 30–36.

[4] = Herrgottsdonner.

[5] Vorlesung im Sommersemester 1926; vgl. Lebenslauf, S. 182.

[6] Barth hielt im Wintersemester 1925/26 in Münster eine 4stündige Vorlesung über das Johannes-Evangelium; vgl. Lebenslauf, S. 180.

[7] Barth legte bei einem Fortbildungskurs für Pfarrer und Religionslehrer Phil. 3 aus, vgl. Lebenslauf, S. 178.

[8] Barth lebte 1925/26 für einige Monate von seiner Familie getrennt in Münster, bis der Hausverkauf in Göttingen und die Wohnungsfindung in Münster geregelt waren; vgl. Lebenslauf, S. 178f.

[9] = Schweiz.

[10] Zu Barths Aktivitäten in der Studenten-Verbindung Zofingia, vgl. Lebenslauf, S. 47–49.

[1] Vgl. S. 128, Anm. 1.

«Luthertum heraus» ist ein Echo deiner konfessionellen Hornstöße – und an dieser Polemik gedenke ich mich nicht zu beteiligen. Ich kann nicht einsehen, was dabei herauskommen soll, wenn just jetzt das alte Kriegsbeil mit dem Motto «ihr habt einen anderen Geist als wir»[2] wieder ausgegraben werden soll. Mir schien dein früheres Bestreben fruchtbarer, den Punkt immer wieder zu suchen, wo Luther und Calvin in der Sache eins sind, und darum auch immer wieder bereit zu sein zuzugeben, daß der reformierte Abweg in der Richtung Gesetzlichkeit und Rationalismus nicht besser ist als der lutherische in der Richtung Mystik und Quietismus. Das Luthertum ist mir genauso unsympathisch wie der orthodoxe Presbyterianismus oder etwa die Kuyperei[3], die wir ja nun glücklich auch in der Schweiz haben. – Daß du vermuten konntest, der Pfarrerkreis, mit dem ich arbeite, bestehe aus Grobianern[4], entspricht ganz deiner Tendenz, in dubiis bei mir immer den schlimmsten Fall zu setzen. Es handelt sich vielmehr um einen erweiterten Baderkreis.[5] – Warum jetzt den Geist des Konfessionalismus heraufbeschwören, – jetzt schon, wo wir[6] noch nicht einmal mit den Elementen einigermaßen ins Reine gekommen sind? Da bin ich meinerseits froh, «mancherlei nicht gesagt zu haben, was du urbi et orbi verkündet hast»[7], auch in Sachen Pietismus. Ich werde im Gegenteil, gerade um unsere Konfessionalisten zu ärgern, die neuerschienene vortreffliche Autobiographie Kählers[8] lobend im Kirchenblatt bespre-

[2] Nach dem Bericht Osianders in: *Das Marburger Religionsgespräch 1529* (Texte zur Kirchen- und Theologiegeschichte, Heft 13), hrsg. von G. May, Gütersloh 1970, S. 56f., sagte Luther am Ende des Gespräches: «so reymet sich unser gayßt und euer gayst nichts zusammen, sonder ist offenbar, das wir nicht ainerlay gayst haben; dann das kann nicht ainerlay gayst sein, da man an ainem ort die wort Christi ainfeltigklich glaubt und am andern denselben glauben tadelt.»

[3] Zu A. Kuyper vgl. S. 91, Anm. 17. Mit seinem Schweizer Nachfolger sind die dortigen Jungreformierten gemeint, vgl. S. 129, Anm. 3.

[4] Zu R. Grob vgl. S. 91, Anm. 18. Dort auch der Hinweis auf die Verwandtschaft des Kreises um Grob mit den Anliegen A. Kuypers.

[5] Hans Bader (1875–1935), führender Pfarrer der schweizerischen Religiös-Sozialen, wirkte in Zürich. Zu Barths Bader-Rezeption vgl. K. Barth, *Konfirmandenunterricht 1909–1921,* hrsg. von J. Fangmeier (Gesamtausgabe, Abt. I), Zürich 1987, S. 146–193.

[6] Korrigiert aus: mir.

[7] Vgl. S. 117.

[8] M. Kähler, *Theologe und Christ. Erinnerungen und Bekenntnisse,* hrsg. von Anna Kähler, Berlin 1926.

chen[9], und ich sehe es gar nicht ungern, daß Kaiser das Bezzelbuch[10] – das mir übrigens weit weniger sympathisch ist – neben deinen Sachen führt und empfiehlt.

Von meinem Gedächtnis mußt du sehr gering denken, daß du es für notwendig hältst, mir in – buchstäblich – jedem Brief oder Karte anzudeuten, daß ich ein Prolet sei. Diese richtige und unliebsame Entdekkung habe ich etliche Jahre vor dir gemacht. Wenn meine ungute Fixigkeit und etwas großmäulige Art sich nicht so bald, wie ich möchte, abtun läßt, so solltest du doch dafür Verständnis haben; denn auch dir ist der Giftzahn trotz wahrscheinlich mehrmaligem Ausbrechen immer wieder nachgewachsen. Nüt für unguet![11] Der Mitteilungen über Eigenes an dich werde ich mich zukünftig enthalten, da du jedesmal davon einen Gebrauch machst – auch anderen gegenüber –, der mir nicht lieb sein kann.

Ob du mich inskünftig als Mitstreiter anerkennen oder als Kryptolutheraner verdächtigen willst, ist mir schließlich so wichtig nicht und ändert an meiner Einstellung zu dir und dem, was du schaffst, nichts.

Ich verbleibe darum auch im neuen Jahre mit den herzlichsten Wünschen an dich und die deinen in Freundschaft

dein E. Brunner


## 54

Barth                                           Münster, 10.1.1926

Lieber Freund!

Oh, oh! Meine letzte Karte muß, nach dem Echo deines Briefes zu schließen, ungewöhnlich häßliche Dinge enthalten haben.[1] Ich will «es» ja gewiß nicht wieder tun, wie ich «es» auch nicht expreß getan habe. Durchaus anerkenne ich dich als Mitstreiter, und bestimmt nehme ich

---

[9]  Eine solche Besprechung ist nicht erschienen.

[10]  J. Rupprecht, *Hermann Bezzel als Theologe*, München 1925; vgl. Bw.Th. II, S. 391.

[11]  = Nimm es mir nicht übel!

---

[1]  Vgl. Nr. 52 und Nr. 53.

mir vor, dich nicht mehr anzuöden[2], was mir wahrscheinlich, als ich jene Karte schrieb, in meiner westfälischen Einsamkeit irgendwie vaterländisches Bedürfnis war. Sei nun wieder zufrieden [vgl. Ps. 116,7] und froh, und bedenke, daß der Gebrauch des «Giftzahnes» (aber ich will es gewiß nicht wieder tun) in Basel das Zeichen besonderer Freundschaft ist wie in Persien das Werfen mit abgenagten Knochen.

Über diese formelle Entschuldigung und Abbitte hinaus zur Sache: Ich meine nun doch, daß die Koeppschen Thesen *dich* angehen. Sein Hauptanliegen ist doch offenbar und bezeichnenderweise das philosophische, und auf diesem Feld bist wirklich *du* es, der urbi et orbi bestimmte Mitteilungen gemacht hat. Ob du ihm antworten willst, ist eine Frage für sich. Ich wollte dich nur bitten, ihm eben, *wenn* überhaupt, bloß auf das Philosophische und nicht auf das Konfessionelle zu antworten. Denn was in der zweiten Sache geschieht, das muß *ich* ausbaden, und [ich] habe darum ein Interesse an Allem, was fraternisierend *oder* polemisierend zu den Lutheranern als solchen gesagt wird von unsrer Seite. Von der sichern Schweiz aus läßt sich's gemächlich raten über die Vereinigung von Luther und Calvin. Hier, wo ungefähr jedermann naturaliter Lutheraner ist und aus lutherischen Empfindungen und Instinkten heraus denkt und redet, sieht sich die Sache nicht so harmlos an. Die den Punkt gefunden zu haben meinen, wo Luther und Calvin «in der Sache eins sind», heißen hier *Holl* und *Hirsch* und Consorten, vermutlich auch unser neuer Kollege *Brunstäd*[3]. Ich bin zu schärferer Gestaltung *reformierter* Theologie in Göttingen einfach genötigt worden, als mir immer und immer wieder Luther, Luthers Heilsgewißheit, Luthers «Kindlichkeit»[4], Luthers Christologie, Luthers Kombination von Rechtfertigung und Heiligung, Luthers ... u.s.f. entgegengehalten wurden und als ich beim Studium Luthers dahinter kam, daß ich in der Tat als Lutheraner den Römerbrief nicht hätte schreiben können. Du hast diesen Widerspruch von Luther aus nie erlebt und dir darum offenbar auch nicht klar gemacht, daß er eventuell in sich be-

[2] = langweilen, im ironischen Sinn ärgern.

[3] Friedrich Brunstäd (1883–1944), Professor zunächst für Philosophie, dann für Systematische Theologie in Rostock.

[4] Wohl ein Bonmot, das bei einem der zahlreichen Disputationen zwischen C. Stange, E. Hirsch und Barth während dessen Göttinger Zeit fiel. Vgl. Bw.Th. II, S. 36, 64 u. ö.; sowie Lebenslauf, S. 147.

gründet sein, daß von Luther zu Hegel ein nicht ganz schmaler Weg
führen möchte, daß die Auseinandersetzung des 16. und 17. Jahrhunderts durch die hereinbrechende Pietisterei und Aufklärung zwar abgebrochen, aber nicht erledigt wurde, daß die modernen Deutschen von
Seeberg bis zu Rade[5] nach einer kleinen Reverenz vor Calvin dick und
unverblümt Luther und *nur* Luther wollen und vertreten, daß wir Reformierten immer die Lackierten und Übertölpelten sind, wenn wir uns
nicht zum vornherein auf das rechte Bein stellen wie jene auf das linke.
Es steht nicht so, wie du es darstellst, daß ich zuerst allgemein evangelisch gewesen und dann reformiert geworden sei. Sondern ich war, wie
ich war, und dann rief man mir hier auf allen Gassen (lobend und tadelnd) «Calvinist» nach, und dann verglich ich die Akten und sah, daß
das allgemein Evangelische, wie ich es vertrat, in der Tat das Reformierte sei, und dann nannte ich das Kind beim Namen – weil ich das Versteckspiel, das die Deutsch-Reformierten melanchthonischer Observanz
im 16. und 17. Jahrhundert getrieben, nicht wiederholen wollte.[6] Nochmals: in Zürich ist's billig, Unionstheologe zu sein, dein Vorgänger Alexander Schweizer[7] hat's ja genau so gemacht. Säßest du in Hannover
oder Westfalen und kenntest du gar den Osten (ich komme eben wieder von Danzig zurück)[8], du *könntest* ehrlicherweise gar nicht anders als
einsehen, daß wir, du und ich, tatsächlich schon bei den «Elementen»
einen typisch andern Weg gehen als die besten unsrer lutherischen
Freunde und daß es (ob die konfessionellen Stichworte fallen oder
nicht) keinen Sinn hat, das Volk darüber im Unklaren zu lassen, daß
wir uns durch die betörend starke Religiosität Luthers noch heute nicht –
heute weniger als je! – überrumpeln lassen können. Versuche immerhin

[5] Reinhold Seeberg (1859–1935), Professor für Systematische Theologie in Erlangen und Berlin. Zu M. Rade vgl. S. 5, Anm. 5.

[6] Anspielung auf das Zusammengehen von Melanchthonianern und Reformierten in der Abfassung des Heidelberger Katechismus (1563) und folgender
Bekenntnisse: Nassauisches Bekenntnis (1578), Consensus Bremensis (1595), das
Bekenntnis der Kasseler Generalsynode (1607), Bentheimer Bekenntnis (1613),
Confessio Sigismundi (1614) und besonders auch das Leipziger Lehrgespräch
(1631). Vgl. K. Barth, *Die Theologie der reformierten Bekenntnisschriften. Vorlesung
Göttingen Sommersemester 1923,* hrsg. von E. Busch (Gesamtausgabe, Abt. II),
Zürich 1998, S. 281–320.

[7] Alexander Schweizer (1808–1888), Professor für Systematische Theologie in
Zürich, Schüler Schleiermachers, Vermittlungstheologe.

[8] Vgl. S. 129, Anm. 7.

dein Heil mit einer theologia distributiva[9], wenn du meinst, andernfalls dem «Presbyterianismus» verfallen zu sein, aber glaube nur ja nicht, daß du in Deutschland so verständlicher sein wirst, als wenn du offen zugibst und *zeigst,* daß du Luther an Calvin missest und nicht umgekehrt. «Luther» heißt nun einmal am entscheidenden Punkt: Übergang von der dialektischen zur *direkten* Mitteilung, und wenn du das nicht mitmachst, so stehst du eben auf dem rechten *und nicht* auf dem linken Bein. Und du kannst überzeugt sein, daß die Deutschen das merken und dir genausowenig, nein, noch weniger trauen werden als mir. Ich bin «konfessionell», weil ich im Verhältnis zu meiner Umgebung sauber sein möchte. Gerade die Besten und Ernsthaftesten unter meinen vielen *lutherischen* Studenten waren mir dankbar dafür bis jetzt. Ist uns die Reformation *überhaupt* nicht gleichgiltig, dann kann uns der reformatorische *Gegensatz auch* nicht zu den «ollen Kamellen» gehören. Das scheint mir auch für die Schweiz zu gelten, wo man auf Kanzel und Katheder so schön unprinzipiell, weil unkontrolliert «evangelisch» sein kann.

Du siehst an der Breite, mit der ich mich äußere, daß mir diese Sache am Herzen liegt. Es geht mir wie einem Diasporapfarrer, dem etwa ein Kollege aus dem Emmental klar machen wollte, was es doch jenseits von katholisch und protestantisch für eine schöne Sache sei um die Una sancta. Ja, ja, aber ...! Wie ich hier in Deutschland ein besserer Eidgenosse geworden bin und ein bißchen stillschweigende oder laute Propaganda für das Schweizertum zum Heil Europas durchaus als zu meiner Mission gehörig empfinde[10] – so ist es – im höhern Chor! – die Quintessenz meiner nun immerhin 4jährigen Erfahrungen in Norddeutschland, daß es nur vom Guten sein kann, wenn wir mit unserm reformierten Pfund ebenso getreu wuchern [vgl. Mt. 25,14–30], wie es die andern in und außerhalb der preußischen Union mit ihrem lutherischen tun, und daß das «Sowohl – Als auch» und das «Weder – Noch» bei einem so anständigen Gegensatz wie dem inner-reformatorischen eine allzu banale Lösung ist.

Im Übrigen wollte ich dich ja gar nicht auffordern, dem Koepp eins aufs Haupt zu geben – ich werde es auch unterlassen –, sondern ich

[9] Abgeleitet von iustitia distributiva, gemeint ist: eine allen Seiten gerecht werden wollende Theologie.

[10] Vgl. z.B. K. Barth, *Die kirchlichen Zustände in der Schweiz* (1922), in: V.u.kl.A. 1922–1925, S. 14–38.

fürchtete deine Schlachtkeule und wollte dich – überflüssig genug, wie ich nun einsehe – nur um Vorsicht in dieser Sache bitten.

Vale! Wir sind hier Faulenzer und fangen erst übermorgen wieder an. Sonst würde ich das Briefeschreiben wohl unterlassen.

Mit herzlichem Gruß

dein Karl Barth

55

Brunner                                                   Zürich, 24.6.1926

Lieber Freund,

Darf ich dich Vielbedrängten mit einer Frage behelligen?

Wie du weißt, muß ich die Religionsphilosophie für das Handbuch der Philosophie machen.[1] Das ist nun im ersten Entwurf fertig, aber noch sehr korrekturfähig und -bedürftig. Nun habe ich eben deine Eschatologie gelesen, die mir Mettler brachte.[2] Da ich nun meine Religions-Philosophie als eine etwas verantwortungsreiche und nicht nur persönliche Sache ansehe – selbstverständlich sage ich sofort, daß es sich nicht um eine Religions-Philosophie, sondern nur um einen Teil, nämlich den allgemeinen, der Theologie, handeln könne – und sie gern so machte, daß sie nicht nur meine, sondern «unsere» Gedanken enthielte – vielmehr: daß ich als Lehrer der Kirche[3] dort meinen Vers sagen könnte – so liegt mir sehr daran, daß du mir eine Frage beantwortest.

Ich habe im Ganzen deiner Eschatologie gut folgen können. Sie hat mich belehrt, aber im wesentlichen enthält sie das, was ich selber lehre.

---

[1] E. Brunner, *Religionsphilosophie protestantischer Theologie*, in: *Handbuch der Philosophie*, hrsg. von A. Bäumler und M. Schröter, Abt. II, Beitrag F, München / Berlin 1927.

[2] Barth hielt im Wintersemester 1925/26 eine einstündige Vorlesung über Eschatologie, die den Abschluß seiner Göttinger Dogmatikvorlesung darstellte, vgl. Lebenslauf, S. 179f. Ihre Veröffentlichung ist im Rahmen der Karl Barth-Gesamtausgabe, Abt. II, «Unterricht in der christlichen Religion», III. Band, geplant. Sie enthält nach einer Einleitung §35 «Die Hoffnung», §36 «Die Gegenwart Christi», §37 «Die Auferstehung der Toten» und §38 «Die Ehre Gottes». Im Brunner-Nachlaß W 55/140,9 befindet sich das wohl auf Veranlassung von Rudolf Pestalozzi hergestellte Typoskript einer Nachschrift der Eschatologie-Vorlesung.

[3] Satz von Barth ab «ich als ...» mit Rotstift unterstrichen.

Nur in einem Punkt sehe ich nicht durch. Das eine Mal fassest du das Verhältnis von Schöpfung und Erlösung als das zweier auch inhaltlich verschiedener Worte, d. h. so, als ob Erlösung etwas anderes wäre als die Wiederherstellung der Schöpfung. Ja, du kannst gelegentlich sagen: wie die Schöpfung der Anfang dieser Wirklichkeit sei, so die Erlösung das Ende (§ 36,4).[4] Wo du von der Erlösung sprichst, wird der Fall merkwürdigerweise übergangen, so daß es scheint, als müßte die Schöpfung als solche erlöst werden, nicht die gefallene Schöpfung.[5] Ich brauche dir nicht zu sagen, daß das ein ganz unchristlicher, unbiblischer Gedanke wäre, da du es ja selbst im letzten § deutlich genug sagst.[6] Erlösung ist nicht Rückgängigmachung der Kreatur, nicht Aufhebung der Kreaturgrenze, also nur Wiederherstellung der Kreatur. Oder solltest du mit

---

[4] Vgl. K. Barth, *Eschatologie*, Nachschrift, S. 55 (§ 36): «Auch er [der Tag der Erlösung] ist ein Tag, ein Jetzt göttlichen Handelns, der dem Sein der Zeit ebenso gegenübertritt wie in der Schöpfung ihrem Nichtsein und mit dem sie nun ebenso endigt, wie sie mit jenem begonnen hat.»

[5] Vgl. a.a.O., S. 57 (§ 36): «Das Nachher der Ewigkeit... ist die Erlösung, die Vollendung des Menschen und seiner Welt, ihre Überführung in die Gemeinschaft mit Gott und seinem Leben, die der Sinn der Schöpfung ist... Als das Nachher Gottes verhält sich dieser Tag zum Tag der Schöpfung wie die Erfüllung zur Verheißung, wie die Ernte zur Saat, der Erfolg zur Absicht.»Vgl. auch S. 66 (§ 37).

[6] A.a.O., S. 77: «Der doppelte Fehler der Alten bestand einmal darin, daß ihre Aussagen lange nicht in dem Maß, wie es durch das biblische Offenbarungszeugnis geboten ist, mit dem Inhalt der ganzen übrigen Dogmatik in Beziehung gesetzt waren, sodann insbesondere darin, daß das Jenseits der eschatologischen Grenze allzu spiritualistisch als Himmel statt wiederum im Anschluß an das Alte Testament und Neue Testament als neuer Himmel und neue Erde bestimmt wurde, daß mit dem biblischen Begriff der Verwandlung, der Erneuerung und Wiederherstellung der Schöpfung als dem eigentlichen Sinn des Erlösungsaktes nicht genügend Ernst gemacht wurde.» Vgl. im vorletzten Parapraphen, § 37 «Die Auferstehung der Toten», S. 73: «Unter so entgegengesetzten Bestimmungen existiert der Mensch, d. h. aber in der Zeit lebend nur so, daß seine Existenz immer auch seine Nichtexistenz bedeutet. Und nun ist dieser status keineswegs seine Natur oder gar sein Schicksal, nicht so hat ihn Gott geschaffen, sondern im Glauben muß er diesen status erkennen als status peccati und im Widerspruch seiner Existenz als unsterbliche Seele im sterblichen Leib [im Typoskript versehentlich: als sterblicher Leib in unsterblicher Seele] den viel radikaleren Widerspruch, der erst unversöhnlich ist, der den Widerspruch von Leib und Seele erst scharf und giftig macht, wie er in der Schöpfung nicht gewesen ist, der ihm erst den Charakter des Gegensatzes von σάρξ und πνεῦμα gibt, der darin besteht, daß er – und nur der Glaube weiß von diesem letzten furchtbarsten Geheimnis der menschlichen Existenz – daß er in sich selbst ein Kind Adams und in Jesus Christus ein Kind Gottes ist: peccator justus.»

Schleiermacher lehren wollen: Erlösung sei Vollendung der Schöpfung?[7] Das kann ich wieder nicht glauben, da das ja gerade der Unterschied zwischen dem biblischen Gedanken der *Rück*kehr, der *Wieder*bringung und dem modernen Evolutionsgedanken ist. Ist aber *Erlösung* nur insofern ein Neues, als es für die gefallene Schöpfung eine unerhörte Möglichkeit [ist], etwas, wovon sie weder wissen noch sich darauf berufen kann, nicht aber in dem Sinn, daß für den Glauben die gutgeschaffene Schöpfung und die erlöste Schöpfung etwas anderes wären, so verstehe ich die § 36 und 37[8] nicht, die mit Überspringung des Falles die Notwendigkeit einer Erlösung auch für die Schöpfung als solche zu behaupten scheinen.

Ist nicht die leichte Unterscheidung, die die Reformatoren zwischen dem Paradies und der ewigen Welt machen – wenn Adam nicht gefallen wäre, so wäre er todlos in die Ewigkeit hinübergeschlummert –[9], mehr auf Kosten des allzuwörtlich historischen Verständnisses von Genesis 2 und 3 zu setzen als auf sachliche Nötigung? Und jedenfalls ist auch bei ihnen die Kluft eine sehr unbedeutende. Adam war zum ewigen Leben geschaffen; nur seine irdische Leiblichkeit schien (wenigstens für Luther) ein gewisses Vorstadium zu bedingen. Beherzigen wir aber, was du im letzten § trefflich ausführst über die Identität der Auferstehungswelt mit dieser Welt (Leiblichkeit)[10], so fällt auch jene Unterscheidung Luthers dahin.

[7] Fr. Schleiermacher, *Der christliche Glaube,* Bd. II, Berlin 1960[7], S. 103: «... unsere allgemeine Formel der durch Christum vollendeten Schöpfung der menschlichen Natur ...», vgl. auch a.a.O., S. 92f.

[8] Vgl. Anm. 4 und 5.

[9] Vgl. M. Luther, *Vorlesungen über 1. Mose* (1535–45), WA 42,65,31–36: «Docet etiam Paulus, etiam si Adam non peccasset, tamen victurum fuisse corporalem vitam, indigam cibi, potus, quietis, crescentem, generantem etc., donec per Deum ad vitam spiritualem esset translatus, in qua vixisset sine animalitate, ut sic dicam, nempe ab intra, ex solo Deo, et non ab extra, sicut antea ex herbis et fructibus. Idque sic, ut tamen homo habeat carnem et ossa, et non sit mere spiritus, sicut Angeli sunt.»

[10] Vgl. K. Barth, *Eschatologie,* a.a.O., S. 77: «Die altlutherische Dogmatik ging in diesem Dualismus so weit, daß sie die indirekte Identität zwischen dieser und der künftigen Welt geradezu in Abrede stellte, während das Reformierten hier besonnener die φθορά mundi als eine Verwandlung, nicht als eine annihilatio auffaßten, nicht ein coelum alium und eine terra alia, sondern ein coelum novum und eine terra nova erwarteten. ... Daß die vita aeterna *unser* Leben ist, involviert, daß sie ein seelisch-leibliches Leben ist.»

Desto rätselhafter wird deine Kollegmitte: über die Notwendigkeit der Erlösung für die nichtgefallene Schöpfung. Das ginge mich ja nun nichts an. Aber ich möchte meine Sache nicht schreiben, ohne von dir darüber Belehrung empfangen zu haben. Denn meist ist es mir nicht gut bekommen, wenn ich anders lehrte als du. Ich möchte lieber jetzt lernen, als wenn's zu spät ist.

Herzlich

dein E. Brunner

## 56

Barth                                                                    Münster, 27.6.1926[1]

Lieber Freund!

Ja, das ist natürlich ein wichtiger Punkt, in dem ich schon gerne Einstimmigkeit zwischen dir und mir *hätte*, besonders wenn du dich an so sichtbarer Stelle dazu äußerst[2] – damit nicht nachher, wenn ich mit meiner Dogmatik ans Tageslicht rücke, was mit der Zeit geschehen könnte, unerwünschte Carambolagen eintreten. Es *könnte* aber sein, daß die Differenz, die wir da haben, so charakteristisch ist für dein und mein Denken (*sicher* charakteristisch für dein andauerndes mehr oder weniger leises Lutheranisieren!), daß sie gar nicht beseitigt werden kann und darf. Sieh also diesmal wohl zu, ob du aus deinem ganzen Zusammenhang heraus hier nachgeben *darfst*, so heilfroh ich wirklich wäre, wenn du es tätest.

1. Also ich lehre in der Tat, daß das Verhältnis Schöpfung – Versöh-

[1] Barth sandte diesen Brief zunächst Thurneysen (vgl. Bw.Th. II, S. 426), der ihn am 3.7.1926 an Brunner weiterschickte: «Er leitete ihn über mich, weil er durch mich weiß, daß du auch mit mir in Kontakt bist über deine Arbeit, und er mir Einsicht in die seinerseits mit dir geführte Diskussion geben wollte.» Am Ende seines eigenen Briefes schreibt Thurneysen: «Die Bemerkung in Karl Barths Brief am Schluß: ‹i könnts nit!› mußt du nicht zu tragisch nehmen, das ist ein geflügeltes Wort aus dem Munde Adolf Preiswerks, der eben dieses seinerzeit Karl entgegenhielt, als er Professor werden mußte» (Brunner-Nachlaß W 55/49).

[2] Brunner äußert sich zu dem in seinem Brief vom 24.6.1926 aufgeworfenen Problem der Eschatologie in seiner Religionsphilosophie, a.a.O. (S. 135, Anm. 1), etwa S. 99, wo er den Glaubenden als «homo viator» versteht.

nung – Erlösung *nicht* umkehrbar ist, daß die Erlösung auch der nicht-gefallenen Schöpfung gegenüber ein *Novum* bedeutet.

2. Die Identität des *Subjekts* lehre ich auch, aber dazu einen doppelten (genau genommen sogar vierfachen) Wechsel des *Prädikats*.

Der gefallene Mensch ist ein anderer als der geschaffene.

Der versöhnte Mensch ist ein anderer als der gefallene (*und* als der geschaffene!)

Der erlöste (4) Mensch ist ein anderer als der versöhnte (3) (*und* als der gefallene (2) *und* als der geschaffene (1))

3. Es bedeutet die letzte (4.) Prädikation gegenüber der 1. (mit der Schöpfung aus dem Nichts zusammenfallenden) *keine* «Rückgängigmachung der Schöpfung», *keine* «Aufhebung der Kreaturgrenze», *keine* «Vollendung der Schöpfung».[3] Diese Abgrenzungen praenumerando!

4. Die Dogmatik muß auf der ganzen Linie sichtbar machen, daß sie von göttlichen *Taten* handelt; die Verhältnisse, die sie aufstellt, müssen also auf der ganzen Linie prinzipiell *unumkehrbare* Verhältnisse sein. (Das Umkehren-können, die Auswechselbarkeit von oben und unten, Anfang und Ende etc. ist eine leidige Tendenz der Lutheraner, aus der man mit stracker Konsequenz zu Hegel und Feuerbach kommt.[4]) Mit diesem Vorurteil komme ich auch an das Verhältnis von Schöpfung und Erlösung heran.

5. Die menschliche Existenz ist als solche, auch abgesehen vom Sündenfall, der Form nach eine vorläufige. Geschaffensein als Mensch heißt Seele *und* Leib sein. Der Dualismus in diesem *und* erstreckt sich auf die Schöpfung überhaupt: Himmel *und* Erde und weist über sich hinaus auf ein *und ohne* Dualismus: die *neue* Kreatur, den *neuen* Himmel und die *neue* Erde.

6. Auch die «Gottebenbildlichkeit» des homo paradisiacus ist ein Paradox, das nach Auflösung drängt. Posse non peccare und non mori ist nicht dasselbe wie non posse peccare und mori, – die durch Gehorsam zu bewährende justitia eine andere als die unerschütterliche, – die immortalitas mortalis (innerhalb der Vergänglichkeit der *ersten* Schöpfung) eine andere als die immortalitas *im*mortalis des ewigen Lebens[5].

[3] Vgl. S. 136f.

[4] Vgl. dazu das im selben Sommer 1926 vorgetragene Stück Barths über *Ludwig Feuerbach* (s. S. 150, Anm. 8), bes. Th.u.K., S. 229–231.

[5] Vgl. K. Barth, «*Unterricht in der christlichen Religion*», Bd. II: *Die Lehre von*

7. Die Vorläufigkeit der ersten Schöpfung wird bestätigt dadurch, daß der homo paradisiacus der *Offenbarung* so bedürftig ist wie der Mensch *nach* dem Fall. Die Lutheraner irren (und folgenschwere Wähne schließen sich daran an!), wenn sie von einer inhabitatio S. trinitatis in Adam und Eva *vor* dem Fall reden (dies hatte ich vor 2 Jahren noch nicht gemerkt)[6]. Der Bund Gottes mit dem Menschen ist kein Akzidens, er ist im *Anfang* geschlossen mit *Verheißung* und *Gesetz* (unsre tapferen Väter fügten hinzu: und Sakrament, die arbor vitae!!)[7], wobei es sich NB nicht um eine revelatio naturalis, sondern um den *einen* in *Christus* geschlossenen Bund handelt, der dann durch den Fall aufgehoben durch die Versöhnung wiederhergestellt wird, der sich aber zum vornherein auf ein jenseits des Geschaffenen als *solchen* liegendes Ziel bezieht. *Viator* ist der Mensch, auch *ohne* daß er *peccator* ist. Das alles kapieren[8] die Lutheraner nicht und werden darum immer wieder gegen den Stachel der Eschatologie zu löcken versuchen [vgl. Act. 9,5; 26,14] unter Berufung auf die Schöpfung. Wir aber *sollten* es kapieren.

8. Das Plus, das Novum der Erlösung gegenüber der Schöpfung ist eben das Plus der *Erfüllung* gegenüber der Verheißung, unter der die Schöpfung als solche stand, die durch den Fall *verwirkt*, durch die Versöhnung *wiederhergestellt* ist, die Verheißung des ewigen Lebens, eines Lebens der Gemeinschaft zwischen Schöpfer und Geschöpf, in der auch die Kreaturgrenze keine Scheidung, ja, nicht einmal mehr eine Trennung von Gott bedeutet. Wie bei Anselm Cur Deus homo I 18 der Zweck der Versöhnung nicht nur der Ersatz der durch den Fall Lucifers ausgefallenen, sondern *darüber hinaus* die Ergänzung der vorgesehenen, aber bei der Schöpfung *noch nicht* kompletten Vollzahl der civitas superna ist.[9]

*Gott / Die Lehre vom Menschen 1924/1925,* hrsg. von H. Stoevesandt (Gesamtausgabe, Abt. II), Zürich 1990, S. 375.380; H. Heppe, *Die Dogmatik der evangelisch-reformierten Kirche, dargestellt und aus den Quellen belegt,* Elberfeld 1861; neu hrsg. von E. Bizer, Neukirchen 1935, 1958², S. 197f.567f.

[6] Vgl. K. Barth, a.a.O., S. 375 bei Anm. 31.

[7] A.a.O., S. 390f.395ff. – Brunner notiert am Rand: «nach dem Fall Gen 3!!»

[8] Vgl. dazu a.a.O., S. 388f. – Brunner unterstreicht «kapieren» und notiert am Rand: «hat mit Esch[atologie] nichts zu tun! *Wieder*herstellung ist esch[atologisch] genug!»

[9] S. Anselmi Cantuariensis Archiepiscopi Opera Omnia, ed. Fr. S. Schmitt O.S.B., Bd. II, Rom 1940, S. 76–84.

Zu Punkt 5.–7. kannst du allenfalls in § 23 meiner Dogmatik-Vorlesung Ausführlicheres finden.[10] Ich bin meiner Sache in diesem Punkt sicher und habe nach meiner Erinnerung in der Eschatologie eher zu unbestimmt als zu bestimmt über diese Abstufung geredet. Man kann sie nicht bestimmt genug machen!

Lies übrigens Heppe, Dogmatik S. 180 Anm. 31![11]

Ich bin froh, daß *ich* diese Religions-Philosophie nicht zu schreiben habe.[12] Die Herausgeber sind *drei*mal an mich gelangt mit diesem Auftrag, *zwei*mal an Hirsch, je *ein*mal an Gogarten, Heim und meinen Bruder Heiner. Dem gerissenen Pater Przywara etwas Ebenbürtiges an die Seite zu stellen und das Fragezeichen hinter seine famose analogia entis, wird nicht leicht sein.[13] Tu du das, ich könnt's nicht![14]

Mit herzlichem Gruß!

Dein Karl Barth


57

Brunner                    [ohne Ort und Datum; vermutlich 7.7.1926[1]]

Lieber Freund,

Habe herzlichen Dank für deine prompte und ausführliche Antwort. Sie hat mir sehr zu denken gegeben, aber du wirst schon recht haben,

[10] K. Barth, *«Unterricht in der christlichen Religion»*, Bd. II, a.a.O., S. 362–381.

[11] Bei H. Heppe in der Anm. 5 genannten Ausgabe S. 198: Nach lutherischer Lehre war Adam «das schlechthin realisierte Menschheitsideal», während für die Reformierten die volle Herrlichkeit der imago divina Adams in der Aufrichtung des Bundes Gottes mit ihm und in der Verleihung der Gabe des beharrlichen Gehorsams ihr Ziel hat.

[12] Vgl. S. 135, Anm. 1.

[13] E. Przywara S. J., *Religionsphilosophie katholischer Theologie*, in: *Handbuch der Philosophie*, hrsg. von A. Baeumler und M. Schröter, Abt. II, Beitrag E, München / Berlin 1926. Zu Przywaras Prinzip der analogia entis vgl. a.a.O., S. 22ff.; ferner: Bw.Th. II, S. 621, Anm. 3.

[14] Anspielung auf einen Ausspruch von Adolf Preiswerk, s. o. S. 138, Anm. 1; ferner: Bw.Th. II, S. 105. Zu Barths Ablehnung seiner Beteiligung an dem «Handbuch für Philosophie» vgl. Bw.Th. II, S. 259.

[1] Nach Bw.Th. II, S. 426, erhielt Thurneysen am 8.7.1926 Brunners Replik und sandte sie am 9.7.1926 an Barth weiter.

wenn du vermutest, daß da eine unüberbrückbare Kluft zwischen unseren Gedanken vorhanden sei. Nur bewährt sich auch hier wieder, wie mir scheint, meine Theorie, daß Luther und Calvin sich näher stehen als die beidseitigen Epigonen.[2]

Denn von einem Werkbund, wo der Mensch zu Gott in einem «Verhältnis der Gegenseitigkeit» steht (Heppe, 204)[3] und sich das ewige Leben verdienen kann (206), weiß Calvin nichts, ebensowenig als davon, daß der Adam vor dem Fall homo viator und der Erlösung bedürftig gewesen sei. Die Idee Osianders, Christus hätte auch ohne den Fall Mensch werden müssen[4], weist er zurück[5], betont aber umgekehrt sehr stark die Gottebenbildlichkeit des ersten Adam[6] und also den wiederherstellenden Charakter der Erlösung. Der Gedanke der renovatio, restitutio imaginis, restitutio omnium rerum et salutis, das animas perditas in vitam restituere, die Wiederkunft Christi als saeculi renovatio, ebenso wie die regeneratio etc., kurzum alles das, was Paulus und Irenaeus als recapitulatio[7], als den eigentlichen biblischen Grundgedanken erscheinen lassen, spielt auch bei ihm eine hochwichtige Rolle.[8] Das re... ist das Entscheidende im Evangelium gegenüber jedem Evolutionismus, und ohne das re... ist jede Theologie evolutionistisch, auch wenn sie es nicht sein will.

Auch Calvin befolgt dementsprechend das methodische Prinzip, den Urstand aus Christus zu erkennen – 1,15.[9] Keine Spur davon, daß der gutgeschaffene Adam erlöst werden mußte. Denn Calvin weiß zu gut, daß Erlösung Befreiung von widergöttlicher Gebundenheit ist, also auf

[2] Vgl. Nr. 53.

[3] H. Heppe, a.a.O. (S. 139f., Anm. 5), S. 224: «So ist der Bund ... ein auf Gegenseitigkeit beruhendes Verhältnis zwischen dem Menschen und Gott.» Das oben im folgenden Angegebene findet sich in der Neuausgabe S. 226.

[4] Vgl. D. Andreae Osiandri *An filius Dei fuerit incarnandus, si peccatum non introivisset in mundum, item: De Imagine Dei, quid sit.* (1550), in: A. Osiander d. Ä., Gesamtausgabe, Bd. IX, hrsg. von G. Müller und G. Seebaß, Gütersloh 1994, S. 456–491.

[5] Vgl. Institutio I 15,3–4.

[6] Institutio II 12,6–7.

[7] Vgl. hierzu Fr. Loofs, *Leitfaden zum Studium der Dogmengeschichte,* Halle 1906[4], S. 128.140–142.

[8] Vgl. Institutio I 15,4; sowie sinngemäß auch Institutio I 5,9; 12,7; 13,4; 16,6.

[9] Institutio I 15,4: «Videmus nunc ut Christus perfectissima sit Dei imago, ad quam formati sic instauramur, ut vera pietate, iustitia, puritate, intelligentia imaginem Dei gestemus.»

Gottes eigene gute Schöpfung nicht angewandt werden kann. Die Differenz zwischen Calvin und Luther ist geringfügig neben der zwischen dir und den Reformatoren überhaupt. Denn für beide Reformatoren befindet sich die große Kluft zwischen uns und dem Urstand, und nur eine kleine zwischen dem Urstand und der Vollendung (bei Luther etwas kleiner als bei Calvin); darum ist Erlösung vor allem renovatio, restitutio, recapitulatio, und erst in zweiter Linie auch noch mehr: nämlich völlige Beseligung des schon seligen Protoplasten. Für dich aber liegt die große Kluft zwischen dem geschaffenen Menschen überhaupt und dem ewigen Leben und nur eine relativ kleine Kluft zwischen uns und dem homo paradisiacus. Diese Kluft kann nicht groß sein – nach dir –, weil ja auch er unter dem Fluch[10] des Gesetzes und Todes lebt und der Erlösung harrt als homo viator. Erlösung ist daher für dich ganz und gar nicht *Wieder*herstellung, sondern – wie du sagst – ein vierter Schritt.[11] Das tritt in deiner Eschatologie so sehr hervor, daß der Fall kaum erwähnt wird, dagegen die Erlösung immer als Erlösung von der Kreatürlichkeit[12] erscheint. Damit wird aber Erlösung trotz deinem Protest zur bloßen Vollendung der Schöpfung, d. h. zur Erfüllung von etwas, was schon in der Schöpfung gemeint, aber noch nicht verwirklicht war, und zwar ohne Schuld des Menschen nicht verwirklicht. Existenzmitteilung Gottes aber, die nicht zurückgreift, sondern vorwärts schafft, ist nicht Erlösung, sondern sozusagen zweite Phase der Schöpfung. Als etwas anderes als Schöpfung kann es nur qualifiziert werden durch das Moment des Zurückgreifens oder Zurückkommens, das eben darum in der Bibel das Vorherrschende ist.

Der Zustand von Unseligkeit, in dem du auch den nichtgefallenen Adam siehst – Todesfurcht, Gesetzesdrohung[13] –, ist ganz und gar nicht biblisch zu begründen. Daß der Mensch aus Leib und Seele bestehe – was dein Hauptargument zu sein scheint –, bedingt doch keineswegs dieses viatorium, da ja auch der auferstandene Mensch Leib und Seele haben wird. Sterblich war dieser Leib wohl kaum gedacht, da der Tod

[10] Wort von Barth unterstrichen und am Rand mit Fragezeichen versehen.
[11] Vgl. S. 139.
[12] «Erlösung von der Kreatürlichkeit» von Barth unterstrichen und am Rand mit Fragezeichen versehen.
[13] «...furcht», «...drohung» von Barth unterstrichen und am Rand mit Fragezeichen versehen.

«zwischenhineingekommen ist»[14] als der Sünde Sold [Röm. 6,23], wie auch das Gesetz zwischenhineingekommen ist [Gal. 3,19].

Das ist wohl die Hauptdifferenz zwischen uns. Denn in der Tat meine ich, daß das Verhältnis der Partnerschaft, wie es zum gesetzlichen Verhältnis gehört und von deinen Foederaltheologen auch ausdrücklich als das ursprüngliche geschildert wird[15], das Gegenteil dessen ist, was Gott will, und darum das Gegenteil dessen, was im Uranfang war. Das ist nicht lutherisch gedacht, sondern vor allem paulinisch. Solltest du dabei – in diesem einen Punkt – Calvin auf deiner Seite haben, so würde ich mich dabei erinnern, daß Calvin auch der Schöpfer der orthodoxen Inspirationslehre (d. h. der Lehre von der Irrtumslosigkeit jedes einzelnen Schriftwortes)[16] und der Lehrer ist, der die Idee vom numerus clausus praedestinatorum und perditorum[17] zu einer Hauptlehre machte – wobei weder du noch ich ihm Gefolgschaft leisten.

Sollte das, daß man mit Paulus das Gesetz für zwischenhineingekommen und nur diesem Aeon angehörig hält, «lutherisch» heißen, so bin ich nicht heimlich und verkappt, sondern von ganzer Seele und mit aller Leidenschaft lutherisch, und das heißt dann schlechterdings biblisch.

Deine Andeutung, es könnte mit dieser verschiedenen Auffassung des re... etwa die Einschätzung der Eschatologie zusammenhängen, trifft nicht zu. Luthers Denken ist nicht minder eschatologisch als das Calvins (wie du bald aus einer Habilitationsschrift von Blanke[18] hören

[14] Ab «der Tod» von Barth unterstrichen und am Rand mit Fragezeichen versehen.

[15] Vgl. H. Heppe, *Die Dogmatik der evangelisch-reformierten Kirche,* a.a.O. (neu hrsg. von E. Bizer), S. 224–239. Zu K. Barths damaliger, kritischer Anknüpfung an die Föderaltheologie vgl. K. Barth, *«Unterricht in der christlichen Religion»,* Bd. II, a.a.O. (S. 139f., Anm. 5), S. 381–389.

[16] Calvin betont zu 2. Tim. 3,16f., daß auf die Schrift strikt zu hören ist, «weil sie von Gott allein hergeflossen ist und keine menschliche Beimischung an sich trägt.» J. Calvin, *Auslegung der Heiligen Schrift in deutscher Übersetzung,* Bd. 13, Neukirchen o. J., S. 535. Vgl. Institutio I 7,1.4.5.

[17] Institutio III 23,14: «nescimus quis ad praedestinatorum numerum pertineat, vel non pertineat» – aber Gott weiß es, vgl. Institutio III 21,7. Die Formulierung geht zurück auf A. Augustinus, *De correptione et gratia,* 15,46.

[18] Die Habilitationsschrift von Fritz Blanke (1900–1967) konnte nicht nachgewiesen werden. Vgl. jedoch ders., *Theologische Thesen, welche mit Genehmigung des Herrn Dekans der hochwürdigen Theologischen Fakultät an der Friedrich-Wilhelms-Universität zu Berlin zur Erwerbung eines Lizentiaten der Theologie am 12.*

wirst) und jedenfalls viel eschatologischer als das der Foederaltheologen, bei denen jenes – Calvin und Luther gemeinsame – re... anfängt, schwach zu werden. Eschatologie und Recapitulatio gehören zusammen. Die mystische Abschwächung des Eschatologischen bei den Lutheranern ist keineswegs schlimmer als die rationalistische Säkularisierung der Eschatologie bei den Reformierten. Mit dem, was wir gemeinsam an den Lutheranern bekämpfen: ihrem Quietismus und ihrer Mystik, hat die Frage, ob das Gesetz zwischenhineingekommen sei oder nicht, nichts zu tun.

Es gilt nur mit dem Gesetz als einem, das auch für den Glaubenden gilt – weil er noch Sünder ist –, ernst zu machen. Dann hört alle falsche Unmittelbarkeit und Freiheit auf, dann kommt auch das Sozialethische zu seinem vollen Recht.

Ceterum censeo: Nicht Luther und Calvin, sondern das üble Luthertum und das üble Reformiertentum – zu dem ich auch deine Foederaltheologen rechne – sind der von uns ernst zu nehmende Gegensatz. Dein Versuch, die verdorreten Gebeine der reformierten Hochscholastik wieder zu beleben [vgl. Hes. 37,1–14], ist deine Sache. Ich vermute, daß dieses Geschäft ohne beträchtliche Entwicklung von Modergeruch nicht abgehen kann.[19] In der zwischen uns schwebenden Frage aber stehst du auch noch links von den Foederaltheologen – die nie den Begriff Erlösung auf Adam vor dem Fall anwenden – und ganz in der Nähe – entschuldige – von Schleiermacher, für den ja auch Erlösung kein re..., sondern eine letzte Erschließung der göttlichen Lebenswirklichkeit ist, die alle bisherigen überbietet.[20] Mehr als so etwas bekommst du nicht, wenn nicht an der Erlösung das re..., d. h. die Überwindung des Gottwidrigen, also die Sünde die Hauptsache ist.

Mit herzlichen Grüßen

dein E. Brunner

November 1925 11 Uhr vormittags in der alten Aula öffentlich verteidigen wird Fritz Blanke, Berlin 1925; sowie ders., Der verborgene Gott bei Luther (Stimmen aus der deutschen christlichen Studentenbewegung, Heft 60), Berlin 1923.

[19] Satz von Barth am Rande mit Ausrufungszeichen versehen.

[20] Vgl. Fr. Schleiermacher, Der christliche Glaube, a.a.O. (S. 84, Anm. 4), 1. Aufl. § 110, 2. Aufl. § 89.

Brunner          [ohne Ort und Datum; wahrscheinlich am 16.7.1926[1]]

Lieber Freund,

Das Zentralkomitee bittet mich, diesen Brief mit einem kräftigen Bittwort zu unterstützen.[2] Das tu ich auch sehr gern. Es wäre fein, wenn du wieder einmal bei uns das Wort ergreifen würdest.[3] Während über alle sonstigen Referenten lange disputiert und abgestimmt werden mußte, war für dich von vornherein Einstimmigkeit da, unter Studenten und alten Freunden gleichermaßen. Ich halte auch den Zeitpunkt für gekommen, wo es gilt, das Problem der Ethik gerade von unserer Seite aus in den Mittelpunkt zu rücken. Mein Vorschlag, dies auch an der Konferenz zu tun, wurde sofort mit Beifall aufgenommen, aber das Gelingen der Konferenz hängt wirklich davon ab, daß du zusagst.

Möglicherweise wird Ragaz dein Partner sein.[4] Das wird dir sicher gar nicht unsympathisch sein. Ich habe neulich – seit vielen Jahren zum ersten Mal – mit Ragaz eine längere Aussprache gehabt, wo ich verwundert war zu sehen, wie falsche Ideen er immer noch über uns hat, und anderseits, wie beträchtlich er uns innerlich näher gerückt ist, von Blumhardt her. Seine Opposition gegen die Kirche scheint – im sektenhaften Sinne – vorbei zu sein. So ist, von dir aus wie von ihm aus, ein fruchtbares Gespräch zwischen euch beiden wohl wieder viel eher möglich als vor vier Jahren.

Ich habe mich inzwischen von Eduard persönlich belehren lassen, daß dein Gegensatz gegen mich viel feiner aufzufassen sei, als ich ihn verstanden habe.[5] Die Stellen bei Heppe[6], auf die du mich verwiesen

[1] Vgl. Anm. 2 und 7.
[2] Gemeint ist das Komitee, das die Aarauer-Studentenkonferenzen organisierte. Brunner hatte es übernommen, dessen Einleitungsschreiben vom 15.7.1926 an Barth zu senden.
[3] Barth hielt auf der Aarauer Studentenkonferenz am 9. März 1927 einen Vortrag über: *Das Halten der Gebote,* in: ZZ, Jg. 5 (1927), S. 206–227; wieder abgedruckt in: V.u.kl.A. 1925–1930, S. 99–139.
[4] Ragaz redete auf der Konferenz nicht. Statt seiner hielt R. Lejeune einen Vortrag über «Das Problem der Gewalt», vgl. Bw.Th. II, S. 472, Anm. 8.
[5] Brunner besuchte offenbar Thurneysen am 10.7.1926, um mit ihm über seine Religionsphilosophie zu reden, Bw.Th. II, S. 426.
[6] Vgl. S. 140f.

hattest, haben mich etwas in die Schwünge gebracht. So, wie Eduard die Sache darstellt, kann ich wohl mit. Ich habe ihm meine Religionsphilosophie in extenso vorgelesen, und er schien damit zufrieden zu sein. Einige gute Winke habe ich mir gemerkt.

Ich hoffe, dich diesen Sommer im Bergli einmal aufsuchen zu können, wenn's dir recht ist.

Heut abend habe ich mit einer Seminarübung über den reformierten Kirchenbegriff das Sommersemester abgeschlossen.[7] Ich habe meine Leute ziemlich geschlaucht. Jetzt freu ich mich, daß ich wieder einmal für einige Wochen an die frische Luft komme und ausschlafen kann. Es wird dir auch so gehen.

Mit herzlichen Grüßen, auch an deine ganze Familie,

dein E. Brunner


59


Barth                    Münster, 23.7.1926 [Datum des Poststempels]

Lieber Freund!

Ich habe für die Aarauer soeben zugesagt[1], obwohl die Schweiz eigentlich der letzte Ort ist, wo ich gerade *gerne* rede. Aber ich sehe ein, daß das irgendwie sein muß. – Über deinen zweiten bzw. *dritten* Brief[2] war ich schon froh, sofern mir nämlich der *zweite* einen *solchen* Eindruck gemacht hat, daß ich (wenn ich dir nicht im Winter versprochen hätte, dich nicht mehr anzuöden[3]) nur mit *schärfster* Anödung darauf hätte reagieren können. Ich will ihn aber mitnehmen aufs Bergli, damit

---

[7] Das Sommersemester endete am 17. Juli. So dürfte das Seminar, das jeweils freitags stattfand, am 16. Juli beendet worden sein. Das Thema des Seminars lautete: «Bekenntnisschriften der reformierten Kirche», vgl. Brunner-Nachlaß W 55/ 113,6.7.

---

[1] Vgl. S. 146, Anm. 3.
[2] Gemeint ist mit dem dritten Brief wohl Nr. 58, während der zweite Nr. 57 bezeichnet. Mit dem ersten Brief könnte Barth noch einmal die von ihm mit Nr. 56 beantwortete Anfrage Brunners Nr. 55 meinen. Das würde die Unsicherheit in der Zählung («der zweite bzw. dritte Brief») bei Barth erklären.
[3] Vgl. S. 132, Anm. 2.

147

wir dort Punkt für Punkt darüber reden können. Vorläufig mag dich der leer bleibende Raum auf dieser Karte drohend angähnen anstelle der Invektiven, mit denen ich, bzw. mein alter Adam (der als gefallener *und* als geschaffener kein der Ewigkeit genügendes Wesen ist)[4] sie zu füllen Lust hätte. Vom 1. August ab bin ich dorten.

Herzlichst!

Dein Karl Barth

## 60

Brunner          Zürich, 24.12.1926 [Ort und Datum des Poststempels]

Lieber Freund,

Der beste aller Zürcher gibt sich her, mein Bote zu sein, um dir und deinen Lieben meine herzlichen Grüße und Wünsche zu bringen.[1] Möge das neue Jahr dir und deiner Familie weniger Schmerzliches bringen als das zu Ende gehende[2], und möge es dir vergönnt sein, uns Hungrigen wieder «etwas göttliche Speise»[3] zu bereiten, die wir dringend nötig haben.

In treuem Gedenken

dein E. Brunner

---

[4] Vgl. K. Barth, *«Unterricht in der christlichen Religion»*, Bd. II, a.a.O. (S. 139f., Anm. 5), S. 388.395.

[1] Gemeint ist Johann Heinrich Pestalozzi (1746–1827), dessen Zürcher Denkmal auf der Vorderseite der Postkarte abgebildet ist.
[2] Vermutlich Anspielung auf zwei Unfälle Barths im Herbst 1926; vgl. Lebenslauf, S. 184f.
[3] Nach Homer, *Odyssee* V, 92–95 stärkte die Göttin Kalypso Hermes mit einer göttlichen Speise.

Brunner [ohne Ort,] 27.1.1927

Lieber Freund,

Ich möchte gern wieder einmal ein gutes Wort von dir hören. Wenn man so Tag für Tag «einsam wie der Vogel auf dem Dach» [Ps. 102,8] seine theologischen Sprüche tun muß, und da ist keiner, der mithilft, so wird's einem oft so bänglich zumute, daß man am liebsten sich in irgendeinen Winkel verkriechen und aufs Maul sitzen[1] täte. Die theologische Lage – ich weiß nicht, wie du darüber denkst – kommt mir je länger desto unerfreulicher vor. Zwar kennst du ja die Dinge von näher als ich. Aber mir scheint doch, es bewege sich nicht recht. Man habe nun den ersten Schrecken vor der dialektischen Theologie überwunden und das nötige Material herbeigeschafft, um sich auf einen langen Stellungskrieg einzurichten. Äußerlich genommen ist wirklich auch unsere Offensive steckengeblieben, auch wenn sie weitergeht. Die eigenen Schüler sind wohl «begeistert», aber was heißt das? Drum scheint's mir nötiger als je, daß wir zusammenhalten und ab und zu uns einen kräftigen Spruch zurufen. Du hast's ja vielleicht nicht nötig, aber mir fehlt's doch sehr, und ich grolle ein wenig mit dem Schicksal, daß die Schöpse[2] vom Fraumünster Eduard nicht nach Zürich gebracht haben.[3] Du bist vollends in unerreichbarer Ferne. Drum laß wieder einmal etwas hören.

Ich will diesmal auch nicht zu spät sein: In einigen Wochen wirst du zu uns kommen. Da wirst du wohl einmal dein langgegebenes Versprechen einlösen und dich für einen Tag oder zwei zu mir setzen. Ich hätte dich manches zu fragen. Ich habe vor kurzem eine Besprechung des Harnackschen Luther[4] an Georg Merz abgehen lassen, unter dem Titel Gotteszorn und Versöhnung.[5] Da hab ich versucht zu zeigen, wie die

[1] «Uffs Muul hocke», Schweizer Redensart = den Mund halten.
[2] = Hammel.
[3] Berufung Thurneysens als Pfarrer an das Zürcher Fraumünster? Oder meint Brunner die Berufung an die Kirche Neumünster? Vgl. Nr. 50.
[4] Th. Harnack, *Luthers Theologie*, Bd. 1, Erlangen 1862, Neuausgabe München 1927.
[5] E. Brunner, *Der Zorn Gottes und die Versöhnung durch Christus*, in: ZZ, Jg. 5 (1927), S. 93–115.

ganze neuere Theologie daran krankt, daß sie nicht mehr weiß, was Zorn Gottes ist, und dabei ist mir erst recht deutlich geworden, was du mit deiner Lehre von der Identität des verborgenen und offenbaren Gottes meinst und willst. Da kommt uns nun der alte Erlanger[6] – der viel einsichtiger ist als sein berühmterer Kollege Hofmann[7] – zu guter Stunde als Bundesgenosse und zeigt uns den echten Luther, der wahrhaftig darin mit Calvin einig geht gegen alle modernen Anthropologen. Du hast doch wohl auch Freude an diesem Lutherbuch – was auch *dagegen* noch zu sagen ist, glaube ich auch zu wissen, doch scheint es mir gerad wichtig, das moderne Luthertum von seinem eigenen Heros gerichtet werden zu lassen.

Deinen Feuerbach[8] habe ich mit umso größerem Vergnügen gelesen, als ich darin ein heimliches Memento an die Adresse Gogartens zu entdecken meinte. Es wird ja nicht Zufall sein, daß du grad seine Äußerungen über Du und Ich so herausstreichst.[9] Wo das hinführt, sieht man ja an Bultmanns Jesusbuch, das du gewiß nicht besser findest als ich.[10]

Ab und zu höre ich von dir durch Frl. Aicher[11], die des Ruhmes über deine Vorlesung und offenen Abende voll ist. Aber ein Wort von dir selbst würde mich noch mehr freuen.

[6]  Theodosius Harnack (1817–1889) war 1853–1866 Professor in Erlangen.

[7]  Zu J. Chr. K. von Hofmann vgl. S. 88, Anm. 3, und zur Erlanger Theologie S. 89, Anm. 8.

[8]  K. Barth, *Ludwig Feuerbach. Mit einem polemischen Nachwort. Fragment aus einer im Sommersemester 1926 zu Münster i. W. gehaltenen Vorlesung über «Geschichte der protestantischen Theologie seit Schleiermacher»*, in: ZZ, Jg. 5 (1927), S. 11–40; wieder abgedruckt in: Th.u.K., S. 212–239; auch in: *Ludwig Feuerbach (1927–1974)*, hrsg. von E. Thies (WdF 438), Darmstadt 1976, S. 1–32.

[9]  Barth zitiert a.a.O., S. 218, u. a. die Aussagen Feuerbachs: «Das Bewußtsein der Welt ist für das Ich vermittelt durch das Bewußtsein des Du. *So* ist der Mensch der Gott des Menschen. Daß er ist, verdankt er der Natur, daß er Mensch ist, dem Menschen.» Vgl. dazu Gogartens Äußerungen über Ich und Du in *Der Glaube an Gott den Schöpfer*, in: ZZ, Jg. 4 (1926), S. 451–469, bes. S. 465–468.

[10]  R. Bultmann, *Jesus*, Tübingen 1926.

[11]  Anna Aicher (1902–1990) studierte seit WS 1926/27 in Münster. Von dort schrieb sie über ihre Eindrücke von K. Barth und dessen akademischen Veranstaltungen am 29.9.1926 und 5.12.1926 an Brunner, bei dem sie zuvor in Zürich studiert hatte. Später, am 31.1.1927 schrieb sie: «Ihre Befürchtungen, Barth werde gegen Sie polemisieren, waren grundlos. Ich kam also nicht in die Lage, Sie verteidigen zu müssen im Seminar.» Original im Brunner-Nachlaß W 55/1.

Übrigens: ich kann dich sehr wohl bei mir beherbergen, und täte es auch gern, weil man in nächtlichen Stunden meist zum Geben und Nehmen am besten aufgelegt ist.

Mit herzlichem Gruß, auch an deine Familie,

dein Emil Brunner

## 62

Barth                                                    Münster, 29.1.1927

Lieber Freund!

Es ist am besten, ich beantworte deinen Brief nun gleich sofort, damit es ihm nicht geht wie deiner freundlichen Karte an der Weihnacht[1], die ich auch längst erwidern – – wollte. Du siehst, daß ich mich dir nun auch äußerlich insofern nachgearbeitet habe auf die Höhe der Zeit, als ich nun gleichfalls in der Lage bin, meine Dogmatik, meine liebenswürdigen und weniger liebenswürdigen Sendschreiben an allerlei Zeitgenossen in die Maschine zu hauen, wie du es schon lange mit soviel Virtuosität getan hast.[2]

Mit der theologischen Lage ist es schon so, wie du sagst, nur daß es mir insofern weniger oder weniger akut zu denken gibt als offenbar augenblicklich dir, als ich mich eigentlich schon spätestens seit 1921, als der 2. Römerbrief fertig wurde und ich nach Göttingen kam, auf einen langen, d. h. lebenslangen Stellungskrieg eingerichtet und allen Kutterischen Durchbruchserwartungen – nicht ohne Zusammenhang mit der veränderten eschatologischen Einstellung natürlich – den Abschied gegeben habe. Ich gebe die Hoffnung nicht preis, sondern ich meine gerade darin hoffnungsvoll zu arbeiten, daß ich den Kopf so wenig als möglich dazu erhebe, um zu spähen, was nun etwa draußen an meinen Intentionen einigermaßen kommensurablen Ereignissen und Wirkungen sichtbar werden möchte, schon darum, weil mir das *wirkliche* Ausfegen des Sauerteiges [vgl. 1. Kor. 5,7] der letzten 200 Jahre Theologie und

---

[1] Vgl. Nr. 60.
[2] Barth erhielt zu Weihnachten 1926 eine Schreibmaschine von seiner Frau geschenkt; vgl. Bw.Th. II, S. 450. Brunner schrieb bereits seit 1923 Briefe mit Maschine.

das *wirkliche* Pflügen eines nicht einmal absolut, sondern auch nur relativ Neuen [vgl. Jer. 4,3] eine solche Riesenarbeit erscheint, daß ich mich eigentlich je länger je weniger darüber wundern kann, daß es nicht rascher vorwärts geht, sondern vielmehr darüber, wie gut die Überrumpelung der ganzen Schriftgelehrtengilde in den doch kurzen 10 Jahren, in denen nun unsere doch recht bescheidene Kindertrompete geblasen wird, gelungen ist. Was können wir anderes tun als staunen darüber, daß es dem lieben Gott immerhin gefallen hat, durch so kleine und häßliche Leute wie wir der ganzen Gesellschaft bis hinauf zu dem großen Harnack (der mir noch 1920 lächelnd prophezeite, ich werde als Gründer einer kleinen Sekte endigen)[3] einen solchen Knüppel zwischen die Füße zu werfen – – – und im Übrigen, mehr wissend als die Andern (auch als unsere begeisterten Schüler und Anhänger), uns ganz klar zu sein darüber, daß wir erst in den ersten Anfängen der «Kirchenverbesserung»[4] alias Reformation stehen, die allerdings der geschichtliche Sinn unseres Tuns sein müßte, zu deren Vollbringen es aber nicht nur den lieben Gott mit noch ganz andern Überrumpelungen, sondern auch (daran können wir doch bei gesunden Sinnen keinen Augenblick zweifeln) auch ganz andere Leute, als wir es sind, brauchen wird. Siehst du, das ist etwas von dem, was mir bei Calvin schon in der Lebenshaltung im Gegensatz zu Luther so überaus eindrucksvoll ist: daß er sich (und das ist doch förmlich ein Kriterium eines echten, auch nicht im feinsten Sinne schwärmerischen eschatologischen Enthusiasmus) so grundsätzlich und folgerichtig auf die Zeit und die ganze Bedingtheit alles Zeitlichen einstellte, während zu Luthers (und Kutters!!) Ansatz eigentlich nur der Ausbruch einer großen Erweckung in Wittenberg und der Orten, die dann eben nicht kam, gepaßt hätte. Wenn du mich – Frl. Aicher[5] (das Aicherli, wie wir dieses aufgeweckte und gesprächige Persönlein nennen) hat mir etwas von deinen gelegentlichen Seufzern darüber mitgeteilt – je und je mit einer gewissen Skepsis zu dir hinüberblicken siehst, so kommt das hauptsächlich daher, daß ich bei den Siegestönen, die ich zu Zeiten mit Recht oder Unrecht aus Zürich erschallen zu hören meinte, nicht recht mitkonnte, weil ich wirklich nie gemeint habe, es gehe nur noch ein paar Jährlein, so würden die Mauern Jerichos vor

---

[3] Vgl. Bw.Th. I, S. 379.
[4] Altertümliche Übersetzung des Begriffs «Reformation».
[5] Vgl. S. 150, Anm. 11.

unserem Posaunenblasen zum Einsturz kommen [vgl. Jos. 6,20], sondern die Bollwerke des Satans raffinierter und stärker als je vor mir sich
türmen sah in Kirche und Theologie, die Notwendigkeit der Besinnung
auf schwerstes Geschütz zu ihrer Niederlegung (soweit uns solche zu
planen überhaupt zustehen kann) immer dringender fand. Von da aus
war es mir dann oft nicht recht verständlich, wenn ich dich in deiner
Arbeit so oft beim Abschließen und Mitteilen unwiderleglich gewonne-
ner und nur noch zu «lehrender» Resultate zu sehen meinte, wo mir Alles oder fast Alles im Einzelnen noch so schwer und dunkel schien,
wenn ich z. B. sah oder zu sehen meinte, wie dir das Problem des Verhältnisses der beiden evangelischen Konfessionen, mit dem doch unsere
heutige Misere aufs merkwürdigste verhängt ist, so gar keine Not machte, wo mir gerade Luther oft wie der schwerste Stein des Anstoßes auf
meinem Wege erschien und noch erscheint, mindestens als *das* große
Problem, über das ich nicht mit Hurraruf hinweggehen möchte, um
dann vielleicht eines Tages mit höchstem Erstaunen zu erleben, daß
Freund Gogarten sich – wie du es ja erlebt hast[6] – gegen mich wendet.
Dieser kritische Tag interessiert mich jetzt schon mehr als die schönen
Siegestage, die wir vorläufig gegenüber dem Pack der modernen Theologen links und rechts immer noch erleben dürfen. Mein gelegentlich
sicher unschön ausbrechender Unmut gegen dich wäre etwas drastisch
mit dem eines Schiffsheizers zu vergleichen, der weiß, daß das Schiff
unten ein Leck hat und nun aus seiner Tiefe emporsteigend gewahr
wird, daß in der Kajüte 1. Klasse immer noch getanzt wird, z. B. Fox-
trott, während es an der Zeit wäre, daß jedermann sich an die Pumpen
verfügte. Ich kann mich ja irren, aber so ist es also gemeint. Du hast
nicht mit Unrecht gewittert, daß mein Feuerbachartikel[7] «irgendwie»
mit Gogarten zusammenhängt, und ich bin neugierig, ob er selbst es
auch merken wird. Als Eduard Thurneysen mir ein Referat über das
nun erschienene Buch von Gogarten[8] gab, da war es mir klar, daß nun

---

[6] Wahrscheinlich kam es während Gogartens Aufenthalt in Weggis bei Lukas
Christ, einem Freund Gogartens und Barths, zu einer Begegnung mit Brunner
und Gogarten. Vgl. Bw.Th. II, S. 430.433.442, und auch Lebenslauf, S. 172.

[7] Vgl. S. 150, Anm. 8 und 9.

[8] Gemeint sein könnten Thurneysens Mitteilungen über ein Gespräch mit
Gogarten über dessen Buch *Ich glaube an den dreieinigen Gott. Eine Untersu-
chung über Glaube und Geschichte,* Jena 1926; vgl. Bw.Th. II, S. 438–440. Ein
Auszug aus Gogartens Buch wurde unter dem Titel: *Der Glaube an Gott den*

*das* abgedruckt werden müsse. Bei dem Anlaß möchte ich dich übrigens bitten, es nicht ungern zu sehen, wenn in Zwischen den Zeiten in diesem Jahr auch meine Vorlesungen über Schleiermacher zum Abdruck kommen[9], nicht auf meine Initiative diesmal, sondern auf die von Georg Merz. Wir decken uns ja in der Beurteilung des Mannes fast überall, und wieviel ich von dir gelernt habe, wirst du sofort sehen. Aber der Sinn der Übung ist natürlich der, *noch* ein Schleiermacher-Bild von unserer Seite zu geben und insofern eine gewisse Konkurrenz zu deiner Darstellung, mehr für die Unmündigen geeignet und (im Sinn meiner Rezension deines Buches)[10] die Polemik in der Darstellung verhüllend, also nicht direkt ausbrechend und widerlegend, einfach erzählend, wie es gewesen ist. Eine Polemik gegen dich kommt nur an einer, wenig belangreichen Stelle vor.[11] Das Seminar, das ich diesen Winter über die Glaubens-Lehre halte, gestaltet sich übrigens unaufhaltsam zu einem einzigen Akt des grenzenlosesten Erstaunens. Aber mir ist unheimlich dabei zumute: wieviele Fäden aus den vorangehenden Jahrhunderten laufen da zusammen! Was für ein Rattenkönig[12] ist da auszunehmen, bis der Kerl wirklich erledigt ist. Ein kluger junger Mann arbeitet z. Z. an einem Lizentiaten bei mir über «Schleiermacher als reformierter Theologe» mit besonderer Berücksichtigung von Schweizer und Schneckenburger.[13] Ich bin wirklich gespannt darauf, was er herauskriegt. – – – Auf die Aarauer Konferenz[14] freue ich mich nicht gerade,

---

*Schöpfer* kurz vor Barths Feuerbach-Aufsatz in: ZZ, Jg. 4 (1926), S. 451–469, veröffentlicht, vgl. auch S. 150, Anm. 9.

[9] K. Barth, *Schleiermacher,* in: ZZ, Jg. 5 (1927), S. 422–464; wieder abgedruckt in: Th.u.K., S. 136–189.

[10] K. Barth, *Brunners Schleiermacherbuch,* a.a.O. (S. 96, Anm. 15).

[11] Vgl. K. Barth, *Schleiermacher,* a.a.O., S. 181: «Man versteht von Brunner aus nicht, inwiefern man die durch Schleiermacher charakterisierte protestantische Theologie der Neuzeit doch wohl mit Recht a parte potiori *Kultur*protestantismus und nicht etwa *mystischen* Protestantismus hat nennen können.» Vgl. aber dort auch S. 189: «Ich glaube mich auch mit meinem Freund E. Brunner einig zu wissen, wenn ich unseren gemeinsamen Krieg gegen diesen Mann und sein Werk als – Bewegungskrieg auffassen und führen möchte.»

[12] = unentwirrbare Schwierigkeit.

[13] Am 22.2.1930 hielt W. Niesel, der von K. Barth promoviert wurde, an der Universität Münster seine Lizentiaten-Vorlesung über das Thema *Schleiermachers Verhältnis zur reformierten Tradition,* in: ZZ, Jg. 8 (1930), S. 511–525.

[14] Vgl. S. 146, Anm. 3.

einmal weil das Thema unheimlich heikel und vielleicht noch gar nicht spruchreif ist, sodann weil ich die ruppige Art, wie der schweizerische Student Einen in der Diskussion zu behandeln pflegt, von 1920 her in unangenehmster Erinnerung habe.[15] Oder sind sie unterdessen etwas anständiger geworden? Endlich weil ich überhaupt immer ungerner und schwerer solche Vorträge halte. Hoffentlich rede ich über das Gesetz nicht *zu* anders, als es die Leute von dir gewöhnt sind, so daß es nicht zu einem Hausstreit kommt, was nun wirklich das Letzte wäre, was ich wünschen möchte. Gewiß werde ich nachher ein paar Tage in Zürich sein und hoffe dann auf ein gutes Zusammensein auch mit dir zu Tages- und Nachtzeiten, nur daß über mein Quartier durch Pestalozzis[16] bereits verfügt ist. Ich danke dir aber herzlich für die freundliche Einladung.

Genug für heute. Ich hoffe so sehr, daß du dich über *diesen* Brief nicht allzu sehr beklagen müssest. Die üblichen Beschimpfungen fehlen jedenfalls gänzlich. Der Feuerbachartikel hat mir übrigens einen entrüsteten Brief von Krüger[17] in Gießen eingetragen, mit «widerwärtig um nicht zu sagen unerträglich» und dem Bekenntnis der schönen Seele[18], daß er sich Feuerbach näher fühle als mir. Und Excell. Harnack citiert: Sie konnten zusammen nicht kommen – – –![19] Allerdings nicht! Während der gute Kattenbusch eine höhere Mitte zwi-

[15] Im Zusammenhang mit Barths Vortrag *Biblische Fragen, Einsichten, Ausblicke* im April 1920; vgl. zu diesem S. 43, Anm. 3.

[16] Zu Barths Zürcher Freunden Rudolf und Gerty Pestalozzi vgl. Gerty Pestalozzi-Eidenbenz, *Ein Leben 1893–1978*, a.a.O. (S. 42, Anm. 1); sowie Lebenslauf, S. 200f. u. ö.

[17] Vgl. S. 147, Anm. 8. Gustav Krüger (1862–1940), Professor für Kirchengeschichte in Gießen, führend im Kreis der «Freunde der Christlichen Welt». Krügers Brief vom 27.1.1927 liegt im Karl Barth-Archiv, Basel, vor.

[18] Anspielung auf die Überschrift des sechsten Buches von J. W. von Goethe, *Wilhelm Meisters Lehrjahre*: «Bekenntnisse einer schönen Seele.»

[19] Postkarte A. von Harnacks vom 23.1.1927 (im Karl Barth-Archiv, Basel). Harnack bedankt sich darin für Barths Zusendung des Feuerbach-Aufsatzes sowie von K. Barth, *Die Kirche und die Kultur*, in: ZZ, Jg. 4 (1926), S. 363–384; wieder abgedruckt in: V.u.kl.A. 1925–1930, S. 6–40. Harnack bemerkt, er glaube, die Abhandlungen verstanden zu haben, «obschon mir Manches in der Abhandl. über ‹Kirche und Kultur› nicht leicht fiel. Fazit: ‹... sie konnten zusammen nicht kommen; das Wasser war viel zu tief.›»

schen mir und Bruhn[20] zu sehen meint, in der sich auch – – – Luther befinde.[21]

Mit herzlichem Gruß von Haus zu Haus

dein Karl Barth

## 63

Brunner                                      Zürich, 20.2.[1927][1]

bitte angelegentlichst nachsicht aarauerkomitee mehr ungeschick und kleinglaube als unverschaemtheit brief folgt[2] – brunner

## 64

Brunner                                      [ohne Ort und Datum;
                                        wahrscheinlich Zürich, 20.2.1927[1]]

Mein lieber Freund,

Zur Vervollständigung und Erklärung meines Telegramms folgendes: Ich komme dazu als derzeitiger Vorsitzender des Komitees der alten

---

[20] Wilhelm Bruhn (1876–1969), Professor für Religionsphilosophie in Kiel. Mit W. Bruhn, *Vom Gott im Menschen,* Gießen 1926, setzte Barth sich auseinander in *Polemisches Nachwort,* in: ZZ, Jg. 5 (1927), S. 33–40; wieder abgedruckt in: V.u.kl.A. 1925–1930, S. 44–56. Vgl. auch E. Busch, *Karl Barth und die Pietisten,* a.a.O. (S. 11, Anm. 2), S. 289f.
[21] Ferdinand Kattenbusch (1851–1935), Professor für Systematische Theologie in Gießen, Göttingen und Halle, schrieb am 23.1.1927 an K. Barth. Original im Karl Barth-Archiv, Basel.

---

[1] Die amtliche handgeschriebene Datierung dieses Telegramms lautet: 20.2.1926. Der folgende Brief Brunners vom 20.2.27 schließt sich daran an, ist jedoch undatiert. Nach Bw.Th. II, S. 469, Anm. 1, fanden die angesprochenen Ereignisse 1927 statt, so daß ein Datierungsfehler des Postbeamten zu vermuten ist.
[2] Vgl. Nr. 63.

---

[1] Datierung wegen der folgenden expliziten Bezugnahme auf Nr. 63.

Freunde[2]. Als solcher wurde ich schon angefragt, als deine Neuformulierung die Studenten in Schrecken versetzt hatte.[3] Die guten Burschen – der Vorsitzende ist ein ganz hülfloser, furchtbar bescheidener und besorgter Mensch, dem die Vorbereitungen auf die Konferenz sicherlich sein Leben um einige Monate verkürzen, da es ihn maßlos aufgeregt – waren fassungslos. Das können wir unmöglich aufs Programm setzen, war ihr Eindruck. Denn es ist ja eine Konferenz nicht für Theologen, nicht für christliche Studenten, sondern für solche, die erst wieder einmal merken sollten, daß der christliche Glaube sie auch etwas angehe, Polytechniker, Mediziner usw. Für die bedeutet dein Thema: Sonntagsschulerbauung. So ungefähr mögen sie gedacht haben, auch wenn der eine oder andere merken mochte, was dir daran lag, so zu formulieren.

So kamen sie zu mir. Ich verstand ihre Bedenken sehr gut, wagte aber nicht, eine Änderung vorzuschlagen. Selbstverständlich schlug ich vor, mit dir nochmals zu verhandeln. Antwort: ganz ausgeschlossen wegen Zeitknappheit. (Das war auch richtig; nach den Anleitungen für das Komitee sollten die Programme spätestens vier Wochen vor der Konferenz gedruckt sein, wegen der Anmeldungen etc.; jedenfalls wurde es bis jetzt immer so gehalten und schwebte den Leuten als Notwendigkeit vor.) Also was? In dieser Verlegenheit schlug ich vor: wendet euch an Pfr. Thurneysen. Er ist der beste Freund Barths. Er kann in diesem Fall wohl als sein Stellvertreter fungieren. Weder glaube ich, daß Barth ihn desavouieren wird, noch glaube ich, daß er euch etwas vorschlagen wird, was nicht auch Barth recht ist. Seine Zusage und seinen Rat dürft ihr ruhig als die Barths annehmen. So geschah's. Die Studenten haben damit nach Möglichkeit bekundet, daß sie nicht wollten gegen deinen Willen das Thema ändern, aber da es – nach ihrer Meinung – zu spät war, deinen persönlichen Willen zu erforschen, hielt man sich an den, den man – ohne deinen Widerspruch fürchten zu müssen – sozusagen

[2] Barth war gebeten worden, am 9.3.1927 auf der Aarauer Studentenkonferenz einen Vortrag zu halten, vgl. S. 146.

[3] Das studentische Vorbereitungskomitee hatte um einen Vortrag über «Die Grundlagen der Ethik» gebeten. Nach Barths Mitteilung, er wolle über «Das Halten der Gebote» sprechen, änderte das Komitee den Titel in «Das ethische Problem» um. Barth trug schließlich doch vor unter dem von ihm vorgeschlagenen Titel *Das Halten der Gebote* (s. S. 146, Anm. 3); vgl. insgesamt V.u.kl.A. 1925–1930, S. 99f.; sowie Bw.Th. II, S. 469, Anm. 1.

für deinen Bevollmächtigten in der Schweiz halten konnte. Wie es scheint, hat Eduard die Studenten ebenfalls begriffen, hat sich getraut – wie ich es für fast selbstverständlich hielt bei meiner Kenntnis eurer vertrauten Freundschaft –, wirklich in diesem Notfalle als dein Bevollmächtigter zu handeln und hat daraufhin das Thema formuliert, so, wie es dann aufs Programm gesetzt wurde. Sie haben also nicht selbst das Thema geändert, sondern haben es ändern lassen durch den, den sie in guten Treuen glaubten für deinen Stellvertreter-im-Notfalle halten zu dürfen.

Ich glaube nicht, daß du darin etwas Ungebührliches sehen wirst, auch wenn du mit dem Vorgehen nicht ganz solltest einverstanden sein und wenn ich auch selbstverständlich nicht unbegreiflich finde, daß dir dieses Thema nicht so richtig vorkommt wie das deine. Du erkennst doch aus dieser Verhandlung mit Thurneysen, daß die Studenten sich wohl bewußt waren, daß eigentlich nur du ihrem Wunsch, das Thema zu ändern, entsprechen konntest, was sie aber aus Zeitgründen für unmöglich hielten. Darum taten sie das unter diesen Umständen Mögliche: sie hielten sich an den, der dir am nächsten ist.

Daß nun Herr Neuhaus[4] dir erst eine Woche später berichtete, ist allerdings ganz ungebührlich, er gibt es auch zu, sagt aber zu seiner Entschuldigung, er sei einfach so aufgeregt und umgetrieben, er sei von den unmittelbaren Vorbereitungsgeschäften der Konferenz so in Anspruch genommen gewesen, daß er einfach nicht eher dazu kam. Wenn du den Knaben in seiner Hilflosigkeit vor dir sähest – er hat heute, als er mir das Donnerwort Nein von Münster brachte, gezittert und ist fast in Tränen ausgebrochen –, so würdest du ihm ganz gewiß nicht zürnen, sondern höchstens sagen: Männchen, du hättest dieses Präsidium dir nicht aufhalsen lassen sollen, du bist ihm nicht gewachsen. Aber du wärest totaliter überzeugt, daß *hier* nichts von der Arroganz des Schweizerstudenten vorhanden ist – die wir ja – du wie ich – aus unserer eigenen Studentenzeit gut genug kennen.

Ich hoffe zuversichtlich, daß, wenn dieser Brief, der gleichzeitig mit meinem Telegramm abgeht, ankommt, dein befreiendes Also Doch bereits in den Händen des armen Herrn Neuhaus sein wird und daß deine

[4] Johannes Neuhaus, cand. math. aus Zürich, bereitete die 31. Aarauer Studentenkonferenz von 1927 vor und stand hierzu mit K. Barth in regem Briefwechsel, vgl. V.u.kl.A. 1925–1930, S. 99f.

Bedingungen nicht allzu harte sein werden. Es wäre ja wirklich ein Jammer, wenn wegen einer Unkorrektheit des Komitees – die, wie gesagt, durch die Zustimmung Eduards moralisch gedeckt ist – dein wichtiges Wort in Aarau unterbleiben und damit auch die ganze Konferenz ins Wasser fallen würde. Sollte dein Ja noch nicht erfolgt sein, so möge dieser Brief deinen Groll besänftigen.

Mit herzlichen Grüßen

dein Emil Brunner

65

Barth                                                              Münster, 30.10.1927

Lieber Freund!

Im Gstürm[1] der letzten Tage und Wochen vergaß ich ganz, auf eine Mitteilung zu reagieren, die mir durch das Aicherli zugegangen war: Ich soll gesagt haben, ich beabsichtige, dich – ich weiß wirklich nicht, wie ich das machen sollte – «an die Wand zu drücken», oder wie der Ausdruck lautete, und du sollst das Aicherli gefragt haben, ob das wohl wahr sei. Also punktum: das ist nicht wahr, ich wüßte nicht, wie mir solche terroristisch-imperialistischen Gedanken auch nur im Unterbewußtsein zu schaffen geben sollten, geschweige denn, daß ich solch läppisches Zeug auch noch sagte. Ich kann's mir kaum ganz anders denken, als daß das Diktum auf irgendeinen wohlwollenden Zuschauer der schwebenden Berner Affäre[2] zurückgeht, der seine eigenen dummen Erwägungen mir in den Mund meinte legen zu sollen.

Ich weiß zur Stunde noch nicht, was aus der bewußten Berner Sache werden soll. Der natürliche Mensch möchte mit aller Macht hier in Deutschland bleiben, wo ich mich, ich kann's nicht leugnen, freier und mehr in meinem Element fühle, wo mich das übliche demokratische Das-Maul-Brauchen aus der Schweiz nur wie ein fernes Getöse erreicht, das man sich in den Ferien gern einmal anhört, um dann noch gerner in die etwas distanziertere und humanere Welt hier zurückzukehren.

---

[1] = Gehetze.
[2] In Bern stand die Dogmatik-Professur zur Wiederbesetzung an. Barth erhielt einen Ruf; vgl. zur ganzen Entwicklung Bw.Th. II, S. 512–551.

Aber nun werde ich von Bern aus in kräftigen Tönen in Anspruch genommen, kann unmöglich leugnen, daß die Heimat, wie sehr man
über ihre Sitten den Kopf zu schütteln Anlaß haben möge, ein bestimmtes Recht auf Einen hat (ich nehme an, daß das auch in deiner
Ethik so vorgesehen ist), und habe mich also zunächst nicht entzogen.
Nun ist dort der Sieg bei der Regierung erfochten. Aber nun marschieren die Deutschen auch auf mit ihrem Anspruch, besonders die Reformierten, und haben wer weiß auch recht, wenn sie mir sagen, die Berner Professur könnte ein andrer auch machen, ich aber sei hier unabkömmlich, wie man im Krieg sagte, wenn einer nicht an die Front sollte. So bekommt der natürliche Mensch auf einmal Beistand, und zwar
unter Aufwand von nicht wenig Bibelzitaten. Dazu nun der ganz dunkle Punkt mit dem Zusatzbeschluß des Regierungsrates betreffend die
den Reformern in blanco für die Zukunft versprochenen Trostprofessu-
ren.[3] Ich kann mich vorläufig mit dieser Aussicht auf eine Sauerei ohne
Ende durchaus nicht abfinden, und es ist nicht unmöglich, daß an diesem Punkt, natürlich in Idealkonkurrenz mit Allem, was für das Bleiben in Deutschland auch abgesehen von den Wünschen des natürlichen
Menschen spricht, die ganze Unternehmung zum Scheitern kommt.
Ich bin in der heillosen Lage, daß ich, *wie* ich mich auch entscheide,
hier *oder* dort Viele, Viele vor den Kopf stoßen und betrüben werde.

Sei herzlich gegrüßt und hole dir ein anderes Mal, wenn ich wieder
etwas Scheußliches gesagt haben soll, doch lieber direkten Bescheid

von deinem Karl Barth


66

Brunner                                             Zürich, 1.11.1927

Mein lieber Freund,

Als ich deinen Brief las, mußte ich wieder einmal an das weise Wort
des Thomas a Kempis denken: im Übrigen sei vorsichtig und überlaß

[3] Die Berner Regierung hatte im Gegenzug zur Berufung Barths auf den
Dogmatik-Lehrstuhl den Vertretern der freisinnigen Fraktion die Besetzung der
nächsten freiwerdenden Lehrstühle durch deren Kandidaten zugesagt, vgl.
Bw.Th. II, S. 542.548 und S. 551, Anm. 2.

das andächtige Geschlecht dem Herrn.[1] Das dictum, das dir Aicherle hinterbracht hat, stammt natürlich nicht von mir, das darfst du mir glauben. Es mag ihm irgendein verstümmelter Rest eines solchen zugrunde liegen, aber daß ich dir die *Absicht* zutrauen könnte, mich an die Wand zu drücken: keine Rede davon! Und wenn ich's noch dächte, so wäre ich nicht so dumm, es zu sagen; denn es nimmt sich so schäbig aus, daß ich mich nur verwundern muß, daß du darüber nicht taub geworden bist. Und es gar der Plaudertasche Aicher anvertrauen ...!

Aber das will ich dir nicht verhehlen, daß ich mich vor deinem Kommen ein wenig fürchte, und mit mir das ganze Jerusalem [vgl. Mt. 2,3], d.h. die Zürcher Fakultät. Denn selbstverständlich *wirst* du uns, nolens, ein wenig an die Wand drücken, als der Stern mit der größeren Masse und folglich der größeren Anziehungskraft. Darüber machen wir uns keine Illusionen. Trotzdem ich mir darüber von Anfang an klar war, habe ich, als ich mit Schädelin und deinem Bruder[2] in den Ferien war, mitgeholfen, deine Berufung einzuleiten und jene kleine und kleinliche Eifersuchtsregung, deren ich mich schäme, hat keinen Einfluß auf meine praktische Einstellung zu deiner Berufung. Im Kampf darum bin ich selbstverständlich dein guter Kamerad, bin's auch von Herzen, bin dir mehr als je zugetan und werde es auch fertig bringen, mich zu freuen, wenn du kommst. Denn ich bin überzeugt, daß dein Kommen für uns in der Schweiz, aufs Ganze gesehen, gut ist.

Dein Nichtkommen würde für die Berner Fakultät einer Katastrophe ähnliche Wirkung haben. Der Prozeß der Abbröckelung, der schon in den letzten Semestern eingesetzt hat, würde durch einen Werner[3] auf keinen Fall, durch einen Bruhn[4] kaum aufgehalten werden. Der Schaden, der durch die Berufung eines Bruhn angerichtet würde, wäre un-

[1] Frei nach Thomas a Kempis (1379–1471), *Vier Bücher von der Nachfolge Christi*, 3. Buch, 50, 2–4, nach der Zählung und Ausgabe Stuttgart 1863, S. 225–228.

[2] Gemeint ist Peter Barth, 1927 Pfarrer in Madiswil, Kt. Bern. Zu A. Schädelin vgl. S. 124, Anm. 3.

[3] Martin Werner (1887–1964), Vertreter des schweizerischen Liberalismus, 1916–1928 Pfarrer in Krauchthal (Kt. Bern), seit 1921 Privatdozent für Neues Testament, 1928–1958 Professor für Systematische Theologie in Bern. Barth setzte sich mit M. Werner auseinander in *Sunt certi denique fines*, a.a.O. (S. 106, Anm. 5).

[4] Gemeint ist offenkundig W. Bruhn, vgl. S. 156, Anm. 20, und Bw.Th. II, S. 555f.

sagbar, für die Berner Kirche, trotz dem starken guten Einfluß Schädelins[5] etc. Und die Einbuße für Zürich und vielleicht auch Basel ist zwar für uns Professoren ein wenig schmerzlich, kommt aber neben dem anderen wirklich nicht in Betracht. Wohl sitzen wir etwas dicht aufeinander: du in Bern, ich in Zürich und Eduard in Basel ist fast etwas viel. Aber angesichts der Berner Umstände kommt auch das nicht in Betracht.

Dagegen muß ich – und ich hoffe, du werdest es bona fide aufnehmen – ein Bedenken wenigstens aussprechen. So sehr taktisch dein Kommen nach Bern zu wünschen ist, so ist doch anderseits strategisch dein Weggehen aus Deutschland nicht unbedenklich. Damit zieht sich unsere Theologie über die Rheinlinie zurück – denn Gogarten wird's als Theologe nicht schaffen –, und die Deutschen werden sie fortan als schweizerische Angelegenheit wenigstens zu ignorieren *suchen*. Von der Schweiz aus hättest du nie diese Wirkung erzielt, die du tatsächlich gehabt hast und die – das dürfen wir sagen – nicht aufhören darf. Ich würde dir das nicht geschrieben haben, wenn nicht dein Brief mir dazu Anlaß geboten hätte. Nun glaube ich es nicht unterdrücken zu dürfen, trotzdem ich mich damit dem Verdacht aussetze, dir ein leises – egoistisches – Komm lieber nicht zuzurufen. Ich glaube wirklich, soviel Objektivität aufzubringen, um jenes Bedenken als ein sachliches geltend machen zu dürfen. Ich muß dich aber dringlich bitten, das ganz für dich zu behalten. Denn was für ein Gelächter würde entstehen, wenn es hieße, Brunner hat Barth geschrieben, er soll nicht kommen, er sei drüben unabkömmlich! Gelt, das ersparst du mir! Umso mehr, als ich wirklich nicht wage zu sagen: komm nicht. Im Gegenteil, Ends aller Enden: der Schaden in Bern ist sicher, der Schaden in der großen Welt ist unsicher. Das Gute für die Schweiz ist sicher – grad auch in dem, worin du uns, die Zürcher Fakultät, schädigst. Denn du schädigst sie ja nur dadurch, daß die Studenten dich hören werden statt mich, und das kann ich wirklich nicht beklagen, da ich dich ganz aufrichtig und ernstlich für den besseren Theologen halte als mich selbst, wogegen ich für

[5] A. Schädelin übte diesen Einfluß namentlich durch die von ihm und P. Barth gegründete Theologische Arbeitsgemeinschaft des Kantons Bern aus, vgl. G. Ludwig, *Die Theologische Arbeitsgemeinschaft des Kantons Bern*, in: *Das Wort sie sollen lassen stahn. Festschrift für Professor D. Albert Schädelin*, hrsg. von H. Dürr u. a., Bern 1950, S. 25–32.

mich höchstens gewisse pädagogische Vorzüge könnte geltend machen. Ich bin auch ganz überzeugt, daß du mir in Bern ein guter Kamerad sein würdest, wie ich's dir sein würde.

Ich bin froh, daß ich's nicht entscheiden muß. Ein frommer Mann sagte zu mir am letzten Samstag: Gebe ihm Gott die Weisheit, daß er sich so entscheide, wie es zum Segen ist. Ich weiß es wirklich nicht, aber ich hoffe, daß du es zu wissen bekommest.

In herzlicher Freundschaft und treuer Waffenbrüderschaft

dein E. Brunner

67

Brunner                                                              Zürich, 19.12.1927

Mein lieber Freund,

Ich will nicht länger mit meinem Dank zurückhalten, trotzdem ich deine Dogmatik noch nicht zu Ende gelesen habe; es gehört sich, daß ich, wenn auch sicher nicht der erste, so doch einer der ersten sei, die dir für diese ganz große Gabe danken.[1] Ich gestehe dir, daß ich auch ein klein wenig Angst hatte, es möchte doch etwas von der unmittelbaren Kraft deiner Rede verloren gehen dadurch, daß du dich so ganz und gar der alten Lehrweise mit Paragraphen und I, 1, a und b anbequemst. Aber siehe da, dieser David bleibt David auch in der Rüstung Sauls, sie ist ihm nicht zu schwer, und sein Speer trifft so sicher wie vorher seine Schleuder [vgl. 1. Sam. 17,38f.].

Der entscheidende Eindruck, den mir dein Buch macht, ist der einer großen Treue der Sache gegenüber, einer solchen Treue, Unbestechlichkeit, Unbeirrbarkeit, ein Blick so «steif nach Jerusalem»[2] gerichtet, wie ich wirklich seit den Reformatoren nichts Ähnliches kenne. Wenn ich's profan sagen darf: das große Berlioz- oder Wagnerorchester, das noch im Römerbrief dröhnte, ist entlassen worden, und an seine Stelle ist ein klei-

[1] K. Barth, *Die christliche Dogmatik im Entwurf. Bd. 1. Die Lehre vom Worte Gottes. Prolegomena zur christlichen Dogmatik,* München 1927, neu hrsg. von G. Sauter (Gesamtausgabe, Abt. II), Zürich 1982.

[2] Vgl. G. Tersteegen, «Kommt, Kinder, laßt uns gehen ...» (GERS 325; EG 393), Str. 2, ältere Fassung.

neres, streng klassisch zusammengesetztes getreten, das nun auch streng kontrapunktische Musik macht. Der gute Seeberg hat nun mit seiner Charakteristik: nietzschisch frisierter Beckianismus[3] das Nachsehen. Hier ist weder eine Spur von Nietzsche noch von Beck. Hier ist nur noch das sachlich Notwendige. Das ist das im wahren Sinn Erbauliche an deinem Werk. Vielleicht gibt es doch nicht so gar manchen, der diese Sachlichkeit so zu schätzen weiß wie ich. Sie hat auf mich einen ganz erschütternden Eindruck gemacht, gerade auch im Blick auf mein Buch[4], das mir, trotz meinen Anstrengungen in derselben Richtung, doch noch als «irregulär»[5] vorkommt. Lieber Freund, das hast du ganz gut gemacht; in dem, was ich bis jetzt gelesen habe, möchte ich kaum ein Wörtlein anders haben, sondern sitze da als dein Schüler und lasse mir sagen, was ich noch nicht recht verstanden habe. Vor allem höre ich – in Hinsicht auf meine eigene Arbeit – von dir ein: Nimm dich in acht vor der *circum*spicuitas[6]! Nicht links noch rechts schauen, es ist lebensgefährlich wie in jenem Märlein vom Nußzweiglein.[7] Am guten Willen dazu fehlt's mir nicht, aber mein Fleisch ist lüstern nach dem, was links und rechts interessant ist, und drum bin ich froh über diesen deinen Gradhalter.

Zu dieser falschen circumspicuitas rechne ich freilich nicht alles, was deine und meine Art zu denken und zu arbeiten unterscheidet. Es gibt Aufgaben, die auch getan sein müssen, und die du, mit Recht, jetzt nicht tust, deren ich mich, sowohl in meiner «Religionsphilosophie» als auch im «Mittler»[8], angenommen habe, weil sie mir aus meiner Lehrarbeit, aus dem Gespräch mit den Zeitgenossen, die sich redlich Mühe geben, uns zu verstehen, sich aufdrängten. Vielleicht schreibst du mir auch gelegentlich ein paar Worte. Denn daß mir auf keines anderen Urteil so viel ankommt wie auf das deine, versteht sich von selbst, schon

[3] E. Seeberg, *Zum Problem der pneumatischen Exegese,* in: *Sellin-Festschrift,* Leipzig 1927, S. 126–137, dort S. 131f.

[4] E. Brunner, *Der Mittler. Zur Besinnung über den Christusglauben,* Tübingen 1927.

[5] Vgl. zur Differenzierung von regulärer und irregulärer Dogmatik K. Barth, *Christliche Dogmatik,* a.a.O., S. 150–153.

[6] = das Ringsumherschauen.

[7] Seh' dich nicht um!
Nicht rechts, nicht links!
Geradezu, so hast du Ruh'!,
wird der Braut beim Gang durch eine Schreckenshöhle gesagt, vgl. L. Bechstein, *Märchenbuch,* Bern 1947, S. 110–115.

[8] Vgl. S. 135, Anm. 1, sowie oben Anm. 4.

darum, weil wir ja eben doch – ich denke, heute mehr als je – Bundesgenossen sind, auch wenn du einen Heerhaufen führst, mit dem sich mein bescheidnes Fähnlein nicht messen kann. Ich finde diese Verteilung durchaus sach- oder persongemäß; aber Bundesgenossen sind wir deswegen doch, auch sogar im engeren Sinn der Gemeinschaft des Denkens im Gegensatz etwa zu Gogarten oder Bultmann.

Also, nimm diesen Brief als einen rechten herzlichen Freundesdank. Du hast ja wohl in diesen Wochen viel Unerfreuliches aus der Schweiz hören müssen.[9] Die Unzufriedenheit über dein Nichtkommen wird noch eine Weile surren, und die Liberalen werden sich noch eine Weile unserer moralischen Schlappe freuen. Aber die Arbeit geht weiter, und du nimmst nun mit deiner Dogmatik die Geister wieder so sehr sachlich in Anspruch, daß das Persönliche darüber bald vergessen sein wird.

Daß es uns in Zürich ein wenig gewohlet hat[10] – – – warum soll ich das heucheln, mein Lieber, wir sind ja doch Menschen. Geltung haben durften diese Gedanken ja nicht, aber da waren sie ja doch. Ich glaube, es ist recht so, wie es jetzt ist. Du gehörst in den großen Bezirk dort drüben, und wir in den kleineren hüben. Möge dir die Kraft gegeben werden, deine große Arbeit fertig zu tun.

Mein Freund und Kollege Schrenk hat an deinem Buch ebenso große Freude wie ich. Er ist zwar Schlatter- und Kählerschüler, aber er sieht klar, was dort fehlt, und geht ganz mit uns. Auch mein Spezialkollege Gut ist ganz in der Nähe, und es hat sich dadurch auch ein recht schönes persönliches Kollegialitätsverhältnis gebildet, an dem sein Gespräch mit dir nicht wenig Anteil hat. Er ist ehrlicher als mutig und intelligenter als entschieden.

Dir und deiner Familie wünsche ich schöne Festtage und ein rechtes wohlverdientes Ausruhen von deiner großen Arbeit.

In herzlicher Freundschaft

dein E. Brunner

Der Brief ist leider zwischen Büchern liegengeblieben.

---

[9]  Wegen der Bedingungen, die Barth an eine Berufung an die Universität Bern (Nr. 65) gestellt hatte und durch die sich diese Berufung zerschlug! Vgl. R. Feller, *Die Universität Bern 1834–1934, dargestellt im Auftrag der Universitätsdirektion Bern und des Senats der Universität Bern,* Bern 1935, S. 584f.; ferner: K. Barth, O.Br. 1945–1968, S. 242f.

[10]  = es uns leichter ums Herz wurde.

## 68

Brunner                                Cambridge, Massachusetts, USA,
                        3. oder 8.10.1928 [Ort und Datum des Poststempels]

Lieber Freund,

Das «Ende gut alles gut» meiner Vortragsreise im Land sehr begrenz-
ter Möglichkeiten[1] ist die Bekanntschaft mit deinem trefflichen Übersetzer, Rev. Douglas Horton[2]. Du warst oft der unsichtbare Dritte in
unserm Gespräch.

Herzliche Grüße

                                                    Emil Bunner
                                                    Douglas Horton[3]

69

Brunner                                            Zürich, 12.12.1928

Mein lieber Barth,

Ich schicke dir da einen Brief unseres gemeinsamen Schülers Sutz[1],
der mich ungemein interessiert, mit der Bitte, mir einige Randglossen

---

[1] Brunner hielt sich in den USA zu seiner ersten dortigen Vortragsreise auf.
[2] 1928 erschien in London die Übersetzung von W.G.Th. durch Douglas
Horton.
[3] Zweite Unterschrift auf der Ansichtskarte.

---

[1] Erwin Sutz (1906–1987), seit 1933 Pfarrer in Wiesendangen, 1940 in Rap-
perswil und seit 1946 in Zürich; Sutz leitete 18 Jahre die Zürcher Theologische
Arbeitsgemeinschaft. Vgl. auch Bw.Th. II, S. 639. Sutz, im Wintersemester 1928/
1929 Student bei Barth in Münster, berichtet in seinem Brief vom 6.12.1928 an
Brunner (im Brunner-Nachlaß W 55/48) von seiner Diskussion mit Barth im
Anschluß an dessen § 2 «Theologie und philosophische Ethik» im Rahmen der
damaligen Ethik-Vorlesung, vgl. K. Barth, *Ethik I. 1928*, hrsg. von D. Braun
(Gesamtausgabe, Abt. II), Zürich 1973, S. 30–74: «Barth ist es verdächtig, mit
welcher Klarheit Sie das christliche Denken von verschiedenen Arten autonomen
Denkens abgrenzen. Er verneint den Gegensatz von Philosophie und Theologie,
wie Sie ihn brauchen... Theologen haben vor Philosophen keinen Vorsprung –
wie sollten sie auch! –, aber auch Theologie nicht vor Philosophie. Jenes rein immanente Denken existiert ja gar nicht: oder besser: es existiert überhaupt nur im-

dazu zu verfassen, damit ich weiß, ob er dich richtig verstanden hat. Vielleicht kannst du auch das eine und andere mit wenig Worten noch etwas deutlicher machen.* Ich weiß wohl – aus eigener Erfahrung –, wie wenig Zeit unsereiner hat; aber ich bin gewiß, daß es dir nicht ein Adiaphoron ist, ob ich meine Sache recht mache oder nicht. Und ich will sie recht machen, wenn nötig mit den Kosten eines völligen Neu-aufbaus meiner Theologie. Ich habe mein Mittlerbuch[2] wirklich nicht als der Weisheit letzten Schluß[3], sondern als einen vorläufigen Versuch gemeint, und dies nicht nur so im Allgemeinen, sondern ich spüre sowohl von Gogarten als von dir her die Notwendigkeit, weiter zu denken und sich zu besinnen.

Vorläufig nur dies: Etwas anderes als jene vorbehältliche Unterscheidung zwischen dem Christlichen und Nichtchristlichen, also eine Unterscheidung, die immer noch unter Gericht und Gnade, unter dem Vorbehalt des göttlich geschenkten oder nicht geschenkten Wirklichwerdens christlichen Erkennens steht – habe auch ich nicht gemeint. Aber gerade durch diese Abgrenzung *allein* wird der Gegensatz von Idealismus und Realismus ein relativer, während er vom Philosophen selbst als absolut ernster, letzter gefaßt werden muß. Philosophieren heißt meines Erachtens dasjenige Denken, das den Gegensatz von Idealismus und Realismus absolut ernst nehmen muß, während «christliches» Denken ihn als relativ durchschaut und, gerade darin, auch alle Theologie («so wie sie dasteht», d.h. abgesehen von der Möglichkeit, daß dieser Hinweis *von Gott* gesegnet werde) als eine zwar auf die göttli-

manentes Denken. ... Die Theologie bedarf nicht minder als Materialismus und Idealismus der Rechtfertigung, ihre Christlichkeit ist so wenig sichtbar wie ihre Unchristlichkeit, Wort Gottes könnte in allen Lagern als unsichtbares ‹aktuell› werden. Deshalb bedeutet es eine ungeheure Kühnheit, eindeutig Christliches aufzuzeigen und gegenüber anderen Größen abzugrenzen. Diese ganzen Ausführungen sind nur Konsequenzen des Gedankens der Gnade oder durch den Hl. Geist vermittelten Christlichkeit.» Barth bezog sich laut Sutz dabei auf E. Brunner, *Der Mittler. Zur Besinnung über den Christusglauben,* Tübingen 1927, wohl besonders auf die apologetischen Einleitungskapitel.

[2] E. Brunner, *Der Mittler,* a.a.O.

[3] J. W. von Goethe, *Faust.* Der Tragödie zweiter Teil, V. 11574–11576:
    Das ist der Weisheit letzter Schluß:
    Nur der verdient sich Freiheit wie das Leben,
    Der täglich sie erobern muß.

che Wahrheit bezogene, aber im Vollzug menschliche, darum unter Gericht und Gnade stehende Möglichkeit durchschaut.

Ich weiß nicht, ob du Knittermeyers Buch kennst.[4] Das scheint mir sehr nahe an die Wahrheit heranzukommen. Philosophie *bleibt* als Möglichkeit nicht nur, sondern als Notwendigkeit (vgl. das Vorwort zur zweiten Auflage von Mystik und Wort)[5], aber als diejenige, in der der Gegensatz von Idealismus und Realismus ernst genommen wird, solange man philosophiert, wobei man aber – wie Knittermeyer – als Christ wissen kann, wie es um diesen Ernst steht. Nur als christlicher Denker kann man zu jener «Suspension»[6] (erinnerst du dich an Thurneysens Bild vom gelockerten Zahn?)[7] der Denkgegensätze von Idealismus und Realismus kommen, um dann innerhalb dieser Suspension, als wüßte man nicht um sie, zu philosophieren. Denn sobald man um sie weiß, hört der philosophische Ernst auf und beginnt ein anderer.

Doch ich will dir nicht vorgreifen.

[4] H. Knittermeyer, *Die Philosophie und das Christentum. Acht Vorlesungen zur Einleitung in die Philosophie,* Jena 1927. Barth las das ihm sehr einleuchtende Buch im Februar 1928, vgl. Bw.Th. II, S. 557.

[5] E. Brunner, *Die Mystik und das Wort. Der Gegensatz zwischen moderner Religionsauffassung und christlichem Glauben dargestellt an der Theologie Schleiermachers,* 2., stark veränderte Auflage, Tübingen 1928, S. IV. Brunner vermerkt dort, «daß auch die christliche Gemeinde, sofern sie ja nicht außerhalb, sondern nur innerhalb der rationalen Kultur leben kann, auch das Philosophieren nicht lassen darf, aber versuchen muß, wahrhaft kritische Philosophie zu treiben. Denn auch für den Christen, auch für die vom Wort Gottes getroffene Vernunft bleibt die Selbstbesinnung der Vernunft über die in ihr liegenden Möglichkeiten und die ihr gesetzten Schranken, also die Kritik aller philosophischen Systembildung, eine Notwendigkeit.»

[6] Der Sache nach vgl. H. Knittermeyer, a.a.O., bes. S. 100–102.135–141, wo er nach Aufweis der Grenzen philosophischer Systeme deren Überwindung durch das Evangelium angesichts des bleibenden Konflikts zwischen Mensch und Gott herausstellt. A.a.O., S. 140: «Achse des Wirklichen aber ist noch nicht Gerechtfertigtheit dieses Wirklichen; sondern Angewiesenheit auf die Rechtfertigung. Und wenn wir daher philosophieren müssen, dann gehört es allerdings zum Ernst unseres Philosophierens, daß es uns nicht dieser Achse abscheidet, und auf unsere eigenen Thesen stellt, sondern daß es uns in jene unsere wirkliche verantwortliche Lage hineinstellt, in der wir freilich auch nichts anderes können, als das tun, was Luther mit dem *fortiter peccare* meinte. Nur ist freilich dieses Wort nur unter dem Hören des Wortes von Jesus Christus sinnvoll.»

[7] Anscheinend mündlich im Gespräch geäußert. Nach Auskunft von Rudolf Bohren, Brief an den Herausgeber vom 30.8.1995, ist das Gleichnis literarisch nicht nachweisbar.

Noch um etwas möchte ich dich bitten: Was sagst du zu Gogartens Rezension[8]? Mir hat sie mächtigen Eindruck gemacht, wie überhaupt mehr und mehr mir die Bedeutsamkeit des anthropologischen Anliegens bei Gogarten aufgeht. Wenn meine Sachen immer, wenn sie daliegen, den Eindruck einer allzugroßen «Fertigkeit» machen, so ist das gewiß ein großer Fehler, den ich selbst merke. Aber es ist mehr das Unvermögen, das Nichtfertigsein ins opus hin[ein]zubringen, als das Fehlen des Bewußtseins der Unfertigkeit. Kaum hab ich's fertig, so geht's auch bei mir von vorn an.

Also laß mich wieder einmal ein Wort der Belehrung hören, das ich durchaus von dir erwarte.

Wie geht's dir wohl immer? Es wäre fein, wenn man sich wieder einmal richtig sehen könnte. Alles Gute und Schöne für die Festtage, für dich und deine Familie. Bitte grüße mir auch deine Frau.

Dein E. Brunner

* [Am Rand nachgetragen:] Bitte Sutzens Brief bald zurück!

70

Barth                                                    Münster, 14.1.1929

Lieber Freund Brunner!

Ich kann nicht mehr ohne die heftigsten Gewissensschmerzen an dich denken. Von deinem Brief vom 12. Dezember wollen wir gar nicht reden, aber ich bin mir vollkommen bewußt, daß ich dir schon vor Jahresfrist oder länger mit keinem Sterbenswörtlein für die Zusendung deines Mittlerbuches[1] gedankt, sondern es einfach knotig gelesen[2], mich an der breiten Übereinstimmung gefreut, über einige Längen geseufzt, einige Polemiken zu handfest gefunden, über die Stelle von der Jung-

---

[8] Fr. Gogarten, *Karl Barths Dogmatik,* in: Theologische Rundschau. NF, Jg. 1 (1929), S. 60–80. Barth nahm zu dieser Rezension kritisch Stellung in KD I/1, S. 130–136, namentlich zu Gogartens These, wir könnten «Gott nicht verstehen», «ohne schon den Menschen zu verstehen» (a.a.O., S. 132).

---

[1] Vgl. S. 161, Anm. 4.
[2] = im Sinne von «vor mich hingelesen».

frauengeburt natürlich heftig den Kopf geschüttelt[3], einige Stellen in meinem Handexemplar meiner Dogmatik angemerkt (behufs Erwähnung in der zweiten Auflage)[4], dann es zum Buchbinder geschickt und mich um den Verfasser und Schenker schnöderweise nicht weiter gekümmert habe. Laß mich also vor Allem wegen dieser Ungebühr um Verzeihung bitten. Ich bin ja nun schwer genug gestraft dadurch, daß ich die zweite Auflage deines Schleiermacher[5] nicht mehr bekomme und zufällig auch sonst noch nicht zu Gesicht bekommen habe, so daß mir das Ausgezeichnete, das sicher darin steht, bis jetzt noch entgangen ist. Ob's dir wohl in deinem Gruppenkommando Süd der dialektischen Schlachtfront auch so geht wie mir da droben, daß man gerade mit Briefschreiben so gar nicht nachkommt? Ich habe jetzt eben fast zwei Tage ununterbrochen belehrt, getröstet, ermahnt nach allen Seiten und noch immer ist meine Couriermappe nicht merklich dünner geworden. Und denkst du nicht manchmal auch, du säßest besser noch in Obstalden ohne weitern Anspruch als den, der Hirte von ein paar hundert Seelen zu sein? Ich bin des Treibens manchmal redlich müde[6] und lasse mir die Signale zu weitern Taten nur noch mürrisch gefallen: In 25 Jahren gründen wir dann irgendwo ein Freidorf pensionierter Dialektiker (mit Konsumgenossenschaft), und abends spielst du uns Klavier, Eduard erzählt uns schöne Geschichten, Schädelin deklamiert etwas, und so wird sich wohl für jeden eine angemessene Beschäftigung finden, über der er von seiner theologischen Vergangenheit ein wenig ausruhen darf, während unterdessen die Geschichte der protestantischen Theologie irgendeine neueste überraschende Wendung nimmt, an der wir nun wirklich nur noch als «Zuschauer», etwa mit dem milden Lächeln, mit dem jetzt Harnack uns zuschaut, teilnehmen. – Lieber Freund, was du jetzt von mir wolltest, war[7] ja nun nicht ein solches Zu-

---

[3] Vgl. E. Brunner, *Der Mittler*, a.a.O., S. 288–292. Brunner hält die Lehre von der Jungfrauengeburt für einen Versuch, das Wunder der Inkarnation biologisch zu erklären und ergo zu verkleinern.

[4] Gemeint ist eine zweite Auflage von *Die christliche Dogmatik*, a.a.O. (S. 163, Anm. 1), die aber nie erschien. Barth nimmt auf Brunners *Mittler* Bezug in KD I/2, S. 200f., und zwar beim Thema der Jungfrauengeburt.

[5] E. Brunner, *Die Mystik und das Wort*, a.a.O. (S. 168, Anm. 5).

[6] Vgl. J. W. von Goethe, Wanderers Nachtlied (1776), Melodie von J. Fr. Reichardt (1781): «Ach, ich bin des Treibens müde!»

[7] Korrigiert aus: was.

kunftsbild, sondern ein Kommentar zu dem Briefe unseres hoffnungs-vollen Erwin Sutz. Ich gestehe, daß ich dieser Aufgabe durchaus nicht gewachsen bin. Das, worauf es dir ankäme – und nach dem Inhalt des Briefes sehr begreiflicherweise –, wäre ja eine Erläuterung zu der hoch-prinzipiellen Auseinandersetzung, die ich nach diesem Brief aus Mün-ster vollzogen haben sollte, die sich aber in Wirklichkeit sozusagen rest-los im Kopfe des bewußten gescheiten jungen Mannes vollzogen hat, unter Anleitung von ein paar Ja oder Nein, die er gesprächsweise aus mir herausgequetscht haben mag, aber niemals aufgrund eines von mir gehaltenen Vortrags über das von ihm so umsichtig und schön entwik-kelte Thema. Sondern was er da schreibt, das ist ganz und gar Erwin Sutz, unter der befruchtenden Anregung von Karl Barth meinetwegen, aber so, daß es wirklich keinen Sinn hat, daß ich mir den Kopf zerbre-che darüber, welche von meinen Meinungen da wohl gemeint sein könnten, für die ich nun dir gegenüber Rede und Antwort stehen müß-te. Es ist *seine* mit Hilfe von allerlei in andern Zusammenhängen geäu-ßerten Gedanken von mir erstellte Antwort auf *sein* Problem und bei-läufig *seine* Auseinandersetzung mit dir, in der ich mich nur insofern wiedererkenne, als er sich, wie es gerade der muntersten Studenten Art ist (zu denen gehört er wirklich, ich mag ihn *sehr* gern!), erlaubt hat, sich aus meinen Reithosen, meinem Professorentalar und meinem Zy-linder für dies Mal ein kleines Kostüm zurechtzumachen. Du mußt dich darüber ganz und gar mit ihm selbst unterhalten. Über die schein-baren und wirklichen Unterschiede in unsern Stellungnahmen habe ich, wie ich gestehen muß, im Augenblick kein sehr klares Bild und fühle nicht die geringste Kompetenz, dir zu bestreiten oder zu bestäti-gen, daß du «deine Sache recht machest». Ich habe alleweil genug mit mir selber zu tun und glaube auch immer mehr an eine Art von Präde-stination in der Theologie, die alles gegenseitige Dreinreden als eine vielleicht nützliche, aber nicht unentbehrliche und letztlich kaum sehr sinnvolle Tätigkeit erscheinen läßt. So ist es mir mit der Rezension von Gogarten bis jetzt ergangen[8] und noch mehr mit einem viel gehaltvolle-ren (nur im Manuskript vorhandenen) Faszikel von Bemerkungen Bult-manns zu meiner Dogmatik[9].

[8] Vgl. S. 169, Anm. 8.
[9] Bultmanns Bemerkungen sind bislang nicht aufgefunden, vgl. aber Bw.B., S. 80–89.

Ich bewundere den Scharfsinn, mit dem besonders Bultmann mir am Zeug flickt, aber letztlich kommt ihr Einwand nicht recht an mich heran, glaubt mein Herz nicht an das Gebot, daß man künftig nicht mehr von objektiv und subjektiv reden dürfe[10], weiß ich, daß ich auf das, was sie Anthropologie nennen, nie einsteigen werde, kann ich, wenn ich alte Texte lese, den überall mitlaufenden philosophischen Einschlag nicht so ernst nehmen usw. Vielleicht sehr zu meinem Schaden das alles. Und vielleicht lasse ich mir ja auf irgendeinem Umweg *doch* etwas sagen oder wenigstens das sagen, daß ich auf meinen eigenen Wegen noch sorgfältiger sein muß, um Einreden, die auch von ihnen aus erhoben werden könnten, zuvorzukommen. Aber geht's dir nicht auch so – das ist ein bedenklich individualistisches Geständnis freilich –, daß man eigentlich lieber auf seinen eigenen Wegen irren als sich auf eine fremde Spur locken lassen mag, auf der wallend man eben vor Allem Gogarten heißen und sein müßte? Ist das ein Zeichen von anhebender Arterienverkalkung, oder muß das so sein? Du mußt mehr darüber wissen, habe ich doch von dir gehört und gelesen, daß du zu allem Überfluß auch noch eine vollständige neue Psychologie erfunden[11] und bereits gegen die Männer von dieser Zunft verteidigt habest. Da bin ich einfach starr vor Bewunderung und wage es umso weniger, einen solchen Mann belehren zu wollen.

Im September, als du wieder einmal in Amerika warst, weilte ich kurz in Zürich und sah deinen Kollegen Gut, der sichtlich von Jahr zu Jahr den Namen Besser mehr verdiente.[12] Im Frühling werde ich mich ja nun für längere Zeit in eurer Nähe niederlassen und dann sicher einmal als stiller Gast in deiner Vorlesung auftauchen. Im Übrigen in strenger Klausur leben, für keinerlei Konferenzen und dgl. zu haben, nur an einer in der Ferne am mittleren Zürichsee aufsteigenden Tabakwolke kenntlich sein.[13] Und vielleicht in den Pausen des sittlichen

[10] Vgl. Fr. Gogarten, *Karl Barths Dogmatik*, a.a.O., S. 72f.

[11] Vgl. E. Brunner, *Psychologie und Weltanschauung*. Vortrag in der Philosophischen Gesellschaft Zürich, 13.8.1928, in: Neue Schweizer Rundschau, Jg. 22 (1929), S. 4–22.

[12] 1928 bereiste Brunner die Vereinigten Staaten, wo er Vorträge an zahlreichen Theologischen Seminarien hielt. Zu Barths damaligem Aufenthalt in Zürich vgl. Bw.Th. II, S. 619.

[13] Barth hatte im Sommersemester 1929 ein Freisemester. Er verbrachte die Zeit von Mitte April bis Ende September auf dem Bergli bei Oberrieden, vgl. Lebenslauf, S. 197f.

Kampfes[14] auch wieder einmal mit hörbarem Krach vom Pferd fallen![15] Emil, Emil, es wäre doch besser, etwas Anderes zu tun, als angesichts der ganzen Fragwürdigkeit der menschlichen Existenz auch noch solche Bücher zu schreiben, wie du und ich, ich und du es unbußfertigerweise fort und fort immer wieder tun. Es könnte doch sein, daß diese Sache von den Engeln des Himmels mit wachsendem Mißvergnügen verfolgt wird? Gibt es übrigens in deiner Dogmatik auch eine Lehre von den Engeln? Oder hast du damit so aufgeräumt wie mit der Jungfrauengeburt?

Ob wohl Köhler nach Heidelberg geht?[16] Und wen ihr euch dann wohl heran holt? Ist denn in der Schweiz irgend jemand, der da in Betracht käme?

Vale! Ich muß an mein Ethikpensum für morgen.[17] Am Freitag haben wir zu Ehren von Bismarck und Versailles 1871 den jährlichen großen Festtag[18], an dem ich nicht umhin kann, «Deutschland, Deutschland über Alles» aus voller Brust mitzusingen, einen violetten Hut auf dem Kopf, mit Frack und Talar angetan, o Emil, so schön, wie ihr armen Schweizer euch gar nicht vorstellen könnt. Nächste Woche kommt Tillich hieher und hält einen Vortrag[19], dann also Przywara[20] und als mächtiger Schluß dein Onkel Hermann!!![21], der sich, wie ich verneh-

---

[14] Anspielung auf W. Herrmann, *Ethik*, Tübingen 1913⁵, S. 237: «Aber das gute Gewissen, daß Gott uns diese Erholung erlaubt, können wir nur dann haben, wenn die sittliche Gesinnung auch in diese Pausen des sittlichen Kampfes eindringt.»

[15] Ende August 1926 erlitt Barth einen Reitunfall, vgl. Bw.Th. II, S. 428f.

[16] Zu Walther Köhler vgl. S. 58, Anm. 2.

[17] Barth las im Wintersemester 1928/29 «Ethik II», vgl. Bw.Th. II, S. 742.

[18] Zum Gedenken an die Proklamierung von König Wilhelm I. von Preußen zum deutschen Kaiser am 18. Januar 1871 im Spiegelsaal von Versailles und an die damit vollzogene Einheit Deutschlands.

[19] Tillich hielt vor den Studierenden der Theologie in Münster den Vortrag *Protestantische Gestaltung*; abgedruckt in: P. Tillich, *Religiöse Verwirklichung*, Berlin 1930, S. 43–64; bearbeitet wieder abgedruckt in: *Der Protestantismus als Kritik und Gestaltung. Schriften zur Theologie I*, Gesammelte Werke, Bd. VII, Stuttgart 1962, S. 54–69; vgl. auch Barths Kritik zum Vortrag in Bw.Th. II, S. 651.

[20] Erich Przywara, S.J. (1889–1972), Religionsphilosoph in München, hielt am 5.2.1929 in Münster den Vortrag *Das katholische Kirchenprinzip;* abgedruckt in: ZZ, Jg. 7 (1929), S. 277–302; vgl. Bw.Th. II, S. 638.

[21] Hermann Kutter war der Onkel von Brunners Frau Margrit, vgl. S. 8, Anm. 5. Er hielt in Münster den Vortrag *Jesus Christus und wir.* Vortrag vor der

me, schon jetzt durch Lektüre meiner sämtlichen Werke zu diesem Unternehmen stärkt. Das kann gut werden. Nochmals Vale! Es gäbe ja noch viel zu erzählen.

Von Herzen grüßend

dein Karl Barth

## 71

Brunner [ohne Ort,] 8.6.1929

Lieber Freund,

Das Gespräch[1] mit dir setzt sich in mir ohne und gegen meinen Willen so unablässig fort, daß ich nicht umhin kann, es laut werden zu lassen. Es steht dir ja immer noch frei, die Störung durch diesen meinen Brief dir zu verbitten und ihn bis zu unserem nächsten mündlichen Gespräch ungelesen zu lassen. Soviel weiß ich gewiß: es ist ein kritischer Punkt erreicht, wo entweder etwas dringend Notwendiges oder etwas Verhängnisvolles geschieht. Auf deinen Widerspruch gegen meinen Artikel[2] war ich, selbstverständlich, gefaßt. Aber die Art, wie du ihn begründet hast, gibt mir schwer zu denken und nötigt mich zu neuer Besinnung. Du hast ja wohl auch merken können, daß ich trotz meiner Gegenrede nicht mit verschlossenen Ohren zu dir gekommen bin.

Das Eingreifen von Frau Pestalozzi auf deine Veranlassung hin bedaure ich insofern, als es mich wehrlos machte. Ich mußte ihr vorbehaltlos recht geben, etwa so wie ein alter Säufer, dem man sein altes Laster, in das er trotz allem Kämpfen immer wieder verfällt, vorhält. Gewiß, diese unerfreuliche Gestalt des Knockout-Boxers... Aber es hätte anderseits dir zu denken geben dürfen, daß sie, trotzdem sie meine

Theologenschaft in Münster i.W. am 15. Februar 1929; abgedruckt in: ZZ, Jg. 7 (1929), S. 379–426.

---

[1] Am 6.6.1929 hatte Brunner Barth in dessen Feriensitz auf dem Bergli bei Oberrieden – wo er im Sommer 1929 sein Freisemester verbrachte (S. 172, Anm. 13) – zu einem Gespräch aufgesucht – wie Barth am 7.6.1929 an Georg Merz schrieb: «zur Verantwortung wegen des unannehmbaren und abzulehnenden Artikels über die andere Aufgabe der Theologie» (Karl Barth-Archiv, Basel). An dem Gespräch war auch die Gastgeberin Gerty Pestalozzi aktiv beteiligt.
[2] E. Brunner, *Die andere Aufgabe der Theologie,* in: ZZ, Jg. 7 (1929), S. 255–276; wieder abgedruckt in: Wort I, S. 171–193.

Schwachheit im Starkseinwollen so klar durchschaut, trotzdem meine Sache dir gegenüber verteidigte als gut und notwendig. Ich will nun versuchen, deine Bedenken etwas überlegter als im mündlichen Gespräch zu beantworten.

1. Die Front Gogarten – Bultmann. Wenn sie «etwas anderes wollen»[3], bist du wirklich so sicher, daß sie etwas wollen, das deinem eigenen Beruf – oder jedenfalls deiner Sache – fremd ist? Ich habe gesehen und Gogarten einigermaßen beibringen können, daß er dich mißversteht. Sollte es nicht umgekehrt auch so liegen? Gogarten hat wirklich etwas gesehen, was keiner von uns gesehen hat – wie auch du irgendwie anerkennst. Wenn er daraus zu viel macht, wie du vielleicht zu wenig, heißt das schon «etwas anderes wollen»? Doch zur Sache.

2. Die Anmaßung der Eristik[4]. Können *wir* denn Illusionen aufdecken? Gegenfrage: Können wir denn etwa den Sinn von Offenbarung, Erlösung, Sakrament klarmachen? Ist die Anmaßung, eristisch-theologisch einen Irrtum als solchen, d. h. als Illusion aufzudecken, größer als die, dogmatisch-theologisch die Bedeutung der Dreieinigkeit klarzumachen? Lassen sich die beiden Vorgänge überhaupt trennen: das Abtun des Falschen und das Geltendmachen des Wahren?

Wenn aber Eristik innerhalb der Dogmatik nicht anmaßend, sondern notwendig ist, so ist sie nicht falsch, weil sie anmaßend ist.

3. Eristik ist falsch, weil losgelöst; dadurch wird sie gesetzlich. Du hast mir des öfteren – wie du nicht umhinkonntest – zugestanden, daß Auseinandersetzung notwendig sei. Aber sie habe «an ihrem Ort» innerhalb der Dogmatik zu geschehen. Du fürchtest mit Recht eine «Vorerledigung», hinter der drein dann die Dogmatik kommen könnte. In der Tat: das wäre «Mosestreiben»[5]. Aber darum handelt es sich mir nicht. Ich meine *theologische* Eristik, ein Aufdecken der Illusionen vom Evangelium her, aber freilich ein solches, das nicht schon den Glauben des Anderen voraussetzt, sondern in dem sich das Wegräumen von Glaubenshindernissen vollzieht.

---

[3] Brunner nimmt offenbar hier wie bei den weiteren numerierten Punkten Bezug auf das erwähnte Gespräch mit Barth, wobei er jeweils Barths Einwände und Fragen voranstellt und darauf seine eigene Erwiderung entfaltet. Auch die folgenden Zitate scheinen diesem Gespräch zu entstammen.

[4] Von Brunner in *Die andere Aufgabe der Theologie*, a.a.O., S. 255, geprägter Begriff für die polemische und apologetische Aufgabe der Theologie.

[5] = gesetzlich verfahren.

4. Es gibt nicht zweierlei theologische Verfahren, das dogmatische und dann noch ein anderes, das eristische. Nur als das eine hat das andere ein Recht, also nochmals: im Zusammenhang. Sehr gut. Die Frage ist nur: in welchem Zusammenhang. Ist der Zusammenhang des dogmatischen Systems der einzig legitime? An diesem Punkt muß ich an die Tatsache erinnern, daß die Theologie der alten Kirche ebenso wie die der Reformation in ihren Anfängen nicht in diesem Sinn dogmatisch, sondern polemisch oder «eristisch» war. D.h. sie hat in ihrer theologischen Besinnung und näheren Auslegung des Glaubens nicht den Zusammenhang eines dogmatischen Systems gesucht, sondern hat ihren Glauben entwickelt in der Auseinandersetzung mit dem Zeitgeist in seinen hauptsächlichsten und gefährlichsten Formen. Du hast das s. Z. einmal selbst als das Wesen der Glaubensbekenntnisse ausgesprochen: Abgrenzungen gegen Zeitirrtümer in bestimmten, durch die Zeit gerade bedingten Richtungen.[6] So vollzog sich auch diese theologische Besinnung. Sie war streng dogmatisch dem Orientierungspunkt, der Sache nach, aber eristisch der Form und Methode nach. Du hast einmal Luther einen theologischen Journalisten genannt.[7] In diesem Sinne ist die meiste ganz große theologische Arbeit journalistisch. Sie läßt sich den Anlaß zur theologischen Explikation nicht vom logischen Zusammenhang der loci, der Dogmatik geben, sondern «vom Tag» und arbeitet wirklich au jour pour le jour. Sie bewährt sich darin als eine genaue Parallele zu rechtem christlichem Handeln, das auch nicht systematisch, sozusagen auf Vorrat, programmatisch vor sich geht, sondern nimmt und tut, «was vor der Hand liegt»[8]. Ich würde das gegenüber der Dogmatik als primäre Theologie bezeichnen, wie sie auch geschichtlich primär ist. Der Übergang zur Dogmatik pflegt immer schon der Übergang zur jeweiligen Scholastik zu sein.

[6] Vgl. K. Barth, *Wünschbarkeit und Möglichkeit eines allgemeinen reformierten Glaubensbekenntnisses,* in: ZZ, Jg. 3 (1925), S. 18–40; wieder abgedruckt in: V.u.kl.A. 1922–1925, S. 604–643.

[7] Erik Peterson (1890–1960), 1924–1930 Professor für Neues Testament und Kirchengeschichte in Bonn, nannte Luther so. Barth stimmte ihm nur bedingt zu. Vgl. K. Barth, *Kirche und Theologie* (1925), in: V.u.kl.A. 1922–1925, S. 681f.

[8] Beliebte Redensart nach Koh. 9,10 von J. A. Bengel, vgl. O. Wächter, *Johann Albrecht Bengel. Lebensabriß, Charakter, Briefe und Aussprüche,* Stuttgart 1865, S. 168: «Mein Fleiß ging nur dahin, das, was mir vor die Hand kam, ... treulich zu verrichten: meine Wege ließ ich Gott befohlen seyn.»

5.[9] Bei der Sache bleiben! Es ist schade, so viel Zeit zu verlieren... In der Tat: wir haben nur dem Evangelium zu dienen. Das ist die Sache. Aber das ist nicht identisch mit der Dogmatik. Es gibt Theologen, die halten schon die Dogmatik als solche für ein Von-der-Sache-Abkommen. Sie wollen nur die unmittelbare biblische Theologie anerkennen – und es ließe sich dafür allerhand sagen. Ich frage nun: ist der Schritt von der Bibelauslegung zur Dogmatik der nächste, und antworte: nein. Sondern der nächste Schritt ist der zur Eristik, zum «theologischen Journalismus», d. h. zur Auseinandersetzung des Glaubens mit den falschen Alternativen zum Glauben in und außerhalb der Kirche. Ich bestreite nicht die Notwendigkeit der Dogmatik im eigentlichen Sinn. Aber ich anerkenne nicht, daß ernste theologische Arbeit mit ihr identisch sei. Du wirst dich doch kaum darüber täuschen: Dein Römerbrief bedeutet – nicht wegen des Ziehens der großen Glocke[10], sondern wegen seines echt eristischen Charakters – theologiegeschichtlich mehr als deine Dogmatik. Gogartens Kampf gegen den Idealismus[11] bedeutet jetzt mehr als eine korrekte Lehre von den Sakramenten[12]. Darauf komme ich noch.

Die «Sache» ist nicht die Dogmatik, nicht die reine Lehre, noch auch ist ernste theologische Bemühung um die Sache im engeren Sinn dogmatische Theologie; Dogmatik ist bereits «zeitlos» geworden, weil von der Besonderheit des geistigen Kampffeldes absehende, den «Journalismus» der Gelegenheitstheologie verachtende und ihn durch zeitlose Klassik – durch ein Arbeiten auf lange Sicht – ersetzen wollende Theo-

[9] Die von hier an falsche Numerierung Brunners wurde stillschweigend korrigiert.

[10] Vgl. K. Barth, *Die christliche Dogmatik im Entwurf,* a.a.O. (S. 163, Anm. 1), S. 7f.: «Blicke ich auf meinen Weg zurück, so komme ich mir vor wie einer, der, in einem dunklen Kirchenturm sich treppaufwärts tastend, unvermutet statt des Geländers ein Seil ergriffen, das ein Glockenseil war, und nun zu seinem Schrecken hören mußte, wie die große Glocke über ihm soeben und nicht nur für ihn bemerkbar angeschlagen hatte. Er hatte das nicht gewollt, und er kann und wird das nicht wiederholen wollen. Er wird, betroffen über das Ereignis, so behutsam als möglich weitersteigen.»

[11] Vgl. Fr. Gogarten, *Illusionen. Eine Auseinandersetzung mit dem Kulturidealismus,* Jena 1926.

[12] Vgl. K. Barth, *Die Lehre von den Sakramenten.* Vortrag, gehalten in Emden und Bern 1929, in: ZZ, Jg. 7 (1929), S. 427–460; wieder abgedruckt in: V.u.kl.A. 1925–1930, S. 393–441.

rie. Wir werden sie trotzdem haben müssen; aber wir müssen wissen, daß sie teuer bezahlt wird.

6. Der einzige locus für Eristik wäre die Engellehre. Der Gedanke ist sehr zu erwägen. Aber was ich unter Eristik verstehe, gehört noch an ganz andere Örter, ganz besonders in die Lehre vom Menschen. Hier sitzt – da hat Gogarten einfach recht[13] – heute der eigentliche Widerstand, wie anno 1517 in der [Lehre von der] Kirche. Darum muß heute die Anthropologie so «ausgebaucht» werden wie zu Calvins Zeiten die Lehre von der Kirche, so sehr, daß es sich wohl lohnt, diesen Fragenkomplex besonders zu behandeln. Da gehörte auch eine theologia naturalis hinein. Denn daß es eine solche gibt, kann keiner, der beim Verstand ist, bestreiten. Die Frage ist nur die nach ihrem Wert. Es gilt also u. a. auch einmal die Frage nach der theologia naturalis als streng theologische gründlich anzufassen; es wird sich dabei zeigen, daß die paar Bemerkungen, die du bis jetzt darüber gemacht hast, – ebenso wie etwa meine Religionsphilosophie[14] oder Gogartens anthropologische Versuche – einer gründlichen Revision bedürftig sind und daß ohne Bereinigung dieser Fragen, die im Zusammenhang der Lehre von der imago dei, Sünde, foedera, zu geschehen hätte, auch eine rechte Lehre von der Wiedergeburt und Heiligung, Eschatologie und – was mich besonders interessiert – der Homiletik und Katechetik nicht möglich ist. Gogarten wird wohl darin recht haben, daß wir eine von Antike und Aufklärung durchsetzte Anthropologie in unserer Theologie mitschleppen, die sich überall fälschend geltend macht.[15] Das Kapitel de homine ist nicht an sich das wichtigste, wohl aber dasjenige, wo die Wurzeln des heutigen Denkens, also des Widerstandes gegen das Evangelium liegen. Ja, ich muß sogar gestehen, daß ich glaube, daß gerade hier sogar die Reformatoren dem augustinisch-neuplatonischen Einfluß sich nicht ganz haben entziehen können (de servo arbitrio etc., Prädestinationslehre, an der du es ja selbst eindrücklich gezeigt hast)[16].

[13] Vgl. Fr. Gogarten, *Das Problem einer theologischen Anthropologie.* Vortrag, gehalten vor dem Theologischen Verein in Kopenhagen im Mai 1929, in: ZZ, Jg. 7 (1929), S. 493–511, bes. S. 494.

[14] Vgl. S. 135, Anm. 1.

[15] Vgl. Fr. Gogarten, *Das Problem einer theologischen Anthropologie,* a.a.O., bes. S. 503–505.

[16] Vgl. K. Barth, *«Unterricht in der christlichen Religion»,* Bd. II, a.a.O. (S. 139f., Anm. 5), S. 183–186.

Ein spezielles Wort zur Frage der Existentialität. Gewiß, Existentialität im letzten Sinn ist gleich Glaube, also gleich heiliger Geist, also etwas, was wir keineswegs in der Hand haben. Aber es gibt auch innerhalb der natürlichen Seinsweise einen Unterschied von zuschauerisch und ernst, von Theorie und Begegnungswirklichkeit, also von Ernst und Spiel, den wir nicht gering anzuschlagen haben, das zerschlagene Herz, das Mühseligsein [vgl. Ps. 51,19; Mt. 11,28], das irgendwie der verheißungsvolle Anknüpfungspunkt des Evangeliums ist – gratia praeveniens. Diese Frage des Anknüpfungspunktes ist eine streng theologisch in Angriff zu nehmende Zentralfrage. Also: wir brauchen eine theozentrische Anthropologie. Aber da geht's nach so vielen Seiten hin, daß ich nicht einsehe, wie das innerhalb einer Dogmatik soll Platz haben.

7. Es lohnt sich nicht ... der Katholizismus ist der einzige respektable Gegner. Ich meine, wir haben nicht zu fragen, welcher Gegner ist respektabel, sondern welcher ist der wirkliche Gegner. Götzen sind immer Nichtse, aber als solche haben sie Macht durch den «Aberglauben». Gewiß hat Thomas ein ganz anderes Gewicht als sogar ein Hegel, von einem Troeltsch zu schweigen. Aber er ist in unserer Kirche nicht der wirkliche Gegner; da herrschen ganz andere Geister, viel geringerer Sorte; aber umso mehr gilt es, von ihnen loszukommen.

Auch hier gilt es au jour pour le jour. Das zeitlose Alles-zu-jeder-Zeit-gleich-wichtig-Nehmen, die jederzeitige Systemganzheit ist die orthodoxe Verführung, die im dogmatischen System als solchem liegt. Vielleicht ist es das, was Grisebach eigentlich gegen uns Dogmatiker hat – und dann würde also seine Unterscheidung von Theologie und systematischer Theologie nicht unberechtigt sein.[17] Das System der Dogmatik bedeutet als solches – im Unterschied zum theologischen «Journalismus» der Eristik – eine Zeitlosmachung und damit allerdings eine Platonisierung des theologischen Denkens. Die Eristik, die sich das Thema von der Zeit geben läßt, die immer nach der Richtung hinspricht, wo gerade eine Bedrohung der Kirche – durch was für respektable oder unrespektable «Gegner» – sich geltend macht, die gar kein Bedürfnis hat, «das Ganze» der Theologie darzustellen, weil sie die theolo-

---

[17] Vgl. E. Grisebach, *Gegenwart. Eine kritische Ethik,* Halle 1928, bes. S. 198ff. Vgl. dazu die Auseinandersetzung zwischen Brunner (ZZ, Jg. 6 [1928], S. 219–232, und ZZ, Jg. 7 [1929], S. 275f. [= Wort I, S. 192f.]) und Grisebach (ZZ, Jg. 7 [1929], S. 90–106).

gische Explikation des Evangeliums gar nicht als ein Gut, sondern nur als eine eventuelle leidige Notwendigkeit ansieht, darum, weil ja der Christ das Wort Gottes auf der scharfen Kante des Augenblicks und nicht auf dem breiten Boden theoretisch-theologischer Betrachtung hören soll – sie hat gerade um dieser Zeithaftigkeit willen (Journalismus) ein großes bene vor der Dogmatik voraus.

Gerade das klassische theologische System als solches ist eine Gefahr für die Kirche – ich denke da an das Seßhaftwerden Israels und die großen Quadersteine des Tempels –, einen Schritt weiter vom Existentiellen weg, als sowohl biblische wie eristische Theologie ihn bedeuten, und es scheint mir, daß einige unserer Kritiker diesen Unterschied schärfer gesehen haben als wir. Auch dein so glückliches Vorwort zur Dogmatik[18] bleibt, wie mir scheint, hinter dieser Erkenntnis zurück, eben darum, weil für dich theologische Besinnung und Dogmatik zusammenfallen, d.h. darum, weil du das Besondere, das mit der theologischen Besinnung durch ihr Eingehen ins dogmatische System vor sich geht und was sie also von ihrer Urform, der journalistischen Eristik, trennt, nicht bemerkt zu haben scheinst.

Aber nun: glaube nicht, daß ich dir damit etwas am Zeug flicken wolle. Es steht wirklich nichts gegen dich in meinem Aufsatz außer dies: daß es nicht alle so machen sollen wie du. Aber du sollst es gerade so machen, wie du es machst, das steht mir fest. Denn so, wie du Dogmatik machst, hat sie ein Minimum von jenen speziellen Gefahren, obschon freilich die Tatsache, daß gerade du, der du das Wort vom bißchen Zimt einst zur Parole hattest[19], das imposanteste theologische Gebäude aufrichtest, nicht unbedenklich ist.

Was aber mich betrifft, so habe ich aus dem Gespräch mit dir gesehen, daß ich meine Sache wieder einmal durch meine besondere Art verdorben habe; in der Tat, das hätte alles ganz anders gesagt werden

[18] K. Barth, *Die christliche Dogmatik im Entwurf,* a.a.O. (S. 163, Anm. 1), S. 3–9.
[19] K. Barth, *Not und Verheißung der christlichen Verkündigung,* in: ZZ, Heft I, [Jg. 1 (1923)], S. 3–25; wieder abgedruckt in: V.u.kl.A. 1922–1925, S. 65–97; hier S. 96: «Nicht darum kann es sich handeln, diesem oder jenem eine neue Position oder auch nur eine Negation polemisch gegenüberzustellen. Wohl aber darum, Besinnung eintreten zu lassen über das, was da geredet und getan wird... Besinnung bedeutet grundsätzlich weder Position noch Negation, sondern eben nur – eine Randbemerkung, ‹ein bißchen Zimt›.» Vgl. a.a.O., S. 68 mit Anm. 15.

sollen, ohne diesen unverschämt siegreichen Ton, der allem, was ich schreibe – vielleicht abgesehen von den Predigten – irgendwie anhaftet. Denn wenn ich Eristik sage, so meine ich allen Ernstes nicht jene dort – wie R. Pestalozzi meinte: die dummen Kerle da drüben –, sondern ich meine wirklich uns selbst mit *unseren* Illusionen.

Aber offenbar glaube ich das selbst noch nicht recht, sonst würde ich nicht immer wieder in jene Attitüde des Knockout-Boxers verfallen. Wenn du mir das ab und zu auf die Schnauze gibst, so knurre ich zwar zuerst, aber lasse mir's dann doch gefallen, in aufrichtiger Dankbarkeit. Die Sache, die ich verfechte, bleibt damit aber unverworren.

Und nun verzeih diese schreckliche Epistel, die zu allem eher paßt als zu deiner retraite; aber «ich kann mir nicht helfen»...[20] Ich hoffe, nach deiner Rückkehr[21] bald dich zu sehen. Bitte mach mir Bescheid, sobald du zurück bist.

Herzlich

dein [Emil Brunner]


## 72

Brunner                [ohne Ort und Datum; vermutlich am 9.7.1929[1]]

Lieber Freund,

Ich möchte dir für den gestrigen Abend auch meinerseits danken, nachdem dies Pfr. Boller[2], sicher aus der Empfindung aller heraus, für die Versammlung getan hat.[3] Ich habe, ganz abgesehen von dem, was

[20] Vgl. H. Kutter, *Ich kann mir nicht helfen... Auch ein Wort an die deutschen Freunde der Religiös-Sozialen,* Zürich 1915.
[21] Barth bereiste Italien touristisch vom 8. bis 26.6.1929, vgl. Lebenslauf, S. 200.

---

[1] Datierung gemäß Nr. 73, vgl. auch Anm. 3.
[2] Max Boller (1878–1940), 1918–1940 Pfarrer in Zürich.
[3] Im Brunner-Nachlaß W 55/139,6 befindet sich ein Typoskript-Durchschlag von Barths «Antworten auf die von der Vereinigung freisinniger Theologen von Zürich gestellten Fragen», datiert auf den 8. Juli 1929. Barth begann die Behandlung der gestellten fünf Fragen mit der Vorbemerkung, «daß wir Alle den durch diese Begriffe bezeichneten Gegenständen von Haus und immer wieder fremd gegenüberstehen. Wir haben weder als Theologen, noch als Christen, noch als religiöse Menschen, noch als Menschen überhaupt, einen Zugang dazu.» – Aber

du gesagt hast, vor allem deine Haltung aufrichtig bewundert. Wie du mit diesen Mannen umgegangen bist, das war sehr, sehr gut, und wenn sie dich sicher zum großen Teil nicht kapiert haben, so haben sie doch den Willen dahinter verstanden, und ich muß dir gestehen, daß ich von da aus auch theologisch für die ganze Auffassung meiner Arbeit viel gewonnen habe.

Du wirst dir zwar wohl auch bewußt gewesen sein, daß auch diese weitherzig entgegenkommende Art, so wie die Menschen nun einmal sind, nicht ohne Gefahr ist. Ich habe im Gespräch schon gestern Nacht gemerkt, daß das, was du über unser Nichtwissen sagtest und was deine ganze Haltung bestimmte, von manchen nun einfach wieder im Sinn des Relativismus und eines gewissen Agnostizismus-in-der-Theologie mißverstanden wurde. Es ist mir auch eine wirklich sachliche Frage, wie sich denn die Bestimmtheit des theologischen Lehrens mit diesem Wissen um unser Nichtwissen ausgleiche, und es wäre mir lieb, bei unserem privaten Gespräch gerade dieses Thema zum Gegenstand zu machen. Von da aus wird sich auch die Frage der eristischen Theologie beantworten lassen.

Dein gestriges Augenzwinkern anläßlich der «Wahrscheinlichkeitsgründe» hat mir eben doch gezeigt, daß du das, was ich mit Eristik meine, nicht richtig verstanden hast. Denn nicht um jene vestigia trinitatis[4] usw. handelt es sich mir dabei, sondern um das, was du in deinem Einleitungswort zum Begriff der Entscheidung ausgeführt hast. Das war gerade das, was ich unter Eristik verstehe, was jedenfalls bei mir im

«unsere Situation involviert jedenfalls auch den Anspruch, uns das durch diese Begriffe Bezeichnete angehen zu lassen.» Von da aus ging Barth auf die Fragen ein: «Wieso ist Christus die Offenbarung Gottes?», «Welches ist Ihre Sinndeutung des Begriffs Transzendenz?», «Der Glaube an die Dreieinigkeit?», «Das Verhältnis von Wort Gottes, Offenbarung, Bibel?», «Wie steht es um die Fähigkeit des Menschen hinsichtlich der Forderung des Glaubens und des Gehorsams gegen den Willen Gottes?» Vgl. auch den Bericht Barths über den Abend im «Kreis der Zürcher Reformer» in Bw.Th. II, S. 670. Der Verein freisinniger Theologen war eine Sektion des 1871 gegründeten Schweizer Vereins für freies Christentum. Die Mitglieder traten gegen ein Aufzwängen von Dogmen und für die freie wissenschaftliche Erforschung biblischer Texte zu Gunsten einer «vernünftigen Religiosität» ein.

[4] Zu dieser auf Augustinus zurückgehenden Formel, mit der für Barth eine Ablenkung von der Offenbarungserkenntnis gemeint ist, vgl. K. Barth, *Die christliche Dogmatik im Entwurf,* a.a.O. (S. 163, Anm. 1), S. 181–198.

Mittelpunkt steht: die Unterscheidung eines theoretischen und eines nichttheoretischen Denkens.

Als du gefragt wurdest, ob dann da überhaupt noch diskutiert werden könne, hast du, mit Recht, geantwortet: Gewiß, denn es läßt sich eben an diesem Kriterium das Denken aus Glauben und das bloß theoretische unterscheiden. Das gerade ist das Thema meiner Eristik: Aussagen, Systeme, Philosopheme, die dem Glauben als Einwände gegenübertreten, als Zuschauerdenken, als Spekulationen, als Flucht vor dem Denken in der Entscheidung aufzudecken. Das hast du gestern des öfteren getan und hast damit das getan, was mein «Programm» fordert. Du hast es wahrscheinlich besser gemacht als ich in deiner Lage, weil du dabei vor allem nicht der Gesicherte sein wolltest. Aber du hast es, selbstverständlich, letztlich doch mit schlagfertiger Sicherheit getan. Deine Ausführungen über die Transzendenzfrage waren ein Musterbeispiel eristischer Theologie, und ich habe auch wohl bemerkt, wie da etwas hell geworden ist in vielen Köpfen und Herzen. Ein großes Beispiel dafür hast du in deinem Aufsatz Schicksal und Idee[5] gegeben, den mir Georg[6] im Korrekturabzug geliehen hat. Was anderes tust du da als das, worauf ich hinsteuere? Wiederum: du tust es anders, vielleicht in der Hauptsache besser, aber immerhin und vor allem, du tust es. Ich glaube allerdings – darüber möchte ich dann gern mit dir verhandeln –, daß du gewisse Mittelglieder überspringst, weil du, ich meine, zu Unrecht, glaubst, es werde sonst die Freiheit Gottes und der Entscheidung gefährdet; d. h. die dogmatische Reflexion setzt bei dir an gewissen Punkten einfach aus, wo ich es für notwendig finde, sie weiterzuführen (während du sie in anderer Beziehung weiter treibst, als ich für gut und notwendig halte), aber grundsätzlich sehe ich da wirklich keinen Unterschied.

Besonders gut war es gestern, daß du von vornherein die Gutsche Fragestellung nach den beiden Richtungen innerhalb des Freisinns[7] abgeschnitten hast. Dabei kann ich freilich den Gedanken nicht unter-

[5] K. Barth, *Schicksal und Idee in der Theologie.* Vorträge, gehalten im Hochschulinstitut zu Dortmund, Februar-März 1929, in: ZZ, Jg. 7 (1929), S. 309–348; wieder abgedruckt in: V.u.kl.A. 1925–1930, S. 344–392.

[6] Gemeint ist Georg Merz.

[7] Barth erwähnt Bw.Th. II, S. 671, die «nach Gut angesichts des ‹Ereignisses Karl Barth› von Spaltung bedrohte ... Reformpartei». Zu W. Gut vgl. S. 72, Anm. 16.

drücken, daß du mit dieser Gleichstellung von positiv und freisinnig sachlich nicht ganz recht hast. Denn alles das, was du gestern gesagt hast, könnte auch ein Kähler[8] anerkannt haben – Schlatter[9] selbstverständlich, Theodosius Harnack[10] etc. ebenfalls –, aber eben kein Biedermann oder Lüdemann[11]. Es ist eben doch nicht so, als ob sich die liberale Theologie und die positive von diesem Schlag (ich denke noch an den alten Thomasius[12] oder an Kohlbrügge[13] etc.) zur echt reformatorischen gleich verhalten, nämlich im gleichen Abstand der Nichtexistentialität. Wenn jene Positiven die dialektische Situation nicht so klar wie du erfaßt haben, so heißt das noch nicht, daß sie sie nicht erfaßt haben, während umgekehrt die liberale Doktrin als solche sie nicht erfassen läßt. An der Bibel orientierte Theologie ist jederzeit sozusagen in der Möglichkeit, existentiell verstanden zu werden, liberales System aber macht dies an sich selbst unmöglich.

Doch davon lieber mündlich. Da du so spät aus Italien zurückgekommen bist[14], ist es mir vielleicht nicht mehr möglich, dich nochmals zu sehen, bevor ich für 4 Wochen in die Ferien gehe (wir haben in Seewis ein Häuschen gemietet), aber unter allen Umständen muß ich dich noch sehen, bevor du wieder verreisest. Heute abend will ich dich lieber mit meinen Studenten allein lassen, da ja das Thema nicht wie das frühere meine Anwesenheit wünschbar macht.[15]

Könntest du allenfalls nächsten Montag zu mir zum Mittagessen kommen und bei mir den Nachmittag verbringen, oder, wenn dir das

---

[8] Martin Kähler (1835–1912), Professor für Systematische Theologie in Bonn und Halle.

[9] Adolf Schlatter (1852–1938), Professor für Neues Testament in Greifswald, Berlin und Tübingen.

[10] Zu Th. Harnack vgl. S. 150, Anm. 6.

[11] Hermann Lüdemann (1842–1933), Professor für Systematische Theologie in Bern; zu Biedermann vgl. S. 88, Anm. 6.

[12] Gottfried Thomasius (1802–1875), Professor für Dogmatik in Erlangen.

[13] Hermann Friedrich Kohlbrügge (1803–1875), wirkte als Pastor der niederländisch-reformierten Gemeinde in Elberfeld.

[14] Vgl. S. 181, Anm. 21.

[15] Barth hatte am 9.7.1929 mit den «ganzen Zürcher Theologiestudenten» «ein Gespräch über den Begriff der Offenbarung», vgl. Bw.Th. II, S. 671. Brunners Rückbezug meint vielleicht die Begegnung mit den «freisinnigen Theologen» am Vortag (vgl. Anm. 3) oder dann ein für den 9.7. ursprünglich vereinbartes anderes Thema, etwa das von Brunners Aufsatz über die «andere Aufgabe» der Theologie (vgl. S. 174, Anm. 2).

besser passen würde, den Abend? Diese Woche sind alle Mittage und Abende besetzt und nächste Woche auch, außer Montag. Wenn ja, so wäre mir das sehr lieb.

Herzlich

dein E. Brunner

73

Barth                                                    Oberrieden, 10.7.1929

Lieber Freund!

Es wird in der Tat besser sein, wenn wir unsere Unterhaltung mündlich fortsetzen, und da du dies scheint's lieber ohne Zeugen tust, soll es mir auch recht sein, und ich bin gerne so frei, deine Einladung auf nächsten Montag anzunehmen und also zum Mittagessen und für den Nachmittag bei dir zu erscheinen. Im Anschluß daran möchte ich mir dann in Zürich ein paar neue Schuhe kaufen.

Auch der gestrige Abend mit deinen Studenten[1] verlief ganz nett, obwohl ich stark den Eindruck hatte, es mit einem wesentlich mühsameren «Schülermaterial» (wie unsere Pädagogen zu sagen pflegen) zu tun zu haben, obwohl ich mich beehrt fühlte, auch die Kinder von so berühmten Leuten wie der Oberst Wille[2] und der große Andreae[3] zu meinen Füßen (ich stand auf einer Ofenbank) sitzen zu sehen. Ob der kleine Lehrgang, den ich mit dem Volk versuchte, bei diesem mehr zur Verwunderung oder mehr zur Belehrung gedient hat, wurde nicht ganz deutlich. Etliche der Widersprecher wurden im Lauf des Abends stiller

[1] Vgl. S. 184, Anm. 15.
[2] Sigismund Robert Georg Ulrich Wille (1877–1959), Sohn von Ulrich Wille-von Bismarck (1848–1925), der während des 1. Weltkriegs General der Schweizer Armee war. Der Sohn repräsentierte den deutschnationalen Geist der einflußreichen Familie und hatte dann gute Beziehungen zu Führern des Dritten Reichs. Bei dem Kind handelte es sich (nach den «Zuhörerlisten» Brunners in seinem Nachlaß W 55,129) um die Tochter Gundalena, die sich 1937, getraut von E. Brunner, mit C.Fr. von Weizsäcker verheiratete.
[3] J. V. Andreae (a.a.O.), vermutlich Sohn von Volkmar Andreae (1879–1962); 1906–1949 leitete Volkmar Andreae als Dirigent die Zürcher Tonhalle-Konzerte. Er hatte den militärischen Rang eines Oberstleutnants der Infanterie inne.

bis auf einen frechen, aber sichtlich auch etwas dummen kleinen Hahn, der bis zuletzt sein Kikeriki nicht lassen konnte. Wenn ich nun noch im Kapitel Horgen meinen Sakramentsvortrag[4] wiederholt und eventuell einen zweiten Abend mit den Reformern[5] zugebracht habe, dürfte meinen Gastpflichten gegenüber der zürcherischen Theologenwelt genug getan und wird dieses Schlachtfeld – vielleicht unter Hinterlassung einiger Schwefeldünste – wieder ganz und ausschließlich Raum für *deine* Taten sein.

Es würde mich wohl gelüsten, auf einige Stellen aus deinen Briefen a tempo zu antworten. Aber ich will Enthaltsamkeit üben. Meine Maschine arbeitet leider noch nicht mit derselben Fixigkeit wie die deinige.

Mit herzlichem Gruß

dein Karl Barth


74

Barth                                                    Oberrieden, 19.9.1929

Lieber Freund!

Irgend jemand in Zürich muß es auch schwarz auf weiß haben, daß ich gestern so betrübt und entrüstet wie noch ganz selten nach solchen Anlässen an meinen Ort zurückgekehrt bin, froh über die Aussicht, mich nun lange nicht mehr mit schweizerischen Theologen und speziell mit schweizerischen Positiven unterhalten zu müssen.[1] Mein Eindruck von dieser Gesellschaft muß, Alles wohl überlegt, hemmungslos in den zwei Worten: Pfui Teufel! zusammengefaßt werden. Ich habe doch schon allerlei mitgemacht. Die Finsternisse des norddeutschen Pastorentums, des westdeutschen Aktivismus und des holländischen Freisinns sind mir nicht unbekannt, aber solche Sümpfe von Selbstzufriedenheit, von wissenschaftlicher Barbarei und menschlich bösartiger

---

[4] K. Barth, *Die Lehre von den Sakramenten,* a.a.O. (S. 177, Anm. 12). «Kapitel» = Pfarrerversammlung eines Distrikts.

[5] Vgl. S. 181f., Anm. 3; laut Bw.Th. II, S. 671, sollte das Gespräch im Kreis der Reformer (d. h. Liberalen) im September fortgesetzt werden.

[1] Aussprache mit Pfarrern der «bibelgläubigen» Richtung in Zürich am 18.9.1929.

Knotigkeit[2] wie der gestern offenbar gewordene gibt es sicher auf Gottes Erdboden nur in der Schweiz. Schmach und Schande über uns, daß es so ist. Wäre ich an deiner Stelle, so würde ich, da die Dinge so liegen und angesichts der Existenz dieser widerwärtigen Jungreformierten[3], den Feind in aller Unzweideutigkeit rechts suchen, nach dieser Seite nur noch Fraktur reden, in Aufrichtung eines prophetischen Zeichens sofort dem Verein freisinniger Theologen und dem schweizerischen Verein für freies Christentum[4] beitreten und alle, alle Kanonen ununterbrochen gegen diese positive Teufelsburg feuern lassen. Wirklich: wenn schon theologische Torheit, dann noch zehnmal lieber die von dem kleinen Wolfers[5], von Arnold Meyer[6] und Hans Baur[7] als die von diesen arroganten Zionswächtern, die auf ihrem «pneumatischen Standpunkt» oder gar auf dem «Standpunkt Jesu» hocken wie eine Reihe von Raben auf einem Telegraphendraht. Solange die nicht heruntergeschossen sind, lohnt es sich doch einfach nicht, sich bei der Bekämpfung des Idealismus etc. billige Lorbeeren zu holen. Lieber Freund, wenn du in den nächsten 10–20 Jahren mit diesem Volk nicht Krach bekommst, daß die Funken stieben, so habe ich dich nicht mehr gern. Es gibt da wirklich einen Augiasstall zu misten, neben dem aller sonstige Greuel der Verwüstung [vgl. Dan. 11,31; Mt. 24,15], mit dem wir es zu tun haben, eine wahre Confiserie zu nennen ist.

Nächsten Montag verlasse ich den gesegneten hiesigen Schauplatz, zunächst, um an der Hochzeit meines Bruders in Basel teilzuneh-

---

[2] = Sturheit, Verklemmtheit.

[3] Vgl. zu den Jungreformierten H. Vorländer, *Aufbruch und Krise,* a.a.O. (S. 91, Anm. 18), S. 29–40.

[4] Vgl. S. 181f., Anm. 3.

[5] Gemeint ist wohl Albert Wolfer (1889–1967), liberaler Pfarrer 1919–1933 in Burg, 1934–1957 am Basler Münster, redigierte das «Schweizerische Protestantenblatt». Vgl. in Barths Brief vom 9.7.1929 an E. Thurneysen (Karl Barth-Archiv, Basel) die im gedruckten Text (Bw.Th. II, S. 671) gekürzt wiedergegebene Bemerkung, daß bei der Diskussion am 8.7.1929 mit den «freisinnigen Theologen» (vgl. S. 181f., Anm. 3) «auch vieler Herzen Gedanken (z. B. und vor allem die des schrecklichen Arnold Meyer und eines jungen ziemlich proletigen Pfr. Wolfer) nicht zum Heil der Betreffenden offenbar wurden.»

[6] Arnold Meyer (1861–1934), Professor für Neues Testament und Praktische Theologie in Zürich; er wandte sich, noch bevor er 1904 an die Universität Zürich berufen wurde, von der lutherischen Rechtgläubigkeit ab und dem theologischen Liberalismus zu.

[7] Hans Baur, freisinniger Pfarrer in Basel, vgl. S. 18, Anm. 9.

men[8], dann um nach Berlin zu fahren zur Verhandlung wegen Bonn[9]. Ob du wohl weißt, daß du dort auch auf der Liste standest? Natürlich auf der «richtigen» als zweiter zwischen mir und Gogarten. An der Spitze der «unrichtigen» Liste stand der Name Hirsch.[10] Ich muß wohl schon im Blick auf diese Wahlsituation annehmen, obwohl es mir wirklich leid tut, daß sie Gogarten wieder einmal nicht an erster Stelle genannt und dann in Berlin auch nicht gewählt haben. Es könnte wohl sein, daß meine republikanische Zuverlässigkeit nicht ganz unschuldig ist an dem Ergebnis. Wenn man es Gogarten nur einmal verständlich machen könnte, daß er sich vielleicht manche Chancen verdirbt, 1. dadurch, daß er sich durch die Frau von Tiling politisch protegieren läßt[11], 2. durch gewisse unerhört scharfe persönliche Dikta, die er vor den Studenten tut und die dann durch ganz Deutschland laufen.

Vor 14 Tagen hatte ich einen netten Abend bei deinem Kollegen Gut. Ich gab ihm den Rat, ungeachtet seiner medizinischen Vergangenheit[12], die er wohl zu wichtig nimmt (wie ihm überhaupt ein Minus an Feierlichkeit wohl anstünde), die Apologetik und Eristik gänzlich dir, der das besser könne, zu überlassen und sich anderweitig – du kannst dir ja denken, wie? – zu betätigen. Damit sollen aber nun meine Einmischungen in eure Angelegenheiten ihr endgültiges Ende erreicht haben. Du wirst schon beim Lesen der obigen Exhortation gedacht haben, daß es nun genug und übergenug sei.

Mit herzlichem Gruß an dich, Empfehlungen an deine Frau,

dein [Karl Barth]

***

[8] Barths Bruder Heinrich heiratete am 24.9.1929 in Basel Gertrud Helbing, vgl. Bw.Th. II, S. 677, Anm. 1; sowie zu Heinrich Barth S. 115, Anm. 8.

[9] Das preußische Kultusministerium in Berlin hatte am 14.9.1929 Barths Berufung nach Bonn ausgesprochen, vgl. Bw.Th. II, S. 676, Anm. 1.

[10] Zu den komplizierten Vorgängen bei der Berufung Barths an die Universität Bonn, bei denen namentlich K. L. Schmidt als gewiefter Fakultätspolitiker agierte, vgl. A. Mühling, *Karl Ludwig Schmidt* (AKG Bd. 66), Berlin / New York 1997, S. 68–76. Auf der ursprünglichen Mehrheitsliste der Bonner Fakultät standen: 1. E. Hirsch, 2. G. Wehrung, 3. J. W. Schmidt-Japing; auf einer Minderheitsliste: 1. K. Barth, 2. E. Brunner, 3. Fr. Gogarten.

[11] Magdalene von Tiling (1877–1974), Studienrätin, 1917–1939 Vorsitzende des Verbandes für Evangelischen Religionsunterricht und Pädagogik, 1921–1930 Mitglied des preußischen Landtags, 1930–1933 des Reichstags als Vertreterin der Deutschnationalen Volkspartei.

[12] Vgl. S. 72, Anm. 16.

Barth                                              [Münster,] 1.11.1929

Lieber Freund,

ich möchte dir *streng vertraulich* und privatim folgende Frage vorlegen: bleibt es bei deinem Entschluß, den ich dich vor ein paar Jahren einmal aussprechen hörte, daß du deine Tage in Zürich beschließen und auf einen Ruf aus Deutschland unter allen Umständen mit einer Absage reagieren wollest? Ich bin hier in eine ganz merkwürdige Situation geraten. Mein Kandidat für meine Nachfolge ist Gogarten[1], und nun muß ich es erleben, daß die ganze übrige Fakultät entschieden gegen ihn, eine ganze Reihe der Kollegen aber warm und lebhaft ... für dich ist![2] Sollte der Gedanke, hier mein Erbe anzutreten, für dich zum vornherein und sicher ausgeschlossen sein, so würde eine bestimmte Erklärung darüber, von der ich Gebrauch machen dürfte, der sehr gefährdeten Sache Gogartens immerhin nützlich sein. Es ist mir nämlich ausdrücklich gesagt worden, daß die allgemeine Opposition nicht gegen die dialektische Theologie, der man ihre hiesige Stellung wahren möchte, sondern eben nur gegen die Person Gogartens gehe. Fällst du aus, so kann ich mit mehr Nachdruck aufs Neue auf Gogarten zurückkommen. Du wirst mir aber auch glauben, daß ich dich mit dieser Mitteilung in keiner Weise drängen möchte, abzusagen, falls du etwa Gründe haben solltest, dich über einen Ruf hieher zu freuen. Es könnte, wenn du mir das Entsprechende erklärst, sehr wahrscheinlich zu diesem Rufe kommen.

Mit herzlichem Gruß

dein [Karl Barth]

[1] Gemeint ist die Nachfolge auf Barths freiwerdenden Lehrstuhl in Münster.
[2] Brunner war bereits am 16.5.1925 durch die Universität Münster die Ehrendoktorwürde verliehen, vgl. S. 122, Anm. 1.

Brunner                                    Zürich, 6.11.1929

Mein lieber Freund,

Aus Holland von einer Vortragsreise zurückgekehrt finde ich deinen gewichtigen Brief. Was soll ich nun dazu sagen?

Es ist wohl ein Irrtum, daß ich mich verschworen habe, nie von Zürich wegzugehen. Es ist ja nicht gerade wahrscheinlich, daß ich es tue, aber das müßte jedenfalls von Fall zu Fall erwogen sein. In diesem Falle bin ich nun allerdings entschlossen, nicht zu gehen, ganz abgesehen von Gogarten, dem ich wirklich von Herzen gern den Vortritt lassen würde. Münster ist mir zu fern und zu fremd. Ich könnte dort nie heimisch werden. Ich glaube doch, daß ich meinen Posten in Zürich nicht verlassen darf, wenn nicht ein ganz deutlicher Ruf erfolgt und eine Aufgabe auftaucht, die ich einfach anpacken muß. Das ist bei Münster nicht der Fall. Der größeren Fakultät stehen Nachteile gegenüber, die ich höher anschlage, besonders die Isoliertheit in kirchlicher Hinsicht. Gogarten ist Westfale[1], er gehört nach Münster. Ich bin Schweizer und gehöre nicht nach Münster. Ich habe das immer auch für dich empfunden: Es war doch eigentlich merkwürdig, daß du in Münster ziemlich hinter der Mauer warst. Dazu kommt noch: ich habe keine Lust, dein Nachfolger zu werden.

Das Warum will ich dir nicht verschweigen. Ich bin in Holland auf deinen Spuren[2] gegangen wie du s. Z. auf den meinen. Da war ich nun nicht wenig erstaunt zu vernehmen, wie du gelegentlich über mich gesprochen hast. Obschon du wissen konntest, daß ich dir den Weg in Holland geebnet hatte[3], konntest du dich nicht «überha»[4], als man dich nach deiner Meinung über mich fragte, zu sagen: ach, der gute Emil, er sagt immer hinterher, was ich drei Jahre vorher gesagt habe. Ich bin

[1] Fr. Gogarten ist in Dortmund geboren.
[2] Barth hatte vom 31.5.–4.6.1926 am Kongreß des Kontinentalen Verbandes für Innere Mission in Amsterdam teilgenommen und dabei den Vortrag *Die Kirche und die Kultur* gehalten, in: ZZ, Jg. 4 (1926), S. 363–384; wieder abgedruckt in: V.u.kl.A. 1925–1930, S. 6–40.
[3] Zu Rezensionen einiger Werke Brunners vgl. S. 110f., Anm. 18–21; s. auch S. 83
[4] = dir nicht verkneifen.

überzeugt, daß du das jetzt nicht mehr sagen würdest; aber du wirst begreifen, daß mich ein solches Dictum nicht eben sehr freundschaftlich angemutet hat, ganz abgesehen von der sachlichen Unrichtigkeit. Schon aus diesem Grunde möchte ich an keiner theologischen Fakultät dein Nachfolger sein. Ich trappe mir lieber meine eigenen Stapfen, als in den deinen zu gehen. Wir haben nicht dieselbe Schuhnummer und nicht denselben Schritt.

Ich bitte dich also: Tritt du fröhlich für Gogarten ein und verstärke deine Aktion damit, daß du deiner Fakultät von mir aus sagst, ich würde sehr wahrscheinlich einen Ruf ablehnen. Ich bitte dich aber, *nicht* zu sagen, ich wolle überhaupt nicht aus Zürich fort. Dafür kann ich wirklich nicht garantieren, und es ist nicht ausgeschlossen, daß ich nicht in nächster Zeit vor schwere Entscheidungen gestellt werde.

Dein: «Der Feind steht rechts» habe ich in Holland[5] viel mehr als in der Schweiz richtig gefunden. Während die Leidener wirklich zum Lernen bereit sich zeigten, sehen uns die Orthodoxen Hollands einfach als Etappe auf dem Weg zu ihrer Orthodoxie an – dich noch mehr als mich![6] Sie sollen, was mich betrifft, nicht recht haben.

Mit herzlichem Gruß

dein E. Brunner


77


Brunner                                      Zürich, 29.11.1929

Lieber Freund,

Ich nehme an, Eduard habe dir inzwischen berichtet über unser Gespräch in Sachen Nachfolge für Münster.[1] Ich habe inzwischen Schrenk gefragt, ob er nach Münster geschrieben habe, was er ganz kategorisch verneinte. So ist mir die Geschichte ein Rätsel.[2] Ob vielleicht von der

---

[5] Vgl. auch S. 83 bei Anm. 12, S. 90 bei Anm. 17 und S. 125, Anm. 13.
[6] Vgl. S. 110f., Anm. 18–21.

---

[1] Vgl. S. 189, Anm. 1. Thurneysen erwähnt das Gespräch in einem Brief an Barth vom 7.12.1929, vgl. Bw.Th. II, S. 690.
[2] Barths Anfrage an Brunner (vgl. Nr. 75) war durchgesickert, die Münstera-

Himmelreichsallee irgend etwas ausgesickert ist?[3] Einer Indiskretion bin ich mir nicht bewußt. Schrenk hatte schon lange erwartet, er werde von Münster aus angefragt, wie es wohl mit mir stehe, und fragte mich darum direkt, ob noch nichts gegangen sei.[4] Daraufhin habe ich ihm von deinem Brief Kenntnis gegeben. Ich denke, du hättest das an meiner Stelle auch so gehalten. Daß du meinen Brief nicht kategorisch genug fandest[5], hat mich eher verwundert. Mehr konnte ich doch wirklich nicht sagen. Ich erwartete bestimmt, daß das genüge, um die Fakultät zu bewegen, auf mich zu verzichten und Gogarten an erste Stelle zu setzen. Daß ich so einen Ruf verscherze, fiel nicht so sehr ins Gewicht, weil schon anderes vorgekommen ist, was mir ähnlichen Dienst leistete. Und außerdem wäre es mir wirklich lieber, Gogarten bekäme den Ruf und nicht ich. Ich werde mich herzlich darüber freuen, wenn es so geschieht. Wie Eduard berichtete, besteht auch jetzt noch diese Möglichkeit.[6]

Mit herzlichen Grüßen

dein E. Brunner

78

Barth                                                                        Bonn, 2.6.1930

Lieber Freund!

Ich möchte dir meinen Dank für die freundliche Zusendung deiner letzten Veröffentlichung[1] damit aussprechen, daß ich dir den Inhalt ei-

ner Kollegen klagten Barth «wegen Verletzung des Fakultätsgeheimnisses an» (Bw.Th. II, S. 687).

[3] Barth wohnte dort in Münster in der Himmelreichallee 43.

[4] Zu Gottlob Schrenk vgl. S. 92, Anm. 27.

[5] Barth fand Brunners Formulierung, er werde den Ruf sehr wahrscheinlich nicht annehmen, nicht hilfreich, vgl. Bw.Th. II, S. 687.

[6] Barths Nachfolger in Münster wurde Otto Piper, vgl. Lebenslauf, S. 211.

---

[1] E. Brunner, *Gott und Mensch. Vier Untersuchungen über das personale Sein. Vorträge,* Tübingen 1930. Auf S. 56f., Anm. 1, wendet Brunner gegen «die Kritik, die neuerdings Karl Barth ... übt» (in der unten in Anm. 11 genannten Schrift), ein, sie schieße über das Ziel hinaus und treffe mit Augustins auch «Luthers und Calvins Lehre». Zum Widerspruch reizte Barth wohl noch mehr Brunners Be-

ner Aufzeichnung mitteile, die ich nach Lektüre deiner Schrift in der Abteilung «Mensch, Ebenbild Gottes» meines Zettelkastens untergebracht habe[2]:

E. *Brunner,* Gott und Mensch, 1930, S. 55ff. versteht die Gottebenbildlichkeit des Menschen dahin, daß wir als Menschen im Unterschied zu den anderen Geschöpfen nicht nur durch das Wort Gottes, sondern für das Wort Gottes geschaffen sind und also im (in dem uns ansprechenden!) Worte Gottes existieren. Unsere Existenz besteht im Vernehmen, *wir sind, was wir von Gott hören.*[3] Daß wir das sind, das ist unsere humanitas und personalitas. Insofern existieren wir verantwortlich, entscheidungsvoll, geschichtlich. «Unser Sein im Worte Gottes» ist unsere Existenzfrage.[4] Gottes Verborgensein würde zugleich unser Tod sein. – *Diese imago Dei ist aber durch die Sünde nicht zerstört.* Wir sind nicht Unmenschen geworden, d. h. wir sind nicht außerhalb des Ansprechens Gottes, d. h. der Mensch weiß irgendwie um Gott. Nur daß Gottes Reden für uns jetzt ein undeutliches, verkehrtes, unheilvolles, seine Geoffenbartheit zugleich Verschlossenheit geworden ist.[5] Dieses «irgend-

merkung in Anm. 1 auf S. 47, er stimme völlig überein mit der Absicht von Barths Aufsatz: *Quousque tandem ...?,* in: ZZ, Jg. 8 (1930), S. 1–6; wieder abgedruckt in: V.u.kl.A. 1925–1930, S. 521–535.

[2] Vgl. zum folgenden auch KD I/1, S. 251f. Im Sommer 1928 hatte Barth mit der Anlage einer Kartei («Zeddelkasten») begonnen, in der Zitate aus der theologischen Literatur von der Alten Kirche bis zur Gegenwart, geordnet nach 21 in sich wiederum unterteilten Sachgebieten, gesammelt wurden. Nach einigen Jahren gab er diese Arbeitsweise wieder auf und benutzte anscheinend die Kartei kaum noch. Die Eintragungen auf den über 5000 Karten stammen je zu einem großen Teil von Barth und Ch. von Kirschbaum; doch sind zahlreiche andere Handschriften sind vertreten. Denn im November 1928 hatte er in seinem Offenen Abend «einer sich meldenden kühnen Schar von Freiwilligen» unter den Studenten «einen hohen Stoß von lauter Dogmatiken aller Kaliber» ausgeteilt «mit dem gemessenen Auftrag, sie unter Anleitung einer Anzahl von Stichwörtern abzusuchen und für meine Kartothek zu exzerpieren. Ich wäre selber nie auch nur annähernd an alle diese Kerle herangekommen, mit denen ich doch im Frühling, wenn die Dogmatikschreibung losgeht, einige Fühlung haben muß» (Brief vom 27.11.1928 an G. Merz). Aus dieser Kartei stammten «alle die schönen Verweisungen ..., die du gewiß auch schon an meinen Werken bewundert hast», und er «wollte nur, ich hätte schon 20 Jahre früher so angefangen» (Brief an W. Loew vom 17.9.1929 – beide Briefe im Karl Barth-Archiv, Basel).

[3] Vgl. E. Brunner, a.a.O., S. 55.

[4] E. Brunner, ebd.: «Im Wort Gottes sein oder nicht sein ist darum nicht bloß eine religiöse oder moralische Angelegenheit, sondern unsere Existenzfrage».

[5] Vgl. E. Brunner, a.a.O., S. 56f.

wie wissen»[6] bedeutet eine von der Versöhnung zu unterscheidende erste Offenbarung, die Schöpfungsoffenbarung, die lex naturae, die nicht geleugnet werden darf, um die Auseinandersetzung mit Religionsgeschichte und Philosophie nicht zu verunmöglichen und weil diese Leugnung die Leugnung der Sünde nach sich ziehen müßte.[7]

Dagegen ist zu sagen:

I. Daß wir durch das Wort Gottes für das Wort Gottes geschaffen sind, ist Eines, – daß wir im Wort Gottes existieren, ein Anderes.

Das zum Hören geschaffene Herz oder Ohr ist Eines, unser Hören ein Anderes.

Humanitas und personalitas ist Eines, imago Dei ist ein Anderes.

Beide verhalten sich zueinander wie Wahrheit sich zu Wirklichkeit, oder in anderem Betracht: wie Natur und Gnade, wie Gottes Geschöpf und Gottes Handeln am Geschöpf sich zueinander verhalten.

Das Erste: *Daß wir durch das Wort für das Wort geschaffen sind* (also personalitas etc.), spricht das heute uns ansprechende Wort uns in der Tat zu. N. B.: es *vollzieht* nicht diese Schöpfung, sondern es *offenbart* sie als vollzogen. Es zieht uns als diese Geschöpfe mit dieser Bestimmung zur Verantwortung: wir haben durch die Sünde nicht nur die Gnade, sondern auch unsere für die Gnade bestimmte Natur verleugnet.

Das Zweite: Daß wir im Worte Gottes existieren, spricht uns das heute uns ansprechende Wort nicht zu, sondern ab! Es erinnert uns an unser Existieren im Wort, d. h. an unser Hören des Wortes als an unser *verlorenes* Existieren, als an unser Leben vor dem Sündentod, in welchem unser Ohr und Herz nicht-hörend wurde, in welchem wir jetzt, ohne Gott in der Welt [vgl. Eph. 2,12] – *nicht* existieren.

II. Brunners Gleichsetzung: Durch und für das Wort Gottes existieren, d. h. im Wort Gottes existieren, d. h. Ebenbild Gottes sein[8], beruht auf der Vertauschung des Begriffs naturae rectitudo mit dem Begriff natura recta[9].

---

[6] E. Brunner, a.a.O., S. 56, Anm.1: «Nur weil der Mensch irgendwie um Gott weiß, kann er Sünder sein.»

[7] Vgl. E. Brunner, a.a.O., S. 56f., Anm. 1.

[8] E. Brunner, a.a.O., S. 5: «Alle Kreatur ist durch das Wort Gottes geschaffen; aber der Mensch ist nicht nur *durch* das Wort, sondern *für* das Wort, und eben darin zum Bilde Gottes geschaffen.»

[9] Barth führt diese Differenzierung später aus in KD I/1, S. 251.

Diese Gleichsetzung ist unstatthaft und wurde von der katholischen und altprotestantischen Theologie mit Recht unterlassen, weil dabei die Grenze des Begriffs «Bild» überschritten, weil dabei unser Sein als Geschöpfe als eine Emanation Gottes selbst verstanden werden müßte: *«wir sind, was wir von Gott hören»*[10].

III. Brunners Gleichsetzung hat zur Folge:

1. Direkt: daß er die Zerstörung der imago Dei durch die Sünde ausdrücklich leugnen muß.

2. Indirekt: daß es bei ihm uneinsichtig wird, inwiefern durch die Sünde unsere Existenz dem Tode verfallen sein soll. Es kommt ja nach ihm zu keinem Nicht-Sein im Worte Gottes und darum auch nicht zu einem schlechthinigen Verborgensein Gottes, darum auch nicht zu einem wirklichen Gestelltsein der Existenzfrage, darum auch nicht zum Tode des Sünders. Kein Ebenbild Gottes muß durch die Versöhnung wiederhergestellt und Niemand muß von den Toten erweckt werden. Das katholische Verständnis der Erbsünde und der Rechtfertigung dürfte von hier aus mindestens näher liegen als das protestantische.

(Brunner hätte meine Anmerkung 19 in «Zur Lehre vom heiligen Geist» wohl etwas genauer lesen dürfen.)[11]

IV. Um diesen Preis ist durch Brunners Gleichsetzung gewonnen:

1. Daß auch der sündige Mensch «irgendwie» um Gott weiß.

2. Daß man auf die Frage nach der menschlichen Veranwortlichkeit

---

[10] E. Brunner, a.a.O., S. 55.

[11] Gemeint ist Barths Vortrag: *Der heilige Geist und das christliche Leben.* Vortrag, gehalten an der Theologischen Woche in Elberfeld am 9. Oktober 1929; abgedruckt in: K. Barth / H. Barth, *Zur Lehre vom Heiligen Geist* (ZZ, Beiheft 1), München 1930, S. 39–105; wieder abgedruckt in: V.u.kl.A. 1925–1930, S. 458–520. Nach Barth, a.a.O., S. 466, Anm. 5, beinhaltet das katholische Verständnis «jedenfalls bei den jesuitisch orientierten katholischen Theologen ... die Vorstellung eines ‹status naturae purae (= nudae)›, der immerhin jene potentia naturalis zukäme, hinter dieser die Auffassung der Erbsünde als eines das eigentliche Wesen des Menschen nicht berührenden bloßen Schadens und hinter dieser wieder die katholische Auffassung der Rechtfertigung als eines bloßen Heilungsprozesses.» Demgegenüber besage die protestantische Rede von «der ‹Natürlichkeit› des Ebenbildes Gottes im Menschen ..., daß die Beziehung zu Gott dem Menschen nicht irgendwie fremd, daß er vielmehr mit seiner Existenz unmittelbar auch in diese Beziehung gesetzt [ist], daß also ihre Preisgabe sofort das Todesgericht über seine Existenz selber bedeutet und daß deren Errettung Errettung aus diesem Todesgericht und also nicht bloß eine ‹Heilung› ist.»

für die Sünde mit den Katholiken eine befriedigende Antwort zu geben vermag.

3. Daß gerade die am wenigsten bereinigte Seite des theologischen Verfahrens der Reformatoren (Problem der doppelten Erkenntnis Gottes) kritiklos fortgesetzt werden darf und

4. daß man sich mit Religionsgeschichte und Philosophie trefflich auseinandersetzen kann.

Mit herzlichem Gruß

dein Karl Barth

## 79

Brunner                                                                Zürich, 12.6.1930

Lieber Freund,

Ich glaube dir meinerseits für deine lehrreiche Mitteilung am besten zu danken, wenn ich zu verhüten suche, daß in deinen so schwer sachhaltigen Zettelkatalog – um den ich dich übrigens schwer beneide, da ich es bisher trotz manchen Anläufen noch nicht dazu gebracht habe – einige schiefe Auslassungen über einen zeitgenössischen Theologen hineingeraten.

1. Ich lehre ausdrücklich die Zerstörung der imago dei durch die Sünde, nicht aber deren völlige Austilgung, und meine damit allerdings genau auf der Linie reformatorischer Theologie zu bleiben.[1] Calvin, zu Gen. 1,26: Nur einige undeutliche Linien jenes Bildes sind uns geblieben, so verdunkelt und verzerrt, daß man von einer Vernichtung sprechen kann.[2] Dementsprechend seine Lehre über die heidnische Got-

---

[1] Vgl. E. Brunner, *Gott und Mensch*, a.a.O. (S. 192, Anm. 1), S. 56f.: «Durch die Sünde ist nicht aufgehoben, daß Gott zu uns redet; aber er redet zu uns anders, als er in seiner wahren Offenbarung zu uns reden will. Seine Zugewandtheit ist durch unsere Abwendung, sein Reden durch unser Nichthörenwollen ein undeutliches und verkehrtes, ein für uns unheilvolles. Es ist eine Geoffenbartheit, die zugleich Verschlossenheit ist. So ist auch unsere Personexistenz dadurch nicht vernichtet, die imago dei ist nicht zerstört, wir sind nicht Un-menschen geworden, sondern verkehrt, und zwar nicht nur teilweise, sondern völlig.»

[2] *Johannes Calvins Auslegung der Heiligen Schrift. Neue Reihe. Erster Band: Genesis,* hrsg. von O. Weber, Neukirchen 1956, S. 21.

teserkenntnis quandam (bei mir: «irgendwie») sui numinis intelligentiam ... indidit[3] ... insculptum mentibus humanis divinitatis sensum[4] usw.

2. Ich lehre nirgends die Identität von imago dei und Humanität, sondern das Enthaltensein der Humanität in der imago, und lehre mit den Reformatoren und allen Vätern, daß eben diese Humanität unzerstört und also dies von der imago nicht vernichtet sei.[5]

3. Ich vertausche durchaus nicht den Begriff der rectitudo naturae mit dem der recta natura, was in der Tat eine greuliche Ketzerei wäre, sondern ich behaupte, daß die rectitudo naturae nicht eine bloße Idee, sondern trotz der Sünde in einem Rest göttlicher Schöpfung, eben in der humanitas, d. h. im unvermeidlichen Auf-Gott-bezogen-Sein, erhalten sei.[6]

4. Darum lehre ich ausdrücklich und in wohlbegründetem Zusammenhang mit dem Gesagten, daß die imago dei wiederhergestellt werden müsse, da sie ja eben zerstört ist, daß aber dabei das formale der gottgeschaffenen Person, die persona quod im Unterschied zur persona quid, die im Ichbewußtsein ihren Mittelpunkt hat, erhalten bleibt, so daß wir sagen können: *ich* werde versöhnt, *ich* werde erlöst; und der *Mensch* wird erlöst. Die Neuschöpfung durch Gnade ist nicht eine völlige, sondern eben eine Erneuerung.[7] Sonst würde das Bewußtsein des Zusammenhanges zwischen dem alten und neuen Menschen, vielmehr dieser Zusammenhang selbst, aufgehoben.

[3] Institutio I 3,1: «Quemdam inesse humanae menti, et quidem naturali instinctu, divinitatis sensum, extra controversiam ponimus; si quidem, ne quis ad ignorantiae praetextum confugeret, quamdam sui numinis intelligentiam universis Deus ipse indidit».

[4] Institutio I 3,3: «Hoc quidem recte iudicantibus semper constabit, insculptum mentibus humanis esse divinitatis sensum, qui deleri nunquam potest.»

[5] Der Begriff «Humanität» bzw. «humanitas» fällt bei Brunner nur a.a.O., S. 56, Anm. 1: «In seinem durchaus berechtigten Interesse, die imago Dei nicht zu einem Besitz des Menschen werden ... zu lassen, übersieht Barth die Möglichkeit, daß auch die humanitas und personalitas des Menschen, das was uns zu Menschen macht im Unterschied zur übrigen Kreatur, auf Gottes aktuellem Ansprechen beruht, so daß der Mensch auch in der Sünde nie außerhalb dieses Ansprechens Gottes und darum nie außerhalb der Gottbezogenheit steht. Nur weil der Mensch irgendwie um Gott weiß, kann er Sünder sein. Daß der Mensch Sünder ist, daß er sündigen kann, ist gerade der Beweis dafür, daß die imago Dei nicht ausgetilgt ist.»

[6] Vgl. Anm. 5 und S. 194, Anm. 8 und 9.

[7] Die Stichworte fallen in der o. g. Schrift Brunners nicht.

5. Es liegt mir wie dir vor allem daran, daß die Zerstörung der imago erkannt werde; aber es liegt mir im Unterschied zu dir, aber in Übereinstimmung mit den Reformatoren zweitens auch daran, daß diese Zerstörung nicht mit Austilgung gleichgesetzt werde und daß weiter die Humanität und Personalität nicht beziehungslos neben die imago dei gestellt werde. Humanität und Personalität im gewöhnlichen Sinn ist immer dunkle Erinnerung an Gott und unvermeidliches Bezogensein auf Gott. In ihr liegt die Möglichkeit, nach Gott zu fragen, und weiterhin die Möglichkeit, sinnvoll Theologie zu treiben. Darüber vermisse ich in deiner Dogmatik jegliche Bestimmung: wie Theologie, d.h. menschlich denkendes Erfassen der Gottesbotschaft möglich sei. Die Auseinandersetzung mit dem Geistesleben der Zeit, mit der Philosophie und der Religionsgeschichte ist demgegenüber ein sekundäres. Von deiner Anthropologie aus ist Theologie keine sinnvolle Möglichkeit.

6. Du hast meinen Satz: der Mensch ist, was er von Gott hört[8], arg mißverstanden. Ich sage nicht: der Mensch hört als Mensch Gottes Wort, sondern er hört es durch den heiligen Geist. Aber allerdings: *er hört es durch den heiligen Geist, nicht der heilige Geist:* symmartyrei hemin [vgl. Röm. 8,16]. Aber der Mensch hört allerdings auch im Nichtglauben von Gott; er ist auch außerhalb des Glaubens nicht außerhalb des Gotteswortes, sondern er hört Gesetz und Verdammnis, er hört verkehrt. Aber er hört nicht nichts, sonst wäre er auch nicht Sünder.[9]

Daß er auch als Sünder im Wort Gottes seine Existenz hat, heißt gerade, daß er nie neutral ist, sondern immer auf Gottes Wort bezogen und durch seine Stellung zu ihm bestimmt.

Gerade daß er *gegen* Gott ist, heißt, daß er nicht außerhalb, sondern innerhalb des Gotteswortes verstanden werden muß; außerhalb könnte er nicht «gegen» sein.

Ich bin offen gestanden etwas erstaunt, wie leicht du es dir mit mir gemacht hast. So dürfen wir doch einander nicht abtun. Oder kommt dir wirklich nie der Gedanke, daß einmal ein anderer, der sich wie du um die Sache müht, am einen oder anderen Ort etwas möchte gesehen haben, was du übersehen hast? Jedenfalls zeigt mir die Art, wie du meine sämtlichen theologischen Positionen in deinem Referat verschoben

[8] E. Brunner, a.a.O., S. 55.
[9] Vgl. Anm. 1.

und geradezu in ihr Gegenteil verkehrt hast, daß du darauf nicht allzuviel Aufmerksamkeit verwendet hast und den anderen dir sofort so zurecht machst, wie es dich in deinen Gedanken am wenigsten stört. So ist natürlich Arbeitsgemeinschaft ausgeschlossen, und du praktizierst da jene Ethik, die jedenfalls nicht die biblische ist: der Starke ist am mächtigsten allein.[10] Das dürfte auf die Dauer auch dem Stärksten nicht bekömmlich sein.

Mit herzlichen Grüßen

dein E. Brunner


80


Brunner                                                    [ohne Ort,] 20.10.1930

Lieber Freund,

Unser letztes, zum erstenmal als wirkliches Aufeinanderhören verlaufenes Gespräch[1] gibt mir Mut zu hoffen, daß du diesen Brief, trotzdem er wahrscheinlich etwas länglich herauskommen wird, als Fortsetzung jenes Gesprächs und Antwort auf deinen gestern erschienenen Aufsatz in Zwischen den Zeiten[2] freundlich aufnehmen werdest.

---

[10] Fr. Schiller, *Wilhelm Tell*, I, 3.

---

[1] Barth hatte im Sommer 1930 in der Schweiz, u. a. auf dem Bergli bei Oberrieden, an seiner Untersuchung über Anselms Gottesbeweis (vgl. Anm. 14) gearbeitet und hatte in dem Zusammenhang Brunner in Zürich besucht, vgl. Bw.Bu., S. 109.

[2] K. Barth, *Die Theologie und der heutige Mensch*. Vortrag, gehalten in Frankfurt/M. und in Heidelberg Juli 1930, in: ZZ, Jg. 8 (1930), S. 372–396. Barth grenzt sich darin u. a. gegen «eine ‹eristische› Theologie» und so gegen Brunner ab, wenn er sich dagegen ausspricht, den Status der Theologie dadurch sichern zu wollen, daß sie als sinnvolle Möglichkeit ausgegeben wird, etwa indem man darlegt, «daß der Befehl, dem der Glaube gehorcht, nun wenigstens insofern als begründet erscheint, als, vielleicht positiv, vielleicht nur apagogisch gezeigt ist, daß so etwas wie dieser Befehl und also auch der Gehorsam gegen einen solchen Befehl, von einem eindringenden Verständnis des Menschen aus gesehen, allgemein möglich und sinnvoll ist» (a.a.O., S. 394). Dieses Unterfangen sei darum «gefährlicher als aller Atheismus und Liberalismus», «weil die Theologie dabei so unglaublich gut wegkommt mit Ausnahme des einen kleinen Punktes, daß sie jetzt nicht mehr sagen kann, daß menschliches Denken allein durch den Glauben dazu komme, mit dem Worte Gottes zu rechnen» (S. 395).

Ich finde selbstverständlich vieles sehr gut in diesem Aufsatz; als ganzen muß ich ihn ablehnen und behaupte, daß auch du ihn ablehnen müßtest, wenn du je wieder daran denkst, Dogmatik zu treiben. Eine aus der Prädestination konstruierte Theologie ist eine Unmöglichkeit.[3] Sie macht aus dem Vorbehalt zu aller Theologie selbst die Theologie. Nicht bloß meine Eristik oder Gogartens Anthropologie[4] oder Bultmanns Lehre vom Vorverständnis[5], sondern jegliche Bestimmtheit der Lehre wird dadurch ausgeschlossen. Dieser Vorbehalt muß durchaus, als Vorzeichen von allem – auch als Vorzeichen aller Eristik – angebracht sein. Aber ebensowenig wie dadurch die *Bestimmtheit christlicher Lehre* – im Unterschied etwa zur buddhistischen oder idealistischen, der protestantischen Lehre im Unterschied zur katholischen – aufgehoben wird, ebensowenig wird dadurch die *Eristik* aufgehoben, wie du meinst.

Wenn man die Formalisierung des Gotteswortes so weit treibt, wie du es hier tust, so kommt man auf folgende Theologie hinaus: Gottes Wort ist, was Gott dir sagen wird.[6] Und damit fertig.[7] Denn alles bestimmte Vorhersagenwollen, was Gott sagen wird, ist eine «Sicherung».[8] Es scheint mir darum in diesem Aufsatz evident zu werden, daß

---

[3] Vgl. dazu a.a.O., S. 378–380, bes. S. 380: Der Anstoß der Theologie für den heutigen Menschen besteht «entscheidend darin, daß die Wahrheit dieses in sich selbst begründeten Kriteriums [der Theologie] hier als schrankenlos freie Macht, als persönlicher Herr, gedacht ist, der sich schenken, aber auch versagen kann, wo und wem er will, daß göttliche Wahl, Prädestination, die Entscheidung fällt über das, was in dieser Wissenschaft Wahrheit ist oder nicht. Das ist die unendliche Bedrängnis, die die Theologie dem Theologen selbst bereitet, daß hier Forschung und Lehre getrieben werden sollen unter *diesem* Zeichen.»

[4] Vgl. S. 178, Anm. 13.

[5] Vgl. R. Bultmann, *Kirche und Lehre im Neuen Testament*, in: ZZ, Jg. 7 (1929), S. 9–43, bes. S. 17f.; abgedruckt in: ders., *Glauben und Verstehen*, 1. Bd., Tübingen 1964⁵, S. 153–187, bes. S. 160f.

[6] Satz ab «Gottes Wort ...» von Barth rot unterstrichen. Am Rand von Barth handschriftlich: «richtig».

[7] Satz von Barth blau unterstrichen. Am Rand von Barth handschriftlich: «falsch».

[8] K. Barth, *Die Theologie und der heutige Mensch*, a.a.O., S. 379: «Die Lebendigkeit, die Freiheit, die Unverfügbarkeit, die Souveränität des Wortes Gottes, die Offenheit der Entscheidung in der Wahrheitsfrage, die Tatsache, daß diese Entscheidung jedesmal vom Gegenstand der Erkenntnis her fallen muß – das Alles bringt es mit sich, daß jeder theologische Satz nur im Gehorsam gedacht und ausgesprochen werden kann, Offenbarung hinter sich, Offenbarung vor sich, im Übrigen ohne Sicherung, ohne Grund, ohne Rechtfertigung, gerade so-

die einseitige Orientierung der Theologie auf das Formalprinzip hin, das, konsequent weitergedacht, in der Tat die Prädestination ist, zur Aufhebung jeder Theologie führen muß. Wenn ich nur diesen Gedanken festhalte, daß ich nicht verfüge über Gottes Wort, so ist jede Verbindung zwischen der Bestimmtheit einer Lehre und Gottes Wort abgeschnitten. Denn ich verfüge ja auch nicht darüber, welche bestimmte Lehre dem näher kommt, was Gott mir sagen will. Das Verhältnis zwischen reiner Lehre und Gottes Wort kann so nicht mehr bestimmt werden.

Daß aber ohne Eristik und ohne «Sicherung» überhaupt Theologie nicht denkbar ist, will ich dir an demjenigen gegenwärtigen Theologen zeigen, den du, wohl mit Recht, für den besten hältst.

Karl Barth, Prolegomena[9], verfährt vollkommen eristisch in folgender Hinsicht:

a) Formal. Seine Dogmatik hat es bewußt und ausgesprochen darauf abgesehen, den *Zusammenhang* aller christlichen Lehren zu zeigen. Dieses Verfahren ist getragen von einem ungeheuren Glauben an die Gültigkeit der logischen Funktion der menschlichen Vernunft. Es ist ein dogmatisches Beweisverfahren, das ein Lehrstück durch Aufweisung seines Zusammenhangs mit dem anderen sichert, und das als Ganzes appelliert an das Vertrauen in die Zuverlässigkeit des Schlußverfahrens. Hier wird bewiesen und damit: *gesichert.*

b) formal auch darin, daß die Tauglichkeit der menschlichen Sprache und Begriffe für reine Lehre anerkannt wird.

c) material, und das ist das vor allem zu Beachtende:

1. Die Lehre vom Wort Gottes beginnt ganz eristisch damit, daß ein menschliches Loch aufgedeckt wird, nämlich das Nichtwissen um Gott. Ist das einfach zu *glauben?* Nein, das wird aufgewiesen. Es wird *gezeigt,* daß es ein Wissen von Gott von uns aus nicht gibt, daß das behauptete Wissen z. B. des Idealismus ein Scheinwissen sei[10], daß es ein Wissen

fern er theologischer Satz ist. ... In dem Maß, als er historische, psychologische, philosophische Sicherungen, Gründe und Rechtfertigungen geltend macht, ist er ... kein theologischer Satz.»

[9] K. Barth, *Die christliche Dogmatik im Entwurf,* a.a.O. (S. 163, Anm. 1).

[10] Vgl. a.a.O., S. 55: «Es ist wirklich ein Wagnis ... , von Gott zu reden, wenn es mit der von der ganzen neueren Religionswissenschaft uns an die Hand gegebenen Möglichkeit, von Gott zu wissen, so steht, daß wir dabei entweder nicht von Gott wissen oder aber daß nicht wir es sind, die da von Gott wissen.»

um Gott nur unter ganz anderer Voraussetzung geben könne, nämlich unter der der – so und so zu denkenden – Offenbarung[11].

K.B. treibt also hier, an entscheidender Stelle, nämlich beim Einsatzpunkt aller Theologie, *aporetische Eristik.*

Es wäre möglich, dieses eristische Element sozusagen auf jeder Seite nachzuweisen. Ich greife nur noch zwei besonders wichtige Punkte heraus:

2. Die Notwendigkeit der Menschwerdung. «Warum gerade Mensch»? (S. 218). Aus der – durchaus nicht theologisch, sondern natürlich eingesehenen – Besonderheit des Verhältnisses zwischen Mensch und Mensch wird das Zentraldogma verständlich gemacht, ja – so weit geht die Kühnheit dieses aporetischen Eristikers – als notwendig erwiesen. Das Dogma von der Menschwerdung wird gesichert in der von uns aus erkennbaren – negativ zu bestimmenden – Situation des Menschen unter Menschen.[12] «Keine andere Kreatur als der Mensch *kann* uns vor die uns durch Gott gesetzte Schranke stellen. Darum *müßte* Gott, um sich zu offenbaren, gerade Mensch werden» (219).[13]

Nicht umsonst liebt K.B. Anselm so heiß. Anselm ist ein gewaltiger Eristiker. *Cur deus homo*[14]: das ist ganz und gar eristische Fragestellung, ebenso wie die Beweisführung eristisch ist. Eristische Aporetik – genauso wie die ebenfalls mit Cur deus homo zu betitelnde Schrift Kierkegaards «Brocken»[15]. Überall die Aufweisung des Loches, das Gottes Offenbarung oder Gottes Gnade deckt.

[11] Vgl. z. B. a.a.O., S. 64.

[12] Vgl. a.a.O., S. 218f. Barth fragt: «Warum gerade Mensch», und antwortet mit dem Hinweis, daß dem Menschen nur der andere Mensch als unaufhebbares Subjekt entgegentreten und so im emphatischen Sinn begegnen könne.

[13] A.a.O., S. 219: «Keine andere Kreatur als der *Mensch* kann uns (ob es geschieht oder nicht, ist eine Frage für sich) vor die uns von *Gott* gesetzte Schranke stellen. Darum müßte Gott, um sich zu offenbaren, gerade Mensch werden.»

[14] Anselm von Canterbury, *Cur deus homo*, S. Anselmi Cantuariensis Archiepiscopi Opera Omnia, ed. Fr. S. Schmitt O.S.B., Bd. II, Rom 1940, S. 37–133. Barth hielt im Sommersemester 1930 ein Seminar über Cur Deus homo und arbeitete im August an seinem späteren Buch *Fides quaerens intellectum. Anselms Beweis der Existenz Gottes im Zusammenhang seines theologischen Programms* (Forschungen zur Theologie und Lehre des Protestantismus, 4. Reihe, Bd. 3), München 1931, neu hrsg. von E. Jüngel und I. U. Dalferth (Gesamtausgabe, Abt. II), Zürich 1981. Vgl. Lebenslauf, S. 218f. Vgl. zu Barths Anselm-Rezeption auch *Die christliche Dogmatik im Entwurf,* a.a.O., S. 97–103.226–229.

[15] S. Kierkegaard, *Philosophische Brocken,* a.a.O. (S. 61, Anm. 1), S. 1–100.

3. Ebenso am dritten Gelenkpunkt, dem Übergang vom Formalprinzip zum Materialprinzip – das durch keine Formalisierungskünste Barths als ein zweites wegzuschaffen ist –: Die *Möglichkeit* der Gnade, die *Bedingung* der *Möglichkeit* der Gnade (S. 284).[16] Wer Möglichkeit sagt, sagt Eristik. Wer Bedingungen der Gnade aufstellt, der sichert. Wiederum wird, analog zu 1), eine negative Anthropologie gegeben, aus der sich ergibt: nur unter Voraussetzung heiligen Geistes ist Gotteserkenntnis möglich.[17] Negative aporetische Eristik.

Was können wir als Theologen tun? Nichts als *beweisen*. Das ist unser Geschäft. Das ist es auch ausschließlich, was K.B. in seinen Prolegomena tut. Der Beweis kann grundsätzlich in zweierlei Weise erfolgen:

a) formal (usus formalis rationis): der innere Zusammenhang des Dogmas.

b) material, aber hier nur negativ: der Nachweis, daß der Mensch das nicht hat, was er durch Gottes Wort bekommt, und der Nachweis, daß dieses Nichthaben eine Not ist. Von beiden Arten eristischer Beweisführung macht Barth reichlich Gebrauch, und gerade darin besteht – worin denn sonst? – die Überzeugungskraft seiner Ausführungen. So verfährt ja sogar der Prediger, mutatis mutandis. Wie die Kraft der Dogmatik auf dem *dogmatischen Beweis,* so beruht die Kraft der Predigt im Unterschied zur bloßen bekenntnismäßigen Bibellesung auf dem *homiletischen Beweis.* Auch der Prediger treibt aporetische Anthropologie, um zu zeigen, daß man Gottes Gnade und Erlösung *nötig hat.*

Was deine Eristik von der meinen unterscheidet, ist – abgesehen natürlich von unserer Eigenart – 1) die fast ausschließliche Aufmerksamkeit auf das Formalprinzip (Offenbarung, Wort Gottes) bei dir, eine stärkere Gleichberücksichtigung von Formalprinzip und Materialprinzip (Heil, Gnade, Liebe, Erlösung) bei mir. Du treibst also nur kognitive Aporetik, ich außerdem Existentialaporetik – die natürlich auch bei dir nicht fehlt. 2) Bei dir die Interesselosigkeit den Differenzierungen dieses Nichtwissens-um-Gott gegenüber; bei mir – aus dem Grund sub 3) – eine Tendenz zur deutlichen Differenzierung; 3) bei dir lediglich ei-

---

[16] Vgl. K. Barth, *Die christliche Dogmatik im Entwurf,* a.a.O., S. 284. Barth hat den § 17: Die subjektive Möglichkeit der Offenbarung in drei Abschnitte unterteilt: 1. Möglichkeit und Wirklichkeit der Gnade – 2. Bedingungen der Möglichkeit der Gnade – 3. Die Taufe als Erkenntnisgrund der Gnade.

[17] Vgl. a.a.O., S. 288–291.

ne negative Aporetik – auf Grund deiner Stellung in der imago-Frage –, bei mir eine gebrochen positive. Das Positive aber kommt bei dir zum Vorschein in einem ungebrochenen Glauben an die Kraft der (theologischen) Logik, mit der du dich auch die Tiefen der Trinität zu durchforschen getraust.[18] Wie solid mußt du das menschliche Denkvermögen ansehen, daß du deinen Schlüssen aus dem Offenbarungsbegriff so unbedingt traust, daß dir die lange theologische Leiter auch noch auf ihren höchsten Sprossen tragfähig, ja unbedingt tragfähig erscheint. Also: auch da nicht wirklich ein prinzipieller Unterschied. Ich würde mich allerdings an deiner Stelle fragen: woher kommt es, daß der Mensch, der doch nichts mehr vom Gottesbild in sich hat, eine so fabelhaft vertrauenswürdige Logik hat? Woher kommt es, daß der Mensch sich selbst so gut kennt, daß er wissen kann: nur der Mensch stellt ihn so vor Gottes Schranke, so daß also die Menschwerdung Gottes eine Notwendigkeit ist. In Wirklichkeit traust du dem Menschen auch in seinem gefallenen Zustand nicht weniger zu als ich (deine Beweise beweisen ja nicht kraft einer logica regenitorum[19], sondern gemäß rein natürlicher Logik), aber du willst es nicht mit dem ursprünglichen Schöpfungsbesitz an Gotteserkenntnis in Zusammenhang bringen. Ob das gut ist, ist eine Sache für sich; aber die Tatsache ist unbestreitbar.

Aber mit diesem Aufsatz gerät deine eigene Dogmatik in ebenso unheilbaren Widerspruch wie meine Eristik.

Nimm's von einem anderen Punkt aus: Was ist für ein grundsätzlicher Unterschied zwischen der Auseinandersetzung zwischen katholischer und protestantischer Lehre (die du ja treibst[20]) und der zwischen Idealismus und christlicher Lehre, zwischen Christentum und Buddhismus, die ich treibe[21]? Beides steht unter dem Vorbehalt, daß Gott allein es weiß, welcher seine Sache führt. Aber mit demselben guten Gewissen wie du deine Auseinandersetzung mit Przywara[22] will ich meine Aus-

[18] Vgl. a.a.O., §§ 9–13, S. 126–214.

[19] Abwandlung des Stichworts der altprotestantischen Orthodoxie «theologia regenitorum».

[20] Vgl. z. B. K. Barth, *Der Begriff der Kirche*. Vortrag, gehalten in der Hochschulgruppe der Zentrumspartei in Münster i.W. am 11.7.1927, in: ZZ, Jg. 5 (1927), S. 365–378; wieder abgedruckt in: V.u.kl.A. 1925–1930, S. 140–159.

[21] Vgl. z. B. E. Brunner, *Das Einmalige und der Existenzcharakter*, in: Blätter für Deutsche Philosophie, Jg. 3 (1929), S. 265–282.

[22] Zu E. Przywara vgl. S. 141, Anm. 13, und S. 173, Anm. 20; sowie zu dessen Auseinandersetzung mit Barth Bw.Th. II, S. 641, Anm. 3.

einandersetzung mit dem «Modernismus» in der Theologie führen. Wir haben uns andere Fronten gewählt; aber der Vorgang ist genau derselbe. «Sicherung» ist deine wie meine theologische Arbeit. Du sicherst das Protestantische gegen das Katholische, ich sichere das Christliche gegen das Moderne.

Noch ein Unterschied ist zu nennen: Du treibst die Aporetik – wie dein Aufsatz zeigt – unbewußt, ich bewußt. Du treibst sie nur im Zusammenhang mit der christlichen These, ich behandle das ganze Thema der Eristik auch außerhalb für sich, als Thema einer formalen Theologie.[23] Darüber läßt sich reden, welches von beidem fruchtbarer sei. Aber über das Ob hast auch du durch die Tat bereits entschieden und zwar anders, als dein Aufsatz will.

Nichts für ungut.

Herzlich

dein E. Brunner

81

Barth                                                      Bonn, 24.10.1930

Lieber Freund!

Ich danke dir für deinen Brief und will ihn, damit er nicht in das bald beginnende Semester hinein liegen bleibt, rasch zu beantworten suchen. Aber was soll ich dir antworten? Einerseits freut es mich im Interesse der Klarheit der ganzen, wie mir vorkommt, mehr als je verworrenen Lage, daß du mir nun einmal nicht irgendeine Einzelkritik vorträgst, sondern offen sagst, daß du mein Ganzes, wie es dir in meinem letzten Vortrag entgegentritt[1], «ablehnen» müssest. Aber nun meinst du ja die dir angesichts dieses Vortrags sichtbar werdende grundsätzliche Differenz auf einen mir unterlaufenen tollen Selbstwiderspruch zurückführen zu können, womit dann gesagt wäre, daß die Differenz doch eine zufällige und bei wiederkehrender Verstandesklarheit meinerseits behebbare sei. Ich beklage es natürlich, daß du die Sache so anfassest, weil

---

[23] Der Satz ist von Barth rot unterstrichen.

[1] Vgl. S. 199, Anm. 2.

es so zu den saubern Scheidungen bzw. Entscheidungen, von denen ich einiges Gute erwarten würde, nicht kommen kann. Aber dabei setze ich ja schon voraus, daß es mit dem von dir bei mir vermeintlich beobachteten Selbstwiderspruch nichts sei. Und mit welchen Beteuerungen oder Beweisen soll ich dich an der Richtigkeit dieser Beobachtung irre machen? Wenn für dich nun vielleicht ein förmliches Lebensinteresse daran bestünde, die Sache so zu sehen? Um das dir in diesem Vortrag sichtbar gewordene Störende in meinem Ansatz als einen mutwillig – oder auf Grund einer mir unbewußten ziemlich fürchterlichen Schizophrenie – meinem sonstigen Werk nachträglich angehängten Schnörkel nicht ernst nehmen und also einsehen zu müssen, daß auch dieses sonstige Werk dem deinigen so parallel nicht läuft, wie es der Friede und das förderliche Schaffen in der ohnehin gefährdeten Kirche gewiß wünschbar machen würde, sondern daß wir, beide über das Schwabenalter[2] hinaus, u. U. noch einmal vor eben so ernste Aufgaben grundsätzlichster Besinnung und Entscheidung gestellt sind wie vor 15 Jahren, als wir uns aufmachten, das Diensthaus Ägypten [vgl. Ex. 2,20; Dtn. 5,13] zu verlassen. Schau – und nimm mir nicht übel, was ich da sage (ich weiß schicksalsartige Nötigungen besser zu ehren, als du vielleicht weißt und als ich es gelegentlich zeige!!) – ich habe tatsächlich den Eindruck, daß du diese Theorie von meinem Selbstwiderspruch bilden mußtest und halten müssen wirst, so gewiß du eben – bitte, ich sage das in ernster Anerkennung – der schlechterdings rüstige Emil Brunner, der Nachfolger Ulrich Zwinglis, le distingué dogmaticien de Zuric, wie die Welschen so schön sagen, der «Systematiker der dialektischen Theologie»[3], wie man jetzt eben wieder liest, etc. etc. bist und irgendwie sein mußt und als solcher die bewußte Störung bzw. die ihrer Einsicht eigentlich folgen müssende Entscheidung nicht brauchen kannst. Also nochmals: wie soll ich dir etwas dir zur Erledigung jener Theorie wirklich Einleuchtendes auf den Tisch legen können? Ich kann eigentlich nur *noch* etwas ganz Katastrophales sagen – das du doch auch wieder

[2] Scherzhaft für das 40. Lebensjahr.
[3] Wahrscheinlich eine Anspielung auf den 1927 erschienenen Art. von P. Fricke «Brunner, Emil», in: RGG[2] I, Sp. 1288f., Sp. 1288: «B. vertritt die ‹Dialektische Theologie› in der Systematik.» Vgl. auch Chr. Gestrich, *Neuzeitliches Denken und die Spaltung der Dialektischen Theologie* (Beiträge zur Historischen Theologie 52), Tübingen 1977, S. 28.

mehr als schlichten Bericht über eine Art Naturkatastrophe auffassen sollst –: Angenommen, ich leide nicht an der bewußten Schizophrenie, an der ich nach deiner Darstellung leiden müßte, so bleibt nichts übrig, als daß du nicht nur meine Prolegomena, auf die du dich beziehst, sondern schon meinen Römerbrief gänzlich mißverstanden hast, sofern du offenbar nicht bemerktest, daß es sich bei mir seit dem Jahre 1920 (nicht 30, sondern 20) um eine «aus der Prädestination konstruierte Theologie»[4], wenn man die Sache so nennen will, gehandelt hat. Was habe ich in dem dir jetzt auffallenden Vortrag gesagt, was ich nicht immer als meine Voraussetzung geltend gemacht und auch oft genug als solche besprochen habe? Und welche von meinen «Konstruktionen» wäre nicht in aller Form auf dem Boden dieser Voraussetzung entstanden, an sie gebunden und durch sie bedingt – was an mir lag, bis aufs letzte Sätzchen? Die der Prolegomena wirklich zu allerletzt. Natürlich wird da nach Bedingungen und Möglichkeiten gefragt, natürlich wird da bewiesen, natürlich passiert da etwas ganz Ähnliches wie deine Eristik und Aporetik – was heißt das alles Anderes, als daß da eben menschlich gedacht und geredet wird. Du aber hast – ich kann nur sagen: in gänzlicher Verkennung der Sachlage – gemeint, daß hinter meinem Beginnen wie hinter dem deinem (dem es ja in These und Antithese ähnlich genug sah) eine Lehre vom Menschen außerhalb des Zusammenhangs der christlichen These, wie du jetzt selbst sagst, stehen müsse, hast dich weder durch meinen doch offen genug bekundeten Abscheu vor dieser Lehre noch durch die ganze Verschiedenheit unsres beiderseitigen, wahrlich nicht nur psychologisch zu erklärenden theologischen Habitus darauf aufmerksam machen lassen, daß dieser Hintergrund bei mir nun einmal fehle, daß also mein ganzes Tun, bei aller vielfachen Ähnlichkeit, anders und anderswoher zu erklären sei als das deine, daß du es also längst, wenn du es nicht von seinem Ausgangspunkt her billigen konntest, höchst grundsätzlich hättest bekämpfen müssen. Natürlich kann man meine Theologie kondensieren auf das Sätzlein: Gottes Wort ist, was Gott dir sagen wird. Über den Zusatz «Und damit fertig»[5] kann ich nur den Kopf schütteln. So redet ein

---

[4] Vgl. S. 200. Zu Barths These vgl. seinen Vortrag *Biblische Fragen, Einsichten und Ausblicke* (1920), in: ders., W.G.Th., S. 70–98, dort S. 74–76; wieder abgedruckt in: Anfänge I, S. 49–76, dort S. 53–55.

[5] S. 200.

Blinder von den Farben. Ich bin damit offenbar *nicht* fertig. Aber warum wunderst du dich über den Hauptsatz? Habe ich das nicht explizit und implizit immer wieder gesagt? Warum interpretierst du mich jetzt im Interesse deiner Theorie von meinem Selbstwiderspruch so, als ob ich ja selbst mit «Sicherungen» arbeite, wo du mir doch in andern Diskussionszusammenhängen vielmehr vorzuwerfen pflegtest, daß es mir an solchen Sicherungen fehle und daß du diese in deiner Eristik sozusagen nachliefern müssest? Wie kannst du von mir verlangen, daß ich mit mir reden lasse über die Frage, ob es eine Eristik innerhalb *und* außerhalb des Zusammenhangs der christlichen These geben dürfe, gleichsam als über eine Frage der praktischen Aufgabenverteilung, wo du von mir sicher nie – und nicht erst jetzt nicht – etwas Anderes gehört hast, als daß ich jede Theologie, die nicht schlechterdings «formal» mit dem Gehorsam anfängt, für Unsinn halte? Schau, diese deine ganze jetzige, an diesem Aufsatz erwachsene Verwunderung über die von mir innegehaltene Linie verwundert mich. Was kann ich tun als händeringend feststellen, daß *der* «Karl Barth», den du abgesehen von dem von dir abgelehnten Aufsatz zu kennen meintest und schätzen konntest, irgendein ganz anderer Mann ist als *der* «Karl Barth», dessen gewiß fragwürdiges Wollen und Tun ich meinerseits zu kennen meine, der den bewußten Aufsatz geschrieben (es handelt sich zufällig um einen alten und erneuerten Entwurf aus dem gleichen Herbst 1927[6], in dem die Prolegomena in Druck gingen!) und dem die Tugenden, die du jenem seinem Doppelgänger zuschreibst, leider oder nicht leider ganz fremd sind. – Ja, das ist nun die Katastrophe, die *ich* bei *dir* zu beobachten meine. Du wirst zugeben, daß sie lange nicht so schlimm ist wie deine Theorie von meinem Selbstwiderspruch. Ich werfe dir ja, für den Fall, daß diese deine Theorie nicht zutreffen sollte, nur vor, daß du *mich* mißverstanden habest, allerdings gründlich, aber doch nur mich!

Und nun? Nun sehe ich praktisch keine andere Verständigungsmöglichkeit als: *Entweder* du bekehrst mich durch den Eindruck deiner künftigen Publikationen zum Aufbau der Theologie auf Prädestination *und* Eristik (sicher unter Benachteiligung der Prädestination, füge ich

[6] Barth hatte den zur Rede stehenden Vortrag schon in einer ersten Fassung unter dem Titel *Die Theologie und der moderne Mensch*, abgedruckt in: V.u.kl.A. 1925–1930, S. 160–182, am 8.10.1927 vor Burschenschaftlern auf der Burg Lauenstein/Thüringen gehalten.

als noch Unbekehrter hinzu) und führst mich damit in die schöne theologische Mitte von heute, wo ich das Willkommslächeln von Heim und Althaus schon zu sehen meine, zurück (auf diesem kleinen Umweg dann auch zurück ins Diensthaus Ägypten, ergänzt der annoch Unbekehrte). Wenn das erst geschehen ist, werde ich mir die Theorie von meinem jetzigen Selbstwiderspruch nachträglich gerne gefallen lassen.

*Oder* du lässest dir die spät, aber doch, wenn auch unter Entsetzen entdeckte Tatsache einer Theologie des nur auf einem Punkte aufliegenden Kreisels trotz Allem noch einmal durch den Kopf gehen und lässest dich deinerseits dazu bekehren, daß es so besser ist.

Nun, die Verständigungs*wirklichkeiten* zwischen uns Menschen pflegen weniger eindeutig auszufallen, und so bin ich eher darauf gefaßt, daß wir für den Rest unseres Lebens bei freundlichsten menschlichen Beziehungen und bei sachlichen Berührungen, wie sie ja auch in Zukunft dank des Waltens der Vorsehung auch über der Theologie-Geschichte nicht ganz fehlen werden, immer etwas kopfschüttelnd [uns] gegenüberstehen werden, du in guter Gesellschaft, ich wahrscheinlich immer mehr als eine Art theologischer Krebs, mit dem nichts anzufangen ist, nachdem er einmal zu so schönen Hoffnungen berechtigt hatte. Und noch etwas später mögen sie sich dann die Köpfe darüber zerbrechen, wie das damals gewesen sei mit der Einheit und Entzweiung der «dialektischen Theologie», und die Weltgeschichte wird hier wie in anderer Beziehung *nicht* das Weltgericht sein[7].

Vale! Ich bin noch am heiligen Anselm.[8] Einen Durchschlag dieses Briefes schicke ich gleichzeitig an Eduard Thurneysen, der mir schrieb, daß er deinen Brief gelesen habe.

Mit herzlichem Gruß

dein [Karl Barth]

---

[7] Vgl. Fr. Schiller, *Resignation* (1784):
  Die Weltgeschichte ist das Weltgericht.
[8] Vgl. S. 199, Anm. 2, und S. 202, Anm. 14.

## 82

Brunner                                          Zürich, 13.12.1932

Lieber Freund,

Die Ankunft deiner Dogmatik[1] ist auch im Klusdörfli ein bedeuten-
des Ereignis. Sie füllt mit ihrer inneren Mächtigkeit meine ganze Studierstube aus, und es zieht mich sozusagen in jeder freien Minute zu ihr
hin. Ich will aber nicht auch diesmal warten, bis ich gelesen habe, wie
bei deinem Anselmbuch[2], das ich dir bis heute schändlicherweise nicht
verdankt habe, weil ich es erst kurz vor den Sommerferien fertiglesen
konnte. Sondern will mich gleich hinsetzen und dir von Herzen danken
und Glück wünschen zugleich für das Gelingen dieses magnum opus.
Widerspruch hin oder her: Es ist ein gewaltiges Gebäude, das du da er-
richtet hast, ein Dom von imponierenden Proportionen und vertrau-
enserweckender Solidität und Einheitlichkeit, vor dem man zunächst
einmal ehrfürchtig stillsteht und dem Erbauer Dank und Ehre dar-
bringt. Du kennst ja wohl – und wäre es nur aus Rezensionen – die
Vorzüge deines Denkens gut genug, als daß ich viel darüber sagen müßte. Was ich am meisten schätze, das ist die Treue und Unbeirrbarkeit,
mit der du den einmal eingeschlagenen Weg verfolgst.

Ich habe noch zu wenig gelesen, um irgendwie schon urteilen zu
können. Aber eins sehe ich allerdings deutlich, gerade auch aus deiner
Auseinandersetzung mit mir: daß wir ungefähr in der entgegengesetzten
Richtung weitergehen. Du in der Richtung auf die theologia perennis,
die eigentlich die Besonderheit der menschlichen Fragen für jede Zeit
ablehnt und auch im 20. Jahrhundert auf die Fragen des 16. glaubt antworten zu müssen; ich gerade umgekehrt in der Richtung auf eine solche Dogmatik, die gerade darin ihren Dienst sieht, daß sie auf die Fragen antwortet, die gerade der heutige Mensch stellt.

Damit hängt ein zweites eng zusammen. Du schreibst eine Dogmatik
für die Zünftigen, d. h. die Pfarrer. Das muß sein. Aber es scheint mir
nicht das einzige, was sein muß. In ihren besten Zeiten hat sich die
theologische Arbeit nicht in erster Linie an die Pfarrer, sondern an das
ganze denkende Christenvolk gewendet. Die Erneuerung der Kirche

[1] KD I/1.
[2] Vgl. S. 202, Anm. 14.

kommt sicher aus der Erneuerung der Verkündigung, aber schwerlich in erster Linie aus der Erneuerung der Predigt. Die neue Verkündigung müßte, so meine ich, viel mehr aus der Gemeinde heraus, sozusagen von unten herauf, nicht von oben herab, nämlich von den Kanzeln herab kommen. Und da kann ich ein Bedauern nicht unterdrücken darüber, daß gerade du, der du weit mehr als wir anderen alle die Gabe hättest, zu aller Welt ein bewegendes Wort zu sagen, dich einer Aufgabe zuwendest, die schließlich – wenn auch sicher weniger gut – viele andere auch tun könnten.

Das führt zum dritten. Bemühung um die Wahrheit des Evangeliums – das ist auch für mich der einzige Sinn theologischer Arbeit. Aber ich glaube nicht, daß diese Bemühung mit Dogmatik identisch ist. Gibt es dir nicht zu denken, daß die alte Kirche keine Dogmatik hatte bis auf Johannes Damaszenus[3]? Daß alle theologische Arbeit damals eristische Antwort auf ganz bestimmte Fragen war und daß sie dies auch wieder war in der Reformationszeit? Du hast einmal Luther einen Journalisten genannt.[4] Sehr gut. Alle ganz wichtige theologische Arbeit war in diesem Sinne journalistisch. Für den «Tag». So hast du früher gesprochen, und damals hast du die Welt bewegt. Deine Dogmatik wird die Pfarrer bewegen, aber nicht die Welt. Und das finde ich einfach schade. Sicher ist deine Dogmatik reifer als dein Römerbrief; aber damals hast du eben von Paulus her die Fragen unserer Zeit bewegt, heute gehst du gerade an ihnen geflissentlich vorüber. Du meidest das Gespräch mit Nichttheologen. Gerade sie aber sind es, die uns die Fragen stellen, auf die heute müßte geantwortet werden – sicher mit den Antworten der Bibel, aber eben mit den durch diese Fragen «gerichteten» Antworten. Letztlich sind, darin hast du recht, die Fragen immer dieselben. Aber wir haben nicht das Recht, ob dieser Letztlichkeit die Besonderheit der Zeit zu ignorieren, sonst bekommt unser Denken mit der Zeitlosigkeit den Charakter der Unwirklichkeit.

Das alles meine ich mit meinem Stichwort Eristik. Mit der Frage der Prolegomena hat das nur insofern zu tun, als ich allerdings meine, auch in den Prolegomena müßte in besonderer Weise diese Zeitbezogenheit

---

[3] Das dogmatische Hauptwerk von Johannes von Damaskus (um 670–750) *Quelle der Erkenntnis* gliedert sich in drei Teile: Propädeutik, Abriß der Häresiengeschichte und Darlegung des orthodoxen Glaubens.

[4] Vgl. S. 176, Anm. 7.

des theologischen Denkens zum Ausdruck kommen. Daß dieser Gegensatz in unserer verschiedenen Auffassung der imago dei ihre tiefste Wurzel hat, ist uns wohl beiden klar. Wie wenig du dich mit den diesbezüglichen Äußerungen gegen mich auf Calvin beziehen kannst, habe ich durch die Calvinzitate in meinem letzten Aufsatz in Zwischen den Zeiten zu zeigen versucht.[5]

Hier jedenfalls haben all unsere Differenzen ihren letzten Grund, auch unsere ganze Auffassung der Aufgabe theologischer Arbeit. Auch die theologische Arbeit ist mir – so könnte ich alles, was ich mit Eristik meine, auch umschreiben – im Grunde nichts anderes als eine bestimmte Art der Evangelisation, nämlich der Kampf gegen unser heidnisches Denken. Sofern dieses Heidentum im Denken jederzeit ein anderes ist, so gewiß es letztlich immer dasselbe ist – sofern hat Theologie jederzeit andere Fronten und darum hat sie dasselbe Evangelium nach einer anderen Richtung hin zu explizieren, hat die Kirche in ihrer Theologie nach einer anderen Richtung hin auf ihre Botschaft sich zu besinnen.

Versteh das bitte nicht als Besserwisserei. Ich lerne dankbar von dir, ohne zu erwarten, daß du auch von mir lernest. Ich muß ja die Arbeit auch tun, die du tust. Ich habe soeben nach ca. 12 Stunden meine Trinitätslehre abgeschlossen und bedaure sehr, [daß ich] die deine noch nicht habe benützen können[6]. Alles, was ich kritisch vorgebracht habe, kann in keiner Weise meine Dankbarkeit trüben und meine Bereitschaft zu lernen mindern. Vielleicht – das ist noch immer meine Hoffnung – wirst du, wenn du dein großes Werk fertig gebracht hast, dich wieder der Arbeit zuwenden, für die du so besonders ausgestattet bist, und es wird dir dann – geb's Gott – erlaubt sein, wirklich die große Glocke zu ziehen, die die ganze Welt aufhorchen macht.[7]

In herzlicher Verbundenheit allewege grüße ich dich als dein dir immer etwas verdächtiger, aber nichtsdestoweniger getreuer

Emil Brunner

---

[5] E. Brunner, *Die Frage nach dem «Anknüpfungspunkt» als Problem der Theologie*, in: ZZ, Jg. 10 (1932), S. 505–532; wieder abgedruckt in: Wort I, S. 239–267, vgl. bes. S. 258.

[6] Brunner schrieb versehentlich: «... benützen zu können».

[7] Vgl. S. 177, Anm. 10, das Zitat aus K. Barth, *Die christliche Dogmatik im Entwurf*, a.a.O., S. 7f.

## 83

Barth                                                    Bonn, 10.1.1933[1]

Lieber Freund!

Dein Brief vom 13. Dezember soll nicht länger unbeantwortet bleiben. Obwohl, ja, obwohl ich ihn nur mit einem großen, betrübten
Kopfschütteln beantworten kann. Ich habe ja inzwischen auch deinen
Aufsatz über den Anknüpfungspunkt[2] und deinen Oxfordaufsatz im
Kirchenblatt[3] und, im Zusammenhang mit meinem offenen Abend,
die Einleitung und den ersten Teil deiner Ethik[4] gelesen. Du schreibst
selber: Wir gehen in einer entgegengesetzten Richtung weiter. Mir

[1] Den folgenden Brief hatte Barth im wesentlichen am 2.1.1933 geschrieben.
Wohl am 3.1. schrieb Charlotte von Kirschbaum an E. Thurneysen: «Da schicke
ich dir einen Brief an Brunner, den Karl heute Nacht schrieb u. den – zunächst –
*nicht* abzuschicken ich ihn bat. – Nach längerem Hin u. Her bat ich ihn, diesen
Brief *dir* vorlegen zu dürfen u. es von deiner Ansicht abhängig zu machen ob er
abgehen soll. Wenn du also dafür hältst, daß er notwendig sei, so retourniere ihn
bitte umgehend an uns.» Am 7.1. antwortete Thurneysen an Barth: «Den Brief
an Emil! Ich habe ihn nicht ohne Erschütterung gelesen und überdacht. Also
*dieser* Sinn hat sich dir irgendwie in endgültigem Zufallen einer Türe zwischen
dir und ihm als der tief fatale Grundsinn aller seiner theologischen Äußerungen
offenbart! Damit fällst du bei dir oder hat sich bei dir gefällt eine Entscheidung
über Emils theologisches Denken und Tun, die mir als *Frage* wahrhaftig auch
schon aufgetaucht ist, die ich aber in dieser endgültigen Weise zu beantworten,
beantworten zu müssen, die Freiheit oder den Zwang bisher nicht hatte. Mir
schien immer noch die Möglichkeit offen, ‹daß wir in einigen nicht unwichtigen
Worten doch dasselbe sagen›. Ich habe das vor allem seinen Predigten gegenüber,
die ich häufig zu lesen bekam, immer wieder so gesehen, viel weniger allerdings
seinen eigentlichen theologischen Arbeiten gegenüber. Für dich ist es klar geworden, daß es aufs Ganze gesehen nur ein klares, hartes Nein geben kann. Ich
möchte dir sagen, daß der Brief unbedingt abgehen sollte. Das ist mir fraglos.
Da bin ich ganz dabei. Er ist viel zu tief aus letzten, sachlichen Nötigungen heraus geschrieben, viel zu sehr auch aus einer letzten Not um die Sache bei dir selber heraus. Man kann solchen Abklärungen nicht ausweichen, ohne Gefahr zu
laufen» (Bw.Th. III). Barth sandte dann den Brief an Brunner, nachdem er einiges stilistisch geändert und namentlich den in Anm. 11 angeführten Satz auf
Wunsch Thurneysens getilgt hatte.

[2] Vgl. S. 212, Anm. 5.

[3] E. Brunner, *Meine Begegnung mit der Oxforder Gruppenbewegung*, in: KBRS,
Jg. 88 (1932), S. 338–343.354–358; wieder abgedruckt in: Wort I, S. 268–288.

[4] E. Brunner, *Das Gebot und die Ordnungen. Entwurf einer protestantisch-
theologischen Ethik*, Tübingen 1932; es wird sich um das Vorwort und das erste

drängt sich immer mehr die Überzeugung auf, daß es sich zwischen uns längst nicht nur um einen Gegensatz der Methode und Schreibweise, sondern um einen auf der ganzen Linie stattfindenden Gegensatz in der Sache handelt. Das Jahr 1932 hat für mich die schmerzliche Bedeutung, daß mir dies nun sowohl dir wie Gogarten[5] gegenüber so klar geworden ist, wie einem etwas derartiges klar werden kann. Es hat wohl so sein müssen, daß wir eine Weile zusammengingen, zusammen uns sehen lie-ßen. Heute läßt es sich nicht mehr verhehlen, daß wir uns dabei, jeder sich selbst und jeder den andern, schlecht verstanden haben. Uns bleibt die Gemeinschaft der Kirche, und uns bleibt die Möglichkeit guter per-sönlicher Begegnungen und Beziehungen – und warum sollte dieses Übrigbleibende nicht besser sein als das nun offenkundig als unmöglich Einzusehende, das darüber hinausging? Was darüber hinausging, war die Solidarität einer Anderen gegenüber[6] sich abgrenzenden theologi-schen Gruppe. Ich weiß nach deiner Stellungnahme zum Problem der natürlichen Theologie, wie ich sie in deiner Ethik noch viel belastender sich abzeichnen sehe als in deinen verschiedenen Eristik-Aufsätzen, nicht mehr, wieso wir uns näher stehen sollten als etwa Althaus und ich.[7] Ich weiß nach deinen Oxfordkundgebungen nicht mehr, warum

Buch: «Die Frage» mit den Abschnitten: «Die natürliche Sittlichkeit» und «Die christliche Botschaft und die natürliche Sittlichkeit» handeln.

[5] Brief Barths an Fr. Gogarten vom 3.1.1933 (im Karl Barth-Archiv, Basel): «Meine Bedenken gegen deine theologische Haltung und Richtung haben sich im vergangenen Jahr in einer mich selbst beunruhigenden Weise zugespitzt. Es kann eigentlich nicht anders sein, als daß dies auf Gegenseitigkeit beruht.» Vgl. K. Barth, *Abschied* (Bonn 18.10.1933), in: ZZ, Jg. 11 (1933), S. 536–544; wieder ab-gedruckt in: Anfänge II, S. 313–321, und in: K. Barth, *«Der Götze wackelt». Zeit-kritische Aufsätze, Reden und Briefe von 1930–1960*, hrsg. von K. Kupisch, Berlin 1961, S. 63–70. Barth verweist in diesem Aufsatz auf die von ihm im Sommer 1931 formulierte und in KD I/1, S. 128f., an Gogarten gerichtete Frage, «inwiefern sich seine anthropologische Unterbauung der Theologie nun eigentlich von der natürlichen Theologie des Katholizismus und des Neuprotestantismus noch un-terscheiden möchte?» (Abschied, a.a.O., S. 537); sowie auf die von Gogarten 1932 geschriebenen Aufsätze: *Staat und Kirche*, in: ZZ, Jg. 10 (1932), S. 390–410; *Schöpfung und Volkstum*. Vortrag, gehalten auf der Berliner Missionswoche am 3. Oktober 1932, in: ZZ, Jg. 10 (1932), S. 481–504; und *Einheit von Evangelium und Volkstum?*, Hamburg 1933.

[6] Im Briefentwurf vom 2.1. folgen hier die Worte «mit uns in der Kirche Be-findlichen und als solche zu Tragenden».

[7] Brief Barths an P. Althaus vom 2.1.1933 (im Karl Barth-Archiv, Basel): «Was

ich zu Heim[8] Nein und zu dir Ja sagen sollte. Mit Althaus[9] und Heim fängt aber für mich – trotz der schwachen Stunde, in der ich mich breitschlagen ließ, mit ihnen eine Schriftenreihe herauszugeben[10] – die Phalanx derer an, die ich nur als theologische Fremdlinge bzw. Gegner respektieren und behandeln kann.[11] Wie gesagt, es kann sein Gutes haben, wenn es wieder einmal mit einer solchen theologischen Gruppengemeinschaft zu Ende ist. Aber es lohnt sich wohl, sich das Faktum ausdrücklich klar zu machen, und es darf auch gesagt werden, daß es ein jedenfalls subjektiv schmerzliches Faktum ist. Man ist als Theologe auch nur ein Mensch und sehnt sich nach nicht nur persönlichen, sondern sachlichen theologischen «Freunden». Unter einem theologischen Freund kann ich aber nur einen solchen Mann verstehen, zu dem ich das Vertrauen habe, daß er mit der alten Schlange [Apk. 20,2] weder hinsichtlich der Natur noch hinsichtlich der Gnade einen Vertrag schließen wird. Dieses Vertrauen habe ich zu dir nicht mehr. Du hast diesen Vertrag nach beiden Seiten so solenn wie möglich geschlossen. Du wirst ihn, so gewiß du in deinen letzten Kundgebungen ernst genommen sein willst, weiter und weiter betätigen. Es wird dir weh tun, das von mir zu hören. Aber es hat mir zuerst weh getan, von Jahr zu Jahr deutlicher und nun ganz deutlich zu sehen, daß wir tatsächlich so miteinander dran sind, daß alle persönliche freundschaftliche Gesinnung nichts daran ändern kann, daß wir sachlich etwas ganz Anderes meinen und wollen und daß uns nichts übrig bleibt, als uns nun auch

zwischen Brunner – Gogarten – Bultmann und mir steht, das steht ja noch viel massiver zwischen Ihnen und mir.»

    8  Zu K. Heim vgl. S. 73, Anm. 2. Vgl. *Karl Barth an Karl Heim,* Bonn, den 27.4.1931, in: ZZ, Jg. 9 (1931), S. 451–453.
    9  Zu P. Althaus vgl. S. 106, Anm. 7.
    10  Gemeint ist die von P. Althaus, K. Barth und K. Heim herausgegebene Schriftenreihe: Forschungen zur Geschichte und Lehre des Protestantismus, die 1927ff. im Chr. Kaiser Verlag in München erschien. Sie wurde bis 1935 (Band VIII,1) unter diesen Namen herausgegeben, erschien dann ab 1936 ohne Nennung eines Herausgebers und wurde ab 1940 (Bd. IX,3) von Ernst Wolf als Herausgeber betreut.
    11  Im Briefentwurf vom 2.1. folgt hier der Satz: «Irgendwo in dieser Reihe gibt es dann auch noch die Reformer etc., aber wenn es mit der Gemeinschaft des theologischen Wollens einmal aus ist, was haben dann diese Unterschiede – die Unterschiede zwischen denen, mit denen man nicht einig ist – für ein wesentliches Interesse?»

entsprechend ganz frei zu geben und auf das zur Fiktion gewordene Bild einer besonderen Solidarität unserer Arbeit auch Dritten gegenüber schlichten Verzicht zu leisten. Dieser Verzicht ist meine Antwort auf den Anknüpfungspunkt und auf Oxford, aber wohlverstanden auch auf deine Begründung der Ethik. Ich kann dich nur bitten, meine Dogmatik so zu lesen und zu verstehen, daß du dir klar machst, daß da nicht weniger als Alles anders gemeint ist, als du es vielleicht um des Friedens willen lesen und verstehen möchtest, und daß dir also deinerseits etwas Anderes als der bewußte Verzicht auch nicht übrig bleibt. Du brauchst dazu schließlich nur die drei Vorhaltungen, die du mir in deinem Briefe machst, so radikal zu verstehen, wie sie doch verstanden sein wollen, wenn sie ernst gemeint sind, um den Graben, der uns trennt, sofort zu Gesicht zu bekommen. Alle drei Vorhaltungen sind für mich schon in ihren Voraussetzungen undiskutabel. Sollte dir nicht mindestens der Starrsinn, mit dem ich das sage – wenn du mir ebenfalls zutraust, daß ich damit bitter ernst genommen sein will – deutlich machen, daß wir in fundamento nicht einig sind? Hier, hier auf der Ebene dieser drei Vorhaltungen müßte es sich zeigen, ob wir in der Christologie, in der Rechtfertigungslehre, im Schriftprinzip etc. einig sind, und wenn wir uns hier nur noch übereinander wundern können, wie sollte dann nicht auch dort Alles verschieden gemeint sein, auch wenn wir in einigen nicht unwichtigen Worten dasselbe zu sagen scheinen?

Versteh das Alles nicht als eine mutwillige Unfreundlichkeit. Ich bin in meiner fast völlig isolierten Stellung viel zu bedrängt und betrübt dran, um zu Mutwillen in dieser Richtung geneigt zu sein. Ich habe auch wirklich nichts Persönliches gegen dich; ich glaube dir selbstverständlich, daß du mit all dem, was mir an deiner Theologie so widrig ist, tust, was du tun zu *müssen* meinst. Und es tut mir darüber hinaus wirklich leid, von dir zu hören, daß du mit deiner Gesundheit immer noch oder immer wieder so wenig befriedigend dran bist.[12] Einem Mann, der so viel durchzumachen hat wie du, schreibt man nicht leichtsinnig einen solchen Brief. Aber eben, weil ich weiß, daß es dir und mir um die Sache geht, und weil ich annehme, daß du fiktive Alli-

[12] Im Jahr 1932 litt Brunner an Nierensteinen. Vgl. Thurneysen in seinem Brief an Barth vom 22.7.1932: «Der Gute hat ja eine ganz böse Krankheitszeit hinter sich, die Krankheit aller Reformatoren hatte ihn heftig gezwackt» (Bw.Th. III).

anzen mit mir für eine der Sache schädliche Angelegenheit ansiehst, glaube ich diesen Brief verantworten zu sollen und zu können. Der Bindestrich, mit dem man gelegentlich deinen und meinen Namen (und den meinen und den Gogartens) verbunden hat, ist aber eine fiktive Allianz gewesen. Und mir scheint, daß alles Gute und Mögliche, was an Gemeinschaft zwischen uns auch so übrig bleibt, um eben gut und möglich zu sein, auf den Hintergrund der schmerzlichen, aber aufrichtigen Anerkennung dieser Tatsache zu stehen kommen sollte.

Mit freundlichem Gruß und etwas verspäteten guten Wünschen zum neuen Jahr

dein Karl Barth

## 84

Brunner                                                    Zürich, 16.1.1933

Lieber Freund,

Für deinen Brief möchte ich dir, so schmerzlich er mir durch seinen Inhalt ist, herzlich danken, um der freundschaftlichen Gesinnung willen, die ich in und zwischen den Zeilen gespürt habe. Ich will mich jedenfalls bemühen, bei dem öffentlichen Sich-auseinander-Setzen, das du als unvermeidlich ansiehst, es nie an einer kräftigen Erinnerung an dieses Persönliche fehlen zu lassen.

Es versteht sich ja von selbst, daß für mich diese Trennung viel schmerzlicher ist als für dich, da ich dir mich immer sehr verbunden und verpflichtet fühlte – und noch fühle –, während du mir nie viel nachfragtest. Das lag nun einmal so in der Natur der Sache. Anderseits bin ich vielleicht darin im Vorteil, daß ich auch jetzt noch – ja jetzt, nachdem ich die Lektüre deines Buches[1] beendet habe, weniger als je – die Hoffnung auf eine Überwindung des Gegensatzes nicht aufgegeben habe.

Du wirst es zwar als ein Mißverständnis meinerseits auffassen, wenn ich sage, daß ich beim zweiten Teil deiner Prolegomena, bei der Trinitätslehre[2], so gut wie restlos mitgehen konnte, da ich selbst, von ganz

[1] Gemeint ist KD I/1.
[2] KD I/1, §§ 8–12.

anderen Punkten ausgehend (meine ganze Gotteslehre ist als Umschreibung des Namens Gottes au[f]gebaut), zu denselben Resultaten gekommen bin. Ich sehe deine Prolegomena dazu – den ersten Teil – mit diesem zweiten Teil in teilweisem Widerspruch, du umgekehrt die meinen, die du zwar nur sehr bruchstückweise kennst.

Du bist zwar ein erstaunlich sorgfältiger Leser geworden; aber ich glaube doch, daß in unserem Dissensus ein Mißverständnis deinerseits eine Rolle spielt. So schreibst du in deinem Brief von einer «Grundlegung»[3] meiner Ethik und spielst damit offenbar auf den ersten Teil an, der aber gar nicht eine Grundlegung sein will, sondern lediglich eine gewisse Anknüpfung an das Gespräch, das andere über Ethik führen, ein Vorgespräch, in dem der christliche Ethiker in einer Weise, die den anderen möglichst verständlich sein soll, darlegt, warum ihm ihre Ethik unannehmbar sei – also, vom Standpunkt der christlichen Ethik selbst aus durchaus ein Postlegomenon. Es ist dasselbe Mißverständnis wie in deiner Dogmatik, wo du in Bezug auf alles, was ich von solcher Auseinandersetzung schreibe, die Auffassung vertrittst, es soll sich da offenbar um eine Begründung der Theologie von außerhalb ihrer selbst handeln[4] – ein Gedanke, den ich schon seit dem Sommer 1924 definitiv begraben habe. Und wiederum ruht dieses Mißverständnis auf einem noch fundamentaleren, als ob ich eine theologia naturalis anstrebe, die zur Begründung der Theologie irgendwie dienlich sei, während für mich theologia naturalis nur Lehre von der sündigen und darum als Fundament keineswegs verwendbaren Gotteserkenntnis der Heiden ist, die als solche aber Anknüpfungspunkt für das Gespräch ist.[5]

Aber noch mehr baue ich freilich auf zwei andere Umstände. Erstens einmal glaube ich, daß du bei deinem Respekt vor der theologischen

[3] Vgl. S. 216. Das Stichwort fällt nicht, Barth redet von der «Begründung der Ethik».

[4] Brunner bezieht sich offenbar auf KD I/1, S. 251f.: «Die Versöhnung des Menschen mit Gott in Christus schließt auch das in sich ..., daß der *verlorene* ‹Anknüpfungspunkt› *neu* gesetzt wird. Dieser Anknüpfungspunkt ist also nicht außerhalb des Glaubens, sondern nur im Glauben wirklich... Denn was von der Schöpfung her vom Menschen zu Gott hin möglich ist, das ist eben durch den Sündenfall verloren gegangen. Darum kann man auch von diesem Anknüpfungspunkt ... *nur* theologisch und nicht theologisch und philosophisch reden.»

[5] Vgl. z. B. E. Brunner, *Die Frage nach dem «Anknüpfungspunkt» als Problem der Theologie*, a.a.O. (S. 212, Anm. 5), bes. S. 253–260.

Tradition nicht auf die Dauer dich dem consensus *omnium* doctorum ecclesiae wirst entziehen können. Denn daß nicht nur die Väter alle sowie die reformierten und lutherischen Dogmatiker, sondern auch Luther und Calvin selbst in der Frage der imago und dementsprechend der theologia naturalis für mich und wider dich zeugen, wirst du ja wohl nicht leugnen können, wenn du den reichlichen Gebrauch bedenkst, den beide von Röm. 1 und 2 im Sinn der Anerkennung einer «irgendwelchen» Gotteserkenntnis der Heiden machen.[6] Der zweite Umstand ist: die Ausführungen auf S. 466/7 und 495 deiner eigenen Dogmatik. Dort stellst du gerade das fest, worauf es mir ankommt:

1. Daß wir auch als Sünder, trotz allem, unser Sein in Gottes Wort, nämlich in seinem Schöpferwort haben – auch wenn wir dieses Schöpferwort als solches nicht erkennen.[7]

2. Daß dieses Wort unsere Verantwortung begründet.[8]

3. Daß eben dieses Wort eine «erste Verbindung» ist, die zwar erst in der zweiten Verbindung, in der Versöhnung, erkannt, aber dann eben als eine erste Verbindung, die der zweiten vorausgeht, erkannt wird.[9]

S. 495: eine in der Offenbarung vorausgesetzte erste allgemeine Gegenwart des Geistes.[10]

[6] Vgl. dazu im Ganzen E. Brunner, *Die Frage nach dem «Anknüpfungspunkt» als Problem der Theologie*, a.a.O.

[7] KD I/1, S. 467: «Eben dieses Wort [scil. das wir in der Offenbarung hören, vgl. a.a.O., S. 466] ist der Grund unseres Seins jenseits unseres Seins, eben kraft seiner überlegenen Existenz ist, ob wir es hören oder nicht hören, ob wir ihm gehorchen oder ungehorsam sind, unsere Existenz Wirklichkeit.»

[8] KD I/1, S. 467: «Jesus Christus das Wort Gottes in seiner Offenbarung braucht nicht erst irgendwoher zu bekommen, sondern es hat schon zuvor in sich selbst die Vollmacht, uns anzusprechen und uns in Anspruch zu nehmen. Es ist keine Frage, ob wir uns ihm gegenüber verantworten wollen, sondern wir *sind* ihm verantwortlich, und unser ganzes Sein ist, so oder so, Verantwortung ihm gegenüber.»

[9] KD I/1, S. 467: «Derselbe Jesus Christus, durch den sich Gott uns als seinen Feinden verbindet, derselbe hat sich uns schon verbunden als denen, die ihm gehören, weil er allein uns gerufen hat aus dem Nichts, weil er allein uns hält über dem Nichts. Und an dieser unserer *ersten* Verbindung mit ihm, wie sie uns in der zweiten und durch die zweite, durch seine Offenbarung offenbar wird, ist das gemessen, was diese *zweite* selber für uns zu bedeuten hat.»

[10] KD I/1, S. 495: «Der Heilige Geist ist Schöpfergott mit dem Vater und dem Sohne, sofern Gott als Schöpfer nicht nur *Existenz, sondern Leben schafft.* Man wird nicht umhin können, unter diesem Gesichtspunkt *von einer in der Offenbarung vorausgesetzten, ersten, allgemeinen, auf die schöpfungsmäßige Existenz*

Nichts anderes als das meine ich: daß im Glauben an den Christus dieses «vorher schon» erkannt werde, das vorher schon *war*, aber nicht erkannt wurde. Während der Thomismus eben lehrt, daß dieses Vorher der Vernunft erkennbar sei – was ich mit dir bestreite.

Was endlich meinen Oxfordartikel[11] betrifft, so sollte der wirklich nichts zwischen uns bringen. Das dürfte dir doch schon dadurch nahegelegt sein, daß Eduard das, an was es mir bei dieser Bewegung liegt, ganz aufgenommen und mit mir, in vollster Gemeinschaft, vor der Basler Pfarrerschaft und Theologenschaft vertreten hat.[12] Wir haben nachher zusammen die Pietismusfrage gründlich erörtert, Eduard hat mich sozusagen einem tentamen rigorosum darüber unterworfen, und wir haben einfach konstatieren müssen, daß wir uns bis in den letzten Punkt hinein verstehen. Ich kenne die Gefahr des Pietismus, aber ich kenne auch, mehr und mehr, die Gefahr eines bloßen Kopfglaubens, der für viele daraus entsteht, daß sie Theologie studieren, ohne schon «etwas mitzubringen». Bei diesen vielen wird dann die Theologie der Ersatz für den Glauben, und wie viele Pfarrer kenne ich, die, weil sie völlig ohne Glaubensgemeinschaft sind, in ihrem bißchen Glauben einfach versauern und unfruchtbar werden. Mit meiner systematischen Theologie hat die Oxford-Bewegung nichts zu tun, umso mehr mit

*des Menschen und der Welt als solche bezogenen Gegenwart und Wirkung des Heiligen Geistes* zu reden. Sie kann so wenig wie das per quem omnia facta sunt im zweiten Artikel, so wenig wie das Dogma von der Schöpfung überhaupt, Gegenstand einer allgemeinen, der Erkenntnis von der Offenbarung vorausgehenden selbständigen Erkenntnis sein. Sie kann also auch *nicht* etwa Gegenstand einer natürlichen Theologie werden.»

[11] Vgl. S. 213, Anm. 3.

[12] Aussprache am 11.12.1932 in Basel, zu der Eduard Thurneysen «eine Reihe von Pfarrern mit ihren Frauen, auch ein paar von der Fakultät» eingeladen hatte (Briefe Thurneysens an Brunner vom 22.11. und 8.12.1932). Thurneysen beschreibt seine Haltung gegenüber der Oxford-Gruppen-Bewegung in einem Brief an Brunner vom 3.2.1933, der veranlaßt war durch den Thurneysen über Georg Merz bekannt gewordenen Eindruck Brunners, Thurneysen äußere sich in der schweizerischen Öffentlichkeit freundlich, Barth gegenüber jedoch kritisch zu dieser Bewegung. Thurneysen stellt in seinem Brief klar, daß er sie als praxis pietatis schätze, von einer theologischen Begründung oder Ablehnung der Gruppenbewegung aber nichts Gutes erwarte, weil sie damit unweigerlich nach ihrer Lehre beurteilt werden würde. Der schweizerischen Öffentlichkeit gegenüber gehe es jedoch darum, «daß der Anruf Buchmans zur praxis pietatis voll zur Geltung komme». Daher habe er «in Basel ... das theologische Reden darüber einfach abgewürgt ... in voller Übereinstimmung mit dir» (Briefe im Brunner-Nachlaß W 55/49).

meiner Pastoraltheologie und Seelsorge – übrigens auch mit der Bekümmernis um mich selbst. Was bis jetzt an Literatur hervorgebracht worden ist, ist mir theologisch so suspekt wie dir.[13] Es ist nicht ihre Botschaft – die unsrige ist wahrhaftig nicht in der Lage, sich von dorther verbessern zu lassen –, sondern es ist ihre Seelsorge und ihre Einsicht in die Bedeutung des Gemeinschaftslebens – wie Luther sagt: die mutua conversatio et consolatio fratrum[14], oder das, was er in der Deutschen Messe anstrebt[15] –, was mich an dieser Sache interessiert und wovon ich jedenfalls hier in Zürich die einwandfreisten Wirkungen erfahren habe[16].

Zum Schluß noch eins. Die Wahrheit geht über die Einigkeit, daran ist kein Zweifel. Aber du weißt ja auch, was für ein Chaos die theologische Welt ist und was für eine Verwirrung das in der Kirche stiftet, daß nirgends zwei zusammenhalten können. Darum gilt wohl als zweiter Satz: So viel Einigkeit als irgend möglich. Du bist immer ein wenig der Starke gewesen, der sich am mächtigsten allein gefühlt hat.[17] Du konntest dir das leisten. Aber bedenke doch auch, was es für das christliche Volk bedeutet, wenn du alle, alle von dir abschüttelst und mit keinem anderen, der selbst theologisch hervortritt, Gemeinschaft haben willst. Und wenn du das gerade in dem Punkte tust, wo du die theologische Tradition der ganzen Kirche gegen dich hast! Tu, was du mußt, aber wir wollen uns doch auch immer fragen, ob das Trennende zu den ne-

---

[13] Vgl. z. B. A. J. Russell, *For sinners only,* New York 1932, dt.: *Nur für Sünder,* Leipzig 1932; *Ermatinger Tagebuch. Stimmen zur Gruppenbewegung in Deutschland und in der Schweiz,* Gotha 1932; J. F. Laun, *Unter Gottes Führung,* Gotha 1931; S. M. Shoemaker, *Religion der Wirklichkeit,* Gotha 1932.

[14] Vgl. M. Luther, *Artikel christlicher Lehre, so da hätten sollen aufs Concilium zu Mantua oder wo es sonst worden wäre, überantwortet werden von unsers Teils wegen und was wir annehmen oder nachgeben künnten oder nicht etc.* (Schmalkaldische Artikel), 1537, III. Teil, 4. Artikel: Vom Evangelio, BSLK 449,12f.

[15] Brunner wird auf Luthers in der Deutschen Messe von 1526 geäußerten Wunsch anspielen, es möge neben der lateinischen und der deutschen Messe noch eine dritte Weise des Gottesdienstes geben, «die rechte art der Euangelischen ordnunge haben solte» (WA 19,75,3f.). Dies wären private Hausversammlungen von Leuten, «die mit ernst Christen zu seyn begerten» (a.a.O., 75,17f.). Nach Luthers Einschätzung fehlten dazu noch die rechten Leute.

[16] Brunner, Mein Vater, S. 69–78, stellte die Schweizer Oxford-Bewegung als eine Variante dieser Bewegung heraus, an der E. Brunner von Beginn an gestaltend beteiligt war.

[17] Vgl. Fr. Schiller, *Wilhelm Tell,* I,3: «Der Starke ist am mächtigsten allein.»

cessariis gehört, oder zu den dubiis, wo es libertas gibt. *So* schrecklich kann meine Ketzerei nicht sein – wenn es denn Ketzerei sein soll –, wenn ich sämtliche Patres und den klaren Wortlaut so vieler Luther- und Calvinstellen für mich habe. Aber im schlimmsten Fall bleibt mir persönlich noch das in omnibus caritas[18], was mir von deiner Sicht nicht wenig bedeutet.

Herzlich

dein E. Brunner

85

Brunner                                                                 Zürich, 1.6.1933

Lieber Freund,

Der beigelegte seltsame Brief, den ich dir schicken soll[1], gibt mir Gelegenheit, dich wieder einmal wenigstens aus der Ferne zu grüßen. Es war mir eine Enttäuschung, daß du bei deinem letzten Besuch auf dem Bergli[2] mich nicht besucht hast. Ich hätte gern mit dir über viele Dinge gesprochen. Es wird ja nicht nötig sein, daß wir immer gerade nur über das uns unterhalten, was uns in der Theologie trennt. Ich bin mit der zweiten Lesung deiner Dogmatik[3] beschäftigt und freue mich, trotz ständigen Widerspruchs namentlich im ersten Teil, der reichen Belehrung, die ich immer wieder daraus ziehe. Daß du zu meiner Ethik dich, wenn ich zuverlässig unterrichtet bin, nur im negativen Sinne geäußert hast, hat mir freilich leid getan und mir eine Zeit lang sehr zu schaffen gemacht.[4] Aber es wird ja nun wohl so gut sein, daß die Größe «dialek-

---

[18] Der wohl fälschlich Augustinus zugeschriebene Spruch: In necessariis unitas, in dubiis libertas, in omnibus autem caritas, vgl. G. Büchmann, *Geflügelte Worte. Der Zitatenschatz des deutschen Volkes*, Frankfurt a.M. / Berlin 1993³⁸, S. 303f.

---

[1] Der beigelegte Brief konnte nicht nachgewiesen werden.
[2] Barth besuchte im April 1933 das Bergli, vgl. Lebenslauf, S. 238.
[3] Gemeint ist KD I/1.
[4] Vgl. S. 213, Anm. 4; vgl. auch Barths Auseinandersetzung mit Brunners Ethik in KD III/4, S. 524.540.737f. Barth hatte im WS 1932/33 an seinen Offenen Abenden Brunners Buch *Das Gebot und die Ordnungen. Entwurf einer protestantisch-theologischen Ethik*, Tübingen 1932, besprochen, indem jeweils Studenten

tische Theologie» auseinanderbricht, damit auch hier nicht unsere törichte Weisheit die göttliche Torheit [1. Kor. 1,25] verdecke. Man möchte nur gern auch etwa ein sichtbares Zeichen der Einheit der Kirche sehen, und es bleibt schmerzlich, wenn Leute, die sich doch, an den Gegensätzen draußen gemessen, so nahe stehen wie wir, voneinander gegenseitig mehr Abstand nehmen als sich zusammenfinden. Wir haben
uns alle gefreut, daß deine Stellung trotz deiner charaktervollen Haltung nicht erschüttert, sondern eher gefestigt worden ist.[5]

Daß wir hier drüben im Übrigen mit Bangen der Zukunft entgegensehen, weißt du ja wohl von vielen anderen Schweizer Freunden. Ich
würde dir gern mehr schreiben, aber man weiß ja nicht ...[6]

Sei herzlich gegrüßt

von deinem E. Brunner

einführende Referate über einzelne Abschnitte hielten. Vgl. den Brief Brunners
an Thurneysen vom 22.2.1933 (Nachlaß Thurneysen, Signatur B 38,113): «Ich habe fortlaufend Protokolle der offenen Abende erhalten, aus denen ich – überein-
stimmend – den Eindruck gewann, daß Karl Barth es einzig darauf abgesehen
hat, den Studenten zu sagen, daß und warum meine Ethik nicht gut sei. Die
Mittel, die er dazu braucht, sind mir unverständlich. Ich gebe mir Mühe, das
Recht seiner Kritik zu sehen – irgendwo wird er ja sicher recht haben – aber
diese schonungslose, mit keiner Würdigung und keinem Versuch, den anderen
von seinen Voraussetzungen aus zu verstehen, gepaarte Kritik macht es mir allerdings schwer zu lernen. Es ist aus wörtlich berichteten längeren Ausführungen
Barths nahe daran, daß er meine Arbeit lächerlich macht. Das spielt wohl irgendwie hinein in mein Verhältnis zu meinen theologischen Freunden. Denn
daß der Bruch mit Barth mir nicht so leicht fällt wie ihm, kannst doch du wohl
am besten verstehen. Du weißt ja, wie ich gewohnt bin, Barth auch gegen mich
ernst zu nehmen. Wie ich immer der Mitgehende war. Daß mich nun B. in dieser Weise abschüttelt, daß auch von ihm begeisterte Schüler darüber den Kopf
schütteln, das tut mir natürlich nicht wohl.»

[5] Nachdem das Gesetz zur «Wiederherstellung des Berufsbeamtentums» vom
7.4.1933 allen Beamten, die nicht «jederzeit rückhaltlos für den nationalen Staat
eintreten», Dienstentlassung angedroht hatte, war es bis Ende April 1933 unklar,
ob Barth zum Sommersemester in Bonn antreten könne, da er wegen seiner Zugehörigkeit zur SPD durch dieses Gesetz von der Absetzung bedroht war. Barth
lehnte einen Austritt aus der SPD als Voraussetzung der Fortsetzung seiner Lehrtätigkeit ab und teilte das dem preußischen Kultusminister Rust bereits in einem
Brief vom 4.4.1933 mit. Rust bestätigte in einem Brief vom 24.4.33, daß eine Be-
schränkung von Barths Lehrtätigkeit nicht beabsichtigt sei. Vgl. H. Prolingheuer, *Der Fall Karl Barth, Chronographie einer Vertreibung, 1934–1935*, Neukirchen-
Vluyn 1984[2], S. 1–3.

[6] Anspielung auf eine mögliche Briefzensur durch deutsche Behörden.

Brunner                                                    Zürich, 14.7.1933

Mein lieber Freund,

Heute möchte ich dir schreiben, um dir von ganzem Herzen und oh-ne jede Einschränkung zu danken für dein gewaltiges Wort zur Besin-nung.[1] Ich habe es mehrmals und jedesmal mit Bewunderung und Dankbarkeit gelesen und danke Gott dafür, daß er dir dieses propheti-sche Wort gegeben hat. Es *ist* ein Wort zur Lage[2], wie ich kein anderes kenne und wie nur du es schreiben konntest. Wir stehen hier alle unter dem furchtbaren Eindruck, daß die deutsche evangelische Kirche Selbstmord verübt hat.

Aber wir wissen auch aus vielen privaten Gesprächen, daß es auch über dem Rhein eine kleine Schar gibt, die ihre Knie dem Baal nicht gebeugt haben[3] [1. Kön. 19,18]. Daß du ihr Wortführer geworden bist und es so geworden bist, ist uns eine große Freude und ein großer Trost in dieser an Erfreulichem so armen Zeit.[4]

---

[1] K. Barth, *Theologische Existenz heute!* (ZZ, Beiheft 2), München 1933; neu hrsg. und eingeleitet von H. Stoevesandt (ThExh NF 219), München 1984.

[2] Anspielung auf Barths Sätze a.a.O., S. 27: «Soll ich mich nun dennoch un-terwinden, das von mir erwartete ‹Wort zur Lage› zu reden, ... so kann es inhalt-lich wirklich nur in der Frage bestehen: ob es nicht der Kirche und uns Allen besser wäre, wenn wir jetzt gerade *nicht* ‹zur Lage›, *sondern* nun erst recht, ein Je-der in den Schranken seiner Berufung, ‹zur Sache› reden bzw. die Voraussetzun-gen bedenken und bearbeiten würden, deren es bedarf, um Tag für Tag ‹zur Sa-che› zu reden, wie es heute – nicht erst heute, aber auch heute! – von uns gefor-dert ist?»

[3] Vgl. a.a.O., S. 54.

[4] Anspielung auf die innerlich unklaren Auseinandersetzungen in den evan-gelischen Kirchen um ihre Stellung im und zum Dritten Reich. Am 27.5.1933 wurde Friedrich von Bodelschwingh gegen den von Hitler und den Deutschen Christen (DC) gestützten Wehrkreispfarrer Ludwig Müller von den Repräsen-tanten der Landeskirchen zum ersten Reichsbischof der Deutschen Evangeli-schen Kirche gewählt. Der Vormarsch der DC führte schließlich zu von Bodel-schwinghs Rücktritt, nachdem am 24.6.1933 der preußische Staat die Leitung der Kirche der preußischen Union usurpiert hatte. Ludwig Müller wurde zum Reichsbischof erhoben; vgl. Scholder I, S. 388–452. Barth sah in der Einführung des Reichsbischofsamtes die Gefahr der Kirche, sich durch die Übernahme des Führerprinzips dem nationalsozialistischen Staat gleichzuschalten, vgl. *Theologi-sche Existenz heute!*, a.a.O., S. 53f., zum Ganzen: a.a.O., S. 42–54. Daß Brunner

Es ist uns allen bange um dich.[5] Möge der, auf den du so fest baust, dich schützen und uns dich als ein mächtiges Werkzeug seiner Kirche erhalten.

Wir[6] dürfen auch nicht länger schweigen. Was uns zurückgehalten hat, war der Gedanke, es möchte falsch verstanden werden, wenn wir aus unserer Sicherheit heraus protestieren und anklagen. Aber die Stimmen von draußen mehren sich, die von uns ein klares Wort fordern. Ich habe neulich vor Pfarrern über den Staat als Problem der Kirche gesprochen und werde dir diesen Aufsatz[7], den der Kirchenrat zu verbreiten wünscht, schicken als kleine Gegengabe für deine große. Aber auch über die deutschen Dinge werden wir nunmehr etwas sagen müssen, nicht zum wenigsten, um unser eigenes Volk vor ähnlicher Verwirrung zu bewahren.[8]

Sei samt deinen Lieben herzlich gegrüßt von uns allen

dein E. Brunner

diese Sicht teilt, indiziert seine Anspielung auf Baal, die auf Barths Satz anspielt: «Wo man nach dem kirchlichen Führer *ruft*, statt Führer zu *sein* in seinem befohlenen Dienste, da ist alles Rufen nach dem Führer so vergeblich wie das Schreien der Baalspfaffen: ‹Baal, erhöre uns!›» (a.a.O., S. 54).

[5] Laut eines Briefes des Präsidenten des Schweizerischen Kirchenbundes, Alphons Koechlin, an den Bischof von Chichester und Vorsitzenden des Ökumenischen Rates, George Bell, datiert vom 27.6.33, hatte man in der Schweiz Angst, daß Barth von den Nazis gefangengesetzt werden könnte, vgl. G. Bell – A. Koechlin, *Briefwechsel 1933–1954*, hrsg. von A. Lindt, Zürich 1969, S. 36.

[6] Scil. im Schweizer Ausland.

[7] E. Brunner, *Der Staat als Problem der Kirche*, Bern / Leipzig [1933]; wieder abgedruckt in: Wort I, S. 289–307.

[8] Im sogenannten «Frontenfrühling» bildete sich in der Schweiz eine kleine, aber lautstarke Gruppierung, die der NSDAP verwandt war. Am 22.4.1933 veranstaltete sie unter dem Namen «Kampfbund Neue und Nationale Front» (später einfach «Nationale Front») in Zürich ihre erste große öffentliche Kundgebung. Vgl. A. Meyer, *Anpassung oder Widerstand. Die Schweiz zur Zeit des deutschen Nationalsozialismus*, Frauenfeld 1965, S. 43ff.

Barth                                                    [Bonn,] 17.7.1933

Lieber Freund,

Du hast mir zwei gute Briefe geschrieben.[1] Vermutlich sehen wir uns bald persönlich.[2] Aber ein kleiner Gegengruß soll auf alle Fälle vorangehen. Wir leben hier in einer kuriosen, ununterbrochen dramatisch bewegten Welt, in der sozusagen jeder Tag seine kleine oder große Sensation hat, die man verarbeiten muß, ohne sich um die des nächsten sorgen zu *können* [vgl. Mt. 6,34]. Immer mit der Möglichkeit, daß doch eines Tages einmal etwas *ganz* Unangenehmes auch eintreten könnte. Aber auch daran gewöhnt man sich und freut sich unterdessen daran, daß vorläufig Alles noch nicht so weit ist, sondern immer noch und oft ganz unerwartet ein freundliches und hoffnungsvolles Gesicht zeigt. Bis irgendeine neue Seltsamkeit in der Nähe oder Ferne Einen aufs Neue daran erinnert, daß man eben doch mitten auf einem brodelnden und spuckenden Vulkan sitzt. Ich habe in diesen Monaten viel gesehen und gehört, was ich bisher nur gelesen hatte... Dank für deinen freundlichen Zuruf. So ein Brief aus der Schweiz erinnert mich jetzt fast an den tröstlichen Anblick, den man als Bub auf der Rößliriti[3] hatte, wenn man auf eilender und doch etwas beunruhigender Rundfahrt in Abständen an der auf verheißungsvoll sicherem Boden wartenden Mutter vorbeisauste. Umgekehrt könnte ich mir ja denken, daß euch unsere Existenz so von Weitem vorkommt wie die von wahren Morgartenrittern[4] oder auch Daniels in der Löwengrube [vgl. Dan. 6]. Beides stimmt dann wohl nicht ganz, aber beides ist wohl unvermeidlich. Ich freue mich jedenfalls, nun bald für eine Weile Alles ebenfalls vom Zürichsee aus betrachten und erwägen zu dürfen.[5]

[1] Gemeint sind die Briefe Nr. 85 und 86.
[2] Ein Treffen fand im September 1933 statt, vgl. S. 231, Anm. 2. Barth war im Begriff, in die Sommerferien zu fahren, die er auf dem Bergli verbrachte.
[3] = Karussell.
[4] Das Ritterheer der Habsburger wurde am 15.11.1315 in einem Engpaß bei Morgarten von Innerschweizer Soldaten so von allen Seiten eingekesselt, daß es dem Überraschungsangriff hilflos preisgegeben war; vgl. H.R. Kurz, *Schweizerschlachten*, Bern 1962, S. 7–16.
[5] Gemeint ist ein Aufenthalt Barths auf dem Bergli bei Oberrieden am Zürcher See.

Der Eindruck, daß die deutsche evangelische Kirche Selbstmord verübt habe, ist nicht richtig. Ich kann mir wohl denken, was gemeint ist.[6]
Aber so schnell geht das ja zum Glück doch nicht. Arianisch ist
Deutschland ja schon einmal und ziemlich lange gewesen[7], und dann
gab's doch noch einen Luther und allerlei Anderes vorher und nachher.
«Die Pforten der Hölle ...!» [Mt. 16,19]. Ich predige das jetzt den Ver-
zagten unermüdlich, und das muß man auch im Ausland für die deutsche Kirche glauben, und wenn man sie bis auf die Turmspitze im totalen Staat versaufen sähe. Es wird aber schwerlich so weit kommen, daß
man darauf angewiesen wäre, nur noch an ihre unsichtbare Existenz zu
glauben. Ich war wohl nie ein Kirchenoptimist und werde es auch nicht
mehr werden. Und ich habe speziell der modernen deutschen Kirche
nicht eben viel zugetraut. Aber holla, es hat sich in diesen Monaten
und speziell in den letzten drei Wochen doch landauf landab mitten in
einem Meer von elender Schwachheit (das sich freilich auch ereignet
hat!!) soviel ereignet an fröhlichem selbstverständlichem (stillem und
offenem) Widerstand gegen die große Versuchung[8], daß ich unmöglich
von einem Selbstmord dieser Kirche sprechen oder auch nur die Remi-
niszenz von den 7000 des Elias [1. Kön. 19,18] auf den Plan rufen möchte. Ihr müßt in der Schweiz bedenken, daß von all dem, was da in Betracht kommt, kein Wort in den deutschen, geschweige denn in euren
Zeitungen zu lesen steht. Aber seid nur ganz sicher, daß das Leben der
Kirche hier unter der Oberfläche, gesichtet durch den Abgang von so
und so viel Zweideutigen und Unzuverlässigen, oft genug bedroht von
den Taktlosigkeiten auch derer, die es gerade ganz gut zu meinen und
zu machen glauben, seinen Gang geht, und wenn in Berlin die Dummheit und die Lüge noch so große Triumphe feierten. Es kann wohl noch
sehr schlimm kommen, aber ganz schlimm kommt es sicher nicht.
Wenn die Sache mit dem Selbstmord stimmte, dann hätte man jetzt

[6] Vgl. S. 224, Anm. 4.
[7] Anspielung auf das arianische Bekenntnis u. a. der germanischen Ostgoten
in der Zeit des Umbruchs von Antike zu frühem Mittelalter. «Arianismus» warf
Barth auch den Deutschen Christen vor, vgl. *Abschied,* a.a.O. (S. 214, Anm. 5),
S. 543.
[8] Vgl. Scholder I, Kap. 5: «Die Selbstbehauptung der evangelischen Kirche
(Mai)», S. 388–421; und Kap. 7: «Der Kampf um die preußische Kirche und der
Abschluß der Reichskirchenverfassung (Juli)», S. 453–481.

z. B. die Kommissare nicht zurückgezogen!!9 Man hatte seine Gründe dazu. Und meine Broschüre hätte kein Echo gefunden und wäre erst noch verboten worden. Sie ist aber in 14 Tagen in 4 Auflagen gedruckt worden; vom Verbot hat man immer wieder geredet, es ist aber nicht gekommen.10 Und die man abgesetzt hatte, sind schön wieder eingesetzt.11 Und der Art. 4 der neuen Kirchenverfassung12

| sollte noch vor 8 Tagen so aussehen: | sieht jetzt so aus: |
|---|---|
| Die Deutsche evangelische Kirche will die in ihr geeinte deutsche evangelische Christenheit für die Erfüllung ihres Auftrags an Volk und Welt rüsten und einsetzen ... | Die deutsche evangelische Kirche will die in ihr geeinte deutsche evangelische Christenheit für die Erfüllung des göttlichen Auftrags der Kirche einsetzen ... |

Und ich brauche schließlich nur an mein studentisches Auditorium zu denken, das ich nun während des ganzen Semesters nicht nur ohne alle Störungen, sondern auch in der gewohnten Zahl und Aufmerksamkeit beieinander hatte und das mich nach dem Erscheinen der Broschüre mit einem Spektakel begrüßt hat, als ob ich 70. Geburtstag hätte. Die Leute denken doch gar nicht daran, Deutsche Christen werden zu

[9] Gemeint ist der am 24.6.1933 vom preußischen Kultusminister Rust berufene Staatskommissar für den Bereich sämtlicher evangelischer Landeskirchen Preußens, August Jäger, der wiederum in den einzelnen Provinzen Bevollmächtigte einsetzte. Jäger wurde am 14. Juli, dem Tag der staatlichen Anerkennung der neuen Verfassung der Deutschen Evangelischen Kirche (s. Anm. 12), abberufen und berief wieder als letzte Amtshandlung seine Bevollmächtigten ab. Vgl. G. van Norden, *Kirche in der Krise. Die Stellung der evangelischen Kirche zum nationalsozialistischen Staat im Jahre 1933,* Düsseldorf 1963, S. 71–81, und Scholder I, S. 444–481.560–562.

[10] Vgl. S. 224, Anm. 1. *Theologische Existenz heute!* erschien in 37000 Exemplaren, ehe die Schrift am 28.7.1934 beschlagnahmt wurde, vgl. Lebenslauf, S. 240.

[11] Staatskommissar Jäger beurlaubte diejenigen preußischen Generalsuperintendenten und Mitglieder des Evangelischen Oberkirchenrates, die die Zusammenarbeit mit ihm verweigerten. Nach Jägers Abberufung wurden die Beurlaubungen wieder aufgehoben. Vgl. Anm. 9.

[12] Gemeint ist die Verfassung der Deutschen Evangelischen Kirche, zu der sich die seit 1922 im Deutschen Evangelischen Kirchenbund locker zusammengeschlossenen Landeskirchen vereinigten. Sie wurde am 11. Juli 1933 von allen Vertretern der 28 evangelischen Landeskirchen angenommen und wurde drei Tage später Reichsgesetz. Vgl. Norden, a.a.O., S. 79f., und Scholder I, S. 560–562.

wollen. Und selbst wenn nun nächsten Sonntag wieder ein Unglück geschehen sollte[13], was ja nicht ausgeschlossen ist – aber auch durchaus nicht sicher –, die Renitenz ist da, streckenweise sogar eher massiver als erwünscht, und das fluctuat nec mergitur[14] wird sich so oder so ganz sicher bewähren.

Ich schreibe dir dies alles, schon damit du dir meine Situation nicht allzu heroisch oder gar prophetisch vorstellst. Sodann doch auch als kleine Warnung: es wäre nicht nur nicht gut, sondern es würde eben einfach den Tatsachen nicht entsprechen, wenn eine schweizerische Kundgebung etwa auf jenen Ton vom Selbstmord gestimmt wäre. Was Ragaz jetzt Alles über die deutsche Kirche schreiben mag?[15] Ich wage nicht daran zu denken. Die ernst zu nehmende schweizerische Kirche aber sollte doch ja vorsichtige Schritte tun, wenn sie wirklich schon etwas meint tun zu können. Ich gestehe, daß ich der Sache etwas besorgt entgegensehe. Ich möchte – da ich die deutschen Kirchenonkels, aber auch die deutschen Kirchenneffen nun doch einmal aus der Nähe kenne und überhaupt wenigstens ein bißchen auch hinter die hiesigen Kulissen sehe – am liebsten den Antrag stellen – man möchte mich doch ein allfälliges Proklama vorher sehen lassen und wenigstens meine Meinung dazu sagen lassen. Das wird wohl zu viel verlangt sein. Aber vielleicht flüsterst du es dem Einen oder Andern zu, der Verfasser von Quousque tandem[16] rate dringend, säuberlich zu verfahren mit dem Knaben Absalom [vgl. 2. Sam. 18,12] ...

Vielleicht reden wir dann im Anblick des Zürichsees auch von Theologie. Es ist ein düsteres Kapitel zwischen uns. Denn ich bin nach wie vor der Meinung, daß du einerseits mit deiner Prinzipienlehre und andererseits mit deinem Übergang zur Oxfordbewegung eine ganz schlim-

[13] Am 23. Juli 1934 fanden Kirchenwahlen für die evangelische Kirche statt. Die Deutschen Christen konnten nicht zuletzt aufgrund Hitlers Parteinahme für sie im gesamten Deutschland etwa drei Viertel der Stimmen auf sich vereinen.
[14] Vgl. M. Luther, *Vorlesung über Jesaias* (1527-1530) WA 31/II, 28,26: «Navicula Petri fluctuat, at non mergitur.»
[15] In seinen ausführlichen Kommentierungen *Zur Weltlage* in der religiös-sozialen Zeitschrift Neue Wege sprach Ragaz 1933 wiederholt von der «Katastrophe» des Protestantismus in Deutschland und bezog in dieses Urteil auch die «dialektische Theologie» Barths mit ein, vgl. *Zur Weltlage*, in: NW, Jg. 27 (1933), S. 188f.302f.
[16] K. Barth, *Quousque tandem ...?*, in: ZZ, Jg. 8 (1930), S. 1–6; wieder abgedruckt in: V.u.kl.A. 1925–1930, S. 521–535.

me Verwüstung angerichtet habest. Was das erstere betrifft, so sieht man ja nun an Gogartens traurigem Ende, wo das hinführt.[17] Und was das letztere betrifft … aber du hast ja meine Meinung über «Bewegungen» im Allgemeinen und Besondern gelesen[18], und ich will meine Antwort auf deine Friedensbriefe nicht durch neue wüste Polemik verunstalten, so grimmig ernst es mir damit sein möchte. Komm dann einmal aufs Bergli und bring womöglich zwei lebensgroße Pferde mit. Vielleicht daß wir auf einem ganztägigen Ritt über das Schlachtfeld von Kappel[19] oder da herum Einiges bereinigen könnten. Inzwischen sei herzlichst und mit aufrichtigem Dank gegrüßt

von deinem [Karl Barth]

88

Brunner                                                                    Zürich, 28.8.1933

Lieber Freund,

Von Eduard hörte ich, daß du hier seist. Ich hoffe nun bestimmt auf deinen Besuch.[1] Ein Ritt zusammen wäre fein; ich miete meinen Gaul jeweils bei Fassbänder an der Zürichbergstraße. Doch würde es sich empfehlen, am Morgen früh zu reiten, da nachher die Bremsen wüst

[17] Barth kritisiert an Gogarten 1933 dessen Unterstützung der deutsch-christlichen Seite in den kirchenpolitischen Auseinandersetzungen mit der These, «daß das Gesetz Gottes für uns identisch sei mit dem Nomos des deutschen Volkes.» K. Barth, *Abschied*, a.a.O., S. 539. Damit habe Gogarten sich die entscheidende These der Deutschen Christen zu eigen gemacht. Dieser Satz bedeute «den vollzogenen Verrat am Evangelium», «die Aufrichtung des Menschengottes des 18. und 19. Jahrhunderts» (ebd.).
[18] Wohl Anspielung auf *Theologische Existenz heute!*, a.a.O. (S. 224, Anm. 1), S. 81f.: «Wo das Bekenntnis ist, da ist die eine heilige Kirche im Kampf mit dem Irrtum, in welchem sie nicht unterliegen wird. Wo dagegen ‹Bewegungen› sind, auch in bester Meinung und Absicht, da ist selber schon Irrtum und Sekte mindestens in größter Nähe. Der heilige Geist braucht keine ‹Bewegungen›. Und die allermeisten ‹Bewegungen› hat wahrscheinlich der Teufel erfunden.»
[19] Auf dem Schlachtfeld bei Kappel kam H. Zwingli am 15.10.1531 im 2. Kappelerkrieg ums Leben.

[1] Vgl. S. 234, Anm. 2. Barth befand sich im August/September 1933 wieder auf dem Bergli bei Oberrieden.

tun[2]. Du könntest sehr wohl bei uns übernachten. Wie wär's z. B. mit dem Freitag Morgen? Bis Mittwoch Abend bin ich mit Hartenstein[3] in Vaumarcus[4], am Donnerstag habe ich Stunde im freien Gymnasium[5]. Nächste Woche bin ich vom Dienstag ab incl. frei.

Beiliegend ein Vortrag von mir, der dir hoffentlich nicht ganz miß-fällt.[6]

Herzliche Grüße

dein E. Brunner


## 89

Barth                                    Bergli, Oberrieden, 29.8.1933

Lieber Freund!

Vielleicht gestalten wir unsere Begegnung diesmal doch noch lieber infanteristisch. Ich habe bereits vor einigen Wochen mit Eduard Thurn-eysen zusammen bei dir angerufen, mußte aber hören, daß du irgend-wie über Land gezogen seist. Nun ist Eduard ein zweites Mal hier in Aussicht, und zwar vom kommenden Freitag auf den Samstag. Ich hät-te aber sehr gerne, wenn er bei unsrer Unterhaltung auch zugegen wäre als Zeuge, Übersetzer, Schiedsrichter etc. Würde es dir wohl passen, am Samstag vormittag rechtzeitig hierher zu kommen, natürlich um dann auch über Mittag hier zu bleiben, aber zunächst in der Absicht auf ein Männergespräch zu dreien?

[2] = wüten.

[3] Karl Hartenstein (1894–1952), 1926–1939 Direktor der Basler Missionsgesell-schaft, später Stiftsprediger und Prälat in Stuttgart. Hartenstein, der sich in den Zwanziger Jahren der Theologie Barths angeschlossen hatte, distanzierte sich 1933 von ihr und verband sich theologisch stärker mit Brunner, vgl. W. Metzger (Hg.), *Karl Hartenstein. Ein Leben für die Kirche*, Stuttgart 1953, bes. S. 32.42.150.163.

[4] Brunner hielt dort seinen Vortrag *Die Bedeutung der missionarischen Erfah-rung für die Theologie*, in: *Die deutsche evangelische Heidenmission. Jahrbuch 1933 der vereinigten deutschen Missionskonferenzen*, Hamburg 1933, S. 3–11.

[5] Evangelisches Gymnasium, im 19. Jhdt. gegründet im Gegensatz zu den li-beralen staatlichen Schulen. Im Brunner-Nachlaß W 55/118 finden sich Doku-mente zu Brunners Erteilung von Religions-Unterricht am Freien Gymnasium Zürich in den Jahren 1927 bis 1939.

[6] Gemeint ist Brunners Vortrag *Der Staat als Problem der Kirche* (S. 225, Anm. 7).

Herzlichen Dank für die Zusendung deines Vortrags.[1] Ich hatte ihn bereits durch den Knaben Sutz[2] empfangen und auf dem Dampfschiff zwischen Luzern und Stansstaad in der Tat mit großer Zustimmung gelesen. Wirklich mit Zustimmung und nicht bloß mit der bei dir ja selbstverständlichen Bewunderung vor der entwickelten didaktischen Kunst! Um dasselbe im Bereich reichsdeutscher Ohren zu sagen, hättest du wahrscheinlich dem Problem des Zusammenhangs von *Volk* und Staat noch ausführlicher zu Leibe gehen müssen, weil dies die Ecke ist, aus der die Irrtümer dieser Zeit aufsteigen wie Schwefeldämpfe. Aber ich fürchte, gerade in diese Ecke kann man zur Zeit mit keinem noch so gediegenen didaktischen Stecken hineinlangen.

Oh! oh! oh! wie haben mich Ragaz in den Neuen Wegen[3] und Max Gerber im Aufbau[4] behandelt. Es ist aber für die Erkenntnis beider Tei-

[1] Vgl. S. 225, Anm. 7.

[2] Zu E. Sutz vgl. S. 166f., Anm. 1.

[3] Vgl. L. Ragaz, *Nachwort*, in: NW, Jg. 27 (1933), S. 330. Ragaz wirft der dialektischen Theologie in toto vor, daß sie durch die Entwertung des Handelns überhaupt «den Geistern, die nun im Nationalsozialismus sich austoben, freie Bahn geschafft» habe. Das sei, wie auch aus Barths *Theologische Existenz heute!*, a.a.O. (S. 224, Anm. 1), hervorgehe, nie Barths Absicht gewesen. Doch trete «auch in dieser Schrift der tiefe *Mangel* des ganzen ‹Barthianismus› hervor, der mit dem Worte Gottes nicht in die kämpfende Wirklichkeit eingehen, sondern sich im Reiche der reinen Theologie halten will. Es ist fast ein wenig komisch, wie Barth erklärt, er treibe auch in der Unruhe dieser Zeit Theologie, und nur Theologie. Und seine Gegner sind ihm darin *überlegen*, wenn sie das ‹Wort Gottes› auch in der Zeitbewegung erkennen wollen; denn das Wort Gottes ist kein papierenes! Die Frage ist bloß, ob sie es wirklich erkennen. Barth hat darin Recht, daß das *nicht* der Fall ist, und hat die Bibel auf seiner Seite. Ueberhaupt hat er mit seinem *Nein* recht, und das ist erst diesmal die Hauptsache. Es ist eine Tat, die großen Wert hat und haben wird.»

[4] Max Gerber, *Von Kirchen und Theologen*, in: Der Aufbau. Sozialistische Wochenzeitung, Jg. 34 (1933), Nr. 34 vom 25.8.1933, S. 265f. Gerber urteilt a.a.O., S. 266, über Barths Schrift *Theologische Existenz heute!*, a.a.O. (S. 224, Anm. 1): «Ich gestehe frei, daß sie auf mich einen wahrhaft niederdrückenden Eindruck gemacht hat... So wie es vor geraumer Zeit eine Kunst gab, die sich den Leitspruch erwählte ‹L'art pour l'art›, die Kunst um der Kunst willen, unter Ablehnung aller Beziehung auf das Leben, so sehen wir jetzt eine Theologie im Schwang, die Theologie um der Theologie willen treibt, auch sozusagen im leeren Raum. Für die leidenden und darniederliegenden Massen einzutreten, gegen die Knechtung des freien Geistes, gegen ein Regiment von Mord und Lüge aufzutreten, gehört nicht zu dem ‹Auftrag›, von dem immer wieder geredet wird. ... Wenn jetzt so viel von ‹reformatorischer Theologie› geredet wird, so sei das eine festgestellt: die Reformatoren wußten nichts von einer Theologie und Kirche,

le erleuchtend, wie in diesen Äußerungen sichtbar wird, daß die *Metho-de* der Deutschen Christen und unsrer Religiös-Sozialen genau dieselbe ist.[5]

Herzlichen Gruß und auf ein gutes Wiedersehen!

Dein Karl Barth

## 90

Brunner                                                    [Zürich,] 1.9.1933[1]

Lieber Freund,

Abgesehen davon, daß ich ein Gespräch zu zweit einem zu dritt vor-ziehe, auch, ja gerade, wenn Eduard der dritte ist, kann ich morgen nicht kommen, weil ich aus besonderen Gründen mit meiner Frau im Glarnerland zusammentreffen muß. Für ein Gespräch bliebe uns so zu wenig Zeit. Ich hoffe nun, daß es nächste Woche dazu kommt. Eben

die an Ungeheuerlichstem, was Tag für Tag das Volk trifft, vorbeigeht, um ‹Theologie und nur Theologie zu treiben› (wie es der Priester und der Levit im Gleichnis wahrscheinlich auch getan haben). Sie haben zuweilen laut und ver-nehmlich zu den Schäden ihrer Zeit das Wort ergriffen – ob immer mit Glück, ist eine Frage für sich. Die Theologie im luftleeren Raum ist eine Erfindung neuerer Zeit. Ich bin überzeugt, daß die ‹theologische Existenz heute› nicht die von morgen sein wird, denn ich glaube an den Sieg der Menschlichkeit – sogar in der Theologie.» – M. Gerber (1887-1949), Bündner religiös-sozialer Pfarrer, seit 1931 Redaktor des sozialdemokratischen Kampfblatts für tagespolitische Fra-gen «Der Aufbau», war Barth seit seiner Safenwiler Zeit bekannt, vgl. Bw.Th. I, Register sub voce Gerber, Max. Der damalige Briefwechsel zwischen Barth und Gerber mitgeteilt bei K. Bajohr, *Die kirchliche und politische Bedeutung von Barths Schrift «Theologische Existenz heute!»*, in: Christ und Sozialist. Blätter des Bundes der Religiösen Sozialistinnen und Sozialisten Deutschlands, N.F. Jg. 17 (1993), S. 32–41.

[5] Barth nimmt diesen Gedanken wieder auf in: *Abschied*, a.a.O. (S. 214, Anm. 5), S. 542, und in: *Gottes Wille und unsere Wünsche* (ThExh 7), München 1934, S. 25. Bereits 1919 kritisierte Barth, lange bevor die Deutschen Christen auftraten, die sogenannte Bindestrich-Theologie von «christlich-sozial» bis «reli-giös-sozial» in *Der Christ in der Gesellschaft*, a.a.O. (S. 57, Anm. 2 zu Nr. 23), S. 5.

[1] Ort und Datum ist durch den Poststempel gegeben. Da nach Nr. 88 Brun-ner bis zum Mittwoch (2.9.) in Vaumarcus bleiben wollte, könnte Brunner die Karte jemandem mitgegeben haben, der sie in Zürich einsteckte.

bekomme ich Nachricht von der Erkrankung deines Bruders Peter.[2] Ich
soll für ihn in Neuenburg einspringen.[3] Hoffentlich handelt es sich nur
um eine vorübergehende Ermüdung.

Herzlich

dein E. Brunner

91

Brunner                                                      Zürich [ohne Datum;
                                      handschriftlich von Barth nachgetragen:
                                 Oktober 1933; vermutlich nach dem 14.9.1933[1]]

Lieber Freund,

Ich muß dir heute schreiben, um dich um Verzeihung zu bitten. Ich
bin zur Überzeugung gekommen, daß ich an jenem unglücklich verlau-
fenen Gespräch oder richtiger an dem unglücklichen Verlauf jenes Gesprächs allein die Schuld trage.[2] Ich wollte eigenmächtig etwas erzwin-

---

[2] Nach dem Brief von M. Rade vom 20.8.1933 an seine Tochter Marie Helene
Barth-Rade, die Frau von Peter Barth, erlitt dieser einen gesundheitlichen Kol-
laps infolge seiner Diabetes-Krankheit (handschriftlicher Brief im Nachlaß von
P. Barth im Universitätsarchiv Bern).

[3] Nach einem Brief von P. Barth an A. Barth-Sartorius vom 7.10.1932 sollte er
am 26./27.9.1933 bei der Tagung der Schweizerischen Predigerversammlung ein
Korreferat halten zum Generalthema: «Que faut-il penser du retour à la Théolo-
gie des Réformateurs?» Das Hauptreferat hielt A. Lemaître, das Korreferat, anstelle von P. Barth, G. Spörri, vgl. *Actes de la société pastoral Suisse, 79$^{me}$ Assemblée
à Neuchâtel 25–27 Septembre 1933*, Couvet o. J., S. 29–78.

---

[1] Thurneysen berichtet in seinem Brief an Brunner vom 14.9.1933 (Brunner-
Nachlaß W 55/49) von dem in Anm. 2 dargestellten Treffen, wie Barth es ihm te-
lefonisch geschildert habe. Wann er Barth angerufen hat, wird daraus nicht er-
sichtlich. Der obige Brief Brunners an Barth wird in Thurneysens Brief noch
nicht erwähnt.

[2] Brunner traf sich bereits am 8.9.1933 mit Barth zu einem Gespräch, in dem,
so Brunner in einem Brief an Thurneysen vom 13.9.1933 (Thurneysen-Nachlaß),
«wir beide ebenso freundlich wie bestimmt uns gegenseitig unsere Gravamina vor-
legten und, wie ich glaubte, wirklich beiderseits auf einander hören konnten.» Im
vorliegenden Brief bezieht sich Brunner auf den 11.9.1933, den Barth zusammen
mit Rudolf Pestalozzi, vgl. S. 155, Anm. 16, auf Einladung Brunners hin im Kreis
von Brunners Freunden aus der Oxfordbewegung verbrachte. Zu Brunners Freunden gehörten unter anderen Prof. Dr. phil. Theophil Spoerri (1890–1974), 1922–

gen und habe dadurch veranlaßt, daß du ein falsches Bild von der Sache, um die es in der Gruppe geht, [bekommen hast] und meine Freunde ein falsches Bild von dir bekommen haben.

Ich wollte etwas machen, und darum wurde es eben «gemacht». Ich muß dir eigentlich ganz recht geben: es war ein ganz unmöglicher und – mir eigentlich nicht weniger als dir – peinlicher Vorgang. Ich habe so etwas noch nie erlebt. Vorausgesehen war ja das auch meinerseits durchaus nicht. Wir hatten nichts abgeredet oder gar abgekartet. Die einzige Vorbereitung bestand darin, daß ich einige Minuten mit dem Aarauer Spörri[3] zusammensaß und das Thema fixierte. Aber es mußte schief herauskommen, weil ich doch irgendwie – ohne mir dessen damals be-

1956 o. Professor für romanische Philologie an der Universität Zürich, neben Brunner eine der treibenden Kräfte der Gruppenbewegung in der Schweiz (s. Brunner, Mein Vater, S. 69ff.), und der Aarauer Lic. theol. Gottlob Spörri (1899–1990), Pfarrer in Seengen, Religionslehrer in Aarau, 1937 Vorsteher der Diakonissenanstalt Zürich-Neumünster, seit 1941 Vorsteher der von ihm begründeten Diakonischen Schwesternschaft Haus Bergfrieden in Braunwald, Kt. Glarus. Er nahm auch an der Oxford-Gruppenbewegung teil. – Nach Brunners Brief an Thurneysen vom 15.9.1933 (Thurneysen-Nachlaß) ging es ihm darum, «das, was ich selbst Karl über die Gruppe gesagt [habe], zu ergänzen durch die Erfahrung der anderen. Ich dachte, sie würden etwa im selben Sinne sprechen». Dabei kam es zu einem «Zeugnis von Th. Spörri, das auch mir überraschend kam und das ich in dieser allzu persönlichen Form lieber nicht gehört hätte. Die anderen blieben durchaus in den Grenzen dessen, was in einer Besprechung eines so eminent persönlichen Themas (nova vita) geboten oder doch nicht ungewohnt ist.» Barths schließliche Haltung versteht Brunner nach seinem Brief an Thurneysen vom 13.9.1933 so: «Die ganze Gruppensache kommt ihm menschlich als ‹grusig› [= abscheulich], kirchlich als verwirrend und illegitim und theologisch als Rückfall in vorkutterische und vordialektische Frömmigkeitspflege vor». Brunner seinerseits hält ebd. als Erkenntnis dieses Abends fest: «Das – diese Unsichtbarmachung des entscheidenden Geschehens in der Kirche, und zwar ... in dem Sinn, daß wir überhaupt nichts von dem wissen und uns dafür interessieren können, was in der kirchlichen Erfahrungswelt geschieht – war für mich immer ein Punkt, wo ich Karl nicht folgen konnte. ... Ich muß es jetzt so sagen: das häretische Element seiner Theologie, das als solches kirchenzerstörend wirkt, ist mir noch nie so erschreckend deutlich geworden wie an diesem Abend.» Zugleich hebt Brunner ebd. hervor: «Überhaupt ist mir Karl persönlich – auch in diesem zweiten unglücklichen Gespräch – lieber geworden als je zuvor, und ich habe rein menschlich, und außerdem sehr auch, an ihm meine helle Freude gehabt. Um so mehr schmerzte mich, sehen zu müssen, wie ein Graben zwischen uns sich auftat, der nun wirklich unüberbrückbar ist. Der Prozeß der inneren Ablösung von Karls Theologie ist damit zu einem vorläufigen Ende gekommen.»
[3] Zu G. Spörri vgl. Anm. 2.

wußt zu sein – dich «fangen» wollte. Daß du dies merken mußtest und schon dadurch die ganze Sache auf eine schiefe Ebene kam, ist selbstverständlich. Du konntest nicht anders als Nein sagen zu einem solchen Vorgang. Das ist mir erst alsgemach klar geworden, nicht ohne Mitwirkung von Eduard.[4]

Und nun bitte ich dich, halt's meinem Übereifer zugute. Du magst ja daraus ersehen, wieviel mir auch jetzt noch daran liegt, auf dem Wege, auf dem ich gehen muß, nicht ohne dich gehen zu müssen. Das erste Gespräch mit dir hat mir einen tiefen Eindruck gemacht.[5] Wir waren da wirklich ins Gespräch gekommen, ich glaube, wie noch nie.

Und dabei hätte es nun eben bleiben müssen. Ich merkte, daß du mir noch immer Wichtiges zu sagen hast. Ich habe noch nie so gut verstanden wie damals, daß du wirklich nicht nur aus Bockigkeit etwas gegen meine Ethik hast, daß dahinter ein echt biblisches Anliegen steckt. Mein didaktisch-pädagogisches Interesse verleitet mich immer wieder, zu sehr nach dem Menschen hin statt nach Gott hin zu horchen. Was du mir über das Horchen sagtest, hat mir blitzartig den eigentlichen Sinn deines Protestes klar gemacht.

Daß auf der anderen Seite auch ich ein Anliegen zur Geltung bringen möchte, das bei dir weniger gut aufgehoben ist, will ich jetzt gar nicht in Anschlag bringen. Das muß sich eben einmal an dir in einer Weise bezeugen, die dich bezwingt, und solang es das nicht tut, hast du ja wohl guten Grund, bockig zu bleiben. Wobei ich sagen muß, daß diese Bockigkeit diesmal eine rein sachliche, also in der Gesprächslage einwandfreie war.

[4] Thurneysen, von Barth am Telefon kurz informiert, antwortete auf Brunners Vermittlungsgesuch («ob es deiner Weisheit und Liebe auch diesmal gelingen wird, uns irgendwie doch noch zu verklammern, weiß ich nicht»; Brief vom 13.9.1933, vgl. Anm. 2) postwendend am 14.9.1933 (vgl. Anm. 1): nicht Barths theologische oder persönliche Eigenart habe den Abend zum Eklat werden lassen, sondern der Umstand, daß der Versuch im Ansatz verfehlt gewesen sei. «Das *durfte* nicht gelingen, und zwar möchte ich nun sagen, *von Gott her* nicht gelingen, daß man in der Absicht, einen Prominenten irgendwie zu gewinnen, oder sagen wir deutlicher, zu bekehren, sich selber sozusagen als mit besonderer Ausrüstung begabte homines religiosi vorführte. Da ist auch vielleicht ganz unbewußt statt einer absichtslosen und innerlich gebotenen Handlung, die einfach stattfindet, weil sie stattfinden *muß*, etwas gespielt worden. ... Dieses für ihn [scil. Barth] veranstaltete, zum mindesten ihm vorgeführte, dadurch höchst absichtsvoll gewordene Bekennen – Emil, wie konntet Ihr auch!»

[5] Zum Gespräch zwischen Brunner und Barth vom 8.9.1933 vgl. Anm. 2.

236

Vielleicht kommt einmal die Zeit, wo du auch ein Ohr hast für das, was die Gruppe will, wenn du verstehst, daß auch wir nicht durch unsere Theologie, sondern allein durch das In-Christus-Sein selig werden. Das hat mir die Gruppe näher gebracht, als es mir bis anhin war. Und dafür bin ich ihr dankbar.

Also, verzeih mir meine Dummheit im Klugseinwollen und bleibe mir auch in Zukunft getreu in deinem Widerspruch im Hören.

Dein E. Brunner

## 92

Brunner                                                 Zürich, 13.10.1933

Lieber Freund,

Ich möchte dich bitten, Herrn stud. theol. Locher[1] bei der Aufnahme ins Seminar zu berücksichtigen. Er ist ein sehr begabter und fleißiger und darum auch kenntnisreicher Theologe von unverfälscht reformierter Prägung, der sich in ungewöhnlichem Maße seine innere Unabhängigkeit gewahrt hat. Du würdest sicher an ihm große Freude haben.

Mit herzlichem Gruß

dein E. Brunner

## 93

Barth                                                 [ohne Ort,] 22.10.1933

Lieber Freund!

Es soll doch nicht sein, daß dein letzter Brief länger unbeantwortet bleibt. Schau, ich kann nicht glauben, daß es das Richtige ist, wenn du jetzt meinst, mich wegen jenes Abends um Verzeihung bitten zu sollen.[1] Ich kann das einfach nicht annehmen, weil ich viel zu stark unter

[1] Gottfried Wilhelm Locher (1911–1996), ab 1936 als Pfarrer an verschiedenen Orten tätig, 1958–1977 Professor für Dogmatik und Dogmengeschichte in Bern, bedeutender Zwingli- und Calvin-Forscher.

[1] Vgl. Nr. 91.

dem Eindruck stehe, daß sich damals Alles – meinetwegen «unglücklich», aber was will das eigentlich sagen? – jedenfalls mit einer großen innern Notwendigkeit so abgespielt hat, wie es geschehen ist. Ihr waret mir gegenüber als wahrhaftig repräsentative und gute Vertreter der «Gruppe». Ihr waret auch durchaus in guter «Form». Es ist auch menschlich kein Unglück passiert, sondern man verstand sich gegenseitig gewiß so gut, als es nur möglich war. War nun der Effekt dennoch ein so kräftiges Sichabstoßen voneinander – es geschah dies bei mir ganz instinktiv, während des Votums von Th. Spörri[2] fast mit physischen Begleiterscheinungen, und offenbar habt nachher auch ihr aus großer Unmittelbarkeit heraus die Köpfe schütteln müssen –, stehn die Dinge so zwischen immerhin ernsthaften, ruhigen und erwachsenen Menschen, dann ist es doch kaum sinnvoll, nachträglich Reflexionen darüber anzustellen, ob und wie Alles ganz anders hätte laufen können. Ich bin der bestimmten Überzeugung: jeder mögliche andere Verlauf hätte doch nur eine Variante des wirklichen sein können. Nehmen wir es doch lieber als eine nach dieser Probe einfach zu respektierende Tatsache, die wir inskünftig natürlich auch bei der gegenseitigen theologischen Beurteilung in Rechnung zu setzen haben werden: du hast nun einmal nach der durch «Oxford» bezeichneten Richtung Möglichkeiten – sie waren dir offenbar jahrelang verborgen, aber siehe da, du hattest sie –, die ich nicht habe. Gerade wie du auch Möglichkeiten nach der Seite «natürliche Theologie» hast, die ich nicht habe. Vielleicht handelt es sich nach beiden Seiten letztlich um «falsche Tendenzen», mit denen du in einem spätern Stadium noch aufräumen wirst. Vielleicht auch nicht. Oder vielleicht widerfährt mir noch eine Erleuchtung, daß ich nach der einen oder andern Seite oder nach beiden meine Hefte revidieren muß. Vielleicht auch nicht. Ich glaube es wirklich nicht. Jedenfalls ist es für den Augenblick rund und klar heraus, daß du da etwas meinst, was ich nicht meine, willst, was ich nicht will, glaubst, was ich nicht glaube. Und eben jener Abend hat dies in großer Rundheit und Klarheit gezeigt. Warum sollen wir ihn da nachträglich betrauern?

Mit welcher Notwendigkeit die Dinge ihren Lauf nehmen, ist mir neulich an einer Meldung aus England klar geworden. Schau, ich wollte auf unserm guten Spaziergang im Zürichbergwald[3] – wo, wie ich höre,

[2] Zu Theophil Spoerri vgl. S. 234f., Anm. 2.
[3] Vgl. S. 234f., Anm. 2, zum Treffen vom 8.9.1933.

gegenwärtig eine Pantherin die Gegend unsicher macht – nicht boshaft erscheinen und habe einen Satz unterdrückt, der irgendwo in mir vorhanden ist: «Wenn du in Deutschland lebtest, so wärest du jetzt bei den Deutschen Christen» – weil deine Argumentationen nach jenen beiden Problemseiten hin mich einfach unwiderstehlich an den Tenor dessen erinnern, was bei uns eben die D.C. vortragen. Und was mußte nun mein unschuldiges blaues Kinderauge neulich in der Zeitung wahrnehmen? Eine schöne Photographie darstellend die Gruppe: Hossenfelder[4], Buchman[5], Fezer[6]! Und dazu einen Bericht des Inhalts, daß die wirklich neulich in London beisammen gewesen sind zu Beratungen über das Thema «Volksmission». Was folgt daraus? Für mich folgt daraus, was wohl nicht zu bestreiten sein wird, daß Buchman offenbar die entsprechende Führung[7] hatte und in diesen Deutschen Christen – vor Allem wohl in dem braven Fezer, aber indirekt doch wohl auch in dem weniger braven Hossenfelder, es kommt ja hier auf den Unterschied der per-

[4] Joachim Hossenfelder (1899–1976), Pfarrer, seit 1929 NSDAP-Mitglied, seit 1932 Reichsleiter der Deutschen Christen, beeinflußte 1933 stark die Kirchenpolitik und erhielt zeitweilig kirchenleitende Funktion, verfaßte die sog. «Hossenfelderschen Richtlinien» der Deutschen Christen von 1932, in denen er «artgemäßem Christusglauben» das Wort redete.

[5] Frank N. D. Buchman (1878–1961), Amerikaner schweizerischer Abstammung; anfangs lutherischer Pfarrer in Pennsylvania, gründete 1921 die später so genannte Oxford-Gruppenbewegung. Er meinte, die Spitzenleute des Naziregimes für sein Anliegen gewinnen zu können, vgl. Brunner, Mein Vater, S. 70f.75.

[6] Karl Fezer (1891–1960), seit 1930 Professor für Praktische Theologie in Tübingen, als Vertrauensmann des Theologischen Fakultätentages in den zu lösenden Kirchenfragen neben E. Hirsch u.a. Berater des späteren Reichsbischofs Ludwig Müller; redigierte die sog. Fezerschen Richtlinien der Deutschen Christen vom Mai 1933. Vgl. Scholder I, S. 402–405.

[7] «Führung» ist ein Zentralbegriff der Oxfordbewegung; vgl. das Kapitel «Führung durch den Geist» von E. Brunners Schrift *Die Kirchen, die Gruppenbewegung und die Kirche Jesu Christi*, Berlin 1936, S. 39f.: «...Vielleicht noch umstrittener ... ist die in der Gruppe vertretene *Lehre von der Führung*. ... Das gerade unterscheidet ja die Christengemeinde des Neuen Testamentes von der Synagoge, daß sie den Willen Gottes, das, was Gott von einem jeden hier und jetzt getan haben will, nicht durch mühsame Gesetzesinterpretation, sondern durch die Führung des Heiligen Geistes erfährt. ... Wer diese Führung nicht bezeugen kann, ‹wer Christi Geist nicht hat, der ist nicht sein.›.» E. Thurneysen hatte im April 1933 einen Vortrag über diese Lehre der Oxford-Gruppenbewegung gehalten, der unter dem Titel *Führung. Zur Frage der Geistesleitung* veröffentlicht wurde (in: Die Furche. Evangelische Zweimonatsschrift für das geistige Leben der Gegenwart, Jg. 20 [1934], S. 83–102).

sönlichen Bräve nicht an – Fleisch von seinem Fleisch [vgl. Gen. 2,23] und Geist von seinem Geist erkannte. Ich habe die Photographie an Eduard geschickt, bei dem du sie einsehen kannst. Der Bericht steht in der Zeitschrift der Jung-reformatorischen «Junge Kirche» Heft 16, S. 251.[8] Natürlich ist dergleichen nur Symptom, aber eben doch Symptom für faktisch bestehende sachliche Zusammenhänge. Und indirekt Symptom für meine gänzliche Ungeeignetheit für die Oxfordbewegung: in eine «Gruppe», an deren Rande plötzlich auch Fezer und Hossenfelder auftauchen können, gehöre ich gewißlich nicht. Wohl aber – ich kann es ja jetzt gewiß ohne Bosheit sagen – du, so selbstverständlich es mir ist, daß du jetzt, von Zürich aus, den Abstand von den Deutschen Christen und besonders von ihren *groben* Irrtümern, die ja sicher auch Buchman nicht übernommen hat, in geziemender Weise zu wahren weißt. – Doch ich wollte ja damit nur illustrieren, daß es m. E. abwegig wäre, wenn wir uns hinsichtlich jener Abendunterhaltung Vorwürfe machen würden. Wir stehen uns, jedenfalls im Augenblick, in ziemlich deutlich abgegrenzten Positionen gegenüber und müssen und wollen uns so nehmen, wie wir eben sind.

Sei herzlich gegrüßt und empfange die besten Wünsche für das Wintersemester – auch für wohl gelingende Ritte auf dem von dem Untier hoffentlich bald wieder gesäuberten Zürichberg –

von deinem Karl Barth

[8] Nach der Mitteilung in JK, Jg. 1 (1933), *Oxford und neue Volksmission,* S. 251, besuchten Fezer und Hossenfelder einen volksmissionarischen Kongreß der Oxfordbewegung unter Leitung von F. Buchman, um deren Methoden für die deutsche Volksmission zu erkunden. Unter der Überschrift *Hossenfelder spricht in England vor der Oxford-Gruppe* gibt die JK, Jg. 1 (1933), S. 285f., ferner einen Bericht von der Deutschen Allgemeinen Zeitung vom 21.10.1933 zu dieser von 20000 Teilnehmern besuchten Veranstaltung wieder. Der eigentliche und gemäß einem Bericht Hossenfelders erfolgreich durchgeführte Auftrag von Fezer und Hossenfelder war indes, der durch die antijüdische Propaganda der Deutschen Christen beunruhigten kirchlichen Öffentlichkeit in Großbritannien zu versichern, daß man nicht an die Einführung des Arierparagraphen in der Deutschen Evangelischen Kirche denke. Vgl. Scholder I, S. 676.

## 94

Brunner                                        Zürich, 27.10.1933

Lieber Freund,

Es freut mich, daß es doch wenigstens einen Menschen gibt, der an deine unschuldigen blauen Kinderaugen glaubt. Als ich deine erstaunliche Mitteilung las, war ich zuerst tatsächlich ein wenig perplex. Nicht wegen der Konsequenz, die du für mich ziehst – o Karl, deine Konsequenzmachereien! Du kennst ja doch die Lutheraner, die haarscharf beweisen konnten, daß der Gott Calvins der Teufel sei.[1] Ich habe es mir abgewöhnt, ob deinen Konsequenzmachereien in Bezug auf Personen zu erschrecken. Wohl aber wegen Frank Buchman. Dann mußte ich lachen.

Sieh, die Kinderaugen sind nicht die deinen, sondern die dieses Amerikaners. Er ist kindlich genug zu glauben, daß auch ein Fezer und Hossenfelder – – – Christus gehören. Es ist seine Gewohnheit, sich grad an die Großen und Gefährlichen heranzumachen. So in Amerika an Ford[2] und den Autoreifenkönig Firestone[3] – dessen Sohn[4] jetzt, statt Millionen zu machen, als Evangelist mit der Gruppe reist. So wußte ich denn auch aus persönlichem Gespräch mit Frank Buchman, daß er es auf Fezer abgesehen habe. Einfach weil er – und so auch Hossenfelder – ein führender Mann in der Kirche ist. Während wir Anathema rufen, macht er sich auf den Weg, geht nach Berlin, zieht die Leute, die er im Auge hat, an sich und läßt sie dann nach London kommen, nach dem Rezept: kommt und seht [vgl. Joh. 1,46]. Nun wird es sich dann zeigen, wer von beiden recht hat: wir, du und ich, die abseits stehen und fluchen, oder er, der es wagt, auch diesen Christus zu verkünden, so daß

[1] Der lutherische Streittheologe J. Westphal (1510–1574) etwa nannte die reformierten Glaubensflüchtlinge «martyres diaboli», vgl. G. Kawerau, Art. «Westphal, Joachim», in: RE[3] 21, S. 188,24.
[2] Henry Ford (1863–1947), gründete 1903 die Ford Motor Company und begründete die «Unternehmensphilosophie» des sog. Fordismus.
[3] Harvey S. Firestone (1868–1938), gründete 1900 die Firestone Tire & Rubber Company, einen der größten Gummikonzerne der USA.
[4] Gemeint ist Harvey S. Firestone jr. (1898–1973), der nicht nur das Geschäftsimperium nach dem Tod seines Vaters übernahm und ausbaute, sondern sich zeitlebens in diversen christlichen Gruppierungen engagierte.

sie merken, daß sie aufhören müssen, die zu sein, die sie waren. Ich habe diese Art in Homburg[5] am Werk gesehen und habe gesehen, was für hartgesottene Deutschchristen in einer Hauspartie[6] weich werden, und wie sie, die mit großartigen Worten und schneidigem Auftreten begannen, kleinlaut, als Menschen mit zerschlagenen Herzen [vgl. Ps. 51,19] und aufrichtigem Glauben davongingen. Um uns herum pflegt, erfahrungsgemäß, solches nicht häufig vorzukommen.

Sieh, ich komme immer mehr zu der Überzeugung, daß unsere theologische Arbeit zwar etwas sehr Notwendiges und Gutes ist (deine und meine!), daß aber durch sie die Kirche nicht erneuert wird. Die Erneuerung der Kirche wird ebensowenig durch die Theologie geschehen als die Ausbreitung der Kirche in der Apostelzeit oder später. Beides geht auf dem viel schlichteren Weg des «Aufrichten den Gehorsam des Glaubens» [Röm. 1,5] – und zwar nicht so sehr durch unsere viel zu großartigen Predigten (auch die deinen sind ja viel zu rhetorisch großartig), sondern irgendwie so oder ähnlich, wie es in der Gruppe geschieht.

Dabei ist es F. Buchman völlig gleichgültig, ob einer Deutscher Christ oder was sonst ist. Er weiß zu gut, *wie* relativ diese kirchlichen Unterschiede sind, die wir so wichtig nehmen, weil er nur einen Unterschied als wichtig gelten läßt: ob einer wirklich Christus gehört. Das könnte ja bei einem Deutschen Christen durchaus der Fall und bei einem dialektischen Theologen, sogar bei einem Barthianer, durchaus auch nicht der Fall sein.

Nur die Erfahrung wird zeigen, wer mehr Recht hat, d. h. wer der Kirche mehr aus ihrer Verlotterung – sagen wir ruhig, aus ihrem Deutschchristentum – heraushilft, unser Protest und unsere Gegenlehre oder Buchmans action directe, die keine Firmatafeln kennt, sondern einfach auf die Menschen losgeht.

Dabei muß ich dir so viel zugestehen: ich finde es nicht nur überflüssig, sondern auch der eigenen Sache schädlich, daß Frank Buchman sich mit diesen Herren hat photographieren lassen, solang sie eben

[5] Im Brunner-Nachlaß W 55/130 findet sich die gedruckte Teilnehmerliste einer international (neben E. und M. Brunner u. a. von F. Buchman, K. Fezer, A. Münch, R. Otto) besuchten Konferenz von repräsentativen Gliedern der Oxford-Bewegung: *Tagung in Bad Homburg 13. – 25.9.1933.*

[6] Eine bevorzugte Wirkungsform der Bewegung waren die (bewußt nicht in kirchlichen Räumen stattfindenden) «Haustagungen».

noch die sind, als die man sie eben in Deutschland kennt. Das wird viele, die nicht wissen, um was es Buchman geht, kopfscheu machen und seinen Weg hindern. Aber das muß ich schon eher seinem Instinkt überlassen. Wäre Buchman so klug gewesen wie ich oder gar wie du, so hätte er das alles nicht für Christus getan, was er eben getan hat und was weder du noch ich getan haben. Aber vorläufig bin ich mit dir der Meinung, diesmal habe er sich verhauen.

Mit herzlichen Grüßen eineweg[7] und mit den besten Wünschen vieler redlicher Schweizer, die immer wieder nach deinem Ergehen fragen,

dein Emil Brunner

## 95

Barth                                                    [ohne Ort,] 26.11.1933

Lieber Freund!

Heute komme ich nur mit folgendem kleinen Anliegen zu dir: Es wird dich [in] den nächsten Tagen ein Herr *Bernhard Goldmann,* stud. theol.[1], aufsuchen und dir eventuell Grüße von mir bringen. Ich kenne den Mann nicht, bzw. er kam nur zu dem Zweck hierher nach Bonn gefahren, um von mir eine Empfehlung nach Zürich zu erhalten. Ehemals Katholik, trat er im 7. Semester über und glitt dann anscheinend ziemlich unversehens in die Glaubensbewegung Deutsche Christen, um sich nun[2] mit tiefem Erschrecken sowohl über deren sachliche wie persönliche Hintergründe wieder davon zu befreien. Seinen Abgang nach Zürich motiviert er mit seinem dringenden Bedürfnis nach Stille und Besinnung. Trotzdem mir die Gestalt Herrn Goldmanns nicht in allen Teilen einleuchtend wurde und trotzdem ich ihm dringend abgeraten

---

[7] = trotzdem.

[1] Bernhard Goldmann immatrikulierte sich am 8.12.1933 in Zürich. Zuvor studierte er in Paderborn, Münster und Göttingen. Angaben laut Auskunft des Archivs der Universität Zürich. Im Studienverzeichnis der Universität Bonn ist er nicht geführt.
[2] Infolge der Berliner «Sportpalastkundgebung» am 13.11.1933 begann die Bewegung der Deutschen Christen auseinanderzubrechen, vgl. Scholder I, S. 701–727.

habe, nun in dieser Weise aus Deutschland die Flucht zu ergreifen, möchte ich ihn doch deiner Fürsorge und Aufmerksamkeit empfehlen und halte ich dieses sein Bedürfnis für echt.

Mit herzlichem Gruß und bestem Dank für deinen letzten Brief

dein [Karl Barth]

96

Brunner                                                    Zürich, 26.2.1934

Lieber Freund,

Ich würde nicht annehmen, daß du Zeit hast, einen theologischen Brief von mir zu lesen, da du ja wohl immer noch alle Hände voll zu tun hast mit dem «Retten, was zu retten ist» in der Kirche – wenn ich nicht aus Heft 6 deiner Schriftenreihe die tröstliche Gewißheit schöpfte, daß die Aktualitäten dich nicht im dem Maße verschluckt haben, daß du nicht mehr zum Überprüfen theologischer Urteile Zeit fändest.[1] Ich möchte vorausschicken, daß wir hier und ich insbesondere dein Tun in den letzten Monaten mit der größten Freude und Mitbeteiligtheit verfolgt haben und dafür von Herzen dankbar waren. Darum habe ich dir auch das, was du gegen mich geschrieben hast[2], nicht eigentlich übel genommen, sondern als unvermeidliches Beiprodukt deines großen Dienstes.

Aber die Tatsache, daß du den Aufsatz von Wolf über Luther in deine Schriftenreihe aufgenommen, zeigt mir – zusammen mit dem, was du an der reformierten Synode über theologia naturalis ausführtest[3] –,

[1] E. Wolf, *Martin Luther. Das Evangelium und die Religion* (ThExh 6), München 1934. Barth äußert sich darin selbst nicht. Ernst Wolf (1902–1971), seit 1931 Professor für Kirchengeschichte in Bonn, ab 1935 in Halle, ab 1945 in Göttingen, ab 1957 dort Professor für Systematische Theologie.

[2] Das bezieht sich wohl auf *Gottes Wille und unsere Wünsche* (s. Anm. 3, 6 und 11), vielleicht auch auf Barths Brief vom 22.10.1933 (Nr. 93).

[3] Brunner bezieht sich auf Barths auf der Freien reformierten Synode vom 3./4.1.1934 am 4.1. gehaltenen Vortrag *Gottes Wille und unsere Wünsche*, a.a.O. (S. 233, Anm. 5), S. 16–30, den er vor großem Publikum am 5.1.1934 in Bochum und am 6.1.1934 in Lübeck wiederholte. Barth bezeichnet dort die Annahme einer natürlichen Offenbarung als «die eine Frage in den vielen Fragen der kirchlichen Gegenwart» (a.a.O., S. 25) und bestreitet ihre Legitimität (a.a.O., S. 27). In

wieviel näher wir uns stehen, als wir beide und vor allem du angenommen haben. Ich kann dir nur sagen: das, was Wolf über Luther sagt, ist genau das, was ich immer meinte, dir gegenüber geltend zu machen. Ich bin mit jedem Satz dort einverstanden, nicht nur das, ich glaube jeden dieser Sätze aus meinen eigenen Schriften belegen zu können. So und nicht anders habe ich die theologia naturalis wenigstens in den letzten vier oder fünf Jahren aufgefaßt.[4]

Darum fühlte ich mich von deinem Anathema so wenig getroffen; ich wußte, daß es ein Mißverständnis ist. Wenn du das auch meinst, was Luther nach Wolf meint, so meinen wir beide eins und dasselbe; wobei ich zunächst ununtersucht lasse, ob ich das einwandfrei zum Ausdruck gebracht habe. Ich habe in diesen Tagen eine Doktorarbeit zu prüfen, die einer meiner Schüler über theologia naturalis bei Calvin macht.[5] Das Resultat: ich bin fast erschrocken darüber, wie weit Calvin in dieser Richtung geht, viel weiter in der Richtung des «Katholischen», als ich es je mich getrauen würde. Ich habe an ihm – mein Schüler hat etwa 2500 Stellen im Wortlaut zitiert – meine ganze Lehre neu geprüft

der von jener Synode angenommenen, auch von Barth verfaßten «Erklärung über das rechte Verständnis der reformatorischen Bekenntnisse in der Deutschen Evangelischen Kirche der Gegenwart» wird die natürliche Theologie abgelehnt als die «Meinung, daß neben Gottes Offenbarung, Gottes Gnade und Gottes Ehre auch eine berechtigte Eigenmächtigkeit des Menschen über die Botschaft und Gestalt der Kirche ... zu bestimmen habe» (a.a.O., S. 9).

[4] Nach E. Wolf, a.a.O., S. 9–13, differenziert Luther zwischen der natürlichen Gotteserkenntnis und dem natürlichen Gottesverhältnis. Die natürliche Gotteserkenntnis vollzieht sich «als cognitio legalis, als Erkenntnis Gottes aus dem Gesetz», die keine «Kenntnis des Gesetzes als Gesetz Christi» (a.a.O., S. 13) ist. Zum Wesen des natürlichen Gottesverhältnisses der natürlichen Religion gehört, «daß in ihr zuletzt der Mensch sich selbst sucht und von sich aus sein Gottesverhältnis bestimmt nach dem natürlichen Gesetz» (a.a.O., S. 17). Aber weil »der Glaube an Christus, er allein, die Erfüllung des ersten Gebotes» (a.a.O., S. 19) ist, folgert Wolf: «Wie das Evangelium mit der Verheißung: ‹Ich bin der Herr, dein Gott› den Fiktionismus des Gottesbildes in der natürlichen Religion richtet, so richtet es durch die Gnadenbotschaft: ‹Christus hat unsere Sünden getragen› den Illusionismus des moralistischen und eudämonistischen Gottesverhältnisses in der natürlichen Religion» (ebd.). «Die Botschaft des Evangeliums ist die Krisis aller Religion um der Herrlichkeit und Ehre Gottes willen.» (A.a.O., S. 20). Zu Wolfs direkter Kritik an Brunner vgl. S. 261, Anm. 3, und Nr. 177 (Anhang).

[5] G. Gloede, *Theologia naturalis bei Calvin* (Tübinger Studien zur systematischen Theologie 5), Stuttgart 1935.

und gefunden, daß ich nirgends über die Lehre Calvins hinausgehe, dagegen öfters diesseits von ihr sozusagen in deiner Nähe bleibe.

Was du über mein «und» gesagt, ist ja wirklich ein reines Mißverständnis. Gebot *und* Ordnungen[6] meint:

Das Gebot Gottes trifft uns, die wir in bestimmten Ordnungen leben. Es hat zweifellos Bezug auf diese Ordnungen, z. B. die Ehe. Und diese Ordnungen sind dem Glauben als gebrochene Ordnungen des Schöpfers zu erkennen, so wie Jesus über die monogamische Ordnung als «so war es von Anbeginn» [vgl. Mt. 19,8], als göttliche Ordnung, die aber durch der Menschen Herzenshärtigkeit verdorben, spricht. Habe ich die Gebrochenheit dieser Ordnungen noch zu wenig zum Ausdruck gebracht, so habe ich doch den Trost, daß sie jedenfalls so stark betont wurde, daß die Deutschen Christen mir eben deswegen den Krieg erklärt haben und mich so scharf angriffen wie nur je dich.[7] Aber ich will gern von dir mich belehren lassen, inwiefern meine Lehre auch so noch zu direkt, zu wenig dialektisch ist. Vorderhand kann ich sie, im immer erneuten Vergleich mit Luther und mit Calvin, immer nur wieder richtig finden.

Ein zweites ist: der Anknüpfungspunkt. Was Wolf darüber schreibt, kann ich inhaltlich völlig billigen.[8] Seine polemische Spitze trifft vielleicht der Absicht nach, aber nicht der Sache nach mich. Was er An-

[6] Vgl. E. Brunner, *Das Gebot und die Ordnungen*, a.a.O. (S. 213f., Anm. 4). Brunner bezieht sich offenbar auf Barths Kritik in den Offenen Abenden (s. S. 219f., Anm. 4), aber auch auf Barths Schrift *Gottes Wille und unsere Wünsche*, a.a.O., v. a. S. 25–27, in der dieser fragt, ob man sagen könne: «Nun laßt uns nach dem ‹Und› ausschauen, mit dem wir oben und unten, Gott und Mensch, umsichtig verbinden mögen? Kann man das Wort, das der Herr ist, hören ... und dann kluge Betrachtungen darüber anstellen: dies zu hören sei uns doch nur darum möglich, weil wir einen Anknüpfungspunkt dafür in uns selbst hätten ...?» (S. 27). Vgl. Anm. 11.

[7] Vgl. Chr. Gestrich, *Neuzeitliches Denken und die Spaltung der Dialektischen Theologie* (BHTh 52), Tübingen 1977, S. 332–337.

[8] Wolf bezieht sich nicht ausdrücklich auf Brunner, sondern setzt sich mit der Luther-Deutung K. Holls auseinander, a.a.O., S. 22–28. Gegen Holls Deutung der Gewissensreligion bei Luther betont Wolf, daß die «Erkenntnis des Sünder-Seins um ihrer ausschließlichen Glaubensmäßigkeit willen die Inanspruchnahme des (anklagenden) Gewissens als des theologischen Anknüpfungspunktes» verbietet. «Das Evangelium ist die Krisis aller Religion; diese Zentraleinsicht der reformatorischen Erkenntnis duldet kein Paktieren mit der natürlichen Religion, darf nichts wissen von einem positiven theologischen Anknüpfungspunkt» (a.a.O., S. 26).

knüpfung nennt, meine ich gerade nicht. Das ist in der Tat die thomistische und dann auch neuprotestantische. Was ich darunter verstehe, ist genau das, was – nach Wolf – Luther darunter versteht, wo er von der cognitio legalis spricht.[9] Darum – um dieses habent cognitionem legalem – ging es mir ja immer[10], wie du dich vielleicht erinnerst.

Bleibt ein drittes, meine Lehre von der imago. Ich werde dir, wenn du, wie ich höre, bald in die Nähe kommen wirst, gern einige Dutzend oder auch hundert Calvinstellen zeigen, die genau das ausdrücken, was ich meine: die verbliebene imago ist die formale humanitas, das, was uns vom Tier unterscheidet. So, wie gesagt, an wohl hundert Stellen bei Calvin. Ebenso bei Luther, wenn auch Luther daran weniger Interesse hat.

Nun mag's ja sein, daß ich trotzdem noch «thomistische» Reste mitführe; es mag aber auch sein, daß du, wie du wohl in der letzten Zeit gemerkt hast, in der Ablehnung einer theologia naturalis im Sinne Luthers zu weit gegangen bist. Mir scheint, es wäre möglich, daß wir uns auf der Basis der Wolfschen Schrift wirklich und gründlich miteinander verständigten, zum Wohl aller derer, die an deine große Mission in der Kirche glauben und doch auch wissen, daß ich nichts anderes will als das sola gratia, das Christus allein im Sinne der Reformatoren, besonders Calvins.

Es ist nicht gut, daß du deinen Bannstrahl über mich geschleudert.[11] Nicht meinetwegen – ich kann's wohl verkraften –, aber um der Sache willen. Ich habe das aus den verschiedensten Gegenden immer wieder sagen hören. Daß du mit aller Macht das sola gratia festhältst: da will

---

[9]   E. Wolf, a.a.O., S. 13 zitiert M. Luther, *Auslegung des ersten und zweiten Kapitels Johannis in Predigten 1537 und 1538,* zu Joh. 1,18, in: WA 46, 668,9f.33f.: «So weit kömet die Vernunfft in Gottes erkentnis, das sie hat cognitionem Legalem, das sie weis Gottes gebot, und was recht oder unrecht ist. ... das heist ja gerochen, wo es nicht geschmackt ist, das ein Gott sey.»

[10]   Vgl. der Sache nach E. Brunner, *Der Mittler. Zur Besinnung über den Christusglauben,* Tübingen 1927, S. 12–15 (unter Berufung schon auf Institutio I 3–5).

[11]   Brunner spielt wohl auf Barths vor drei großen Versammlungen vorgetragene Kritik gegenüber «natürlicher Offenbarung» und «Anknüpfungspunkten» in *Gottes Wille und unsere Wünsche,* a.a.O., an. Vgl. Anm. 3 und 6. Vgl. auch K. Barth, *Das erste Gebot als theologisches Axiom,* in: ZZ, Jg. 11 (1933), S. 297–314; wieder abgedruckt in: Th.Fr.u.A., S. 127–143, bes. S. 143: Die Theologie müsse heute, klarer als die Reformation, «aller und jeder natürlichen Theologie den Abschied geben». Dort S. 137f. 141f. direkte Kritik an Brunner.

ich mithelfen. Aber du wirst doch vielleicht auch gelegentlich daran denken, daß du am Ende die Gedanken und Absichten eines anderen nicht immer ganz richtig verstehst. Du magst auch recht haben, daß wir in Sachen theologia naturalis noch schärfer sein müssen als Calvin; ich glaube es zu sein; aber es könnte ja auch sein, daß die ganze Wahrheit weder bei mir noch bei dir läge. Die Strecke, die uns trennt, liegt jedenfalls herwärts von Calvin.

Es wäre, glaube ich, für unsere Schüler und für die vielen, die im Auslande durch dich und auch durch mich wieder angefangen haben zu verstehen, was reformatorischer Glaube ist, und für die vielen, die an deinem Tun Freude haben wie ich und doch auch in meiner Lehre und Verkündigung nichts anderes finden können als die Geltendmachung derselben Botschaft – es wäre für sie alle und auch für mich etwas sehr Erfreuliches, wenn der Streit zwischen uns ohne sachliche Kompromisse, sondern einfach aus der Gemeinsamkeit der Erkenntnis heraus könnte beigelegt werden. Er ist für viele ein wirkliches Ärgernis. Die Schrift von Wolf gibt mir den Mut, an diese Möglichkeit zu glauben.

Auf alle Fälle wünsche ich dir weiter Kraft und Freudigkeit, den Kampf, der jetzt menschlich so aussichtslos scheint, weiterzuführen zum Segen der Kirche, die jetzt so ganz überdeckt zu werden droht.[12] Du brauchst mich ja da draußen nicht. Aber es sind eben viele, die bis jetzt, indem sie auf dich sahen, immer auch auf mich gesehen haben, und insofern ist es vielleicht auch für deinen Kampf da draußen nicht ganz gleichgültig, wie die Sache zwischen dir und mir steht.

Mit herzlichen Grüßen und Wünschen

dein E. Brunner

---

[12] Zum Zusammenbruch der innerkirchlichen Opposition, die sich nach der Katastrophe des Empfangs der Kirchenführer bei Hitler vom 25.1.1934 weitgehend dem Diktat des Reichsbischofs unterwarf, vgl. C. Nicolaisen, *Der Weg nach Barmen. Die Entstehungsgeschichte der Theologischen Erklärung von 1934*, Neukirchen-Vluyn 1985, S. 1–14; sowie Scholder II, S. 37–118.

## 97

Barth                                    Zürich, Trittligasse 34[1], 13.3.1934

Lieber Freund!

Eben erhalte ich einen Brief von Wolf, zu dessen dich angehenden
Seiten er dankenswerterweise einen Durchschlag beigelegt hat, den ich
dir hiermit überreiche.[2] Es geschah ja gewiß mit deinem Einverständnis, wenn ich deinen letzten Brief sofort an meinen Kollegen «zur Ver-
nehmlassung»[3] weitergegeben habe. Es wird ihn nur freuen, wenn du
ihm etwa direkt antworten willst. Denn es geschah sicher nur um seines
ihn gelegentlich heimsuchenden Komplexes: «Herr, ich bin zu jung!»
[Jer. 1,6], wenn er sich nicht gleich seinerseits direkt an dich gewendet
hat.

Ich hätte dich auch ohne diese Sache, in der ich zunächst nur Brief-
trägerdienst tun möchte, darauf aufmerksam machen müssen, daß ich
am Samstag Abend auf dem Platze Zürich eingetroffen bin und dich
sogar schon predigen gehört habe. Denn gestern war ich auf einen
Sprung an der Aarauerkonferenz[4] und bin dort im «Bären» in Suhr[5]
mit einer ganzen Gruppe deiner Schüler in ein langes Gespräch verwik-
kelt worden, dessen Wellenschlag dich, wer weiß?, unterdessen schon
erreicht hat. Ach, lieber Freund, mir ist es doch, auch angesichts deines
Reflexes in den Reden dieser jungen Leute, ganz deutlich geworden,
daß es zwischen uns gerade *in* der ganzen Nähe, in der wir uns ja zweifellos befinden, doch um ein Entweder-Oder geht, das man mit keiner
noch so freundlichen Gesinnung aus dem Wege schaffen kann. Käme
ich hinsichtlich der theologia naturalis in Versuchung anzunehmen,
daß du es so schlimm nicht meinst, wie es mich anschaut, so brauche
ich bloß wieder an die schreckliche Oxfordbewegung zu denken, und
könnte ich hinsichtlich Oxford fünfe gerade sein lassen, so würde mir

[1] Wohnung der Freunde Pestalozzi, vgl. S. 155, Anm. 16.
[2] Ernst Wolf schrieb am 12.3.1934 an Barth, Original im Karl Barth-Archiv,
Basel, abgedruckt im Anhang unter Nr. 177.
[3] Schweizer Recht zur Stellungnahme durch alle Interessierten.
[4] Die 37. Aarauer Studentenkonferenz vom 12. bis 14. März 1934 wurde am 12.
März durch den Vortrag von Lic. Wilhelm Vischer *Volk und Gott in der Bibel* (EvTh,
Jg. 1 [1934/35], S. 24–48) eröffnet, vgl. Aargauer Tagblatt vom 10. März 1934, S. 7.
[5] Wirtschaft in diesem bei Aarau gelegenen Dorf.

deine theologia naturalis-Pädagogik doch wieder in die Augen springen. Beides miteinander kann ich unmöglich als harmlos verkraften.

Natürlich bin ich gerne bereit, das alles sitzend oder gehend ein weiteres Mal mit dir hin und her zu bewegen. Ich muß hier Vorträge und andere Darbietungen für eine im April zu unternehmende Expedition nach Paris vorbereiten.[6] Aber wenn du mich rufst, werde ich mich gewißlich aus dem Hause locken lassen.

Mit herzlichem Gruß!

Dein Karl Barth


98

Brunner                                                              Zürich, 8.5.1934

Lieber Freund,

Du wirst in den nächsten Tagen ein Büchlein vom Verlag Mohr zugeschickt bekommen, das den Titel trägt

Natur und Gnade, zum Gespräch mit Karl Barth von Emil Brunner.[1]*

Ich bitte dich, dieses Büchlein gnädig aufzunehmen, so gut das irgend geht. Ich habe mich bemüht, so gut ich es eben vermochte, das, was uns eint, und das, was uns trennt, darin so zum Ausdruck zu bringen, daß der Gegensatz als einer innerhalb einer reformatorisch-biblischen Arbeitsgemeinschaft gefaßt ist. Und so, daß mein Wille zur Gemeinschaft darin ebenso deutlich ist wie mein Wille zur theologischen Bestimmtheit. Ich halte dafür, daß deine Lehre von der theologia naturalis nicht ganz biblisch und nicht ganz reformatorisch ist. Aber ich weiß, daß du trotzdem mit mir einig bist darin, daß es gilt, in unserer Kirche und in der Welt um die Geltung der biblischen Botschaft in ihrer reformatorischen Interpretation zu kämpfen, bis aufs Letzte. An diese Arbeitsgemeinschaft glaube ich. Und dich zu bitten zu prüfen, ob es

---

[6] Barth hielt vom 10. bis 12. April 1934 in Paris auf Einladung der Freien Protestantischen Theologischen Fakultät die drei Vorträge *Offenbarung, Kirche, Theologie*; abgedruckt in: ders., *Offenbarung, Kirche, Theologie* (ThExh 9), München 1934, S. 15–43.

---

[1] Es handelt sich um: E. Brunner, *Natur und Gnade. Zum Gespräch mit Karl Barth,* Tübingen 1934.

250

sich nicht so verhält [vgl. Act. 17,11], wie ich hier sage, ist der Zweck dieser Zeilen.

Ich glaube, du wirst mir das Zeugnis ausstellen, daß ich mir Mühe gegeben habe, dir gerecht zu werden. Wenn es mir nicht völlig gelungen sein sollte, so tut's mir leid. Noch wichtiger ist mir allerdings, ob ich der biblischen Botschaft gerecht geworden bin. Da ich dir diesen Willen auch zutraue, glaube ich an unsere gegenseitige Belehrbarkeit. Ja, ich habe die Hoffnung, daß *dieses* Trennende beseitigt wird.

Der Versuch in der zweiten Sache ist unterwegs: eine Schrift Kirche, Theologie und Gruppe.[2] Wenn die Gruppe das wäre, für was du sie ansiehst, würde ich dein negatives Urteil fast völlig für richtig halten.

*Sofern* sie es ist, würde ich also weithin mit dir gehen in der Kritik. Es ist also eine quaestio facti. Ich glaube, dein Bild von der Sache ist falsch. Ob es mir gelingen wird, dir ein anderes zu vermitteln, weiß ich nicht.

Noch eins. Du warst erstaunt, daß ich dich nicht aufsuchte.[3]

Du bist dir offenbar nicht ganz bewußt, was du mir für einen Brief schriebst[4], oder dann traust du mir – ich will's einmal medizinisch statt theologisch sagen – bessere Nerven zu, als ich sie habe. Ich kann, wie du einmal in Pany konstatiert hast[5], ziemlich viel vertragen, aber es hat doch alles seine Grenze. Vielleicht geht's ein nächstes Mal besser, nachdem nun einmal ausführlich der ganze Fragenkomplex im Zusammenhang verhandelt ist.

Auf alle Fälle herzliche Grüße und die besten Wünsche für ein trotz allen Anfechtungen erfreuliches und gedeihliches Semester

dein E. Brunner

* Die blödsinnigen 3 D vor meinem Namen sind ein unkorrigierter Druckfehler.

[2] E. Brunner, *Um die Erneuerung der Kirche. Ein Wort an alle, die sie lieb haben,* Bern 1934.

[3] Gemeint ist: während Barths Aufenthalt vom 10.3. bis 7.4.1934 in Zürich. Brunner könnte Barths «Erstaunen» durch dessen dortige Gastgeber Pestalozzi erfahren haben.

[4] Meint offenbar Nr. 97.

[5] Spielt wohl an auf Brunners Besuch in Barths Urlaubsort Pany 1924, vgl. S. 101, Anm. 2.

*Ein von Brunner unterschriebener, jedoch bei seinen Unterlagen verblie-*
*bener und nicht abgesandter Brief ohne Datum, ist aufgrund der inhaltli-*
*chen Nähe zu Nr. 99 und des Hinweises auf seine bevorstehende Kopenha-*
*genreise, vgl. S. 255, Anm. 8, auf Mitte September 1934 zu datieren. Es wird*
*sich um den in S. 270 bei Anm. 17 genannten Brief handeln. Er wird im*
*Anhang unter Nr. 184 abgedruckt.*

## 99

Brunner                                        Zürich, [ohne Datum;
                          handschriftlich von Barth nachgetragen: 30.9.1934]

Lieber Freund,

Ich habe eben vernommen, daß du nunmehr nach Bern disloziert
seist.[1] Da kommt mir zum Bewußtsein, daß ich die Gelegenheit, mit
dir nochmals im persönlichen Gespräch eine Verständigung zu suchen,
verpaßt habe. Ich muß dir gestehen, daß es mir schwer fiel, von mir aus
die Initiative dazu zu ergreifen, nachdem du mir weder den Empfang
meines Büchleins[2] noch meines Briefes[3] auch nur bestätigt hattest. Aber
ich hoffte immer, daß «es» sich geben würde. Nun hat es sich eben
nicht gegeben, und das finde ich schade. Ich sehe ja immer wieder, wie
ausgezeichnete Leute, die deiner theologischen Führerschaft vertrauen,
den Streitpunkt zwischen uns gar nicht begreifen. Und ich habe ein
ausführliches Referat eines unserer gemeinsamen Schüler über deine
Auseinandersetzung mit meinem Büchlein im Kolleg[4], das von Ausfüh-

---

[1] Wohl zu seiner Mutter, Anna Barth, die dort wohnte. Daß Barths Antwort-
brief vom nächsten Tag im gedruckten Briefkopf seine Bonner Adresse nennt
(Nr. 100), muß dem nicht widersprechen. Man könnte aus Brunners Notiz auf
S. 270 bei Anm. 17 schließen, daß Brunner diesen Brief am 29.9.1934 geschrieben
hat, so daß Barths Datumsangabe 30.9.1934 das Datum seines Empfangs dieses
Briefs bezeichnet.

[2] E. Brunner, *Natur und Gnade. Zum Gespräch mit Karl Barth*, Tübingen
1934.

[3] Nr. 98.

[4] Barth hatte im WS 1933/34 in seiner Vorlesung mit dem Vortrag des Stoffes
begonnen, der dann den Inhalt von KD I/2 bildete. Der Band ist erst 1937 abgeschlossen und vor dem Druck anscheinend noch einmal überarbeitet worden.
Im SS 1934 wird Barth Teile von §15 «Das Geheimnis der Offenbarung» und

rungen voll ist, die ich nur als völliges Mißverständnis dessen, was ich sagen will, beurteilen kann. Die Schuld für dieses Mißverständnis will ich ganz auf mich nehmen. Ich habe es langsam kapiert, wie schwer es ist, unmißverständlich zu reden.

Ich habe das, was ich sagen wollte, wieder und wieder an Calvin gemessen und muß einfach sagen: genau das, was er sagt, will ich sagen. Ich habe auch in einer Korrespondenz mit deinem Bruder Peter[5] festgestellt, daß unter Umständen eine ganz simple Kurzform erst dem anderen zeigt, wie man es meint. Er jedenfalls wurde erst dadurch inne, daß meine theologia naturalis als eine solche aufgrund des 2. Artikels gemeint war – ja, daß gerade diese Wendung (die ich mit den Worten objektive und subjektive theologia naturalis bezeichne) der Sinn meiner Schrift ist. Daß von hier aus alles anders wird, als wenn theologia naturalis im katholischen oder rationalen Sinn getrieben wird, ist wohl klar. Ich weiß nicht, inwiefern[6] bei dir dasselbe Mißverständnis obwaltete. Jedenfalls aus der Darstellung des Bonner Studenten schien mir das hervorzugehen.

Das Verwirrlichste scheint der Begriff des Anknüpfungspunktes zu sein. Ich glaube damit grundsätzlich nichts zu sagen als solches, was du als «Selbstverständlichkeiten» betrachtest[7] – z. B. daß es in der Tat dieselbe Person Paulus ist, die verloren und gerettet ist und dergleichen, wo ich aber Gewicht darauf lege, daß diese Selbstverständlichkeiten mit dem Begriff der imago zusammengedacht werden.

§ 16 «Die Freiheit des Menschen für Gott» vorgetragen haben. Darin nimmt er auch Bezug auf das Problem der natürlichen Theologie, z. B. S. 158f.196f.287ff. In diesen Zusammenhang paßte für Barth offenbar ein Exkurs zu Brunners eben erschienener Schrift. In KD I/2 ist aber dieser Exkurs nicht aufgenommen. Den Text wie den Autor der Mitschrift dieses Exkurses konnte der Hrsg. im Brunner-Nachlaß nicht feststellen. Vielleicht sind Teile von Barths Exkurs in *Nein! Antwort an Emil Brunner* (ThExh 14), München 1934, eingegangen.

[5] Die Briefe Peter Barths an Brunner vom 6., 16., 19.7.1934 sind im Anhang unter Nr. 178, 180, 182 auszugsweise wiedergegeben. Sie besagen nicht das, was Brunner offenbar aus ihnen heraushörte. Vgl. auch den Brief P. Barths vom 10.12.1934, Nr. 188.

[6] Am Rand der hier endenden ersten Seite von Barth handschriftlich vermerkt: «*Gottlieb Söhngen,* Analogia fidei: Gottähnlichkeit allein aus Glaube? Catholica 1934 Heft 3.» Der Titel lautet *Analogia fidei: I. Gottähnlichkeit allein aus Glauben?,* in: Catholica, Jg. 3 (1934), S. 113–136.

[7] Möglicherweise ein Zitat in dem in Anm. 4 genannten Exkurs.

Ich habe all deine Einwände über meine Unterscheidung des Formalen und Materialen gelesen und kann zu allem bloß sagen: er redet ja vollständig an dem vorbei, was ich meine. Wenn ich das meinte, was er treffen will, so hätte sein Protest natürlich recht. Denn das wäre ja Semipelagianismus usw. Aber du schießest – nach der Darstellung, die mir vorliegt – beständig auf einen Brunner, der ich gar nicht bin, d. h. auf Gedanken, die ich gar nicht vertrete, die du aber aus meinen Worten herausliesest. Dabei muß ich noch bemerken, daß andere Leute meine Gedanken gut kapiert haben, daß ich eigentlich nur bei Leuten von deiner Schule Mühe hatte mit dem Verstandenwerden; von der Beurteilung wollen wir dabei noch gar nicht reden.

Darum schreibe ich dir noch einmal: Könnten wir nicht doch noch einmal zusammenkommen, um wenigstens festzustellen, ob das, was du *an mir* gefährlich oder ärgerlich findest, wirklich das ist, was du – dann wohl mit Recht – gefährlich und ärgerlich findest. Daß zwischen uns Differenz bleibt, glaube auch ich; aber diese Differenz sehe ich an einem anderen Ort. Und darum als eine, die uns zwar nach Schulen, aber nicht kirchlich zu trennen brauchte. Darum geht es mir. Wüßtest du, worum es mir wirklich geht – und worum es mir wirklich geht, ist wohl am besten aus meiner Predigt zu sehen –, so würdest du die Meinungsverschiedenheit zwischen uns wohl auch noch ernst nehmen wie auch ich, aber nicht mehr als tragisch, als kirchlich-trennend empfinden. Nicht für eine andere Beurteilung plädiere ich jetzt; sondern dafür, daß du dein Urteil nicht auf ein Mißverständnis meiner Gedanken stützest, wie ich es vorläufig bei allen Barthschülern und auch aus der Kollegnachschrift feststellen mußte. Und das hat doch wohl keinen Sinn: daß du einen Irrlehrer vor der Welt als solchen brandmarkst unter meinem Namen, der gar nicht existiert. Dieses Unglück könnte mit gutem Willen vermieden werden. Denn daß es ein Unglück ist, wenn zwei Theologen wie wir einander bekämpfen, statt bloß miteinander Klarheit zu suchen – ein Unglück schon um derer willen, die von uns beiden immer wieder an die Bibel und Christus herangebracht zu werden behaupten –, das wirst du wohl auch nicht abstreiten.

Mein Vorschlag: Könnten wir uns nicht einmal, da es nun in Zürich nicht mehr geht, in Aarau treffen? Wenn es dir nicht lächerlich vorkommt, möchte ich gern für alle Reisekosten aufkommen, da ich ja durch meine dumme Empfindlichkeit schuld bin am Nichtzustandekommen eines Zürcher Gesprächs. Die ganze nächste Woche, also vom 1.–6. Oktober, könnte ich jeden Tag, Nachmittag oder Vormittag, wie es dir paßt.

Ich würde dir bei dieser Gelegenheit gern auch die Stellen meines bald erscheinen sollenden Büchleins über den heiligen Geist[8] vorlegen, die eine Auseinandersetzung mit dir enthalten, um sicher zu sein, ob ich wenigstens das richtig verstanden, was ich bei dir ablehne. Vielleicht liegen ja auch viele Mißverständnisse auf meiner Seite.

Sieh, wenn Krach sein muß, so will ich den auch ganz getrost aufnehmen. Der natürliche Mensch in mir liebt ja von jeher den Krach. Und ich darf wirklich sagen: ich fürchte mich nicht. Ich bin meiner Sache sicher und ganz getrost. Aber es scheint mir, es sei jetzt ein unverzeihlicher Luxus, wenn zwei Männer, die sich so nahe stehen wie wir, vor der Welt krachen müssen.

Daß wir es in unseren Schulzimmern tun – du etwas boshafter, ich etwas klobiger –, das macht nichts aus; das gehört zum Betrieb, auch wenn ich meine, wir müßten auch das noch gewissenhafter tun. Aber vor der Welt – nein. Heute nein. In *der* Sache, um die heute wirklich in der Öffentlichkeit gekämpft werden muß, sind wir eins. Du meinst, in diesem Kampf gegen D.C. etc. seien deine Waffen, ich meine, es seien meine Waffen die bessern. Ich glaube, wenn du etwas mehr lehrtest wie ich, wäre deine Sache, d. h. die Sache Christi, der Kirche, der Bibel, sieghafter; und du meinst umgekehrt. Aber die meisten Leute, die nicht gerade deine Schüler sind oder meine Schüler, denken darüber anders. Sie denken: das sollen die beiden miteinander ausmachen. Was wir von ihnen verstehen ist: daß sie beide das eine meinen: eine Kirche, die allein auf Gottes Wort steht und allein Christus meint und darum mit den D.C. und ähnlichen keinen Frieden schließen darf. Ist's nicht so? Wer dann schließlich recht hat, Barth oder Brunner, – – was geht das

8 E. Brunner, *Vom Werk des Heiligen Geistes,* Tübingen 1935. Die Schrift enthält drei soeben, im September 1934, in Kopenhagen gehaltene Vorträge Brunners. In ihnen hält er der theologischen «Erneuerung der letzten zwei Jahrzehnte» vor, «nochmals den Weg der Orthodoxie zu gehen in der Identifikation von Wort und Geist» (S. 8). Demgegenüber will Brunner «heute» die «Akzente» so setzen (S. 57), daß der gegenwärtige Wandel im Geist und die Erneuerung zum Leben durch das «Ineinander von ‹Gott-selbst› und ‹mir-selbst›» (S. 30) betont werden.

heute die Welt an? Du sollst ruhig gegen mich schreiben – das ist in der Ordnung. Aber nicht als Feind, nicht als gegen einen, der «auf der anderen Seite» steht. Das sollte auf jeden Fall vermieden werden.

Und nun verzeih diese Epistel. Sie soll dir sagen, daß ich nach wie vor, trotz allem, was uns trennt, unsere Gemeinschaft in der Hauptsache behaupten werde, auch wenn du sie leugnest.

Mit herzlichem Gruß

dein Emil Brunner

100

Barth [Bern,] 1.10.1934[1]

Lieber Freund!

Dazu ist es nun zu spät. – Als ich «Natur und Gnade»[2] zum ersten Mal gelesen hatte, war es mir sofort klar, daß ich dir erst mit der Zusendung meiner Gegenschrift[3] zusammen persönlich schreiben werde, nicht aus Ruppigkeit, aber allerdings, weil ich die Existenz deiner Schrift aufs Höchste bedaure und ihren Inhalt aufs Bestimmteste und Vollständigste ablehne. Aus demselben Grunde habe ich mich dann auch vom Bergli aus nicht gemeldet, umso weniger, weil mich dort beständig Nachrichten über deine Mitwirkung bei der mir so durchaus unsympathischen Gruppenbewegung[4] erreichten sowie deine Schrift über die Kirche[5], aus der ich erneut sah, daß du dich in einer offenbar rapiden Bewegung befindest, deren Geist und Richtung mir immer fremder wird. – Hättest du doch jene Schrift nicht geschrieben! Aber ich muß wohl höher hinaufgehen: Hättest du doch den ganzen Feldzug

[1] Barth schreibt zwar auf seinem Bonner Briefpapier, aber aus Wabern bei Bern.

[2] E. Brunner, *Natur und Gnade. Zum Gespräch mit Karl Barth*, Tübingen 1934.

[3] K. Barth, *Nein! Antwort an Emil Brunner* (ThExh 14), München 1934; abgedruckt in: «*Dialektische Theologie» in Scheidung und Bewährung 1933–1936. Aufsätze, Gutachten und Erklärungen* (ThB 34), hrsg. von W. Fürst, München 1966, S. 208–258.

[4] Gemeint ist die Oxford-Gruppenbewegung.

[5] E. Brunner, *Um die Erneuerung der Kirche*, a.a.O. (S. 251, Anm. 2).

gegen mich, den du seit 1929 geführt hast[6], uneröffnet gelassen, mindestens so lange, bis du genau wußtest, was du sagen und wie du es unmißverständlich sagen wolltest und konntest! Aber wenn auch das ein unnützer Wunsch ist, weil du dich nun einmal in dieser Richtung entwickeln mußtest und es dann auch, so gut es ging, sagen durftest, so kann ich wiederum nichts dafür, daß durch deine Schrift eine Tatsache geschaffen ist. Auch in dem Sinn eine Tatsache, daß sie von Althaus, von Fezer, von Otto Weber[7] und so und so viel andern unter den jämmerlichsten Gestalten, die wir jetzt draußen haben, laut bejubelt und gegen mich ausgespielt worden ist.[8] Die halbe oder ganze Welt freute sich offen oder heimlich darüber, wie tüchtig du es mir gegeben habest.

[6] Vgl. K. Barth, *Nein!*, a.a.O., S. 8: Barth markiert 1929 als den Zeitpunkt, «als Brunner plötzlich ... ‹die andere Aufgabe der Theologie›, den ‹Anknüpfungspunkt› usw. offen zu proklamieren begann»; vgl. dazu E. Brunner, *Die andere Aufgabe der Theologie*, a.a.O. (S. 174, Anm. 2).

[7] Zu P. Althaus vgl. S. 106, Anm. 7, zu K. Fezer S. 239, Anm. 6. Otto Weber (1902–1966), seit 1930 Direktor der Theologischen Schule Wuppertal, 1934 Professor für Reformierte Theologie in Göttingen, war zeitweise Vertreter der Reformierten in der Reichskirchenregierung Ludwig Müllers, vgl. Scholder I, S. 623f.723–730 und S. 262f., Anm. 6.

[8] Vgl. K. Barth, *Nein!*, a.a.O., S. 8f.: «Der laute Beifall von K. Fezer, O. Weber, P. Althaus und all den anderen halben oder dreiviertels ‹Deutschen Christen› hat ihm [Brunner] dafür [für ‹Natur und Gnade›] gedankt. Das Deutsche Pfarrerblatt ([Jg. 1934], Nr. 30, S. 377) hat seine Schrift, ‹eine Fund-, ja geradezu eine Goldgrube› genannt.» Die letztere von Pfr. Müller, Annen, gezeichnete Rezension sagt ferner, daß Brunner seine These «im Streit wider seinen Freund Professor D. Karl Barth (!)» verfechte. – Eine mit W. gezeichnete Rezension zu Brunners Schrift «Natur und Gnade» in DTh, Jg. 1 (1934), S. 237f., schrieb Barth fälschlich Otto Weber zu, der in seinem Brief vom 12.11.1934 (im Karl Barth-Archiv, Basel) gegen diesen Irrtum protestierte. K. Barth, *Drei Predigten* (ThExh 17), München 1934, S. 3, schrieb daraufhin, daß er O. Weber, «einen der Herausgeber dieser Zeitschrift», irrtümlich verdächtigt hatte. Der Verfasser war wahrscheinlich Artur Weiser. – Die Rezension von P. Althaus zu Brunners Schrift findet sich in: Luthertum, Jg. 1 (= Neue Folge der Neuen Kirchlichen Zeitschrift, Jg. 45), 1934, S. 223. – Ob K. Fezer sich in einer Schrift positiv zu Brunners Schrift geäußert hat, konnte der Hrsg. nicht feststellen. Am 17.9.1934 schrieb Harald Diem (s. Anm. 13) an Brunner: «Ist Ihnen bei Fezers Beifall, von dem Sie gewiß gehört haben, völlig wohl geblieben?» Brunner antwortete am 27.9.1934: «Ob Herr Prof. Fezer an meinem Büchlein Gefallen gefunden hat oder nicht, ist mir nicht bekannt geworden» (beide Briefe im Archiv des Tübinger Ev. Stifts). Möglicherweise bezog Barth seine Information auch von Harald Diem.

Du kannst nicht gleichzeitig den Fünfer und das Weggli[9], den Beifall dieser theologischen Schmocks[10] und meine Bundesgenossenschaft haben. Und nachdem deine Schrift diesem Umstand: deiner Abgrenzung gegen mich in Sachen theologia naturalis ihren Erfolg zu verdanken hatte, so kannst du dich nicht an mich wenden mit der Erklärung, daß du gerade in dieser Sache mißverstanden werdest und daß unsere Differenz auf einem ganz andern Gebiete liege. Sage du das in derselben Öffentlichkeit deinen deutschen Lobrednern. Ich darf und ich muß mich unterdessen an die Tatsache halten, daß du in dieser Angelegenheit neben ihnen gegen mich stehst, umso mehr als ich, schon bevor alle jene Stimmen ertönten, der Schrift nichts Anderes entnehmen konnte als dies, daß sie ein Sic enthalte, dem ich nur ein ganz undialektisches Non entgegenstellen könne.[11] – An der Ausarbeitung dieses Non habe ich nun die ganzen letzten Wochen gesessen. Ich hatte dabei auch deine Korrespondenzen mit meinem Bruder[12] und mit Harald Diem[13] vor mir. Wir alle und noch mehr als einer sonst haben uns[14] alle Mühe ge-

---

[9]  Schweizer Redensart dafür, daß man nur das Eine oder das Andere haben kann.

[10]  = gesinnungslosen Schreiber.

[11]  Sic et non: die von Petrus Abaelardus (1079–1142) eingeführte Methode des dialektischen Ausgleichs sich widersprechender Autoritäten.

[12]  Vgl. S. 253, Anm. 5.

[13]  Harald Diem (1913–1941), seit 1931 Theologiestudium in Tübingen, 1933/ 34 bei Barth und E. Wolf in Bonn. Er verfaßte im Sommer im Anschluß an ein Seminar bei K. Fezer in Form eines «Briefes an den Verfasser» eine Seminararbeit «Kritische Bemerkungen zu Emil Brunner ‹Natur und Gnade›» (im Archiv des Ev. Stifts in Tübingen). Infolgedessen kam er in einen intensiven brieflichen und auch persönlichen Kontakt mit Karl und Peter Barth und in eine kontroverse Beziehung zu Brunner, in der Diem sachlich auf der Seite der Brüder Barth stand und deren Position unterstützte. In seinen Briefen vom 24.8. und 27.9.1934 wiederholte Brunner seinen Standpunkt gegenüber den ihm widerfahrenen «Mißverständnissen». Am 19.11.1934 diskutierte Diem dann mit Brunner 6 Stunden lang über ihre gegensätzliche Erkenntnis, wovon Diem ein 7seitiges masch.schr. Protokoll erstellte (alle Dokumente im Archiv des Ev. Stifts, Tübingen). In seinem Brief vom 21.11.1934 an P. Barth sagte Brunner über die Unterredung, Diem habe ihm recht gegeben, «daß Karl Barth mich sehr erheblich mißverstanden hat». Hingegen schrieb Diem am 29.11.1934 an P. Barth über dieselbe Begegnung mit Brunner: «Persönlich war er sehr freundlich, sachlich sehr verstockt» (beide Briefe im Nachlaß von P. Barth im Universitätsarchiv Bern). Eine eigene Veröffentlichung der Texte von Harald Diem ist vorgesehen.

[14]  Konjektur aus «sich».

geben, dich zu verstehen – nach meinem Eindruck mehr als du dir beim Schreiben –, und nun geht es doch einfach nicht, daß du nach den klarsten Aussagen, bei denen man dich behaften will, kommst und angibst, daß Alles ganz anders zu verstehen sei! Ähnliches habe ich bis jetzt nur mit Gogarten erlebt und habe mich auch bei ihm nicht darauf eingelassen.[15] Gesagt ist gesagt und muß so, wie es gesagt ist, zunächst verantwortet werden, besonders, wenn es die Wirkungen gehabt hat, die das, was du gesagt hast, nun einmal gehabt hat. Was in aller Welt wolltest du denn, wenn du nicht etwas bemerkenswert Unterschiedliches mir gegenüber sagen wolltest? Mit diesem Unterschiedlichen als solchem habe ich es nun eben zu tun. Alle Welt hält es mir als solches entgegen und fragt mich, was ich dazu sage. Nun *werde* ich eben dazu sagen, was ich dazu zu sagen habe, und das wird ein rundes Nein sein. Das läßt sich nun auch, nachdem ich solange geschwiegen habe, nicht mehr aufhalten, sondern *nachher* wird es dann deine Sache sein: *entweder* zu beweisen, daß ich dich doch mißverstanden habe, d. h. daß du doch nichts bemerkenswert Unterschiedliches mir gegenüber gesagt habest, und also und vor Allem deine deutschen und vermutlich auch englischen, amerikanischen etc. Lobredner energisch abzuschütteln, *oder* zu zeigen, daß und inwiefern du mit deinem nach meiner Sicht bemerkenswert Unterschiedlichen mir gegenüber eine gute Sache vertretest, *oder* eben – aber das wird ja nicht geschehen, da du deiner Sache so sicher bist – schlicht zu revozieren. So oder so oder so wird dann der ganz andere Brunner, der du zu sein behauptest, schon an den Tag kommen. Dagegen erwarte ich bei allem sachlichen Interesse gar nichts davon, jetzt privatim deine Selbstinterpretationen anzuhören, während «Natur und Gnade» auf dem Tisch des Hauses liegt und unbekümmert

---

[15] Vgl. K. Barth, *Die christliche Dogmatik im Entwurf,* a.a.O. (S. 163, Anm. 1), S. 69–109, bes. S. 69–71; und dazu die Rezension von Fr. Gogarten, *Karl Barths Dogmatik,* in: ThR NF, Jg. 1 (1929), S. 60–80. Gogarten bemängelt a.a.O., S. 66, daß bei Barth eine «eigentliche Anthropologie» fehle und daß Gott und Mensch nicht in ihrer Zusammengehörigkeit wahrgenommen würden, a.a.O., S. 72. Vgl. auch Fr. Gogarten, *Das Problem einer theologischen Anthropologie,* in: ZZ, Jg. 7 (1929), S. 493–511. Barth widerspricht dieser Kritik in KD I/1, S. 130–136, durch den Nachweis, daß die von Gogarten geforderte «eigentliche Anthropologie» «mit dem Wesen und der Absicht aller natürlichen Theologie identisch» (a.a.O., S. 134) sei und eine theologische Anthropologie allein von der Christologie her zu entwerfen sei.

darum, wie du es vielleicht nachträglich gemeint haben willst, seine ganz bestimmte Sprache redet. Ich habe gerade noch heute in der Berner Arbeitsgemeinschaft[16] einen Vortrag von Hoffmann[17] angehört, in welchem er nicht weniger als dreimal unter förmlichem Jauchzen auf dich zu sprechen kam. Diese Suppe muß nun zunächst ausgegessen sein. Ich wollte nichts lieber, als daß du sie uns nicht serviert hättest! 1000 Zwetschgen gäbe ich darum, wenn er geschwiegen hätte!, konnte man mich auf dem Bergli mehr als einmal stöhnen hören. Aber nun ist es eben so, und beiderseitig muß nun wohl Alles so genommen werden, wie es im Augenblick liegt.

Mir wurde aus Kopenhagen geschrieben[18], du habest dort eine neue, die Reformatoren verbessernde Lehre vom Heiligen Geist angekündigt, und ich vermute, daß sie der Inhalt der weitern Schrift werden soll, von der du in deinem Briefe sprichst.[19] Wenn dem so wäre und wenn ich ein Recht hätte, dir zuzureden, so wollte ich dich wohl beschwören können: Wenn du deiner Sache diesmal nicht auch im Ausdruck restlos sicher bist, dann laß das! Mir schwant nämlich neues und schwereres Unheil, das mich dann, wenn meiner in der Schrift auch wieder gedacht werden sollte, auch wieder auf den Plan rufen müßte. Du hast nun des Geschirrs wahrlich genug zerbrochen, und auf keinen Fall solltest du wieder so etwas schreiben, mit dem du bei allen Toren und Böslingen Jubel erregst und von dem du allen Gerechten nachher sagen mußt, daß sie dich mißverstanden hätten. Wenn du etwas Neues und Gediegenes über den Heiligen Geist weißt, dann sag es uns in einem großen Buch, in das dann am besten auch die damit so sehr zusammenhängende Sache mit der theologia naturalis in geklärter Gestalt hineinverarbeitet wird. Gerade dieser Zusammenhang macht mich, wie ich

[16] Theologische Arbeitsgemeinschaft in der ref. Kirche des Kantons Bern unter Leitung von A. Schädelin. Vgl. G. Ludwig, *Die Theologische Arbeitsgemeinschaft des Kantons Bern,* a.a.O. (S. 162, Anm. 5), S. 25–32.

[17] Heinrich Hoffmann (1874–1951), Professor für Kirchengeschichte in Bern (1912–1944), gehörte der liberalen Richtung an.

[18] Regin Prenter an Karl Barth vom 22.9.1934, Original im Karl Barth-Archiv, Basel: «Er sagte nun z. B., daß ein erheblicher Unterschied besteht zwischen der Rede des N.T. und derjenigen der Reformatoren... Er fügte sogar hinzu, daß wir in den künftigen Jahren eine Theologie des Hl. Geistes treiben müßten, die die Reformatoren vom N.T. aus korrigieren müßte.»

[19] Vgl. S. 255, Anm. 8.

offen gestehe, gegen die Broschüre, die du jetzt offenbar vorhast, im Voraus grundmißtrauisch. Denn deine theologia naturalis, die ich kenne, ist eine bitterböse Angelegenheit. Wenn du dich in jener Absicht nicht aufhalten lassen willst, dann will ich auch gar nicht im Voraus wissen, was du darin über mich sagen willst.

Ich muß diese Woche u. A. als Familienvater tätig sein, weil meine Tochter sich soeben verlobt hat.[20] Darum wäre mir die Oltener Zusammenkunft[21] auch technisch nur schwer zu ermöglichen.

Menschlich dir nach wie vor aufrichtig zugewandt, aber theologisch mit den denkbar tiefsten Sorgenfalten

dein Karl Barth


101

Brunner                                         Zürich, 2.10.1934

Lieber Freund!

Habeas tibi![1] Nun also los! Ich werde dich nicht mehr behelligen. Nur eins noch: Du hast wirklich eine unheimliche Gabe, deinen Nächsten nicht zu verstehen. Beweis: mein Brief. Habe ich denn irgend etwas zurückgenommen von «Natur und Gnade»[2]? Bitte ich um schonende Interpretation? Verkleinere ich den Gegensatz, der tatsächlich zwischen unserer Lehre besteht? Lies doch noch einmal! Was ich möchte, ist, daß du, daß ihr Barthleute, mich nach den allgemeinen Regeln der Hermeneutik auslegt und nicht mir Meinungen andichtet, wie Herr Wolf in seinem Nachwort zum P. Brunnerschen Aufsatz[3] es tut. Was Peter

[20] Verlobung von Franziska Barth mit dem Basler Kaufmann Max Zellweger.
[21] Brunner hatte Aarau als Treffpunkt vorgeschlagen, vgl. Nr. 98.

[1] = meinetwegen.
[2] E. Brunner, *Natur und Gnade. Zum Gespräch mit Karl Barth*, Tübingen 1934.
[3] Es handelt sich um P. Brunner, *Allgemeine und besondere Offenbarung in Calvins Institutio*, EvTh, Jg. 1 (1934/35), S. 189–215. Diesem Aufsatz hat E. Wolf *Anmerkungen zu Emil Brunners Natur und Gnade*, in: EvTh, Jg. 1 (1934/35), S. 215f., angeschlossen, in denen er E. Brunner eine Verkennung der «*kritische[n]* Funktion der natürlichen Gotteserkenntnis» (a.a.O., S. 216) bei den Reformatoren vorwirft.

Brunner ausführt, ist genau das, was ich immer gelehrt habe – wie auch P. Brunner weiß – und wofür ich ihm drum herzlich danke. Aber was P. Brunner lehrt und was offenbar auch die Billigung des Herrn Wolf findet, ist etwas ganz anderes, als was Karl Barth lehrt. Den Beleg dafür findest du in dem beiliegenden Brief an Wolf.[4] Daß ich keine Extrainterpretation verlange, sondern einfach das Aufmerken auf das, was ich sage, geht daraus hervor, daß viele wackere Leute durchaus verstanden haben, was ich schrieb, gerade so, wie ich es schrieb. Nur die Barthianer haben es anders «verstanden».

Wenn auch Herr Weber, Althaus oder Fezer mich für das Büchlein loben[5] – was ich nicht wußte –, so ist mir das noch lange kein Beweis, daß das Büchlein falsch oder schlecht ist. Es haben es auch noch andere gelobt, die ich mindestens so hoch achte wie dich. Wo aber bleibt die theologische Wissenschaft, wenn man daraus Kriterien von wahr und falsch macht, wenn man nicht einmal mehr, wie Herr Wolf, imstande ist zu sehen, daß, was er fordert, alles von mir gesagt ist und alles, was er ablehnt, von mir nicht gesagt ist? Siehe Dokument in der Beilage!

Und nun also: Kampf! Den habe ich immer für unvermeidlich gehalten, aber ich hoffte noch, du werdest vielleicht doch noch erkennen, daß, was uns trennt, nicht so gewaltig ist, daß es deswegen kirchentrennend sein muß. Sieh, das ist nun, was ich gegen dich habe: dein Sektierergeist. Daß du eine unerhörte Sonderlehre, die weit über alles hinausgeht, was die Kirche je gelehrt hat, für die allein christliche und kirchlich berechtigte hältst und überdies allen dokumentarischen Gegenbeweisen zum Trotz behauptest, du lehrest reformatorisch. Das ist die Psychologie des Sektenhauptes und ganz und gar unkirchlich. Durch diese Engherzigkeit hast du – wahrhaftig jeder weiß das außer deinem engsten Kreis – viel Geschirr zerschlagen. Hast du es doch beinahe fertiggebracht, die guten Altreformierten, darum weil sie gerade in der Lehre, die uns trennt, nicht mit dir gehen wollten, aus der Bekenntniskirche hinauszudrängen.[6] Sie wußten eben noch, was die altreformier-

---

[4] Der beigelegte Brief an E. Wolf ist im Anhang unter Nr. 185 abgedruckt.

[5] Vgl. S. 257, Anm. 8.

[6] Abschnitt von Barth markiert. Handschriftlicher Vermerk von Barth: «Gemeint ist wohl der D.C. freundliche Flügel der deutschen Reformierten, Langenohl, die Ostfriesen, Otto Weber etc.» Diese Gruppe ist nicht mit den freikirchlich organisierten Altreformierten zu verwechseln. Brunner spielt hiermit auf den Kurs der Ev.-ref. Kirche der Provinz Hannover an, die sich als refor-

ten Väter über die allgemeine Gnade lehrten. Aber da Barth anders lehrt, ist jeder ein Ketzer, der nicht auch so lehrt.

Daß du über die «Oxford-Gruppenbewegung», die vielleicht das Kirchenbauendste ist, was heute geschieht, zu schnöden dich bemüßigt fühlst, das macht mich – wenn ich an all das denke, was ich an Wirkung des Gottesgeistes hier *gesehen* habe – schaudern, ja, wirklich schaudern.

Dies wird nun wohl der letzte Brief von mir für lange sein. Du hast mir in den 15 Jahren[7], seit wir uns gelegentlich schrieben, nicht viel Freundliches geschrieben. Du hast mich immer schon, längst bevor ich «gegen dich» aufstand, sozusagen abgeschüttelt. Vielleicht denkst du: Ich habe eben immer schon den Kerl gerochen. Fast möchte ich sagen: Ich leider nicht. Aber so steht's doch nicht. Trotzdem ich in dir einen gefährlichen Doktrinär sehe, anerkenne ich nach wie vor das Große, das dir Gott gegeben. Aber ich sehe bekümmert, wie du ein Opfer deiner eigenen Meinungen geworden bist und nicht mehr sehen kannst, was die Bibel lehrt. Ich sehe vor allem mit Bekümmernis, wie deine Falschlehre in der Frage der Renovatio die jungen Pfarrer irreführt und unfruchtbar macht. Darüber habe ich ohne ein Wort der Polemik gegen dich – in Kopenhagen – gelehrt[8], stramm calvinisch, und diesmal werde ich meine Calvinbelege genau nachprüfen, ehe sie gedruckt werden.[9]

mierte kirchenpolitisch nicht mit der Position Barths identifizieren konnte. Vertreter dessen waren Wilhelm August Langenohl (1895–1969), Pfarrer, seit 1932 in Rheydt, und 1933 Mitglied der Nationalsynode, Walter Hollweg (1883–1974), seit 1927 Landessuperintendent der Ev.-ref. Kirche der Provinz Hannover, und Otto Weber, vgl. S. 257, Anm. 7. Zum Zwist im reformierten Lager kam es indes, weil der von diesen Reformierten repräsentierte Flügel sich nicht *in* die Bekennende Kirche «drängen» lassen wollte. Zum Ganzen und insbesondere zu O. Webers DC-Mitgliedschaft vgl. S. Lekebusch, *Die Reformierten im Kirchenkampf. Das Ringen des Reformierten Bundes, des Coetus reformierter Prediger und der reformierten Landeskirche Hannover um den reformierten Weg in der Reichskirche* (SVRKG 113), Köln 1994, bes. S. 49–57.

[7] Die Korrespondenz beginnt 1916, also 18½ Jahre zuvor.

[8] Vgl. S. 255, Anm. 8.

[9] Vgl. die vier Briefe von P. Barth im Anhang Nr. 178, 180, 182 und 188. Peter Barth kritisiert dann in seiner Einleitung zu *Das Problem der natürlichen Theologie bei Calvin* (ThExh 18), München 1935, S. 4, «das sachliche Mißverhältnis, das einem immer wieder entgegentritt zwischen Brunners Text und den Calvinstellen, die ihn belegen sollen. ... Oft sagt die Belegstelle etwas ganz anderes zum Thema, als was sie nach Brunner sagen soll, gelegentlich sagt sie gerade das Gegenteil.» P. Barth meint das in 126 Fällen nachweisen zu können (ebd.).

Das ist scharfe Munition gegen dich; aber ich glaube nicht, daß ich deinen Namen, ja, auch nur explizite deine Lehre, nennen werde. Was nützt das?

Und nun adie[10]! Gott wird einmal auch noch mit uns beiden fertig. Er allein weiß, wie viel und wie wenig all das taugt, was wir gegeneinander und aneinander vorbei lehren. Darin sind wir schließlich noch einig, und das ist ja auch nicht wenig.

Darum trotz allem mit herzlichen Grüßen

dein E. Brunner

Zur Psychologie der dir rätselhaften Lobsymphonie über meine Schrift ist mir nächtlich Folgendes eingefallen, was ich dir nicht vorenthalten möchte:

Du hast jahrelang einen solchen theologischen Terror ausgeübt – dessen du dir je länger, desto weniger bewußt warst, weil die Anhängerschar um dich herum freundschaftliche Kritik nicht mehr an dich heranläßt –, daß die sonst allerverschiedensten Leute froh sind, wenn einmal einer, der dir irgendwie gewachsen ist, gegen dich überhaupt etwas sagt. Darum geschieht es, daß Leute in Deutschland und Ausland, die im Kirchenkampf ganz und unzweideutig auf deiner Seite stehen, sich trotzdem an meiner Schrift gefreut haben. Beweis:

Z.B. die orthodox-calvinistischen Kreise Hollands und Deutschlands, unzweideutig Bekenntniskirche und Notbund, ebenso unzweideutig antibarthisch und probrunnerisch in dieser Sache.[11]

Ebenso die Griechisch-Orthodoxen in Paris, unzweideutig ganz in Sympathie mit dem Kampf der Bekenntniskirche, ebenso unzweideutig antibarthisch und probrunnerisch in dieser Sache.[12]

[10] = Adieu!

[11] E. Brunner, *Natur und Gnade,* a.a.O., S. 37, Anm. 1, weiß sich in seiner Stellung zur theologia naturalis einig mit «holländischen Calvinisten wie Kuyper und Bavinck». Über eine Distanz niederländischer reformierter Theologie zur «ecclesia militans» äußerte sich Barth vorsichtig kritisch am 5./6.4.1935, in Utrecht, vgl. K. Barth, *Credo. Die Hauptprobleme der Dogmatik dargestellt im Anschluß an das Apostolische Glaubensbekenntnis,* München 1935, Zollikon-Zürich 1948, S. 150f.

[12] Bei Brunners Besuch in Paris (vgl. S. 349 und den Brief von P. Barth am 19.7.1934, Nr. 182) wird er Entsprechendes von Griechisch-Orthodoxen gehört haben.

Ebenso meine Zürcherkollegen Blanke[13] und Kümmel[14], beides tapfere Notbundleute – sie haben als Deutsche einiges riskiert durch ihre öffentlichen Sympathiekundgebungen. Blanke z. B. hat oft in die Neue Zürcher Zeitung so geschrieben, daß viele deutsche Kollegen nichts mehr von ihm wissen wollten[15] –, sie haben sich einfach gefreut, als meine Schrift kam.

So auch die Jungreformierten in der Schweiz, so auch die Calvinisten in Ungarn, so viele in England und Schottland, die deine Tapferkeit im Kirchenkampf bewundern, denen aber deine theologische Engherzigkeit erschreckend vorkommt[16] – auch solche, die keine Pela-

[13] Fritz Blanke (1900–1967), seit 1929 Professor für Kirchen- und Dogmengeschichte in Zürich.

[14] Werner Georg Kümmel (1905–1995), 1932–1951 Professor für Neues Testament in Zürich, dann in Mainz und 1952–1973 in Marburg.

[15] Vgl. Fr. Blanke, *Zur Rechtslage des deutschen Protestantismus,* NZZ, Jg. 154, Nr. 1298 (16.7.1933); ders., *Ein neuer deutscher Kirchenstreit?,* in: NZZ, Jg. 154, Nr. 1638 (12.9.1933); ders., *Der Kirchenstreit in Deutschland,* in: NZZ, Jg. 154, Nr. 2225 (8.12.1933); ders., *Der Kirchenstreit in Deutschland,* in: NZZ, Jg. 154, Nr. 2311 (18.12.1933); ders., *Der Kirchenstreit in Deutschland,* in: NZZ, Jg. 154, Nr. 2360 (24.12.1933). In diesen Artikeln berichtet Blanke über die Vorgänge um die Deutschen Christen und Reichsbischof Müller aus der Sicht der kirchlichen Opposition gegen diese. – Am Tag, bevor Brunner diesen Brief schrieb, hatte er sich öffentlich gegen das während seines Dänemark-Besuchs entstandene Gerücht gewehrt, er unterstütze die deutsche reichsbischöfliche Reichskirche. Die Basler National-Zeitung hatte am 27.9.1934, Nr. 446, gemeldet, Brunner habe in seinem Kopenhagener Vortrag «erklärt, daß es *nicht möglich* sei, von außen her in den deutschen Kirchenkonflikt einzugreifen». In seinem Artikel: *Schwarz auf weiß,* in: NZZ, Jg. 155, Nr. 1757 (1.10.1934), wandte sich Brunner entschieden gegen das ihm Unterstellte und erklärte, «daß das Kirchenvolk und die Theologenschaft der Schweiz so gut wie einmütig mit Entsetzen die Vergewaltigung der Kirche durch die Reichskirchenregierung wahrnehme und mit größter Spannung und Sympathie den tapferen Freiheitskampf der Bekenntniskirche und des Pfarrernotbundes verfolge».

[16] Brunner skizziert hier in seiner Sicht einen Sachverhalt, der Barth seit 1933 in seiner anderen Sicht als Problem bewußt war. Einerseits gab es damals im deutschen und analog dazu im außerdeutschen Reformiertentum einen «Riß» zwischen zwei gegensätzlichen Grundeinstellungen, die sich mit den Stichworten «Wahrung reformierter Belange» und «reformiertes Wächteramt im Dienst der Gesamtkirche» bezeichnen lassen (H. Vorländer, *Aufbruch und Krise,* a.a.O. [S. 91, Anm. 18], S. 9; vgl. S. 20ff.). Die von Brunner Genannten befanden sich auf der ersteren Seite. Andererseits meinte Barth, daß die außerdeutschen Kirchen in verkehrter Weise ihre Sympathie mit der innerkirchlichen Opposition gegen die Deutschen Christen bekundeten, ohne dabei zu begreifen, daß sich

gianer sind –, so vor allem die Biblizisten, die nie begreifen konnten, wie du mit Röm. 1 und 2 umsprangst usw.[17] Daß sich auch der liberale Hoffmann[18] mitfreut, wer will es ihm verargen? Es sind also durchaus nicht etwa, wie du schreibst, die «Gerechten», die sich über mich ärgern, und die Tollen und Bösen, die sich freuen, sondern es sind sehr viele Gerechte, die im Kampf mit dir fallen würden, die sich aber doch theologisch auf meine Seite stellen, und es sind ausschließlich die Barthianer, die sich ärgern. Du weißt offenbar gar nicht, was für ein isolierter Theologe du bist, weil du eben eine Sondermeinung nicht nur vertrittst – wer tut das nicht? –, sondern diese Sondermeinung mit dem articulus stantis et cadentis ecclesiae[19] identifizierst. So stehen die Dinge objektiv. Und außerhalb des Barthkreises – der eben fast ein magischer Kreis ist – weiß man das, ob man im Übrigen orthodox, liberal, calvinistisch, lutherisch, pietistisch oder was sonst sei. In dieser Sache steht eben die ganze Kirche wider: Barthianismus.

der Kampf primär gegen einen die Kirche selbst verwüstenden Irrtum richte. Vgl. K. Barth, *Die Kirche Jesu Christi* (ThExh 5), München 1933, S. 9f.: «Wird das Evangelium etwa in der Schweiz, in England, Frankreich oder Amerika rein von allen ... Ideologien gepredigt? ... ich fürchte, daß ich, wenn ich irgendwo im Ausland lebte, jetzt schon binnen kürzester Frist ebenso zur kirchlichen Opposition gehen müßte, wie hier in Deutschland. ... Wir sind dem Ausland dankbar für jede Teilnahme an unseren Sorgen und Kämpfen, die darauf beruht, daß man weiß: Es geht hier nicht um einen zufälligen Irrtum in der *deutschen* Kirche, sondern um eine *gemeinsame* Not der *ganzen* christlichen Kirche; wir fechten hier in Deutschland eine Sache aus, die ... früher oder später in *jeder* modernen Kirche ausgefochten werden muß.»

[17] Vielleicht denkt Brunner hier an A. Schlatters Kritik an Barths Auslegung von Röm. 1 und 2 in: A. Schlatter, *Karl Barths «Römerbrief»*, in: Die Furche, 12. Jg. (1921/22), S. 228–232; wieder abgedruckt in: Anfänge I, S. 142–147, dort S. 144. Zu Brunners eigener Kritik an Barths Umgang mit Röm. 1 und 2 vgl. Brunner, *Natur und Gnade*, a.a.O., S. 12, Anm. 1.

[18] Zu Hoffmann vgl. S. 260, Anm. 17.

[19] Nach V. E. Löscher ist für die lutherische Kirche die Rechtfertigungslehre der «articulus stantis et cadentis ecclesiae», vgl. W. Koehler, *Dogmengeschichte*, Bd. 2, Zürich 1951, S. 329.

Brunner                                          Zürich, 10.10.1934

Lieber Freund,

Die Verlobungsanzeige deiner Tochter,[1] die ich heute abend bekommen habe, erinnert mich daran, daß du nun also endgültig in die Reihe der Presbyteroi eingetreten bist. Daß die Entscheidung deiner Tochter diesseits und nicht jenseits des Rheines gefallen ist, wird dir ja gewiß eine – gewiß nicht selbstverständliche – Freude sein. Ich möchte dir und den deinen zu diesem Ereignis herzlich Glück wünschen. Solche Freude ist dir inmitten all des Unerfreulichen, was dir sonst im letzten Jahr widerfahren ist – ich senke schuldbewußt mein Haupt –, wohl zu gönnen.

Ich bin eben von einem ostschweizerischen Ferienkurs von Pfarrern heimgekehrt, wo ich mit Eduard[2] publice und privatim gute Gespräche führte. Wir sind alle sehr gespannt auf das Ergebnis deiner Berliner Besprechungen.[3]

Mit herzlichen Grüßen

                                                dein E. Brunner

[1] Vgl. S. 261, Anm. 20.

[2] Brunner notierte sich in seinem Kalender (in seinem Nachlaß W 55/123) zum 8.–10.10.1934: «Pfarrerkurs in Wildhaus, 2 Vorträge von mir.» Nach dem *Amtsbericht des Evang. Kirchenrates des Kantons St. Gallen an die Synode über das Jahr 1934* (No. 31), in: Evang. kirchliche Erlasse des Kantons St. Gallen, St. Gallen o. J., Bd. VII, S. 262, referierten dort je in Vorlesungen die Professoren W. Gut über das Problem der natürlichen Theologie, E. Brunner über das Kirchenproblem, E. Thurneysen über den Konfirmandenunterricht. Vgl. Brief von Thurneysen an P. Barth vom 16.10.1934: «Ich war eben drei Tage an einem Pfarrerkurs mit ihm im Toggenburg oben zusammen, und ich habe aufs neue gesehen, wie blind eingenommen er vom Gruppenevangelium [der Oxfordbewegung] ist. Aber daß er taktisch darauf aus sei, seine Einflußsphäre über Studenten und überhaupt in Zürich zu stärken, ... das glaube ich nicht. Er ist wirklich auch wieder harmloser, einfacher, als du ihn offenbar siehst» (Brief im Nachlaß P. Barth im Universitätsarchiv Bern).

[3] Gemeint ist wohl die Zweite Bekenntnis-Synode in Berlin-Dahlem am 19./20.10.1934. Barth wurde dort in den Reichsbruderrat und den geschäftsführenden Rat der Deutschen Evangelischen Kirche berufen. Vgl. Lebenslauf, S. 265f., und H. Prolingheuer, *Der Fall Karl Barth*, a.a.O. (S. 223, Anm. 5), S. 27–32.

Brunner                    Zürich, [ohne Datum; vor dem 12.11.1934[1]]

Lieber Freund,

Nun ist also der Schuß raus. Es ist gut so. Ich habe dein Büchlein[2] –
leider ohne ein persönliches Wort von dir – zugestellt bekommen und
danke dir dafür. Als ich es in die Hand nahm, hatte ich ein wenig Herzklopfen. Aber das Herzklopfen verging mir völlig beim Lesen, und als
ich zu Ende war, atmete ich erleichtert auf. Der Emil Brunner, den du
da coram publico ausschmierst, verdient reichlich Prügel. Ein Theologe, der zu sagen wagt: Offenbarungsmächtigkeit des Menschen, ist ein
Verräter. Du zitierst das Wort etwa 12-mal[3], immer – mit Recht – mit
besonderem Ingrimm. Dieser Emil Brunner existiert, ebenso wie dieser
blasphemische Begriff der Offenbarungsmächtigkeit des Menschen*[4],
aber nur in der Phantasie von Karl Barth, und darum kann ich sozusagen mit Vergnügen zusehen, wie dieser verprügelt wird. O Mensch, was
für ein Zerrbild von Emil Brunner hast du dir da zurechtfabriziert!

Ich bitte dich, dich von Herrn Wolf unterrichten zu lassen darüber,
daß seine Anstrengungen, zwischen meine und die reformatorische
Auffassung oder zwischen mich und die Calvindarstellung Peter Brunners einen Keil zu legen, endgültig mißlungen sind.[5] Es ist auch nicht
eines übrig geblieben. Du hast's also, indem du es mit mir zu tun hast,
wirklich mit dem echten Calvinismus zu tun, da gibt's nichts zu mark-
ten, und das fangen nachgerade auch Barthianer an zu sehen.

Alle anderen Schlußfolgerungen über die formale imago, über Was

[1] Vgl. Nr. 104.
[2] K. Barth, *Nein! Antwort an Emil Brunner* (ThExh 14), München 1934.
[3] Vgl. z. B. K. Barth, a.a.O., S. 15f.: Das ist «die Quintessenz dessen, was
Brunner als ‹natürliche Theologie› lehren will: Es gibt eine dem Menschen auch
abgesehen von der Offenbarung eigene, in der Offenbarung sozusagen auflebende ‹Offenbarungsmächtigkeit› ... oder ‹Wortmächtigkeit› ... oder ‹Ansprechbarkeit›».
[4] Vgl. dazu E. Brunner, *Natur und Gnade. Zum Gespräch mit Karl Barth,* Tübingen 1934, S. 15: «Natur kann das heißen, was Gott seinem Werke an dauernder Offenbarungsmächtigkeit verliehen, die Züge seines eigenen Wesens, die er
in ihm ausgedrückt und zu erkennen gegeben hat.»
[5] Vgl. S. 261f., Anm. 3 und 4; sowie Lebenslauf, S. 261, zum gemeinsamen
Urlaub von Barth und E. Wolf.

und Wie, über die Bedeutung der theologia naturalis[6] usw. sind – als richtige Folgerungen aus einer falschen Prämisse – alle falsch, ohne eine einzige Ausnahme.

Das einzige, was bei mir materiell falsch ist, ist der Satz am Schluß, die theologia naturalis sei «die Aufgabe» unserer Generation.[7] Es sollte heißen: eine wichtige Aufgabe. Es geht zwar um das Problem Vernunft und Offenbarung, aber unter einem Aspekt, der nicht der zentrale ist.

Aber nun muß ich dir doch eines beichten – und kann es erst jetzt**, wo dein Schuß draußen ist, da ich sonst fürchten mußte, du witterst wieder ein Begnadigungsgesuch: Die ganze Affäre ist doch meine Schuld. Hätte ich im Frühjahr mich nicht abschrecken lassen, mit dir zu verhandeln[8], so hätte ich es wahrscheinlich verhindern können, daß du dir ein solches Zerrbild meiner theologia naturalis machst. Vielleicht wäre es mir überdies gelungen – ich weiß es nicht –, dich davon zu überzeugen, daß deine Lehre, worin sie sich von der meinen unterscheidet, wirklich nicht reformatorisch und nicht biblisch ist. Ich hatte mein Büchlein eben fast fertig, und da ging's mir wie dir in diesem Herbst[9]: ich meinte eben, es müsse jetzt heraus, und wollte mich darin nicht stören lassen. Das fällt mir jetzt schwer aufs Gewissen. Ich habe dadurch nicht nur mich – was mir recht geschieht –, sondern auch dich und die Kirche geschädigt. Es wäre, glaube ich, zu vermeiden gewesen, dich zur Hergabe einer solchen Karikatur zu provozieren und dadurch die Gemüter zu verwirren. Aber hinterher kann man vielleicht doch auch sagen: es mußte einmal sein. Es mottete[10] schon zu lange. Nun ist's draußen, und die Sonne hat's an den Tag gebracht[11], daß du wirklich unter Emil Brunners theologia naturalis etwas verstehst, was dieser niemals darunter verstanden hat. Was das Verhältnis des Früheren zum Jetzigen betrifft: Ich habe jetzt den im Aufsatz von 1929 (andere Aufgabe)[12] ver-

---

[6]   Vgl. K. Barth, *Nein!*, a.a.O., S. 16–20.25f.57f.60f.

[7]   Vgl. E. Brunner, a.a.O., S. 44: «Die Kirche verträgt auf die Dauer die Ablehnung der theologia naturalis ebensowenig wie ihren falschen Gebrauch. Es ist die Aufgabe unserer theologischen Generation, sich zur rechten theologia naturalis zurückzufinden.»

[8]   Vgl. Nr. 98.

[9]   Vgl. Nr. 100 zur Entstehung von K. Barth, *Nein!;* sowie Lebenslauf, S. 261.

[10]   = es schwelte.

[11]   Siehe S. 86, Anm. 8.

[12]   Vgl. E. Brunner, *Die andere Aufgabe der Theologie,* a.a.O. (S. 174, Anm. 2), bes. S. 178f.185–188.

steckten Synergismus gänzlich ausgefegt und mich ganz zur Theologie der sola gratia durchgerungen. Was du darüber sagst, ist schief von A bis Z. Darüber weiß ich nun wirklich am besten Bescheid.

Und nun werde ich noch die Arbeit von Peter Barth[13] abwarten, um dann eine wohlgemute und von allem Grimm freie Antwort zu schreiben, so oder so.[14] Es wird aber dem zweiten Peter[15] schwer fallen, wider den Stachel des ersten zu löcken [vgl. Act. 9,5;26,14], und mit dem ersten Peter[16] bin ich, beweisbar, einig.

Mit herzlichen Grüßen und den besten Wünschen für Semesterarbeit und Kirchenkampf

dein trotz allem dir sehr verbundener  Emil Brunner

* statt dessen heißt es bei mir: Offenbarungsmächtigkeit der Werke Gottes, gemäß Röm 1,20.
** Ich hatte diese Beichte schon am 29.9. bereit, sie aber infolge deines Briefes vom 1. Oktober nicht abgeschickt.[17]

104

Barth                                                    Bonn, 12.11.1934

Lieber Freund!

Ich wollte dir wohl letzte Woche bei der Zusendung meines Heftes auch ein persönliches Wort schreiben. Aber ich mußte gerade in dieser Woche zweimal nach Berlin fahren.[1] Und es war und ist mir ja auch so schwer, dich jetzt anzureden. Daß ich die ganze Zeit bewegt und be-

[13] Vgl. S. 263, Anm. 9.
[14] Brunner reagierte auf die Kritik der beiden Barths vor allem in den Anmerkungen der 2. Auflage seiner im Übrigen unveränderten Schrift *Natur und Gnade,* Tübingen 1935.
[15] = Peter Barth.
[16] = Peter Brunner; vgl. S. 261, Anm. 3.
[17] Gemeint ist wohl der unter Nr. 184 wiedergegebene nicht abgesandte Brief.

[1] Ende Oktober fuhr Barth nach Berlin, um «die für die Ausführung der Dahlemer Beschlüsse notwendigen Richtlinien zu erstellen» (Lebenslauf, S. 266); am 8. November zu Verhandlungen im Reichsbruderrat über das weitere Vorgehen gegenüber dem Staat. Vgl. S. 267, Anm. 3.

kümmert an dich gedacht habe, mußt du mir auch so glauben. Schau, wenn ich deine letzten Briefe und nicht zum wenigsten den heutigen vor mir habe und mich frage, was ich dir dazu sagen soll, kommt bei allem Bemühen, für dich offen zu sein, immer nur das Eine heraus: daß ich dich bitten möchte, jetzt einmal *ruhig* die ganze Situation: das, was du gesagt, und das, was ich darauf geantwortet habe, zu überdenken und dann, aus einer gewissen Sammlung und Abgeschlossenheit heraus, deine Duplik zu führen. Ich kann in dem, was du mir heute ad vocem «Offenbarungsmächtigkeit» schreibst, keine glückliche Fortsetzung unserer Unterhaltung sehen. In deinem Zusammenhang handelt es sich ja bei den «Werken Gottes», denen du S. 15[2] «Offenbarungsmächtigkeit» zuschreibst, gerade und entscheidend um den Menschen.[3] Und stehen neben jenem Begriff nicht gleichbedeutend die anderen bei mir auf S. 14 zitierten?[4] Wo kommen wir hin, wenn du dich nun aufmachst, *dies* als meine falsche Prämisse anzugeben, auf Grund deren ich dich total mißverstanden habe? Willst du nicht lieber und vor Allem 1. noch einmal und etwas eindeutiger sagen, was du eigentlich willst, und 2. zeigen, wie du dieses in bereinigter Form zu Sagende gegen meinen wahrscheinlich auch dann noch zu erhebenden Widerspruch zu sichern gedenkst? – Zum ersten Punkt muß ich dir jetzt privatim doch sagen, was ich öffentlich nicht aussprechen wollte: daß ich «Natur und Gnade» abgesehen von allem Sachlichen für eine elend schludrig hingeschmissene Arbeit halte, die du dir in dieser wichtigen Sache nicht hättest leisten dürfen. Du dürftest dich nicht beklagen, sogar *wenn* ich dich mißverstanden hätte. Rede jetzt einmal so, daß man dich auch beim Ausdruck behaften kann! Und zum zweiten Punkt: Verlier, wenn du die Debatte fördern willst, auf keinen Fall zu viel Zeit mit der Verteidigung deiner Calvinhypothesen, sondern zeig auf, daß und inwiefern das, was deine

[2] Gemeint ist E. Brunner, *Natur und Gnade. Zum Gespräch mit Karl Barth,* Tübingen 1934, S. 15.

[3] Vgl. E. Brunner, ebd.: «Natur kann das heißen, was Gott seinem Werke an dauernder Offenbarungsmächtigkeit verliehen, die Züge seines eigenen Wesens, die er in ihm ausgedrückt und zu erkennen gegeben hat. Natur kann aber auch heißen, was der sündige Mensch daraus erkennend-nichterkennend macht.»

[4] Muß wohl heißen: S. 15f. Gemeint ist der Satz: «Es gibt eine dem Menschen auch abgesehen von der Offenbarung eigene, in der Offenbarung sozusagen auflebende ‹Offenbarungsmächtigkeit› (S. 15) oder ‹Wortmächtigkeit› (S. 18f., 41) oder ‹Wortempfänglichkeit› (S. 18) oder ‹Ansprechbarkeit› (S. 18f.).» Vgl. S. 268, Anm. 3.

authentische Meinung über theologia naturalis ist, im Zug der Intentionen reformatorischer Theologie (von Prädestination, Rechtfertigung, servum arbitrium, Schriftprinzip) 1. möglich, 2. notwendig ist. Aber in dem allem solltest du – ich wiederhole es nachdrücklich: *ruhig* zu Werke gehen. Die Art, wie du mir fast postwendend die siegreichste Antwort zu geben wußtest, mißfällt mir durchaus. Ich habe zur Aufarbeitung deiner Schrift wirklich ein bißchen mehr Zeit und Mühe gebraucht.

Mit herzlichem Gruß!

Dein Karl Barth

105

Brunner                                                        Zürich, 21.12.1934

Lieber Freund,

Ich komme heute mit einer etwas abenteuerlichen Bitte. Am letzten Mittwoch habe ich meiner Fakultät folgenden Plan unterbreitet.

Ich werde für das SS 1935 Urlaub nehmen und dich bitten, für mich die Vorlesungen und Seminarien zu halten.[1] Ich ersuchte die Fakultät um ihre Unterstützung bei meinem Vorhaben und fand dazu große Bereitwilligkeit. Leider konnte ich dir nicht früher davon Bericht geben, da ich noch vorher mit dem Dekan der Fakultät beim Erziehungsdirektor[2] vorsprechen mußte, was wegen seiner Abwesenheit im Ständerat[3] in Bern erst heute geschehen konnte.

Ich kann dir nun leider noch keine offizielle Anfrage schicken – die wirst du dann natürlich überhaupt nicht von mir erhalten –, sondern erst eine Voranfrage, ob es von dir aus gesehen überhaupt Sinn habe, die Universität bzw. die Erziehungsbehörden um diesen Urlaub und Stellvertretung zu ersuchen.

In dem Moment, wo ich mich anschicke, diesen Brief an dich zu

[1] Hintergrund des Planes war die Suspendierung Barths in Bonn (s. Anm. 4). Es kam zwar zu Brunners Freisemester, nicht aber zu Barths Vertretung.

[2] Der politische Vorsteher des kantonalen Schul- und Hochschulwesens.

[3] Die zweite Kammer, neben dem Parlament (Nationalrat), zusammengesetzt aus je 2 Delegierten pro Kanton.

schreiben, nachdem ich eben von dem Gespräch mit dem Erziehungsdirektor zurück bin, kommt ein Telephon, das mir meldet, in den Basler Nachrichten von heute abend werde die Möglichkeit deiner Berufung nach Basel erwogen, und in der Neue Zürcher Zeitung lese ich
deine definitive Absetzung.[4] Was nun aus all dem werden wird? Auf alle
Fälle möchte ich dir sagen, daß wir in Zürich uns alle herzlich freuen
würden, wenn du kämest. Ich würde mich irgendwohin in die Stille
verziehen und an dem «großen Buch» schreiben, das du mir als Pensum
aufgegeben hast.[5]

Wir denken mit großer Besorgnis an die Bekenntniskirche.[6] Was
wird wohl da noch werden innert der nächsten drei Wochen und vor allem nachher?[7] Alle hier freuen sich über deinen Mut und dein kom-

[4] Barth war am 26.11.1934 von seinem Amt als Theologieprofessor suspen-
diert worden. Zugleich wurde gegen ihn ein Disziplinarverfahren eröffnet, dessen hauptsächlicher Gegenstand Barths Weigerung war, den allen Beamten vor-
geschriebenen Eid auf Adolf Hitler ohne den Zusatz zu leisten: «soweit ich es als
evangelischer Christ verantworten kann». Barth wurde dann im erstinstanzlichen
Urteil am 20.12.1934 mit Dienstentlassung bestraft. Die Basler Nachrichten, Jg.
90, Nr. 349 vom 21.12.1934, S. 1, berichteten über das Urteil vom Vortag. Im Anschluß an die Dokumentation der Erklärung Barths vom 18.12.1934 an den Rektor der Universität Bonn, Prof. Dr. Naumann, daß Barth den umstrittenen Zusatz fallen lasse angesichts der durch die Evangelische Kirche öffentlich anerkannten und vorgetragenen nicht absoluten, sondern im Sinne jenes Zusatzes
begrenzten Interpretation der Eidesformel, und den Bericht, daß gemäß dem
Urteil der Eid absolut zu verstehen sei, heißt es: «Anmerkung der Redaktion: ☞
Wie wir zu unserer Genugtuung erfahren, sind Schritte im Gang, um Karl Barth
für die Universität seiner Vaterstadt Basel zu gewinnen.» Der Artikel *Absetzung
Karl Barths*, in: NZZ, Jg. 155, Nr. 2330 vom 21.12.1934, meldete: «Am Donnerstag
hat, wie uns von unterrichteter Seite mitgeteilt wird, vor dem *Kölner Disziplinar-
gericht* das Verfahren gegen den Theologen Karl Barth stattgefunden. Das Gericht verfügte die Absetzung Barths vom Amte eines Professors an der Universität Bonn.» Vgl. auch H. Prolingheuer, *Der Fall Karl Barth*, a.a.O. (S. 223,
Anm. 5), S. 47–55.97.286–296; sowie Lebenslauf, S. 268–275.

[5] Vgl. Nr. 100; sowie auch Nr. 104.

[6] Möglicherweise denkt Brunner hier auch an den Rücktritt von K. Barth,
H. Hesse, K. Immer und M. Niemöller aus dem Reichsbruderrat am 22.11.1934,
mit der Begründung, daß diese Leitung der Bekennenden Kirche die Linie ihrer
Synoden von Barmen (Mai 1934) und Dahlem (Oktober 1934) verlassen habe.
Vgl. Prolingheuer, a.a.O., S. 27–46.

[7] Vielleicht ist die Saarabstimmung vom 13.1.1935 gemeint, in der dann 91 %
der Wahlberechtigten für die Rückkehr ins Deutsche Reich stimmten und in deren Folge der Völkerbundrat am 17.1.1935 die Rückgabe an Deutschland beschloß. Am 12.12.1934 hatte der Rat der Evangelischen Kirche der altpreußischen

promißloses Durchhalten – das andere darfst du einem anderen überlassen.

Vom Buchhändler ist mir dein Weihnachtsbüchlein mit dem schönen Vorwort zugeschickt worden.[8] Ich habe keinen ähnlichen Gegengruß bereit; aber zumute ist's mir geradeso. Also, trotz allem, in allem,
gesegnete Weihnachten.

Dein E. Brunner

Darf ich um möglichst baldige, wenn auch vielleicht nur vorläufige
Antwort bitten?

106

Barth                                                          Bonn, 26.12.1934

Lieber Freund!

Ist das nicht ein wahrer Sack glühenden Anthracites, den du da mit
deinem Angebot über mein verneinendes[1] Haupt ausgeschüttet hast
[Spr. 25,22; Röm. 12,20]? Nimm also vor Allem meinen Dank dafür
und die Versicherung, daß ich es durchaus als eine Auszeichnung empfinden würde, auf einige Monate Zwinglis und deinen Lehrstuhl zu ver-
walten, und daß ich meine schwachen Kräfte aufs Höchste anstrengen
würde, den Erfordernissen einer solchen Lage einigermaßen Genüge zu
tun. Aber ich kann dir im Augenblick die gewünschte bestimmte Ant-

Union in einem Schreiben an Reichsinnenminister W. Frick erklärt: «Bereits seit
einiger Zeit wird das deutsche Volk durch unverhüllte Drohungen beunruhigt,
daß man die Bekennende Kirche nach dem 13. Januar (Saar-Abstimmung) mit
brutaler Gewalt niederknüppeln wolle. Wir haben bisher eine offizielle Zurück-
weisung derartig unverantwortlicher Hetze vermißt.» Es sei zu befürchten, daß
sie durch Erklärungen des Ministers «noch verstärkt wird». Nach W. Niemöller,
*Kampf und Zeugnis der Bekennenden Kirche,* Bielefeld 1948, S. 204.
    [8] K. Barth, *Weihnacht,* München 1934. Im Vorwort S. 3 begründet Barth die
Veröffentlichung so: «da ich in der letzten Zeit so viel streiten mußte und da ich
mich selbst und die Zeitgenossen gerne daran erinnere, daß man nach wie vor
Alles auch so positiv, friedlich und fröhlich sagen kann.» Und so wünschte er
«auch gerade denen, mit denen ich uneins sein muß, von Herzen eine gute, gesegnete Weihnacht 1934.»

---

    [1] Anspielung auf Barths Schrift *Nein!,* a.a.O. (S. 256, Anm. 3)

wort unmöglich geben. Noch weiß ich ja nicht, wohin ich nun endgültig kommen soll. Noch weiß ich nicht einmal das sicher, ob ich aus Deutschland heraus oder nicht vielmehr in irgendeiner andern Funktion hier weitermachen soll.[2] Es wird sich vielleicht in den nächsten Tagen entscheiden, vielleicht doch auch erst später, und davon wird es dann abhängen, ob ich diesen Sommer überhaupt frei bin. Ich kann mir das eigentlich schwer vorstellen. Und wenn es so käme, daß ich für den Sommer zunächst arbeitslos wäre, müßte ich mich erst noch fragen, ob ich nicht besser täte, mich gleichfalls irgendwo zu vergraben, um meine Dogmatik, die über dem Kirchenstreit nun allmählich doch Schaden gelitten hat, zu fördern.[3] Also, du siehst, ich bin in Verlegenheit. Eine Zusage kann ich dir jetzt nicht geben, und auch die Eventualaussichten sind mindestens so bedroht, daß ich dir nicht raten kann, dem Unternehmen schon irgendwelche Gestalt zu geben.

Was der Staatsanwalt mir in Köln entgegengehalten hat, wirst du als Beitrag zur neuesten Religionsgeschichte mit Interesse zur Kenntnis nehmen:

«Ob aber das, was auf Grund der Treu- und Gehorsamspflicht von dem Beamten verlangt wird, im Einklang mit dem Gebot Gottes steht – die Entscheidung darüber liegt nicht bei dem einzelnen Beamten, sondern allein und ausschließlich beim Führer selbst, den Gott auf seinen Platz gestellt hat und dem man daher auch das blinde Vertrauen schenken kann und muß, daß er auf Grund seines besondern Verhältnisses zu Gott nichts von seinen Untergebenen verlangen wird, was Gott verbietet. Daß der Beamte dieses bedingungs- und rückhaltlose Vertrauen zum Führer haben und ihm allein deshalb ein für allemal die

[2] Im Gespräch war, ob Barth bei endgültigem Verlust seiner Professur von der Bekennenden Kirche (BK) als Lehrer an eine zu gründende freie Fakultät berufen werden sollte. Vor allem die reformierten Kräfte innerhalb der BK (z. B. Reformierter Bund) machten sich dafür stark. Zu einem solchen Ruf der gesamten BK kam es jedoch nie, da vor allem die lutherischen Kräfte in Barth eine Belastung der Möglichkeit einer Verständigung mit dem nationalsozialistischen Staat sahen. Von einem solchen Ruf machte aber wiederum Barth sein Bleiben in Deutschland abhängig. Vgl. H. Prolingheuer, *Der Fall Karl Barth,* a.a.O. (S. 223, Anm. 5), S. 101–110.188–205; H. Aschermann / W. Schneider, *Studium im Auftrag der Kirche. Die Anfänge der Kirchlichen Hochschule Wuppertal 1935–1945* (SVRKG 83), Köln 1985, S. 29–105; sowie S. 272, Anm. 1.

[3] Barth konnte die Arbeit an KD I/2 erst im Sommer 1937 abschließen, vgl. Lebenslauf, S. 295.

Entscheidung darüber überlassen soll, ob zwischen seinen Befehlen und Anordnungen und dem Willen Gottes kein Widerspruch besteht, darin liegt gerade der Sinn des auf die Person des Führers geleisteten Treueides.»[*4]

Mit herzlichem Gruß und mit den besten Wünschen zum Jahreswechsel

dein Karl Barth

* [handschriftlich am Rand nachgetragen:] *nicht* zur Veröffentlichung, da private Nachschrift!

## 107

Brunner                              Zürich, [ohne Datum;
                    handschriftlich von Barth nachgetragen: 15.6.1935]

Lieber Freund,

Soeben höre ich, daß du wider alles Erwarten in Bonn wieder in Amt und Würden eingesetzt seist.[1] Zu dieser glücklichen Wende möchte ich dir herzlich gratulieren. Deine Rückkehr wird nicht nur in den

[4] Es handelt sich um einen Auszug aus dem Votum von Ministerialrat H. Kasper, dem Vertreter der Staatsanwaltschaft. Der amtlich festgehaltene Wortlaut weicht nur unwesentlich ab, vgl. H. Prolingheuer, *Der Fall Karl Barth,* a.a.O., S. 96. Barth konnte damals nicht wissen, daß die obigen Sätze höchstwahrscheinlich auf einer Vorlage des Göttinger Theologen E. Hirsch basierten, vgl. H. Assel, »*Barth ist entlassen ...*» *Neue Fragen im Fall Barth,* in: *Zeitworte. Der Auftrag der Kirche im Gespräch mit der Schrift. Friedrich Mildenberger zum 65. Geburtstag,* hrsg. von H. Assel u.a., Nürnberg 1994, S. 77–99, bes. S. 98. – Die Urteilsbegründung wurde Barth erst am 16.1.1935 zugeschickt. Er hatte den obigen Text wohl aufgrund der stenographischen Mitschrift seines Verteidigers O. Bleibtreu.

---

[1] Am 14. Juni 1935 wurde vom Berliner Oberverwaltungsgericht das Urteil der Dienststrafkammer bei der Regierung Köln vom 20. Dezember 1934 aufgehoben, wegen eines Formfehlers dieses Urteils: Es hatte Barth nicht wegen der Verweigerung des unbedingten Eides, weshalb er angeklagt war, für abgesetzt erklärt, sondern wegen anderer Äußerungen, in denen er Unrechtstaten des Regimes kritisiert hatte. Barth konnte jedoch seine Lehrtätigkeit nicht wieder aufnehmen, weil ihn der preußische Kultusminister Rust am 21. Juni 1935 in den Ruhestand versetzte; vgl. H. Prolingheuer, *Der Fall Karl Barth,* a.a.O. (S. 223, Anm. 5), S. 195–199; sowie S. 273, Anm. 4.

Kreisen der Studenten und Dozenten, sondern auch im ganzen Kirchenvolk der Bekenntniskirche und weit herum große Freude erwekken. Meine eigene Freude über dieses Ereignis ist natürlich nicht ganz selbstloser Art. Ich muß dir gestehen – und du weißt es ja selbst –, daß dein Kommen nach Basel[2] mir einige Sorgen machte, da ich aus deinem Stillschweigen über die zweite Auflage von Natur und Gnade[3] schließen mußte, daß du über mich noch immer so «zornig»[4] denkest wie im Herbst. Und da machte ich mir allerdings allerhand Gedanken darüber, wie sich das wohl machen werde: du in Basel, ich in Zürich. Unser Bruderzwist ist ja ohnehin ein Ärgernis in der Kirche, dessen Vergrößerung und Verschärfung *um der Kirche willen* nicht zu wünschen ist. Ich hatte darum die Absicht, dich zu bitten, dich nochmals zu einem Gespräch, sei es zu zweit oder zu viert, bereitfinden zu lassen. Als ich dich bei der Bestattung von Bader[5] plötzlich hinter mir sitzen sah, war mein erster Gedanke dieser, daß dies Gespräch nun hoffentlich bald stattfinden könne.

Und darum möchte ich dich nun bitten, trotzdem die äußere Sachlage nun eine andere geworden ist. Eine Verständigung zwischen uns wäre für viele ein freudiges Ereignis. Dabei weiß ich genau, daß vorläufig an ein restloses Zur-Deckung-Bringen unserer theologischen und kirchlichen Anschauungen nicht zu denken ist. Aber es wäre, so meine ich, möglich, unnötige Mißverständnisse zu beseitigen, nachdem ich bei anderen gesehen habe, wie es möglich war. Du weißt ja wohl, daß z. B. Eduard durch die Erläuterungen zu Natur und Gnade und vor allem durch das Vorwort der zweiten Auflage nicht nur mein Anliegen viel besser verstehen lernte, sondern seine Bedenken fast gänzlich fallen ließ[6]. Aber es kann ja auch umgekehrt sein, daß mir durch die Ausspra-

[2] Vgl. S. 273, Anm. 4; sowie S. 275, Anm. 2.

[3] E. Brunner, *Natur und Gnade*, 2., stark erweiterte Auflage Tübingen 1935.

[4] Vgl. K. Barth, *Nein! Antwort an Emil Brunner* (ThExh 14), München 1934, S. 7: «Zornige Einleitung».

[5] Zu Hans Bader vgl. S. 130, Anm. 5. Die Trauerfeier fand am 11.6.1935 in der Johanniskirche in Zürich-Außersihl statt, wo er seit 1911 Pfarrer gewesen war. Eine Schilderung der Feier und der Begegnung mit Brunner bei dieser Gelegenheit findet sich in Barths Brief an Thurneysen vom 13.6.1934 (Bw.Th. III).

[6] Thurneysen schreibt am 5.3.1935 an Brunner: «Deine Anmerkungen und dein Vorwort klären ganz gewiß die Wolke von Mißverständnissen.» (Original im Brunner-Nachlaß W 55/49)

che mit dir ein Star gestochen würde, daß das mündliche Wort mich von meinem Unrecht überzeugen würde. Auf alle Fälle besteht auf meiner Seite der dringliche Wunsch, große Bereitschaft zu lernen und nicht geringe Hoffnung, daß wir doch noch zusammenkommen oder doch zusammenrücken.

Trotzdem dein Donnerwort gegen mich auf viele wie ein Bannstrahl gewirkt hat, so daß ich für sie ein outcast geworden bin (in einer schwedischen Zeitschrift hat neulich ein Schüler von dir geschrieben, es sei ja nun bewiesen, daß E. Brunner kein christlicher Theologe sei[7]), bin ich dir, nachdem die erste Wirkung des Schlages versurrt war, nie wirklich gram gewesen und würde mich darum über eine Wiederbegegnung freuen. Ich glaube, um unserer gemeinsamen Schüler willen und um der Kirche willen müssen wir es versuchen.

Ich könnte mich z. B. nächsten Montag, übermorgen, für den Nachmittag frei machen. Wenn es dir lieber ist, komme ich nach Oberrieden. Ich warte also auf deine entweder telephonische oder schriftliche Antwort.

In diesem Moment kommt mir ein abenteuerlicher Gedanke, den ich dir doch mitteilen will: Wie wäre eine Disputation in meinem theologischen Seminar? Sie paßte nicht schlecht zu meinem gegenwärtigen Thema; wir verhandeln «neuere katholische Ethik». Früher hat man's so gemacht. Warum nicht heute? Die Studenten jedenfalls wären dir dankbar; es könnte ein Ereignis von wirklicher Bedeutung werden.

Mein Büchlein über den heiligen Geist[8] wirst du vom Verlag aus erhalten haben; ich ließ es dir vor einer Woche zustellen.

Mit freundlichen Grüßen

dein Emil Brunner

---

[7] Nach Auskunft der Professoren Gustav Wingren und Ola Sidurdson wird der Vorgang in folgenden Zusammenhang einzuordnen sein: Eine schwedische Verehrerin Brunners, Britta Holmström, und namentlich deren politisch linksorientierte Freundin, Esther Lutteman, erregten damals erheblich Ärgernis in Kreisen der lutherischen Kirche Schwedens, die sich entschieden gegen sie (und dabei wohl auch gegen den von ihnen verehrten Brunner) verwahrten.

[8] Vgl. S. 255, Anm. 8.

## 108

Barth                                          Oberrieden, 20.6.1935

Lieber Freund!

Verzeih, daß ich dir nicht früher geantwortet habe. Ich war durch die mannigfach komplizierte Lage um den 14.[1] herum so erschöpft, daß ich mich willig von R. Pestalozzi[2] auf eine Reise nach Mailand mitnehmen und also aller nördlichen Problematik auf eine kleine Weile entführen ließ. Und dann wollte ich, bevor ich dir antwortete, deine neueste Schrift genau gelesen haben.[3] Nimm vorerst meinen Dank für deren Zusendung! Sie hat mich nun gestern und heute fast unablässig begleitet. Und meinen Dank auch für deine freundliche Gratulation zu dem allerdings gänzlich unerwarteten Ereignis des 14. Juni. Man kann ja vermuten, daß die deutsch-englischen Flottenverhandlungen[4] und Ähnliches ebensoviel Anteil daran gehabt haben könnten wie die Gerechtigkeit jenes schon von Friedrich dem Großen so respektierten Oberkammergerichts.[5] Auch die wenig erfreulichen Erfahrungen, die ich im selben Augenblick mit der Bekenntniskirche zu machen hatte, wirkten für mich etwas beschattend.[6] Und was nun die praktischen Folgen sein

[1] Vgl. S. 276, Anm. 1.

[2] Zu Rudolf Pestalozzi vgl. S. 155, Anm. 16. Barth unternahm die Reise mit ihm unter Begleitung von R. Karwehl und Ch. von Kirschbaum vom 16. bis 19. Juni.

[3] E. Brunner, *Vom Werk des Heiligen Geistes,* Tübingen 1935. Vgl. S. 255, Anm. 8.

[4] Es handelt sich um das deutsch-britische Flottenabkommen, das am 18.6.1935 zum Abschluß kam und das Wachstum der deutschen Kriegsflotte auf bis zu 35 % der Stärke der englischen Kriegsmarine garantierte; vgl. *Der große Ploetz. Auszug aus der Geschichte,* hrsg. vom Verlag Ploetz, Freiburg / Würzburg 1980[29], S. 865. Barth vermutet, daß diese Verhandlungen es nahelegten, unliebsames Aufsehen im Ausland zu vermeiden.

[5] Gemeint ist der 1. Dienststrafsenat des Berliner Oberverwaltungsgerichts, vor dem in zweiter Instanz verhandelt wurde. Vgl. Fr. Holtze, *Geschichte des Kammergerichts in Brandenburg-Preußen,* Berlin 1890. Vgl. das unverbürgte Wort des Müllers von Sanssouci an Friedrich II. von Preußen: «Ja, wenn das Berliner Kammergericht nicht wäre.» Nach G. Büchmann, *Geflügelte Worte,* a.a.O., S. 211.

[6] Die Leitungsgremien der Bekennenden Kirche unterließen es, sich im Konflikt um die Eidesfrage in irgendeiner Weise öffentlich auf Barths Seite zu stellen. Weder nahmen sie öffentlich eindeutig zur Eidesfrage Stellung, noch waren sie bereit, Barth in der Berufungsverhandlung durch den amtierenden Juristen

werden, das ist noch lange nicht heraus. Es kann also sehr wohl sein, daß du mich schlußendlich doch noch in Basel wirst dulden müssen.[7] Nein, nicht dulden, sondern mit den Worten: «Sei mir willkommen, du Anderer!» (S. 49 deiner neuen Schrift)[8] wirst du mich, wenn das, was du von der «Geistesgegenwärtigkeit» usw. zu sagen weißt[9], auch nur einigermaßen «existentiell»[10] gesagt ist, wenn das simul justus et peccator nicht etwa doch wieder in seine Rechte tritt[11], in diesem Falle begrüßen, und wirst mich dann auch sonst all der Wohltaten teilhaftig machen, die der Mitkreatur auf jenen Blättern ausdrücklich verheißen sind. Tritt aber dieser Fall nicht ein, so hast du dich – keine Widerrede, du vom Gesetz und von der Existenzangst Befreiter[12]! – *ganz* selbstlos darüber zu freuen! Sonst sage ich dir nämlich auf den Kopf zu, daß du, wie wir Andern, auch nur eines Kopfglaubens dich rühmen kannst.[13]

Du wünschest ein Gespräch. Ich bin bereit dazu. Du mußt aber wissen, daß meine innere Voraussetzung dabei durchaus nicht die ist, als gehe es nur darum, einen auf ein paar Mißverständnissen beruhenden «Bruderzwist» aufzulösen. Du wirst dich sehr wohl erinnern, daß mein «Zorn» vom Herbst sich ausdrücklich gegen diese Verharmlosung des

der Vorläufigen Kirchenleitung, Dr. E. Fiedler, zu unterstützen. Ebensowenig machten sie Barth für den Fall seiner endgültigen Absetzung für eine Lehrtätigkeit im Rahmen der Bekennenden Kirche ein konkretes Angebot. Zudem wurde Barth auf Betreiben der süddeutschen Bischöfe von der dritten Bekenntnissynode Anfang Juni 1935 ausgeladen, an der er als Abgeordneter der rheinischen Synode hätte teilnehmen sollen. Vgl. H. Prolingheuer, *Der Fall Karl Barth,* a.a.O. (S. 223, Anm. 5), S. 130–210.

[7] Barth erhielt am 25.6.1935 den Ruf auf eine Professur in Basel, den er auch annahm; vgl. Lebenslauf, S. 274.

[8] E. Brunner, a.a.O. (Anm. 3), S. 49: «In der Liebe habe ich Zeit für dich, ich bin frei von mir für dich, gewahre ich dich als Du. Das cor incurvatum in se, dieses verkrampfte Ding, löst sich aus dieser Verkrallung, es öffnet sich dem Anderen entgegen, es ist bereit, ihn aufzunehmen. Sei mir willkommen, du Anderer – das ist die Sprache der Liebe, der Geöffnetheit für die Mitkreatur.»

[9] Ebd.: «Das ist die ‹Freiheit des Christenmenschen›, das ist die Geistesgegenwärtigkeit und Wachheit dessen, in dem ‹die Liebe Gottes ausgegossen ist durch den heiligen Geist›, dessen also, der ‹Frieden hat mit Gott›.»

[10] Vgl. unten Anm. 13.

[11] Zu Brunners Kritik des «simul iustus et peccator» vgl. a.a.O., bes. S. 57f.

[12] Vgl. E. Brunner, a.a.O., S. 49.

[13] E. Brunner, a.a.O., S. 28: «Es gibt toten Kopfglauben jeder theologischen Schattierung. Nur durch eines ist all dieser Kopfglaube unfehlbar charakterisiert: durch seine Kraftlosigkeit hinsichtlich der wirklichen, wirkenden Existenz.»

Gegensatzes als solche richtete. Die hast du aber in der zweiten Auflage von Natur und Gnade weiter getrieben, als wäre nichts geschehen[14], hast mir und den andern Lesern eine Handvoll erläuternder und da und dort ein bißchen rektifizierender Anmerkungen hingeworfen und nicht dergleichen getan, als ob du dich mit einem Generaleinwand gegen deinen ganzen Aufmarsch, wie er sich nun seit 6 Jahren vollzogen hat, auseinanderzusetzen hättest. Lieber Freund, du hast nun einmal in dieser Zeit 1. auf dem Gebiet der Erkenntnislehre mit deiner theologia naturalis und 2. auf dem Gebiet der Gnadenlehre mit deiner Proklamation der theologischen Relevanz der Oxfordbewegung in Verantwortung gegenüber der Kirche eine Wendung vollzogen. Ich habe diese Tatsache ernst genommen und möchte von dir verlangen, daß du sie ebenso ernst nimmst, also das Ärgernis nicht darin suchst, daß an dieser Sache ein Gegensatz zwischen dir und mir entstanden oder sichtbar geworden ist, der nun auch für andere bedeutet, daß sie sich in eine Entscheidung gestellt sehen. Gibt es hier ein Ärgernis, so besteht es *entweder* in deinem Unternehmen *oder* in meinem Widerspruch dagegen, auf keinen Fall aber darin, daß der Gegensatz nun einmal da ist und als solcher getragen und ausgetragen werden muß. Dem Frieden in der Kirche als solchem zuliebe, d. h. praktisch: um all den Pfarrern und Studenten, die sich der Entscheidung lieber entziehen wollten, die Möglichkeit zu geben, sich unter den Klängen von «Herz und Herz vereint zusammen»[15] unbesehen an unser beider so verschiedenen Gaben zu erfreuen – nein, zu diesem Zweck, diesem allzu schleiermacherischen Zweck könnte und möchte ich kein Gespräch haben, geschweige denn eine Verständigung suchen. Schau, wenn dir jetzt nur an der Beilegung des Konfliktes als solcher gelegen ist, wenn dir die Tragweite der von dir genommenen Wendung gar nicht klar sein sollte, wenn es dir gar nicht deutlich ist, daß ich meinerseits in der Sache kein Jota von meinem Widerspruch preisgeben kann, wenn du meinen solltest, es bedürfe nur einiger Interpretationen und Retouchen beiderseits, um dann deine und meine theologische Arbeit aneinanderhängen zu können, friedlich wie zwei Eisenbahnwagen, in die sich das Volk dann verteilen

<hr />

[14] Der Nebensatz zitiert einen umstrittenen Satz aus K. Barth, *Theologische Existenz heute!* (ZZ, Beiheft 2), München 1933, S. 3.

[15] «Herz und Herz vereint zusammen» von Nikolaus Graf von Zinzendorf, RG 793, EG 251, Str. 1.

mag, um mit derselben Lokomotive zum selben Ziel zu kommen – wie sollen wir dann sinnvoll miteinander reden können, allein oder vor Zeugen? Ich werde dann immer die Entscheidung suchen, der du immer ausweichen wirst, und in dieser verschiedenen Absicht werden wir aneinander vorbeireden, noch bevor wir den Mund aufgetan haben. Ist es möglich, ein Gespräch zwischen uns anders – also nicht im Sinn der Anmerkungen deiner zweiten Auflage und auch nicht unter dem Zeichen, auf das dein Brief hindeutet – anzusetzen als so? Kannst und magst du dich mir einmal stellen, wie ich mich dir doch wahrhaftig gestellt habe? Will sagen: hast du die Absicht, *entweder* mich bis in alle Konsequenzen hinein zu überführen und zu widerlegen *oder* dich von mir ebenfalls bis in alle Konsequenzen hinein überführen und widerlegen zu lassen, und ganz und gar *nicht* die Absicht, mich dir «einzuverleiben», wie du es S. 48 ganz mit Recht als die eigentliche Lieblosigkeit getadelt hast[16]? Aber ach, lieber Emil Brunner, kannst und magst du überhaupt das (zunächst rein formale) Anliegen verstehen, das mich zu allen diesen Fragen bewegt??

Wie dem auch sei, ich möchte dein Angebot einer Unterredung auf alle Fälle annehmen. Von einer Verhandlung vor dem Forum deiner Studenten würde ich mir zwar rebus sic stantibus mehr einen Spektakel als eine Erbauung versprechen. Aber warum sollten wir nicht einmal zusammenkommen, sei es zu zweit, sei es unter dem Präsidium des von dir als Kronzeugen angerufenen Eduard Thurneysen, mit dem konkreten Zweck, deine neue Schrift Punkt für Punkt gemeinsam durchzusprechen? Ich brauche kein öffentliches Nein dagegen auszusprechen, da ich diesmal nicht danach gefragt bin. Ich muß sie aber als Ganzes, als Exponenten des Unternehmens, in das du dich verwickeln wolltest, ebenso bestimmt ablehnen wie Natur und Gnade. Der Verhandlungsgegenstand wäre also so günstig wie nur möglich. Schreibe mir, wie du darüber denkst und ob du mir einen zeitlichen Vorschlag machen

---

[16] E. Brunner, a.a.O., S. 48: Der «Lieblose ist in sich selbst gefangen, der Andere, der Nächste ist für ihn nicht da als der Andere, sondern als ein Teil seiner eigenen Welt, als ein Objekt seines Begehrens, seines Denkens, als ein Mittel seiner Selbstverwirklichung ..., aber er ist nicht da als Du. ... Auch wenn ich ihn ‹liebe›, liebe ich ihn um deswillen, was er *mir* gibt, *mir* bedeutet, *mir* wert ist, worin er *mich* interessiert, *mir* gefällt, *mich* beglückt. *Ich liebe an ihm mich selbst.* Ich verwandle ihn in ‹Meiniges›, ich einverleibe ihn mir.»

kannst. Ich warte hier zunächst darauf, ob der Mann in Berlin[17] Zeit für mich hat und mich dorthin rufen wird, werde aber diesen Sommer mit einigen Unterbrechungen immer wieder hier und also erreichbar sein.

Mit herzlichem Gruß!

Dein Karl Barth

## 109

Brunner                                                    Zürich, 25.6.1935

Lieber Freund,

Ich danke dir für deinen Brief und deine Bereitschaft zu einer Aussprache. Selbstverständlich kann es sich bei einer solchen nur darum handeln, daß wir uns um die Wahrheit mühen und nicht um irgend etwas wie eine «Versöhnung». Das Leidige ist eben das, daß wir über die Wahrheit ganz verschieden denken, und zwar über die Wahrheit von Jesus Christus, wie er uns im Neuen Testament bezeugt und im Alten Testament geweissagt ist. Wir werfen einander ungefähr dasselbe vor, formal, nämlich ich dir und du mir, daß wir nicht schriftgemäß lehren, daß wir einander nicht ernst nehmen und jeder das Anliegen des anderen nicht kapiere. Ich könnte ja, wenn ich's verantworten könnte, auch so ein Nein schreiben, denn gewiß kommt mir deine Lehre nicht weniger abwegig vor als dir die meine und dein Mißverstehen meiner Anliegen nicht weniger halsstarrig als dir das meine.

Und nun ist eben die Frage: Was nun? Was soll da ein Gespräch? Wenn wir nicht glauben, daß Gott an uns etwas zunächst nicht zu Erwartendes, von uns aus nicht Einzusehendes tun kann, was uns zusammenbringen kann, so hat in der Tat eine Aussprache keinen Sinn. Ich glaube an solches, wie ich denn in den letzten Jahren viel solches mit eigenen Augen gesehen habe. Ich glaube also, daß Gott entweder mir

---

[17] Barth hatte nach der Aufhebung seiner Dienstentlassung Kultusminister Rust um eine Unterredung gebeten. Rust lehnte sie als obsolet ab, da er inzwischen Barths Versetzung in den Ruhestand verfügt hatte, nach H. Prolingheuer, *Der Fall Karl Barth,* a.a.O. (S. 223, Anm. 5), S. 198f.

oder dir oder uns beiden die Augen so operieren kann, daß wir anders sehen als vorher und nun so sehen können wie der andere.

Zweitens müssen wir bereit sein, unsere bisherige Lehre zu «suspendieren».[1] Nur so sind wir in der Lage zu hören, was der andere sagt. Ich weiß, das ist schwer; aber ich meine, ich sei dazu bereit. Denn ich weiß, daß ich mich schon oft geirrt habe, wo ich meinte, im völligen Recht zu sein. Und du wirst dich auch an Ähnliches aus deiner theologischen Entwicklung erinnern können. Es ist mir höchst wahrscheinlich, daß keiner von uns beiden die reine Lehre vertritt. Ich kann *jetzt* mit dem besten Willen nicht begreifen, wie du das, was du mir gegenüber vertrittst, auf die Bibel begründen willst; aber ich will eben darum versuchen, ob ich es vielleicht begreife, wenn du es mir persönlich sagst. Dazu bin ich bereit. Und wenn auch du dazu bereit bist, so *kann,* ja, wenn wir beide ganz bereit sind, so *muß* nicht nur eine Annäherung, sondern sogar eine völlige Verständigung geschehen. Es gehört zu dieser Bereitschaft, daß wir uns jetzt noch kein Bild davon machen, an welchem Punkt der Wegstrecke zwischen Karl Barth und Emil Brunner diese Verständigungs-Wahrheit liegen wird. Ob ganz dort, ganz hier oder wo zwischen beiden. Aber wenn wir wirklich bereit sind, das nicht zu wissen, so kann es geschehen, daß wir es dann wissen werden.

Und nun fragt es sich eben, ob wir bereit sind zu einem dritten: ernstlich um dieses Geschehen zu bitten. Ich glaube, davon hängt so gut wie alles ab. Ich vermute, wenn die beiden Starrköpfe Luther und Zwingli ernstlicher miteinander und füreinander gebetet hätten, so hätten sie ungefähr das finden müssen, was dann Calvin tatsächlich gefunden hat.[2] Meinst du nicht, das wäre schon etwas, daß wir voneinander wissen: der dort betet auch darum, daß wir uns finden in der Wahrheit.

[1] Vielleicht kannte Brunner das damals noch nicht publizierte Manuskript von Barths Vorlesung: *Die protestantische Theologie im 19. Jahrhundert. Ihre Vorgeschichte und ihre Geschichte* (veröffentlicht Zollikon 1947), die Barth 1932/33 in Bonn vorgetragen hatte und in deren Einleitung es heißt: «Einen Andern hören, heißt jedesmal, das eigene Anliegen suspendieren, um für das Anliegen des Anderen offen zu sein» (S. 10).

[2] Möglicherweise denkt Brunner hier an den Satz Calvins in seinem *Kleinen Abendmahlstraktat* (1541), in dem er zum Zwist zwischen Luther und Zwingli in der Abendmahlsfrage bemerkt: «Der gemeinsame Fehler beider Parteien lag darin, daß sie nicht die Geduld hatten, aufeinander zu hören, um dann ohne Leidenschaft der Wahrheit zu folgen, wo sie auch gefunden werde.» Nach: *Calvin-Studienausgabe,* hrsg. von E. Busch u. a., Bd. 1/2, Neukirchen-Vluyn 1994, S. 491.

Denke nicht, daß ich es so meine: Emil Brunner bittet nun also, daß sich Karl Barth zu seiner Ansicht bekehre. Sondern ich meine es aufrichtig: Emil Brunner und Karl Barth bitten, daß Gott *seine* Wahrheit ihnen beiden so kundtue, daß sie hinfort dasselbe lehren – wobei es ganz gleichgültig ist, wie viel oder wenig jeder von seinem Platz rücken muß. Da ich weiß, daß auch du mit deiner Theologie schließlich nichts anderes willst als das rechte Beten[3] – denn das ist doch wohl praktische theologische Erkenntnis –, so wage ich dir diesen Vorschlag zu machen. Früher hätte ich Angst gehabt, du würdest dich darüber lustig machen; jetzt nicht mehr. Ich fürchte viel eher, du denkst, so etwas sei doch selbstverständlich. Tant mieux![4]

Und nun praktisch: mir paßt am besten der Freitag, da kann ich mich den ganzen Tag freimachen. Meinetwegen könnten wir das Gespräch schon beim Sonnenaufgang beginnen und um Mitternacht beenden. Das ist mir alles recht. Auch der Ort ist mir gleichgültig – wie wäre es z. B. mit einer Dampferfahrt nach Rapperswil? Oder einem Waldbummel? Sekundanten für das Duell halte ich nicht für nötig. Aber es könnte ja vielleicht gut sein. Ich denke aber, es wäre nur dann gut, wenn es solche wären, die für uns beide wenigstens *ein* offenes Ohr haben, also z. B. von meiner Seite Spörri[5] Aarau, und von deiner Seite Eduard. Spörri steht dir näher als ich, Eduard mir näher als du. Aber es geht vielleicht ebenso gut zu zweit. Überleg dir das auch noch. Es kommt mir wirklich darauf an, daß bei diesem Gespräch etwas *geschieht*, eine Bekehrung von Emil Brunner oder von Karl Barth oder von beiden. Warum denn eigentlich nicht? Gott hat wahrhaftig schon größere Wunder getan, als unser zwei zusammenzubringen.

Ich werde dir morgen abend anläuten; die definitive Abmachung geht doch wohl besser mündlich als schriftlich vor sich.

Mit herzlichen Grüßen

dein Emil Brunner

---

[3] Vgl. K. Barth, KD I/1, S. 23.
[4] = um so besser.
[5] Vgl. zu Gottlob Spörri S. 235, Anm. 2.

## 110

Brunner                                             Zürich, 1.7.1935

Lieber Freund,

Bevor ich, von unserem fröhlichen weekend[1] heimgekehrt, wieder an
meine Arbeit gehe, möchte ich dir noch einmal herzlich danken für den
guten Tag, den du mir bereitet hast. Ich werde immer mit Freude an
dieses Zusammensein denken. Was ich davon gewonnen habe, ist zunächst etwas Persönliches: ich habe wieder einmal dich selber gesehen
statt der verschiedenen doch ziemlich karikaturenhaften Bilder, die ich
mir von dir gemacht habe und deren ich mich schäme.

Was den sachlichen Ertrag betrifft, so kann ich vorderhand nur dies
sagen: das Gespräch war sicher nicht umsonst. Was du mir persönlich
zugerufen hast, wird mir in jedem Fall viel bedeuten. Ich weiß, daß
mich nicht nur mein Wille zur Wirklichkeit, sondern oft auch ganz einfach meine Neigung in meinem theologischen Denken leitet – und daß
man gerade im theologischen Denken mit seiner Neigung streng verfahren muß, ist mir klar. Von Natur wäre ich ja viel lieber Philosoph als
Theolog. Das wird's ja wohl sein, was dir an mir verdächtig ist.

Du hast aber mit manchem, was du sagtest, auch sachlich kräftig an
meinen theologischen Positionen gerüttelt. Ob ich in einem oder einigen
Punkten weichen muß, weiß ich noch nicht. Aber jedenfalls stehe ich
meinen eigenen Anschauungen wieder in einiger kritischer Distanz gegenüber – und das ist auf alle Fälle ein großer Dienst, den du mir getan hast.

Was mich besonders gefreut hat an unserem Gespräch war dies, daß
wir wirklich *mit*einander geredet haben, auch wo wir gegeneinander redeten; und ich bin dir dankbar dafür, daß du nicht nur aufmerksam auf
mich gehört, sondern auch deine Entgegnungen immer so formuliert
hast, daß ich merken konnte, wie du dich mit meinem Gedanken aus-
einandersetzest. Ich glaube, du hast dasselbe auch von mir merken können. Und das ist schon sehr viel.

[1] Besuch Brunners bei Barth auf dem Bergli am Freitag, 28.6.1935 – so nach
dem Brief Barths an Thurneysen vom 1.7.1935, in dem Barth ihm von der Begegnung mit Brunner berichtet (Bw.Th. III); vgl. Anm. 2. «Weekend» ist also im
Sinne von «Ausflugstag» gebraucht. Möglicherweise hat Brunner den vorliegenden Brief schon am 28., 29. oder 30.6. geschrieben und das handschriftliche Datum erst bei der Absendung hinzugefügt.

Von meinen Wünschen an dich will ich jetzt nichts sagen. Es müssen *alle* Kanonen ausgeliefert werden, die Privatbesitz sind, sei es nun von mir oder von dir.[2] Ich glaube auch bei dir einen stattlichen Park von Privatartillerie zu sehen, die nicht mit dem Namen XP[3] gezeichnet ist. Wenn du mir eine Rückkehr zur positiven Theologie des 19. Jahrhunderts vorwirfst, so würde ich dir ähnliches zurückgeben können; vor allem ein Zu-wichtig-Nehmen des Neuen, das vor 15 Jahren losging. Zwischen dem Karl Barth, dessen Theologie nur «ein bißchen Zimt» und eine Randglosse sein wollte[4], und dem[5] Verfasser der zu erwartenden 8bändigen Dogmatik[6] und von dem Karl Barth, der Nietzsche und Overbeck vor das Gespann Christi band[7], bis zum Verfasser des Credo[8] ist ein ebenso weiter Weg wie vom Brunner des Mystik und Wort[9] bis zu dem von Werk des Hl. Geistes[10]. Ich glaube bestimmt, daß dein Heraustreten aus dem deutschen Kirchenkampf für deine theologische Entwicklung bedeutsam sein wird. Du wirst zunehmend «uninteressanter», weil biblischer und damit unoriginneller, und ich glaube, daß wir auf diesem Wege, auf dem Weg zum Neuen Testament, zwangsläufig uns immer näher kommen müssen.*

Wie dem auch sei – ich darf jetzt tun, was ich schon vorher hätte tun sollen (es *gibt* ja bei mir ein Sollen, für den alten Adam, den nicht der Geist regiert!)[11], aber noch nicht mit Freudigkeit tun konnte: ich kann

---

[2] Vgl. den Brief Barths an Thurneysen vom 1.7.1935 (Bw.Th. III): Ich rief Brunner zu, «daß ich nur mit ihm Frieden schließe, wenn er wie die Deutschen 1918 seine 5000 Kanonen, d.h. seine ganze Advokatur samt Notariat zugunsten des lieben Gottes restlos ausliefere u. dgl. mehr.» Vgl. dazu: *Gesetz über den Friedensschluß zwischen Deutschland und den alliierten und assoziierten Mächten (Versailler Vertrag)*, in: Reichsgesetzblatt 1919, S. 923f. (Art. 164); 928f. (Art. 169).

[3] = Χριστὸς = Christus.

[4] Vgl. S. 180, Anm. 19, und S. 299 bei Anm. 2.

[5] Korrigiert aus: zu dem.

[6] Gemeint ist die *Kirchliche Dogmatik,* deren Umfang in KD I/1, S. XII, noch auf 6 Bände projektiert ist.

[7] Vgl. K. Barth, *Unerledigte Anfragen an die heutige Theologie,* a.a.O. (S. 43, Anm. 3), S. 3–24. Vgl. auch S. 164, Anm. 3.

[8] K. Barth, *Credo,* a.a.O. (S. 264, Anm. 11).

[9] E. Brunner, *Die Mystik und das Wort,* a.a.O. (S. 73, Anm. 3).

[10] Vgl. S. 255, Anm. 8.

[11] Vgl. z.B. E. Brunner, *Natur und Gnade. Zum Gespräch mit Karl Barth,* Tübingen 1934, S. 37–39; ders., *Das Gebot und die Ordnungen. Entwurf einer protestantisch-theologischen Ethik,* Tübingen 1932, S. 50f.

dich jetzt freudig und fröhlich willkommen heißen, du sehr Anderer![12], bei uns in der Schweiz, in Basel und auch – ich hoffe für bald – im Klusdörfli.

Dein E. Brunner

\* [Am Rand handschriftlich hinzugefügt:] Im Vergleich mit [dem] «Römerbrief» ist [die] «Kirchliche Dogmatik» ein sehr altbekanntes [?] «unoriginelles» Buch.

## 111

Barth                                                    [Oberrieden,] 10.8.1935

Lieber Freund!

Ich habe dir nie geantwortet auf deine freundlichen Zeilen nach deinem denkwürdigen Besuch hier. Seither ist Vieles passiert.[1] Eine gedeihliche Weitergestaltung unsres so dialektischen Verhältnisses wird uns noch viel zu denken und zu tun geben. Nimm hier als vorläufiges Unterpfand diese kavalleristischen Bilder![2]

Mit herzlichem Gruß!

Dein Karl Barth

## 112

Brunner                                                    Zürich, 16.12.1935

Lieber Freund,

Hier mein Artikel. Ich hoffe, daß er so ist, daß deine Antwort von der Art sein kann, daß aus unserem pro und contra kein Ärgernis für

---

[12] Anspielung auf E. Brunners *Vom Werk des Heiligen Geistes*, a.a.O. (S. 279, Anm. 3), S. 49, vgl. S. 280, Anm. 8.

[1] Im Juli hatte Barth Vorlesungen und Seminare im Ökumenischen Seminar in Genf gehalten, vgl. K. Barth, *Die Kirche und die Kirchen* (ThExh 27), München 1935; am 7./8.7.1935 war Barth mit seiner Familie von Bonn nach Basel umgezogen, wo sie im St. Albanring 186 Wohnung fanden.

[2] Vermutlich handelt es sich um Aufnahmen von Barth und Brunner zu Pferde, vgl. die Abbildung oben nach S. XXVI und Lebenslauf, S. 307, Abb. 53; sowie Bohren, Prophetie, S. 162.

die Gemeinde wird.[1] Wir wissen ja doch voneinander dies: daß wir nichts anderes wollen, als daß bei vielen das Bekenntnis Kyrios Christos wahr wird.

Ich hätte gern noch manches erzählt: von den 20 selbständig arbeitenden Bibelkreisen der Gruppe in Zürich[2], die die paar hundert aktiven Gruppenmitglieder erfassen und deren Leiter ich jeweils vorbereite, Matthäus-Evangelium und Römerbrief.

Oder von der stillen Arbeit, die jetzt in den 40 oder 50 Gruppen, die jetzt hier sind, vor sich geht – wo man nur zusammenkommt, um Arbeitserfahrungen auszutauschen und gegenseitig dafür Rat zu holen, während die eigentliche Arbeit von den einzelnen im Einzelgespräch getan wird.

Oder von den vielen Menschen, die befreit worden sind von schweren Lastern, von Ehezerwürfnis, von Trostlosigkeit,

von den vielen, die zum erstenmal beten lernten, die jetzt mit Freude die Bibel lesen, die allmählich lernen, was Rechtfertigung aus Glauben allein heißt oder was das Kreuz Christi bedeutet,

von den 400, die vor der großen Kampagne mit mir den Kolosserbrief lasen, und den 30 Männern, die jene Bibelstunde je zweistündig vorbereiteten,

oder auch von den großen Sorgen und Mühen, die wir einander immer wieder machen durch «die Sündenreste, die unserem Fleisch noch immer anhangen», wie Calvin etwas optimistisch sagt.[3]

[1] Brunner und Barth sollten auf Wunsch der Schweizer Wochenzeitung «Die Nation» je in einem Artikel Stellung zur Oxford-Gruppenbewegung nehmen. Barth formulierte – unter Kenntnis des positiv Stellung nehmenden Manuskripts von Brunner – eine schroffe Kritik an dieser Bewegung. Daraufhin nahmen erst Brunner und dann auch Barth Abstand von der Veröffentlichung ihrer Artikel in «Die Nation». Ein Typoskript von Barths Artikel findet sich im Karl Barth-Archiv, Basel, sowie im Brunner-Nachlaß W 55/139, dort mit der handschriftlichen Notiz (vielleicht von Ch. von Kirschbaum): «Als Gegenartikel zu Brunner für die Nation gedacht. Wird nicht gedruckt.» Eine Fassung von Barths Artikel, in der die Bezugnahme auf Brunner getilgt ist, erschien unter dem Titel: *Kirche oder Gruppe?*, in: EvTh, Jg. 3 (1936), S. 205–213. Vgl. dort S. 205 die einleitende Bemerkung zu dem ganzen Vorgang. Zu Brunners Text vgl. S. 293, Anm. 1. Vgl. ferner *Die Kirchen, die Gruppenbewegung und die Kirche Jesu Christi*, Berlin 1936.

[2] = Zürcher Gruppe der Oxford-Gruppenbewegung. Vgl. Brunner, Mein Vater, S. 69–78.

[3] Institutio IV 1,21: «Itaque ut per totam vitam peccati reliquias circumferi-

Lieber freilich von der immer neuen Freude, die die Gemeinschaft mit den Mitarbeitenden mit sich bringt,

von der neuen Erkenntnis des Neuen Testaments, der Aufgabe der Kirche,

oder auch von den großen Fragezeichen, die noch immer an gewissen Punkten des Neuen Testaments da sind.

Aber davon will und muß ich bald einmal zu Theologen mit möglichst viel theologischem Gewicht reden.[4]

Inzwischen werde ich von dir hören, wie das alles von Basel aus, von deinem theologischen Standort aus sich ansieht, und ich will mir alle Mühe geben, es auch wirklich zu hören.

Im Jänner werden wir ja dann das große Experiment machen, miteinander auf Gottes Wort zu hören und es einander, so wie wir es hören, zu sagen, damit er selbst uns beide weiterlehre.[5]

Zu diesem Artikel noch dies: wenn du nichts dagegen hast, daß er so erscheint, so schick ihn mir einfach kommentarlos möglichst postwendend zurück und womöglich deinen Artikel, falls du ihn schon hast, dazu, oder dann sobald er fertig ist. Oder laß mich's wissen, wenn es länger geht, dann würde ich den meinen eben doch noch in Druck geben, bevor ich den deinen gesehen.

Darf ich dir noch eins sagen wegen Braun[6] und Katholizismus? Ich

mus ...»; und a.a.O., IV 15,11: «Nam quandiu in hoc carcere corporis nostri clausi degemus, habitabunt in nobis reliquiae peccati.»

[4] Vgl. die S. 289, Anm. 1, genannte Schrift Brunners. Es finden sich im Brunner-Nachlaß W 55/82 auch folgende einschlägige Typoskripte: *Unsere Stellung zur Oxford-Bewegung*, ohne Datum; *Kirche, Theologie und Gruppenbewegung*, um 1936; sowie *Das ökumenische Problem und die Gruppenbewegung (Vortrag)*, um 1937.

[5] 1936 fand eine Aussprache zwischen Barth und Brunner unter der Leitung von G. Spörri zusammen mit E. Thurneysen, W. Lüthi u. a. auf Schloß Auenstein statt, die zu einer Verhärtung der Fronten führte; vgl. dazu Bohren, Prophetie, S. 162–167, der das Treffen jedoch auf Juni 1936 datiert. Dem stehen die Aufzeichnungen eines Unbekannten zur *Aussprache über die Gruppenbewegung in Auenstein am 26./27. Januar zwischen Karl Barth, Emil Brunner, Eduard Thurneysen etc.* entgegen, die sich im Brunner-Nachlaß W 55/82 finden. Ebenfalls datiert auf Januar, Lebenslauf, S. 289.

[6] Es handelt sich wahrscheinlich um den Schauspieler Alfred Braun, der im WS 1934/35 in Zürich Philosophie und Theologie studierte und im WS 1935/36 in Basel im Seminar Barths war. Braun verweist in einem Brief an Barth vom 16.12.1935 (im Karl Barth-Archiv, Basel) «auf die letzte Sonntagsausgabe der

habe hier in Zürich schwere Anfechtung durch die Katholiken zu ertragen, die mich als einen richtigen Katholikenfresser ansehen, der ich nun freilich nicht bin.[7] Umso merkwürdiger ist es mir gewesen, daß Braun offenbar so referiert hat, daß wir ins Licht der konfessionellen Indifferenz zu rücken schienen. Ich habe Spörri[8] ausdrücklich befragt. Er sagte mir, er hätte Braun ausdrücklich vor dem Katholizismus bzw. vor den Exerzitien gewarnt. Was mich betrifft: ich sagte ihm: Wenn du katholisch wirst, ist wahrscheinlich deine Seele verloren. Denn du kannst niemals ein ganz ehrlicher Katholik mehr sein. Dazu weißt du zuviel. So ungefähr, nicht weniger scharf. Der Mann ist offenbar in seinen Berichten nicht ganz zuverlässig.

Und nun herzliche Wünsche für deine ersten Schweizerweihnachten seit langer Zeit. Ich bin froh, daß ich seit unserer Aussprache wirklich mit Freude und Herzlichkeit an dich denken kann, und will es denn auch besonders über diese Tage tun.

Dein E. Brunner


113


Barth                                                    Basel, 22.12.1935

Lieber Freund!

Hier bekommst du deinen Artikel wieder samt dem meinigen.[1] Ich konnte dir die Sache nicht so schnell liefern, wie du es wünschtest, weil ich so etwas nicht so schnell konzipieren und zu Papier bringen kann und weil ich dazu auch deinen Artikel vor Augen haben mußte.

NZZ», in der vier Voten zur Gruppenbewegung – drei negativ, eins positiv – zu lesen seien (NZZ, Jg. 156, Nr. 2206 [15.12.1935]).

[7] Vgl. E. Brunner, *Das Ärgernis der Oxford-Gruppenbewegung*, in: NZZ, Jg. 156, Nr. 1951 (9.11.1935). Dort entgegnet Brunner den kritischen Anfragen des durch bth gekennzeichneten Artikels *Ein Rückblick. Betrachtungen zur Oxfordgruppe*, in: NZZ, Jg. 156, Nr. 1951 (29.10.1935). Dieser Artikel warf der Oxford-Gruppenbewegung eine konfessionalistisch protestantische Ausrichtung vor, die insbesondere Züge der US-amerikanischen Erweckungsbewegung und des Methodismus trage.

[8] = Gottlob Spörri. Vgl. S. 235, Anm. 2.

---

[1] Vgl. S. 289, Anm. 1.

Was den Inhalt betrifft, so siehst du, daß ich dir von Grund aus widersprechen muß. Ich habe es möglichst wenig im persönlichen Gegenüber gerade zu dir getan, sondern von der «Gruppe» als solcher geredet, aber natürlich in direkter oder indirekter Beziehung zu dem, was du geschrieben hast. Und an der sachlichen Schärfe, in der meine Ansicht der deinigen gegenübersteht, ließ sich natürlich nichts abschwächen.

Für den Fall, daß du dein Votum mit Rücksicht auf das meinige noch anders fassen wolltest, wäre es natürlich nötig, mir beide noch einmal zuzuschicken. Ich wäre aber schon wegen der großen Arbeitsbedrängnis, die in diesen «Ferien» auf mich wartet, froh, die Sache vorläufig hinter mir zu haben. Du hast ja sicher echt oxfordisch geschrieben, und ich werde wohl auch in irgendeiner andern Echtheit darauf geantwortet haben, so daß der Zweck, den Lesern ein Bild von den beiden Positionen zu geben, erreicht sein dürfte. Mir wäre es also am liebsten, wenn du das Ganze tel quel[2] an die «Nation»[3] abgehen lassen könntest. Etwas Wesentliches werden ja – da du nun einmal auf dem Zauberberg[4] sitzest und ich «in Basel»[5] – weder du noch ich an unsern Aufstellungen zu verändern finden.

Zufällig hörte ich eben heute, daß du morgen Geburtstag feierst. Laß dir dazu trotz und angesichts dessen, was offenkundig sehr ernst zwischen uns steht, meine herzlichen *Grüße* entbieten. Daß ich dir auch allerhand *wünsche* für dein neues Lebensjahr, kannst du dir denken.

Also alles Gute zu diesem Tag und zum Weihnachtsfest dir und allen Deinigen!

Dein [Karl Barth]

Aus der Streichung auf S. 2 meines Manuskripts magst du sehen, daß ich dir nach mehrmaliger Lektüre der betr. Stelle des deinigen sogar *das* zugetraut hatte – es stehen genug Sätze daneben, die inhaltlich fast das-

[2] = unverändert.
[3] Vgl. S. 289, Anm. 1.
[4] K. Barth, *Kirche oder Gruppe?*, a.a.O., S. 208f.: «Das aber weiß ich, daß die Errichtung dieses Zauberberges von lauter weltlichen Wichtigkeiten und Richtigkeiten [scil. durch die Gruppe] mit dem Glauben ... der christlichen Kirche nichts zu tun hat». Der Satz steht so auch schon in dem S. 289, Anm. 1, genannten Typoskript von Barths Artikel.
[5] Eventuell Anspielung auf Brunners Schlußgruß in Nr. 110.

selbe besagen –, daß ich aber im letzten Augenblick noch darauf gekommen bin, daß du *das* nun doch auch nicht sagen willst.[6]

Barth                                                            Basel, 23.12.1935

Lieber Freund!

Eben erhalte ich einen Brief von der «Nation»[1] mit deinem Artikel in einer, wie mir scheint, am Ende etwas abgeänderten Fassung: die 25000 Kopenhagener fehlen, dafür werden Zwingli und Calvin angerufen etc. Ich habe nun der «Nation» mein Manuskript trotzdem noch nicht geschickt, sondern ihr mitgeteilt, daß es ihr durch dich zugehen werde, weil ich die Verabredung so verstanden hatte, daß du Gelegenheit haben sollest, evtl. schwere Bedenken vorher zur Sprache zu bringen. Deinen Artikel habe ich der «Nation» wieder zurückgeschickt. Ich nehme an, daß die 25000 in meinem Aufsatz[2] stehen bleiben können, da sie mir in euren Verlautbarungen ja auch sonst begegnet sind und da ich kaum annehmen kann, daß du dich in den letzten Tagen prinzipiell von eurem Glauben an solche Zahlen abgewendet habest.

    Mit freundlichem Gruß!

                                                        Dein [Karl Barth]

---

[6] In dem S. 289, Anm. 1, genannten Typoskript von Barths Artikel findet sich keine sachliche Abweichung von der gedruckten Fassung. Da die S. 2 des Typoskripts mit weniger Text gefüllt ist als die anderen Seiten, könnte sie unter Streichung der anstößigen Aussage noch einmal neu geschrieben worden sein. Die gestrichene Passage bezieht sich auf die ältere Fassung von Brunners Artikel, vgl. unten Anm. 1 zu Nr. 114.

[1] Vgl. S. 289, Anm. 1. Brunners Artikel *Was ist und was will die sogenannte Oxford-Gruppenbewegung?* findet sich in beiden Fassungen im Brunner-Nachlaß W 55/82. Brunner notierte auf einem der Texte (wohl zur Zeit von deren Archivierung) «für die ‹Nation› (nicht veröffentlicht) Febr. 1936».
[2] K. Barth, *Kirche oder Gruppe?*, a.a.O. (S. 289, Anm. 1), S. 208: Der Gruppe «ist die Nachricht von 25000 und noch mehr Menschen, die sich auf ihren Ruf in irgend einem ‹Forum› in Kopenhagen eingefunden haben sollen, schon als solche eine Siegesnachricht aus dem Reiche Gottes.»

Brunner                                    Zürich, 24.12.1935

Lieber Freund!

Auf diese «Antwort» hin, die allerdings sehr den Voraussetzungen widerspricht, unter denen ich einem Duo in der «Nation» zugestimmt hatte*, bleibt mir nichts anderes zu tun übrig, als der «Nation» endgültig[1] meinen Verzicht anzumelden. Ob du deinen Artikel veröffentlichst oder nicht, ist deine Sache.[2] Meine Sache aber ist es, dich nicht noch einmal zu einem Anathema, das fast noch schlimmer ist als dein erstes[3], zu reizen bzw. dazu den Anlaß zu bieten. Das erste Mal ging es gegen mich, das war zu ertragen, diesmal geht es gegen das Werk Jesu Christi und des heiligen Geistes, und daran möchte ich nicht schuld sein.

Ich mag auch den Lesern der «Nation» nicht ein Schauspiel bieten, das ganz gewiß unter das Gericht von Römer 2,24 fallen würde. Dir ist ja wie jeder so auch dieser «Erfolg» gleichgültig, wenn du nur deine Sache gesagt hast[4]; mir aber, wie du weißt, nicht. Ich möchte es lieber vermeiden, daß die wahrscheinlich zum größten Teil der Kirche fremd gegenüberstehenden Leser der «Nation» wieder einmal die tiefe Uneinigkeit der Kirche vordemonstriert bekommen. Ich bin bereit, vor Theologen mit dir die Sache auszufechten, wann und wo du willst. Zweifelnden Laien gegenüber könnte *ich* es nicht verantworten. Da die «Nation», der ich meinen Aufsatz schon zugestellt hatte, ein gewisses Recht darauf hat, das Dokument, durch das ihr mein Aufsatz entgeht, kennenzulernen, und du es via mich an sie adressiert hast, lasse ich es dorthin abgehen, mit dem Vermerk, es an dich zurückzusenden.

---

[1] Am 14.12.1935 (Brunner-Nachlaß W 55/34) schrieb die «Nation» an Brunner, der bei einem Scheitern einer gleichzeitigen Publikation seines Artikels mit dem von Barth auf die Veröffentlichung des seinigen verzichten wollte, er möge diesen doch gleichwohl der Redaktion zustellen, da dieser «von den Lesern mit Ungeduld erwartet» werde.

[2] Vgl. S. 289, Anm. 1.

[3] Gemeint ist: K. Barth, *Nein! Anwort an Emil Brunner* (ThExh 14), München 1934.

[4] K. Barth, *Kirche oder Gruppe?*, a.a.O. (S. 289, Anm. 1), S. 206f.: «Zu den unaufgebbaren Verantwortlichkeiten gehört auch die für den Dienst der christlichen Kirche... Nach dem Erfolg dieses Dienstes kann ich nicht fragen und unter dem Gesichtspunkt, daß dieser Erfolg in ‹erstaunlichen sichtbaren Wirkungen› bestehen müsse, schon gar nicht.»

Ich will dir noch mitteilen, daß die «Nation» zunächst darauf bestand, meinen Artikel allein zu bringen. Ich habe das selbstverständlich nochmals, wie schon beim ersten Mal, abgelehnt. Darf ich dich um Rückgabe der Kopie bitten, die versehentlich deinem Brief nicht beigelegt wurde?

Ich habe dir einen langen Brief geschrieben[5]; aber ich glaube, es hat keinen Wert. Wenn du nur wenigstens die Gnade hättest zu lesen, was wirklich da steht, und nicht, was du dir als schrecklicherweise dastehend phantasierst. Z.B. war nicht davon die Rede, daß der Staatssekretär Hull *die Gruppe gelobt* hat, sondern daß er die Ansicht äußerte, es könne uns *nur eine Erweckung* retten, was selbstverständlich als Ansicht eines Staatsmannes ein anderes Bild von unserer Situation gibt als als Wort eines Theologen usw.[6]

Ich will nur eines sagen. Es haben heuer einige hundert Menschen in Zürich zum erstenmal Weihnachten feiern können, weil sie erst jetzt verstanden haben, was ihre Botschaft ist, weil sie erst jetzt beten, danken, loben und auf Gottes Willen achten lernten, dank der Arbeit der Gruppenbewegung in den letzten Monaten. Menschen, die achtlos an allem vorübergingen, was «Kirche» heißt, die nichts verstanden von allem, was wir Predigt heißen, vom Bibellesen nicht zu reden. Durch die Arbeit der Gruppe sind ihnen vom heiligen Geist die Ohren aufgetan worden, so daß sie jetzt wieder sogar die kirchliche Predigt hören, das Abendmahl begehren und die Bibel täglich lesen. Ist es wirklich dein Ernst, daß das nicht das Werk des heiligen Geistes sein kann, weil es dabei nicht so zugegangen ist, wie es nun einmal in der «Kirche» zugeht?[7] Daß da nicht Jesus Christus am Werk war, obschon diese Men-

---

[5] Eine erste Fassung des vorliegenden Briefes an Barth, auch vom 24.12.1935, beginnt an dieser Stelle einen etwas anderen Gang zu nehmen und ausführlicher und kritischer auf Barths andere Sicht der Gruppenbewegung einzugehen. Dieser Teil des nicht an Barth abgesandten Briefes ist im Anhang unter Nr. 189 abgedruckt.

[6] Brunner bezieht sich auf Barths Satz a.a.O., S. 208: Für die Gruppe «hat ein Titel wie ‹Staatssekretär der Vereinigten Staaten›, wenn der Mann nur eine noch so unverbindliche Äußerung zu ihren Gunsten getan hat, einen – ich weiß nicht welchen – autoritativen Zauber.»

[7] Anspielung auf Barths alternativ fragenden Titel *Kirche oder Gruppe?*, den Barth a.a.O., S. 213, im Schlußsatz zuspitzt: «Die Kirche hat sich von der Gruppe nichts sagen zu lassen als dies, daß sie nun erst recht Kirche sein und – werden soll.» Eine Leugnung der Wirkung des Heiligen Geistes durch Barth findet ent-

schen an ihn und seine Erlösung glauben lernten, wie nicht sehr viele von unseren gewöhnlichen Kirchenleuten glauben; obschon sie ihn als ihren Herrn täglich anrufen und ihn bitten, ihnen die Sünde zu vergeben und sie von der Sünde zu reinigen. Ist da nicht Kirche, einfach darum weil da nicht «Kirche» ist?[8] Hat wirklich diese vom Staat organisierte, bezahlte, überwachte, diese wissenschaftlich an Gymnasium und Universität angelehnte «Kirche» einen so eindeutigen Vorzug, Kirche genannt zu werden?

Sind die tausend weltlichen Mittel, die diese Kirche gebraucht und gebrauchen muß, so eindeutig passender zur Christusverkündigung als die weltlichen Mittel der Gruppe?[9] Ist es dir wirklich so sicher, daß deine kirchliche Dogmatik z. B. mehr mit dem «gesandt – eis hypakoeen pisteoos» [vgl. Röm. 1,5] zu tun hat, als der Kreuzzug der Gruppe, der ja nichts anderes will, als eben jeden einzelnen zu dieser hypakoee zu ermahnen und sie ihm verständlich zu machen? Darfst du wirklich, hat dir wirklich der Herr der Kirche den Auftrag gegeben zu behaupten, daß die Arbeit der Gruppe, die jedenfalls nichts anderes *will*, als Menschen dem Christus gehorsam und auf sein Werk der Erlösung vertrauend zu machen, nicht das Werk Christi sei?[10] Kannst du das verantworten?

gegen Brunners betonter Hervorhebung, vgl. E. Brunner, a.a.O. (S. 289, Anm. 1), S. 5.28–30.39–43, nicht statt. Vgl. auch Anm. 8.

8   Vgl. K. Barth, a.a.O., S. 207f.: «Die Kirche verlangt von uns den Enthusiasmus, daß wir mit ganzer Treue und ganzer Hoffnung ... an ihrem Dienst beteiligt seien. Der Enthusiasmus der Gruppe aber fängt dort an, wo diese Treue und Hoffnung ersetzt ist durch die Haltung von Zuschauern, die die Kirche nach Dingen fragen, nach denen sie sich nicht fragen lassen kann. Darum sind die Wege der Kirche und die Wege der Gruppe geschiedene Wege.»

9   Vgl. K. Barth, a.a.O., S. 208: «Die ganze Idee, die Welt durch ein gut geleitetes und stürmisch vorgetragenes christliches Unternehmen für Christus zu erobern, ist wohl dem Jesuitenorden, aber gerade nicht der christlichen Kirche eigentümlich. ... Ich weiß nicht, ob die Welt es sich lange gefallen lassen wird, so weltlich für Christus erobert zu werden.»

10   Vgl. K. Barth, a.a.O., S. 210: «Die ganze Gruppenbewegung besteht geradezu in der Zumutung, daß wir irgendwelche, vielleicht sehr sympathische Damen und Herren auf ihre Erzählungen hin für Verwandelte halten und daraufhin (daraufhin!) zur Bibel greifen und an Christus glauben sollen. ... Der Weg der Gruppe aber ist nicht Jesus Christus, sondern der angeblich verwandelte Mensch und, was dieser von sich selbst zu erzählen weiß.»

Mit diesen Fragen will ich schließen. Dein Aufsatz hat mich sehr, sehr traurig gemacht. Ich habe am 4. Advent über Joh. 1,1–14 gepredigt – ich glaube ja, daß diese «Kunstform der Verkündigung»[11] auch heute noch ihre große Bedeutung hat, wenn sie von denen ausgeübt wird, die eben diese Kunst gelernt haben (du nanntest ja selbst einmal die Homiletik Kunstlehre der Verkündigung[12]) –, und ich habe mit großer Freudigkeit gepredigt, und was mich mit der größten Freude erfüllte, war das Wissen, daß jetzt dank der Arbeit der Gruppe so viele da sind, die das jetzt glauben und verstehen, was dort gesagt ist (wie mir ein neubekehrter Chemiker sagte, er habe den Vortrag Eduards über das Kreuz[13] ziemlich gut verstehen können, weil er «in Rheinfelden»[14] war): ist es nötig, daß wir, die wir nur das wollen, aber um zu diesem Ziel zu kommen, merkwürdige «kirchliche» und gruppische Wege wandeln müssen, einander bekämpfen? Läßt sich der Dienst an der Wahrheit des Evangeliums, um die es uns beiden geht, nicht ohne diesen Kampf versehen? Das möchte ich für den Sylvesterabend fragen und grüße dich inzwischen herzlich

dein Emil Brunner

* Du sagtest am Telephon, es werde nicht schlimm sein, du werdest nur wenig Fragen stellen!

[11] K. Barth, a.a.O., S. 207, sieht in dieser Formulierung Brunners die Predigt diskreditiert. E. Brunner, *Die Kirchen,* a.a.O. (S. 289, Anm. 1), S. 23, plädiert für ein von der «normalen Gemeindepredigt» «weit» abliegendes Zeugnis von «verwandelten» Menschen.

[12] Vgl. K. Barth, *Menschenwort und Gotteswort in der christlichen Predigt,* in: ZZ, Jg. 3 (1925), S. 119–140; wieder abgedruckt in: V.u.kl.A. 1922–1925, S. 426–457, S. 453: «Homiletik: die Kunstlehre einer Rede, die wirklich den Menschen vor Gott stellen soll.»

[13] E. Thurneysen, *Das Kreuz.* Vortrag, gehalten an der christlichen Hochschulwoche in Zürich im November 1935, in: In Extremis, 1936, Heft 1, S. 22–32.

[14] Brunner, Mein Vater, S. 72: Brunner «prägte große Haustagungen ... in Rheinfelden ... mit.» Rheinfelden liegt im äußersten Zipfel des Aargau, Richtung Basel am Rhein.

## 116

Barth                                                   Basel, 4.1.1936

Lieber Freund!

Entschuldige, daß die Zustellung deines Artikels sich so lange verzögert hat. – Ich danke dir für deinen Brief. Deinen Entschluß kann ich nur bedauern. Ich weiß nicht, ob bei diesem Stand der Dinge die geplante Aussprache im Januar noch sinnvoll sein kann und möchte dir diese Frage mindestens zu bedenken geben.[1] – Eine anderweitige Verwendung meiner Arbeit, an die ich immerhin einige Zeit und Mühe wendete, behalte ich mir vor.[2]

Mit freundlichem Gruß

dein Karl Barth


117

Brunner                                                 Zürich, 12.6.1936

Lieber Freund!

Zu meiner großen Enttäuschung erfahre ich, daß du nicht nach Utrecht kommst.[1] Ich hätte geglaubt, eine so solenne Promovierung dürfe man unter keinen Umständen schwänzen, und habe also meinerseits zugesagt.[2] Dein Nichtkommen wird für die Utrechter eine schwere Enttäuschung sein. Hast du mir irgendwelche Grüße, Botschaften oder Aufträge mitzugeben?

---

[1] Gemeint ist wohl die Zusammenkunft auf Schloß Auenstein, vgl. S. 290, Anm. 5.
[2] Vgl. S. 289, Anm. 1.

---

[1] Zur Verleihung der Ehrendoktorwürde an Barth durch die Utrechter Universität vgl. Lebenslauf, S. 285. Barth mußte seine Teilnahme absagen, weil er im Juni schon einige Tage nach Genf zu reisen hatte, um die Basler Fakultät bei den Calvin-Feierlichkeiten zu vertreten.
[2] Im Brunner-Nachlaß W 55/138 liegt die Erinnerungsmedaille des 300-Jahr-Jubiläums der Universität Utrecht von 1936 vor, aus dessen Anlaß auch Brunner 1936 dort durch die Verleihung eines Dr. h. c. geehrt wurde.

Für deinen Samuel Werenfels, der mich sehr interessiert hat, danke ich dir bestens.[3] Als kleine Gegengabe lege ich meine letzte gedruckte Predigt bei.[4]

Mit herzlichen Grüßen

dein E. Brunner

## 118

Brunner            Zürich, 11.1.1938 [Ort und Datum des Poststempels]

Lieber Freund,

Soeben habe ich deine Dogmatik erhalten und möchte diesmal mit meinem Dank nicht säumen.[1] Es ist entschieden das gewichtigste Buch, das ich seit langem in der Hand gehabt habe. Die Lektüre wird erweisen, ob mein Satz, den ich ausgesprochen habe, als es noch keine kirchliche Dogmatik gab, richtig ist: daß die zunehmende Orthodoxie an dem zunehmenden Volumen der Dogmatiken festzustellen sei. Auf alle Fälle ist ziemlich viel passiert, seit die Theologie «ein bißchen Zimt» und eine «Randglosse» war.[2]

Zu deinem Trost will ich dir einen Spruch meines Göttis[3] Fr. Zündel[4] mitteilen: Ich lese kein Buch, das nicht wenigstens ein Kilo wiegt.

---

[3] K. Barth, *Samuel Werenfels und die Theologie seiner Zeit,* in: EvTh, Jg. 3 (1936), S. 180–193. – Barths Antrittsvorlesung am 6.5.1936 in der Aula der Universität Basel über den einstigen Basler Theologen (1657–1740), einen Vermittler zwischen Orthodoxie und Aufklärung.

[4] E. Brunner, *Was sollen wir tun? (Eine Pfingstpredigt),* Bern 1936.

---

[1] KD I/2.

[2] Vgl. S. 180, Anm. 19, und S. 287 bei Anm. 4.

[3] = Paten.

[4] Friedrich Zündel (1827–1891), seit 1859 evangelischer Pfarrer in der Ostschweiz, ab 1874 Pfarrer der Minoritätsgemeinde (d. h. der eigenkirchlich organisierten landeskirchlichen Gemeinschaft) in Winterthur. Zur Theologie kam er durch J. Chr. Blumhardt, über den er eine vielfach aufgelegte Biographie schrieb: *Pfarrer Johann Christoph Blumhardt. Ein Lebensbild,* Zürich / Heilbronn 1880. Zündel gehörte auch zum Kreis um H. Kutter.

An diesem Kriterium gemessen, ist deine nun also wohl auf 5 mal 2000 Seiten berechnete Dogmatik hors concours[5].

Mit freundlichen Grüßen

dein E. Brunner

<br>

119

Barth Basel, 24.5.1938

Lieber Freund!

Ich danke dir für die freundliche Zusendung deiner neuesten Schriften.[1] «Wahrheit als Begegnung» ging bei mir, als ich es öffnete, auf S. 136 auf, und ich sah mit Befriedigung, daß du es auch gegen die Kindertaufe hast.[2] Dies ist nämlich auch mein Fall. Und auch deinen vorgebrachten Gründen dagegen kann ich wohl zustimmen. So ist wenigstens an dieser Stelle einmal kein «Graben». Aber nun fürchte ich mich fast zu lesen, was vor und hinter dieser Stelle Alles stehen und mir den Graben doch wieder zeigen möchte. – Ob du deinerseits dich inzwischen von dem Schrecken über die Dicke meiner Dogmatik einigermaßen erholt hast? Ob dem andere schlimmere Schrecken folgten? Ich muß es wohl annehmen, doch sei du nichtsdestoweniger gegrüßt

von deinem Karl Barth

---

[5] = konkurrenzlos.

---

[1] E. Brunner, *Wahrheit als Begegnung. Sechs Vorlesungen über das christliche Wahrheitsverständnis,* Berlin 1938. Brunner schrieb darin die handschriftliche Widmung: «Karl Barth / über den Graben hinweg / der Vf.» Die weiteren Schriften könnten sein: *Die reformierte Staatsauffassung,* Zürich / Leipzig 1938 (Widmung: «Mit freundlichem Gruß / EB.»), und: *Der Römerbrief* (Bibelhilfe für die Gemeinde, hrsg. von E. Stange, Neutestamentliche Reihe, Bd. 6), Leipzig / Hamburg 1938 (Widmung: «Seinem streitbaren Freunde / Karl Barth / als einem einfachen Bibelleser / und Glaubensbruder / d. Vf.»).

[2] Im Abschnitt «Vom Sakrament der Taufe», a.a.O., S. 136–140, hält Brunner fest, Taufe sei ein Geschehen personaler Korrespondenz zwischen Gott und Mensch und fordere «aktives In-Empfang-Nehmen und Bekenntnis des Menschen» (S. 136), das bei Säuglingen notorisch nicht gegeben sei.

Brunner                                             Zürich, 17.8.1938

Lieber Freund,

Ich habe mir deine Frage[1], ob ich nicht durch eine öffentliche Erklärung das Mißverständnis über den Grund meiner Amerikareise aufklä-
ren sollte[2], ernstlich überlegt und bin zu einem entschiedenen Nein gekommen, aus folgenden zwei Gründen:

1. Ich habe durch eine Reihe von Stichproben festgestellt, daß bei all
denen, die von mir über die Gründe meines Weggehens unterrichtet
worden sind, dieses Mißverständnis auch nicht im mindesten besteht.
Du mußt, was Leute aus meiner Arbeitsgemeinschaft[3] betrifft, dich entweder getäuscht haben, oder dann von jemandem unterrichtet worden
sein, der nur sehr lose mit der AG verbunden ist. Ich muß dir gestehen,
daß mein Verdacht auf Hübscher[4] gefallen ist, der nun allerdings geeignet war, dir ein höchst unzutreffendes Bild zu geben.

2. Wenn ich es täte, so müßte ich zugleich von der Ursache des Mißverständnisses sprechen. Das würde aber heißen, daß ich von dem tatsächlich vorhandenen malaise weiter kirchlicher Kreise in und außer
Landes, über die höchst bedenklichen Wirkungen der Barthschule in
kirchlicher Hinsicht (Verwechslung von Wort Gottes und Barthscher

---

[1] Barth hatte seine Frage wohl bei dem in Anm. 5 genannten Besuch gestellt.

[2] Vgl. E. Brunner, *Autobiographische Skizze,* in: *Emil Brunner in der Erinnerung seiner Schüler,* hrsg. von W. Kramer und H. Sonderegger, Zürich 1989,
S. 49: «Kurz vor Ausbruch des Zweiten Weltkrieges war ich nahe daran, mit meiner Familie nach den Vereinigten Staaten überzusiedeln, um das verheißungsvolle Angebot einer kombinierten Professur an der Universität und am theologischen Seminar Princeton annehmen zu können. Die Liebe zu meiner ange-
stammten Heimat, zu unserer Schweizerischen Eidgenossenschaft und zu unserer Kirche machten es mir unmöglich, mein Land angesichts seiner politischen
Bedrohung zu verlassen. So blieb es bei einer einjährigen Tätigkeit als Gastdozent an dieser ehrwürdigen Institution» (1938/39).

[3] In der von Hans Bader, vgl. S. 130, Anm. 5, begründeten, nun von Brunner
geleiteten Theologischen Arbeitsgemeinschaft trafen sich zeitweise über 100
Pfarrer. Vgl. Brunner, Mein Vater, S. 54f.

[4] Zwischen Alfred Hübscher (1894–1953), Pfarrer in Wipkingen, und Barth
bestand 1937 und ab 1938 nur ein sporadischer Briefwechsel. Da auch in Barths
Kalendernotizen nichts über ein Treffen verzeichnet ist, ist der Verdacht Brunners so nicht zu erhärten.

Theologie, sektenhafte Verengerung der Begriffe wahre Kirche und rechte Verkündigung, Unfähigkeit und Unwilligkeit, mit Vertretern anderer theologischer Richtungen, die sich ebenso auf das Bekenntnis zur Erlösung durch Jesus Christus berufen, zusammenzuarbeiten, sie als Christen und Prediger ernst zu nehmen und zu achten usw.) sprechen und auf den ursächlichen Zusammenhang zwischen diesen allgemein festgestellten Wirkungen und deiner Lehrart als deren Ursache hinweisen müßte. Ich glaube aber nicht, daß dazu jetzt der rechte Moment ist, wenn es den richtigen Moment in dieser Sache überhaupt gibt.

Und nun möchte ich dir nochmals für deinen Besuch danken.[5] Es war ja ein sehr seltsames und doch, meine ich, ein gutes Gespräch. Da wir ja nie dagegen gefeit sind, uns voneinander falsche Bilder zu machen, kann eine solche Aussprache nur gut tun, auch wenn der sachliche Gegensatz dadurch nicht kleiner geworden ist.

Was das Lachen betrifft, mein Lieber: Ich lache gern und viel, aber nur, wenn's mir wohl ist. Darum hast du mich noch nicht viel lachen gesehen; denn es ist ja so, seit unserer ersten Begegnung im Pfarrhaus Leutwil, vor 21 Jahren[6], daß immer soviel «zwischen uns» war – teils Sachliches, teils einfach Artverschiedenheit –, daß es mir bei dir und mit dir noch nie wohl gewesen ist, so sehr ich das Zusammensein mit dir – meistens – geschätzt habe. Ihr Basler haltet's ja mit dem Lachen ein wenig anders. Und es bleibt nun einmal ein treffliches Wort von Gottlob Spörri, daß, wer Karl Barth verstehen wolle, nie vergessen dürfe, daß er nicht bloß vom Absoluten her, sondern auch von Basel komme.[7] Auch das wird zu dem Schachspiel gehören, in dem wir geschobene Figuren sind. Wer weiß, wie die Hand, die uns bis jetzt so und nicht anders geschoben hat, uns noch zusammen- oder auseinanderführen wird.

Mit herzlichem Gruß

dein E. Brunner

[5] Am 15.8. besuchte Barth von seinem Ferienort Bergli bei Oberrieden aus Brunner in Zürich.

[6] Vgl. S. 15, Anm. 2.

[7] Zu Spörri vgl. S. 235, Anm. 2. Nach K. Barth, *Predigten 1935–1952,* hrsg. von H. Spieker und H. Stoevesandt (Gesamtausgabe, Abt. I), Zürich 1996, S. 285, ist für die Basler bezeichnend «das böse Basler Lästermaul». Nach K. Barth, *Gespräche 1959–1962,* hrsg. von E. Busch (Gesamtausgabe, Abt. IV), Zürich 1995, S. 377, meinte er, auch selbst in der Lage zu sein zu zeigen, «wie man als Basler lachen und hauen und stechen kann.»

Brunner                                          Zürich, 25.8.1939

Lieber Freund,

So sitzen wir nun also im selben Boot.[1] Ich will mir redlich Mühe geben, nicht in den Fehler so vieler unerfahrener Bootfahrer zu fallen, der
an manchem traurigen Unglücksfall schuld war – wenn es nach einer
Seite zu «halden»[2] anfängt, nun mit einem Ruck nach der Gegenseite
zu drücken, wodurch das Schiffchen umkippen könnte. Wenn wir uns
nicht so sehr um die Gewichtsverteilung als um den rechten Kurs aufs
Ziel zu kümmern, sollte eine einigermaßen glückliche Fahrt nicht unmöglich sein.

Heute etwas anderes. Ich bekomme soeben die Anfrage, an dem neu-
zuschaffenden theologischen Wörterbuch von Dinkler und Thielicke[3]
mitzuarbeiten. Die Artikel, die man mir zugedacht hat, sind einige be-
langlose Americana. Ich muß gestehen, daß ich das eine unglaubliche
Anmaßung finde. Im ganzen nichtdeutschen Gebiet ist, nach dir, das,
was ich schreibe, das, was die Leute heute aus dem deutschsprachigen
Theologengebiet interessiert. Aber die deutschen Herren denken wieder
einmal, für die wichtigen Sachen haben wir ja schon unsere eigenen
Leute, für Bagatellen können wir ja auch diesen oder jenen Schweizer
beiziehen. Nun weiß ich ja nicht, wie sie es darin mit dir gehalten haben, aber ich finde, wir sollten den deutschen Herren da drüben zu ver-

[1] Gemeint ist das Schweizerische Evangelische Hilfswerk für die bekennende
Kirche, das am 5.1.1938 gegründet wurde, das die Bekennende Kirche, in Solidarität mit ihrem Bekenntnis und in Weiterarbeit an ihm, theologisch und karita-
tiv zu unterstützen suchte und zunehmend mit der Arbeit für (jüdische) Flücht-
linge beschäftigt war, vgl. E. Busch, *Unter dem Bogen des einen Bundes. Karl
Barth und die Juden 1933–1945,* Neukirchen-Vluyn 1996, S. 317f. Barth, der das
Hilfswerk mit initiiert hatte und in dessen Leitung war, setzte sich dafür ein, daß
Brunner im Juli 1939 auch in die Leitung berufen wurde, vgl. a.a.O., S. 378.
[2] = hängen, kippen.
[3] Es handelte sich um erste Vorbereitungen zur dritten Auflage des Hand-
wörterbuchs «Die Religion in Geschichte und Gegenwart», die durch den Zweiten Weltkrieg unterbrochen wurden und erst 1957–1965 zum Ziel geführt werden konnten. Erich Dinkler (1909–1981) war damals Privatdozent für Kirchengeschichte in Marburg, Helmut Thielicke (1908–1986) kommissarischer Professor für Systematische Theologie in Erlangen.

stehen geben, daß wir uns diese – ja leider schon im wilhelminischen Deutschland Mode gewordene – Herabdrückung in den zweiten oder dritten Rang nicht gefallen lassen, umso weniger, als wahrhaftig in den letzten Jahren die Schweiz in Sachen dogmatische und ethische Theologie nicht gerade im Schlepptau der Deutschen ging. Wie denkst du darüber?

Mit freundlichem Gruß über den See hinüber[4]

dein E. Brunner

## 122

Barth                                                          Oberrieden, 26.8.1939

Lieber Freund!

Laß mich dich vor Allem meinerseits in dem Hilfswerkkomitee willkommen heißen.[1] Hinsichtlich der Vorgeschichte bedarf es eines weiteren «Brichtens»[2] nun nicht mehr. Wie wäre es, wenn wir bei diesem Anlaß – auch bei Anlaß deiner Rückkehr aus Amerika[3] und vor allem bei Anlaß der gefährlichen Zeiten[4] – ein neues Leben beginnen oder doch ein neues Buch oder Heft mit vorläufig ganz leeren (verheißungsvoll leeren!) Seiten aufschlagen würden? Du wirst zwar in dem weiteren Band meiner Dogmatik[5], den ich gestern abgeschlossen habe, sehen, daß ich die «Natürliche» in einer großen Abhandlung über die «Erkennbarkeit Gottes» noch einmal in aller Form abserviert habe[6], wirst aber umso freudiger jedweden elenchus nominalis[7] vermissen und dich überhaupt vergewissern können, was für ein friedliches Geschöpf ich

---

[4] Über den Zürichsee von Brunners neuer Wohnung in der Hirslanderstraße 47 hinüber zum Bergli bei Oberrieden.

---

[1] S. 303, Anm. 1.
[2] = Erzählens.
[3] Vgl. S. 301, Anm. 2.
[4] Anspielung auf den drohenden Krieg.
[5] KD II/1.
[6] Vgl. KD II/1, S. 141–200.
[7] Namentliche Rüge, die Predigern gegenüber anwesenden oder bekannten und lebenden Personen verboten war. Vgl. L. Herhold, *Lateinischer Wort- und Gedankenschatz*, Hannover 1887, S. 79.

tatsächlich im Grunde bin. Wie sollte im Rahmen eines fair play nicht auch Erfreulichstes zwischen uns noch möglich werden?

Von dem Dinkler-Thielickeschen Unternehmen erfahre ich erst aus deinem Briefe. Beide sind nicht geradezu fatale, aber doch sehr unsichere Kantonisten.[8] Bloß über Americana würde ich an deiner Stelle auf keinen Fall für sie schreiben. Ich würde, wenn ich angefragt wäre, sogar bestimmt überhaupt nicht mittun. Denn daß man da in mißlicher Gesellschaft auftaucht, kann als hundertprozentig sicher angenommen werden, und die Zeiten sind vorbei, in denen man sich das allenfalls leisten könnte: auf deutschem Boden jedenfalls, wo nun einmal nur noch scharf geschossen wird.

Leider habe ich deinen Sohn während seines Basler Semesters nie aus der Nähe zu Gesicht bekommen.[9] Er gleicht dir erstaunlich, so daß ich während meiner Darbietungen, wenn meine Augen durch das Auditorium schweiften, immer etwa wieder an den Vater erinnert wurde. Wie mag dem Sohn die Speise gemundet haben?

Die Zukunft sieht finster aus. Aber es ist doch Vieles besser und klarer als vor einem Jahr[10] und erst recht als 1914. Alles ist anders und solider beieinander. Die Landesausstellung[11] erbaut mich nachhaltig, und auch der Trachtenumzug am letzten Sonntag[12] fand mein ungeteiltes Wohlgefallen.

Mit freundlichem Gruß!

Dein [Karl Barth]

[8] Vgl. S. 303, Anm. 3.

[9] Brunners ältester Sohn Hans Heinrich (1918–1987) studierte im SS 1939 in Basel u.a. bei Barth und nahm an dessen Seminar «Der Staat als theologisches Problem» teil; vgl. dazu die vom «Ausschuss der theologischen Fachschaft der Universität Basel» maschinenschriftlich vervielfältigten Protokolle des Seminars und Brunner, Mein Vater, S. 140–142.

[10] Anspielung auf die Münchner Konferenz am 29.9.1938, auf der Mussolini, Chamberlain und Daladier Hitlers Begehren nach Abtretung des Sudetengebietes an Deutschland zustimmten, vgl. *Der große Ploetz*, a.a.O. (S. 279, Anm. 4), S. 942.

[11] Die 5. Schweizerische Landesausstellung (6.5.–29.10.1939; 10,5 Mill. Besucher) sollte Leben und Eigenart der Schweizer zeigen und eine «Kundgebung unseres Willens sein, mutig und mit Vertrauen in die Zukunft zu blicken», so Bundespräsident Etter. Vgl. SchwSt, S. 164, und Lebenslauf, S. 311.

[12] Umzug während der in Anm. 11 genannten Ausstellung von Gruppen in der Tracht der verschiedenen Kantone.

## 123

Brunner               Zürich, [ohne Datum; wahrscheinlich 28.8.1939[1]]

Lieber Freund,

Für deinen heutigen Brief[2] möchte ich dir herzlich danken. Er hat mir große Freude gemacht. Wie sehr sich diesmal unsere Gedanken getroffen haben, magst du daraus ersehen, daß ich, als meine Frau mir ihn brachte, über deine Dogmatik[3] gebeugt, eben den Gedanken erwog, ob ich nicht eine Besprechung von Kirchliche Dogmatik II schreiben sollte, mit einer Einleitung: laß uns das Alte vergessen und das Gespräch neu anfangen.

Ich habe in diesen Tagen mich stark mit deiner Dogmatik beschäftigt und bin beinahe am Ende angekommen. Vieles hat mich sehr interessiert, manches – so z. B. deine Ausführungen über die Schrift und die über Hermeneutik[4] – habe ich mit freudiger Zustimmung gelesen, anderes hat mich stark zum Widerspruch gereizt. Sollte ich wirklich eine Besprechung schreiben, so würde ich sie nicht veröffentlichen, ohne mit dir darüber Fühlung genommen zu haben, und auch dann nur in einem Pfarrerblatt.[5] Unsere Auseinandersetzungen in der großen Öffentlichkeit werden vom Kirchenvolk schwer ertragen und machen viele mutlos: Ja, wenn solche Theologen nicht einig werden können ... !

Mein Sohn Hansheini war von seinem Basler Semester begeistert und beglückt, und es hat ihm offensichtlich gut getan.[6] Von dir hat er mir besonders viel erzählt – wie wir denn gestern, als er bei uns als Korpis[7] auf Urlaub war, in Badehosen dein Staatsseminar[8] anhand des Protokolls durchnahmen. Er ist ein wirklicher Schüler, der nicht meint, über seinem Lehrer zu stehen, sondern zunächst einmal hört und gern

---

[1] Datierung wegen der Bezugnahme auf Nr. 122, Barths Brief von Samstag, dem 26.8.1939; s. auch unten Anm. 18.

[2] Gemeint ist Nr. 122.

[3] Gemeint ist KD I/2; vgl. S. 299.

[4] Vgl. KD I/2, § 19: Gottes Wort für die Kirche. 1. Die Schrift als Zeugnis von Gottes Offenbarung; 2. Die Schrift als Gottes Wort.

[5] = KBRS. Eine Besprechung durch E. Brunner ist nicht nachweisbar.

[6] Vgl. S. 305, Anm. 9.

[7] Korporal der schweizerischen Armee.

[8] Vgl. S. 305, Anm. 9.

hört. Aber er ist auch ein kritischer Schüler, der nicht zufrieden ist, wenn ihm seine Fragen nicht oder ungenügend beantwortet werden.

Ich glaube in der Tat, die Zeiten sind jetzt so ernst für uns Schweizer[9], daß wir uns das Gegeneinandersein nicht mehr leisten können. Ich habe die für mich höchst versuchliche Berufung an die Princeton Universität[10] – inclusive Seminar – abgelehnt, weil ich nach dem Fall der Tschechei[11] wußte, daß jetzt mein Platz in der Heimat sei, Wirkungsfeld hin oder her. Und nun sind wir, wie in der Landi[12] im Glaskästchen, von der Heimatkirche zusammengespannt[13] und wollen, soweit es irgend geht, dies gemeinsame Joch uns gefallen lassen und uns zwar das Knurren dann und wann nicht ganz verbieten lassen, wenn der eine meint, es gehe Hüst, der andere Hot, aber doch treulich und im Ganzen friedlich am selben Gespann ziehen und marschieren, vielleicht daß es doch eine leidlich grade Furche gibt. Es würden sich ja viele drüber freuen, und ich glaube, sogar im Himmel würde das nach der Norm von 1. Kor. 1 und Phil. 2 nicht ungern gesehen.

Über die natürliche Theologie darfst du meinetwegen getrost schimpfen, ich habe sie nie verteidigt. Meine Parole war bekanntlich die christliche theologia naturalis, d. h. die schriftgemäße Lehre von der revelatio generalis. Darüber werden wir uns wieder einmal unterhalten, wenn wir nicht inzwischen zum wirklichen Scharfschießen aufgeboten werden.[14] Ich kann's zwar nicht so gut wie mein filius[15], der in seiner

[9] Wenige Tage vor Kriegsausbruch war die politische Situation angespannt: am 23.8. wurde der Hitler-Stalin-Pakt unterzeichnet, am 25.8. veröffentliche England das Beistandsabkommen mit Polen und am 26.8. berichtete der Berliner NZZ-Korrespondent seiner Redaktion von einer «heimlichen Generalmobilmachung» in Deutschland und kündigte «Ereignisse» an, die stündlich eintreten könnten; am gleichen Tag wurden in der Schweiz die Grenztruppen aufgeboten. Vgl. Rings, Schweiz, S. 149f.

[10] Vgl. S. 301, Anm. 2.

[11] Nachdem die deutsche Wehrmacht im Oktober 1938 bereits das Sudetenland besetzt hatte, erfolgte am 15.3.1939 im offenen Bruch mit den Vereinbarungen der Münchener Konferenz der deutsche Einmarsch in die Rest-Tschechoslowakei. Vgl. S. 305, Anm. 10; sowie *Der große Ploetz,* a.a.O. (S. 279, Anm. 4), S. 943.

[12] Bei der Landesausstellung (S. 305, Anm. 11) wurden die Porträts der beiden Theologen nebeneinander gezeigt.

[13] Vgl. S. 303, Anm. 1.

[14] D. h. zum bewaffneten Widerstand gegen eine deutsche Invasion.

[15] = Hans Heinrich Brunner.

RS[16] Schützenkönig war, aber das Schützenzeichen[17] habe ich mir s.Z. auch erschossen, und einen treffen würde ich am Ende schon noch. Hoffen wir immer noch, Hitler habe auch diesmal geblufft und knicke ein, wenn er sieht, daß England es diesmal wirklich ernst meint. Du wirst auch gespannt sein auf die Nachrichten von heute abend.[18]

Mit herzlichen Grüßen

dein E. Brunner

124

Brunner                                                        Zürich, 26.12.1939

Lieber Freund,

Nachdem ich dir vom Bett aus während einer kleinen Grippe einen ersten Gruß und Dank in Gestalt meines kleinen Soldatenbüchleins[1] geschickt habe, möchte ich dir doch expressis verbis für dein doppeltes Geburtstagsgeschenk Dank sagen.

[16] = Rekrutenschule. Vgl. hierzu Brunner, Mein Vater, S. 153f.

[17] Eine bei militärischen Schießübungen erworbene Auszeichnung.

[18] Vgl. Anm. 9 und 11. Hitler war entschlossen, den Konflikt mit Polen gewaltsam zu lösen, und hatte bereits am 25.8.1939 für den nächsten Tag den Angriff auf Polen befohlen. Als am selben Tag die Nachricht eintraf, daß das verbündete Italien unter Mussolini nicht gewillt war, sich zum gegenwärtigen Zeitpunkt an Kampfhandlungen zu beteiligen, zog er den Befehl zurück, um ihn am 31.8.1939 erneut für den folgenden Tag auszugeben. Hitler schien sich selbst dabei in dem Glauben gewiegt zu haben, England werde im Konfliktfall mit seinen Bündnisverpflichtungen Polen gegenüber nicht ernst machen, so daß ein Überfall auf Polen ebenso folgenlos bliebe wie die Besetzung der Tschechei im März 1939 und ein zweiter Weltkrieg zum gegenwärtigen Zeitpunkt vermieden werden könnte. England erklärte Deutschland am 3.9.1939 den Krieg. Vgl. W. Hofer, *Die Entfesselung des Zweiten Weltkrieges. Eine Studie über die internationalen Beziehungen im Sommer 1939. Mit Dokumenten,* Frankfurt am Main 1964. – Am Montag, 28.8.1939, zeigte sich die bisher ruhige Schweizer Presse alarmiert durch die Ankündigung einer Sitzung des Bundesrats am gleichen Tag, der dabei die Einberufung von 100 000 Schweizer Soldaten beschloß sowie die der Bundesversammlung auf den 30. August zur Wahl eines Generals – eine in der Schweiz nur in Kriegszeiten übliche Funktion. Vgl. J. Kimche, *General Guisans Zweifrontenkrieg. Die Schweiz zwischen 1939 und 1945,* u. a. Berlin 1962, S. 31f.

[1] E. Brunner, *Eiserne Ration* (Tornister Bibliothek, 1), Erlenbach 1939; wieder abgedruckt in: Wort II, S. 24–42.

Dein Polanusblatt ist nun mit 50 anderen zu einem sehr merkwürdigen Freundschaftsdokument zusammengewachsen, das mir große Freude macht.[2] Die gegensätzlichsten Leute sind da friedlich beieinander, zusammengehalten durch die Anrede im ersten Korintherbrief.[3]

Dein – von dir humorvoll als Halbband bezeichneter – neuer Riesenband[4] ist vorläufig, nicht ganz ohne physische Mühe, der Bibliothek eingeordnet, wobei ich mir eine kleine Ausrechnung machte, wieviel Zeit vom neuen Jahr seine Lektüre wohl etwa beanspruchen müsse. Aber ich staune doch schon beim ersten Durchblättern über deinen Fleiß und deine Gelehrsamkeit und freue mich herzlich darüber, daß du mir dies magnum opus mit einem freundlichen Widmungsgruß geschenkt hast.

Freud und Leid des 50. Geburtstags hast du schon vor vier Jahren kennengelernt. Von so vielen Seiten Dank und Anerkennung zu bekommen, macht einen ja viel eher traurig als fröhlich. Man schämt sich doch eigentlich, durch den Dienst für des Herren Haus soviel Angenehmes einzuheimsen. Es muß da etwas nicht stimmen. Die nach dem Evangelium zu erwartenden Prügel von der Welt her bleiben aus, und nur «innerhalb der Familie» selbst passiert ab und zu etwas, was man

---

[2] Brunner bekam zu seinem 50. Geburtstag eine Festgabe geschenkt, in der 50 Freunde ihre Gratulation mit einer handschriftlichen Widmung zum Ausdruck brachten: «Unserem lieben EMIL BRUNNER zum 50. Geburtstag 1889– 1939. Seine Freunde.» (Original im Familienbesitz). Barth hatte ein Blatt zugewiesen bekommen, auf dem Calvin vor dem Hintergrund Genfs zu sehen ist und auf dem zuunterst in griechisch die Worte stehen: «Der Eifer um dein Haus hat mich gefressen» (Ps. 69,10; Joh. 2,17). Barth hatte auf dieses Blatt geschrieben:
«Theologia ... propriissime est illa notitia, quae est in mente divina de rebus divinis. Isto modo solus Deus dicitur Theologus ... .
Eaque est sapientia ... sui imaginem quandam solummodo cum creaturis rationalibus communicans ... .
Solus enim Deus est sibi soli naturaliter notus.
Amandus Polanus a Polansdorf (1561–1610)
als Nachfolger auf dem Stuhle dieses Mannes begrüßt dich jenseits der 50:
Dein Karl Barth.»
Das Zitat findet sich bei A. Polanus a Polansdorf, *Syntagma Theologiae Christianae*, Hanoviae 1624, Lib. I, cap. III, p. 7.

[3] Um welche Stelle es sich dabei handelt (es könnte sich etwa um 1. Kor. 1,10 handeln) ist aus der in Anm. 2 genannten Festgabe nicht zu erschließen. Vielleicht war sie in einem beiliegenden Brief genannt.

[4] Gemeint ist KD II/1. Barth schrieb in das Brunner gewidmete Exemplar: «Emil Brunner mit freundlichem Gruß vom Verf[asser]».

übertreibend «leiden» nennen könnte. Sollte Ragaz vielleicht doch ein wenig recht haben, wenn er uns Theologen als sozusagen professionelle Feinde des Kreuzes Christi bezeichnet?[5]

Auf alle Fälle ist es gut, daß nicht auch noch wir zwei zusammen sozusagen einen theologischen Trust bilden, das wäre sicher verheerend, und darum bleibe ich für deinen Widerspruch dauernd dankbar, umso mehr, als ich davon tatsächlich auch immer wieder belehrt werde.

Es trifft sich nun gerade so, daß ich dir auch gleich ein gutes neues Jahr wünschen kann. Es geschieht von Herzen. Als Schweizer decken sich unsere Wünsche wohl ganz, als Männer der Kirche wenigstens in der Hauptsache. Und ganz persönlich dir alles nur denkbar Gute zu wünschen, ist mir lieb.

Dein getreuliches Zürcher Gegenüber E. Brunner

125

Brunner                                                Zürich, 25.6.1940

Mein Lieber,

Es drängt mich, dir ein kurzes Wort anteilnehmenden Gedenkens zu schreiben, nachdem ich die Nachricht vom Hinschied deines Bruders Peters erhielt. Sie kam mir völlig unerwartet, da ich von seiner schweren Krankheit nichts erfahren hatte.[1] In der Erinnerung steht er vor mir als ein besonders kraftvoller, jugendlicher Mensch. Mit ihm ist ein tapferer Kämpfer für Gottes Sache von uns geschieden, den wir in den zu erwartenden bösen Zeiten schwer vermissen werden. Ein Gedanke, den ich sonst nicht leiden mochte, drängt sich mir jetzt auf: Es ist ihm zu gönnen, daß ihm das trübe Dezennium, das nun kommen wird – Gott gebe, daß es kein saeculum sei – erspart wurde.

---

[5] Vgl. z. B. L. Ragaz, *Weltreich, Religion und Gottesherrschaft,* Bd. I, Erlenbach-Zürich / München / Leipzig 1922, S. 239: «daß in der ganzen Geschichte die Theologen es stets gewesen sind, ... die jene Kreuze aufgerichtet haben, an denen immer wieder die Wahrheit Gottes litt.» Daher: «Christus muß von der Theologie und den Theologen befreit werden.»

---

[1] Peter Barth starb am 20.6.1940; vgl. Lebenslauf, S. 320.

Es wird dir ja auch so gehen: Viel Gutes erwarten wir für uns auf dieser Erde nicht mehr. Vielleicht ist uns das gut so, damit wir besser lernen, unseren Blick auf die jenseitige Welt zu richten. Bei dem jetzt wohl erst recht notwendig werdenden geistigen Grenzwachtdienst werden wir uns auch wohl wieder zusammenfinden, da wir den Feind am gleichen Ort sehen und diesen Wächterdienst trotz Bundeszensur auszuüben gedenken.[2] Du wirst in den nächsten Tagen von mir einen Vortrag erhalten, der dir vielleicht etwas mehr Freude machen wird als mein letzter; ich habe ihn seit Februar an verschiedenen Orten gehalten und bin gespannt, ob ihn die Zensur ungeschoren läßt. Er heißt: der Kampf des Christen in der Gegenwart.[3]

Mit herzlichem Gruß

dein E. Brunner

126

Brunner                                         Zürich, 25.6.1941

Mein lieber Freund,

Soeben vernehme ich die Trauerbotschaft von dem schweren Leid, das dich und die Deinen betroffen hat.[1] In herzlicher Anteilnahme an eurem Schmerz möchte ich dir die Hand drücken. Ich kann mir eini-

---

[2] Zur Pressezensur vgl. S. 313, Anm. 5. Nachdem Italien sich mit Deutschland verbündet hatte, es zu Grenzkonflikten mit deutschen Truppen bei Basel kam und am 25.6.1940 Frankreich seine Niederlage gegenüber Deutschland erklärte, war die Schweiz von den Achsenmächten umringt. Am 25.6.1940 hielt der Schweizer Bundespräsident Marcel Pilet-Golaz eine Rede, die unter anderem wegen des Aufrufs zu bedingter Demobilisierung und Einstellung auf die neuen Verhältnisse in weiten Kreisen als defaitistisch empfunden wurde und Widerspruch hervorrief. Vgl. Rings, Schweiz, S. 149–218; sowie Bonjour IV, S. 115–241.

[3] E. Brunner, *Der Kampf des Christen in der Gegenwart*, Zürich 1940. Die Zensur ließ den Vortrag «ungeschoren». Der oben erwähnte «letzte» Vortrag ist vielleicht: *Die Christusbotschaft und der Staat*, in: Der Grundriss, Jg. 2 (1940), S. 33–56. Brunner hatte das Heft mit Widmung («Mit freundl. Gruß EB») Barth zugesandt, der es mit einer Reihe von Frage- und Ausrufezeichen versah.

---

[1] Robert Matthias Barth, geb. am 17.4.1921, starb am 23.6.1941 nach einem Bergunfall; vgl. Lebenslauf, S. 324. Die von Barth gehaltene Grabrede ist abgedruckt in: *Predigten 1935–1952*, a.a.O. (S. 302, Anm. 7), S. 223–230.

germaßen vorstellen, was es bedeutet, einen hoffnungsvollen lieben Sohn so plötzlich verlieren zu müssen. Es wird auch dir nicht so ohne weiteres leicht werden, das Hiobwort [Hi 1,21] von Herzen nachzusprechen. Aber ich bin gewiß, daß du es tust, und darum bedarfst du keines Trostes von anderen.

Du hast innert kurzer Zeit zweimal durch diese enge Pforte hindurchmüssen.[2] Diesmal wird es ja wohl noch schwerer gewesen sein als das erste. Denn unser eigen Fleisch und Blut ist ja auch unser eigenes Leben. Ich weiß nicht, was deine Vorstellungen vom Himmel sind. Aber ich kann es mir nicht anders denken, als daß der Herr der kämpfenden und triumphierenden Kirche auch auf der anderen Seite der Front, die uns unsichtbar bleibt, Leute braucht, die irgendwie, wie in der Deboraschlacht [Ri 5,20], mit uns kämpfen. Das ist ein tröstlicher Gedanke. So wäre der Hinschied eines jungen Sohnes eine Truppenverschiebung in der großen Armee des himmlischen Herrn.

Ich grüße dich und deine liebe Frau, auch im Namen meiner Frau, von Herzen als

dein E. Brunner

127

Brunner                                                                    Zürich, 9.7.1941

Lieber Freund,

Vielleicht hat dir Eduard[1] etwas davon gesagt, daß ich gern mit dir eine Sache besprochen hätte, die mir sehr zu denken gibt, und wo ich je länger je mehr das Gefühl habe, es müsse etwas geschehen. So wie ich die Lage der Schweiz ansehe, sind wir jetzt in der unmittelbarsten Gefahr, ganz unmerklich dem deutschen System eingegliedert zu werden. Die Vorschüsse, die wir leisten müssen, sollen zwischen 600 und 800 Millionen Franken betragen.[2] Verlangt werden ferner 10 000 Spezialar-

[2] Zum Tod von Karl Barths Bruder Peter vgl. Nr. 125.

---

[1] Eduard Thurneysen.

[2] Mit Hilfe von an Deutschland gewährten Vorschußkrediten (= Clearingkredite) zur Bezahlung für (Schweizer!) Lieferungen an Deutschland gelang es der Schweiz, trotz der Abhängigkeit von deutschen Rohstoffen seit ihrer Umzingelung durch die Achsenmächte Ende Juli 1940 Gegenleistungen zu erzwingen,

beiter der Metallbranche – traditur –[3], ferner sollen wir durch Valuta-operationen usw. dem großdeutschen Wirtschaftsraum eingeordnet werden.[4] Gleichzeitig eine schärfere Drosselung der Presse[5], zunehmende Demobilisation «aus wirtschaftlichen Gründen»[6]. Das alles führt dazu, daß wir in ziemlich kurzer Zeit, ohne daß auch ein Schuß gefallen

um die eigene Wirtschaftsproduktion und Lebensmittelversorgung aufrechtzuhalten. Vom ersten Kredit im August 1940 in Höhe von 150 Millionen sFr. stieg das Kreditvolumen bis Juli 1941 auf 850 Millionen sFr. Die Alliierten kritisierten diese Wirtschaftspolitik der Schweiz und verhängten seit 1940 Blockadesanktionen gegen sie. Vgl. Rings, Schweiz, S. 391–402; sowie Bonjour VI, S. 195–241.

[3] Gerüchteweise wurde bekannt, daß Schweizer in Deutschland zur Arbeit herangezogen werden sollten, vgl. auch Barths Bemerkungen dazu in Nr. 128.

[4] Die Valutaoperationen beziehen sich auf den Devisenhandel.

[5] Seit Kriegsbeginn gab es in der Schweiz eine zunächst der Armee übertragene, ab 1.1.1942 auf Bitten von General Guisan (S. 317, Anm. 6) vom Bundesrat selbst beaufsichtigte Pressezensur. Sie war keine Vorzensur, sondern ein nachträgliches Einschreiten in verschiedenen Schärfegraden gegen die Publikation von «Nachrichten und Äußerungen, welche die Behauptung der Unabhängigkeit der Schweiz gegen außen, die Wahrung der inneren Sicherheit und die Aufrechterhaltung der Neutralität beeinträchtigen und gefährden» (aus dem *Grunderlaß* zur Pressezensur, Eidgenössische Gesetzessammlung 55, September 1939, S. 909ff.; zit. nach Bonjour V, S. 163). Bei dem letzten Punkt blieb strittig, wie die auch von den Kritikern der Zensur (wie z. B. Karl Barth und Arthur Frey [1897–1955], 1933–1955 Herausgeber des schweizerischen evangelischen Pressedienstes in Zürich) befürwortete Neutralität der Schweiz zu verstehen sei, ob sie auch die sogenannte Gesinnungsneutralität, eine Erfindung der deutschen Propaganda, einschließen müsse; vgl. K. Barth, *Im Namen Gottes des Allmächtigen! (1291–1941)*, St. Gallen 1941, abgedruckt in: SchwSt, S. 201–232 (vgl. S. 315, Anm. 7). Hauptargument der Kritik an der Pressezensur war, daß von unzureichend informierten Bürgern auch kein Mißtrauen gegen deutsche Propaganda sowie keine zivile und militärische Widerstandsbereitschaft erwartet werden könne. Aus dem gleichen Grund hatte der Bundesrat auch ein Interesse daran, die Zensur so zurückhaltend auszuüben, als es ihm irgend möglich erschien. Die Zensurbestimmungen verschärften sich entsprechend der außenpolitischen Lage und wurden erst seit 1943 gelockert. Vgl. Rings, Schweiz, S. 259–284; sowie Bonjour V, S. 161–197.

[6] Brunner sah wohl zu Recht die wirtschaftlichen Gründe für die zweite größere Demobilisierung im Sommer 1941 nach der ersten im Sommer 1940, z. B. wegen notwendiger Ernte- und Industrieeinsätze, als vordergründig an. Tatsächlich standen sie auch im Zusammenhang einer sich der deutschen Politik, Wirtschaft, Propaganda und Militärtaktik anpassenden Politik des Bundesrates aufgrund der neuen Lage der Schweiz nach der Niederlage Frankreichs. Vgl. Rings, Schweiz, 171f.176.181.212.242f.; sowie Bonjour V, S. 51–67. Vgl. auch S. 317, Anm. 6.

ist, ja auch ohne daß das Volk es weiß, ein Vasall Deutschlands geworden sind. Mit dieser wirtschaftlichen Verflechtung wird Hand in Hand gehen eine geistige Nordorientierung: sie geben uns Verdienst, es geht ja doch recht gut, man muß das System eben in Kauf nehmen. Kompletter Defaitismus unter dem Deckmantel der unvermeidlichen Angleichung. Das wird zur Folge haben, daß auf die Dauer die Engländer dieser Sache nicht mehr zusehen wollen und anfangen, auch uns als Teil des deutschen Systems zu behandeln, zunächst wirtschaftlich, dann aber auch militärisch. Das wird zur Folge haben, daß bei uns der Engländer als der böse Mann angesehen wird. Also weitere Anlehnung an Deutschland.

Ursache: das alles kommt davon her, daß bei uns die maßgebenden Leute nicht den Mut haben zu sagen: lieber Export- und Importverlust mit dazugehöriger wachsender Arbeitslosigkeit in der Industrie und entsprechender Senkung des Lebensstandards als dieses langsame Aufgesogenwerden. Die Behörden trauen dem Volk nicht zu, daß es zu einem solchen Opfer für die Freiheit bereit wäre; das Volk selbst weiß gar nicht, was gespielt wird und daß es jetzt darauf ankäme, dieses Opfer für die Freiheit zu bringen. In die Presse kommt ja so etwas nicht mehr.

Frage: ist es nun nicht die Aufgabe der Kirche voranzugehen, indem sie einmal ihre Gemeinden aufklärt, nicht in größter Öffentlichkeit, aber doch wirksam, daß sie es jedem Christen klar macht: hier mußt du nun zeigen, ob du für das, was recht ist, Opfer bringen kannst oder nicht. Müßte dann nicht weiterhin den Behörden von der Kirche her zu verstehen gegeben werden: Wir, die Christen wollen keine Politik der Anpassung um wirtschaftlicher Vorteile willen, sondern wir wollen eine Politik des Widerstandes auch auf Kosten unseres Lebensstandards? Unsere Armee wird zur Dekoration, wenn der Deutsche auf dem Verhandlungswege alles bekommt, was er will, und wir uns so seinem Machtbereich freiwillig eingliedern und die Freiheit opfern, die die Armee schützen sollte. Nicht ob wir Deutschland Waffen liefern, scheint mir entscheidend, sondern wir, um von Deutschland Aufträge zu erhalten, unsere Freiheit stückweise verkaufen. Das muß zuerst einmal den Christen klar gemacht und dann als Wille der Christengemeinde den Behörden kundgegeben werden.

Sollte es nicht an der Zeit sein, daß wir zunächst einmal eine Anzahl zuverlässige Leute zusammenrufen und ihnen das klar machen, um dann mit ihnen weiterzugehen, indem wir weitere möglichst einflußreiche, aber immer nur zuverlässige Leute einbeziehen?

Ich fürchte, es könnte schon ziemlich bald zu spät sein. Unaufhaltsam und leise geht die Einschnürung vor sich. Es ist zu fürchten, daß, wenn dann der Kohlenschock kommt: frieren und arbeitslose Fabriken – oder nachgeben, daß dann unser Volk völlig unvorbereitet, wie es ist, zusammenklappt und halt für Kohlen seine Freiheit verkauft, während die Armee weiterhin treulich die Grenzen bewacht, die schon nicht mehr bestehen.

Es wäre mir lieb, von dir zu erfahren, und zwar möglichst umgehend, ob du die Sache auch so ansiehst und ob du einen Weg siehst. Ob du vielleicht damit einverstanden wärest, daß wir am Samstag in 8 Tagen einmal eine erste Vertrauensmännerversammlung einberufen, wobei wir auf die Einladung nichts anderes setzen, als daß wir beide zu einer wichtigen Besprechung einladen. Möglichst wenig Geschriebenes, gar Vervielfältigtes. Mir ist's nicht länger wohl beim untätigen Zusehen. Ich habe am letzten Sonntag in diesem Sinne gesprochen, und es ist auch verstanden worden.[7] Aber beim bloßen Reden darf's nicht bleiben. Die Widerstandszellen müssen im ganzen Land organisiert werden, ehe der Winter kommt.

Behalte diesen Brief für dich und sei herzlich gegrüßt

von deinem E. Brunner

[7] Am Sonntag, dem 6.7.1941, sprachen an drei «Landsgemeinden der Jungen Kirche, des Bundes evangelischer Jugend der Schweiz», Karl Barth in Gwatt, Emil Brunner in Zürich und Georg Thürer in Frauenfeld über die Eingangsformel an der Spitze der Schweizer Bundesverfassung «Im Namen Gottes des Allmächtigen». Die Reden wurden als «ein gegenwartsnahes Wort der Kirche zum 650jährigen Bestand der Schweizerischen Eidgenossenschaft» gemeinsam veröffentlicht: K. Barth / E. Brunner / G. Thürer, *Im Namen Gottes des Allmächtigen. 1291–1941* (Kirche und Jugend, Heft 3), Zürich 1941, vgl. S. 3. Brunners Ansprache (S. 31–42) stellt die Frage: «Werden unsere obersten Behörden den Mut haben zu sagen: lieber wollen wir hunderttausende von Arbeitslosen ernähren, als uns dem Willen fremder Herren beugen? Sie werden ihn nur dann haben, wenn sie das Volk hinter sich wissen. Wird also unser Volk diesen Preis der Freiheit zu zahlen bereit sein?» (S. 39). Der «Christenglaube wird jetzt auf die eidgenössische Probe gestellt». Entscheidend sei, daß die jungen Christen von ihrem Glauben «ein solches Zeugnis» ablegen, daß ihre Altersgenossen merken: «Hier sind die ‹Typen›, die sich unter keinen Umständen dem Unrecht beugen. Die unter keinen Umständen die Freiheit für den warmen Ofen und die Bratwurst verkaufen, das sind die, von denen man sicher ist, daß sie lieber hungern und frieren als das kostbare Gut der Unabhängigkeit, das sie von den Vätern überkommen haben, preiszugeben, unter allen Umständen. Wir reden jetzt nicht pathetisch vom letzten Blutstropfen, sondern lieber ganz nüchtern vom letzten Brikett und dem letzten Stück Käse. Denn hier wird die Entscheidung fallen.» (S. 41)

## 128

Barth                                              Basel, 11.7.1941

Lieber Freund!

Die in deinem Brief berührten Dinge bewegen auch mich dauernd, und auch ich konnte jedenfalls insofern nicht mehr länger «zusehen», als ich sie neben andern in Gwatt in Form von öffentlichen Anfragen zur Sprache bringen mußte.[1] Wenn ich darüber hinaus etwas Nützliches tun kann, so bin ich gerne bereit dazu. Nachdem ich nun in den letzten Monaten wegen meines früheren Vortrags größten Hader mit dem Bundeshause hatte, der damit endigte, daß er verboten wurde[2], bin ich eben dabei, meine Seele in Geduld zu fassen im Blick auf das, was kommen wird, wenn man dort des Gwatter Vortrags – er wird zunächst separat erscheinen – gewahr werden wird. Ich frage mich, ob das «Tun», zu dem du im Gegensatz zum bloßen Reden vordringen möchtest, nicht entscheidend – nehmen wir an, wir brächten jene «Zuverlässigen» zusammen – darin bestehen müssen wird, daß eben fernerhin, einzeln und gemeinsam, unverzagt *geredet* wird? Oder was können *wir Anderes* «tun»? Es wäre schon viel *getan*, wenn eben das «getan» würde.

Im Einzelnen scheint mir dann Folgendes zu bedenken:

1. Ich habe bei der Vorbereitung meines Vortrags gesehen, wie schwierig es ist, wirklich stichhaltige *Informationen* hinsichtlich der Tatsachen zu bekommen. Die Sache mit den «Vorschüssen» (Clearingspitze) ist nach meinen verläßlichen Erkundigungen noch schlimmer, als du schreibst, sofern die Summe sich bereits der Milliarde nähert.[3] Andrerseits habe ich hinsichtlich der nach Deutschland zu sendenden Arbeiter die Zahl 20 000, aber auch nur die Zahl 5000 nennen hören, die letztere aus einer bernischen Armeeeinheit, in der Freiwillige gesucht wurden, aber nicht «Spezialarbeiter», sondern Leute, die draußen für

---

[1] Barth hielt am 6.7.1941 in Gwatt den Vortrag *Im Namen Gottes des Allmächtigen! 1291–1941*, St. Gallen 1941, abgedruckt a.a.O. (S. 315, Anm. 7), S. 5–30, und in: SchwSt, S. 201–232, vgl. bes. S. 221–226. Er wurde am 18.7.1941 von der Zensur verboten; vgl. Lebenslauf, S. 324.

[2] Barths Vortrag *Unsere Kirche und die Schweiz in der heutigen Zeit*, St. Gallen 1941, den er seit November 1940 mehrfach, u. a. in der Westschweiz, gehalten hatte, war Mitte Juni 1941 von der Zensur verboten worden; vgl. Lebenslauf, S. 322f. Der Vortrag ist wieder abgedruckt in: SchwSt, S. 157–178.

[3] Vgl. S. 312f., Anm. 2.

die Beschaffung der uns nötigen Kohle tätig sein sollten.[4] Was stimmt
nun? Wiederum habe ich von den von dir erwähnten «Valutaoperationen» noch gar nichts gehört.[5] Was die Demobilisierung betrifft, so sind
die Leute wieder in jener Berner Einheit unter Androhung von Strafe
gewarnt worden davor, von andern als eben wirtschaftlichen Gründen
zu reden, und es fällt mir auch schwer anzunehmen, daß der Bundesrat,
der sich ja letzthin zu der Sache geäußert hat, geradezu gelogen haben
sollte, wenn er sagte, daß sie auf die Anregung des Generals[6] zurückge-
he.[7] Ganz evident ist ja die Drosselung der Presse.[8] Aber sollten wir in
den andern Punkten nicht mehr Hieb- und Stichfestes wissen, um auch
den Schein einer Donquichoterie zu vermeiden, wenn wir weiter vorstoßen? Ich bin nachträglich froh genug, daß ich mich durch den jungen Frei, der dich ja wohl auch beschäftigt haben wird, in Sachen der
Waffenlieferungen nicht habe aufs Glatteis locken lassen.[9]

[4] Vgl. S. 313, Anm. 3.
[5] Vgl. S. 313, Anm. 4. Vgl. W. Rings, *Raubgold aus Deutschland – Die «Gold-
drehscheibe» Schweiz im Zweiten Weltkrieg,* Zürich 1985.
[6] Korpskommandant Henri Guisan (1874–1960) wurde im August 1939 von
der Vereinigten Bundesversammlung zum Oberbefehlshaber der eidgenössischen
Armee gewählt mit dem Titel «General». Er galt als Vertreter einer nicht nur militärischen Verteidigungsbereitschaft um jeden Preis. Guisan hatte daher, am
Bundesrat vorbei, ein den Schweizer Neutralitätsstatus verletzendes Beistandsabkommen mit dem französischen Militär abgeschlossen, das die deutsche Seite
beim Krieg gegen Frankreich auffand. Die Rolle Guisans und speziell sein De-
mobilisierungsbefehl nach der Niederlage Frankreichs ist dunkel und umstritten.
Einerseits rief er zum Widerstand gegen eine drohende deutsche Okkupation
auf (25.7.1941 im «Rütli-Rapport»). Andererseits glaubte er eine Zeitlang anscheinend, sich der deutschen Überlegenheit fügen zu müssen, wogegen sich
eine Offiziersverschwörung unter Führung von A. Ernst u.a. richtete. Vgl.
Rings, Schweiz, S. 211ff.236ff.
[7] Vgl. S. 313, Anm. 6.
[8] Vgl. S. 313, Anm. 5.
[9] In seinem Brief vom 5.6.1941 an K. Barth hatte der aus dem aargauischen
Wettingen stammende Korporal der Schweizer Armee Fritz Frei seinen Wunsch
zur Gründung einer Aktion gegen den Schweizer Waffenexport nach Deutschland
vorgetragen. Sein dezidiert vorgetragener Wunsch war insofern noch unausgereift,
als Frei keine Belege für den ihm gerüchtweise bekannten Vorgang zur Hand hatte.
In Barths Antwort an Frei vom 18.6.1941 wies er auf diese Schwäche hin und teilte
mit, daß nach seiner Erkundigung bei vertrauenswürdigen Experten die Schweiz
vor allem «Halbfabrikate» liefere, aber nicht in erheblichem Umfang, da das Mili-
tärdepartement diese Exporte kontrolliere. Auch das sei ein Problem, das er in seinem Vortrag am 6.7.1941 *Im Namen Gottes des Allmächtigen!,* a.a.O., zur Sprache

2. Man wird unterscheiden müssen – wenn es um die Beurteilung der Sachverhalte geht – zwischen Unvermeidlichem und Vermeidlichem. Das ist aber gar nicht so leicht. Den Warenaustausch mit Deutschland als solchen wirst du ja auch nicht einfach stoppen wollen, obwohl er schon als solcher brenzlich ist, indem er Hitler Krieg führen hilft. Wo ist dann aber die Grenze des Tragbaren, deren Innehaltung man sinnvollerweise fordern könnte? Das müßte doch wohl, bevor man etwas tut – und wäre es auch nur in Form allzu bestimmter Rede – sehr genau überlegt und der Unterricht von möglichst vielen und guten Sachverständigen entgegengenommen werden. Läßt sich auch nur die Clearingspitze – diese m.E. leidigste Seite der Sache – ganz vermeiden, ohne daß wir – nicht nur hungern und kalt haben[10], sondern eine Desorganisation der ganzen Wirtschaft bekommen?

3. Eine Organisation von «Widerstandszellen», wie sie dir vorschwebt, existiert schon unter dem Stichwort «Nationaler Widerstand», gibt wöchentlich vertrauliche Informationen heraus und hat auch auf verschiedenen Gebieten allerlei gestartet und gewirkt.[11] Wir haben dort (ich bin von Anfang an dabei gewesen) auch die jetzt in Frage stehenden Dinge schon mehr als einmal gesichtet, sahen aber beim besten Willen bis jetzt keinen rechten Ansatzpunkt, um an die Sache heranzukommen. Das kann nun an uns liegen, und es kann sicher nicht prinzipiell unmöglich sein, in dieser Angelegenheit mehr zu tun, als der Nationale Widerstand bis jetzt getan hat. Ich habe aber Bedenken, diesem

bringen werde. Größer sei das Problem der Entlastung der deutschen Kriegsindustrie durch die Lieferung von «Friedensprodukten» und durch Kreditvergaben an das deutsche Reich (Briefe im Karl Barth-Archiv, Basel).

[10] = frieren.

[11] Barth war Gründungsmitglied der «Aktion nationaler Widerstand» (ANW), die am 7. September 1940 in Olten gegründet worden war. Ziel der ANW, die im Mißtrauen gegen die offizielle Politik in der Art einer Verschwörung im Geheimen wirkte, war der Kampf gegen «Defaitismus» und «Anpassung» sowie für den «unbedingten Widerstand», und zwar sowohl durch Beeinflussung der öffentlichen Meinung wie auch durch Vorbereitung einer Widerstandsorganisation im Falle einer Besetzung. Die «vertraulichen Informationen» wurden wöchentlich unter dem Titel «Information der Woche» von E. von Schenck herausgegeben und anonym den Teilnehmern der ANW zugestellt. Vgl. Lebenslauf, S. 321; Rings, Schweiz, S. 216–218; A. Meyer, *Anpassung oder Widerstand*, a.a.O. (S. 225, Anm. 8), S. 191–206; sowie Bonjour IV, S. 218–223, und E. von Schenck, *Aktion nationaler Widerstand. Festschrift zum 75. Geburtstag von Hans Oprecht*, Zürich / Wien / Frankfurt 1969.

Unternehmen ein ad hoc begonnenes konkurrierend an die Seite zu stellen, umso mehr, als es ja an mehr oder weniger radikal schweizerischen Organisationen dieser Art auch sonst nicht fehlt[12], so daß mindestens zu *erwägen* wäre, ob es nicht der gewiesene Weg wäre, zunächst innerhalb dieser schon bestehenden Räume um größere Aufmerksamkeit für den uns beschäftigenden Punkt zu werben.

Kurzum: ich wäre dafür, der Einberufung eines weiteren Kreises eine Unterhaltung unter vier Augen – oder höchstens unter Zuziehung eines oder des andern wichtigen oder besonders erleuchteten Mannes – vorangehen zu lassen, weil ich einfach zunächst gerne genauer hören möchte, was du *weißt* und *meinst*. Ob wir uns zu diesem Zweck etwa einmal in Brugg[13] treffen könnten? Ich habe im Augenblick noch keine rechte Übersicht über meine nächsten Wochen und kann darum noch keinen konkreten Vorschlag machen, auch nicht hinsichtlich des nächsten Samstags.

Nimm das Geschriebene als Material zu weiterer Überlegung und laß dann wieder von dir hören!

Mit herzlichem Gruß!

Dein Karl Barth

## 129

Brunner    Zürich, 12.7.1941

Lieber Freund,

Besten Dank für deinen Brief. Ich verfüge nicht über besondere Informationen, sondern höre allerlei von mehr oder minder gut informierten Kollegen im Dozentenzimmer etc. Es ist auch mir klar, daß Zuverlässigkeit der Information die Voraussetzung für jede Aktion wäre.

[12] Vgl. A. Meyer, *Anpassung oder Widerstand*, a.a.O., S. 174: «Überall im Land entstanden spontan kleinere oder größere Gruppen des Widerstandes.» Sie nennt S. 174ff. – neben dem «Nationalen Widerstand» und dem Gotthard-Bund – u.a.: die Jungliberale Bewegung, die Studienkommission für Nationale Erziehung, die Eidgenössische Gemeinschaft, die «Vertrauensleute» der Sozialdemokratie, Res Publica.

[13] In der Mitte zwischen Basel und Zürich.

An sich möchte ich am liebsten nichts tun. Ich habe kein Organisationstalent und habe auch sonst schon genug. Wenn mit dem mehr oder weniger öffentlichen Wort unsererseits genug getan ist, so bin ich heilfroh, denn mir graut davor, irgendeinen Apparat aufziehen oder auch nur starten helfen zu müssen. Aber ich werde auch nach deinem Brief darüber nicht ganz ruhig. Und zwar darum, weil mir scheint, die Kirche habe hier eine besondere Aufgabe. Der Bund Nationaler Widerstand[1] ist mir durch die Person von Oprecht[2] wenig sympathisch und in dieser Person auch wenig vertrauenswürdig. Ich weiß, daß du umgekehrt für den Gotthardbund[3] wenig Sympathien hast, bei dem ich meinerseits unser gemeinsames Anliegen besser aufgehoben hielt. Ich habe übrigens zu ihm nur sehr lose Beziehung und bin gar nirgends «dabei». Die Kirche aber hat hier eine besondere Bedeutung, weil sie allein einen geistigen Boden hat, von wo aus die Erkenntnis vom Wesen des totalen Staates möglich ist (die anderen verwechseln noch immer totaler Staat und Diktatur), und weil sie auch über eine Organisation verfügt, die der Zellenbildung günstig wäre. Ich weiß nicht, ob der Bund NW realiter viel bedeutet, ob er nicht mehr Informationsmittel ist. Ich lasse mich darüber gern belehren.

Zur sachlichen Frage: Die Grenze scheint mir grundsätzlich klar: wirtschaftlich können wir uns nicht unabhängig machen, politisch müssen wir es bleiben. Ich weiß schon, daß diese Unterscheidung praktisch ihre Haken hat. Also Beispiele:

Untragbar wäre das Nachgeben etwa in der Emigrantensache bzw. Judenfrage; in weitergehenden Zensurforderungen; in Demobilisationsforderung, Einmischung in die Arbeitsordnung selbst, Forderung von Arbeiterkontingenten – sozusagen erzwungene wirtschaftliche Söldner-

---

[1] Vgl. S. 318, Anm. 11.

[2] Dr. Hans Oprecht (1894–1978), Nationalrat, Präsident der Sozialdemokratischen Partei der Schweiz und Gewerkschaftsführer. Er war ein Barth in der «Aktion Nationaler Widerstand» nah verbundener Gefährte, vgl. Lebenslauf, S. 321f.

[3] Der Gotthardbund entstand am 30.6.1940 als geheimer Zusammenschluß von Offizieren, Professoren, Geschäftsleuten usw. unterschiedlicher politischer Richtungen unter anderem auf dem Hintergrund der Oxfordbewegung und trat mit vaterländischen Appellen an den Widerstandswillen und die Opferbereitschaft des Schweizer Volkes und wider den Defaitismus in Gestalt von Zeitungsinseraten hervor. Der Bund verlor rasch seine Schlagkraft und zerbrach bald. Erst 1960 wurde er endgültig aufgelöst. Vgl. Bonjour IV, S. 217f.; sowie A. Meyer, *Anpassung oder Widerstand*, a.a.O., S. 187–191.

werbung. Es schiene mir aber schon um dieser Abgrenzung willen nötig, mit einigen Sachverständigen Fühlung zu nehmen.

Auf was es ankommt: Aufklärung über die wirkliche Gefahr und Gesinnungsschulung. Sammlung der Rechtgesinnten, um auf die Regierung Druck auszuüben, falls sie schlapp zu werden droht.

Diese Aufklärung müßte heute konkret geschehen, in einer Konkretheit, wie es die öffentliche Presse nicht mehr zuläßt. Für diese Aufklärungsarbeit könnte und müßte die Kirche gewonnen werden, wenn auch vielleicht nicht offiziell. Vielleicht ließe sich das im Anschluß an das Hilfswerk[4] tun.

Ob von anderer Seite das, was geschehen sollte, wirklich geschieht, vermag ich nicht zu beurteilen; es müßte aber wirklich sehr im Verborgenen geschehen und sehr exklusiv, denn ich habe davon nie gehört.

Ich bin gern bereit, einmal extra nach Basel zu kommen, um in aller Ruhe die Sache mit dir zu besprechen. Der einzige Tag aber, der mir dafür vorläufig zur Verfügung stünde, ist der nächste Samstag.[5] Wir haben noch Semester bis Freitag Abend, am Montag gehe ich auf eine Fußtour mit meinen Söhnen, die ich ausnahmsweise für ein paar Tage beieinander habe, und daran anschließend bin ich 2 Wochen im Bündnerland bei Freunden. Doch ist vielleicht eine Besprechung noch zu früh. Allein möchte ich auf keinen Fall losgehen, da dies nun einmal eine Sache ist, wo wir, soll etwas getan werden, zusammengehen müßten. Falls du aber doch auch der Meinung wärst, man dürfe mit einer ersten heimlichen Mobilisation in der Kirche nicht länger warten, so würde ich am Samstag kommen, falls dir das paßt.

Falls kein Bericht von dir kommt, nehme ich an, daß es dir entweder nicht einleuchtet oder noch nicht eilig scheint. Vielleicht sehe ich etwas zu schwarz. Ich will unterdessen noch versuchen, mich weiter zu informieren, doch habe ich diese Woche noch schauerlich viel ob[6] – Examina, Vorträge etc.

Mit herzlichen Grüßen

dein E. Brunner

---

[4] Vgl. S. 303, Anm. 1.
[5] Am 19.7.1941 traf sich Barth mit Brunner in Basel.
[6] = vor, wörtlich: auf dem Herd.

## 130

Barth                                                    Basel, 14.7.1941

Lieber Freund!

Da du so freundlich bist, mir anzubieten, extra nach Basel zu kommen, möchte ich die Gelegenheit am Schopf ergreifen und dich bitten, dieses Angebot zu realisieren. Ich warte hier in sommerlicher Stille, bis die Stunde des Aufbruchs in noch andere Ferien auch für mich schlagen wird, und kann und werde darum am Samstag ganz zu deiner Verfügung stehen.

Magst du in bürgerlicher Schlichtheit bei mir zu Mittag essen? Melde mir jedenfalls, wann du kommst: ein Spaziergang zum Bahnhof, um dich abzuholen, wird mir nur gut tun. Vielleicht siehst du dir bis dahin das beiliegende Heft an, in dem du das, was ich augenblicklich denke, weiß und sagen möchte, beieinander findest.[1]

Mit herzlichem Gruß!

Dein Karl Barth

131

Brunner          Zürich, 18.7.1941 [Ort und Datum des Poststempels]

Lieber Freund,

Deine freundliche Einladung nehme ich mit Freude an. Ich komme 11.27 in Basel an, erwarte dich aber nicht am Bahnhof, sondern begebe mich stracks zu dir. Der St. Alban-Ring[1] wird schon zu finden sein. Deinen Vortrag habe ich mit großer Freude und ebenso rückhaltloser Zustimmung gelesen wie den vorigen.[2] *Darin* also scheinen wir uns völ-

---

[1] Wohl Barths in Gwatt gehaltener Vortrag, vgl. S. 316, Anm. 1, und S. 315, Anm. 7.

---

[1] Anfang Juli 1941 war Barth vom St. Albanring 186 in den St. Albanring 178 umgezogen.

[2] Vgl. S. 316, Anm. 1 und 2.

lig zu verstehen, und das ist nicht wenig. Vielleicht, daß sich von da aus noch das eine oder andere sonst «bereinigen» läßt.

Mit herzlichem Gruß

dein E. Brunner

## 132

Barth                                                   Basel, 2.12.1941

*Barth wendet sich am 2.12.1941 an Brunner, um sich nach einer Dame zu erkundigen, die ihm vorgeblich in Brunners Namen geschrieben hatte. Ihr verworrener Brief veranlaßte Barth zur direkten Nachfrage.*

## 133

Brunner                                                  Zürich, 3.12.1941

*Brunner rät Barth am 3.12.1941 auf dessen Anfrage, vgl. Nr. 132, sich nicht auf die Dame einzulassen und ihren Brief nicht zu beantworten, da er sie aus eigenen Seminaren kennt und sie ihm als psychisch krank aufgefallen ist. Vgl. Nr. 136.*

## 134

Barth                                                   Basel, 4.12.1941

*Barth bedankt sich am 4.12.1941 für Brunners Auskunft, vgl. Nr. 133, schickt ihm den Brief der Dame zu und erklärt, sich an Brunners Rat zu halten, der Dame nicht zu antworten.*

## 135

Barth                                                            Basel, 25.12.1941

Lieber Freund!

Ich habe dein Buch[1] sofort nach Erhalt und Eröffnung des Paketes zu lesen begonnen und bin vorläufig bis zu S. 81 vorgedrungen, wo ich nach Kenntnisnahme der niederschmetternden Mitteilung, daß ich Erkenntnisgrund und Realgrund nicht zu unterscheiden wisse[2], einen Moment Halt zu machen beschloß, um dir für das Buch und auch für die mir darin im Besondern zugewendete Mühe zu danken, und auch, um dir meinen Glückwunsch zur Aufrichtung dieses weiteren Marksteins auf deinem Wege als Lehrer und Schriftsteller auszusprechen.

Ja, ich verstehe natürlich schon in dem bis jetzt Gelesenen wieder Vieles und wohl gerade Wichtigstes gar nicht –

Z.B.: Inwiefern sich der Begriff «Schöpfungs*offenbarung*» nach den von dir S. 24–33 angegebenen Kriterien des biblischen Offenbarungsbegriffs halten und durchführen läßt?[3]

---

[1] E. Brunner, *Offenbarung und Vernunft. Die Lehre von der christlichen Glaubenserkenntnis,* Zürich 1941.

[2] Brunner nimmt a.a.O., S. 78–81 in dem «Karl Barth über die Schöpfungsoffenbarung» betitelten Anhang zum 6. Kapitel zu Barths Auseinandersetzung mit dem Problem der Schöpfungsoffenbarung (KD II/1, S. 107–141) Stellung. Er kommt zu dem Schluß, Barth bestreite die «ursprüngliche Schöpfungsoffenbarung» um der «geschichtlichen Offenbarung» willen, weil er «nicht das principium cognoscendi vom principium essendi unterscheidet; weil er immer wieder meint, die Anerkennung einer Schöpfungsoffenbarung müsste die Anerkennung einer natürlichen Gotteserkenntnis nach sich ziehen, und weil er das Axiom nicht fahren lassen will, dass es nur eine einzige Offenbarung gebe» (a.a.O., S. 80).

[3] Brunner führt in der angegebenen Passage die folgenden sechs Kriterien des biblischen Offenbarungsbegriffs auf: «1. Mit Offenbarung ist immer und überall Kundwerdung eines Verborgenen, eines Geheimnisses gemeint. Die biblische Offenbarung aber ist die *unbedingte* Kundwerdung des *unbedingt* Verborgenen.» (S. 24) – «2. Offenbarung schließt überall eine negative Voraussetzung in sich; der Mensch ist ohne sie irgendwie in einer Dunkelheit oder Verschlossenheit. In der Bibel ist diese Verschlossenheit und Dunkelheit unbedingt und unbedingt personhaft. ... Die Verschlossenheit ist eine negative Personbeschaffenheit, ein negatives Verhältnis zu Gott; sie ist Sünde.» (S. 26f.) – «3. Offenbarung meint überall die Mitteilung aussergewöhnlicher Erkenntnis, eines besonderen Wissens. In der biblischen Offenbarung ist die Besonderheit dieses Erkennens nicht

Welche *Anschauung* diesem Begriff entsprechen möchte, wenn über die Inhalte dieser «Offenbarung» praktisch *nichts* auszusagen wäre?[4]

Wie er sich, wenn solche Inhalte *namhaft* zu machen sein sollten, von dem Begriff «natürliche Gotteserkenntnis» nun wirklich *unterscheiden* würde?[5]

Wie die behauptete *Unpersönlichkeit* dieser «Offenbarung» sich damit verträgt, daß ausgerechnet durch sie der Mensch *verantwortlich* gemacht werden soll?[6]

Schwererwiegendes: Wie man so ohne mit der Wimper zu zucken sagen kann, daß sich (S. 41) theologische Erkenntnis *nicht* in der Du-Form, im Gebet, vollziehe und daß das «ganz in der Ordnung» sei?[7] (Ich meine tatsächlich, daß die «Es-Form» – warum nicht wenigstens «Er-Form»? – nicht mehr als ein dünner Schleier sei, unter welchem wir

nur eine graduelle, sonders eine grundsätzlich-unbedingte, so sehr, dass man sich scheut, es überhaupt ein Erkennen und Wissen zu nennen.» (S. 27) – «4. Darum geht es in der biblischen Offenbarung nicht nur – wie bei anderen Religionen – um Mitteilung eines lebenswichtigen Wissens, sondern um das Leben selbst.» (S. 29) – «5. Offenbarung meint immer und überall ein unerwartetes, nicht erworbenes, sondern irgendwie geschenktes Erkennen, einen ‹Aufschluss›, den man nicht erwarten konnte. Die biblische Offenbarung aber meint das unbedingt Unerwartete, ja das schlechthin nicht zu Erwartende.» (S. 30) – «6. Offenbarung hat immer und überall den Charakter des Ereignishaft-Plötzlichen. ... Aber einzig in der Bibel wird dieses Plötzlich-Ereignishafte unbedingt verstanden, nämlich als das schlechthin Einmalige.» (S. 32)

[4] Vgl. E. Brunner, a.a.O., S. 59–78: Kapitel 6: Die Schöpfungsoffenbarung. Brunner nennt keine materialen Gehalte der Schöpfungsoffenbarung; vielmehr hat sie für ihn eine rein formale Funktion: «Die Lehre von der allgemeinen Offenbarung ist also die Begründung der Behauptung der Verantwortlichkeit des Menschen vor Gott und zugleich der Einsatzpunkt der missionarischen Bussforderung» (a.a.O., S. 65f.).

[5] Brunner differenziert zwischen der von ihm bejahten allgemeinen Offenbarung einerseits und der natürlichen Gotteserkenntnis und der ihr entsprechenden natürlichen Theologie andererseits, die dem Menschen aufgrund der Totalität seiner Sünde verstellt blieben, vgl. Brunner, a.a.O., S. 66f.

[6] Vgl. Anm. 4.

[7] E. Brunner, a.a.O., S. 41: «Nicht die begriffliche theologische Erkenntnis als solche, sondern der in der theologischen Erkenntnis gemeinte Glaube schafft ‹eine neue Kreatur›. Rechte Theologie *meint* dieses Personverhältnis, das der echte Glaube *ist*. Theologische Erkenntnis vollzieht sich nicht in der Du-Form, im Gebet, sondern in der Es-Form der Reflexion. Sie ist das Personverhältnis in der unpersönlichen, gedanklichen Abbildung... Das ist in der Theologie ganz in der Ordnung; das Verhängnisvolle ist die Verwechslung der beiden Erkenntnisformen.»

substantiell, wenn die Sache «in Ordnung» geht, das zu tun haben, was Anselm im Proslogion getan hat[8]. Kannst du ernstlich anderer Meinung sein?)

Wie du die Kap. 4 und 5 schreiben konntest, ohne dessen überhaupt zu gedenken (S. 48 unten wird die Sache von ferne berührt), daß uns, wer der *Gott* und wer der *Mensch* der Offenbarung ist, schließlich aus erster Hand darin gesagt ist, daß das Wort Fleisch wurde [vgl. Joh. 1,14]?[9] Was das *vere Deus vere homo* für einen Wert hat, wenn man es an so zentraler Stelle glatt übergehen kann zugunsten aller möglichen anderen Bestimmungen?

Ach ja, ich habe ja auch ein paar Mal «erleichtert aufgeatmet» und «Endlich!»[10] gesagt, z. B. 48 unten[11] und dann wieder S. 76 sub 10. am Anfang[12], aber das sind die Dinge, die du bestenfalls konzedierst, um dann doch mit deinem eigentlichen Interesse alsbald wieder anderswo zu sein, wie ein Komet, den man gerne im solaren Bereich sein beson-

[8]    Anselm von Canterbury, *Proslogion,* S. Anselmi Cantuariensis Archiepiscopi Opera omnia, ed. Fr. S. Schmitt O.S.B., Bd. I, Edinburgh 1942, S. 91–122. In dem Anselm hier die Gotteserkenntnis und den «Gottesbeweis» in der Form der Anrede an Gott vollzieht, weist er auf den «notwendigen Zusammenhang zwischen Theologie und *Gebet»* hin. Er verharrt in seinem Erkennen «in der Haltung dessen, der *Gott gegenüber* steht, weil er weiß, daß Gott *ihm gegenüber* stehen muß, wenn sein intelligere nicht Schaum ... sein soll». So K. Barth, *Fides quaerens intellectum. Anselms Beweis der Existenz Gottes im Zusammenhang seines theologischen Programms* (1931), neu hrsg. von E. Jüngel / I.U. Dalferth (Gesamtausgabe, Abt. II), Zürich 1981, S. 35.39.
[9]    Gemeint sind die Kapitel 4: Der Gott der Offenbarung, a.a.O., S. 43–48, und 5: Der Mensch der Offenbarung, a.a.O., S. 49–58.
[10]    Brunner zitiert a.a.O., S. 80, einige Sätze aus Barths Auslegung von Röm. 1 in KD II/1, S. 133, und fährt fort: «Man atmet erleichtert auf: Endlich! Gelten diese Sätze, so können wir die Streitaxt begraben», stellt aber etwas später fest: «Aber dann folgt die Enttäuschung.»
[11]    E. Brunner, a.a.O., S. 48: «Das ist wohl der tiefste Gehalt der Trinitätslehre, die Identität des zu offenbarenden, des offenbarenden und des offenbar werdenden Gottes: Vater, Sohn und Geist. ... Gott, wie er für uns ist, ist kein anderer als Gott, wie er an sich ist. ... Gott hört auch in seiner Offenbarung nicht auf, der geheimnisvolle zu sein. ... Die Liebe Gottes, die uns in seinem menschgewordenen Sohn offenbart ist, ist das Wesen Gottes, doch eben diese Liebe ist unergründlich. Gott ist in sich selbst der Liebende.»
[12]    E. Brunner, a.a.O., S. 76: «Der Schöpfergott ist kein anderer als der Erlöser. Darum ist auch das ewige Wort oder der ewige Sohn, der in Jesus Christus Mensch geworden ist, das Prinzip der allgemeinen Offenbarung. ... *Er* ist das Prinzip aller Erkenntnis».

deres schönes Licht verbreiten sähe und der nun doch seinem Gesetz (ist das nun wirklich dein Gesetz?) folgend in die fernste Ferne anderer Systeme enteilen muß.

Nun, ich will und werde weiterlesen. Nimm dies vorläufig als Gruß und als wenn auch bekümmertes Zeichen meines Dankes und laß dir – wenn du es denn nicht anders haben willst: mit Inbegriff deiner «Schöpfungsoffenbarung» zum neuen Jahr alles Gute wünschen

von deinem [Karl Barth]


## 136

Brunner                                                          Zürich, 28.1.1942

*Brunner schreibt am 28.1.1942, daß die psychisch kranke Dame, vgl. Nr. 132–134, in die Psychiatrische Klinik in Zürich eingewiesen wurde.*


## 137

Barth                                                          Im Felde, 20.3.1942

Lieber Freund!

Soeben höre ich auf einem Umweg, daß du einen 23jährigen Sohn verloren hast.[1] So haben wir nun innerhalb eines Jahres dasselbe Schwere durchmachen müssen.[2] Ich darf dir herzlich die Hand drücken und dir versichern, daß ich in aufrichtiger Teilnahme an dich denke. I. Kor. 13,12a war im vorigen Juni das Wort, mit dem ich den Meinigen und mir selber zu helfen versuchte.

Mit aufrichtigem Gruß

dein Karl Barth


Ich habe seit Semesterschluß hier in Brunnen Dienst getan und kehre morgen nach Basel zurück.[3]

[1] Peter Brunner, geb. 14.12.1919, starb am 18.3.1942 nach längerer Krankheit; vgl. Brunner, Mein Vater, S. 114.

[2] Vgl. Nr. 126.

[3] Barth hatte sich im April 1940 zum bewaffneten Hilfsdienst der Schweiz ge-

## 138

Brunner                                    Zürich, 5.7.1942

Lieber Freund,

Für dein in mehr als einem Sinne großes Geschenk des vierten Bandes deiner Dogmatik sage ich dir herzlich Dank.[1] Der erste Eindruck,
der sich einem aufdrängt, ist der einer gewaltigen Manifestation ge-
danklicher Energie und ungewöhnlichen Fleißes. Ich bewundere ohne
alle Einschränkung diese Konzentrationskraft, die die Gedanken
zwingt, wieder und wieder denselben Punkt zu umkreisen, um ihm so
nahe wie möglich zu kommen; nicht weniger deine Gelehrsamkeit und
die meisterhafte Art, sie zu gebrauchen, und nicht zuletzt die große in-
wendige Ruhe, die über diesem ganzen Unternehmen liegt. Solch langen Atem hat man lange nicht mehr erlebt – weder in der Theologie
noch in der Philosophie.

Inhaltlich wird dies wohl, wie eine erste Durchsicht ergibt, derjenige
Band sein, bei dem ich am freudigsten mitgehen kann und wo nur selten, wenn überhaupt, ein ernstlicher Dissensus entstehen wird. Ich habe
mich über deine Erwählungslehre[2] sehr gefreut; ich habe über diesen locus oft bis in verbale Übereinstimmungen hinein immer ähnlich gelehrt, werde aber desto lieber von deinen eindringenderen Ausführungen lernen. Ob man den Gottmenschen präexistent nennen darf, ist
mir freilich noch fraglich, ebenso wie die Beziehung des Logos von Joh.
1 auf den Ratschluß.[3] Wir dürfen wohl doch nie den Logos aus einem
Entschluß Gottes hervorgehend denken, da wir so mit der Trinitätslehre in Konflikt kommen könnten. Eine Kleinigkeit: ob sich nicht in den
letzten großgedruckten Satz S. 235 ein Druckfehler eingeschlichen hat?[4]
Ich habe ihn mehrmals vergeblich zu verstehen gesucht.

meldet und leistete seither bis Kriegsende jedes Jahr einige Wochen Militär-
dienst. Im März 1942 war er in Brunnen am Vierwaldstättersee eingesetzt, vgl.
Lebenslauf, S. 319f.328.

---

[1] KD II/2. Barth schrieb in das Brunner gewidmete Exemplar: «Emil Brunner vom Verfasser Juni 1942».

[2] Vgl. KD II/2, S. 1–563: Die Lehre von Gottes Gnadenwahl.

[3] Vgl. a.a.O., S. 102–106.

[4] Vgl. a.a.O., S. 235: «Die Kirche wartet wohl auf Israels Umkehr. Sie kann

Sehr gut finde ich auch deine Anknüpfung der Ethik an die Erwählungslehre, die mir schon seit einiger Zeit besonders wichtig geworden.[5]

Kurzum – ich gratuliere dir herzlich zu diesem neuen großen Wurf und wünsche dir viel Freude an seiner Aufnahme.

Mit freundlichen Grüßen

dein E. Brunner

## 139

Barth                                                                    Basel, 12.1.1943

Lieber Freund!

Du hast nun – indem seit dem Erscheinen von «Rechtfertigung und Recht»[1] immerhin schon viereinhalb Jahre verflossen sind – mit deinem Veto gegen die bewußte «Grundlagenerschütterung»[2] so lange an dich halten können. Ich meinerseits habe zu all deinen naturrechtlichen Aufstellungen vor und in dieser Zeit auch nichts gesagt, sondern dich (unter sicher nicht geringerem inneren Protest) reden lassen. Wie schade, daß dir nun der Streit mit Dr. Frey den Anlaß geboten hat, diesen gewiß nicht idealen, aber in der schweizerischen Situation, wie sie nun

---

aber nicht bis auf Israels Umkehr warten mit dem Bekenntnis zu der Einheit des Israel wie sie selbst umschließenden Erbarmens, zur Einheit der Gemeinde Gottes.» Das «bis» des letzten Satzes fehlt in der ersten Auflage.

[5] Nach Barth ist die Lehre von Gott als dem Stifter und Herrn seines Bundes mit dem Menschen in den beiden Elementen der Lehre von der Gnadenwahl (KD II/2, S. 1–563) und vom Gebot (KD II/2, S. 564–875) zu entfalten, wobei *»die Gnadenwahl selbst und als solche* danach verlangt, als Gottes an den Menschen gerichtetes Gebot verstanden zu werden» (a.a.O., S. 567), so daß das eine Wort Gottes «Evangelium nach seinem Inhalt, Gesetz nach seiner Form und Gestalt» (ebd.) ist.

---

[1] K. Barth, *Rechtfertigung und Recht* (ThSt 1), Zollikon 1938; wieder abgedruckt in: ders., *Rechtfertigung und Recht. Christengemeinde und Bürgergemeinde. Evangelium und Gesetz,* Zürich 1998, S. 5–45.

[2] Vgl. E. Brunner, *Zur christologischen Begründung des Staates,* in: KBRS, Jg. 99 (1943), S. 2–5.18–23.34–36. Die «Grundlagenerschütterung» besteht für Brunner im Angriff Barths auf die reformatorische Auslegung von Röm. 13, die 400 Jahre lang «das Verhältnis der Gläubigen zum Staat» geprägt habe (a.a.O., S. 2).

einmal ist, m.E. dringend wünschbaren Burgfrieden zu brechen![3]
Konntest du Dr. Frey nicht damit widerlegen, daß du ihm im Rahmen
und aus dem Schatz deiner eigenen positiven Anschauung mit denjeni-
gen Argumenten begegnetest, die sich, aus welcher Grundanschauung
sie immer stammen mochten, als die sachlich mächtigeren erwiesen
hätten? Hattest du es nötig, an seinen konkreten Fragen und Einwän-
den vorbei zum Angriff auf seine Grundanschauung und damit auf
mich überzugehen und damit den langweiligen, nützliche Zeit und
Aufmerksamkeit unnütz verzehrenden, innerlich und äußerlich völlig
aussichtslosen Barth-Brunner-Streit aufs neue vor die «größte Öffentlichkeit»[4] zu ziehen? Mußte das sein? Die Verantwortung für die Folgen, die das haben kann, wird diesmal eindeutig auf deiner Seite liegen.

Und wenn es aus einem mir unerfindlichen Grund auf deiner Seite
so sein mußte, so ist mir jedenfalls das erste Stück deiner Polemik[5] nur
ein weiterer Beweis dafür, daß die Sache zu nichts führen kann. Wo du

[3] Der Anlaß des Brunnerschen Aufsatzes war die Diskussion über die Frage
der Legitimität kriegsgerichtlicher Todesurteile, die auf der Kirchensynode des
Kantons Zürich am 28. Oktober 1942 aufgeworfen worden war. Brunner hatte
dort das prinzipielle Recht des Staates befürwortet, solche Todesurteile zu ver-
hängen, und mit dessen Schwertgewalt als letztem Mittel zur Rechtswahrung begründet, vgl. Brunners in der NZZ, Jg. 163, Nr. 1743 (1.11.1942), abgedrucktes
Referat *Die Kirche und die Todesurteile wegen Landesverrats*. Vgl. A. Frey, *Grenzen
der kirchlichen Verantwortung?*, in: KBRS, Jg. 98 (1942), S. 357–361, S. 357f. Dr.
Arthur Frey (S. 313, Anm. 5) bezog sich darin auf das «Referat», das «Professor
Brunner der ‹NZZ› selber über seine Ausführungen zustellte». Er warf Brunner
vor, unter Berufung auf die Lehre von den Zwei Reichen «dem Staat einen völligen Freipaß» (a.a.O., S. 359) auszustellen. Das räume dem Staat eine Autonomie
ein, «die ihn auf Abwege, letztlich zum totalen Staat» (a.a.O., S. 360) führe.
Brunner griff in seiner Antwort: *Zur Frage der kirchlichen Verantwortung*, in:
KBRS, Jg. 98 (1942), S. 374–376, neben Frey auch dessen theologische Gewährs-
männer an, unter ausdrücklichem Verweis auf Barths Schrift *Rechtfertigung und
Recht*, vgl. a.a.O., S. 375f.
[4] Vgl. E. Brunner, *Zur christologischen Begründung des Staates*, a.a.O., S. 2: In
neuester Zeit wurde «der Versuch gemacht ..., über die ‹naturrechtliche› Staats-
lehre der Reformatoren zu einer ‹christologischen› Begründung des Staates vorzustoßen. Wenn dieser Versuch tatsächlich geglückt ist, ... so handelt es sich
hier ... um eine Grundfrage des christlichen Glaubens, deren gewaltige praktische Bedeutung jedermann ohne weiteres einleuchtet und die darum vor die
größte Öffentlichkeit gehört.»
[5] Gemeint ist E. Brunner, *Zur christologischen Begründung des Staates*, a.a.O.,
S. 2–5. Darin stellt Brunner die Grundzüge von Barths Schrift *Rechtfertigung
und Recht* dar und unterzieht sie einer Kritik, vgl. auch Anm. 6.

lauter Ernst und Eifer bist, da bin ich gleichgültig, und wo ich Wochen und Monate lang zu tun habe, da bist du mit irgendeinem flotten «falsch» oder «gescheitert»[6] fertig, kaum daß du angefangen hast. Wir leben wie Elephant und Walfisch in verschiedenen Räumen.[7] Ein austauschendes *Miteinander*reden ist da einfach unmöglich. Bliebe das *Gegeneinander*reden zum Nutzen der Zuhörer. In einem Auditorium, in dem das Behagen am Skandal eines solchen Streites oder die sentimentale Klage darüber die beiden einzig möglichen Haltungen zu sein scheinen, kann ich auch davon nichts erwarten.

So muß ich dir sagen, daß ich es mir mindestens vorbehalten muß, dir in jene «größte Öffentlichkeit»[8] nicht zu folgen, d. h. dich auch jetzt meinerseits schweigend reden zu lassen – und daß es mir jedenfalls nach der Lektüre dieses ersten Stücks deiner Polemik wahrscheinlich ist, daß ich es tatsächlich so halten werde.[9]

Mit freundlichem Gruß!

Dein [Karl Barth]

[6] Brunners Ausführungen, a.a.O., gipfeln im ersten Teil, S. 2–5, in der Kritik von Barths Begründung von Recht und Menschenrechten: «zweitens ist es nachweisbar falsch, daß in der Freiheit der Kirche alle anderen Menschenrechte begründet seien» (S. 5). Er resümiert, ebd.: «Dieser ganze Versuch muß als vollkommen gescheitert betrachtet werden.» Barth seinerseits sagte in *Rechtfertigung und Recht*, a.a.O., S. 46 (Neuabdruck S. 47): «Und was menschliches Recht ist, das mißt sich ... schlicht an dem konkreten Freiheitsrecht, das die Kirche für ihr Wort, sofern es das Wort Gottes ist, in Anspruch nehmen muß. Dieses Freiheitsrecht bedeutet die Begründung, die Erhaltung, die Wiederherstellung alles – wirklich alles Menschenrechtes.»

[7] Die Metapher übernahm Barth wohl von Fr. Overbeck, *Christentum und Kultur*, a.a.O. (S. 43, Anm. 5), S. 215f. Zur häufigeren Verwendung auch im Hinblick auf R. Bultmann vgl. Bw.B., S. 191; sowie K. Barth, *Gespräche 1959–1962*, a.a.O. (S. 302, Anm. 7), S. 126.160.

[8] Vgl. Anm. 4.

[9] Programmatisch äußerte sich Barth zur Thematik erst 3 Jahre später in *Christengemeinde und Bürgergemeinde* (ThSt 20), Zollikon-Zürich 1946; wieder abgedruckt in: *Rechtfertigung und Recht. Christengemeinde und Bürgermeinde. Evangelium und Gesetz*, Zürich 1998, S. 47–80.

## 140

Brunner                                          Zürich, 16.1.1943

Lieber Freund,

Du kannst es ja wohl meinem Aufsatz[1] anmerken, daß er ganz und
gar am sachlichen Problem orientiert ist und darum alle polemischen
Ausfälle und Akzente meidet. Ich glaubte, damit nicht länger zurückhalten zu dürfen, nachdem Dr. Frey und andere zu wiederholten Malen
und nicht nur im Kirchenblatt meine Auffassungen als solche Luthers
gegenüber denen der Reformierten abzuwerten und sogar mit dem, was
draußen gelehrt und getan wird, in Verbindung zu bringen suchten.[2] Es
mußte einmal klargestellt werden, daß es sich hier wirklich nicht um
Zwingli versus Luther, sondern um neue Lehre gegen Reformation handelt, und, nach meiner Erkenntnis, damit auch um neue Lehre gegen
Bibellehre. Wenn du Lust hast oder dich gedrängt fühlst zu replizieren,
so möchte ich nur das eine wünschen, daß du nicht wieder wie damals
im Nein an Emil Brunner[3] meine Gedanken karikierst und mit Anathe-
maten daherfährst. Ein rein sachliches, nicht mit dem Willen zur Her-
absetzung und Verdächtigung des anderen geführtes Gespräch sollte
auch in der jetzigen Zeit möglich sein. Du hast es ja auch in deiner
Dogmatik I,2 sehr ausführlich, wenn auch ohne Namensnennung getan, wobei es freilich zum Schluß auch wieder zu kräftigen Anathema-
ten gekommen ist.[4] Was das Gespräch Barth-Brunner so unerquicklich

[1] Vgl. S. 329, Anm. 2.

[2] Frey stellte in seinem Aufsatz *Grenzen der kirchlichen Verantwortung?*,
a.a.O. (S. 330, Anm. 3), die Tradition Zwinglis, der die «Verpflichtung zur sachlichen, inhaltlichen Stellungnahme deutlich vor die Kirche gestellt» habe, und die
des deutschen Luthertums gegenüber, das sich aufgrund «der Lehre von den zwei
Reichen» «vom Wächteramt gegenüber dem Staat entbunden» (a.a.O., S. 359)
habe.

[3] K. Barth, *Nein! Antwort an Emil Brunner* (ThExh 14), München 1934.

[4] Vgl. etwa KD I/2, S. 286–289, wo Barth sagt, daß der Mensch keine, auch
keine «negativen Möglichkeiten» besitzt, die als «Anknüpfungspunkt» in Betracht kommen, um Empfänger von Gottes Wort und Gnade zu werden. Vielleicht denkt Brunner auch an KD II/1, bes. S. 182–200, wo sich Barth in § 26
(Die Erkennbarkeit Gottes) umfassend mit der natürlichen Theologie auseinandersetzt und zum Abschluß den Sachverhalt anhand der 1. These der Barmer
Theologischen Erklärung erläutert. Dort sagt Barth freilich, daß der Inhalt der
christlichen Verkündigung *als solcher* die natürliche Theologie ausschließt und

und jede Auseinandersetzung zwischen dir und irgendeinem Andersmeinenden im unguten Sinn einzigartig macht, ist dies, daß immer ein Generalanathema: «Christus verraten», «die Gemeinde irreführen» usw. dazukommen muß. Das ist in der Regel das Spezifikum «euerer» Art von Polemik – und die ist dann in der Tat für die Gemeinde ein Ärgernis, während eine ruhige Gegenüberstellung von Grund und Gegengrund an sich nichts Stoßendes hat, sondern jedem Einsichtigen als sachgemäß vorkommen muß. Ich glaube wirklich, daß ich bis jetzt in keiner Zeile öffentlicher Auseinandersetzung mit dir etwas von dieser rabies[5] mitunterlaufen ließ. Ich habe aber immer noch die tolle Hoffnung, daß mein Aufsatz dich überzeugen wird, sofern du bereit bist, auf seine Gründe wirklich zu hören. Warum sollte ich diese Bereitschaft nicht bei dir voraussetzen dürfen, da ich sie selber bei mir immer wieder vorfinde, wenn ich etwas von dir lese? Meine erste Frage heißt immer: sollte er vielleicht doch recht haben, gegen mich? Und dann erst gehe ich an die genaue Überprüfung. Und bei dieser achte ich vor allem darauf, ob ich dich so verstanden habe, wie du es gemeint hast. Vielleicht daß es mir auch so nicht immer gelingt; aber den Willen dazu habe ich. Und darum nehme ich ihn auch auf deiner Seite an. Geschieht das Gespräch so, so kann es statt ärgerlich erbaulich werden.

Mit freundlichen Grüßen

dein E. Brunner

141

Barth                                                                 Basel, 11.1.1944

Lieber Freund!

Du warst so freundlich, mir dein neues Buch «Gerechtigkeit» zur Weihnacht zu dedizieren.[1] Ich danke dir herzlich. Unser hiesiger Senior,

---

daß gerade darum gilt: «Eine Theologie, die dem Menschen die natürliche Theologie als solche ausreden und verbieten zu können meint, ist bestimmt selber noch natürliche Theologie» (a.a.O., S. 190).

[5] Vgl. Melanchthons Äußerung zur «rabies theologorum», zum Ingrimm der Theologen, in seinem letzten scriptum: CR 9, Sp. 1098.

---

[1] E. Brunner, *Gerechtigkeit. Eine Lehre von den Grundsätzen der Gesellschafts-*

Eberhard Vischer[2], pflegt sich der gewissen Bedrängnis solcher Situation dadurch zu entziehen, daß er einem postwendend (wohlweislich bevor er das betreffende Imprimat gelesen hat) einige unverbindliche Dankeszeilen zukommen läßt. So habe ich es nun nicht gehalten, sondern habe dein Buch mit einigen Unterbrechungen von A–Z durch- und zu Ende gelesen. Nun wäre ich natürlich verpflichtet, meinen Dank etwas zu substanziieren, und da fängt für mich die Bedrängnis an.

Ich bewundere wie an deinen früheren, so auch an diesem deinem neuesten Buch die Ausbreitung deiner Nachforschungen, die Luzidität deiner Darstellung, die Sauberkeit, in der ein Satz nach dem andern auf Stapel gelegt und dann auf die hohe See entlassen wird, die vorbildliche Logik und Pädagogik, in der man als Leser geführt wird, die ausgesprochene Tüchtigkeit der ausgesprochenen Gesinnung, die hohe Handlichkeit und Brauchbarkeit jedenfalls vieler der erzielten Resultate. Ich bewundere das alles nicht nur «neidlos», sondern eben ausgesprochen neidisch, weil ich ein solches Buch mit diesen Eigenschaften wirklich gern auch wollte schreiben können und nun doch rebus sic stantibus nie werde schreiben können. Wenn du es gern gelesen hast, daß Pfarrer Moppert deine «Gerechtigkeit» ein «grundgescheites» Buch genannt hat[3], so kann ich dieses Urteil willig unterschreiben. Den Dr. jur. h. c., der nach dieser Leistung sicher nicht lange wird auf sich warten lassen, wirst du wohl verdient haben.[4]

Du wirst es aber doch nicht anders erwarten, als daß ich, was die Sache betrifft, auch diesem Buch in ziemlichem Unglück gegenübersitze. Ich kann eben – auf die Gefahr hin, daß ich das Volk nicht in dieser Weise zu belehren weiß – dieses Abseilen des Gesetzes vom Evangelium

*ordnung,* Zürich 1943. Zur Entstehung und Wirkung bis hin zu den Begründern der CDU im Nachkriegsdeutschland vgl. Brunner, Mein Vater, S. 81–84.

[2] Eberhard Vischer (1865–1946), seit 1902 Professor der Theologie in Basel.

[3] Oscar Moppert, *Gerechtigkeit, Rez. zu E. Brunner, Gerechtigkeit,* Basler Nachrichten vom 18./19.12.1943. Der Basler Pfarrer Moppert schreibt nicht wörtlich: «grundgescheites» Buch. Vielleicht hat Barth von ihm das Urteil mündlich vernommen.

[4] Brunner wurde tatsächlich am 29.5.1948 durch die Universität Bern anläßlich der «Erinnerungsfeier an die Gründung des schweizerischen Bundesstaates im Jahre 1848» zum Dr. jur. h. c. promoviert.

nicht mitmachen und an der so gewonnenen Bewegungsfreiheit keine Freude haben.

Ich kann den christlichen Glauben in der Mitte, in die du ihn durchgängig versetzt hast, nicht wiedererkennen. Ich würde mich so ziemlich in allen den Gegensätzen, in denen du bei einem relativen Gleichgewicht endigst, für ein relatives Übergewicht der einen gegen die andere Seite entscheiden müssen. Ich hatte beim Lesen deines Buches ein richtiges Heimweh nach dem Zorn und nach der Hoffnung, in denen einst unser alter Lehrmeister Kutter sein (sicher heillos «ungerechtes») Buch unter demselben Titel geschrieben hat.[5] Daß sogar nach Troeltsch die Kraft des Jenseits – er dürfte aber in seiner ganzen Agnosie nicht an das Jenseits deiner Schöpfungsordnungen gedacht haben – die Kraft des Diesseits ist[6], schau, das fehlt mir in deinem Werk, und es ließ mich bei der Lektüre nie froh werden, daß das ihm schon von der ersten Seite an sogar grundsätzlich fehlen muß[7]. Und du deinerseits bist also wirklich überzeugt, mir mit den am Schluß deiner Anmerkung 34 zugerufenen Scheltworten «gerecht» geworden zu sein.[8]

Ja, lieber Freund, da stehen wir wieder einmal und können uns wohl nur gegenseitig gute Fahrt wünschen. Das will ich denn also tun und bleibe

mit freundlichem Gruß

dein Karl Barth

---

[5] H. Kutter, *Gerechtigkeit. Ein altes Wort an die moderne Christenheit, Römer I–VIII,* Berlin 1905.

[6] Vgl. E. Troeltsch, *Die Soziallehren der christlichen Kirchen und Gruppen,* Gesammelte Schriften Bd. I, Tübingen 1912, S. 979: «Das Jenseits ist die Kraft des Diesseits.» Barth verwendete das Zitat häufiger, vgl. z. B. *Der Christ in der Gesellschaft* (1919), in: W.G.Th., S. 66; sowie Theologie Calvins, S. 98.

[7] Vgl. E. Brunner, *Gerechtigkeit,* a.a.O., S. 3f.: «Es geht ein Schrei nach Gerechtigkeit durch die Welt... In jedem Menschen lebt ein Gefühl von Recht und Unrecht.»

[8] Brunner greift a.a.O. S. 321, Anm. 34, eine «neuere Theologengruppe» an, die «die Ableitung der Rechts- und Staatsordnung aus dem ... Kreuz Christi» versuche. Dies lehnten auch «auf dem Boden des biblischen Christusglaubens stehende Juristen als vollkommen unmöglich ab», zudem sei «diese Lehre auch sehr gefährlich, indem sie notwendigerweise zu einer schwärmerischen Vermischung von Kirche und Staat, Liebesbotschaft und Gerechtigkeitslehre führen muß.»

Barth                                                    Basel, 14.12.1944

Lieber Freund!

Du wirst den Fackel[1] des Herrn Geoffrey Bles[2] in London auch erhalten haben, laut dessen er gesonnen ist, «Natur und Gnade»[3] samt
«Nein!»[4] als one of the most important religious discussions of recent
times unter einem Deckel ins Englische übersetzt neu herauszugeben
und laut dessen wir zunächst aufgefordert sind, uns kindly darüber zu
verständigen.[5]

Bei der Tatsache, daß sie dort zu diesem Unternehmen erst heute
und also nach vollen 10 Jahren sich aufmachen, muß man sich wohl,
nachdem sie dort ja auch den Schleiermacher erst 100 Jahre zu spät
übersetzt und herausgegeben haben[6], nicht zu lange aufhalten. Vielleicht wäre John Baillie[7], der das Vorwort schreiben will, die Auflage zu
machen, die Leser darauf aufmerksam werden zu lassen, daß die beiden
Verfasser sich in ihren seit 1934 gedruckten Schriften noch ganz anders
auseinanderentwickelt hätten, als es damals bei aller Lebhaftigkeit der
Äußerung ihres Gegensatzes zu erwarten gewesen wäre.

Aber wie dem auch sei, ich habe von mir aus nichts dagegen, daß das
«Nein!» mitsamt seinen mir heute natürlich besser als damals überseh-
baren Schwächen *tel quel* und mit deinem Text – auch mit diesem natürlich *tel quel*, d. h. in der Fassung der *ersten* Auflage, auf die ich damals geantwortet habe – dort wiedererscheint. Ich würde die Sache wie
eine Nummer aus den einstigen Lietzmann-Heften[8] oder aus dem Flo-

---

[1] = Brief, Schrieb.

[2] Verleger von The Centenary Press, London.

[3] Vgl. E. Brunner, *Natur und Gnade. Zum Gespräch mit Karl Barth,* Tübingen 1934.

[4] Vgl. K. Barth, *Nein! Antwort an Emil Brunner* (ThExh 14), München 1934.

[5] *Natural Theology. Comprising «Nature and grace» by Emil Brunner and the
reply «No!» by Karl Barth.* Translated from the German by Peter Fraenkel. With
an introduction by John Baillie, London 1946.

[6] Fr. Schleiermacher, *The Christian Faith. English Translation of the second
German edition,* ed. by H.R. Mackintosh, J.S. Stewart, Edinburgh 1928.

[7] John Baillie (1886–1960), Professor in Edinburgh. Vgl. zu ihm auch Lebenslauf, S. 410.

[8] Gemeint sind die *Kleinen Texte für Vorlesungen und Übungen,* hrsg. von

rilegium patristicum[9] verstehen, würde also denken, es sei Baillie zu überlassen, in welchem Sinn er die beiden Schriften in seinem Vorwort kommentieren, und den übrigen Lesern, was sie sich hinsichtlich der Frage, ob und inwiefern wir uns damals verstanden oder nicht verstanden, Recht oder Unrecht angetan haben, was sie sich z. B. hinsichtlich der von mir so eigenmächtig eingeführten «Offenbarungsmächtigkeit» für einen Vers machen wollen.[10] Wenn sie beide miteinander säuberlich vorgelegt bekommen, sollten sie ja dazu in der Lage sein. Das «Nein!» ist ja m.W. nie in einer zweiten, jedenfalls nie in einer veränderten Auflage erschienen. Wollte ich heute mit Überarbeitungen anfangen, so könnte der vaticinia ex eventu kein Ende sein. Ich habe aber überhaupt keine Lust, heute noch einmal in jene ganze Problematik einzusteigen. Wogegen ich nichts dagegen habe, wenn die Engländer sich jetzt nachträglich auch damit beschäftigen wollen.

Dies also ist meine Meinung, wobei ich übrigens auch die schnöde Hoffnung hege, die verheißenen 5 % royalty möchten eine so reichliche Ernte darstellen, daß sie mir bei der Bezahlung der irrsinnig hohen Basler Steuern für das Jahr 1945 zu Hilfe kommen möchten.

Mit freundlichem Gruß zur Adventszeit

dein Karl Barth


Sag mir doch dann gleich in zwei Worten, von wem das Stichwort «Ethik des Lammes» stammt, gegen das du in deiner letzten Artikelreihe im Kirchenblatt polemisiert hast.[11] Hat sich da irgendein Mann aus der Brüdergemeinde meiner so hoffnungslosen Sache angenommen?

Hans Lietzmann, Bonn 1902ff. Darunter befinden sich Texte wie: *Frühbyzantische Kirchenpoesie – Die Frösche des Aristophanes – Quellen von Schillers und Goethes Balladen.*

[9] Florilegium patristicum, Bonn 1904ff. Die ersten beiden Hefte enthielten: *Auswahl aus den Apostolischen Vätern – Apologien des Iustin.*

[10] Vgl. dazu Nr. 103.

[11] Vgl. E. Brunner, *Zwischen Scylla und Charybdis (Betrifft Frage nach der Grundlage einer Lehre von den gerechten sozialen Ordnungen)*, in: KBRS, Jg. 100 (1944), S. 354–356.372–376. Brunner erklärt dort S. 375, in seinem Buch *Gerechtigkeit*, a.a.O., eine christliche Soziallehre entfaltet zu haben, und hält fest: «Die Ablehnung [scil. des Buches] aber kam ... von Theologen, die etwas wie eine ‹Ethik des Lammes› postulieren.» Eine Rez., die eine solche Kritik an Brunner vorträgt, ist in seinem Nachlaß nicht nachweisbar. In einem mit A. J. gezeichneten Artikel *Christlicher Glaube und Staat. Noch ein Diskussionsbeitrag,* in: NZZ,

Brunner                                    Zürich, 15.12.1944

Mein Lieber,

Du wirst auch den Brief der Centenary Press erhalten haben, die an-
fragt, ob wir bereit seien, Natur und Gnade und Nein in einem Bändchen erscheinen zu lassen.[1] Wir sollen uns zuerst untereinander verständigen. Was meinst du dazu?

Ich bin von der Idee nicht sehr begeistert, da dieser Waffengang nun
doch schon ein wenig weit zurückliegt und wir inzwischen wieder etwas
weiter gekommen sind. Aber ich möchte nun nicht meinerseits Nein sagen, wenn du ein Ja im Sinne hast.

Indem ich dich bitte, mir bald deine Meinung kundzugeben, nehme
ich die Gelegenheit wahr, dir wieder einmal Grüezi zu sagen und dir
und deiner Familie ein im Sinne des «Trotzdem» frohes Weihnachtsfest
zu wünschen,

                                           dein E. Brunner


144

Brunner                                    Zürich, 13.2.1945

Lieber Freund,

Wie du dich erinnern wirst, haben sich s. Z. unsere Briefe, die wir
einander nach Empfang des Schreibens der Centenary[1] Press, London,
geschrieben hatten, gekreuzt.[2] In der Annahme, du werdest deine Be-

---

Jg. 165, Nr. 1073 (24.6.1944), ist mehr allgemein kritisch gegen Brunners Buch
*Gerechtigkeit* eingewandt: «Ist das Böse unausrottbar das Wesen des Menschen,
dann gibt es auch nicht christliche Liebe als menschliche Seelenhaltung oder gar
als Parteiprogramm» – mit dem «christlichen Anliegen einer Humanisierung des
Staates und der manchesterlichen Gesellschaft».

---

[1] Vgl. Nr. 142.

---

[1] Korrigiert aus: Century.
[2] Vgl. Nr. 142 und Nr. 143.

reitwilligkeit, auf den Vorschlag einzugehen, nach London gemeldet haben, schrieb ich meinerseits, ich sei einverstanden, vorausgesetzt, daß Baillie, den du ja auch kennst, eine kleine Einführung schreibe, in der gewisse Mißverständnisse, die der sachlichen Diskussion nicht dienen können, aufgeklärt werden.

Nun erhalte ich einen Brief, vom 9. Jan. datiert, in dem Mr. Bles schreibt: «I assume from your letter, that Professor Barth also agrees to the terms offered and that you will represent him in business matters connected with the book.»

Diese Annahme finde ich sehr naiv und durch meinen Brief keineswegs begründet. Ich wollte im ersten Moment sofort kabeln: «Do not act without Barth's explicit agreement», dachte dann aber, es sei doch einfacher, zuerst mit dir direkt zu verhandeln.

Aus dem Brief von Bles muß ich annehmen, daß du nicht geantwortet hast, und daß er, weil ich in meinem Brief den deinen an mich erwähnte und − in der Annahme, daß du ihm das selbst mitgeteilt habest − deine Einwilligung voraussetzte, den Schluß zog, ich habe in deinem Namen ebenso wie in meinem geantwortet, und darauf einen Herrn Peter Fraenkel[3] mit der Übersetzung betraute[4].

Was soll nun geschehen? Es ist an dir zu entscheiden, ob du der Sache den Lauf lassen willst oder ob du noch weitere Abklärungen erwartest. In diesem Falle müßte sofort telegraphiert werden, da Briefe immer noch reichlich vier Wochen brauchen.

Ich kann mir denken, daß auch du gewisse Wünsche vorzubringen hast und die Sache nicht ohne weiteres für gut findest, wie sie jetzt geplant ist. Ich bedaure natürlich hinterher, mich nicht bei dir erkundigt zu haben, ob du ebenso wie ich geschrieben habest oder schreiben wollest, sondern dies einfach als selbstverständlichen nächsten Schritt nach unserem Briefwechsel angenommen zu haben, und bin darum auch gern bereit, das Telegramm von mir aus zu schicken, um ein weiteres Vorwärtsmachen zu verhindern, das deine Billigung nicht hätte. Falls es dir aber recht ist, so wie es steht, schreibe ich nur einen Brief, um nachträglich die voreilige Schlußfolgerung des Verlegers zu sanktionieren,

[3] *Natural Theology. Comprising «Nature and grace» by Emil Brunner and the reply «No!» by Karl Barth.* Translated from the German by Peter Fraenkel. With an introduction by John Baillie, London 1946.
[4] Korrigiert aus: betreute.

ausdrücklich in beider Namen. Auch ein drittes ist möglich, daß du deinerseits per Brief dein Einverständnis mitteilst.

Im Fall ein Telegramm nötig ist – also im Fall deines Nichteinverständnisses –, bitte ich dich, mir möglichst postwendend zu schreiben, da ich Donnerstag Nachmittag bis Samstag Vormittag abwesend bin.

Bei einer kleinen Vortragsreise im Welschland – ich hatte für die Amis de la pensée protestante an den drei Universitäten zu sprechen[5] – bin ich überall auf die Spuren deines Vortrags über Deutschland gestoßen[6]; er hat offenbar die Gemüter sehr stark bewegt und ein kräftiges pro et contra hervorgerufen.

Mit den besten Grüßen

dein E. Brunner

145

Barth                                                          Basel, 14.2.1945

Lieber Freund!

Ich hatte der Centenary[1] Press zunächst darum nicht geantwortet, weil ich auf eine Bestätigung von dir wartete, daß du damit einverstan-

[5] Brunners Vortrag an den Universitäten Genf, Lausanne und Neuchâtel *La foi et la morale* findet sich im Brunner-Nachlaß W 55/85 in Form zweier Typoskripte; dazu die Notiz, der Vortrag sei gehalten vor den «Amis de la pensée protestante» in Neuchâtel, Februar 1945. Der Vortrag fand hier am 5.2.1945 in der Aula der Universität statt. – Angesichts der Ausstrahlung der von Jacques Maritain geprägten neuthomistischen Bewegung in Frankreich auch auf die intellektuelle Jugend in der romanischen Schweiz unterzeichneten dort etwa 200 protestantische Persönlichkeiten 1923 einen «Appell», der zu der Vereinigung «Les amis de la pensée protestante» führte. Sie setzte sich die Eindämmung des Einflusses dieser Bewegung zum Ziel und wandte sich durch die Organisation von Vorträgen und regelmäßigen Konferenzen, vornehmlich in der französischen Schweiz an Gebildete.
[6] Barth hielt seinen Vortrag *Die Deutschen und wir* (Vortrag, gehalten im Januar und Februar 1945), Zollikon-Zürich 1945, wieder abgedruckt in: SchwSt, S. 334–370, in Couvet, Neuchâtel, Schönenwerd, Rohrbach, Olten, Arlesheim, Aarau, Genf, Le Locle, La Chaux-de-Fonds, Bern, Glarus und St. Gallen. Vgl. Lebenslauf, S. 337.

[1] Korrigiert aus: Century.

den seist, daß es sich um eine Palinodie deiner ersten Auflage und meiner seither unveränderten Antwort darauf handeln sollte.[2] Als sie nicht kam, befürchtete ich, ich könnte dich mit dieser meiner einzigen Bedingung verstimmt haben.

Und nachher – und vielleicht im Zusammenhang mit dieser Befürchtung – versank die ganze Angelegenheit in den Tiefen meines Unterbewußtseins.

Daß du dann der Centenary[3] Press gegenüber zugestimmt hast und offenbar so, daß deinem Brief auch mein Einverständnis entnommen werden konnte, habe ich gerade vor ein paar Tagen durch den Übersetzer Fraenkel gehört, und das ist mir nun nur recht so. So kann ich dich, wenn du noch einmal dorthin schreibst, nur bitten, die «nachträgliche Sanktionierung» auch in meinem Namen zu vollziehen. Man darf ja gewiß annehmen, daß sie dort vom Technischen einer solchen «historischen» Ausgabe das Nötige verstehen und also z. B. bei der Paginierung für die nötige Übereinstimmung mit den Originalen Sorge tragen werden. Was die Aufklärung der Mißverständnisse betrifft, so will auch ich mich vertrauensvoll in Baillies Hände legen. Ich hörte durch den Übersetzer, daß sie dort bereits schwer mit den sachlichen und sprachlichen Geheimnissen von «Wortmächtigkeit» und «Offenbarungsmächtigkeit» zu ringen haben.[4] Das mögen sie nun eben tun.

Mit dem Vortrag über die Deutschen werde ich noch ziemlich oft unterwegs sein.[5] Den Platz Zürich werde ich aber mit dieser Darbietung nicht heimsuchen.

Mit freundlichem Gruß und Dank

dein Karl Barth

[2] Vgl. Nr. 142 und Nr. 143.
[3] Vgl. Anm. 1.
[4] Vgl. S. 268, bes. Anm. 3 und 4.
[5] Vgl. S. 340, Anm. 6.

## 146

Barth                                                      Basel, 8.12.1945

Lieber Freund!

Ich muß dich in einer etwas peinlichen Sache bemühen, die ich aber
gerne aus der Welt geschafft sähe.

Mir wird in glaubhafter Weise versichert, du seist der Ausgangspunkt
von zwei in der Schweiz umlaufenden Nachrichten über meine Beteiligung an der Konferenz von Treysa.[1] Du wirst dich dabei auf bestimmte
Informationen beziehen. Ich möchte dich aber bitten, zur Kenntnis zu
nehmen, daß diese Informationen falsch sind.

1. Mir soll in Treysa ein Redeverbot auferlegt worden sein. – Dem ist
nicht so. Ich habe dort Landes-Bischof Wurm[2] von mir aus mitgeteilt,
daß ich an der Bruderratskonferenz in Frankfurt aus freien Stücken an
keiner Abstimmung teilgenommen hätte[3] und daß ich das auch in
Treysa nicht zu tun gedenke[4]. Von meiner rednerischen Mitwirkung

[1] Der Württemberger Landesbischof Wurm (vgl. Anm. 2) hatte zur «Konferenz der evangelischen Kirchenführer» vom 27. bis 31.8.1945 in Treysa geladen,
auf der die Neuordnung der Deutschen Evangelischen Kirche unternommen
werden sollte, vgl. K. Herbert, *Kirche zwischen Aufbruch und Tradition. Entscheidungsjahre nach 1945*, Stuttgart 1989, S. 33–57.

[2] Theophil Wurm (1868–1953), 1929 württembergischer Kirchenpräsident,
1933–1949 Landesbischof, 1945–1949 Vorsitzender des Rates der EKiD.

[3] Barth nahm an der Bruderratstagung in Frankfurt/M. vom 21. bis 24.8.1945
teil, auf der die Vertreter der Bekennenden Kirche ihre Haltung in Treysa abstimmen wollten, vgl. K. Herbert, a.a.O., S. 36–46. Eingeladen war Barth durch
Martin Niemöller (1892–1984), während des 1. Weltkrieges U-Boot-Kommandant, anschließend Theologiestudium, seit 1931 Pfarrer in Berlin-Dahlem, 1933
Mitbegründer der Jungreformatorischen Bewegung und des Pfarrernotbundes.
Er stand konsequent hinter der Barmer Theologischen Erklärung und dem Dahlemer Notrecht. Nach seiner Haft im Konzentrationslager Sachsenhausen und
Dachau 1937–1945 setzte er sich für Fortsetzung der Linie der Bekennenden Kirche in der EKiD ein. In Treysa wurde er zum stellvertretenden Ratsvorsitzenden
und ins kirchliche Außenamt berufen und war ab 1947 Kirchenpräsident von
Hessen und Nassau.

[4] Barth war von der Frankfurter Bruderratstagung (vgl. Anm. 3) als Mitglied
einer zehnköpfigen Delegation nach Treysa entsandt worden, vgl. K. Herbert,
a.a.O., S. 42, und äußerte sich über Treysa in *Die evangelische Kirche in Deutschland nach dem Zusammenbruch des Dritten Reiches* (Wipkinger Vortrag vom
14.10.1945), Zollikon-Zürich 1945, S. 35f.: «Es hat aber in der Kirchengeschichte

war überhaupt nicht die Rede. Wahr ist nur, daß ich im Plenum faktisch nie gesprochen habe. Es wurde dort aber überhaupt nur selten diskutiert, sondern [es wurden] fast nur vorbereitete Voten abgegeben und angehört, während die entscheidenden Unterhaltungen in den einzelnen Kreisen oder von Mann zu Mann geführt wurden.

2. Ich soll dort versprochen haben, eine «Ehrenerklärung» für den Dr. Gerstenmaier[5] abzugeben. – Auch dem ist nicht so. Man hat mir dort (es war wohl zuerst Landes-Bischof Wurm und dann zuletzt besonders eifrig sein Adlatus Pressel[6]) zugemutet, das zu tun. Georg Merz

sicher im Ergebnis schlechtere Kompromisse gegeben... Wenn es der Bekennenden Kirche auch in Zukunft an Treue, Weisheit und Entschlußkraft nicht fehlt, so besteht begründete Aussicht, daß das Ganze sich ... vorwärtsbewegen wird.» Deutlich kritischer äußerte er sich brieflich gegenüber E. Bizer am 10.10.1946, vgl. Lebenslauf, S. 342.

[5] Eugen Gerstenmaier (1906–1986), ehemals Schüler Emil Brunners, wurde 1942 Konsistorialrat im Kirchlichen Außenamt unter Bischof Theodor Heckel. Er gehörte zum «Kreisauer Kreis», der mit die Verschwörung gegen Hitler am 20.7.1944 plante. Gerstenmaier kam infolgedessen vom 20.7.1944 bis zur Befreiung durch die Amerikaner am 14.4.1945 in Haft. Gerstenmaiers Haltung im Kirchenkampf bleibt sehr undurchsichtig; vgl. G. Besier, *Die Bekennende Kirche und der Widerstand gegen Hitler. Einzelbeobachtungen,* in: WuD, Bd. 18, Bethel 1985, S. 197–227, bes. S. 208–212. Gerstenmaier wurde auf der Konferenz in Treysa zum Leiter des Hilfswerks der EKiD bestellt, dessen Gründung er betrieben hatte, vgl. J. M. Wischnath, *Kirche in Aktion. Das Evangelische Hilfswerk 1945–1957 und sein Verhältnis zu Kirche und Innerer Mission* (Arbeiten zur kirchlichen Zeitgeschichte, Reihe B: Darstellungen, Bd. 14), Göttingen 1986. Zuvor hatte er sich im Juni 1945 zu Verhandlungen über ökumenische Unterstützung seiner Hilfswerk-Pläne in der Schweiz aufgehalten. Dabei hatte er auch über den deutschen Widerstand gegen Hitler und seine Rolle darin gesprochen, vgl. seinen Artikel *Zur Geschichte des Umsturzversuches vom 20. Juli 1944,* in: NZZ, Jg. 166, Nr. 979 und 983 (23. und 28. Juni 1945). Dazu nahm Arthur Frey kritisch Stellung im Schweizerischen EPD: *Merkwürdige Berichterstattung,* Nr. 26 am 27.6.1945; ders., *Zum Bericht Gerstenmaiers,* Nr. 28 am 11.7.1945; ders., *Mangelhafte Berichterstattung im Fall Gerstenmaier,* Nr. 30 am 1.8.1945. Ebenso Karl Barth, *Neueste Nachrichten zur neueren deutschen Kirchengeschichte?,* in: KBRS, Jg. 101 (1945), S. 216–218; wieder abgedruckt in: *Karl Barth zum Kirchenkampf. Beteiligung, Mahnung, Zuspruch* (ThExh NF 49), München 1956, S. 84–89. (Wegen dieses Neuabdrucks strengte dann E. Gerstenmaier gegen dessen Herausgeber E. Wolf einen Prozeß an.) Emil Brunner antwortete auf beide mit dem Artikel *Zum Zeugnis für Dr. Gerstenmaier,* in: NZZ, Jg. 166, Nr. 1124 (22.7.1945). Vgl. auch Lebenslauf, S. 339–343, und den Brief Barths an A. Frey vom 30.7.1945, in: G. Besier / H. Ludwig / J. Thierfelder / R. Tyra (Hrsg.), *Kirche nach der Kapitulation. Bd. II. Auf dem Weg nach Treysa,* Stuttgart / Berlin / Köln 1990, S. 231f.

[6] Wilhelm Pressel (1895–1986), Pfarrer, 1933–1945 Oberkirchenrat in Stutt-

wollte überdies eine Unterredung zwischen Gerstenmaier und mir zu-
standebringen. Ich habe mich dazu bereit erklärt. Sie kam dann wegen
technischer Schwierigkeiten nicht zustande. Zu einer «Ehrenerklärung»
habe ich mich in keinem Stadium dieser Verhandlungen bereit erklärt,
geschweige denn irgend etwas in dieser Richtung Gehendes versprochen. Nach Allem, was ich seither gehört habe, bin ich froh, dem Mann
entgegengetreten und so entgegengetreten zu sein, wie ich es getan habe.

Lieber Freund, ich wünsche keine weiteren Händel mit dir und suche ihnen in weitem Bogen aus dem Weg zu gehen. Es wäre aber doch
gut, wenn du diese beiden Nachrichten nicht weiter verbreiten würdest.

Mit freundlichem Gruß!

Dein Karl Barth


### 147

Brunner      Zürich [zwischen dem 13.2. und dem 17.12.1945]

*Übersendung («Mit besten Grüßen») eines für Barth bestimmten, fälschlich
an Brunner gelangten Briefes.*


### 148

Brunner               Zürich, 17.12.1945

Lieber Freund,

Vor einigen Tagen sagte ich zu meiner Frau: Ein neuer Band der
Dogmatik von Barth ist erschienen[1], diesmal werde ich ihn mir selbst
kaufen müssen... Umso größer war meine Überraschung, ihn vorgestern mit einer freundlichen Widmung von dir zugestellt zu bekom-

gart, ab 1946 Bevollmächtigter für das Hilfswerk der EKiD und dessen Hauptge-
schäftsführer.

---

[1] KD III/1. Barth schrieb in das Brunner gewidmete Exemplar: «Emil Brunner im Advent 1945 von Karl Barth.»

men. Diesmal ging's wirklich nach Römer 12,20. Denn du hattest dich wirklich darüber zu beklagen, daß ich an der Entstehung einer unrichtigen Nachricht über dich beteiligt bin.

Zunächst aber möchte ich herzlich Dank sagen für das große und wirklich ganz unerwartete Geschenk. Am liebsten hätte ich es gerade durch den ersten Band meiner Dogmatik quittiert, der auf Ende dieses Jahres geplant war, aber nun erst im Frühjahr 46 erscheinen kann.[2] Ein anderes Buch ist seit Gerechtigkeit[3] nicht unter der Feder bzw. Maschine gewesen.

Ich werde nun deinen Schöpfungsband I mir zu Gemüte führen, sobald ich etwas Muße habe – was leider bei unseren sehr kurzen Weihnachtsferien kaum der Fall sein wird.

Nun die unerfreuliche Sache wegen der Falschnachrichten. Es ist mir von einem, der es wissen mußte, den ich vorläufig nicht nennen will, versichert worden, du hättest vor drei Zeugen: Merz[4], Bodelschwingh[5] und Prälat Schlatter[6] eine Ehrenerklärung für Gerstenmaier in drei Punkten abgegeben, die mir genannt wurden, die ich aber nicht genau im Gedächtnis behalten habe.

Diese Geschichte erschien mir umso plausibler, als ich nicht daran zweifeln konnte, daß du inzwischen von deinen deutschen Freunden müssest gehört haben, daß an der Nazigegnerschaft Gerstenmaiers seit 1933 nicht zu zweifeln sei und daß seine kirchenpolitische, von der von Dahlem abweichende Linie teils auf einer theologischen Differenz, teils auf einer anderen Einschätzung der intakten Landeskirchen in Sachen Widerstand gegen das Regime begründet war.[7] Selbstverständlich wer-

[2] E. Brunner, *Die christliche Lehre von Gott. Dogmatik, Band I,* Zürich 1946.

[3] E. Brunner, *Gerechtigkeit. Eine Lehre von den Grundsätzen der Gesellschaftsordnung,* Zürich 1943.

[4] Zu Georg Merz vgl. S. 75, Anm. 3.

[5] Friedrich von Bodelschwingh (1877–1946), seit 1904 Pfarrer in Bethel, Leiter der dortigen Einrichtung seit 1910. 1933 trat er nach dreiwöchiger Amtszeit als Reichsbischof aufgrund deutschchristlicher Angriffe zurück, allerdings war er in der Folgezeit kein Verfechter der konsequenten Dahlemer Richtung der Bekennenden Kirche. In Treysa vermittelte er zwischen den verschiedenen Gruppen.

[6] Lic. Theodor Schlatter (1885–1979), 1937–1956 Prälat in Ludwigsburg, seit 1943 stellvertretender Landesbischof für geistliche Angelegenheiten.

[7] Brunner verfaßte in diesem Sinn einen weiteren Artikel *Die Wahrheit über Dr. Gerstenmaier* (vgl. S. 343, Anm. 5). Aufgrund des scharfen Einspruchs von

de ich, nachdem du erklärst, jene Erklärung hätte nicht stattgefunden, erstens meinen Gewährsmann zur Rechenschaft ziehen, zweitens da, wo ich davon gesprochen habe, die notwendige Berichtigung anbringen.

Was das zweite Gerücht betrifft, so ist hier die fama etwas tätig gewesen. Von einem Redeverbot habe ich nie gesprochen, sondern davon, daß du nicht zu den Eingeladenen gehört habest und deswegen an den öffentlichen Verhandlungen nicht das Wort ergreifen konntest. Auch das scheint nicht ganz so gewesen zu sein, und ich werde auch hier, selbstverständlich, wo sich die Gelegenheit bietet, meine Äußerung richtig stellen.

Im übrigen kann ich nun ja auch nicht verhehlen, daß ich die ganze bisherige Berichterstattung über die deutschen kirchlichen Dinge höchst einseitig finde. Deine Stellungnahme gegen Gerstenmaier im Kirchenblatt[8] hat nicht nur hier, sondern auch im Norden höchstes Befremden hervorgerufen. Kurzum, hier gäbe es vieles zu rektifizieren.

Doch soll davon jetzt nicht die Rede sein. Du hast in deiner Widmung an die Adventszeit erinnert. Unter dem Christbaum wollen wir wirklich das Kämpfen und Streiten bleiben lassen. Daß du damit den Anfang gemacht hast, rechne ich dir hoch und dankbar an. Es soll nun auch an mir nicht fehlen. Darum wünsche ich dir und den Deinen von Herzen gesegnete Weihnachten und ein gutes neues Jahr.

E. Brunner

---

W. A. Visser't Hooft nahm Brunner indes von seiner Publikationsabsicht Abstand, vgl. G. Besier, *Die Bekennende Kirche und der Widerstand gegen Hitler,* a.a.O. (S. 343, Anm. 5), S. 208f. Vgl. auch E. Brunner, *Erklärung zum Fall Gerstenmaier,* in: KBRS, Jg. 101 (1945), Nr. 19, S. 303.

[8] Vgl. S. 343, Anm. 5.

## 149

Brunner [ohne Ort und Datum; vor dem 6.6.1948]

Wie soll man das verstehen?
Offener Brief an Karl Barth[1]

Wie ich so haben sicher viele mit großem Interesse deinen Bericht über Ungarn gelesen.[2] Es sind aber auch nicht wenige, und zwar auch unter denen, die dir theologisch sehr nahestehen, denen deine Stellung zum politischen Problem der Kirchen unter dem Sowjetstern höchstes Befremden erweckt hat. Denen, die deine seit dem Ende des Weltkrieges verfaßten Kundgebungen zum Zeitgeschehen kennen, war es ja freilich bekannt, daß du zur kommunistischen Großmacht des Ostens eine wenn nicht freundliche, so doch betont verständnisvolle und jede scharfe Ablehnung geflissentlich vermeidende Stellung einnahmst. Ich selbst habe das nur als eine Nachwirkung der Genugtuung über die Niederringung des braunen Ungeheuers, an der die rote Macht des Ostens so maßgebend beteiligt war, verstehen können und gehofft, diese Milde werde, sobald nur einmal der wahre Charakter jener Macht deutlicher hervorgetreten sein werde, von selbst verschwinden und einer grundsätzlicheren Beurteilung weichen. Ich hatte gedacht, daß es dir darin gehen werde wie Reinhold Niebuhr, der noch vor zwei Jahren an einer wichtigen ökumenischen Studienkonferenz gegen meine grundsätzliche Ablehnung des roten Totalitarismus Bedenken äußerte[3], seitdem aber,

[1] Erstveröffentlicht in: KBRS, Jg. 104 (1948), S. 180–184; wieder abgedruckt in: K. Barth, *Christliche Gemeinde im Wechsel der Staatsordnungen. Dokumente einer Ungarnreise 1948*, Zollikon-Zürich 1948, S. 59–66, und mit einer Einführung in: O.Br. 1945–1968, S. 149–158.
[2] K. Barth, *Reformierte Kirche hinter dem «eisernen Vorhang»*, in: KBRS, Jg. 104 (1948), S. 135f.; wieder abgedruckt in: ders., *Christliche Gemeinde im Wechsel der Staatsordnungen*, a.a.O., S. 55–58.
[3] Zu der ersten Vollversammlung der Kommission der Studienabteilung des Ökumenischen Rats der Kirchen in Cambridge im August 1946 vgl. OePD, Genf, Ökumenische Studienarbeit, in: KBRS, Jg. 102 (1946), S. 281f. Reinhold Niebuhr (1892–1971), seit 1928 Professor für christliche Ethik und Religionsphilosophie in New York, erklärte 1948 auf der Weltkirchenkonferenz in Amsterdam, der Marxismus habe sich noch mehr als der Liberalismus als Trugbild und Irrtum herausgestellt. Er betonte aber auch, die «beiden widerstreitenden Irrleh-

namentlich seit er in Berlin das östliche Monstrum aus nächster Nähe sah, sich auf die Seite der *unbedingten kompromißlosen* Gegner stellte.[4] Daß eine solche Wendung bei dir auch nach den Ereignissen in Prag[5] nicht erfolgt ist, ist mir das Unverständliche und der Anlaß dieses offenen Briefes.

Du hast nicht nur nach Kriegsende und nicht nur während der letzten zwei Jahre, sondern auch jetzt wieder die Parole ausgegeben, die Kirche dürfe sich nicht in einen scharfen, grundsätzlichen Gegensatz gegen den «Kommunismus» hineinreißen lassen.[6] Du lobst die ungarischen Reformierten, daß sie «den Russen, der ‹Volksdemokratie›, dem ganzen Ostproblem gegenüber nicht in der Nervosität, die jetzt manche unter uns sogar hier für unvermeidlich halten», leben.[7] Du bist offenbar mit deinem Schüler Hermann Diem einig, daß die evangelische Kirche in ihrer ersten Begegnung mit dem «Kommunismus» des Ostens sich nicht von vorneherein ablehnend, sondern zuwartend und zur Zusammenarbeit bereit verhalten soll.[8] Ich weiß nicht, ob du sogar die Stellungnahme deines Freundes Hromádka in Prag billigst, der zum kommunistischen Aktionskomitee gehört und der, trotzdem er noch vor kurzer Zeit in England prophezeite, es werde in Prag keinen Staatsstreich geben, da der tschechische Kommunismus etwas anderes sei als der russische, in den kritischen Tagen zu denen gehörte, die zum Mitmachen sich bereit finden ließen.[9]

ren» hätten die Welt in einen erbitterten Bürgerkrieg gestürzt, in dem jede Seite genug Wahrheitsmomente habe, «um ihren hohen Auftrag zu behaupten, und genug Irrtum, um die andere Seite mit dem Hinweis auf die möglichen Folgen ihres Sieges in Furcht zu setzen», vgl. R. Niebuhr, *Christlicher Realismus und politische Probleme,* Stuttgart 1956, S. 89f.

[4] Zu Niebuhrs Haltung vgl. ders., a.a.O., S. 35–42.

[5] In der Tschechoslowakei war am 25.2.1948 eine neue Regierung unter K. Gottwald (1896–1953) gebildet worden, mit der die Kommunisten, die schon in der bisherigen Regierung führend vertreten waren, die Regierungsgewalt vollends übernahmen.

[6] K. Barth, *Reformierte Kirche hinter dem «eisernen Vorhang»,* a.a.O., S. 136 (S. 57).

[7] A.a.O., S. 135 (S. 55f.).

[8] Vgl. H. Diem, *Die Kirche zwischen Rußland und Amerika,* Zollikon–Zürich 1947. Hermann Diem (1900–1975), 1934–1956 Pfarrer in Ebersbach/Fils, 1957–1965 Professor für Systematische Theologie in Tübingen.

[9] J. L. Hromádka (1889–1969), Professor für Systematische Theologie an der Comenius-Fakultät in Prag, 1939–1947 in Princeton, 1947–1966 wieder in Prag.

Das alles ist denen unverständlich, die grundsätzlich keinen Unterschied sehen zwischen dem kommunistischen und irgendeinem anderen, z. B. dem nationalsozialistischen *Totalitarismus*. Natürlich wissen wir, die wir das tun und schon seit vielen Jahren getan haben, daß der Ursprung und die ursprüngliche Motivation des bolschewistischen Kommunismus eine sehr andere war als die des Nationalsozialismus. Natürlich wissen wir, daß gewisse Postulate sozialer Gerechtigkeit im roten Totalitarismus erfüllt zu sein scheinen. Kurz gesagt, wir wissen, daß die rote Varietät der Gattung Totalitarismus eben eine andere ist als die braune.

Die Frage, die wir an dich richten – und wenn ich sage wir, so meine ich nicht nur Schweizer, sondern viele deiner theologisch-kirchlichen Freunde in Deutschland, in England und Amerika –, ist die, ob – was immer nun die Unterschiede der Varietät sind – die Gattung Totalitarismus als solche eine Größe ist, zu der die christliche Kirche nur unbedingt, unmißverständlich und leidenschaftlich nein sagen kann, genau so wie du seinerzeit zum Hitlertum nein gesagt und die Kirche zum unbedingten Neinsagen aufgerufen hast. Zur Begründung und Erläuterung dieser Frage einige Bemerkungen.

1. Es ist mir – und wahrscheinlich auch anderen – immer schon auffallend gewesen, daß du auch auf dem Höhepunkt deines Kampfes gegen das Nazitum dem Problem des Totalitarismus immer ausgewichen bist. So leidenschaftlich und unbedingt deine Gegnerschaft zu diesem System gewordenen Unrecht auch war, so hast du, wenn ich mich nicht irre, kaum je eben diese, im Wesen des Totalitarismus als solchen liegende, prinzipielle Rechtlosigkeit und Unmenschlichkeit angegriffen. Das ist mir darum vielleicht mehr als anderen aufgefallen, weil ich schon im Frühjahr 1934 auf einer ökumenischen Studienkonferenz in Paris mit deutschen Theologen scharf aneinandergeriet, weil sie meine These, daß der totalitäre Staat eo ipso der ungerechte, unmenschliche und gottlose Staat sei, nicht schlucken wollten.[10] Ich habe diese These

Zur differenzierten Haltung Hromádkas gegenüber dem Kommunismus vgl. D. Neumärker, *Josef L. Hromádka. Theologie und Politik im Kontext des Zeitgeschehens* (Gesellschaft und Theologie. Systematische Beiträge, Bd. 15), München / Mainz 1974, S. 102–123.

[10] Vgl. W. Menn, *Die ökumenische Bewegung 1932–1948*, in: KJ 1945–1948, S. 245; A. Boyens, *Kirchenkampf und Ökumene 1933–1939*, München 1969, S. 87–90.134–144.

seitdem immer wieder vertreten[11] und konnte darum nie ganz mit dir einiggehen in der von dir 1938 in Wipkingen verfochtenen These, daß der Nationalsozialismus «das» politische Problem der Kirche in der Gegenwart sei[12], so gewiß ich dir zustimmte, daß es, rein politisch-militärisch gesehen, das erste und das dringlichste Problem sei.

2. Ebenso ist mir auffallend, daß in deinen und in den Äußerungen deiner nächsten Freunde an die Stelle des Problems Totalstaat zwei andere treten, in denen ich nur Verschleierungen des wirklichen Problems sehen kann. Man spricht jetzt vom «Problem Ost und West» und vom Problem «Kommunismus».

Ginge es nur um ein «Problem Ost und West», so täte die Kirche sicher gut, sich nicht allzu ostentativ ins Gespräch der Politiker zu mischen. Denn Ost und West ist sicherlich kein Problem, zu dem die Kirche als solche ein maßgebliches Wort zu sagen hat. Wer aber so sagt, der vergißt, daß es im Osten Völker gibt, die genau so von einem politischen Machtsystem vergewaltigt sind und sich vergewaltigt fühlen, wie das unter Hitler der Fall war. Damit, daß Hitler weite Strecken des Ostens okkupierte, wurde das Problem des Nazismus kein «Ostproblem». Damit, daß ein politisches System die Völker Rußlands, des Baltikums, Polens und des Balkans unterjocht und durch Scheinregierungen unter seiner Gewalt hält, ist der Gegensatz, um den es sich heute handelt, wahrhaftig nicht ein Gegensatz von Ost und West geworden. Das wäre höchstens dann der Fall, wenn die Völker mit diesem System einverstanden wären und wenn dieses Einverständnis eben aus ihrem östlichen Denken und ihrer östlichen Kulturtradition zu erklären wäre. Daß dem nicht so ist, weiß heute jeder, der Augen hat zu sehen. Wir Männer der Kirche sollten uns wirklich an dieser Vernebelungstaktik nicht beteiligen.

3. Die andere Verschiebung ist etwas besser begründet, obschon nicht weniger gefährlich. Man spricht – und auch du tust es – einfach vom «Kommunismus», zu dem der Christ nicht einfach nein sagen dürfe. Si-

[11] Vgl. z. B. E. Brunner, *Der Staat als Problem der Kirche,* Bern / Leipzig [1933], S. 6.14; oder: ders., *Die politische Verantwortung der Christen* (Kirchliche Zeitfragen 11), Zürich 1944, bes. S. 12.17. Vgl. Nr. 191.
[12] K. Barth, *Die Kirche und die politische Frage von heute* (Vortrag in Wipkingen 5.12.1938), Zollikon 1939; abgedruckt in: SchwSt, S. 69–107, bes. S. 77–107.

cher darf der Christ, der an die communio sanctorum[13] glaubt und die Kommunion feiert, nicht einfach gegen den Kommunismus sein.

Es gibt unter den vielen Möglichkeiten von Kommunismus auch solche, die durchaus christliche Möglichkeiten sein können. Ja man kann, wie ich das öfters getan habe, sehr wohl die Anschauung vertreten, das, was sich heute Kommunismus nennt, wäre nicht möglich geworden, wenn die Kirche selbst mehr kommunistisch gewesen wäre im Sinn jenes Kommunismus, den uns die Apostelgeschichte zeigt und der im Wesen der christlichen Gemeinschaft als solcher liegt.[14] Aber nun haben wir es heute mit einem «Kommunismus» zu tun, der eine Erscheinungsform des totalen Staates ist, mit dem totalitären Kommunismus. Dieser «Kommunismus» ist die logische Konsequenz des Totalitarismus. Wenn Hitler erst in den letzten Kriegsjahren den Schritt zur totalen Verstaatlichung, Politisierung und Militarisierung der Wirtschaft tat, so zeigt das eben seinen Dilettantismus. Der «ausgereifte», der konsequente Totalstaat muß «kommunistisch» sein; denn es gehört zu seinem Wesen, daß die Ganzheit des Menschen und des Lebens dem Staat unterworfen wird. Und umgekehrt ist die Verstaatlichung der gesamten Wirtschaft der entscheidende Schritt zum Totalstaat. Die Frage, vor der die Kirche heute steht, heißt also nicht, ob sie zum «Kommunismus» sich grundsätzlich verneinend einstellen solle oder nicht, sondern ob sie zum Totalstaat, der selbstverständlich, wenn er konsequent ist, auch kommunistisch sein muß, etwas anderes als ein leidenschaftlich grundsätzliches Nein sagen könne.

4. *Du begründest* die Ablehnung eines solchen grundsätzlichen Neins zum «Kommunismus» mit dem Hinweis auf soziale Ungerechtigkeit, an der es bei den westlichen Völkern wahrhaftig nicht fehle.[15] Die übli-

[13] Aus dem 3. Artikel des Apostolischen Glaubensbekenntnisses: «Credo in spiritum sanctum, sanctam ecclesiam catholicam, sanctorum communionem ...».
[14] Vgl. Acta 2,42–47; 4,32–37; 5,12–16. Vgl. z. B. E. Brunner, *Gegenwartsfragen und christlicher Glaube,* Vorlesungen ... an der Volkshochschule Zürich, WS 1932/33, masch.schr. vervielfältigt, S. 54–57.
[15] Vgl. K. Barth, *Die christliche Verkündigung im heutigen Europa,* in: ders., *Zwei Vorträge* (ThExh NF 3), München 1946, S. 14: «Rußland heißt heute wesentlich: Kommunismus, und Kommunismus bedeutet jedenfalls, wie man sich auch zu der Sache stelle, radikale Lösung der sozialen Frage, die wir in Europa auf die lange Bank geschoben haben. Eine letzte Warnung vielleicht, der gegenüber dann höchste Aufmerksamkeit mehr am Platze sein dürfte, als ein voreiliges

che Alternative lautet etwas massiver: Kommunismus oder Kapitalismus. Selbstverständlich kann und soll die Kirche nicht leugnen, daß es im Westen sehr viel und schreiende soziale Ungerechtigkeit gibt. Selbstverständlich soll sie den Kampf gegen alles soziale Unrecht mit ganzem Ernst und mit Leidenschaft führen. Ob sie gut daran tut, sich das Schlagwort «Kapitalismus» als Inbegriff dieses sozialen Unrechts anzueignen, hängt davon ab, ob sie klarzumachen versteht, was sie mit Kapitalismus meint. Meint sie damit eine Wirtschaft, die nicht verstaatlicht ist, so würde ich mich gegen diese Kampfparole energisch zur Wehr setzen. Vor allem aber sollte man nie vergessen, daß in den nicht vom Totalitarismus erfaßten Ländern der Kampf gegen das soziale Unrecht möglich ist, daß er tatsächlich geführt wird und daß er schon sehr viel, wenn auch längst nicht genug in der Richtung der Überwindung sozialer Ungerechtigkeit erreicht hat.

5. Wenn ich recht berichtet bin, bist du auch jetzt noch Sozialist.[16] Wie immer du diesen deinen Sozialismus verstehst – man versteht ja z. B. in England darunter etwas sehr anderes als z. B. in unserer «sozialistischen» Presse, und man versteht heute in Deutschland darunter etwas sehr anderes als noch vor zwanzig Jahren –, so ist doch eines nicht zu leugnen: daß der Sozialismus in einem Kampf auf Leben und Tod steht mit dem «Kommunismus», weil und sofern er eben grundsätzlich und leidenschaftlich antitotalitär ist. Ist es da nun wohlgetan, wenn ausgerechnet von kirchlich-theologischer Seite diesem antitotalitären Sozialismus bei seinem Abwehrkampf gegen den totalitären Kommunismus in den Rücken gefallen wird mit der Parole: antikommunistisch dürft ihr als wohlberatene Christen nicht sein? Also am Kampf, den das Bürgertum und der Sozialismus gemeinsam gegen den totalitären Kommunismus führen, dürfen sich die Christen nicht beteiligen? Ich meine, das komme auf eine Verleugnung von Prinzipien heraus, die der Christ nie und nimmer verleugnen darf. Warum nicht? Um was geht es denn im Kampf gegen den Totalitarismus? Was ist denn der Totalitarismus?

Alarmrufen, zu dem wir Europäer in dieser Sache eigentlich ein besseres Gewissen haben müßten.»

[16] Vgl. K. Barth, *Gespräche 1964–1968,* hrsg. von E. Busch (Gesamtausgabe, Abt. IV), Zürich 1997, S. 550, zur Frage, ob er «ein Sozialist marxistischer Prägung» war: «Nein, das war ich nicht, ganz entschieden nicht – so[bald] der Sozialismus anfing, prinzipiell zu werden.»

6. Der Totalstaat ist aufgebaut auf, ja er ist identisch mit der Verneinung der Rechte der Person dem Staat gegenüber, dessen, was man gewöhnlich Menschenrechte nennt. So war es im Hitlertotalstaat, so ist es im kommunistischen Totalstaat. Der Einzelne hat keine ursprünglichen, ihm von Gottes Schöpfung her verliehenen Rechte. Nur der Staat kann Recht setzen, und der Einzelne hat nur die Rechte, die der Staat ihm gibt und die er ihm jederzeit nehmen kann.

Der Totalstaat ist darum die grundsätzliche Rechtlosigkeit. Darum ist er auch die grundsätzliche Unmenschlichkeit, die grundsätzliche Verleugnung der Personwürde. Er ist darum seinem Wesen nach gottlos, auch wenn er, wie der Nazistaat, die Kirche in gewissen engen Grenzen duldet, oder, wie der rote Totalstaat, seinen offen erklärten Kampf gegen die Religion aus Zweckmäßigkeitsgründen in gewisse Schranken weist, die der Kirche eine kümmerliche Existenz möglich machen.

Seinem Wesen nach ist der Totalstaat atheistisch, antitheistisch, weil er eben, per definitionem, die Totalität des Menschen für sich beansprucht. Aus diesem seinem Wesen ergeben sich dann all die bekannten grauenhaften Erscheinungen, die wir von 1917 bis 1948 am russischen, von 1933 bis 1945 am Nazistaat kennenlernten: die GPU oder Gestapo[17], das Konzentrationslager ohne Gerichtsverfahren, die Sklavenarbeit von Millionen, die völlige Rechtsunsicherheit usw. Meine Frage ist: Kann die Kirche diesem Totalstaat gegenüber etwas anderes als leidenschaftlich und unbedingt nein sagen? Muß sie es nicht einem «kommunistischen», d. h. konsequenten Totalstaat gegenüber genau so wie gegenüber dem dilettantischen Nazitotalstaat?

7. Aber der kommunistische Totalstaat verwirklicht doch gewisse soziale Postulate, die der Christ nicht bekämpfen kann, sondern die er im Gegenteil bejahen muß? Diese Rede hat man, genau so, auch im Hitlerstaat gehört, und wie oft hat man uns in jenen Jahren beschwatzen wollen mit dem Hinweis auf wundervolle soziale Errungenschaften des Naziregimes – Dinge, die sich nicht einfach leugnen ließen und die für die Naiven ein Grund waren, trotz allem Schrecklichen zu glauben, daß «im Grunde» eben doch der Nationalsozialismus eine gute Sache sei. Es ist gar nicht zu bezweifeln, daß der rote Totalstaat allerlei Wertvolles ge-

---

[17] Gemeint sind die politische Polizei der Sowjetunion und die Geheime Staatspolizei des nationalsozialistischen Deutschlands.

leistet hat und noch leistet – wie könnte er sich sonst halten? Aber wissen wir nicht als Christen, daß der Teufel es immer so macht, daß er immer dem System der Lüge Elemente der Wahrheit beimischt und dem System der Ungerechtigkeit gewisse glänzende Aspekte der Gerechtigkeit zu geben weiß? Ist das System der Ungerechtigkeit, das der Totalstaat ist, darum nicht mehr Gegenstand unserer grundsätzlich *leidenschaftlichen* Abwehr, weil auch allerlei Wertvolles in ihm zu finden ist? So ist die Aufteilung des Großgrundbesitzes sicher eine längst fällige Maßnahme im Interesse einer gesunden Wirtschaft und eines freien Bauerntums gewesen. So läßt sich auch darüber reden, wie weit Verstaatlichung von bestimmten Wirtschaftszweigen im Interesse der Gerechtigkeit und des Allgemeinwohls zu fordern sei. In bezug auf das letztere bin ich skeptischer als meine sozialistischen Freunde; aber darüber läßt sich unter Christen reden. Aber nicht reden läßt sich darüber, ob wegen[18] solcher an sich vielleicht richtiger Maßnahmen das System der Ungerechtigkeit und Unmenschlichkeit, das der Totalstaat ist, auch unter Christen als Möglichkeit angesehen werden soll.

8. Dein Freund Hromádka vertritt die seltsame Anschauung, der Kommunismus – gemeint ist der totalitäre Kommunismus, der heute allein aktuell ist – sei eine geschichtliche Notwendigkeit, da die Demokratie ihre Lebensunfähigkeit bewiesen habe, und darum müsse die christliche Kirche ihn bejahen.[19] Ganz so haben wir es in den schlimmsten Zeiten des Hitlerregimes auch bei uns gehört. Ich halte das für eine ganz gefährliche und für einen protestantischen Theologen beschämende Gedankenverirrung. Hier wird ein bedenklicher, im Tatsächlichen sehr schwach, im Grundsätzlichen gar nicht fundierter Geschichtsdeterminismus zum normativen Prinzip erhoben, was auf eine Demission der Ethik vor der Wirklichkeit hinauskommt. Seit wann kapituliert der

[18] Korrigiert aus: «ob sich wegen».

[19] Vgl. dazu z. B. J. L. Hromádka, *One Year Later. Theological Reflections on the Present Situation,* in: Theology Today, Vol. IV (1947/48), S. 34–48; ders., *Between Yesterday and Tomorrow,* in: Theology Today, Vol. V (1948/49), S. 270–277. Am 18.12.1962 wandte sich Barth in einem Brief an Hromádka gegen dessen Kombination von Theologie und einem bestimmten Geschichtsurteil, die «mich in deinen öffentlichen Äußerungen seit Jahr und Tag beunruhigt hat» (Br. 1961–1968, S. 114, vgl. 113–117; 149–154). In seiner Antwort an Barth (a.a.O., S. 552–555) bemerkte Hromádka, er sei «stutzig darüber, daß auch Du die abgegriffenen Argumente über meine sog. Geschichtsphilosophie wiederholst» (a.a.O., S. 554).

Christ vor «geschichtlichen Notwendigkeiten»? Gewiß, es gibt Situationen, wo der Christ oder die Kirche machtlos ist, etwas zu tun, wo sie Unheil nicht abwenden, wo sie auch schreiendstes Unrecht nicht abstellen kann, ja wo sie vielleicht nicht einmal öffentlich protestieren kann, ohne ihre Existenz zu gefährden. Aber gerade dann wird sie sich hüten müssen, das machtmäßig Unvermeidliche auch noch ethisch zu sanktionieren – und das ist es gerade, was Hromádka tut. Was wird er, was werden seine Freunde einmal zu ihrer Rechtfertigung sagen können, wenn dieses totalitäre System, das jetzt ihren Völkern durch Gewalt aufgezwungen wurde, zusammenbricht und man über es zu Gericht sitzt, wie man im Nürnberger Prozeß über das Nazisystem zu Gericht saß?[20] Werden sie dann nicht dastehen als Kollaborationisten, die nicht nur mit der Macht der Tyrannei und Ungerechtigkeit zusammenarbeiteten, sondern sich sogar zu ihren Anwälten machten?

9. Einem letzten Argument begegnet man in deinen und deiner Freunde Äußerungen: Diese grundsätzliche Bekämpfung des «Kommunismus» ist ja das, was von der katholischen Kirche betrieben wird, also sollen wir Protestanten nicht mittun.[21]

Ich fühle mich nicht berufen, die katholische Politik zu verteidigen. Ich weiß gut genug, wie sehr sie immer ihre eigenen Machtziele verfolgt, wie sehr sie, gerade in Ungarn, im Kampf gegen den Kommunismus ihre eigenen früheren Privilegien verteidigt. Aber wenn die katholische Kirche erklärt, der totale Staat, sei er nun der rote oder der braune, sei mit dem christlichen Glauben unvereinbar, sollte dann die evangelische Kirche einfach darum, weil die katholische Kirche das sagt, beiseite stehen müssen? Haben denn nicht auch im Kampf gegen das Hitlerregime Katholiken und Protestanten zusammengestanden, und hast nicht auch du deine Freude gehabt an den tapferen Äußerungen einzelner ka-

---

[20] Gemeint ist das Verfahren vor dem Internationalen Militärgerichtshof in Nürnberg 1945/46 gegen die «Hauptkriegsverbrecher», 24 führende Angehörige der NSDAP, des deutschen Staates und der deutschen Wehrmacht sowie gegen sechs als verbrecherisch bezeichnete Organisationen.

[21] Vgl. K. Barth, *Reformierte Kirche hinter dem «eisernen Vorhang»*, a.a.O., S. 136 (S. 57). Barth warnt dort jedoch nicht vor einer Beteiligung der Protestanten an der grundsätzlichen Opposition gegen den kommunistischen Staat, *weil* die Katholiken solche Opposition betrieben; sondern er hebt hervor, daß sich die ungarischen Reformierten im Unterschied zu den «Römischen» nicht prinzipiell opponierend verhielten.

tholischer Kirchenführer und herzlich eingestimmt, wenn sie leidenschaftlich unbedingt das totalitäre System verurteilten?[22] Eine Lehre wird doch nicht darum falsch, weil die katholische Kirche sie ausspricht, auch wenn wir immer guten Grund haben, die genauere Auslegung und Begründung dieser Lehre uns vorzubehalten und darin von der katholischen Kirche abzuweichen.

10. Noch ein Wort über Ungarn. Ich bin nicht im Nachkriegsungarn gewesen, aber ich bin über die Dinge dort ziemlich gut informiert und weiß, wie verschieden man dort die Lage beurteilt. Ich weiß, daß sehr viele gute Reformierte diesen neuen kollaborationistischen Parolen, diesen vom reformierten Pétain-Tildy[23] inspirierten Tendenzen des «positiv Bewertens» mit äußerstem Befremden gegenüberstehen. Die reformierten Kollaborationisten, ja auch schon die reformierten Flaumacher, so wurde mir von einem, der schwer unter den Kommunisten gelitten hat, gesagt, werden eines Tages bitter büßen müssen. Und jetzt schon sind es viele, die sich enttäuscht von diesen Reformierten abwenden, weil sie die Sache der Freiheit, der Menschenrechte, der Gerechtigkeit und Menschlichkeit von ihnen verraten fühlen.

Mir aber will es nicht in den Kopf, daß ausgerechnet du, der du auch nur den Schein eines *kirchlichen* Kollaborationismus unter Hitler so schwer verurteilt hast, dich jetzt zum Wortführer derer machst, die nicht nur den äußeren, sondern auch schon den innern Widerstand verurteilen, und als «Nervosität» verhöhnst, was doch nichts anderes ist als ein *entsetztes Sichabwenden* von einem wahrhaft teuflischen System des Unrechts und der Unmenschlichkeit; daß du, der du noch vor kurzem diejenigen Deutschen aufs schwerste anklagtest, die sich vor der Auseinandersetzung mit dem Hitlersystem auf eine rein innere Linie zurückzogen und die Parole ausgaben, man müsse unter welchem System auch

[22] Vgl. Lebenslauf, S. 285.

[23] Marschall Henri Philippe Pétain (1856–1950) arbeitete als französischer Ministerpräsident 1940–1944 mit der deutschen Besatzungsmacht eng zusammen; er wurde 1945 wegen Kollaboration zum Tode verurteilt und zu lebenslanger Haft begnadigt. Der Führer der ungarischen Kleinlandwirtepartei, Zoltán Tildy (1889–1981), 1945/46 Ministerpräsident und seit 1946 Staatspräsident des Landes, schloß am 18.2.1948 ein Freundschafts- und Beistandsabkommen mit der Sowjetunion; er trat am 30.7.1948 von seinem Amt zurück. Während seiner Ungarnreise im März/April 1948 wurde Barth von Tildy empfangen, vgl. Lebenslauf, S. 367.

immer einfach Gottes Wort verkünden, ohne sich um die Politik zu kümmern, nun auf einmal gerade diese innere Linie empfiehlst und es lobst, wenn sich Theologen in Ungarn «nicht mit der Frage nach Recht und Unrecht ihrer jetzigen Regierung, sondern schlicht mit der eigenen positiven Aufgabe ihrer Kirche beschäftigen»[24]. Bist du nun also wirklich, nach einem 15jährigen Intermezzo eines theologisch-politischen Aktivismus, wieder zurückgekehrt zu jener Haltung passiver Unbekümmertheit, mit der du in der ersten Nummer von «Theologische Existenz heute» die Kirche aufriefst, ganz einfach ihrer Aufgabe der Verkündigung zu obliegen, «als ob nichts geschehen wäre»[25]?

Diese Frage, die heute viele, die auf dich hören, bewegt, mußte ich dir, in meinem und ihrem Namen, vorlegen, und du wirst, eingedenk des großen Einflusses dessen, was immer du sagst, dich nicht weigern dürfen, auf diese Frage eine klare Antwort zu geben.

Dein Emil Brunner

150

Barth                                                                                    Basel, 6.6.1948

Theologische Existenz «heute»
Antwort an Emil Brunner[1]

Lieber Emil Brunner!

Du verstehst nicht, daß ich die Kirche heute nicht in ähnlicher Weise in den Gegensatz und zum Bekenntnis gegen den Kommunismus aufrufe, wie ich es zwischen 1933 und 1945, als es um den Nationalsozialismus ging, getan habe, und verlangst nach «klarer Antwort» auf die Fra-

---

[24] K. Barth, *Reformierte Kirche hinter dem «eisernen Vorhang»*, a.a.O., S. 136 (S. 58).

[25] Vgl. K. Barth, *Theologische Existenz heute!* (ZZ Beiheft 2), München 1933, S. 3. Vgl. dazu Brunners entgegengesetztes Urteil vom 14.7.1933 (Nr. 86).

---

[1] Erstveröffentlicht in: KBRS, Jg. 104 (1948), S. 195–197; wieder abgedruckt in: K. Barth, *Christliche Gemeinde im Wechsel der Staatsordnungen*, a.a.O. (S. 347, Anm. 1), S. 66–70, und mit einer Einführung in: O.Br. 1945–1968, S. 159–166.

ge, wie das zu verstehen sei.[2] Ich eile ohne alle Vorbemerkungen sofort zur Sache.

Laß mich mit der allgemeinen Feststellung beginnen, daß bekenntnismäßige, geistlich und theologisch verbindliche Stellungnahmen der Kirche im politischen Bereich dann und da von ihr gefordert sind, wo Not an Mann ist, d. h. wo sie in der konkreten Auseinandersetzung mit einer bestimmten Erscheinung durch Gottes Wort in Ausübung ihres Dienstes zur Verantwortung ihres Glaubens aufgerufen wird. Sie hat es nicht zeitlos mit diesen und jenen -ismen oder Systemen, sondern mit den jeweils in das Licht des Wortes Gottes und des Glaubens tretenden geschichtlichen Wirklichkeiten zu tun. Sie ist nicht irgend einem Naturrecht, sondern ihrem lebendigen Herrn verpflichtet. Sie denkt, redet und handelt darum gerade nie «prinzipiell». Sie urteilt vielmehr geistlich und darum von Fall zu Fall. Sie verweigert sich darum jeder Systematisierung der politischen Geschichte und ihrer eigenen Teilnahme daran. Sie wahrt sich darum die Freiheit, neue Erscheinungen auch neu zu würdigen. Rollte sie gestern nicht auf einer Schiene, so ist sie auch heute nicht dazu verbunden, auf dieser Schiene weiter zu rollen. Hat sie gestern von ihrem Ort her und in ihrer Verantwortung geredet, so darf und muß sie heute auch schweigen, wenn von ihrem Ort her und in ihrer Verantwortung Schweigen heute das bessere Teil sein sollte. Für die Einheit und Kontinuität der theologischen Existenz ist gerade dann aufs beste gesorgt, wenn sie es sich nicht verdrießen läßt, immer wieder theologische Existenz «heute» zu sein.

Ich frage: war es nicht so, daß in den Jahren nach 1933 und noch bis zum Ende der Kriegszeit Not wirklich an Mann war? Die mittel- und westeuropäischen Völker – Deutschland zuerst, dann auch die anderen – hatten sich von Hitler imponieren lassen. Er war zu einer geistlichen und er war ein wenig überall auch zu einer politischen Versuchung geworden. Er hatte englische, französische, amerikanische Bewunderer. Hat nicht sogar Churchill[3] gelegentlich freundliche Worte für ihn gefunden? Und auch in unserer lieben Schweiz gab es viel mehr als zwei-

---

[2] Vgl. den Schluß von Nr. 149.

[3] So z. B. in W. Churchill, *The Truth about Hitler*, Strand Magazine, London, November 1935. Churchill nahm diese Studie auf in seinen Sammelband *Great Contemporaries*, London 1937, S. 261–270. Weitere Details in: O.Br. 1945–1968, S. 160, Anm. 27.

hundert Angebräunte[4], gab es einen Rudolf Grob[5], gab es unzählige Beeindruckte und Aufgeschlossene, aber auch Erschrockene und Mutlose. Die Pflege korrekter und freundschaftlicher Beziehungen zu dem mächtigen Nachbarn war einer der wichtigsten Gesichtspunkte unserer politischen Behörden. Im Schweizerischen Zofingerverein diskutierte man allen Ernstes, ob es nicht an der Zeit sei, unsere demokratische Überlieferung von 1848 her (heute wieder mit Trompetenschall gefeiert!) einer gründlichen Revision zu unterziehen.[6] Wie es mit unserer Presse stand, mag man in dem lehrreichen Buch von Karl Weber «Die Schweiz im Nervenkrieg» nachlesen[7], und wie groß die Sorgen unserer militärischen Leitung damals waren, im Rechenschaftsbericht unseres Generals und in dem schönen Buch von Oberstleutnant Barbey über

[4] Anspielung auf die «Eingabe der ‹Aktion zur Wahrung der schweizerischen Neutralität› an den Bundesrat» vom 15.11.1940, die nach der aufgerundeten Zahl der Unterzeichner «Eingabe der Zweihundert» genannt wurde (Text bei Bonjour VIII, S. 249–251). Die Eingabe plädiert im Interesse der Erhaltung der Freiheit der Schweiz für Pflege guter Beziehungen mit allen Nachbarn. Sie wirft der Schweizer Presse vor, diese habe «durch blinde Voreingenommenheit für das eine [gemeint ist: das der West-Alliierten] und schrankenlose Abneigung gegen das andere Lager [das der Achsenmächte] unser Land in schwere Gefahren gestürzt» (a.a.O., S. 249). Sie gipfelt in der Forderung, «daß den Urhebern von notorischen und andauernden Vergiftungen unserer Beziehungen zu Nachbarvölkern in kürzester Frist das Handwerk gelegt wird» (S. 251). Nach Kriegsende galten «die Zweihundert» als Inbegriff schweizerischen Sympathisantentums gegenüber dem Dritten Reich.

[5] Pfr. Rudolf Grob (S. 91, Anm. 18) gehörte zu den Initianten der «Eingabe der Zweihundert». Vgl. z. B. ders., *An die Jugend von morgen – An die Herren von gestern*, Zürich 1941, bes. S. 48f.: «Haß nach außen rächt sich im Innern. Wir sind nicht derartige Geistesriesen, daß wir eine von der Umwelt abgeschlossene Inselkultur aufbauen könnten. ... So kann unsere Kultur nur im europäischen Austausch wachsen. ... Dazu gehört, daß wir als alemannische Eidgenossen vor allem am deutschen Kulturkreis Anteil haben. ... Wir müssen dazu, quer durch alle parteipolitischen Zwängereien hindurch, die Verbindung mit der deutschen Kultur unverkürzt aufrecht erhalten und dabei erst recht unverkürzt bessere Christen und bessere Eidgenossen werden. ... Und ob die Herren von gestern darüber gelb und grün vor Gift und Ärger werden sollten: wir reden vom kommenden Europa.»

[6] Vgl. M. Chapuis / Ph. Muret / R. Fankhauser, *La Démocratie contre la Patrie*, in: Zentralblatt des Schweizerischen Zofinger-Vereins, Jg. 74 (Bern 1933/34), S. 194–199; O. Hänni, *Berufsständische Ordnung*, in: Zofingue. Feuille Centrale, Jg. 75 (Lausanne 1934/35), S. 52–56.

[7] K. Weber, *Die Schweiz im Nervenkrieg. Aufgabe und Haltung der Schweizer Presse in der Krisen- und Kriegszeit 1933–1945*, Bern 1948.

seine fünf in der Umgebung des Generals zugebrachten Jahre.[8] In jener Situation habe ich meine verschiedenen Versuche gemacht, die Kirche mobil zu machen, zuerst in Deutschland gegenüber der handgreiflichen geistigen, dann hier in der Schweiz gegenüber der ebenso handgreiflichen politischen Versuchung des Nationalsozialismus.[9] Es gab damals Verführer, vor denen zu warnen, Irrende, die zurückzurufen, Gleichgültige, die aufzurütteln, müde Kniee, die aufzurichten, traurige Herzen, die zu erfrischen waren [vgl. Jes. 35,3f; Hebr. 12,12]. Ob das Wesen des Nationalsozialismus nun in seinem «Totalitarismus» oder nach anderer Lesung in seinem «Nihilismus»[10] oder nach noch anderer in seinem Barbarismus oder Antisemitismus bestand oder ob er die[11] letzte und abschließende Ausgeburt des spätestens seit 1870 wie eine Besessenheit über die Deutschen gekommenen Militarismus war – was ihn christlich interessant machte, war dies, daß er ein Zauber war, der unsere Seelen zu übermannen, uns für den Glauben an seine Lügen und für das Mittun bei seinem Unrecht zu gewinnen notorisch die Macht bewies. Er wollte und konnte uns mit «groß Macht und viel List»[12] gefangen nehmen. Wir starrten ihm entgegen wie das Kaninchen der Riesenschlange. Wir waren in Gefahr, ihm als einem falschen Gott zuerst Weihrauchkörner und dann Ganzopfer darzubringen. Das war es, was nicht geschehen durfte. Dagegen mußte damals als gegen «das» auf den Plan geführte Böse protestantisch protestiert werden. Es ging nicht ums Deklamieren gegen irgendeinen uns fernen und leicht durchschaubaren Unfug. Es ging um Leben und Tod, um die Abwehr gegen die wirklich uns selbst auf den Leib und auf die Seele rückende, aber als solche für tausende von christlichen Augen wirksam maskierte Gottlosigkeit. Eben darum habe ich damals geredet und nicht geschwiegen. Eben dar-

---

[8]  H. Guisan, *Bericht an die Bundesversammlung über den Aktivdienst 1939– 1945*, o.O., o.J. (1946); B. Barbey, *Fünf Jahre auf dem Kommandoposten des Generals. Tagebuch des Chefs des persönlichen Stabes General Guisans 1940–1945*, Bern 1948.

[9]  Vgl. die Sammlungen *Karl Barth zum Kirchenkampf* (ThExh NF 49), München 1956, und ders., SchwSt. – Dazu Lebenslauf, S. 229ff.

[10]  Vgl. H. Rauschning, *Die Revolution des Nihilismus. Kulisse und Wirklichkeit im Dritten Reich*, Zürich / New York 1938.

[11]  Korrigiert aus: «oder ob er als die».

[12]  Aus dem Lied *Ein feste Burg ist unser Gott* von M. Luther, vgl. RG 32, EG 362, 1. Strophe.

um konnte ich damals den Kollaborationisten keinen Pardon geben und am allerwenigsten den Feinen, den Anständigen, den Wohlmeinenden unter ihnen. Und eben damit meine ich, damals kirchlich gehandelt zu haben.

Und nun frage ich weiter: Ist es denn so, daß heute wieder und in derselben Weise Not an Mann ist, diesmal in Gestalt des Kommunismus? Sollte sich die Geschichte so schnell wiederholt haben, daß wir heute nur das (damals langsam genug begriffene) Rezept von gestern aus der Tasche zu ziehen und frischweg anzuwenden brauchten? Ich habe das westliche Deutschland und auch die nichtrussischen Sektoren von Berlin in den vergangenen Jahren einigermaßen kennen gelernt.[13] Angst, Abscheu und Haß gegen das «östliche Monstrum», wie du es nennst, ist mir dort in Fülle begegnet, aber außer den deutschen Kommunisten kein Mensch[14], von dem ich den Eindruck hatte (den man dort 1933 ungefähr von Jedermann hatte), daß ihm dieses «Monstrum» eine Anfechtung, eine Versuchung, eine Verlockung, daß er in Gefahr sei, dieses «Monstrum» zu lieben, seine Taten gut zu heißen und mitzumachen. Die Leute waren sich vielmehr ganz leichthin klar darüber und ganz leichthin einig darin, daß es mit dieser Sache aus vielen Gründen nichts sei. Ist es hier in der Schweiz anders? In Frankreich, in England, in Amerika? Sind wir nicht alle, mit oder ohne Lektüre von *I chose freedom*[15], überzeugt davon, daß wir die Lebensordnung der Menschen unter der Sowjetmacht und in den ihr angegliederten «Volksdemokratien» für keine würdige, keine annehmbare, keine von uns gut zu heißende, weil für keine unseren wohlbegründeten Begriffen von Recht und Freiheit entsprechende Lebensform halten können? Wer widerspricht denn da? Die paar westeuropäischen Kommunisten! Aber sind wir wegen ihrer Gegenwart und Tätigkeit in Gefahr, uns von dieser Sache übermannen zu lassen? Wem steht es denn nicht frei – und wird denn von dieser Freiheit nicht ausgiebigster Gebrauch gemacht? –, sein Mütchen an jenem «Monstrum» nach Herzenslust zu kühlen, dessen Bosheit, so «grundsätzlich» und so «leidenschaftlich» als er will, wieder

[13] Vgl. Lebenslauf, S. 341–360.
[14] Korrigiert aus: «keinem Menschen».
[15] V. A. Kravchenko, *I Chose Freedom. The Personal and Political Life of a Soviet Official* (Reprint Edition), Garden City 1947; dt.: *Ich wählte die Freiheit. Das private und politische Leben eines Sowjetbeamten*, Zürich 1947.

und wieder ans Licht zu stellen? Wer eine politische Absage an dessen System und Methoden auch von mir haben will, kann sie sofort haben. Aber eben: billig zu geben, billig zu haben! Wen kostet es denn auch nur das Geringste – auch nur ein bißchen Gedankenaufwand, geschweige denn Größeres zu diesem Augustfeuer[16] nun eben auch noch sein Scheit beizutragen? Ich kann nicht zugeben, daß das eine Wiederholung der Situation und der Aufgabe von 1933–1945 bedeutet. Ich kann nämlich nicht zugeben, daß es eine christliche, eine kirchliche Aufgabe wäre, mit theologischer Begründung auch noch einmal zu sagen, was jeder Bürger ohnehin täglich kopfnickend auch in seiner Zeitung lesen kann, was von Herrn Truman und vom Papst ohnehin so trefflich vertreten wird.[17] Hat der «Osten» oder wie man die Sache nennen mag, denn wirklich eine solche Gewalt über uns, der man mit letzten Worten begegnen müßte, der man nicht vielmehr ebensowohl auch mit vorletzten begegnen kann? Nein, wenn die Kirche bekennt, dann geht sie in Furcht und Zittern [vgl. Phil. 2,12] gegen den Strom und nicht mit ihm. Sie hat nun heute bestimmt keinen Anlaß, gegen den Strom zu gehen und also ein Bekenntnis zum Kommunismus abzulegen, weil er dessen nun wirklich in keiner Richtung – weder in seiner marxistischen, noch in seiner imperialistischen, noch in seiner – sagen wir es schlicht: asiatischen Komponente würdig sein könnte. Aber muß sie darum durchaus mit dem Strom gehen – und also mit Amerika und mit dem Papsttum? Nur darum, weil in den Kollegheften ihrer Professoren irgendwo – sogar schon seit 1934 – ganz richtig geschrieben steht, daß der «Totalitarismus» eine wüste Sache sei?[18] Wo ist denn die geistliche Gefahr und Not, der die Kirche mit dem Bekenntnis zu dieser Richtigkeit begegnen würde? Wo ihr Auftrag dazu? Wen würde sie damit heute belehren, erleuchten, aufrufen, zurechtweisen, trösten, zur Buße rufen und zu einem neuen Leben anleiten? Doch nicht die «christlichen» Westvölker, doch nicht die Amerikaner! Sind sie ihrer Sache gegen Rußland nicht auch ohne diese richtige Formel und ohne unseren christlichen Beistand sicher genug? Doch nicht die armen Russen

[16] Am Schweizer Nationalfeiertag, dem 1. August, werden alljährlich an weithin sichtbaren Stellen große Holzstöße in Flammen gesetzt.

[17] Harry S. Truman (1884–1972), 1945–1953 Präsident der USA; Pius XII. (Eugenio Pacelli, 1876–1958), 1939–1958 Papst.

[18] Vgl. S. 350, Anm. 11

und die armen Kommunisten überhaupt! Denn wie sollten die es verstehen können, was die abendländische Kirche, die in alter und neuer Zeit so viel «Totalitarismus» ohne alles Bekenntnis dagegen hingenommen und selber mitgemacht hat, nun gerade gegen den ihrigen auf dem Herzen zu haben behauptet? Und doch nicht etwa die christlichen Kirchen hinter dem eisernen Vorhang! Ihnen würde nämlich damit, daß wir hier – wir, die gar nicht gefragt sind und die[19] es auch nichts kostet – die ihnen wohlbekannten richtigen Sätze möglichst «leidenschaftlich» von uns geben, in ihrer Auseinandersetzung mit dem «Monstrum» nun wirklich keinen Schritt weiter geholfen sein. Da hier befriedigende Antworten nicht zu geben sind, bin ich der Meinung, daß die Kirche sich heute – in der Tat ganz anders als 1933–1945 – aus dem heutigen Konflikt ruhig draußen halten, ihr Pulver nun gerade nicht vorzeitig verschießen, sondern ruhig abwarten solle, ob und in welchem Sinn die Situation für sie wieder ernst und spruchreif werden möchte. Wird eine konkrete geistliche Bedrängnis – wir wissen aber wirklich noch nicht, aus welcher Himmelsrichtung! – aufs neue auf den Plan treten, wie sie 1933–1945 auf dem Plane war, werden wir selbst wieder konkret gefragt sein und dann auch selber für unsere Antworten zu bezahlen haben, dann wird es sich ja zeigen, was, gegen und für wen wir dann zu bekennen haben und ob und inwiefern wir dieser neuen ernsten Situation gewachsen sein werden. Es wird dann vielleicht um etwas ganz Anderes gehen als um die zeitlosen Richtigkeiten, für deren Verkündigung du mich jetzt gewinnen möchtest. Nach meiner Erkenntnis werden wir dann an dem ersten Satz der Barmer Erklärung[20], der dir damals leider nicht so ganz gefallen wollte[21], mehr haben als von deiner Wissenschaft von der Verwerflichkeit des «Totalitarismus».

[19] So nach dem Text in: KBRS (vgl. Anm. 1) aus «denen» korrigiert.

[20] Die erste These der Barmer Theologischen Erklärung vom 31.5.1934 lautet: «Jesus Christus, wie er uns in der Heiligen Schrift bezeugt wird, ist das eine Wort Gottes, das wir zu hören, dem wir im Leben und im Sterben zu vertrauen und gehorchen haben.» Abgedruckt in: A. Burgsmüller / R. Weth (Hrsg.), *Die Barmer Theologische Erklärung. Einführung und Dokumentation,* Neukirchen-Vluyn 1993[5].

[21] E. Brunner, *Natur und Gnade. Zum Gespräch mit Karl Barth,* Tübingen 1934, war zwar vor der Barmer Theologischen Erklärung abgefaßt (vgl. Nr. 98), formulierte jedoch im faktischen Gegensatz zu deren erster These: «Die schwierige Frage ist also nicht: ob es zweierlei Offenbarung gebe. Diese Frage ist vielmehr von der Schrift aus bejahend zu beantworten. Sondern die Frage ist, wie

Aber wie dem auch sein wird, in dieser Sicht der Dinge habe ich mich mit den verantwortlichen Männern der reformierten Kirche in Ungarn getroffen und habe ich sie darum in ihrem Begehen eines schmalen Weges zwischen Moskau und Rom mitten hindurch ermutigen zu sollen gemeint. Ein Lineal habe ich nicht mit mir genommen, als ich zu ihnen ging; so habe ich ihnen auch keines hinterlassen können. Ihre Vergangenheit, ihre Lage und Aufgabe ist eine andere als die unsere und wieder eine ganz andere als die der evangelischen Deutschen im Kirchenkampf. Daß sie mit ihrem neuen Staat einen Vertrag abschließen und sich zunächst mit aller Kraft der eigenen positiven Aufgabe der Kirche zuwenden, ist nicht dasselbe wie das, was die von dir so geschätzten Mittelparteien im deutschen Kirchenkampf oder gar die «Deutschen Christen» getan haben.[22] Wie es denn auch, beiläufig gesagt, eine Legende ohne geschichtlichen Grund ist, ich hätte den Deutschen 1933 «passive Unbekümmertheit» empfohlen, als ich ihnen nahelegte, «als wäre nichts geschehen»[23], d. h. an der angeblichen Gottesoffenbarung in Adolf Hitler vorbei ihrer Aufgabe der Verkündigung zu obliegen. Hätten sie das konsequent getan, so hätten sie dem Nationalsozialismus eben damit ein politisches Faktum erster Ordnung entgegengestellt. Es wird für die Ungarn, aber nicht nur für die Ungarn, alles davon abhängen, ob die Kirche, nicht an Prinzipien, sondern an ihren Herrn gebunden, heute ihren eigenen Weg suchen und finden und also

sich die beiden Offenbarungen, die aus der Schöpfung und die aus Jesus Christus, zueinander verhalten» (a.a.O., S. 13). Im Vorwort zur 2. Auflage heißt es dann in offenkundiger Anspielung auf die erste Barmer These: «Es ist der Kirche unter keinen Umständen erlaubt, aus solchen kirchenpolitischen Erwägungen heraus – und wären sie an sich noch so berechtigt – klare biblische Lehren zu verketzern oder auch nur in den Hintergrund zu rücken, wie dies neuerdings in gewissen synodalen Erklärungen geschehen ist» (a.a.O., S. VI; vgl. S. 45 Erläuterung a)). Zu Brunners direkter Verwahrung gegen die erste Barmer These vgl. im Anhang Nr. 192 und E. Busch, *Unter dem Bogen des einen Bundes,* a.a.O. (S. 303, Anm. 1), S. 382.

[22] Vgl. dazu K. Barth, *Christliche Gemeinde im Wechsel der Staatsordnungen. Dokumente einer Ungarnreise 1948,* Zollikon-Zürich 1948. Zur weiteren Haltung Barths vgl. auch dessen Brief an den ungarischen reformierten Bischof Bereczky (1893–1966); abgedruckt in: O.Br. 1945–1968, S. 274–289. Zu Barths Kritik an jenen «Mittelparteien» im deutschen Kirchenkampf vgl. E. Busch, a.a.O., S. 73–75.274f.

[23] Beide Zitate beziehen sich auf Brunners Schlußfolgerung, vgl. S. 357 bei Anm. 25.

auch die Stunden des Redens und die Stunden des Schweigens und die anderen Pred. 3 erwähnten Stunden in ihrer Verschiedenheit frei zu wählen lernen wird, ohne sich dabei durch irgendein Gesetz, das nicht das des Evangeliums wäre, verwirren zu lassen.

Dein Karl Barth


# 151

Barth                                                        Basel, 13.6.1948

Lieber E. B.!

Ich beabsichtige, meine verschiedenen Darbietungen in Ungarn samt einigen dazu gehörigen Dingen in einer kleinen Sammelbroschüre herauszugeben[1], und würde darin gerne auch die Antwort an dich abdrukken, die du im nächsten Kirchenblatt finden und die du hoffentlich wegen ihrer Sanftmut schätzen wirst.[2] Dazu sollte ihr aber sinnvollerweise dein Offener Brief vorangestellt werden können.[3] Und so möchte ich dich fragen, ob du damit einverstanden bist.[4] – Gerüchtweise hörte ich, daß du eine schwere Operation durchzumachen hattest, doch konnte ich über den Erfolg dann nichts mehr in Erfahrung bringen.[5] Ich wünsche dir eine gute Wiederherstellung. Und ich gratuliere dir zum Dr. jur. hon. c., dessen ich dich s. Z. nach Lektüre deiner «Gerechtigkeit» bei allem tiefen Mißfallen an dem Buch sofort als höchst würdig empfand.[6]

Mit freundlichem Gruß!

Dein Karl Barth


[1] K. Barth, *Christliche Gemeinde im Wechsel der Staatsordnungen*, vgl. S. 364, Anm. 22.

[2] Vgl. Nr. 150.

[3] Vgl. Nr. 149.

[4] Brunners Brief wurde abgedruckt in: K. Barth, a.a.O. (Anm. 1), S. 59–66.

[5] Brunner wurden Nierensteine entfernt.

[6] Vgl. S. 333f., Anm. 1 und 4.

Brunner                                                    Zürich, 13.10.1948

Mein lieber Karl Barth,

Heute ist mir in deinem Auftrag der letzte Band deiner Dogmatik auf den Tisch gelegt worden.[1] Ich möchte dir für dieses große Geschenk herzlich danken. Du kannst versichert sein, daß ich mich gerade diesem Band mit ganz besonderem Interesse zuwenden werde. Ich bin ein wenig in Verlegenheit, was ich dir als Gegengabe schicken könnte. Vorläufig habe ich nichts auf den Tisch zu legen als meine erste Serie der Gifford Lectures, Christianity and Civilisation.[2] Sobald sie in meinen Händen ist, sollst du sie haben. Das Buch ist natürlich schon rein gewichtsmäßig kein Äquivalent des deinen; aber es steckt mehr Arbeit drin, als [es] auf den ersten Blick scheinen möchte. Auf alle Fälle empfehle ich es deinem Wohlwollen.

Zum zweiten möchte ich dir sagen, wie sehr ich mich gefreut habe, wieder einmal ein wenig freundschaftlich mit dir sprechen zu können.[3] Aus einem ersten kurzen Überfliegen der großen mir gewidmeten Anmerkung sehe ich, daß wir ja auch sachlich in eine wirkliche Gesprächsnähe gekommen sind.[4] Ich werde mich nun doppelt bemühen, in meiner

---

[1] KD III/2.

[2] E. Brunner, *Christianity and Civilization. First Part: Foundations. Gifford Lectures delivered at the University of St. Andrews, 1947,* London 1948.

[3] Wohl während der Vorbereitung und Durchführung der Weltkirchenkonferenz in Amsterdam. Vgl. Anm. 6 und 7.

[4] Brunner hatte in *Der Mensch im Widerspruch. Die christliche Lehre vom wahren und vom wirklichen Menschen,* Berlin 1937, seine Anthropologie entfaltet. Barth nimmt dazu in KD III/2, S. 153–157, Stellung. Er fragt dort an, ob man bei Brunner nicht «schließlich doch nur der *Phänomene* des Menschlichen, nicht aber des *wirklichen* Menschen ansichtig werden» könne (a.a.O., S. 157), insofern Brunner die auch von ihm hervorgehobene Konstitution des Menschen durch das Wort Gottes nicht hinreichend streng als dessen aktuelles und nicht nur potentielles Sein verstehe. Daher bekomme in der Folge der Mensch bei Brunner eine Freiheit zugeschrieben, die den Charakter von Neutralität trage: «daß der Mensch sündigen kann, scheint bei Brunner keine dem wahren, von Gott geschaffenen menschlichen Sein fremde, sondern eine ihm eigene, eine in ihm vorgesehene und vorbereitete Möglichkeit, der die andere, die positive Möglichkeit, zwar immer gegenübersteht, von der diese andere ... aber doch immer begrenzt und konkurrenziert wird.» (a.a.O., S. 156).

Antwort, die im zweiten Band meiner Dogmatik erfolgen wird, es an freundschaftlich-brüderlichem gutem Willen, dir gerecht zu werden und von dir zu lernen, nicht fehlen [zu] lassen.[5] Dein Wort am Schluß der Tagung von Woudschooten[6], es sollte doch eigentlich auch zwischen uns so etwas wie ein kleiner ökumenischer Gedankenaustausch möglich sein, hat mein Herz sehr erwärmt und mir für die Zukunft Hoffnung gegeben. Einige der Damen, die in Amsterdam deinen Vortrag über die Frauenfrage hörten und mit dir ins Gespräch kamen[7], haben die Frage an mich gerichtet, ob es wohl möglich wäre, daß wir beide einmal zusammen von ihnen eingeladen würden und gemeinsam mit ihnen diskutierten. Ich habe meinerseits ein freundliches nihil obstat gesprochen, ohne daß schon eine konkrete Einladung vorlag. Ob nun so oder anders, etwas in der Richtung auf einen «ökumenischen Gedankenaustausch» sollte in absehbarer Zukunft wirklich geschehen. Vielleicht hast du eine gute Idee, wie sich das machen ließe. Ich würde dafür gern die nötige Zeit einsetzen.

Auf alle Fälle wiederhole ich meine Einladung, uns einmal daheim zu besuchen, und hoffe, daß es «in nützlicher Frist»[8] geschehen wird.

Mit freundlichen Grüßen

dein Emil Brunner

[5] Vgl. E. Brunner, *Die christliche Lehre von Schöpfung und Erlösung. Dogmatik, Band II,* Zürich 1950. Brunner erwähnt KD III/2 darin nur beiläufig, S. 65.69.76.

[6] Konferenz mit 160 Teilnehmern für die vier Kommissionen an der Amsterdamer Konferenz vom 18. bis 20.8.1948 im Zentrum der niederländischen christlichen Studentenvereinigung in Woudschouten bei Utrecht.

[7] Barth arbeitete während der Amsterdamer Konferenz nicht nur in der Kommission I mit (vgl. S. 368, Anm. 5), sondern auch in der Arbeitsgruppe «Leben und Arbeit der Frauen in der Kirche». Er erregte in dieser Gruppe Anstoß, indem er darin auf der Linie argumentierte: «Gerade wenn man willens ist, der Frau ihre ihr zukommende Stellung zu verschaffen», habe man sich «durch ein biblisches Denken» und nicht durch «ein humanistisches Denken» bestimmen zu lassen. Man könne dabei nicht für das gemeinsame Anliegen sperrige biblische Aussagen, wie dort «ein reformierter Theologe» unter Berufung auf «the mind of Jesus» getan habe, als «gesetzlich», «zeitgebunden und für uns unverbindlich» ausscheiden. «Wer sich wirklich und mit Recht auf den Geist Jesu beruft, darf sich keine Freiballonfahrten in den Himmel einer humanistischen Theologie gestatten. Der wirkliche Geist Jesu ist vom Wort der Apostel und Propheten nicht zu trennen», in: K. Barth / J. Daniélou / R. Niebuhr, *Amsterdamer Fragen und Antworten* (ThExh NF 15), München 1949, S. 13f. Vgl. zum Ganzen Lebenslauf, S. 370–375. Zum diesbezüglichen Beitrag Charlotte von Kirschbaums vgl. Lebenslauf, S. 377.

[8] = in absehbarer Zeit.

Barth                                                    Basel, 24.10.1948

Lieber Freund!

Nachdem mir nun auch dein angekündigtes Buch mit deinen Gifford-Lectures I zugekommen ist[1], wird es höchste Zeit, dir dafür und für deinen freundlichen Brief zu danken. Auch ich bin aufrichtig erfreut über die Tatsache, daß es uns via Amsterdam[2] (und Lostorf!)[3] gelungen ist, jedenfalls wieder in diejenige Fühlung miteinander zu kommen, in der wir in vollem Wissen des Einen um den Andern (und also hoffentlich nicht infolge eingetretener Altersschwäche!) miteinander lachen konnten. Und wenn wir auch offenbar[4] so verschieden konstruiert, interessiert und orientiert sind, daß wir, als wären wir zwei Pulverfässer, gewiß sehr sorglich miteinander werden umgehen müssen, so bin doch auch ich willig und bereit zu jedem Versuch, mindestens im Stil von Sekt. I[5] in Amsterdam zu tieferem Verständnis herüber und hinüber und dann wohl auch zu irgendwelchen ponderablen Einverständnissen vorzustoßen.

Meine Tätigkeit in der Women-Kommission in Amsterdam war ein so eklatanter Mißerfolg, daß ich sehr Angst davor habe, diesen rüstigen Frauen so bald wieder zu begegnen. Auch müßten wir zwei uns wohl vorher ernstlich darüber vergewissern, ob wir gemeinsam vor jene Rüstigen treten können. Mit Henderson aus Aberdeen und mit einem

[1] Vgl. S. 366, Anm. 2.

[2] Vgl. S. 366, Anm. 3.

[3] Am 2.10.1948 fand in Bad Lostorf eine Zusammenkunft der drei evangelisch-theologischen Fakultäten der deutschen Schweiz statt, von der Barth an Chr. Barth am 6.11.1948 berichtet (Karl Barth-Archiv, Basel): «bei der ich mit Emil Brunner zur allgemeinen Bewunderung so nett war, daß man meinen konnte, das Millenium sei nun auch hier schon ‹round the corner›».

[4] Korrigiert aus: auch, da wir offenbar.

[5] Die Kommission I der Amsterdamer Weltkirchenkonferenz behandelte das Thema: «Die Kirche in Gottes Heilsplan» und war geleitet von Bischof Dr. H. Lilje. Sie kam zu fruchtbaren Ergebnissen aufgrund des von Barth eingebrachten ökumenischen Verfahrens, «sich in Form der Aufzeigung der disagreements within the agreement, aber auch der agreements within the disagreements zwischen den verständigen Theologen verschiedener Kirchen zu begegnen und ein Stück weit, wenn nicht zu vereinigen, so doch anzunähern», vgl. Lebenslauf, S. 372.

amerikanischen Negerprofessor habe ich in jener Kommission die schmerzliche Erfahrung gemacht, daß sie mich den Amazonen gegenüber nicht nur im Stich ließen, sondern unter dem Vorwurf der «Gesetzlichkeit» und unter Anrufung des mind of Jesus glatt gegen mich Partei ergriffen.[6] Das möchte ich mit dir dann nicht erleben. Doch soll diese Äußerung meiner Sorge nicht einmal in dieser besondern Hinsicht eine Absage sein. Und vorbehaltlos bekenne ich mich zu deiner freundlichen Einladung, dich in nützlicher Frist in deinem Heim aufzusuchen, wo ich m. W. seit einem reichlich mißglückten Gespräch über die Gruppenbewegung vor mindestens 10 Jahren nicht mehr gewesen bin.[7] Ich werde zusehen, daß ich ihr das nächste Mal, wo mich mein Weg nach Zürich führt, Folge leisten kann, und da mag dann alles Weitere ins Auge gefaßt und erwogen werden.

Empfange inzwischen meine herzlichen Grüße und gedenke fernerhin in christlicher Milde an Basel

und an deinen Karl Barth

## 154

Brunner                                                    Zürich, 11.11.1948

Mein lieber Karl Barth,

Heute komme ich mit einer kühnen Frage zu dir, hoffe aber, du werdest sie freundlich aufnehmen. Ich muß dich bitten, sie vorderhand sehr konfidentiell zu behandeln.

Ich habe seit einem Jahr oder mehr dauernd Anfragen aus Japan, ebenfalls aus Indien, dort einen längeren Gastaufenthalt zu machen, um in der jetzigen sehr hoffnungsvollen Situation beim Aufbau einer christlichen Führerschaft zu helfen.[1] Von hier aus hat umgekehrt der

---

[6] Vgl. S. 367, Anm. 7. In der Kommission war auch, als Vertreter der Kirche von Schottland, Prof. George David Henderson; bei dem anderen Kommissionsmitglied könnte es sich handeln um einen Vertreter der «Farbigen Methodistischen Episkopalen Kirche» in den USA, etwa Dr. Benjamin Julian Smith.

[7] Am 11.9.1933. Vgl. Nr. 91 und 93.

---

[1] Brunner bereiste 1949/1950 mehrere Monate Ägypten, Ceylon, Indien, Pakistan, Burma, Thailand, Vietnam, Südkorea und Japan, um in Verbindung mit

YMCA mich dringend gebeten – unabhängig von jenen Anfragen –, eine Reise nach Japan, evtl. Indien zu unternehmen, zum selben Zweck. Ich sah zunächst keine Möglichkeit. Nun aber steht mein 25jähriges Amtsjubiläum bevor, und der Erziehungsdirektor hat mir im Blick darauf ein Urlaubssemester zum Zweck einer Ostasienreise bewilligt. Die Fakultät werde ich erst nächsten Samstag von diesem Plan benachrichtigen können und sie bitten, diesem Urlaub beizustimmen.

Nun wird die erste Frage der Fakultät sein: Wie steht es mit der Vertretung? Ich dachte nun, von mir aus, folgendes:

Eine Anzahl meiner Stunden – etwa drei Stunden Ethik – könnte unser Privat-Dozent Lerch[2] übernehmen. Es wäre nun großartig, wenn du dich bereit finden würdest, ein paar Stunden, und wären es auch nur zwei, zu übernehmen. Ich bin überzeugt, daß die Fakultät, wenn ich ihr deine Bereitschaft melden könnte, sehr begeistert wäre. Du könntest, meine ich, lesen, was immer dir gut scheint. Die Hauptsache wäre, *daß* du der Zürcher Fakultät die Ehre und die Freude machen würdest, in Zürich zu lesen.

Daß sich darüber auch weitere Kreise sehr freuen würden, ist selbstverständlich. Es wäre richtig ein «erfreuliches Ereignis und Zeichen». Kannst und willst du? Es handelt sich also um das WS 49/50, es ist also noch reichlich Zeit, alles Nähere zu besprechen. Jetzt handelt es sich nur darum, ob du grundsätzlich ja sagen könntest und möchtest.

Samstag, den 20. November, haben wir Fakultätssitzung. Ich wäre sehr froh, wenn ich bis dahin deine Antwort haben dürfte. Ich gebe mich der Hoffnung hin, daß sie ein Ja bringt.

Mit herzlichen Grüßen

dein Emil Brunner

örtlichen YMCA-Gruppen (Young Men's Christian Association = Christlicher Verein junger Männer) Vorträge zu halten und zu diskutieren. Vgl. E. Brunner, *Japanische Reiseeindrücke,* in: NZZ, Jg. 170, Nr. 2232 (31.10.1949); *Reiseeindrücke aus Japan,* in: NZZ, Jg. 170, Nr. 2394 (20.11.1949); *Geistige Strömungen im heutigen Japan,* in: NZZ, Jg. 170, Nr. 2514 (3.12.1949); *Reiseeindrücke aus Korea,* in: NZZ, Jg. 170, Nr. 2586 (12.12.1949); sowie *Christianity in the World Today. Four Lectures,* Tokyo 1949. Vgl. auch Brunner, Mein Vater, S. 289f.

[2] David Lerch (1903-1996), 1947–1953 Privatdozent für Systematische Theologie und Dogmengeschichte, 1954–1962 Kirchenrat im Kt. Schaffhausen, davon fünf Jahre als Präsident. Im Brunner-Nachlaß W 55/81 findet sich sein Gutachten zu der bei ihm eingereichten Doktorarbeit Lerchs über John Wesley.

## 155

Barth                                                    Basel, 16.11.1948

Lieber Emil Brunner!

Ich kann es eigentlich nicht verantworten, dir in der bewußten Sache eine Zusage zu geben[1], weil ich ungefähr ahne, was das für meine innere und äußere Ökonomie in jenem WS 49/50 für Folgen haben wird. Wiederum möchte ich dir nicht absagen. Kannst und willst du eine vorläufige, d. h. eine prinzipielle Zusage annehmen? Und würde es sich, da ich hier meinen bekannten Bandwurm lesen werde, der sich nicht stückweise nach Zürich versetzen läßt, machen lassen, daß ich dort an deiner Stelle einfach das Seminar übernehme, in dem ich mich auch hier mit den Studenten am leichtesten zurechtfinde, was mir dann möglicherweise auch dort gelingt?[2] Laß dir das einmal durch den Kopf gehen und leg es der Fakultät einmal in dieser Form vor, wenn es dir selbst so recht scheint.

Amsterdam läßt mich nicht los. Kaum hatte ich den Jesuiten Daniélou bedient[3], so kommt (liesest du die Christian News-Letter der Mrs. Bliss?)[4] Niebuhr gleich im Namen des ganzen Anglo-Saxon World, ver-

[1] Vgl. Nr. 154.
[2] Barth hielt im WS 1949/50 in Zürich ein Seminar über Calvin, Institutio I 1–9, vgl. Lebenslauf, S. 381.
[3] K. Barth, *Antwort an P. Jean Daniélou (Oktober 1948),* Schweizerischer evangelischer Pressedienst, Zürich, Nr. 42 (20.10.1948), Bl. 4–6; abgedruckt in: *Amsterdamer Fragen und Antworten,* a.a.O. (S. 367, Anm. 7), S. 17–20. Jean Daniélou (1905–1974), Professor am Institut Catholique in Paris, hatte seine *Question à Karl Barth* (deutsch a.a.O., S. 16f.) zunächst veröffentlicht in: *Réforme,* Paris, n. 187 (16.10.1948).
[4] Die Engländerin Cathleen Bliss (1908–1989) war eine bedeutende Ökumenikerin, bereitete die Gründung des ÖRK mit vor und war selbst 1954–1968 Mitglied des Zentral- und Exekutivausschusses des ÖRK. Sie hatte in der von ihr herausgegebenen Zeitung The Christian News-Letter, London, No. 320 (1948), S. 4, auf die bei der Amsterdamer Weltkirchenkonferenz in Amsterdam sichtbar gewordene Spannung zwischen angelsächsischer und kontinentaler Theologie hingewiesen. Diese Spannung thematisierte dann Reinhold Niebuhr (1892–1971), Professor am Union Theological Seminary in New York, in *We are men and not God,* The Christian News-Letter, No. 323 (1948), S. 11ff. (vgl. Anm. 5). Barths Antwort *A preliminary reply to Dr. Reinhold Niebuhr* (vgl. Anm. 6) erschien auf englisch in derselben Zeitung No. 326 (8.12.1948), S. 9–16.

setzt mich in die Arche Noah als Wohnhaus auf dem Berge Ararat [vgl. Gen. 8,4] und schreibt überhaupt eine ganze Menge Dinge über mich, die, bevor wir Frieden geschlossen haben, wohl auch du geschrieben haben könntest.[5] Ich habe nun auch zu seiner Bedienung einen großen Schrieb verfassen und nach London schicken müssen.[6] Eine Weile lang sollte jetzt dann niemand mehr gegen mich schreiben. Ich bin eben mit der Weltregierung Gottes (gubernatio) beschäftigt[7] und glaube nicht, daß es in dieser vorgesehen ist, daß man einen so friedlichen Menschen wie mich fortwährend angreift, sondern daß das irgendwie mit dem Chaos zusammenhängt.

Euer Semester ist wohl schon so lange im Gang, daß es sich gar nicht mehr lohnt, dir dazu einen guten Anfang zu wünschen. Aber meine guten Wünsche zum Fortgang und zu Allem, was dir in Haus und Hof sonst erfreulich sein mag, nimmst du sicher nebst meinem herzlichen Gruß entgegen

von deinem [Karl Barth]

156

Brunner                                                      Zürich, 17.11.1948

Mein lieber Karl Barth,

Dein Brief, den ich soeben erhalten habe, hat mir eine ganz große Freude gemacht. Jetzt glaube ich wirklich, «daß etwas im Tun ist»[1]. Möge es uns beiden gelingen, ihm nicht im Wege zu stehen.

Ich nehme natürlich von deinen Einschränkungen, die ich gut verstehe, Kenntnis. Deine Zusage ist vorderhand nur eine grundsätzliche. Das mußte sie ja auch schon darum sein, weil mich die Fakultät noch

[5] Vgl. R. Niebuhr, *Wir sind Menschen und nicht Gott*, in: *Amsterdamer Fragen und Antworten*, a.a.O., S. 25–29, bes. S. 28.

[6] K. Barth, *Präliminare Gedanken zu Reinhold Niebuhrs Darlegung über die «kontinentale» Theologie*, a.a.O., S. 30–36.

[7] Vgl. KD III/3, S. 67–326, bes. S. 175–271.

[1] Hochdeutsche Fassung einer schweizerischen Redensart: «'s isch öppis im tue» = es ist etwas in Bewegung gekommen.

nicht beauftragt hat, dich anzufragen, da ich ihr erst nächsten Samstag mein Geheimnis anvertraue. Es wird die erste Sitzung sein, seit mir der Erziehungsdirektor das Urlaubssemester bewilligt hat. Ich werde nun auch Kollegen Gut[2] bitten, sein Seminar, das er gewöhnlich im Winter liest, auf den Sommer zu verlegen, um dir es abzutreten bzw. mir die Gelegenheit zu geben, es dir abzutreten. Da natürlich uns beiden die Seminare besonders wichtig sind, darf ich den Verzicht nicht Gut zumuten, sondern mir. Ich werde ihm dann mein Sommerseminar einräumen. Ich hoffe, daß das keine Schwierigkeiten machen wird.

Alles Weitere hat ja seine Zeit, bis mindestens Ende April, wo der Vorlesungsplan für das WS festgelegt wird.

Deine freundlichen Wünsche erwidere ich, nicht ohne Egoismus. Denn nur wenn's dir gut geht, darf ich ja hoffen, dich als Lehrer in Zürich zu sehen – wenigstens im Geiste. Ich werde vermutlich das ganze Semester für Ostasien brauchen.[3]

Mit einem besonders herzlichen Gruß

dein Emil Brunner

157

Brunner                                                    Zürich, 24.11.1948

Mein lieber Karl Barth,

Die Fakultät hat mir nunmehr ihren Segen gegeben zu meinem Urlaubs-Reiseplan[1] und Gut hat der Verlegung seines systematischen Seminars vom Winter auf den Sommer zugestimmt.[2] Damit ist nun also die Sache im Blei[3]. Meine Mitteilung, daß du dich bereit erklärtest, bei uns ein Seminar zu halten, hat große Freude ausgelöst. Du wirst hier mit größter Freundschaftlichkeit aufgenommen werden. Freilich kann ja zwischen heute und nächstem Herbst noch vieles passieren, auf der

---

2 Zu Walter Gut vgl. S. 72, Anm. 16.
3 Vgl. S. 369f., Anm. 1.

---

1 Vgl. S. 369f., Anm. 1.
2 Vgl. Nr. 156.
3 = im Lot.

weltgeschichtlichen Bühne[4] und im privaten Kreis. Es steht alles unter einem stark betonten Deo volente [vgl. Jak. 4,15]. Indem ich dir nochmals für deine freundschaftliche Bereitschaft herzlich danke, verbleibe ich mit allen guten Wünschen

dein Emil Brunner

## 158

Barth                                                                Basel, 10.12.1948

Lieber Emil Brunner!

Ich höre mit Vergnügen, daß du uns hier am nächsten Mittwoch mit einem Vortrag zu begünstigen und zu erfreuen gedenkst.[1] Fährst du mit dem Nachtzug wieder nach dort zurück oder bleibst du hier? Im letzteren Fall würde es uns ein Vergnügen sein, dich zu beherbergen, was dann mit einem angemessenen Nachtgespräch verbunden werden könnte.

Gerne überreiche ich dir hier meine Antwort an den großen Niebuhr.[2] Aus dem Übersetzungsfehler auf S. 13 ergibt sich, daß man den Teufel nicht nur in Amerika mit *zwei*, sondern in England offenbar *mit mehr als* zwei Hufen auszustatten bereit ist.[3] Ich kenne mich da wirklich

---

[4] Wohl Anspielung auf die damalige Etablierung kommunistischer Vorherrschaft in Osteuropa: am 24.6.1948 Beginn der Berliner Blockade, am 7.7.1948 wurde Gottwald Staatspräsident der Tschechoslowakei, im selben Sommer kamen die Kommunisten in Ungarn an die Macht und fanden in Polen «Säuberungen» statt, die dann am 21.12.1948 mit der Bildung einer kommunistischen Einheitspartei endeten.

---

[1] Notiz aus Barths Taschenkalender zum 15.12.48: «Vortrag von Emil Brunner ‹Das christliche Verständnis der Zeit›. Nachher im Charon mit Balthasar, L[ollo]» (= Charlotte von Kirschbaum). Charon, eine Weinschenke nahe dem Basler Spalentor. Vgl. auch Nr. 160.

[2] Barth meint hier die englische Fassung seines auf S. 371, Anm. 4, genannten Aufsatzes, der am 8.12.1948 publiziert wurde.

[3] Niebuhr hatte in seinem Aufsatz (S. 371f., Anm. 4 und 5), S. 28, über Barths Theologie der «Krise» bemerkt: «Sie kann den Teufel bekämpfen, wenn er beide Hufe (both cloven feet) zeigt. Jedoch weigert sie sich, irgendwelche Urteile über Gut und Böse zu geben, wenn der Teufel nur eine Klaue zeigt.» Barth sagte dazu in seiner Antwort (S. 371f., Anm. 4 und 6), S. 33: «Sage ich, die Aktion der Kir-

nicht mehr aus und habe Mrs. Bliss[4] darum soeben geschrieben, diese
Sache müßte auf die Tagesordnung des nächsten Ökumenischen Kon-
zils gesetzt werden.

Unterdessen mit freundlichem Gruß

dein [Karl Barth]


## 159

Brunner                                                    Zürich, 12.12.1948

Mein lieber Karl Barth,

Für deine liebenswürdige Einladung danke ich dir herzlich. Da ich
aber am frühen Morgen wieder zurückfahren muß und wir dem Vernehmen nach abends noch irgendwo zusammensitzen werden, bliebe
für ein persönliches Gespräch kaum Zeit, so daß sich die Belastung deines Haushaltes nicht rechtfertigte. Ein andermal sehr gern.

Besten Dank auch für die Zusendung deiner Antwort an Niebuhr.[1]
Ich habe den Eindruck, daß du dir nicht ganz bewußt bist, wie negativ
du über die ganzen Vorbereitungsarbeiten und auch, grundsätzlich,
über die menschlichen Möglichkeiten, etwas zu tun, *gesprochen* hast, im
Unterschied zu dem, was du dir wahrscheinlich dazu *gedacht* hast.[2] Was

che in der Welt sollte nicht in der Aufstellung theoretischer Prinzipien, sondern
im Vollzug praktischer Entscheidungen bestehen, so ist daraus bei meinem Gesprächspartner geworden: der Teufel sei erst dann zu bekämpfen, wenn er beide
Hörner und beide (hat er in Amerika zwei?) Pferdefüße gezeigt habe.» In der
englischen Übersetzung des Aufsatzes (vgl. S. 371, Anm. 4), S. 13, wurde der letzte
Halbsatz so übersetzt: «only when he has shown both his horns and both (has he
only two in America?) his hoofs.»
<br>[4] Vgl. S. 371, Anm. 4.

[1] Vgl. S. 372, Anm. 6.
[2] Vgl. K. Barth, *Die Unordnung der Welt und Gottes Heilsplan* (Vortrag, gehalten an der Weltkirchenkonferenz in Amsterdam, 23.8.1948), Zollikon-Zürich
1948; abgedruckt in: *Amsterdamer Fragen und Antworten*, a.a.O. (S. 367,
Anm. 7), S. 3–10. Barth konstatiert, a.a.O., S. 4f.: Nicht hat «die geplagte
Menschheit ihr Heil von uns, von unserem weltgeschichtlichen Scharfblick, von
den Programmen und Aktionen, von den in irgendeiner Zukunft zu erhoffenden
Triumphen der Kirche als der Verkörperung und Stellvertreterin Jesu Christi
und also Gottes selber zu erwarten... Der Leib Christi lebt doch auschließlich

ich immer wieder hörte – durchaus nicht nur von Amerikanern – war: Das ist ja der alte Barth aus der Zeit des Römerbriefes, nicht der aus der Hitlerzeit. Ich glaube auch, du hättest anders gesprochen, wenn du deinen Vortrag *nach* Woudschooten geschrieben hättest, statt, wie auch ich, vorher.[3] Diese Festlegung auf das lange vorher Geschriebene gehörte, so unvermeidlich es wohl auch war, sicher zu den ungünstigen Seiten von «Amsterdam»[4]. Recht hast du wohl, wenn du sagst, es habe sich nicht um den Gegensatz europäischer Kontinent – angelsächsische Welt gehandelt[5]; die Opposition gegen deine Negationen war auch diesseits des Kanals sehr stark und zeigte sich auf vielen Seiten. Man darf sich eben nicht darauf verlassen, daß die Hörer von selbst das, was man dabei noch dazu denkt, *auch* in Anschlag bringen. Ich habe das in eigener Sache auch oft erfahren.

Nun, das Gespräch geht ja weiter, wir haben ja allerseits erst angefangen.

Mit den besten Grüßen

dein E. Brunner

von dem her, durch den und zu dem hin, der ihm wohl ganz gegenwärtig, aber als der Herr auch ganz überlegen ist. Ich gestehe, daß ich erschrocken bin über die Tatsache, daß in dem ganzen uns vorgelegten Material wohl gelegentliche rhetorische und theoretische Erinnerungen, aber sozusagen keine praktischen Anwendungen dieser Erkenntnisse zu bemerken sind.»

[3] Brunner hatte in Amsterdam ein einführendes Votum abgegeben, vgl. E. Brunner, *Das Zeugnis für die Ordnung der Gesellschaft und des nationalen Lebens,* in: F. Lüpsen, *Amsterdamer Dokumente. Berichte und Reden auf der Weltkirchenkonferenz in Amsterdam 1948* (Beiheft zu der Halbmonatszeitschrift Evangelische Welt 1), Bethel 1952[2], S. 230–239.

[4] Vgl. S. 367, Anm. 6.

[5] Niebuhr hatte in seinem Aufsatz (a.a.O., S. 372, Anm. 5), S. 25, behauptet, in Amsterdam sei die Unterscheidung «zwischen einer Theologie, die man mit dem Begriff ‹Kontinentale Theologie› zu fassen versuchte und jener Theologie, die man mit entsprechender Undifferenziertheit als ‹Angelsächsische Theologie› ... bezeichnete», bemerkenswert gewesen. Diese Unterscheidung hatte Barth «vorläufig und mit Vorbehalt» übernommen, dann aber das Resümee gezogen: «Der Atlantik und der Ärmelkanal sind es nicht, die uns scheiden.» Vgl. a.a.O. (S. 372, Anm. 6), S. 30.

## 160

Barth                                          Basel, 16.12.1948

Lieber Freund!

Bitte entschuldige, daß ich mich gestern Abend[1] nicht mehr auf die Lys[2] hinüberrufen ließ. Ich hatte von dieser Verabredung nichts gewußt und war nach dem Vortrag aus dem Saal gegangen, war in ein Gespräch mit der ökumenischen Gegenseite auf dem andern Flügel verwickelt[3], hatte keine allzu große Lust, die Gruppe zu stellen, auf die es die Studenten abgesehen hatten, besonders nicht in Kombination auch noch mit meinem Bruder[4], konnte es mir schließlich auch nicht mehr leisten, dem Abend eine weitere Verlängerung zu geben. So habe ich die vier an mich Abgesandten mit leeren Händen ziehen lassen. Ich bitte dich, das nicht falsch zu verstehen. Ich sehe dich dann gern einmal unter 4 Augen und nicht unter 24 oder 48 oder 96.

Mit freundlichem Gruß!

Dein Karl Barth

161

Brunner                                        Zürich, 9.7.1951

Mein lieber Karl Barth,

Es hat mich, ganz abgesehen von dem in jeder Beziehung gewichtigen Geschenk selbst, besonders gefreut, daß du mir dieses dein jüngstes Werk mit einer humorvollen Widmung persönlich zugeschickt hast.[1] Dafür danke ich dir recht herzlich. Die Lektüre des mächtigen Bandes

---

[1] Vgl. S. 374, Anm. 1.
[2] Restaurant in der Nähe der Basler Universität.
[3] Mit H. U. v. Balthasar. Vgl. S. 374, Anm. 1.
[4] Vgl. zu Heinrich Barth S. 115, Anm. 8. Zu den Differenzen der zwei Brüder vgl. Lebenslauf, S. 282.

---

[1] KD III/4. In das für Brunner bestimmte Exemplar schrieb Barth die Widmung: «Dem *alten* Brunner (mehr Systematiker) vom *alten* Barth (mehr Dichter) im Juli 1951». Vgl. dazu: E. Brunner, *Der neue Barth. Bemerkungen zu Karl Barths Lehre vom Menschen*, in: ZThK, Jg. 48 (1951), S. 89–100.

wird einen guten Teil meiner Sommerferien ausfüllen. Es ist nun genau 20 Jahre her, seit ich mein «Gebot und die Ordnungen»[2] schrieb, so versteht es sich von selbst, daß auch von mir aus gesehen manches darin überholt ist. Ich bin darum ohne Besorgnis darauf gefaßt, daß du, explizit oder nicht, an manchem darin Kritik übst.[3] Auf alle Fälle freue ich mich auf die Lektüre deiner Ethik und verspreche mir von ihr reichen Gewinn.

Dein Emil Brunner

162

Barth                                                                    Basel, 2.8.1952

Lieber Freund!

Mit Bestürzung hörte ich gestern abend von meinen Leuten in Bevers[1] die Nachricht von dem Schrecklichen, das euch widerfahren ist.[2] Ich weiß, daß du schon einmal einen lieben Sohn unter besonders traurigen Umständen verloren hast.[3] Und nun mußtest du diesen auch und so plötzlich hergeben. Ich habe einmal Ähnliches durchgemacht[4], habe dann die Predigt nachgelesen, mit der Schleiermacher sich und die Seinen beim Tod seines Sohnes Nathanael zu trösten versucht hat[5], und war froh, daß wir die Dinge anders sehen dürfen, als es ihm gegeben war. Aber vor dem Rätsel von Gottes Vorsehung steht man da ohnmächtig, ob man nun mit dieser oder jener Theologie bewaffnet ist, und der Engpaß, in dem man sich für eine Weile gerade nur daran hal-

---

[2] E. Brunner, *Das Gebot und die Ordnungen*, a.a.O. (S. 213f., Anm. 4).

[3] In KD III/4, S. 20f.39f., übt Barth, neben seiner Zustimmung zu grundsätzlichen Erkenntnissen in Brunners Ethik, Kritik an der naturrechtlichen Begründung der «Ordnungen».

---

[1] In Bevers bzw. Bever (Graubünden) machten damals Barths Frau, ihr Sohn Markus und dessen Familie Ferien.

[2] Brunners Sohn Thomas (geb. 13.5.1926) starb am 1.8.1952 durch ein Eisenbahnunglück, vgl. Brunner, Mein Vater, S. 117.

[3] Vgl. S. 327, Anm. 1.

[4] Vgl. S. 311, Anm. 1.

[5] Fr. Schleiermacher, *Rede an Nathanaels Grabe, den 1. November 1829,* Sämmtliche Werke, II. Abtheilung: Predigten, Bd. 4, Berlin 1844, S. 880–884.

ten kann, daß es jedenfalls sein, Gottes, Rätsel ist, mit dem man es zu tun hat, ist furchtbar schmal. Irgendwo gibt es dann einen Ausgang ins Weite und Freie der christlichen Hoffnung. Aber ich stehe zunächst viel zu sehr unter dem Eindruck des besonders Schweren, das von dir und deiner Frau verlangt ist, als daß ich etwas Weiteres schreiben möchte. Ich habe gestern an Hiob denken müssen. Möge dir etwas von seiner «Geduld» geschenkt werden... Und wenn ich recht gehört habe, war es mein Ältester, der dir die erste Nachricht zu bringen hatte...[6] Genug. Ich wollte dir nur die Hand gedrückt und dir gesagt haben, daß ich an dich denke.

Dein [Karl Barth]

163

Brunner                                                   Zürich, 15.7.1953

Mein lieber Karl Barth,

Wieder hast du mir ein mächtiges Produkt deiner Werkstatt geschenkt.[1] Ich danke dir herzlich für Beides, deine freundschaftliche Aufmerksamkeit und das große Geschenk. Ich werde auch diesen wie die übrigen 7 Bände nach Japan mitnehmen, da die Japaner, wie du weißt, sich stark für dich und deine Arbeit interessieren.[2]

Gestern habe ich hier meine letzte Vorlesung gehalten und damit mein 59. Zürcher Semester beendet. Hoffentlich sehen wir uns wieder, wenn ich aus dem Osten zurückkomme.

Herzlich

dein Emil Brunner

---

[6] Vgl. Anm. 1. Markus Barth konnte die Nachricht überbringen, weil die Eltern Brunner damals im Engadin Ferien machten.

---

[1] KD IV/1.

[2] Brunner fuhr nach Mitaka in der Nähe von Tokyo, um dort für zwei Jahre – zunächst waren drei geplant – als Gastdozent an der International Christian University zu arbeiten, vgl. Brunner, Mein Vater, S. 293–298. Zu den Übersetzungen der Werke Barths vgl. S. 380, Anm. 3.

Brunner                                    Zürich, 24.2.1955

Lieber Karl Barth,

Gestern hat mir der Evangelische Verlag Zollikon in deinem Auftrag
den letzten Band deiner Dogmatik zugestellt.[1] Es hat mich ganz gerührt,
daß du noch an mich gedacht hast. Denn ich bin ja doch für etliche Jahre dem Blickfeld der zünftigen Theologen ganz entrückt gewesen.[2]

Natürlich habe [ich] noch nicht viel mehr als das Vorwort und die
Stellen zum Register Emil Brunner lesen können. Mit diesem Werk
kann es auch dem heißesten Verehrer nicht gehen, wie mir einer deiner – echten – Schüler vor Jahren schrieb: Er habe den eben erschienenen Band meiner Dogmatik in einem Zuge, Tag und Nacht lesend,
fertig gelesen. Du wirst es zwar kaum glauben, da [du] mir einmal be-
kanntest, daß du meine Bücher langweilig findest. Ich glaubte, dir damals mit einer retour chaise antworten zu müssen. Ich könnte dies aber
mit gutem Gewissen nicht mehr tun. Ich finde nachgerade deine Dog-
matikwälzer zwar immer noch überflüssig langatmig, aber zugleich
doch auch interessant und lehrreich.

Die Legende, daß auch in Japan eine Gesamtübersetzung erscheinen
werde, mußt du wirklich nicht für bare Münze nehmen.[3] Denn alle Japaner, die Barth zu lesen wünschen und zu lesen imstande sind, können
hinreichend deutsch, zur Not auch englisch, so daß für eine Übersetzung in solchem Umfang wirklich kein Bedürfnis ist. Übrigens wäre
das für Japan ein Unglück, da die japanischen Theologen ohnehin zu
viel – und zu viel Barth – lesen und darob ihre Gemeinden vernachläs-
sigen. Der Theologismus ist, wenn irgendwo, eine Krankheit des japanischen Protestantismus. Sie haben es in den letzten Jahren auch selbst
eingesehen, und ausgesprochene Barthianer haben es mir bekannt. Im

[1] KD IV/2.
[2] Vgl. S. 379, Anm. 2.
[3] KD IV/2, S. IX: «... und schon berichtet mir ein offenbar kundiger theologischer Besucher aus Japan, daß man auch dort mit der ... Absicht umgehe», «die
‹Kirchliche Dogmatik› in ihrer Totalität ... zu übersetzen». Zu den Übersetzungen größerer Teile der Kirchlichen Dogmatik und anderer Werke Barths ins Japanische vgl. M. Wildi, *Bibliographie Karl Barth*, Bd. 1: *Veröffentlichungen von
Karl Barth*, Zürich 1984, S. 424–427; seit 1968 erscheinen auf japanisch auch
Barths Gesammelte Werke, a.a.O., S. 20–22.

übrigen mußt du nicht befürchten, ich habe dir zu viel Wasser abgegraben, da ich mich im Ganzen mehr um die Laien als um die Theologen bekümmert habe, bei denen gerade in Japan das Evangelium besser aufgehoben ist. Doch davon wirst du ebensowenig etwas wissen wollen als von meinem «Mißverständnis der Kirche»[4]. Ich bin nun diesmal, wenn ich den – letzten – Band meiner Dogmatik[5] schreibe, in der glücklichen Lage, von dir lernen zu können und dir zu antworten, da du mit deinem letzten Band bereits den Boden betreten hast, der noch vor mir liegt. Bei dem Kapitel von den Eschata wirst du ja dann wieder das Feld bereits von mir in Angriff genommen vorfinden.[6]

Auch wenn ich dir, deinem Wunsch gemäß, gern eine Atempause gönne[7], so sind wir doch alle sehr gespannt auf deine Eschatologie und hoffen, daß es dir vergönnt sei, diesen, ich denke, letzten Teil deines Riesenwerkes zu vollenden.[8]

Mit freundlichen Grüßen

dein Emil Brunner


Verzeih die schlechte Maschinenschrift. Ich bin der Maschine ganz entwöhnt, kann aber noch immer nicht von Hand schreiben.[9]

[4] E. Brunner, *Das Mißverständnis der Kirche*, Zürich 1951.

[5] E. Brunner, *Die christliche Lehre von der Kirche, vom Glauben und von der Vollendung. Dogmatik, Band III*, Zürich 1960. Brunner überreichte Barth den Band bei ihrer letzten persönlichen Begegnung am 19.11.1960 in Basel.

[6] E. Brunner, *Das Ewige als Zukunft und Gegenwart*, Zürich 1953.

[7] Vgl. KD IV/2, S. X: «‹Wann kommt der nächste Band?› – ‹Wieviel Bände kommen noch?› – das sind so die Fragen, die ich jeweils, kurz nachdem wieder einer ‹gekommen› ist, aufs neue hören muß. Und ein Student hat mich neulich in wohlgewählter Sprache gefragt: wie denn Alles werden soll, ‹wenn Sie, mit Verlaub zu sagen, nicht mehr da sein werden?› Er hatte ganz recht, auch an diese Möglichkeit zu erinnern. ‹Doch noch wandl' ich auf dem Abendfeld›, will mir zunächst mit dem folgenden Band alle Mühe geben und hoffe, daß der hier vorgelegte ‹dick› genug sei, um mir den Fragen jener Art gegenüber wenigstens eine kleine Atempause zu verschaffen. Das Weitere steht nicht in menschlichen Händen und wird sich finden.»

[8] Barths Eschatologie – KD V – ist nie geschrieben worden, wohl aber erschienen 1959 KD IV/3 und 1967 KD IV/4 (Fragment); sowie posthum K. Barth, *Das christliche Leben. Die Kirchliche Dogmatik IV/4. Fragmente aus dem Nachlaß. Vorlesungen 1959–1961*, hrsg. von H.-A. Drewes und E. Jüngel (Gesamtausgabe, Abt. III), Zürich 1976, 1999³.

[9] Handschriftlicher Zusatz Brunners. Brunner hatte auf der Rückreise von Japan eine zerebrale Lähmung erlitten, vgl. Brunner, Mein Vater, S. 306.

## 165

Brunner                                                          Zürich, 9.5.1956[1]

Unter den tausend Stimmen der dankbar und verehrungsvoll Glück-
wünschenden darf und will die meine nicht fehlen, die aus einer vier-
zigjährigen «unglücklichen Liebe» kommend trotz und in allem Kampf
als echte bewährt ist

                                                                Emil Brunner

Brunner                                                         Zürich, 30.10.1957

Mein lieber Karl Barth,
    dieser Tage habe ich von Fräulein Marie-Claire Frommel, meiner ehe-
maligen Schülerin, die Nachricht erhalten, daß sie sich mit deinem Sohn
Christoph verlobt habe.[1] Diese Nachricht hat mich von Herzen gefreut.
Fräulein Frommel war mir eine besonders liebe Schülerin, und ich habe
ihren seitherigen Weg in die Mission mit großer Anteilnahme verfolgt.
Gewiß werden die Leute im Seminar und der Missionsgemeinde von
Djakarta schon lange das jetzt Wirklichkeit Gewordene in ihren Gedanken flüsternd und schmunzelnd vorweggenommen haben und werden
sich jetzt darüber freuen, daß ein solches Team entstanden ist. Leider kenne ich deinen Sohn nicht. Aber schon die Tatsache, daß er Missionar wurde, läßt darauf schließen, daß hier zwei Wege zusammenkamen, die füreinander bestimmt waren. «Einer allein mag fallen, zween mögen widerstehen»[2]. Ich kann's mir nicht anders denken, als daß auch du an dieser

---

[1] Glückwunschtelegramm zu Barths 70. Geburtstag am 10.5.1956.

[1] Christoph Barth (1919–1986) hatte sich während seiner Lehrtätigkeit als
Theologe in Djakarta mit Marie-Claire Frommel, einer aus Genf stammenden
Theologin im Dienst des Studenten-Weltbundes in Indonesien, verlobt, vgl. Lebenslauf, S. 455.
[2] Pred. 4,12 nach der Luther-Übersetzung in der «durchgesehenen» Ausgabe
von 1892: «Einer mag überwältigt werden, aber zween mögen widerstehen.» Vgl.
auch Pred. 4,10.

Verbindung große Freude hast, und ich konnte es mir nicht «verhebe»[3], dir zu diesem frohen Ereignis herzlich zu gratulieren.

Wie ich höre, geht es dir gut und bist du tüchtig an deiner Arbeit. Ich selbst hatte seit meiner Rückkehr einige gesundheitliche Störungen[4], die aber jetzt ganz überwunden sind, so daß auch ich wieder munter an meiner Arbeit bin.

Indem ich dir für die Zukunft viel Gutes wünsche, verbleibe ich mit herzlichen Grüßen

dein Emil Brunner

167

Barth                                                                                    Basel, 31.10.1957

Lieber Freund Emil Brunner!

Ich danke dir herzlich für deine Teilnahme an diesem fernöstlichen Ereignis und dafür, daß du ihr in einem so freundlichen Glückwunsch Ausdruck geben wolltest. Es ist in der Tat so, daß ich von der Sache richtig erfreut bin: im Blick auf die künftige Schwiegertochter, die ich freilich noch nicht persönlich, sondern nur aus dem mir von allen Seiten zugetragenen höchst positiven Gerücht über sie kenne – und im Blick auf meinen Sohn, der nun mit 40 Jahren doch noch, und nun gleich so verheißungsvoll, den Rank gefunden[1] hat.

Daß Marie-Claire auch in Zürich studiert hat, wußte ich, noch nicht aber, daß sie – late oder proprie dicta? – deine Schülerin war bzw. ist. Ich nehme das in beiden Fällen als einen weiteren ihrer offenbar vielen Vorzüge zur Kenntnis. Romeo und Julia in neuer Gestalt[2] – oder auch: der wahrhaft einleuchtende «Anknüpfungspunkt»[3] –, nichtwahr?

Denk, mir ist gerade dieser Tage ein sehr schöner Brief von deiner Hand wieder sichtbar geworden, den du mir 1924 im Anschluß an mei-

[3]  = verkneifen.
[4]  Vgl. S. 381, Anm. 9.

[1]  = die Kurve gekriegt.
[2]  Zwei Liebende aus zwei verfeindeten Veroneser Adelsfamilien, nach W. Shakespeares gleichnamigem Theaterstück.
[3]  Anspielung auf E. Brunner, *Die Frage nach dem «Anknüpfungspunkt» als Problem der Theologie,* in: ZZ, Jg. 10 (1932), S. 505–532.

ne Besprechung deines Schleiermacherbuches – wie lang ist das alles her! – nach Göttingen geschrieben hast.[4] Es war uns Dei providentia hominum confusione[5] nicht gegeben, auf der damals vorhandenen Basis weiter zu koexistieren und zusammenzuarbeiten. Doch kann es dich interessieren zu hören, daß ich eben vor einer Stunde ein Stück Kolleg bzw. KD diktiert habe, in welchem das anima humana naturaliter christiana – zwar nicht von einem «neuen Barth»[6], im Zusammenhang des alten, aber immerhin ausdrücklich – bejaht wird.[7] Wie denn eine der Wirkungen des Älter- – oder sagen wir doch ruhig: des Altwerdens – bei mir die ist, daß ich nur noch leidenschaftlich Ja, ja, ja![8] sagen, alle Diastasen aber zuvor in mir selbst ausmachen und im übrigen Anderen überlassen möchte. In diesem Sinn denke ich auch an dich, auch wenn ich ihm disputando keine Gestalt zu geben vermöchte.

Mit Freude höre ich, daß es dir gesundheitlich wieder besser geht. Daß du, wie ich gestern vorläufig in einer Buchauslage sah, ein neues Buch über das Ärgernis des Christentums geschrieben hast[9], schien mir auch schon darauf hinzuweisen. Was mich betrifft, so bin ich – das Produzieren geht langsamer! – an meinem 3. Band über die Versöhnungslehre, augenblicklich an dem Artikel De vocatione.[10]

Als Beilage meine letzte Predigt im Gefängnis, das mir hier mutatis mutandis das ist, was dir dort die Frauenkirche.[11]

In aufrichtiger Erwiderung deiner guten Wünsche und mit herzlichem Gruß

dein [Karl Barth]

4  Vgl. Nr. 43.
5  Nach dem Spruch «Hominum confusione et Dei providentia Helvetia regitur». Vgl. V.u.kl.A. 1909–1914, S. 143, Anm. 6.
6  Vgl. E. Brunner, *Der neue Barth,* a.a.O. (S. 377, Anm. 1).
7  KD IV/3, S. 564. Die lateinische Wendung stammt aus Tertullians *Apologeticum,* 17,6: CChr. SL 1,117 [Z. 27].
8  Anspielung auf K. Barth, *Nein! Antwort an Emil Brunner* (ThExh 14), München 1934.
9  E. Brunner, *Das Ärgernis des Christentums,* Zürich 1957.
10  KD IV/3, S. 553–779: § 71: Des Menschen Berufung.
11  K. Barth, *Alle! Predigt über Römer 11,32.* Gehalten in der Strafanstalt Basel am 22.9.1957, in: Basler Predigten, Jg. 21 (Basel 1957/58), Nr. 6 = Oktober 1957; wieder abgedruckt in: *Predigten 1954–1967,* hrsg. von H. Stoevesandt (Gesamtausgabe, Abt. I), Zürich 1979, S. 81–89. Die «Frauenkirche» ist die Zürcher Fraumünsterkirche, in der Brunner zu predigen pflegte, vgl. E. Brunner, *Fraumünsterpredigten,* Zürich 1955².

Brunner                                    Zürich, 22.10.1964

Mein lieber Karl Barth,

Soeben habe ich gehört, daß du eine Prostataoperation durchmachen
mußtest. Das ist in deinem Alter eine recht schlimme Sache, und der
Zweck dieses Briefes ist es, dir mein lebhaftes Bedauern auszusprechen
und dir gute Besserung zu wünschen. Ich muß dir diesmal eigenhändig
schreiben, da meine Sekretärin, die ich sowieso nur wenige Stunden per
Woche haben kann – sie ist Hausfrau und hat 3 Kinder –, nur noch jeweils am Montagnachmittag zu mir kommt [und] gegenwärtig mit eigener Arbeit genug zu tun hat. Ich aber konnte in diesem Falle nicht
warten.

Ich will dich nicht beschweren mit unsern gemeinsamen theologischen Sorgen. Die Theologie ist in den letzten Jahren fast auf den
Hund gekommen, von dem fröhlichen Neubeginn der Zwanzigerjahre
ist wenig mehr zu spüren, und in England ist sie nahe daran, ihren
Bankrott anzumelden.[1]

Aber ich habe gestern einen Kollegen, der darüber fast verzweifelt,
getröstet: Die Ekklesia Christi lebt schließlich nicht von der Theologie,
sondern vom Evangelium. Nubila sunt, transibunt.[2] Diese Gewißheit
war uns immer gegeben und ist es noch, wie nur je.

Das möge dir auch in diesen Tagen, da es dir nicht gut geht, ein
fröhliches Herz geben!

In dieser frohen Gewißheit drücke ich dir fest die Hand und wünsche dir bessere Tage.

Dein Emil Brunner

---

[1] Wohl Anspielung auf: J. A. T. Robinson, *Honest to God*, London 1963;
deutsch: *Gott ist anders*, München 1964.
[2] Vgl. den Ausspruch von Athanasius bei Antritt seiner vierten Verbannung
aus seinem Bischofssitz in Alexandria im Jahre 362, überliefert bei Rufin, *Histo-
riae ecclesiasticae* X 35 (GCS Eusebius, 2. Bd., 2. Teil, S. 995, Z. 11f.): «‹nolite›, in-
quit, ‹o filii, conturbari, quia nubicula est et cito pertransit›.»

Barth                                Basel, Krankenhaus Bethesda, 26.10.1964[1]

Lieber Freund!

Ich danke dir *herzlich* für deinen teilnehmenden Brief. Es ist schon so, daß ich seit dem Frühjahr mehr oder weniger krank war, bis dann Ende August meine Übersiedlung hierher und also an das Ufer des Teiches Bethesda [vgl. Joh. 5,2f.] und endlich die Operation fällig wurde.[2] Ich habe sie Dank Gott und meinem geschickten und entschlossenen Urologen so gut überstanden wie de Gaulle[3] und noch früher Hindenburg[4] und Clemenceau[5]. Nur ist nun noch eine etwas komplizierte Nachbehandlung nötig, die ich doch bis jetzt freudigen Mutes über mich ergehen ließ und lasse.

Was die kranke Theologie unsrer Tage betrifft[6], so meine ich doch auch auf der menschlichen Ebene Anzeichen wahrzunehmen, daß die Sündflut am Sinken ist.

Wenn ich wieder auf den Beinen bin, werde ich nach der nächsten Möglichkeit Ausschau halten, dich, wie ich schon lange plante, zu besuchen.[7]

Ich grüße dich mit allen guten Wünschen für ein Optimum an physischer und psychischer und pneumatische Resistenz und Munterkeit.

Dein Karl Barth

Ich war meine Lebtage nie ernstlich krank und hatte in diesen Monaten in *jeder* Hinsicht *viel* zu lernen.

---

[1] Der Brief ist bereits abgedruckt in: Br. 1961–1968, S. 270f.

[2] Vgl. Nr. 168.

[3] Charles de Gaulle (1890–1970), französischer General, seit 1958 Staatspräsident.

[4] Paul von Beneckendorff und Hindenburg (1847–1934), ab 1914 Generalfeldmarschall, ab 1925 deutscher Reichspräsident.

[5] Georges Clemenceau (1841–1929), französischer Staatsmann.

[6] Vgl. S. 385, Anm. 1.

[7] Ein Besuch fand nicht mehr statt.

Barth                                            Basel, 29.1.1965[1]

Lieber Freund!

Wir sind nun insofern ein bißchen Leidensgenossen, als mich am
13. Dezember ein «Schlägli»[2] erwischt hat, an dessen Folgen ich gerade
bis heute morgen im hiesigen Bethesda-Spital kuriert habe. Reden
konnte ich schon nach wenigen Stunden wieder – mein erstes vernehm-
liches Wort war «Zacharias»! [vgl. Lk. 1,5ff.]. Lesen kann und tue ich
mit Lust. Nur das Schreiben fällt mir, wie du an diesen Zeilen siehst,
immer noch schwer.

Schönen Dank für die Übersendung deiner Gottfried Keller-Schrift.[3]
Ich *bewundere* die Tatsache, daß du das noch so hinlegen konntest. Der
Mann war mir vor etwa vierzig Jahren tief unsympathisch geworden[4],
und ich habe ihn seither nicht mehr gelesen. Die unmittelbare Frucht
der Lektüre deiner Schrift bestand darin, daß ich mir das Sinngedicht[5],
die Zürcher Novellen[6], die Legenden[7] und die zwei Bände «Leute von
Seldwyla»[8] ins Spital bringen ließ und sie in *einem* Zug gelesen habe,

---

[1] Der Brief ist bereits abgedruckt in: Br. 1961–1968, S. 283–285.

[2] = Schlaganfall.

[3] E. Brunner, *Eros und Gewissen bei Gottfried Keller* (128. Neujahrsblatt zum
Besten des Waisenhauses Zürich für 1965), Zürich 1965.

[4] Vgl. K. Barth, *Ludwig Feuerbach,* in: ZZ, Jg. 5 (1927), S. 11–33, wieder abgedruckt in: Th.u.K., S. 212–239, s. bes. S. 213–215.219.229. Barth hörte in Keller
den «repräsentative[n] Feuerbachianer» reden. Brunner hingegen betont in seiner
Schrift *Eros und Gewissen*, S. 34f., daß der «Feuerbach-Schock» bei Keller nicht
tief genug gegangen sei, «um die sittlichen Grundlagen seiner Lebensanschauung
oder seiner Lebensführung zu erschüttern.» Als Belege für Kellers Distanzierung
von der materialistisch-atheistischen Anschauung Feuerbachs, nennt Brunner
die Bettagsmandate, die Keller 1863, 1867, 1871 und 1872 als Staatsschreiber der
kantonalen Regierung an das Zürchervolk richtete.

[5] G. Keller, *Das Sinngedicht,* in: ders., Sämtliche Werke, Bd. 11, hrsg. von J.
Fränkel, Bern / Leipzig 1926.

[6] G. Keller, *Züricher Novellen,* in: ders., Sämtliche Werke, Bd. 9 u. 10, hrsg.
von C. Helbling, Bern / Leipzig 1944 u. 1945.

[7] G. Keller, *Sieben Legenden,* in: ders., Sämtliche Werke, Bd. 10, hrsg. von C.
Helbling, Bern / Leipzig 1945.

[8] G. Keller, *Die Leute von Seldwyla,* in: ders., Sämtliche Werke, Bd. 7 u. 8,
hrsg. von J. Fränkel, Bern / Leipzig 1927.

als ob mir Alles ganz neu wäre. Unterhalten habe ich mich dabei ausgezeichnet. Aber – hélas – *lieb* ist mir dieser Autor auch diesmal *nicht* geworden. Und – verzeih! – eingeleuchtet hat mir deine These jedenfalls an Hand dieser Dokumente auch nicht. Über «Bürgerlust und Bürgertugend»[9] könnte ich allenfalls mit mir reden lassen, obwohl die Rechnung auch so in vielen Fällen nicht aufginge – «Eros und Gewissen» scheint mir eine zu schwere Fracht für diesen Kahn.[10] Bemerke, daß ich zu S. 33 oben keinerlei polemische Anmerkung mache![11] So sanft bin ich im hohen Alter geworden!!

Nur eine Frage: Findest du wirklich (S. 30) das Werk des Fritz Buri (der Mann schreibt sich [nicht] mit *2 r!)* ein «schönes Buch»[12]? Ich fand darin einst die unglaubliche Schludrigkeit, daß er jene Pfarrer im «Verlorenen Lachen»[13] als schweizerische – Ritschlianer diagnostizierte, wo doch die Novelle, von allem Anderen abgesehen, in den 50er Jahren geschrieben ist: zu einer Zeit, in der Ritschl selbst noch im Sinne der Tübinger dachte und wirkte und in der man in der Schweiz beim besten

[9] Wohl eine Anspielung auf G. Keller, *Kleider machen Leute,* a.a.O., S. 30: «Die Zeit der Aufklärung und der Philanthropie war deutlich zu lesen in den moralischen Begriffen, welche in schönen Goldbuchstaben über den Haustüren erglänzten, wie: ... zur Bürgertugend a, zur Bürgertugend b, ... zum Frohsinn, zur inneren Rechtlichkeit, zum Landeswohl.»

[10] Brunner versteht in seiner in Anm. 3 genannten Schrift (vgl. bes. S. 33–35) den «Volkserzieher» Keller als Vertreter einer humanistisch und personalistisch gekennzeichneten Ethik auf der Grundlage eines Sensus communis rationalis (vgl. Anm. 11). Von Feuerbach her sei für Keller alle Theologie Anthropologie, das echt Menschliche identisch mit dem «echt Natürlichen».

[11] Brunner, a.a.O., S. 33: Kellers Verständnis des Gewissens ist geprägt durch die «unter den Begriffen Lex naturae, Lumen naturale allgemein bekannte, weithin geltende Lehre. Diese Anschauung vom Sensus communis rationalis war auch die Gottfried Kellers. Wie groß dabei der Anteil der zwinglischen Lehrtradition, der Moralphilosophie Kants und der aus antiken Quellen stammenden Anschauung vom Sensus communis war, ist wohl kaum auszumachen.»

[12] Brunner zitiert a.a.O., S. 30, «ein paar Sätze aus dem schönen Buch von Fritz Burri» *Gottfried Kellers Glaube. Ein Bekenntnis zu seinem Protestantismus,* Bern 1944. Fritz Buri (1907–1995), seit 1938 als Privatdozent Kollege Barths in Basel, seit 1951 als Extraordinarius, vertrat eine liberale theologische Richtung. Zu Barths Verhältnis zu ihm vgl. Lebenslauf, S. 404f.

[13] G. Keller, *Das verlorene Lachen,* in: ders., Sämtliche Werke, Bd. 8, hrsg. von J. Fränkel, Bern / Leipzig 1927, S. 301–431. Barth erwähnt öfters gerade dieses Stück: V.u.kl.A. 1905–1909, S. 118.344; *Ludwig Feuerbach,* a.a.O. (Anm. 4), S. 214.

Willen noch nicht, sondern erst etwa um 1886 oder Anfang der 90er Jahre – in der großen Zeit, in der wir beide geboren wurden oder aber die ersten Hosen bekamen! – Ritschlianer werden konnte. Ein Buch, in dem solcher Unsinn steht, *kann* (in diesem Fall auch noch aus andern Gründen!) kein «schönes» Buch sein.

Wie dem auch sei: ich danke dir nochmals, wünsche dir alles und jedes erdenkliche Gute und bin mit herzlichem Gruß

dein Karl Barth

171

Margrit Brunner-Lauterburg                          Zürich, 2.3.1966

Sehr geehrter, lieber Herr Professor!

Hin und wieder vernehmen wir durch gemeinsame Freunde, wie es Ihnen gesundheitlich geht, und so können wir – aus der Ferne – doch auch etwas teilnehmen an Ihrem Ergehen. So war es uns eine Freude, durch Freund Erwin Sutz[1] zu hören, daß Sie das Spital verlassen konnten und wieder heimdurften.[2]

Und heute möchte ich Ihnen einfach sagen, wie sehr uns Ihre freundlichen Grüße gefreut haben, die Herr Prof. Dr. F. Koller[3] meinem Mann in Ihrem Namen ausgerichtet hat. Wir erwidern sie aufs herzlichste, mit allen guten Wünschen für weitere gründliche Erholung.

Herrn Professor Kollers Zeilen erreichten übrigens meinen Mann ausgerechnet in «seinem früheren Spital», im Krankenhaus Neumünster auf dem Zollikerberg.[4] Wie schon vor einigen Jahren ist mein Mann dort wieder – in jeder Hinsicht – aufs beste aufgehoben, seit er kurz vor Neujahr infolge einer akuten Cystitis in Verbindung mit Prostatabeschwerden, die nicht mehr durch Operation behoben werden können,

[1] Zu Erwin Sutz vgl. S. 166f., Anm. 1.
[2] Barth war vom Juli bis Oktober 1965 für eine zweite Prostata-Operation im Basler Bürgerspital, vgl. Lebenslauf, S. 488.
[3] Professor Dr. med. Fritz Koller (1906–1999), Internist im Basler Bürgerspital und Freund Brunners.
[4] Brunner lag seit dem 29.12.1965 im Zürcher Diakonissenkrankenhaus Neumünster. Er war 1915 in dem Quartier Vikar, vgl. S. 8, Anm. 5; sein Freund G. Spörri war 1937–1941 Vorsteher der Diakonissenanstalt, vgl. S. 234f., Anm. 2.

sich in *Spitalpflege begeben mußte. Wir hoffen, daß er in absehbarer Zeit wieder heimkommen kann. Wann das aber wirklich möglich sein wird, ist noch ganz ungewiß.

Mit freundlichen Grüßen, bitte auch an Ihre liebe Frau,

Ihre Margrit Brunner

Herzlich sich anschließend dein alter Emil Brunner.[5]

172

Barth                                                        Basel, 7.3.1966[1]

Liebe Frau Brunner!

Ihr Brief mit den anschließenden zwei Zeilen von Emil hat mich sehr bewegt. Sagen Sie ihm, die Zeit sei lange vorbei, in der ich ihn oder andere Mitmenschen mit «Nein!»[2] anschrie, wo wir doch Alle froh sein müssen und dürfen, einen Gott zu haben, der zu uns – *ohne* unser Verdienst, zu einem *Jeden* von uns in seiner Weise «Ja!» sagt.

Mir geht es dank der Mühe, die Prof. Koller und andere tüchtige Ärzte sich [mit] mir gegeben haben und noch geben, gesundheitlich recht gut. Nur daß ich oft mit einer mir selbst ganz unerklärlichen Traurigkeit zu streiten habe, in der mir alle Erfolge, die das Leben mir gebracht, *gar nichts* helfen. Sagen Sie Emil, daß ich von gar nichts Anderem lebe als von der Verheißung: «Selig sind, die da Leid tragen, denn sie sollen getröstet werden!» [Mt. 5,4]. Auch er soll sich jetzt ganz an das halten. In ein paar Wochen soll ich 80 Jahre alt werden und wollte wohl, das Fest mit allen seinen Reden und Artikeln usw. läge schon hinter mir. Aber mit Gottes Hilfe werde ich auch durch diesen Engpaß kommen.

Wäre ich *noch* ein bißchen besser zwäg[3], so wollte ich wohl einmal herüberfahren, um mit Emil ein paar Worte auszutauschen. Grüßen Sie ihn von mir und seien Sie, liebe Frau Brunner, selbst, indem ich Ihnen

---

[5] Handschriftlicher Zusatz Brunners.

[1] Der Brief ist bereits abgedruckt in: Br. 1961–1968, S. 324.
[2] Vgl. K. Barth, *Nein! Antwort an Emil Brunner* (ThExh 14), München 1934.
[3] = gesund.

für Ihren Brief danke und auch Ihnen alles Gute wünsche, herzlich gegrüßt

von Ihrem Karl Barth

## 173

Barth [an Peter Vogelsanger]                                    Basel, 4. 4.1966[1]

Lieber Herr Pfarrer!

Ihr Brief vom 2.[2] hat mich *sehr* bewegt – auch darum, weil gerade
*Sie*[3] mir ihn schrieben.

Wenn ich selber nach zweijähriger Krankheit noch oder wieder mo-
biler wäre, würde ich mich in den nächsten Zug setzen, um Emil Brunner noch einmal die Hand zu drücken.

Sagen Sie ihm, wenn er noch lebt und wenn es geht, noch einmal:
«*Unserm* Gott befohlen!» auch von mir. Und sagen Sie ihm *doch ja*, die
Zeit da ich meinte, ihm ein «Nein!» entgegenrufen zu müssen, sei längst
vorüber, wo wir doch alle nur davon leben, daß ein großer und barm-
herziger Gott zu uns allen sein gnädiges Ja sagt.[4]

Mit herzlichem Gruß und Dank

Ihr Karl Barth

Grüßen Sie bitte auch Frau Brunner von mir.

[1] Der Brief ist bereits abgedruckt in: Br. 1961–1968, S. 326f.

[2] Peter Vogelsanger (1912–1995), ein Schüler Brunners, damals Pfarrer an der
Fraumünster Kirche in Zürich, hatte nach einem Besuch am Krankenbett Brunners Barth in einem Brief vom 2.4.1966 von dem ernsten Zustand des Kranken
berichtet; Original im Karl Barth-Archiv, Basel.

[3] Laut Mitteilung Vogelsangers an die Herausgeber der Br. 1961–1968 hatte
sich das früher gute Verhältnis Barths zu ihm seit der Gründung der von Vogelsanger redigierten Zeitschrift «Reformatio», deren Kurs Barth nicht billigte, getrübt.

[4] Vogelsanger erhielt Barths Brief am Morgen des 5. April. Nach Mitteilung
an die Herausgeber der Br. 1961–1968 fuhr er sofort «per Velo auf den Zollikerberg in die Diakonissenklinik. Emil Brunner war noch am Leben, sehr schwach,
aber bei vollem Bewußtsein. Ich rief ihm zu: ‹Karl Barth läßt dich grüßen!› und
las ihm den Brief vor. Ein feines, unendlich schönes und versöhntes Lächeln ging
über seine Züge, und er drückte mir still die Hand. Dann mußte ich gehen. Wenige Minuten später ist Emil Brunner in die völlige Bewußtlosigkeit versunken,
aus der er nicht mehr erwachte. Andern Tags, am Mittwoch, dem 6. April, gegen
Mittag starb er still. – Es war nach meiner Erkenntnis wirklich der letzte Gruß
auf Erden, der ihn erreichte» (a.a.O., S. 327, Anm. 3).

Barth                                                    Basel, 16.4.1966[1]

Sehr verehrte, liebe Frau Brunner!

Sie haben sich vielleicht verwundert, daß ich Ihnen nicht unmittelbar nach Empfang der Nachricht vom Tode Ihres Mannes[2] geschrieben habe. Aber Sie wußten ja aus meiner vorausgegangenen Korrespondenz mit Ihnen und Pfr. Vogelsanger[3], daß ich seinen Hingang in aufrichtiger Bewegung begleitet habe. Und ich meinerseits habe unterdessen wenigstens einige von den ihm zuteilgewordenen, teils guten, teils weniger guten Nachrufen zur Kenntnis genommen.

Natürlich auch mit der Frage, wie das nun eigentlich zwischen ihm und mir gewesen und geworden ist? Wie gerne würde ich mir einmal von Ihnen persönlich und mündlich sagen und erklären lassen, wie sich unser Verhältnis von ihm – und auch von Ihnen – aus gesehen dargestellt hat. Von mir aus gesehen war es ja so, daß Gott ihn und mich nicht nur sehr verschiedene Wege geführt, sondern in seiner unergründlichen Güte und Weisheit schon als sehr verschiedene Wesen gewollt habe – so verschieden, daß [von] Streit und Leid zwischen uns eigentlich gar keine Rede sein konnte. Und doch ist dann von beiden Seiten gestritten und gelitten worden. Wobei, wenn ich recht sehe, *er* mehr unter *mir* [gelitten hat] als ich – nachdem *ich* 1934 meinen Kropf einmal geleert hatte![4] – unter *ihm*. Ich habe natürlich Alles gelesen und bedacht, was er seither erarbeitet und veröffentlicht hat, aber es focht mich nicht mehr an, jedenfalls nicht mehr so, daß ich das Bedürfnis hatte, ihn anzugreifen oder mich gegen ihn zu verteidigen. Von mir aus gesehen einfach darum, weil ich durch die mir gestellte Aufgabe zu stark beschäftigt war, als daß ich Raum gehabt hätte, mich mit ihm noch und noch einmal «auseinander zu setzen». Vielleicht war es gerade das, worunter er, was mich betraf, gelitten hat? Vielleicht können Sie mir gelegentlich etwas Erhellendes dazu sagen. Und wenn es doch so

---

[1] Der Brief an Margrit Brunner ist bereits abgedruckt in: Br. 1961–1968, S. 328f.

[2] Emil Brunner war am 6.4.1966 gestorben.

[3] Vgl. Nr. 173; sowie dort Anm. 2.

[4] Vgl. S. 387, Anm. 2.

gewesen sein sollte, daß ich mich darüber hinaus in positiven Worten oder Taten an ihm vergangen haben sollte, deren ich mich nur nicht mehr erinnere, dann zögern Sie nicht, liebe Frau Brunner, mich darauf aufmerksam zu machen. Ich schreibe Ihnen das alles, weil ich als nun bald Achtzigjähriger gerade im Blick auf dieses Stück meiner Vergangenheit gern ein möglichst klares Bild meiner Verantwortlichkeit hätte. Doch möchte ich [Sie] mit dieser meiner angesichts des Todes Ihres Mannes aufstehenden Frage nicht bedrängt wissen. Sie können sich also, wenn Sie mir überhaupt antworten wollen, ruhig Zeit dazu lassen.

Daß ich an dem großen Leid, das Sie betroffen hat, von Herzen teilnehme, wissen Sie.

Ihr Karl Barth

# ANHANG

## 175

Brunner [an Eduard Thurneysen]  Obstalden, 16.9.1924

Mein lieber Freund!

Erschrick nicht über das greuliche Substrat dieser amica exegesis.[1] Es soll dir bloß von vornherein andeuten, daß du's nicht mit einem Brief, sondern mit einer monologischen Abhandlung zu tun bekommst, die ich nur darum nicht in meiner Schublade lasse, weil ich denke, sie sei vielleicht nicht ganz wertlos für dich, und vor allem, weil ich von dir weitere Belehrung erhoffe. Dein Brief mit den gewichtigen Bemerkungen über das Schriftprinzip läßt mich nicht zur Ruhe kommen.[2] Er liegt wie ein Block in meinem Weg, und ich sollte weitereilen, in bewohntere Gegenden. Darum diese Abhandlung, die ein Versuch der Selbstklärung ist, und der du darum einige scheinbare Pedanterien – die nichts anderes sind als Sicherung der Richtung durch künstliche Hebelverlängerung [– nachsehen mußt]. Du weißt ja, daß auch über die communicatio idiomatum zu streiten sinnvoll sein kann.[3]

[1] Der Brief dokumentiert in einem Ausschnitt das kritische Gespräch Brunners gerade im Jahr 1924 mit Thurneysen und Barth über das Verständnis der Offenbarung. Es war damals offenbar besonders angeregt durch die Begegnung im August in Pany (vgl. Nr. 44), bezog sich zurück auf Veröffentlichungen der beiden Freunde in den vorangegangenen Monaten und setzte sich in weiteren Briefen fort (vgl. Nr. 46.48). Im obigen Brief fokussiert Brunner das Gespräch auf die These, die Thurneysen so formuliert hatte: «daß das Schriftprinzip nichts anderes sei als der wirklich zu Ende gedachte Gedanke der Offenbarung» – E. Thurneysen, *Schrift und Offenbarung* (S. 109, Anm. 7), hier zitiert nach dem Wiederabdruck in: ders., *Das Wort Gottes und die Kirche. Aufsätze und Vorträge* (ThB 44), München 1971, S. 46.
Das «greuliche Substrat» sind wahrscheinlich Geschäftsbriefbögen der Fa. Lauterburg, die Brunner aus der Familie seiner Frau nach der Auflösung der Firma zukamen und auf deren Rückseite er etwa auch seine Vorlesung in dieser Zeit schrieb. Zum Ausdruck «amica exegesis» vgl. H. Zwingli, *Amica exegesis, id est: expositio eucharistiae negocii ad Martinum Lutherum* (1527) (CR 92, S. 548–758). In dieser Streitschrift widersprach Zwingli Luthers Abendmahlsverständnis.
[2] Brief Thurneysens an Brunner vom 8.9.1924, Original im Brunner-Nachlaß W 55/49.
[3] Zu diesem Streitpunkt zwischen lutherischer und reformierter Christologie vgl. P. Tschackert, *Die Entstehung der lutherischen und der reformierten Kirchenlehre samt ihren innerprotestantischen Gegensätzen*, Göttingen 1910, S. 543–557.

I. Schriftprinzip dogmatisch, abgesehen von der Lage, in die uns die Bibelkritik hineinversetzt hat.

1. Unser Glaube, der deine so gut wie der meine, ist gegründet auf das, *was* Gott zu uns redet in der Schrift. Wir gehen nicht an die Schrift heran mit dem Gedanken: darin will, muß oder kann ich Offenbarung finden; sondern wir *haben* einfach, als wir noch sozusagen Heiden waren, darin Gottes Wort gefunden, im Alten Testament und Neuen Testament.

2. Das ist auch der Weg, den Barths berühmter Bibelvortrag[4] einschlägt: Wir finden in der Bibel etc. und darum nennen wir sie etc.

3. Nur darum, weil etwas Inhaltliches – obschon vielleicht nicht in eine Formel zu Fassendes, davon unten – gemeint, erfaßt ist, das als von anderen Inhalten durchaus verschieden erkannt ist, kann man, wie Barth tut, von jenen «Rändern» reden, wo Offenbarung für uns nicht mehr und Allzumenschliches schon sichtbar ist.[5]

4. Nur darum auch, weil wir diesen Unterschied von Offenbarung in der Bibel und Menschliches-Irrtümliches in der Bibel durchaus auch machen (siehe deine Ausführungen über den orthodoxen Bibelglauben)[6], können wir das Schriftprinzip vom falschen Bibelglauben der Orthodoxie unterscheiden.

5. Was ich jetzt getan habe, hat nicht nur Luther, sondern die ganze Reformation getan, indem sie unterschied zwischen Wesentlichem und Unwesentlichem in der Schrift, zwischen Hauptsachen und Nebensachen, und, dogmatisch genau: indem sie angab, die Regula der Schriftinterpretation sei die analogia fidei oder [seien] die articuli confessionis

---

[4] K. Barth, *Biblische Fragen, Einsichten und Ausblicke*, a.a.O. (S. 43, Anm. 3)

[5] Wohl Anspielung auf K. Barth, *Biblische Fragen*, a.a.O., S. 76f.: «Wir stoßen in der Bibel mit den Historikern und Psychologen zunächst auf die Tatsache, daß es offenbar einmal Menschen mit einer ganz außerordentlichen geistigen Haltung und Blickrichtung gegeben hat. Es gibt zweifellos ein Mehr und Weniger dieser Absonderlichkeit innerhalb der Bibel. Die biblischen Dokumente haben Ränder, und an diesen Rändern kommen die Unterschiede gegenüber der Haltung anderer Menschen ins Fließen. Eine gewisse Einheit auffallender Orientierung gerade dieser Menschen ist darum doch nicht zu verkennen.» Vgl. auch a.a.O., S. 79.85, und E. Thurneysen, *Schrift und Offenbarung*, a.a.O., S. 48: Der Offenbarungsanspruch «reicht ohne jede Brechung oder Abschwächung hinaus bis an die äußersten Ränder der Bibel.»

[6] Vgl. E. Thurneysen, a.a.O., bes. S. 54f.

oder symboli.[7] Das ist das Inhaltliche. Die ganze Dogmatik maßt sich eben nun an, diesen Inhalt, um dessentwillen wir die Schrift Offenbarung nennen, anzugeben.

6. Negativ: Tun wir das nicht, d. h. sagen wir: es ist uns nicht erlaubt, in der Bibel von Rändern zu reden, nicht erlaubt, Hauptsachen und Nebensachen zu unterscheiden, kurz, nicht erlaubt, einen Inhalt herauszuheben, um dessentwillen wir die Schrift, durch den Glauben, als Offenbarung erkennen, so glauben wir nicht mehr reformatorisch, sondern katholisch, nämlich nicht an die Offenbarung Gottes in Christo, sondern an seine Offenbarung in der Kirche, die den Kanon schuf oder abgrenzte gegen Nichtkanon. Der Glaube an Gottes Offenbarung in der Tradition, d. h. an die Inspiriertheit derer, die in der nachapostolischen Zeit Entscheidungen trafen darüber, was Offenbarung sei oder nicht. Ich will nun diesen Glauben nicht als unmöglich bezeichnen, aber jedenfalls ist er nicht der heilsbegründende, sondern der aus dem heilsbegründenden abgeleitete, sekundäre. Es ist nicht mehr Offenbarungsglaube im strengen Sinn, sondern Vorsehungsglaube. In dieser – leider nicht genügend scharfen – Formulierung erscheint der Glaube an den Kanon bei dir. So hat er ein Recht, aber ein durchaus abgeleitetes.

7. Deine Kritik resp. Bedenken gegen meine Formulierungen betreffend: Du befürchtest, das Dringen auf die Inhaltlichkeit tendiere auf Rationalismus hin.[8] Tatsächlich hast du dazu das beste historische Recht; denn oft genug *hat* der Rationalismus diese Form angenommen. Aber es muß nicht Spekulation, es muß auch nicht Erfahrungstheologie sein. Denn es kommt nun alles darauf an, was es in der Schrift ist, das als Offenbarung aus dem übrigen – oft genug sehr menschlichen – Stoff herausgehoben wird. Als dieses was bezeichne ich nun eben: den ganzen Inhalt des christlichen Dogmas, die Inkarnation, die Satisfaktion, die Auferstehung, die Rechtfertigung usw. – lauter Inhalte (die doch dem Glauben nicht verschiedene Inhalte, [so]ndern[9] eins sind, und was wir

[7] Nach der Formula Concordiae sind die drei altkirchlichen Symbole und die lutherischen Bekenntnisse als eine aus Gottes Wort entnommene Summe der christlichen Lehre Maßstab für alle weitere Auslegung und Lehre, vgl. bes. BSLK 838,17–839,7.

[8] Bezugnahme auf den in Anm. 2 genannten Brief; ferner E. Thurneysen, *Schrift und Offenbarung,* a.a.O., S. 56–58.

[9] Vorlage defekt; es fehlen einzelne Buchstaben und Worte, teilweise ganze Zeilen. Hier und im folgenden erfolgen Konjekturen in eckigen Klammern.

in seiner Einheit etwa mit Luther formulie[ren] können: nostra assumit ut nobis sua conferret[10]), die aller Spekulation [nicht] nur unzugänglich, sondern Skandala sind.

[8. Was] soll nun dagegen das «der ganze Kanon» in *deinem* Munde[11]? Was kann hier [«der gan]ze» heißen? Jedenfalls nicht, wie bei den Orthodoxen: in jedem einzel[nen Buchstab]en, in jeder einzelnen berichteten Tatsache, oder in jedem einzelnen [Bericht ein]er Tatsache. Es kann überhaupt eben gerade nicht einzelnes [von dem gem]eint sein, da du ja (s.u.) das Einzelne der Kritik preisgibst. [Was der Offenbarung in der Bibel mit anderen Worten gemein ist, gilt es] aufzufinden und herauszustellen und dem gegenüberzusetzen, was *nicht* gemein ist. Du willst ja nicht sagen: Was mich in der Bibel als Offenbarung Gottes anredet, weiß ich nicht; ich kann's euch nicht sagen.[12] Ich weiß nur, daß in der Bibel Gott redet, im Buch Esther so gut wie im Johannesevangelium und Römerbrief. Sobald man sich erlaubt zu sagen: hier, hier nicht so sehr, hier noch weniger – wie du so gut wie ich tust –, ist einem nicht mehr «der ganze Kanon» Offenbarung.

9. Nur in dem Sinn könnte ich allenfalls deine Formel verstehen: Ich erlaube mir nicht anzugeben, wo durchaus keine Offenbarung in der Bibel zu finden sei. Ich erlaube mir nicht, z. B. den Jakobusbrief einfach aus dem Kanon wegzuschaffen etc. Aber diese Behutsamkeit, die allem liberalen Dreinfahren gegenüber durchaus am Platz ist, ist wiederum nur per analogiam oder per inductionem begründet: Weil du an andern Orten so klare Offenbarung hast und weil der Bereich dieses deines Findens immer mehr an Ausdehnung gewonnen hat, darum diese Behutsamkeit. Aber die ist doch etwas ganz anderes als die *Behauptung:* die ganze Bibel *ist* Offenbarung. Und weiter: diese Formulierung (die behutsame) zeigt deutlich, daß du so gut wie ich durchaus eine inhaltliche Auffassung der Offenbarung hast. Sonst müßtest du einfach von vornherein behaupten: alles in der Bibel ist gleicherweise Offenbarung. Die Klausel, du wollest dir vorbehalten, auch das einmal Offenbarung

---

[10] Vgl. M. Luther, *Sermone aus den Jahren 1514–1517,* in: WA 1, 28,32.

[11] Vgl. E. Thurneysen, *Schrift und Offenbarung,* a.a.O.: Die Offenbarung tritt «im ganzen Verlauf» der Bibeltexte auf (S. 48f.), die in ihrer Verschiedenheit und scheinbar zufälligen Auswahl die Kirche, die sich ihnen als dem für sie verbindlichen Kanon unterstellt hat, «als Einheit» anerkannt hat (S. 53).

[12] A.a.O., S. 43

zu nennen, was du jetzt noch nicht als solche erkennen könnest[13], zeigt deutlich, daß die Erstreckung der Bezeichnung Offenbarung auf den ganzen Kanon wiederum nur im Bereich der sekundären Begründung liegt, wie dies schon vorhin, auf anderem Weg erkannt worden ist.

## II. Schriftprinzip und Bibelkritik

1. Der Kritik freie Hand lassen kann doch nur heißen: Wir sind überzeugt, daß wir manche ihrer Erkenntnisse zu unseren eigenen machen müssen.

2. Die Hauptsache an der Bibelkritik ist – in unserer Frage – der Nachweis von unbestreitbaren Menschlichkeiten, also z. B. Irrtümer in der chronistischen Berichterstattung etc. Sagen wir: Wir lassen die Bibel-Kritik gelten, so sagen wir: Ich anerkenne z. B. die biblische Chronologie in dem und dem Punkt als falsch.

3. Damit ist einmal selbstverständlich, wie du selbst ausgeführt hast[14], der Glaube an die Unfehlbarkeit der ganzen Schrift oder – was dasselbe ist – an den Offenbarungscharakter der ganzen Schrift abgetan (außer in dem Sinn eines organischen Ganzen, wo die einzelnen Teile nicht wesentlich sind).

4. Ein Konflikt mit dem Glauben entsteht daraus ja kaum, auch nicht, wenn die Bibel-Kritik erweisen kann, daß ein Mann namens Abraham etc. nie gelebt hat.

5.[15] Aber nun gibt es Tatsachen, die von ganz ähnlicher Art sind wie die der Existenz eines Mannes Abraham, Tatsachen also, die ganz und gar historisch, fast möchte ich sagen, polizeilich feststellbar sind – oder doch sein könnten, ihrem Wesen nach – und die nun für den Glauben von Bedeutung sind.

6. Dabei anerkenne ich mit dir, daß sie für den Glauben in ganz anderer Weise Tatsachen sind als für den Historiker. Das ändert aber nichts daran, daß ihr Tatsachesein im Sinn des Historikers Voraussetzung jenes anderen Tatsacheseins-für-den-Glauben ist.

[13] Vgl. a.a.O., S. 58: Über die Grundthese, daß die Bibeltexte nur unter Voraussetzung der Offenbarung verstanden werden können, «ist a priori nichts auszumachen; sie kann, wie es im Wesen der Sache liegt, nur a posteriori ... ihre Bewährung finden.»

[14] Vgl. E. Thurneysen, a.a.O., S. 54f.

[15] Brunner zählt hier irrtümlich noch einmal Nr. 4 und dann entsprechend weiter. Seine Zählung wird im folgenden stillschweigend korrigiert.

7. Eben dies ist gemeint mit dem Begriff kontingent. Eine kontingente Tatsache ist eine solche, die der Historiker, der Polizist und der Gläubige zunächst in ganz gleicher Weise wahrnehmen. Z. B. Jesus von Nazareth, geboren da und da, an dem und dem Tag, gekreuzigt da und da, beerdigt da und da.

8. Diese ganz gewöhnliche Tatsache, dieses kontingente Ereignis ist als solches beides: durch seine geschichtliche Distanz von uns Gegenstand historischer Kritik; durch seine göttliche Bedeutung Gegenstand des Glaubens.

9. Wenn nun der historischen Kritik freie Bahn lassen heißt das, was sie richtig nach allen Regeln der Kunst zu beweisen vermag, ihr auch wirklich sans phrase glauben, so muß hieraus notwendig ein Konflikt zwischen Glaube und Kritik – wenn nicht entstehen, so doch entstehen können.

10. Er entstünde z. B., wenn die Bibel-Kritik durch ganz ähnliche zwingende Gründe, wie z. B. die Existenz eines Abraham oder Wilhelm Tell als unhistorisch bewiesen wird, beweisen könnte, daß Jesus nie existiert habe. Oder daß er nie gekreuzigt worden sei, oder daß man nach drei, vier, fünf Tagen noch den Leichnam Jesu im Grab habe liegen sehen.

11. Er entstünde aber in ganz gleicher Weise auch, wenn durch ähnliche Mittel bewiesen werden könnte, daß alle messianischen Sprüche Jesu erst später ihm in den Mund gelegt worden seien, daß der Jesus, der tatsächlich gelebt habe, nie mit einem anderen Anspruch aufgetreten sei, als ein Schüler des Täufers zu sein, daß nachweisbar der Glaube an seine Auferstehung erst infolge von Visionen in Galiläa entstanden sei, daß überhaupt alles, was im überlieferten Jesusbild auf den Gedanken eines Auserwählten führen [kön]nte[16], spätere Zutat von Leuten sei, die Jesus gar nicht gekannt haben, [sond]ern aus vorderasiatischen Kulten diese Ideen mitgebracht und aus irg[endeinem] fast zufälligen Grund mit der Person dieses ganz unbedeutenden [J]es[us in Verb]indung gebracht haben.

[12. Der] Glaube ist also durchaus davon abhängig, daß ein solcher [Beweis der Nicht-Existenz Jesu nicht möglich] ist, sondern daß immer

---

[16] Vorlage erneut defekt; Konjekturen stehen hier und im folgenden in eckigen Klammern.

nur solche Behauptungen möglich sin[d, die auf der Gewißheit seiner Existenz fußen.]

Der Grund, daß es nicht möglich ist, jenes zu beweisen, ist ein sehr einfacher: daß Jesus tatsächlich gelebt hat, daß jene Beweismittel tatsächlich nicht vorhanden sind.

13. Trotzdem sind wir nicht in der Lage, unsere Unabhängigkeit von den Resultaten der Kritik behaupten zu können; eben darum nicht, weil wir, ganz im historischen Sinn, Tatsachen behaupten, die im selben Sinn auch Gegenstand historischer Forschung sind. Daß wir im Glauben diese Tatsachen auch noch – und dies ist natürlich für den Glauben das Entscheidende – in ganz anderem Sinn verstehen als die Historie, schließt nicht aus, sondern ein, daß wir mit einem Bein auf ihrem Boden stehen.

14. Wir werden uns also zu einer Historie wie der von Drews[17] ganz anders stellen als zu der von Wellhausen[18], der uns – nur beispielsweise – die Existenz eines Abraham wirklich sehr zweifelhaft macht. Wir werden Wellhausen vielleicht glauben und dann sagen: das hat nichts zu sagen. Aber zu Drews können wir uns so nicht verhalten.[19] Entweder wir glauben ihm – dann können wir (Fall Bultmann-von-ehedem)[20] un-

---

[17] A. Drews, *Die Christusmythe,* Jena 1910$^{2-4}$; ders., *Die Christusmythe. Zweiter Teil. Die Zeugnisse für die Geschichtlichkeit Jesu. Eine Antwort an die Schriftgelehrten mit besonderer Berücksichtigung der theologischen Methode,* Jena 1911.

[18] J. Wellhausen, *Prolegomena zur Geschichte Israels,* Berlin 1895$^4$, S. 30–32; 322–331.

[19] Drews kommt in *Die Christusmythe* (vgl. Anm. 17), Erster Teil, S. 226, zu dem Schluß, «daß ein historischer Jesus, wie die Evangelien ihn schildern und wie er in den Köpfen der liberalen Theologen von heute lebt, überhaupt nicht existiert, also auch nicht einmal die gänzlich bedeutungslose kleine Messiasgemeinde zu Jerusalem begründet hat, sondern daß der Christusglaube ganz und gar unabhängig von irgendwelchen uns bekannten Persönlichkeiten entstanden ist, daß er in diesem Sinne allerdings ein Erzeugnis des religiösen ‹Massengeistes› darstellt».

[20] Dieser etwas dunkle Hinweis bezieht sich vielleicht auf Bultmanns theologische Kritik der Fragestellung, «ob Jesus gelebt hat». Vgl. R. Bultmann, *Ethische und mystische Religion im Urchristentum,* in: CW, Jg. 34 (1920), Sp. 725–731.738–743; wieder abgedruckt in: Anfänge II, S. 29–47, dort bes. S. 40: Nach Gogarten «liegt der Religion schlechterdings gar nichts daran, in irgend einer vergangenen Zeit eine Offenbarung der Ewigkeit zu finden und zu verehren, sondern sie will in ihrer Gegenwart die Ewigkeit finden.› – Diese Frömmigkeit sträubt sich also dagegen, daß unser Zusammenhang mit der Geschichte auf

möglich Christusgläubige im Sinn des Neuen Testaments sein. Oder aber wir bleiben Christusgläubige (entschuldige die Abkürzung), dann aber müssen wir – wenn auch ohne Pathos – Drews ablehnen als ungute *Historie.*

15. Das meinte ich, wenn ich unsere Situation der Bibel-Kritik gegenüber als Erscheinung der Knechtsgestalt des Glaubens ausdeutete.

Und nun verzeih diese fürchterliche Schulmeisterabhandlung und glaube mir, daß dies nur ein mir selbst durchaus unsympathischer, aber unvermeidlicher Versuch der Notwehr ist, um in einer durch den Gang der Geschichte und unsere eigene Kompliziertheit undurchsichtig gewordenen Sache, die ja – da wir in der Hauptsache einig sind – nicht so wichtig ist, klar zu sehen. Wichtig ist's mir, sofern ich Lehrer bin, nicht sofern mein eigener Glaube in Betracht kommt.

Ich danke dir herzlich für deine Winke betr. Predigerversammlung[21]. Da wirklich nicht wenig auch von der Formulierung des Themas abhängt, bemühe ich dich noch einmal. Ich lege dir eine Karte bei, auf der du mir mitteilen mögest, ob du eins von diesen Themata gut finden würdest:

1. Die Theologia crucis als Grund/Voraussetzung einer Ecclesia Militans.

2. Die reine Lehre als Gabe und Aufgabe der Kirche.

3. Orthos Doxa.

4. Was heißt: erbaut auf dem Grund der Apostel und Propheten?

Ich besitze einen Durchschlag dieser Epistel, so daß du dich bei einer Antwort auf die Nummern beziehen kannst. Nun bin ich nicht mehr lange auf der Höhe und bald im Flachland!![22] Möge es nur ein Inkognito sein!

Mit herzlichen Grüßen

dein [Emil Brunner]

---

möglichst genauer Kenntnis der Geschichte, auf der historisch-kritischen Arbeit beruhen müßte. Sie sträubt sich dagegen mit Recht.»

[21] Bezugnahme auf den in Anm. 2 genannten Brief. Zu Brunners Vortrag bei der Schweiz. ref. Predigergesellschaft vgl. S. 112, Anm. 26.

[22] Gemeint ist der Umzug der Familie Brunner von Obstalden im Kanton Glarus nach Zürich.

## 176

Brunner [an Eduard Thurneysen]          [ohne Ort und Datum;
                                    vermutlich November 1926][1]

Mein lieber Freund,

Es ist doch eine böse Sache um die Realität des Raumes. Ich hätte
jetzt das dringendste Bedürfnis, für ein paar Stunden mich zu dir zu setzen. Dein Brief traf mich wie ein Keulenschlag.[2] Das böse Wort vom
«Auswirten»[3] wurmt in mir. Sind wir also wirklich an dem? Ich kann es
nicht leugnen, daß so etwas vor sich geht. Aber ich kann mir nicht helfen. Gogarten hat's ja auch leicht, als sozusagen outsider zu reden. Was
würde er wohl machen, wenn er *müßte* von der sichtbaren Kirche, von
all jenen Fragen, die nun einmal da sind für den Pfarrer und also für
den Pfarrerlehrer, dozieren, ohne erst warten zu können, bis die letzte
Tiefe der Erkenntnis erreicht ist; wenn er müßte eine Dogmatik und
Ethik und praktische Theologie nach allen Seiten hin entfalten. Ich würde wahrhaftig auch lieber, wie er, mich an einem Punkt festsetzen und
bohren, ohne mich ums Ringsherum zu kümmern. Aber es geht nun
einmal nicht und würde auch für ihn eine Unmöglichkeit sein. Ist es da,
wenn man der Not gehorcht und es halt macht, so schlecht oder so gut
es eben geht, schon ein Auswirten? Schon mangelnder Ernst? Ich kann
auch wie er sagen: wir wissen noch nicht, was Predigen ist. Trotzdem
muß ich halt von der «rechten Predigt» lehren, als ob ich's wüßte – und
es wäre ja auch nicht recht, wenn man dergleichen täte, als wüßte man
*nichts* vom rechten Predigen. Ich bin, das glaube ich sagen zu dürfen,
wohl noch nie weiter weg gewesen von einer sieghaften Stimmung: nun
haben wir's hinter uns, nun können wir hinein ins volle Leben und aus-

[1] Dieser Brief an Thurneysen könnte per Einsichtnahme in Barths Unterlagen gekommen sein. Nach einem Brief Brunners an Thurneysen vom 13.10.1926
besuchte Gogarten Thurneysen gerade in diesen Tagen (vgl. auch Bw.Th. II,
S. 438); Brunner bat Thurneysen um einen Bericht über das Gespräch. Auf diesen brieflichen Bericht vom 23.10.1926, Original im Brunner-Nachlaß, bezieht
sich wiederum der vorliegende Brief Brunners.
[2] Brief Thurneysens an Brunner vom 23.10.1926, vgl. Anm. 1.
[3] In dem in Anm. 1 genannten Brief schreibt Thurneysen über Gogarten: «Er
ist in radikaler Weise am Graben, Forschen, Aufspüren. Er ist gar nicht am Auswirten und Auswalzen von gesicherten Ergebnissen.» Auswirten = Ausschenken.

schenken. Es ist kein locus meiner Dogmatik, von dem ich das Gefühl hätte, das weiß ich nun. Schon bei den ersten Paragraphen fängt das Tappen und die Verlegenheit an: vom verborgenen Gott in seiner Identität mit dem geoffenbarten, von den «Eigenschaften» Gottes und gar von der Trinität. Es steht viel rechtschaffen Gedachtes auf den vielhundert Blättern meines Dogmatikheftes; aber es schaut mich alles an wie Splitter einer irgendwo explodierten Bombe, die ich nur mühsam zusammenordnen kann, mit vielen Lücken dazwischen, wie ein kritischer Alttestamentler vor einem verdorbenen Prophetentext sitzen mag und allerlei Konjekturen probiert, wie es wohl «eigentlich» heißen möchte.

Es geht mir ja mit Gogarten schon lange, wie es dir jetzt gegangen ist.[4] Du erinnerst dich wohl, wie ich in unserem letzten Gespräch mich für ihn einsetzte. Ich weiß, daß er Dinge sieht, die ich nicht sehe. Aber er scheint mir – ich will's ihm nicht übel nehmen – für die Notwendigkeit eines anderen Denkens und Vorgehens überhaupt kein Verständnis zu haben, weder im theoretischen noch im praktischen. Trotzdem wir noch nicht wissen, was eigentlich Predigt wäre, können wir uns auch um die soziale, um die Kriegs- und andere solche Fragen nicht herumdrücken. Es wird so sein, daß die Kirche, bei jedem Stand ihrer Erkenntnis – also auch beim gegenwärtigen Tiefstand – die Aufgabe hat, dieser ihrer Erkennntnis gemäß auch zu tun, was sie kann. So scheint es mir auch die Pflicht des Theologen – wie wenig er auch im Zentrum schon klar zu sehen vermag –, doch von seiner bescheidenen Erkenntnis aus den ganzen Fragenkomplex, auf den ihn das Dogma führt, sich gegenwärtig zu halten. Es ist gut, daß wir Gogarten haben. Aber, so willig ich bin, von ihm zu hören und zu lernen, so darf ich mich nicht durch ihn abhalten lassen, meine Aufgabe, so gut es halt geht, zu erfüllen, in der Bereitschaft, umzulernen und alles neu zu denken, wenn etwa von ihm her grundstürzende neue Erkenntnisse kommen sollten.

Ich kann halt doch nicht anders, als in der Art, wie er unsere Konferenz[5] kritisiert – und damit auch unsere theologische Arbeit, Barths so

[4] Zum Verhältnis Gogarten / Thurneysen vgl. Bw.Th. II, S. 438–440. Brunners Differenz zu Gogarten betraf gemäß dem in Anm. 1 erwähnten Brief an Thurneysen vor allem den Kirchengedanken.
[5] Gemeint ist eine theologische Konferenz in Wengibad (Oktober 1926), auf der u. a. Brunner und Gogarten zusammenstießen. Vgl. Bw.Th. II, S. 438; sowie den in Anm. 1 erwähnten Brief Brunners an Thurneysen.

gut wie meine –, eine hyperlutherische Verengung zu sehen. Ich glaube wirklich, daß es auch da eine Ämterteilung gibt. Er möge seine schmalen Wege weiterhin gehen; wir sind ihm dankbar dafür und froh, daß so einer da ist, der gerad das tut. Aber sollte er nicht einsehen, daß das nun eben seine und in dieser Weise nicht gerade – nicht im selben Sinne – unsere Sache ist und daß auch von uns, wenn nicht gerade er, so doch andere etwas zu lernen haben?

Ich bin gespannt auf deine Mitteilungen über eure Gespräche. Du hast ihn sicher verstanden. Den «Ägerileuten»[6] war er so gut wie völlig unverständlich, und auch, was seine speziellen Freunde Wieser[7] und Christ[8] zur Interpretation ihres Meisters vorbrachten, hat uns nur gezeigt, wie gefährlich die Gogartenschen Gedanken sind, wenn sie nicht recht verstanden, aber «ausgewirtet» werden. Du hast ja, was Wieser betrifft, in Rapperswil[9] etwas davon gesehen.

Genug für heute. Ich freue mich auf dein Kommen. Gelt, du reservierst mir Zeit für ein langes, gründliches Gespräch.

Von Herzen

dein E. Brunner

Meine Frau bittet mich, dir zu sagen, du könnest *sehr gut* bei uns übernachten. Ich hatte das, als selbstverständlich, gar nicht erwähnt und bedacht.

[6] Der pietistisch geprägte Diakonieverband «Ländli» mit Sitz in Oberägeri, Kt. Zug, beschäftigt auch an einigen Schweizer Orten eigene Prediger.

[7] Gottlob Wieser (1888–1973), Pfarrer in Binningen bei Basel, in Wattwil und in Riehen bei Basel; Freund von Barth, Gogarten und Thurneysen, viele Jahre Schriftleiter des Kirchenblattes für die reformierte Schweiz.

[8] Lukas Christ (1881–1958), Pfarrer in Pratteln, Freund Barths und Thurneysens. Laut Bw.Th. II, S. 438, standen G. Wieser und L. Christ bei der Diskussion in Wengibad auf Gogartens Seite.

[9] Möglicherweise Treffpunkt für ein weiteres theologisches Gespräch, unweit der damaligen Wirkungsstätte Wiesers, Wattwil.

## 177

[Ernst Wolf an Karl Barth]                                    Bonn, 12.3.1934

Lieber Herr Barth!

Die Antwort an Brunner ist leider etwas länger liegen geblieben. Nun schreibe ich sie doch Ihnen. Sie können sie gern weitergeben. Für diesen Fall lege ich einen Durchschlag bei. Ebenso folgt der Brief mit.

Beim sog. Anknüpfungspunkt ist wohl einzusetzen. Ich habe da[1] nicht eigentlich gegen Brunner zwischen den Zeilen polemisiert, sondern im wesentlichen die Holl-Hirschsche Gewissensmetaphysik[2] vor Augen gehabt. Wenn aber Brunner meint, was ich Anknüpfungspunkt nenne, meine er gerade nicht; es handle sich bei mir um Anknüpfung in thomistischem und neuprotestantischem Sinne; er selbst aber meine die cognitio legalis, wie ich sie an Luther zu zeigen versucht hätte, so dürfte er doch m. E. irren. Ich möchte, so gern ich hier ein sachliches Einverständnis auch meinerseits sähe, bei dem Brunner und ich uns in der Sache Luthers träfen, wirklich und richtigerweise, meine Bedenken doch etwas verdeutlichen und greife dazu Brunners Aufsatz über die Frage nach dem «Anknüpfungspunkt» als Problem der Theologie (ZZ X, 505ff, 1932)[3] heraus als die wohl letzte Veröffentlichung dazu. Ich habe ihn gestern etwas näher und erneut durchgelesen. Zugleich beschränke ich mich auf «Anknüpfungspunkt» im allgemeinen und cognitio legalis im besonderen. Hinsichtlich der imago-Lehre glaube ich bei Luther noch etwas andere Wege gehen zu müssen. Das führt dann zu weit. Ich kann überhaupt auch im folgenden nur kurz und vielleicht etwas apodiktisch (aber wohl nur scheinbar apodiktisch) reden.

Indem ich zunächst unterstelle, daß der Begriff Anknüpfungspunkt, den Brunner in diesem Aufsatz vor Augen hat, überall identisch und widerspruchslos festgehalten wird, möchte ich 1.) behaupten, daß er, soweit es wirklich um Anknüpfung geht, um die Stelle, den Punkt, an dem zwei verschiedene Dinge, zwei verschiedene Bewegungen zusam-

[1] E. Wolf, *Martin Luther. Das Evangelium und die Religion* (ThExh 6), München 1934, dort besonders S. 22–26.

[2] Zu Holl vgl. S. 246, Anm. 8; zu E. Hirsch, *Jesus Christus der Herr*, Göttingen 1929², S. 54–92.

[3] E. Brunner, *Die Frage nach dem «Anknüpfungspunkt» als Problem der Theologie*, ZZ, Jg. 10 (1932), S. 505–532.

mentreffen, vom thomistischen Begriff dieser Anknüpfung doch nicht so entfernt ist, wie Brunner wahr haben will; Thomas und Brunner scheinen sich zueinander zu verhalten wie perficere und reparare in bezug auf die natura.[4] Ich behaupte 2.) daß Brunner in seinem Bemühen, den Anknüpfungspunkt dialektisch (Kontinuität zum Zweck der Diskontinuität u.ä.) zu fassen, jenes Moment des echten Anknüpfens so weit reduziert, daß der Anknüpfungspunkt im Bild gesehen der ständig wechselnden Adhäsionslinie eines Treibriemens gleicht, deren anknüpfende Funktion in ihrer Stärke abhängt von der Tourenzahl der Riemenscheibe des Motors. Ich behaupte dann 3.) u.zw. gegen die unter 1.) getroffene Unterstellung, daß – vielleicht infolge des unter 2.) Genannten – der Begriff des Anknüpfungspunkts in dem vorliegenden Aufsatz zwischen dem unter 1.) und dem unter 2.) Behaupteten pendelt. Vom Letzten zum Ersten fortschreitend läßt sich das etwa so zeigen:

S. 530 kann man lesen: «Den Hörer dorthin zu führen, wo er gewissensmäßig, nicht bloß theoretisch von sich und dem verzweifelten Charakter seiner Existenz weiß (nebenbei: an anderen Stellen steht statt gewissensmäßig im Sinne Luthers richtiger glaubensmäßig), das ist die Anknüpfung, von deren Gelingen, menschlich gesprochen, der Erfolg der Verkündigung ebenso abhängig ist als wie von der ‹reinen Lehre›.» Das heißt doch wohl, daß der Missionar anknüpft an letztlich doch natürliches Selbstverständnis des Menschen, an eine innere Möglichkeit, die dem Wesen des ihn hörenden natürlichen Menschen eignet, um sie zu dem besagten Effekt zu wecken und zu kräftigen. S. 518 war diese «immanente Möglichkeit» als gereiftes Schuldbewußtsein, als Ausbruch der latenten Verzweiflung bezeichnet worden, die durch das Wort Gottes selbst erst aktualisiert werde. Das Wirklich- und Wirksamwerden der «negativen Spitze», der Erkenntnis «der Sünde» (was vielleicht Brunner im Sinne der Erkenntnis eines totalen Sünder-Seins meint), sei nur als Gnade zu verstehen. Das heißt aber: die Anknüpfung wird vom Wort Gottes geschaffen und findet im Verlauf seines Wirkens statt als Anknüpfung des Glaubens gegenüber dem Verheißungswort an ein eben nicht mehr natürlich menschliches, sondern durch das Wirken

---

[4] Vgl. a.a.O., S. 511: Es handelt «sich im Evangelium nicht um ein perficere, sondern um ein regenerare oder reparare oder restituere naturam». Vgl. Thomas von Aquin, S.th. I q. 1 a. 8 ad 2: «Cum enim gratia non tollat naturam, sed perficiat …»

der Gnade, ja des Glaubens erzeugtes Selbstverständnis des gläubigen Menschen, das doch zugleich innere Möglichkeit des natürlichen Menschen sein soll. Der Anknüpfungspunkt ist nicht vorhanden, sondern er wird erzeugt im Verlauf des Wirkens der Gnade Gottes – wie ich es oben im Bild vom Treibriemen andeutete. Und doch soll die Reifung des Schuldbewußtseins zur negativen Spitze dem Glauben voraufgehen, so daß dieser Spitze «von der entgegengesetzten Seite die Spitze des Gotteswortes entgegenkommt» (518); d. h. das thomistische Schema einer formell richtigen Anknüpfung tritt wieder dazwischen. Wenn es dann S. 530 wieder heißt: «Die tiefste Menschenkenntnis vollendet (!!) sich in der Glaubenserkenntnis, ebenso wie die Glaubenserkenntnis die natürliche Menschenkenntnis nicht nur voraussetzt, sondern zu jener ‹Spitze› führt, die sie aus sich selbst nicht erreichen kann», dann «ergänzt» doch wohl die Glaubenserkenntnis die natürliche Erkenntnis irgendwie, und dann wird m. E. nochmals jene wunderliche Überkreuzung des (vielleicht vom perficere zum reparare reduzierten) thomistischen Schemas, ich möchte betonen: des Schemas, mit der reformatorischen Auffassung von der «Alleinwirksamkeit» der Gnade sichtbar.

Ist dem so, dann folgt daraus, daß in der Tat Brunner vieles von dem, womit er bei mir völlig einverstanden zu sein erklärt, vielleicht sogar alles, durch eigene Äußerungen belegen könnte – und wir beziehen uns auch z. T., wie ich sehe, auf die gleichen Lutherstellen –; *aber* Brunner kann das m. E. nur unter stillschweigender Beiseitestellung des in seinen Ausführungen nicht nur um des unglücklichen Wortes Anknüpfungspunkt (das er selbst in Anführungszeichen setzt) willen herumspukenden «thomistischen» Schemas tun. Es deckt sich m. E. in dieser Frage eben nicht der ganze Brunner mit den von ihm anerkannten Ausführungen in meinem Vortrag. Das andere, das ich ablehne, das «Thomistische», ist eben doch auch irgendwie immer da.

Gerade von Luther her möchte ich, ehe ich schließlich zur cognitio legalis komme, noch zu einigen anderen Sätzen Bedenken anmelden.

S. 524: gegen den Satz «Das Stehen unter dem Zorn Gottes ist objektiv dasselbe, was subjektiv böses Gewissen oder Verzweiflung heißt» streitet Luthers immer wieder ausgesprochene Ansicht (die ich auch in meinem Vortrag berührte[5]), daß auch die gratia affectualis etwa oder

---

[5] E. Wolf, *Martin Luther*, a.a.O., S. 22f.

die subjektive securitas des Werkgerechten, des in der natürlichen Religion bzw. in der entsprechenden Frömmigkeit des Katholizismus Befangenen eben auch auf diese Seite gehören, d. h. unter dem Zorn Gottes stehen. Die im Satz Brunners vollzogene Gleichung ist unvollständig, weil nicht umkehrbar.

Daß (S. 525) alle natürliche Gotteserkenntnis ihrem wahren Sinn nach Erkenntnis des zornigen Gottes sei und «darum eine verzweifelte Erkenntnis», gilt hinsichtlich der zweiten Aussage durchaus auch für das reformatorische Urteil über die natürliche Gotteserkenntnis von der Offenbarung her. Das «darum» aber ist hier bereits recht problematisch: nicht weil die natürliche Gotteserkenntnis Erkenntnis des zornigen Gottes ist – sie ist dies weder subjektiv noch objektiv –, ist sie verzweifelte Erkenntnis, sondern die Einsicht, die von der Offenbarung her in den «Sinn» der natürlichen Gotteserkenntnis erfolgt und diese nicht als Erkenntnis des zornigen Gottes, sondern, viel schärfer, als Verfehlung der Erkenntnis des wahren Gottes entdeckt, begründet das «darum» der Verzweifeltheit. Die natürliche Gotteserkenntnis hat es formal stets mit dem deus affirmative zu tun, mit dem Wohltätergott, zu dem man sich in ein (gesetzlich, moralistisch, kultisch) geregeltes oder regelbares Verhältnis setzen kann; und auch das Offenbarungsurteil kann diese Erkenntnis ihrem Gehalt nach nicht zur Erkenntnis des zornigen (wahren) Gottes erhöhen, sondern nur als Idololatrie aufdecken. Brunner redet nun auch vom «Sinn» der natürlichen Gotteserkenntnis und meint damit wohl im vorliegenden Zusammenhang jenes der Blindheit des natürlichen Menschen unzugängliche Offenbarungsurteil; aber es soll doch an diese Gotteserkenntnis, wenn auch als an ein negativ Qualifiziertes und im Kampf gegen sie (Diskontinuität in der Kontinuität) die Anknüpfung stattfinden, offenbar weil sie als Erkenntnis des zornigen Gottes doch irgendwie «Erkenntnis» des wahren Gottes ist. Denn warum wird eben nicht die formelle Strukturverwandtschaft der natürlichen und der christlichen Erkenntnis Gottes als des «Wohltäters» zur Anknüpfung herangezogen; offenbar darum, weil der Anknüpfungspunkt nicht etwas bloß Formales sein kann (obwohl Brunner das gegen Thomas behauptet), sondern doch irgendwie material qualifiziert sein muß; deshalb wird die natürliche Gotteserkenntnis in ihrem durch die Offenbarung aufgedeckten vermeinten Sinn – Erkenntnis des zornigen Gottes – in die Ebene der durch ihren Gegenstand – der «rechte einige

Gott» – bestimmten christlichen Gotteserkenntnis gehoben. Diese heimliche Vertauschung steht m. E. auch hinter dem Satz: «Die Religion ist – auch wenn sie wüstestes Heidentum ist (diese Gradunterscheidung ist für das Urteil Luthers über «heidnische» Religion prinzipiell belanglos, für Brunner aber kennzeichnend) – unverkennbares Merkmal der Gottbezogenheit des Menschen und zugleich notwendiger Anknüpfungspunkt für die wahre Gotteserkenntnis.» (522), wenn er überhaupt sinnvoll verstanden sein will, so sehr auch Brunner gerade hier eine «formale und dialektische Bestimmung des Anknüpfungspunktes» zum Unterschied vom Thomismus wahr haben will. Mit Luther möchte ich zu jenem Satz sagen: jene «Gottbezogenheit» der natürlichen Religion ist einmal inhaltlich doch Selbstbezogenheit des natürlichen Menschen und zudem wohl nicht einmal formal in Parallelbeziehung zu setzen zu dem Verhältnis, das der christliche Glaube als Aufsuchen des Sünders durch den gnädigen Gott beschreibt.

Und damit komme ich schließlich zur cognitio legalis. Brunner stellt zunächst fest: «Das Gesetz bestimmt den Inhalt und Grenze, d. h. es beschreibt den Kreis der immanenten religiösen Möglichkeiten, zu denen Luther offenbar auch eine gewisse theistische Metaphysik oder irgendeine Form des Weltschöpferglaubens rechnet». Man wird damit von Luther her im ganzen gesehen einverstanden sein können. Aber dann heißt es zusammenfassend: «Der Mensch weiß sich, auch als natürlicher, irgendwie durch göttliches Gesetz in seiner Existenz bestimmt und gebunden.» (516). Das – Brunner führt es in seiner Ethik näherhin aus[6] – kann so m. E. für Luther nicht gelten, jedenfalls nicht für das, was ich über cognitio legalis nach Luther glaubte sagen zu sollen und womit gerade Brunner übereinstimmen will. Denn da ist die cognitio legalis, die genauer gesehen nicht Inhalt, sondern Gestaltungsprinzip der immanenten religiösen Möglichkeiten des natürlichen Menschen ist, nicht Ausdruck eines Gebundenseins, sondern gradezu das Mittel zur Sicherung der Selbständigkeit des Menschen gegenüber Gott; man darf das nicht psychanalytisch ausdeuten wollen und aus dem Ringen um solche Sicherung das Urgefühl einer umklammernden Bindung ableiten. Es kommt vielmehr für Luther darauf an, daß das Gesetz dem Menschen in seinem Sinne zur Verfügung steht und ihm sein konkretes

---

[6] E. Brunner, *Das Gebot und die Ordnungen, Entwurf einer protestantisch-theologischen Ethik,* Tübingen 1932, bes. S. 106ff.

«Gottesverhältnis» herstellt. Als Teil eines materialen Anknüpfungspunktes (er ist ja immer punctus physicus) kann von da aus die cognitio legalis nicht erscheinen. Nun will Brunner ja nur einen «formalen und dialektischen» Anknüpfungspunkt vertreten. Da könnte er sich, wie es jetzt Gogarten tut, auf Äußerungen Luthers berufen über das natürliche Gesetz wie etwa die folgende: «Sonst, wo es nicht natürlich ynn hertzen geschrieben stünde, must man lange gesetz leren und predigen, ehe sichs das gewissen an neme. Es mus es auch bey sich selbs also finden und fulen, Es wurde sonst niemand keyn gewissen machen» (WA 18, 80,35). Aber Luther schreibt gleich im Anschluß dann doch wieder von der «geistlichen Aufhebung» – nicht Vollendung! – des Naturgesetzes durch den Glauben, «wilchs ist nicht anders denn das gesetz erfüllen». Dennoch darf man vielleicht jene eine Anknüpfungsmöglichkeit anscheinend verratende Ausführung über das natürliche Gesetz dahin verstehen, daß damit hingewiesen ist auf das den Sinn der Gesetzespredigt aufweisende «illusionäre Selbstverständnis» des natürlichen Menschen, in das die göttliche Wahrheit eingeht, eben in der mißverständlichen Form des Gesetzes, um vom Menschen vernommen zu werden. Dann stünde man aber nicht mehr vor dem Problem der Anknüpfung, sondern vor dem der göttlichen Pädagogie; dann ist damit jedenfalls nicht mehr die Frage beantwortet, von der Brunner ausgeht, nach dem, «was der natürliche Mensch mitbringt und was auch im Glauben irgendwie ‹erhalten› bleibt, zu dem Neuen, das ihm im Glauben geschenkt wird» (514). Vollends nicht, wenn man die Sicherungsklausel Iwands, der jenes Verständnis der Gesetzespredigt so entwickelt hat, mit bedenkt: «Weil das Gesetz die mißverständliche Form ist, in der dem Menschen die Wahrheit über sich selbst vernehmbar wird, kann es nicht völlig verstanden werden, ohne daß sein Sinn sich ändert, aber dieser sein Sinn kann sich nicht ändern, ohne den Sinn dessen zu ändern, der es versteht».[7] Wenn Brunner etwa von daher die Frage nach dem «formalen und dialektischen» Anknüpfungspunkt gestellt und beantwortet haben will, dann hat er m. E. schon in der Fragestellung eine an der reformatorischen Absicht und am reformatorischen Ansatz gemessen nicht

---

[7] H. J. Iwand, *Studien zum Problem des unfreien Willens*, in: ZSTh, Jg. 8 (1931), S. 216–250, dort S. 227; wieder abgedruckt in: ders., *Um den rechten Glauben. Gesammelte Aufsätze* (ThB 9), hrsg. von K. G. Steck, München 1959, S. 31–61, dort S. 40f.

statthafte Umkehrung der Fragerichtung vorgenommen, die dann mit gewisser Notwendigkeit das «thomistische» Schema in die Antwort hineinbringt.

Nochmals: gewiß vermag Brunner sich weithin mit dem, was ich ausgeführt habe, in Übereinstimmung [zu] befinden; aber ich habe doch recht ernstliche Zweifel, ob es der ganze Brunner ist; und ich kann meinerseits beim besten Willen nicht die Übereinstimmungserklärung ohne starke Vorbehalte und erhebliche Abstriche umkehren. Leider noch nicht. Gleichwohl scheint mir die «reformatorische Tendenz» bei Brunner eine Verständigung eigentlich ermöglichen zu sollen, wenn sie unverkürzt und uneingeschränkt bleibt.

Ich habe Glück gehabt und kann nach dem Exkurs zur natürlichen Theologie mit einer neuen Seite Schluß machen: in den Anlagen finden Sie einen ganz unerhörten Artikel von Bredt[8]; fast würde ich ihm als Lutheraner schreiben, ob er das vor seinem «reformierten Gewissen», und als Theologe, ob er das vor seinem juristischen Denken verantworten könne. Es steht nahezu auf der Linie der unzweideutigen Beurteilung des neuen Gesetzes durch die DC, die ich Ihnen in Abschrift nach dem Ev.III.R.[9] beilege. Den Artikel von Bredt hätte ich gern zurück.

Am 16. findet die 43. Provinzialsynode[10] statt mit der einzigen Aufga-

[8]  Johannes Viktor Bredt (1879–1940), Professor für Kirchenrecht in Marburg, Mitglied des Moderamens des reformierten Bundes. E. Wolf bezieht sich im obigen Zusammenhang auf das am 2.3.1934 von Reichsbischof L. Müller erlassene «Kirchengesetz über die Leitung der Evangelischen Kirche der altpreußischen Union». In Reaktion auf die Bildung (von der reichsbischöflichen Leitung) freier Synoden (vgl. Anm. 11) sah dessen § 3 die diskussionslos zu akzeptierende Umbildung der Provinzialsynoden, praktisch die Auflösung der bisherigen, vor, mit dem Ziel, sie dem reichsbischöflichen Zugriff verfügbar zu machen. Vgl. J. Beckmann, *Rheinische Bekenntnissynoden im Kirchenkampf. Eine Dokumentation aus den Jahren 1933–1945,* Neukirchen-Vluyn 1975, S. 90f. Dieses Gesetz lag im Interesse Bredts, weil er auf diesem Weg auch auf eine reichsrechtliche Zusammenfassung aller Reformierten hoffte. Vgl. J. V. Bredt, *Die neuen Kirchengesetze,* in: RKZ, Jg. 84 (1934), S. 89. Darin erläutert er seine Darstellung des von ihm begrüßten neuen Kirchengesetzes am 10.3.1934 in der Kölnischen Zeitung.

[9]  Evangelium im Dritten Reich 3 (1934), Nr. 10, S. 119–121.

[10]  Die 43. Provinzialsynode der Evangelischen Kirche des Rheinlandes am 15./16.3.1934 in Köln, an der das in Anm. 8 genannte «Kirchengesetz» vollstreckt wurde. Ihr blieben 51 Delegierte (u. a. E. Wolf) fern, weil die die dort vorzunehmende Annahme des «Eingliederungsgesetzes» (vgl. Anm. 8) «mit ihrer kirchlichen Amtspflicht für unvereinbar» erklärten, vgl. J. Gauger, *Chronik der Kirchenwirren,* Erster Teil, [Elberfeld 1934], S. 158.

be, die durch das Gesetz befohlene «Umbildung» vorzunehmen. Ich werde vielleicht, wahrscheinlich sogar, nicht hingehen und auch eine Vertretung verhindern. Es kann aber auch sein, daß ich hingehe, um mich der betroffenen Gruppe als geschäftsordnungsmäßig nicht behinderbarer Sprecher zur Verfügung zu halten. Sie werden ja wohl keine Lust haben, auf dem conciliabulum zu erscheinen. Sonst halte ich Ihnen gern den Platz frei. Im übrigen habe ich mich mit dem Brüderrat der Freien Synode[11] in Verbindung gesetzt. Da wahrscheinlich Herr N.[12] Sie auf dem laufenden hält, brauche ich seine Mitteilungen nicht zu wiederholen.

Die Zeitschrift[13] scheint trotz Schwierigkeiten mit den Württembergern nun in Ordnung zu kommen. Jedenfalls dürfte der Hauptteil des ersten und des zweiten Heftes schon eingedeckt sein. Für das andere läßt sich sorgen. Auch die behördlichen Bewilligungen hat Lempp[14] mit Erfolg einzuholen begonnen.

Ihnen, trotzdem ich auch Unerfreuliches beilegen und mitteilen muß (daß in der vergangenen Woche eine Kölner Synode[15] sofort, als die Kritik am RB[16] begann, aufgelöst wurde, rechne ich zu den erfreulichen Dingen), gute Tage und doch wenigstens etwas Erholung. Durch Ihre Frau und durch Frau Schmidt[17] haben wir verschiedenerlei erfah-

[11] »Freie evangelische Synode im Rheinland», erstmals am 18./19.2.1934 in Barmen-Gemarke zusammengetreten.

[12] Abkürzung für Wilhelm Niesel (1903–1988), Schüler Barths, damals Studieninspektor am Reformierten Predigerseminar in Elberfeld.

[13] Seit April 1934 erschien die Zeitschrift «Evangelische Theologie», die sich zunächst im Untertitel nannte: «Monatsschrift in Fortsetzung ... von ‹Zwischen den Zeiten›». Sie wurde herausgegeben von Ernst Wolf unter Mitarbeit von Wilhelm Niesel, Paul Schempp und Wolfgang Trillhaas.

[14] Albert Lempp, Inhaber des Christian-Kaiser Verlags in München, in dem die «Evangelische Theologie» wie die Werke Barths erschienen.

[15] Offenbar eine lokale Versammlung im Vorfeld der Kölner Provinzialsynode am 15./16.3.1934, bei der Protest gegen das neue «Kirchengesetz» laut wurde, vgl. Anm. 8 und 10.

[16] = Reichsbischof Ludwig Müller.

[17] Ursula Schmidt, geb. von Wegnern, die Frau von Wolfs und Barths Bonner Kollegen Karl Ludwig Schmidt. Sie wohnte noch in Bonn, eines ihrer Kinder wohnte im Haus Barths, während ihr Mann nach seiner staatlich verfügten Absetzung von seinem Bonner Lehramt als Neutestamentler in diesen Wochen zunächst Zuflucht bei Pfr. W. Hächler in Kilchberg, Baselland, gefunden hatte. Barth hielt sich von Februar bis April 1934 an verschiedenen Orten in der Schweiz auf.

ren und haben danach für Ihr derzeitiges Befinden gute Hoffnungen und Wünsche.

Also nochmals alle guten Wünsche und Grüße, auch seitens meiner Frau,

Ihr E. Wolf

178

[Peter Barth an Emil Brunner]                    Madiswil, 6.7.1934

Lieber Freund!

[...][1] Persönlich möchte ich dir noch danken für die Zustellung von «Natur und Gnade».[2] Ich habe allerdings Mühe, mich in deiner Denkweise über diese Frage zurechtzufinden, und deine Calvininterpretation kommt gar nicht überein mit dem, was ich in dieser Beziehung bei Calvin zu sehen glaube. Ich werde voraussichtlich in einiger Zeit mit einer Gegenkundgebung über «das Problem der natürlichen Theologie bei Calvin»[3] in die Arena treten; jedoch in aller Freundschaft. Man braucht sich darüber nicht zu verzanken. Aber meine Beiträge an den oekumenischen Conferenzen zu diesen Fragen waren wirklich anders orientiert[4] und deine Schrift nötigt mich nur schon im Blick auf die oeku-

---

[1] Der erste Teil des Briefs nimmt Bezug auf Brunners Wunsch, einmal in der Berner Theologischen Arbeitsgemeinschaft einen Vortrag zu halten, und zwar «über das Kirchenproblem».

[2] E. Brunner, *Natur und Gnade. Zum Gespräch mit Karl Barth,* Tübingen 1934.

[3] P. Barth, *Das Problem der natürlichen Theologie bei Calvin* (ThExh 18), München 1935.

[4] Nach dem Tod von P. Barth schrieb M. Dibelius am 2.7.1940 an dessen Gattin, Frau H. Barth-Rade: «daß wir in den Jahren 1930–35 jedes Jahr auf ökumenischen Studienkonferenzen zusammen waren, in Bern, in Genf, in Rengsdorf, in Paris und in Holland. Ich habe viel von Ihrem Mann gelernt; in allen Calvin-Fragen war er mir der beste Zeuge und Ratgeber» (handschriftlicher Brief im Besitz von Sebastian Barth). Peter Barth nahm als Mitglied der Theologenkommission des Oekumenischen Rates für Praktisches Christentum teil an dessen Studientagungen in Genf im August 1932 und am 8. bis 15.3.1933 in Rengsdorf. Er legte dazu beidemal (unter sich verschiedene) *Thesen über die Sozialethik des Calvinismus* vor. Die 2. Fassung trägt den Untertitel: *Zur Frage der «Schöpfungsordnungen» und des »Naturrechts»* (beide Thesenreihen befinden sich im

menische Auseinandersetzung zu einer kritischen Stellungnahme. Wann erscheint die Dissertation deines Schülers[5], die du anführst?

Ich bin gegenwärtig freilich wieder ganz an der Fertigstellung des 4. Buches der Institutio für die Neuausgabe.[6] Dieses Buch gibt unendlich viel zu tun.

Ich verbleibe mit herzlichem Gruß

dein Peter Barth


179

Brunner [an Peter Barth]                                          Zürich, 14.7.1934

Lieber Freund,

[…] Deine Einladung will ich gern annehmen, trotzdem sie ein wenig bittersüß ist. Über eure Arbeitsgemeinschaft[1] habe ich mich meines Wissens nie anders als mit einem gewissen Neid über die trefflichen Mannen, an denen Ihr reich seid, und über die Stoßkräftigkeit, die sie auch kirchlich bewies, ausgesprochen. Dagegen habe ich sehr viel «Schnöderei» aus eurem Kreis zu hören bekommen, die sich meistens

---

Universitätsarchiv Bern im Nachlaß P. Barth I, 3103). In beiden Thesenreihen wird betont: «Die sozialethischen Grundsätze des Calvinismus entspringen keinem vom Menschen aus entworfenen und darum unmittelbar an jedermann sich wendenden Vernunftsystem, sondern sie stehen in strenger Beziehung zum Akt des Gehorsams gegen den aus dem Zeugnis der Schrift vernommenen Anspruch Gottes». In der 2. Fassung wird hinzugefügt: Calvins Sozialethik verstehe «die biblische Willensoffenbarung Gottes als volles Offenbarwerden, als Enthüllung (revelatio) eben des die praktische Vernunft aller Zeiten verborgen beherrschenden und von ihr in verschiedenen Graden dunkel erkannten göttlichen Logos.» Das erlaube aber weder unter «Ignorierung des offenbaren Willens Gottes» gewonnene «Naturrechtslehre» noch eine Lehre von abstrakt erhobenen «Ordnungen», in denen wir diesen, statt «Gott, dem *ordinator* verpflichtet» sind.

[5] G. Gloede, *Theologia naturalis bei Calvin,* Stuttgart 1935.

[6] J. Calvin, *Opera selecta,* Vol. V, hrsg. von P. Barth / W. Niesel, München 1936; das 4. Buch von Calvins Institutio enthält seine Lehre von der Kirche.

---

[1] Vgl. S. 415, Anm. 1, und S. 260, Anm. 16. Im Brunner-Nachlaß W 55/82 findet sich das Typoskript eines Vortrags am 5.11.1934 in Bern, den er möglicherweise in dieser Arbeitsgemeinschaft hielt: *Die Kirche als theologisches Problem der Gegenwart.*

auf meine Beziehungen zur Oxford Gruppe[2] bezogen, darum sehr rezent sein müssen. Es wird nächstens eine Schrift von mir erscheinen, die unter anderem auch dieses Thema der Abklärung ein wenig näher bringen wird.[3] Da in dieser Schrift das Kirchenthema sehr ausführlich erörtert ist, wollen wir uns gegenseitig hinsichtlich des Themas für ungebunden halten. Mein Wunsch mit euch wieder einmal Fühlung zu nehmen, entspringt dem Gefühl, daß wir es uns eigentlich nicht leisten können so getrennt zu marschieren in einer Zeit, wo der Zusammenschluß so bitter not täte.

Daß du dich in meine Schrift Natur und Gnade etwas schwer einfindest, verstehe ich gut. Ich habe ja selbst an Calvin[4] meine großen Überraschungen erlebt. Und da möchte ich dich nun wirklich dringlich bitten, dir auch nur das von mir zitierte Stellenmaterial nochmals gründlich anzusehen, ehe du nochmals Ansichten vertrittst, wie du sie bisher als die Calvins vertreten hast.[5] Man mag Calvins Lehre von Gottes Offenbarung in der «natura» und seine Lehre über die lex naturae richtig oder unrichtig finden; aber man kann auf Grund seiner *Aussagen* nicht in Abrede stellen, daß er tatsächlich so gelehrt hat, wie ich es darstelle. Ist es nicht erstaunlich, daß er im Genfer Catechismus, wo er nur das allerwichtigste sagt, von der Offenbarung Gottes in seinen Werken spricht, per opera se nobis patefecit in illis *quaerendus est.* Mundus speculum in quo possumus eum inspicere?[6] Also für so wichtig hat das Calvin gehalten, daß er es sogar in seinen Katechismus nahm, während er im selben Katechismus die Prädestination mit keiner Silbe erwähnt, die man von gewisser Seite so gern als seine Hauptlehre ausgibt. Ich bin immer wieder erstaunt darüber, wie willkürlich man sich seine Reformatoren nach seinen eigenen theologischen Ansichten zurechtlegt, – in noch wichtigeren Fragen als der theologia naturalis.

---

[2] Vgl. Nr. 91 und Nr. 93.

[3] E. Brunner, *Um die Erneuerung der Kirche,* a.a.O. (S. 251, Anm. 2).

[4] Brunner stützte die Thesen seiner Schrift (vgl. S. 415, Anm. 2) besonders auf Belege aus dem Schrifttum Calvins.

[5] Der Satz von von «ehe» an mit Rotstift unterstrichen, wohl von P. Barth.

[6] «...per opera se nobis patefecit: in illis quoque nobis quaerendus est. Neque enim essentiae eius capax est mens nostra. Est igitur mundus ipse veluti speculum quoddam, in quo eum possimus inspicere: quatenus eum cognoscere nostra refert», vgl. E. Fr. K. Müller, *Die Bekenntnisschriften der reformierten Kirche,* Leipzig 1903, S. 118,50 – 119,3.

Aber ich will auch mich für deine Korrektur offenhalten. Nur muß sie mir wirklich aus Calvin bewiesen werden, d. h. es muß mir bewiesen werden, daß Calvin das alles, was ich zitiere, nicht sagt oder nicht so meint, wie ich es ausgelegt habe. Wie das geschehen soll, ist mir vorderhand unvorstellbar.

Ich möchte dich auch noch einmal darauf aufmerksam machen, daß wohl die besten heutigen Calvinkenner, die orthodox reformierten Holländer, mir selbstverständlich beipflichten[7] und daß der einzige streng reformierte Dogmatiker des 19. Jahrhundert Böhl genau wie ich von der zwiefachen Offenbarung und der zwiefachen Gnade spricht.[8] Der Neuerer bin also wirklich nicht ich, sondern dein Bruder. Das onus probandi liegt darum vor allem auf ihm bzw. auf dir.

Ich habe auch den tüchtigen Calvinisten Lecerf[9] in Paris als einen Vertreter einer theologia naturalis von Calvin her kennen gelernt, der in dieser Richtung viel weiter geht, als ich je zu tun gedachte. Von Doumergue[10] weißt du es ja selbst.

Aber auf alle Fälle freue ich mich, daß wir wieder einmal Gelegenheit haben sollen, miteinander mündlich und ausführlich auszukehren. Das wird in jedem Fall gut sein.

Herzlich

dein E. Brunner

[7] Vgl. Th. L. Haitjema, *Abraham Kuyper und die Theologie des holländischen Neucalvinismus,* in: ZZ, Jg. 9 (1931), S. 331–354, dort S. 349–351.

[8] E. Böhl, *Dogmatik. Darstellung der christlichen Glaubenslehre auf reformiert-kirchlicher Grundlage,* Amsterdam 1887, spricht S. 22 von einer angeborenen, natürlichen Gotteserkenntnis, die ohne «die göttliche Offenbarung» aber wegen der Sünde «auf falsche Wege» weist. So ermöglicht sie uns «nur eine Erdenfahrt», «keine Himmelfahrt». Daher sind wir «streng an die göttliche Initiative», «an seine Offenbarung» gewiesen (S. 7). In § 48 über «Gottes Verhalten zum gefallenen Menschen» heißt es sodann: «In der Natur schon wallt und wogt die Güte Gottes mit einer Gewalt, dass sie den sündigen Menschen billig zur innerlichen Umkehr und Beugung unter Gott bringen sollte, wenn eben das Herz des Menschen durch ein anderes Mittel als die allmächtige Gnade zu bekehren wäre» (S. 264).

[9] Auguste Lecerf (1872–1943), französischer Pfarrer und Theologe, zunächst in der Normandie, dann in Paris, Haupt des konservativen Neocalvinismus in Frankreich. Vgl. seinen Aufsatz *Souveraineté divine et liberté créé,* in: Bull. Soc. Calv., Déc. 1933, S. 2–8; Fév. 1934, S. 3–6.

[10] E. Doumergue, *Jean Calvin, les hommes et les choses de son temps,* 7 Bde., Lausanne 1899ff; Neuilly 1926.

## 180

[Peter Barth an Emil Brunner]                    Madiswil, 16.7.1934

Lieber Freund!

[...] Aber nun Calvin – und die natürliche Theologie! Eben habe ich
in der letzten Woche deine sämtlichen 126 Belegstellen nachgeprüft[1],
und ich muß dir schon sagen, ich bin einigermaßen erschüttert über
das Resultat dieser Prüfung. Freilich nicht in dem Sinn, in dem du es
nach deinem heutigen Brief offenbar mit großer Sicherheit erwartest.
Du setzest mich richtig in Verlegenheit, wie ich es nun angreifen soll,
wenn ich sowohl den Sachverhalt, wie er in den Texten vorliegt, im Verhältnis zu deinen Aussagen offen darlegen, als auch vermeiden soll (was
mir wirklich fern liegt), dich damit in der theologischen Öffentlichkeit
zu kränken. Einmal: dein Anmerkungsapparat muß an ganz vielen Stellen (beim Abschreiben aus Notizen etc.) in heillose Verwirrung geraten
sein. Von den 126 Citaten erwiesen sich 41 als schlechthinige Falschmeldungen in dem Sinne, daß die betr. Spalte des CR[2] gar nichts aufweist,
was irgendwie, wenn auch als falscher Beleg, erkannt werden könnte.
Aber was noch schlimmer ist: an den übrigen Stellen mußte ich immer
und immer wieder konstatieren, daß die von dir angeführten Stellen,
wenn man den jeweiligen ganzen Passus überschaut, einen ganz andern,
oft gerade entgegengesetzten Sinn haben als den, den du daraus liesest!
Ich las gestern zwei Collegen einige solche Exempel vor, und sie waren
mit mir einfach perplex, wie so etwas möglich ist. Hast du dich wohl in
manchen Fällen durch einzelne Belegstellen irreführen lassen, die dir
die Arbeit des Herrn Gloede darbot[3] und die du nicht auf ihren Zusammenhang hin untersuchtest? Ich kann mir einfach nicht denken,
daß du all diese Stellen in ihrem Zusammenhang gelesen hast, sonst
wäre dir eine solche Entstellung einfach nicht möglich gewesen. Du
gehst in deinem Text auch so mit ein paar Worten über Dinge hinweg,
deren richtige, textgemäße Darlegung eines ungeheuer sorgfältigen Verfahrens bedürfte. Hast du denn nicht z. B. in meiner Arbeit über «Cal-

---

[1] Aus Calvins Werk als Belege für Brunners Thesen in seiner Schrift *Natur
und Gnade. Zum Gespräch mit Karl Barth,* Tübingen 1934.

[2] = Corpus Reformatorum, in dem auch Calvins Schriften gesammelt sind.

[3] Vgl. S. 417, Anm. 5.

vins Lehre vom Staat als providentieller Lebensordnung»[4] in der Wernle-Festschrift gesehen, wie differenziert Calvins Denken und Lehren auch über diese Dinge ist und wie sorgfältig man da vorgehen muß, um wirklich Calvins Gedanken zu treffen und wieder zum Ausdruck zu bringen?! Mein Bruder kann es dir bezeugen, daß ich wirklich nicht einer seiner blinden Nachfolger bin! Und im Besondern was Calvin anbetrifft, so glaube ich wirklich meine Anschauung aus der subtilen Behandlung der calvinischen Texte, die nun einmal mein Schicksal geworden ist[5], selbständig gewonnen zu haben. In der Frage der natürlichen Theologie neigte er[6] bekanntlich, wie du mit Schmunzeln konstatieren konntest, bis dahin sogar dazu, Calvin ein Stück weit preiszugeben. Nach meiner Kenntnis Calvins irrt er darin – ich muß dir das zu deinem Leidwesen zum voraus anmelden. Calvins Absage an die natürliche Theologie ist eine schlechterdings radikale. Aber ebenso tritt es einem natürlich auf Schritt und Tritt entgegen, wie ihm der mit diesem Stichwort umschriebene große Fragenkreis beständig gegenwärtig war und wie er mit seiner großen Weite des geistigen Horizontes alle diese Dinge beständig mit in die theologische Überlegung und in die theologische und kirchliche Belehrung einbezogen hat. Du wirst verstehen, daß ich dir das brieflich nun nicht explicit darlegen kann. Das wird (auch da in der gebotenen Gedrängtheit) Aufgabe meiner Arbeit für die «Theologische Existenz»[7] sein. Ich möchte mich dort aber nicht mit dir herumzanken, sondern mich darauf beschränken, positiv den Aufriß von Calvins Behandlung dieses ganzen Fragenkomplexes zu bieten. Das wird für eine weitere theologische Leserschaft erfreulicher sein, und wer deine Schrift gelesen hat, wird die immanente Kritik, die ich daran üben muß, schon herauslesen. Daß deine Schrift mich auf den Plan ruft, werde ich natürlich schon sagen. – Ich überlege mir, ob es für dich und einen engern Kreis von Interessenten vielleicht wertvoll wäre, wenn

---

[4] In: *Aus fünf Jahrzehnten Schweizerischer Kirchengeschichte. Zum 60. Geburtstag von Paul Wernle,* hrsg. von der Theologischen Fakultät der Universität Basel, Basel 1932, S. 80–94.

[5] P. Barth gab namentlich J. Calvin, *Opera selecta,* Vol. I–V, München 1926–1936, heraus.

[6] Vgl. K. Barth, *Nein! Antwort an Emil Brunner* (ThExh 14), München 1934, S. 38f.: auch noch einmal hier meint Barth, daß man in dieser Sache nicht Calvin wiederholen könne, ohne ihn zu korrigieren.

[7] Vgl. S. 416, Anm. 3.

ich eine kleine Synopse deiner Aussagen und der calvinischen entsprechenden Texte herstellen und, zwar nicht drucken, aber doch vervielfältigen würde.

Eigentlich war ich in vollen Zügen meiner Editionsarbeit. Mein bisheriger theologischer Anmerkungsapparat läßt dich hoffentlich ahnen, was das für eine Knechtsarbeit ist. Und der Verleger drängt, wie auch die Lage in der Welt, wenigstens in Deutschland, mehr oder weniger schreit nach Calvins Lehre von der Kirche.[8] Du hast es nun auf dem Gewissen, daß ich für einige Zeit davon abgehalten werde zur Herstellung meiner amica exegesis[9], die ich dir nun also widmen muß. Wisse also, daß meine Motoren in der nächsten Zeit dir zu Ehren laufen, und sei somit in Erwartung der kommenden Dinge herzlich gegrüßt

von deinem Peter Barth

181

Brunner [an Peter Barth]                                    Zürich, 18.7.1934

Mein lieber Freund,

Es tut mir aufrichtig leid, daß ich dich durch meinen vorzeitigen Brief aus deiner Arbeit herausgeworfen habe in ein opus alienum oder doch non proximum. Ich bin nun aber dafür bestraft worden durch die erschreckliche Mitteilung von 41 Falschmeldungen. Wenn sich das bewahrheitet, so ist's ja allerdings höchst blamabel. Ich darf dich vielleicht bitten, mir die Ziffern der Falschmeldungen auf einer Postkarte mitzuteilen, da ich vorläufig nicht dazu komme, alle Zitate nachzuschlagen. Möglich ist bei mir in dieser Hinsicht viel; ich bin ein unglaublich ungeschickter Materialsammler und -verwerter und habe schon oft über diese meine Unzulänglichkeit geseufzt. Du wirst gewiß so freundlich sein, über diese meine Blöße solange den Mantel deiner Liebe zu breiten, bis ich selbst nachgesehen habe, ob es sich also verhalte. Von da an bin ich dann wie ein gefallener Gladiator unter deiner Schwertspitze.

Was die *Sache* betrifft ist mir folgender erhellender Gedanke gekommen.

[8] Vgl. S. 417, Anm. 6.
[9] Vgl. S. 397, Anm. 1.

Da Peter Barth ein so kluger Mann ist wie Emil Brunner und seinen Calvin kennt, und da Emil Brunner wirklich nicht von seinem Schüler Gloede, sondern aus Calvin selbst seine Auffassung geschöpft (und in allem wesentlichen der Arbeit von Gloede die Richtung gewiesen) hat, so liegt vielleicht die Lösung des Rätsels darin, daß, da der eine theologia naturalis bei Calvin ebenso bestimmt verneint als der andere sie bejaht, beide darunter nicht dasselbe verstehen. Solltest du vielleicht unter theologia naturalis einfach das verstehen, was die katholische Kirche darunter versteht? Dann ergäbe sich folgendes Bild.

Das maßgebende über die theologia naturalis ist, selbstverständlich, in institutio 1,2 – 5[1] gesagt. Dort ist der Sachverhalt, ganz eindeutig folgender:

1. Es gibt eine objektive Gottesoffenbarung in der Natur.

2. Das menschliche Subjekt ist durch die Sünde so verdorben, daß diese objektive Gottesoffenbarung ihm nicht zur wirklichen Gotteserkenntnis dient. *Es gibt also keine theologia naturalis im Sinn der theologia rationalis der katholischen Kirche.* Dies ist die gemeinsame These von beiden Barth und Brunner. (Karl Barth und Emil Brunner: paene nihil; Peter Barth: nihil).

3. Aber da der Glaube restitutio imaginis ist, und da die Schrift eine «Brille» (Calvin)[2] und Christus ein «Starstecher» (Brunner)[3] ist, so wird die objektive Gottesoffenbarung in der Natur dem Glaubenden wieder sichtbar; *es gibt also eine theologia naturalis im objektiven Sinne, als christliche theologia naturalis.* Das ist die These von Emil Brunner, – immer: hinsichtlich Calvins Meinung.

4. Die institutio ist an sich genügend zum Beweis dieser These. Aber um die Bedeutung *dieser* theologia naturalis bei Calvin auszuweisen, ist folgendes dienlich:

a) Der Hinweis auf die Tatsache, daß der knappe Genfer Katechismus diese theologia naturalis aufgenommen hat.[4]

[1] J. Calvin, *Institutio christianae religionis* (1559); in: J. Calvini, *Opera selecta*, Vol. III, hrsg. von P. Barth / W. Niesel, München 1957³, S. 34 – 60.
[2] Institutio I 6,1.
[3] E. Brunner, *Natur und Gnade. Zum Gespräch mit Karl Barth,* Tübingen 1934, S. 14. Zu der Verschiedenheit der beiden Bilder vgl. P. Barth, *Das Problem der natürlichen Theologie bei Calvin* (ThExh 18), München 1935, S. 9f.
[4] Vgl. S. 418, Anm. 7.

b) Der Hinweis auf ca. 1000 Stellen bei Calvin, die gleichlautend mit institutio und von der institutio als canon interpretationis her verstanden, den Umfang des Begriffes theologia naturalis (immer in diesem objektiven christlichen Sinne) anzeigen.

5. Die Interpretation der Calvinischen theologia naturalis ist ganz simpel; dagegen die Einordnung in das Gesamtdenken Calvins kompliziert und vielstufig. Davon war aber bei Brunner nicht die Rede; darin würde er sich wahrscheinlich mit Peter Barth gut verstehen.

Diese Hypothese hat nur den einen Haken: sie impliziert, daß Peter Barth die Schrift von Emil Brunner[5], die er ablehnt und bekämpfen will, tatsächlich nicht gelesen, sondern nur durchflogen hat.

Aber diese Mißlichkeit ist immerhin weit geringfügiger als die andere: daß Peter Barth an Calvins sonnenklaren Aussagen in der institutio vorbeigeht.

Wenn diese meine Hypothese nicht zutrifft, d. h. wenn du tatsächlich theologia naturalis in diesem, vom üblichen Sprachgebrauch der katholischen Theologie abweichenden Sinne, der von mir genau definiert ist, ja dessen Definition und Begründung den Inhalt meines Büchleins ausmacht[6], ablehnst, dann stehe ich vor einem psychologischen Rätsel, dessen Auflösung ich vor dem jüngsten Tag nicht erhoffe.

Wenn aber diese Hypothese zutrifft, dann ist vielleicht deine ganze Arbeit an einer Gegenschrift durch eine etwas genauere Lektüre meines Büchleins überflüssig gemacht. Ich wäre sehr glücklich, wenn es sich so verhielte.

Ich brauche nur Calvins Auslegung des 19. Psalmes vorzunehmen[7], um genau das belegt zu finden, was ich von Calvin behaupte:

1. Teil: Gott offenbart sich in seinem Schöpfungswerk

2. Aber der sündige Mensch kann ohne Schrift (Gesetz) diese Offenbarung nicht erkennen.

Schluß: aber Calvin, als ein durch die Schrift belehrter Christ, erkennt sie und verlangt von jedem Christen, daß er sie erkenne und Gott dafür lobe, so wie es der Psalmist als rechter Frommer tut.

Voilà tout.

---

[5] Die in Anm. 3 genannte Schrift.
[6] A.a.O., S. 31–34.
[7] Vgl. Institutio I 5,1; 6,4.

Wie man das etwa anders, feiner, differenzierter *interpretieren* kann, ist mir unverständlich. Man kann es fein und differenziert *einordnen* in Calvins Gesamtanschauung; aber zunächst einmal ist das gesagt, und durch keine Interpretation ist zu erreichen, daß es nicht gesagt ist. Und das ist meine theologia naturalis, grundverschieden von der katholischen, aber auch grundverschieden von Karl Barths Lehre, nach der entgegengesetzten Seite.

Ich wollte dich nicht überzeugen. Sondern nur einen letzten Versuch unternehmen, ein etwaiges Mißverständnis als Wurzel unserer Differenz zu beseitigen.

Im übrigen: ob meine Hypothesis stimmt oder nicht stimmt, so ändert das daran nichts, daß ich bleibe

dein getreuer Freund Emil Brunner

182

[Peter Barth an Emil Brunner]                    Madiswil, 19.7.1934

Lieber Freund!

Eben habe ich deine Schrift (zum dritten Mal!) durchgelesen, nun unter zu-Grunde-Legung deiner Hypothesis, bin aber trotzdem nicht wirklich klug geworden daraus, d.h. einfach *daraus,* wie du es eigentlich meinst. Einmal sei vorausgeschickt, daß es von dir schon ein gewagtes Stück war, den Begriff der theologia naturalis so völlig in einem andern Sinn zu gebrauchen, als dies in der ganzen protestantischen und katholischen Theologie sonst üblich war und ist, und ihn, wenn ich dich recht verstehe, nun auf einmal als Aequivalent zu verwenden für das credo des ersten Artikels. Du hast dabei dir gegenüber doch keine Marcioniten! Sondern darum geht es, ob der erste Artikel in allen seinen Aussagen eben ins *credo* gehört, das die Antwort auf das von Propheten und Aposteln bezeugte *Wort Gottes* ist, oder ob der Mensch, wie es die «natürliche Theologie» der Scholastik wie der Aufklärung behauptet, der Erkenntnis Gottes in der Natur, abgesehen von der Offenbarung in der Schrift, *fähig* sei. Wie verwirrend, wenn du nun plötzlich dem credo des ersten Artikels den Namen theologia naturalis beilegst! Da er-

425

zeugst du ja eine babylonische Sprachverwirrung, daß keiner mehr den andern versteht. Nun bekennst du dich in deinem Brief eindeutig zum credo. Und wenn man sich einmal deinem wirklich mißverständlichen Gebrauch des Begriffs «theologia naturalis» fügt, so hat man in der Tat die Möglichkeit, deine Aussagen weitgehend im Sinne des credo zu interpretieren. Was aber soll man denn wieder anfangen z. B. mit deiner Aussage Seite 29 Zeile 20–25?[1] was mit deiner ganzen Gegenüberstellung einer theologia naturalis und einer theologia revelata (z. B. Seite 26 Zeile 29–33)[2] und mit dem Seite 24 mit der drittuntersten Zeile beginnenden Alinea[3]? Bedarf das credo des 1. Artikels einer «Ergänzung» (S. 25 Z. 13)? etc. etc. Die Hypothese des (von dir verschuldeten) «Mißverständnisses» scheint mir als Schlüssel des Dissensus nicht auszureichen. Ich sehe dich in deiner Schrift eben noch etwas ganz anderes vertreten und als calvinisch ausgeben, als das, was du nun in deinem 2. Brief als deine Meinung nennst. Du scheinst mir daneben zu vertreten und in Calvin hineinzulesen eine ganz gehörige Dosis braver scholastisch-aufklärerischer «theologia naturalis» (nun im allgemeinüblichen Verstand des Wortes!). Darin werde ich bestärkt durch deine Berufung auf Lecerf[4] (in deinem 1. Brief). Ein lieber Mann! aber ein naiv thomistisch infizierter Calvinist! Das ist auf 2 oekumenischen Conferenzen für alle Anwesenden ganz klar geworden.[5] Ferner werde ich darin bestärkt durch deine Ablehnung bestimmter Stellen aus meinen Genfer und Rengsdorfer Thesen[6], die du mir ambulando an jenem Abend auf

---

[1] E. Brunner, *Natur und Gnade. Zum Gespräch mit Karl Barth,* Tübingen 1934, schreibt dort: Auch nach dem Fall sei der Mensch subjektiv ohne Offenbarung einer Gotteserkenntnis «fähig», aber sie habe «für uns praktisch keinen Wert», ja, sie sei durch die Offenbarung «außer Kraft gesetzt».

[2] Obwohl Brunner eine offenbarungsunabhängige natürliche Theologie bestreitet, unterscheidet er an der angegebenen Stelle zwischen «theologia naturalis» und «theologia revelata», wobei die erstere kraft der «imago Dei», wennschon sie durch die Sünde verloren sei, «in die Christologie hinüber» weise.

[3] Dort heißt es, daß «Gott selbst aus der Natur zu erkennen ist», und zwar durchaus nicht in einer verworrenen Erkenntnis, die uns Gottes «Weisheit und Allmacht, auch seine Gerechtigkeit, sogar seine Güte» zeige und die «auch für den Christen höchst» beachtlich und notwendig sei.

[4] Vgl. S. 419, Anm. 10.

[5] Vgl. S. 416f., Anm. 4.

[6] Vgl. ebd.

der Straße in Paris kundgetan hast[7] und auf die sich offenbar die Aufforderung deines 1. Briefes bezieht, dein Stellenmaterial erst noch einmal gründlich anzusehen, «ehe du (Peter Barth) nochmals Ansichten vertrittst, wie du sie bisher als die Calvins vertreten hast». Erhebt gegen meine Thesen E. Brunner 1, der sich zum Credo bekennt, oder E. Brunner 2, der eine «theologia naturalis» (im üblichen Sinn) mit allen Consequenzen vertritt, Einspruch? Zu meiner Orientierung wäre mir eine nähere Fixierung deines Widerspruchs erwünscht.

Das gewünschte Verzeichnis der «Falschmeldungen» lege ich dir bei und verbleibe im übrigen mit herzlichen Grüßen

dein Peter Barth


183

Brunner [an Peter Barth]                                    Zürich, 20.7.1934

Lieber Freund,

Just vor der Abreise in die Ferien möchte ich dir noch schnell das Nötigste auf deinen heutigen Brief antworten.

Erstens tut's mir wirklich leid, daß du so viel Mühe hast meinetwegen.

Zweitens danke ich dir recht angelegentlich für deine prompten Antworten.

Drittens die Hauptsache.

Ich glaube wirklich, du wirst vergeblich nach Spuren einer katholischen oder aufklärerischen theologia naturalis bei mir suchen. Der Schein davon und der Grund unserer ganzen Differenz beruht auf folgendem.

Gewiß, alles was ich zur *theologia naturalis* schreibe, gehört ins Credo; darum spreche ich eben von einer *christlichen* theologia naturalis. Aber, im Unterschied zu dir und Karl, meine ich mit Calvin sagen zu müssen, daß der Christ in der Welt als dem Werk Gottes *Offenbarung* sieht, die zwar durch jene «Brille» allein sichtbar, «lesbar» ist, wie Calvin

---

[7] Vielleicht war P. Barth dort im Zusammenhang einer der S. 416, Anm. 4, genannten Ökumenischen Konferenzen; möglicherweise war es dieselbe Studienkonferenz, zu der auch Brunner damals dort war, vgl. S. 349.

sagt, die aber durchaus *in der Welt,* im opus creatum dei, nicht bloß im Wort Gottes in der Schrift zu sehen ist.[1]

Die Leugnung dieses Tatbestandes war ja der Anlaß meines Widerspruchs gegen deinen Bruder. Es gibt, eben weil es einen ersten Artikel gibt, der nicht im zweiten aufgeht, eine *zweite Quelle* des Glaubens *neben* der Schrift, eben das opus dei creatum, die creatio bzw. creatura[2], die als solche nicht nur darum als Schöpfung zu glauben ist, weil Gottes Wort in der Schrift so sagt, sondern weil sie vermöge jener Brille auch wirklich *zu erkennen* ist, nicht in der Schrift, sondern in sich selbst. Sie selbst ist offenbarend, Offenbarung.

Ich nenne die daraus gewonnene Erkenntnis Gottes theologia naturalis, weil die *natura,* im Sinne Calvins, *Prinzip* und *Gegenstand* dieser Erkenntnis ist. Natura docet (credentem) lex naturae imperat (credenti).[3] Natur ist offenbarend – dem Christen. Natur gibt Erkenntnis, theologiam, dem von Christus her sehend Gewordenen.

Die zwei Sätze sind nicht identisch

a) Karl Barth: durch die Schrift erfahren wir, daß die Welt Gottes Schöpfung sei und glauben es auch.

b) Calvin, und mit ihm E. Brunner: durch die Schrift werden wir instand gesetzt, in der Welt Gottes Schöpfungsoffenbarung als solche zu erkennen, als Glaubende.

Darum gibt es zwei Offenbarungen, für den Glaubenden. Durch die Sünde ist das prius in ein posterius verwandelt. Die *an sich erste* Offenbarung die Schöpfung kann ihm nur *von der zweiten aus als diese erste* Offenbarung aufgehen, aber dann eben als erste und besondere.

Darum ist auch zwischen einer *theologia naturalis* im christlichen Sinn und einer *theologia revelata* im christlichen Sinn zu unterscheiden, wobei allerdings der Ausdruck revelata nicht gerade geschickt ist. Er ist

---

[1] Vgl. S. 450, Anm. 8. Institutio I 6,1: «Deus ... cunctis sine exceptione numen suum delineatum in creaturis proponit» (OS 3, 60,13–15). Dort sagt Calvin freilich auch «Deum mundi opificem nobis patefieri in Scriptura» (OS 3, 61,32). Hingegen heißt es in Institutio I 5,1: «se patefecit in toto mundi opificio» (OS 3, 45,2). Der obige Satz ist von «durchaus» an rot unterstrichen, von P. oder K. Barth.

[2] Bis hierhin ist auch dieser Satz mit Rotstift unterstrichen, von P. oder K. Barth.

[3] Vgl. E. Brunner, *Natur und Gnade. Zum Gespräch mit Karl Barth,* Tübingen 1934, S. 24ff.

aber bei mir immer mit «Christusoffenbarung» umschrieben und darum unmißverständlich.

1. In diesem Sachverhalt ist nun auch begründet, daß diese Schöpfungsoffenbarung von der Christusoffenbarung darin verschieden ist, daß *auch der Heide* sie, wenn auch *undeutlich*, verworren und ohne Heilswert erkennt. Er hat cognitionem legalem, er kennt irgendwie den Schöpfer, wenn auch nicht recht, er kennt die Ordnungen, wenn auch nicht nach ihrem eigentlichen Sinn. Die Schöpfung ist darum *der* Artikel des Credo, von dem nach Luther auch die Heiden Erkenntnis haben – wenn auch nicht dieselbe wie der Christ.

2. Der Unterschied besteht auch darin, daß die Schöpfungsoffenbarung auch dem Christen nicht dasselbe sagt, wie die Offenbarung der Schrift oder Christi. Nach Calvin: nur Hände und Füße, nicht aber das Herz, oder nur die Allmacht und Gerechtigkeit, nicht aber die vergebende Liebe.[4]

Es ist merkwürdig: Diesen Sachverhalt verstehen alle ganz gut, wie ich wieder und wieder konstatiert habe – die nicht auf deines Bruders Schöpfungslehre geeicht sind, von der ich behaupten würde, daß in ihr der erste Artikel im zweiten untergeht.

Ob wir uns auch darin verstehen werden, weiß ich nicht. Du wirst aber sehen, daß meine Ausführungen absolut konzinn sind, wenn du sie einmal von hier aus verstehst. Ich weiche keinen Fuß breit nach der katholischen oder aufklärerischen Lehre ab, aber auch keinen Fuß breit nach der K.-Barthschen Leugnung der *Offenbarung* Gottes *in den Werken* der Schöpfung.

Noch eins. Es gibt zwei Quellen der Offenbarung, aber es gibt nicht zwei Normen. Quelle ist: die Schrift und von ihr aus – wieder lesbar – die erste, die Werke der Schöpfung; aber *Norm ist allein die Schrift.*[5]

Und nun: ich zahle dir für jeden Satz, der in meiner Schrift über diese scharfe Grenze nach links und rechts hinausgeht, ein Päckli guter Schweizer Havanna. Und ich will wetten – aber dies ohne Stumpen –, daß du nach einiger Zeit nicht mehr begreifen können wirst, was du von Calvin aus gegen irgendeinen meiner Sätze aufzumucksen hattest.

[4] So in Calvins Einleitung zu seinem Genesiskommentar (1554) in: CO 23 (= CR 51), 10f. Vgl. E. Brunner, a.a.O., S. 25.
[5] Am Rand dieses Abschnitts hat jener Rotstift eine Schlangenlinie angebracht.

429

Höchstens wäre das etwa zu sagen, daß bei Calvin gelegentlich doch so etwas wie eine Spur thomistischer theologia naturalis sich findet, die ich ihm gebührend rot anstreichen würde, als Fehler, bzw. als Rudiment. Bei mir aber wirst du auch mit der schärfsten Brille darnach ganz umsonst fahnden. Dafür setze ich nun wirklich mein ganzes Ferienkässeli für 1935 aufs Spiel.

Und nun, Schluß vorläufig für 14 Tage. Nachher bin ich wieder auf meinem Posten und werde die fatalen 39 Stellen[6] überprüfen. Da werde ich schwerlich so gutes Mutes sein können, wie bei der Hauptsache. Aber du nimmst mir's nicht übel, wenn ich so leichtsinnig bin, meine Ferien, die ich nun trotz allem verdient habe, richtig zu genießen. Das möchte ich dir auch wünschen.

Ein ander mal werde ich dir dann darüber schreiben, inwiefern deine Ausführungen über das Schöpfungs-Credo Calvins[7] Calvin nicht gerecht werden.

Mit freundlichem Gruß

dein E. Brunner

184

Brunner                    Zürich, [ohne Datum, Mitte September 1934][1]

Lieber Freund,

Ich hatte gehofft, daß wir uns diese Woche einmal bei K. L. Schmidt[2] treffen könnten. Da nun aber du fort warst und ich die nächste Woche in Kopenhagen[3] bin, wird vorläufig nichts draus. Es muß

---

[6] Vgl. Nr. 180. P. Barth sprach dort von 41 falschen Belegen in Brunners Schrift.

[7] Vgl. Nr. 182.

---

[1] Wohl nicht abgesandter Brief an K. Barth, da er unterschrieben bei Brunner verblieb, zur Datierung s. Anm. 3; vgl. auch S. 252, Anm. 1. Dieser Brief wurde anscheinend von Brunner ersetzt durch seinen Brief vom 29. oder 30.9.1934, s. o. Nr. 99.

[2] Der Neutestamentler K. L. Schmidt (1891–1956) hatte damals, nach seiner Vertreibung durch die Nationalsozialisten von seinem Bonner Lehramt, eine befristete Pfarrverweserstelle in Zürich-Seebach inne.

[3] Barth war vom 10.9. bis 12.9. in Vaumarcus und Pratteln, die «nächste Woche», in der Brunner zu Vorträgen (s. S. 255, Anm. 8) nach Kopenhagen reiste,

aber einmal dazu kommen. Denn ich habe in der letzten Zeit – bei deinem Bruder Peter und bei einigen anderen, die dir nahe stehen – gesehen, daß drei Viertel unserer Differenz auf Mißverständnissen beruht. Ich habe die merkwürdige Erfahrung gemacht, daß, wenn ich die Sache einmal ganz untheologisch-simpel sage, sie in ein erstauntes: ja so ist das gemeint, ausbrechen. Ich will alle Schuld des Mißverständnisses auf mich nehmen. So höre mich nochmals an, ich rede jetzt ganz wie ein Konfirmand. Was ich meine, ist dies.

1. Ich treibe keine theologia naturalis; was ich will, ist dies: Erkenntnis Gottes *aus den Werken* seiner *Schöpfung* ist *post Christum* et *propter Christum* möglich. Das nenne ich die *christliche theologia naturalis,* gegründet auf die Naturoffenbarung Gottes.

Sie ist nur möglich propter Christum, wäre aber möglich si Adam stetisset[4]. Durch seinen Fall ist es eine rein hypothetische Möglichkeit. Nur an dieser christlichen theologia naturalis bin ich interessiert. Die andere, die rationale, anerkenne ich nicht, weil die Naturoffenbarung im subjektiven Sinne durch die Sünder so verdunkelt ist, daß sie zu nichts Richtigem taugt.

2. Sie taugt aber immerhin dazu, daß sich der Mensch Götzen macht. Dieses Götzenmachenmüssen, wenn man Gott nicht kennt, ist die Folge davon, daß mit dem Menschsein eine Gottesbeziehung unlöslich gegeben ist. Entweder die richtige heilsame oder die verkehrte unheilsame. Diese verkehrte unheilsame Gottesbeziehung, dieses Götzenmachenmüssen nenne ich Anknüpfungspunkt, im formalen Sinne. Weil es Ausdruck der Humanitas ist, daß der Mensch entweder Gott hat oder Götzen, während das Tier sich eben keine Götzen macht. Nur zu dem Menschen, der sich Götzen macht, kann Gott als der Erlöser *reden.* Zu einem Menschen, der sich nicht einmal mehr Götzen machte, könnte auch er nicht mehr *reden,* in dem wäre die Humanität erloschen.

3. Dieses, daß der Mensch als Mensch angeredet werden kann, nenne ich seine Wortmächtigkeit.[5] Von Offenbarungsmächtigkeit[6] sage ich

war die Woche vom 16.–22.9.1934. Demnach hätte Brunner dieses Schreiben zwischen dem 13.9. und dem 15.9.1934 verfaßt.

[4] Institutio I 2,1.

[5] Vgl. E. Brunner, *Natur und Gnade. Zum Gespräch mit Karl Barth,* Tübingen 1934, S. 18.

[6] Offenbar hatte Barth im Kolleg (s. unten S. 433) wie dann auch im, *Nein! Antwort an Emil Brunner* (ThExh 14), München 1934, S. 22f., Brunner vorgewor-

nichts. Ich sage nur, daß auch in seiner Sünde seine ursprüngliche Gottbezogenheit – aber verkehrt und unheilvoll – da ist. Daß er unentschuldbar ist und daß er nur so um seine Schuld weiß, daß es ihm gar nichts hilft, daß er nur den Zorn Gottes darin spürt: das nenne ich den formalen Anknüpfungspunkt.

4. Auch dies alles beruht durchaus auf Christus, der ja der Logos der Schöpfung ist. An Christus wird der Mensch zum Sünder, das Schöpfungswerk Gottes im Sohn wird ihm Anlaß seines Götzendienstes. Keinen anderen als den Gott, der auch in seinem Werk als der Vater Jesu Christi offenbar ist, macht der Unglaube zum Götzen. Von Gott aus gibt es keine zweierlei Offenbarungen; wohl aber post peccatum. In der Versöhnungsoffenbarung erkennen wir, daß die Schöpfungsoffenbarung denselben Gott schon immer bezeugt hätte, wenn wir es nur gesehen hätten.

5. Vom Anknüpfungspunkt rede ich darum, weil es keine Kleinigkeit ist, daß Gott uns, auch als Sündern, das Menschsein läßt. Das Menschsein ist der Anknüpfungspunkt, genauer aber: daß auch der Sünder Gott kennt – wenn auch als Götzen, darum unheilvoll; seinen Willen kennt, wenn auch nur ziviliter, also nicht heilsam; ein Gewissen hat, wenn auch eines, das ihn nur desto mehr von Gott abbringt. Das also, was materialiter durchaus kein Anknüpfungspunkt ist, sondern ein Gegensatz, ist formaliter, eben weil es Gegen-satz ist, Anknüpfungspunkt.

6. Du kannst dich darauf verlassen, daß ich in keinem Punkt über Calvins 1. Buch hinausgehen will.[7] Ich habe alles genau nachgelesen und immer nur wieder sagen können: ja, so meine ich es. Du kannst mich darauf behaften. Daraufhin sollten wir uns einigermaßen verständigen können, da du ja doch auch Calvin keinen Ketzer schelten würdest, wenn auch nach deiner Meinung jetzt anders gedacht werden muß.

7. Wenn du nach alledem findest, ich habe meine Schrift schlecht geschrieben, das sei ja gar keine theologia naturalis, so will ich, wie gesagt,

fen, er lehre eine den Menschen von Natur aus für die Offenbarung befähigende «Offenbarungsmächtigkeit». Brunner hatte in seiner Schrift *Natur und Gnade*, a.a.O., S. 15, davon gesprochen, «Natur» könne in einem Sinne das heißen, «was Gott seinem Werke an dauernder Offenbarungsmächtigkeit verliehen» habe.

[7] Institutio I 2–6.

nicht mehr feilschen um mein Büchlein.[8] Ich kann dir nur mitteilen, daß es mir so ging: alle «Barthianer» haben es nicht so aufgefaßt, wie es gemeint war; viele andere aber haben es akkurat so verstanden, wie es gemeint war.

Und nun noch eins. Ich finde es einfach skandalös, daß wir uns erlauben, Streit zu haben. Jeder von uns will nichts anderes als die reine biblische Botschaft, in der das Wort von Christus als dem alleinigen Heil in der Mitte steht. Ich weiß auch, wie du, von keiner anderen heilsamen Gotteserkenntnis als der in Christus. Alles andere heißt Gott nicht erkennen, sondern einen Götzen an seine Stelle setzen. Der Anknüpfungspunkt hat mit dem sola gratia nichts zu tun; er will ja nichts anderes sagen, als daß Gott Menschen und nicht Viecher selig macht. Und daß darum das Seligmachen auf dem Weg des Wortes geschehen kann und daß das Wort das Gewissen oder Herz treffen und umkehren muß.

Wenn also noch Differenzen bestehen: nun, so laß sie uns friedlich beseitigen oder auch stehen lassen. Die Kirche Christi ist dadurch nicht bedroht. Sie ist durch unsere Setzköpferei[9] viel mehr bedroht. An die Schrift appellieren wir beide als summus, solus judex. Noch genauer: an den Römerbrief. Aber wir wollen nicht gegen einen Karl Barth oder einen Emil Brunner fechten, der gar nicht existiert.

Ich habe den Mut gefaßt, dir nochmals zu schreiben, weil mir ein Schüler schrieb, was du im Kolleg über mich sagtest: Daraus habe ich gesehen, daß du gegen einen Emil Brunner kämpfst, der nicht existiert. Vielleicht kämpfe ich gegen einen Karl Barth, der nicht existiert. Damit wollen wir die Kirche nicht beunruhigen.

Ich bin übernächste Woche daheim. Ich stehe dir jederzeit zur Verfügung. Schmidt will uns einladen; es ist mir aber auch recht bei mir.

Mit herzlichem Gruß

dein E. Brunner

Ich lege dir noch ein Büchlein bei, aus dem du vielleicht deutlicher als aus meiner Schrift Natur und Gnade sehen kannst, worum es mir geht.[10]

---

[8] E. Brunner, *Natur und Gnade,* a.a.O.
[9] = Dickköpfigkeit.
[10] Vermutlich E. Brunner, *Um die Erneuerung der Kirche. Ein Wort an alle, die sie lieb haben,* Bern 1934.

## 185

Brunner [an Ernst Wolf]                    [vor dem 2.10.1934[1]]

Sehr geehrter Herr Doktor,

Leider habe ich eben erst jetzt die letzte Nummer von Evangelische Theologie mit Peter Brunners Aufsatz und Ihrem Nachwort gelesen[2], bzw. bekommen, aus bestimmten äußeren Gründen, die zu erörtern zu umständlich wäre. Als ich P. Brunners Aufsatz gelesen hatte, war mein erster Gedanke: Gott sei Dank, nun bin ich also nicht mehr allein: jetzt *muß* man es endlich merken, wie die Sachen stehen. Ich bin Wort für Wort mit P. Brunner einverstanden. Dann kam ihr Nachwort. Unverständlich vom ersten bis zum letzten Wort, außer wenn ich eine Voraussetzung mache, die ich aber Ihnen gegenüber nicht gern mache: daß Sie nicht gemerkt haben, was ich mit meiner Unterscheidung der theologia naturalis im subjektiven und objektiven Sinn gemeint habe.

Was P. Brunner im ersten und zweiten Teil sagt (also S. 189 bis 200) ist das, was bei mir theologia naturalis im objektiven Sinne heißt. Dann kommt die, auch von mir mit aller Schärfe vertretene Lehre von der Verderbnis des Erkenntnisvermögens durch die Sünde, die für den natürlichen Menschen als Subjekt der Erkenntnis die Gottesoffenbarung in der Natur im objektiven Sinne zu einer bloß hypothetischen macht. Die hier verbleibende Möglichkeit nenne ich die theologia naturalis im subjektiven Sinne. Sie steht unter dem Vorzeichen: auf·daß sie unentschuldbar seien [Röm. 1,20]. Oder also, objektiv gewendet: daß der natürliche Mensch, statt Gott in seiner Offenbarung in der Natur, Götzen sieht. Etwas anderes habe ich nie ausgesprochen oder geschrieben seit mindestens 8 Jahren. Etwas anderes als das steht auch nicht in meiner Schrift «Natur und Gnade».

Und nun Ihre Vorwürfe. Ich soll das «si integer stetisset»[3] übersehen haben? Ganz im Gegenteil: meine ganze mühsame Unterscheidung der

---

[1] Als Beilage zum Brief Brunners an Barth vom 2.10.1934 verschickt, vgl. S. 262 bei Anm. 4, vgl. auch S. 249 bei Anm. 2, und dazu Nr. 177.

[2] P. Brunner, *Allgemeine und besondere Offenbarung in Calvins Institutio,* in: EvTh, Jg. 1 (1934/35), S. 189–215; und: E. Wolf, *Anmerkungen zu Emil Brunner, Natur und Gnade,* a.a.O., S. 215f. Vgl. oben S. 261, Anm. 3.

[3] Institutio I 2,1.

theologia naturalis im objektiven und im subjektiven Sinne[4] ist ja
nichts anders als eine Umschreibung eben dieses irrealen Konditional-
satzes. Das gerade ist der Sinn des Wortes dialektisch in diesem Zusammenhang. Daß der Mensch zwar die Möglichkeit (objektiv) Gott zu erkennen hätte, sie aber (subjektiv) nicht hat.

Zweitens: der kritische Sinn: auf daß sie keine Entschuldigung haben, das soll bei mir fehlen. Ich kann Ihnen nur sagen, daß es gerade
der Sinn meiner Ausführungen ist und denn auch wortwörtlich dasteht
«Eben darum sind ja die Menschen unentschuldbar, weil sie den Gott,
der sich ihnen so deutlich manifestiert, nicht kennen wollen» S. 12. Alles weitere, was Sie mir vorwerfen, ist bedingt durch die Verwechslung
der theologia naturalis im objektiven und im subjektiven Sinn. Alles,
was Sie beanstanden, ist sofort richtig, wenn Sie hinzufügen: für den,
dem Christus den Star gestochen hat. Gerade der Satz, den Sie gleichsam als Haupttrumpf gegen mich ausspielen, ist durchaus im Sinne
meines Calvinverständnisses geschrieben und hierhergesetzt: *Zuerst* die
Schrifterkenntnis, *dann* die experimentalis cognitio.

Was anderes steht auf S. 13–15 meiner Schrift, die mit dem Satz ab-
schließt: ... «nicht über die Doppelsaussage hinauskommen: daß Gott
sich wahrlich auch an den Heiden nicht unbezeugt gelassen hat, daß sie
ihn aber trotzdem nicht so erkannt haben, daß es ihnen zum Heil wurde»? Im Gegenteil: «daß er Gottes Schöpfungsoffenbarung in Götzen-
bilder umlügt».

Ich kann also wirklich nicht sehen, wo denn nun eigentlich etwas
auch nur Differenzielles, geschweige denn Gegensätzliches zwischen Ihrer und meiner Calvinauffassung liegen soll, es sei denn darin, daß der
terminus theologia naturalis im objektiven Sinn zu wenig deutlich das
Mißverständnis einer rationalen, einer vor- oder außerchristlichen Gotteserkenntnis ausschließt. Ich habe denn auch zum Überfluß gesagt:
daß nur der Christ die rechte theologia naturalis habe, d. h. daß «nur
[der], dem Christus den Star gestochen» [hat], Gott in seiner Naturoffenbarung wirklich sieht.[5]

Eins mag noch zum Mißverständnis beitragen. Peter Brunner stellt
die theologia naturalis, d. h. natura als Objekt, im objektiven Sinn vor-

[4] Vgl. E. Brunner, *Natur und Gnade. Zum Gespräch mit Karl Barth,* Tübingen 1934, S. 23f.
[5] A.a.O., S. 14

an; dann kommt die Negation, im Sinn einer theologia naturalis im subjektiven Sinn (d. h. auf natura als Subjekt bezogen). Aber nun macht er nicht ausdrücklich darauf aufmerksam, daß für den Christen, d. h. vom zweiten Artikel aus, die theologia naturalis im objektiven Sinn nun als eine hypothetische zu meiner wirklichen Erkenntnis wird, weshalb er als Christ Teil I und II schreiben konnte.[6] Und daß zwischen diesen beiden: der Schriftoffenbarung als solcher und der Naturoffenbarung für den von der Schrift gelehrten und bekehrten in der Tat ein Ergänzungsverhältnis besteht. Eben jene Ergänzung, die Calvin mit dem «deinde experimentalis»[7] einleitet. Auf *dieses* Ergänzungsverhältnis – also auf etwas, was nur innerhalb des christlichen Credo, nur innerhalb der Kirche, nur für den Christen besteht, beziehen sich meine Aussagen über «Herz und Füße»[8], innerstes Geheimnis usw.

Die Frage ist doch wohl unabweisbar: wenn es sich so verhält, wie Peter Brunner in Teil I und II nachweist, so entsteht doch notwendig die Frage, wie denn nun inhaltlich diese von Christus aus erkennbare Naturoffenbarung Gottes (cognitio experimentalis ist ein Teil davon) sich zur Schriftoffenbarung selbst verhalte. Auf diese Frage antwortet nicht Emil Brunner, sondern Calvin: die Naturoffenbarung zeigt *uns*, den *Christus*gläubigen, bloß die Füße und Hände Gottes, die Schrift und Christus selbst zeigt uns das Herz Gottes. Beides aber gilt (bei Calvin wie bei mir) nur vom Christen oder also von der Kirche. Kirchliche theologia naturalis. Das ist möglich durch die Unterscheidung der theologia naturalis im objektiven und im subjektiven Sinn.

Ich fange an, daran zu zweifeln, daß die Terminologie, die ich verwendet habe, glücklich sei, weil so gescheite Leute wie Sie und Peter Barth dadurch irregeführt worden sind. Ich darf allerdings hinzufügen, daß viele andere – allerdings nur solche, die nicht zur engeren Barthschule sich rechnen, den Sinn meiner Ausführungen richtig verstanden haben.

[6] Vgl. P. Brunner, a.a.O., S. 189: «I. Gott bezeugt sich von jeher und jeweils als Schöpfer und Erhalter in vielen mannigfachen Bekundungen, vornehmlich am Menschen selbst, in der Natur und in der Geschichte.» Und S. 159: «II. Durch diese Urbezeugungen Gottes sollte der Mensch Gott erkennen. Denn diese Urbezeugungen sind für den Menschen in principio und prinzipiell erkennbar.»

[7] Vgl. E. Wolf, *Anmerkungen,* a.a.O., S. 216.

[8] Vgl. S. 428, Anm. 4.

Es fragt sich noch, ob es sich auch hinsichtlich meiner Lehre vom Anknüpfungspunkt und der Unterscheidung einer formalen und materialen imago[9] so verhalte, d. h. ob diese konsequent die Calvinistische Unterscheidung der theologia naturalis im objektiven und subjektiven Sinne weiterführe. Da Ihre Anmerkung auf diese Seite meiner Schrift sich nicht bezieht, kann ich hier nichts richtig stellen. Ich weiß nur aus einer Kollegnachschrift Barths, daß Karl Barth mich auch hierin nicht richtig verstanden hat.[10]

Das ganze wird sich entscheiden an der Lehre vom Gesetz. Luther gibt freigiebig die cognitio legalis dem Heiden preis – nämlich sofern sie sich auf die zweite Tafel bezieht, d. h. sofern sie eben cognitio legalis steht in einem dialektischen Verhältnis zur cognitio evangelica. Sie ist zugleich: Voraussetzung und Gegensatz. Der Gott der cognitio legalis ist Götze, zweifellos. Aber diese Götzenerkenntnis – so würde ich sagen – ist je und je der Anknüpfungspunkt für die Evangeliumsverkündigung. Und die Tatsache, daß der Mensch immer *entweder* Gott *oder* Götzen hat, gehört zum Formalen der Humanität. Das Humanum ist auf die Gottdimension ausgerichtet. Dort, in dieser Richtung steht der Mensch immer: entweder Gott oder Abgott. *Darin* ist er *Mensch.* Das verliert er auch als Sünder nie. Den Götzen und das schlechte Gewissen verliert er nie. Und das ist der Anknüpfungspunkt der Verkündigung, wenn auch, materiell, die Verkündigung nun gerade im Gegensatz gegen diesen Götzen und diese cognitio legalis sich vollzieht. Ich glaube darin nicht nur ganz reformatorisch zu lehren, sondern auch im Grunde gar nicht von Ihnen abzuweichen. Wir könnten es uns darum, meine ich, wirklich ersparen, uns zu befehden. Hätte Barth von Anfang an zugegeben, was in Peter Brunners Aufsatz steht, so hätte ich nie eine Feder gerührt in dieser Sache. Mir gings darum, daß das, was in Teil I und II von Peter Brunners Aufsatz steht, nicht untergehe – die theologia *naturalis* im objektiven Sinne, die ein *zweiter* Teil einer theologia *christiana* ist, deinde experimentalis.

Ist man in dieser Sache einmal klar, so ist auch das, was ich mit dem Anknüpfungspunkt und der formalen imago will, ohne weiteres da: Der Mensch als humanum ist immer gottbezogen, darum unentschuldbar, darum auch als Sünder nicht ohne Gottes Offenbarung, die aber

[9] Vgl. E. Brunner, *Natur und Gnade,* a.a.O., S. 10f.18f.
[10] Vgl. S. 252, Anm. 4.

von ihm zum Götzen gemacht wird, wobei eben gerade dieses Götzentum – die «deisidaimonia» – Act. 17[,22] der Anknüpfungspunkt der apostolischen Verkündigung immer gewesen ist und der missionarischen immer noch ist, wenn auch diese Anknüpfung immer in der Form des Gegensatzes sich vollzieht: dieser euer «Gott» ist ein Götze, ich aber zeige euch den wahren Gott.

Noch eine Bitte. Gibt es in Deutschland Theologen oder Laien, die meine Schrift Natur und Gnade so mißverstehen, als ob ich eine Erkenntnis des Schöpfers lehrte, die nicht erst auf Grund der Erkenntnis Christi möglich wäre? Also im Sinne einer subjektiven theologia naturalis? Gibt es solches Mißverständnis außerhalb der Barthischen Schule? Ich habe es bis jetzt nur bei Barthianern angetroffen; aber es ist ja möglich, daß es auch außerhalb sich fände. Dann wäre ich Ihnen dankbar für Meldung, damit ich in einer zweiten Auflage diese Meute kräftiglich abschütteln kann. *Sie* verstehen es ja jetzt recht: theologia naturalis auf Grund des zweiten Artikels. Ich würde das wohl jetzt deutlicher sagen können; inhaltlich anders sicher nicht.

Mit besten Grüßen [Emil Brunner]

186

Zur Auseinandersetzung mit Barth[1]

Offenkundige Mißverständnisse:

1. Mein Bekenntnis zur Bibel wird diskreditiert durch Zitat von «Offenbarungsmächtigkeit, Wortmächtigkeit, Wortempfänglichkeit»,

---

[1] Es handelt es sich in diesem Text wohl um persönliche Notizen Brunners, die er wahrscheinlich spontan niederschrieb nach der ersten Lektüre zur Auseinandersetzung mit K. Barths Schrift *Nein! Antwort an Emil Brunner* (ThExh 14), München 1934, und zur Verteidigung seiner eigenen Schrift *Natur und Gnade. Zum Gespräch mit Karl Barth*, Tübingen 1934. Der undatierte, maschinenschriftlich verfaßte Text findet sich im Brunner-Nachlaß W55/81. Der notizenhafte Charakter des obigen Stücks ist bei diesem Abdruck beibehalten und nur hier und da zur besseren Leserlichkeit ergänzt. Mit NG ist Brunners Schrift gemeint, mit N (oder auch mit einer bloßen Seiten-Zahl angegeben) Barths Schrift, mit Wolf dessen Heft: *Martin Luther. Das Evangelium und die Religion* (ThExh 6), München 1934. Die Zitate von Calvin stammen aus dessen *Institutio christianae religionis*. Bloße Zahlen, zuweilen auch mit einem S versehen (= Seite) weisen

16, billigend [wird] angeführt die [Behauptung einer] «Errettungsmächtigkeit» 16[2].

2. Ich meine, die Heiden erkennen tatsächlich den dreieinigen Gott 18. Dagegen genau so wie Wolf 10. Barth versteht nicht mein «umgelogen in Götzen», was genau (NG 14) dem bei P[eter] Br[unner][3] [Gesagten] entspricht 202 o.

3. Daraus 19, daß also schon die Heiden aus [der] N[atur] den wahren Gott erkennen, [schließt Barth]: es kann nichts sein mit der Formalität der imago.

4. Sogar heilsame Erkenntnis Gottes soll ich behaupten 19, trotz NG 13 u.

5. Ich soll N 24 behaupten, die Schöpfungsordnungen seien auf Grund von Trieb und Vernunft als göttliche Ordnungen festzustellen.

6. Mächtigkeit des Menschen für Gott [N] S. 26.

7. Was hilft die formale Personalität 29? Wo habe ich behauptet, daß sie hilft? Ich sage bloß, daß ohne sie Gott nicht mit uns reden kann.

8. Reparatio[4] – eine Wortklauberei. Was ich sagen will, ist das, was Calvin [sagt:] quia in hominis conversione integrum manet quod primae est naturae 2,215[5].

9. Mitwirken der Vernunft zur wahren Erkenntnis Gottes: ich meine wieder die formale Vorbedingung. 54

10. Das plötzliche Auftauchen der Unterscheidung von objektiver und subjektiver Möglichkeit 42 entspricht genau, sogar wörtlich meiner objektiven und subjektiven natürlichen Theologie.[6]

auf Seiten der Schrift Barths hin. Bei Seitenangaben ist o = oben, m = Mitte, u = unten.

[2] K. Barth, *Nein!*, a.a.O., S. 16. «Würde es – so ungefähr hat jemand seinen Eindruck von diesen Seiten der Brunnerschen Schrift anschaulich wiedergegeben – würde es einem Menschen, der eben von einem tüchtigen Schwimmer vom Wassertod errettet worden ist, nicht übel anstehen, wenn er die unbestreitbare Tatsache, daß er eben ein Mensch und kein Bleiklotz sei, als seine ‹Errettungsmächtigkeit› ausgeben würde?»

[3] Siehe S. 434, Anm. 2.

[4] K. Barth, a.a.O., S. 30: «Ist die Veränderung der menschlichen Situation durch Gottes Offenbarung, von der 1. Kor. 2 und Gal. 2 reden, wirklich eine reparatio, eine Wiederherstellung in dem Sinn, wie Brunner dies angibt: ‹Man kann nichts reparieren, was überhaupt nicht mehr da ist ...›?!» Vgl. E. Brunner, a.a.O., S. 21.

[5] Inst. II 3,6 (CO 2 [= CR 30], Sp. 215; OS 3, 280, 4f.).

[6] E. Brunner, *Natur und Gnade*, a.a.O., S. 15.

11. Ich soll das si integer stetisset Adam[7] 45 vergessen haben, es ist die Grundlage meiner Unterscheidung der objektiven und subjektiven [natürlichen Theologie]. NG S. 12 14 (daß Barth es nicht versteht, kommt davon her, daß er [jenes Urteils Calvins] auch auf den wiedergeborenen Menschen ausdehnt, d. h. auch ihm eine Erkenntnis des Schöpfers aus den Werken abspricht). Warum hat B von meiner Unterscheidung der objektiven und subjektiven [natürlichen Theologie] nichts [verstanden]?

12. Das Verhältnis zum früheren Brunner gerade umgekehrt: [der war] noch schärfer [als Barth] auf die bloß negative Anknüpfung, und zwar als eine nur von oben her, aufmerksam.

13. Die ganze Ausführung S. 52/3 kann nur darum gegen mich gerichtet sein (während ich sie Wort für Wort unterschreibe), weil B immer wieder nicht die bloße formale Anknüpfung [begreift].

14. Richtig verdreht hat B meine Ausdrücke S. 54 m, als ob ich je von einem solchen Anknüpfungspunkt rede, durch den es «von sich aus zu einem Vernehmen der göttlichen Offenbarung werden könnte».[8]

15. Ich soll sogar eine sündlose natürliche Sündererkenntnis lehren, 56 weil ich sage[9], daß die wahre Buße an die an sich unwahre Gesetzesbuße anknüpfe.

16. Überhaupt von Gott reden kann 59/60[10]: ist doch nicht material (als eine zunächst überhaupt Rede) gemeint, sondern eben als Gebrauch der vorhandenen Gott-Vokabeln Act. 17 [, 22f.].

17. Die Erfolgsfrage[11] 61f – ich meine doch einfach die Zweckmäßigkeit unserer Mittel ist zu prüfen und zu suchen.

---

[7] Calvin, Institutio I 2,1: Es gäbe eine natürliche Gotteserkenntnis, «wenn Adam nicht gefallen wäre».

[8] K. Barth, *Nein!*, a.a.O., S. 54: «Es ist also nichts an dem, daß die Kontinuität unseres menschlichen Vernehmens ... kraft dieser seiner Fähigkeit, negiert zu werden, irgendwo ‹von sich aus› zum Vernehmen der göttlichen Offenbarung werden könnte.»

[9] E. Brunner, *Natur und Gnade,* a.a.O., S. 19f.

[10] A.a.O., S. 41: «Auch die Kirche ist darauf angewiesen, daß man mit den Menschen ‹überhaupt von Gott› reden kann.»

[11] K. Barth, *Nein!*, a.a.O., S. 61: «Der *Erfolg*, auf den Brunner es bei den Argumentationen dieses seines letzten Abschnitts so offenkundig abgesehen hat» – vgl. E. Brunner, a.a.O., S. 36ff.: Abschnitt V. seiner Schrift «Die Bedeutsamkeit der theologia naturalis für Theologie und Kirche».

Brunner [an Peter Barth]                                    Zürich, 21.11.1934

Lieber Freund,

Nur für den Fall, daß deine Schrift über Calvins theologia naturalis sehr bald gedruckt würde, eine kurze Mitteilung über das Gespräch mit Diem.[1] Ein ausführliches Protokoll wirst du von ihm erhalten. Das Resultat läßt sich so zusammenfassen:

Emil Brunner lehrt über Calvins theologia naturalis dasselbe, was Peter Brunner [sagt][2]. Der Schein einer Verschiedenheit kommt aus der verschiedenen Disposition und Terminologie. Peter Brunner und Emil Brunner lehren über Calvins theologia naturalis*:

1. Es gibt eine der Offenbarung in Jesus Christus vorangehende Schöpfungsoffenbarung, die sich bloß auf die Majestät Gottes usw., nicht aber auf die Barmherzigkeit bezieht.

2. Diese Offenbarung ist dem Heiden und Ungläubigen durch die Sünde verdeckt, dem Gläubigen aber durch die Schrift wieder enthüllt.

3. Für den Christen also gibt es nicht nur einen Glauben an den Schöpfer aus der Schrift, sondern auf Grund des Glaubens ein Wieder-Sehen[3] der lineamenta der Schöpfungsoffenbarung, so wie das bei Peter Brunner in I und II[4] ausführlich dargelegt ist. Jene Offenbarung Gottes in der Natur ist die, die der Christ Calvin und jeder Christ wieder zu sehen vermag, darum weil er durch die (fortwährende, immer neue) Offenbarung in Christus die Blindheit, die ihn hinderte, sie zu sehen, fortschreitend los wird, in dem Maß, als das Gottesbild im Menschen durch Christus und den Geist erneuert wird.

4. Die rationale theologia naturalis spielt, sowohl nach Emil Brunner wie nach Peter Brunner, so gut wie keine Rolle bei Calvin im Sinn einer wirklichen Erkenntnis. Der Heide und der natürliche Mensch erkennt in der Schöpfung nicht wirklich den lebendigen Gott, sondern einen Götzen. Aber er erkennt – das gehört zum Götzen – «irgendwie, daß

[1] Vgl. S. 258, Anm. 13.
[2] P. Brunner, *Allgemeine und besondere Offenbarung in Calvins Institutio,* in: EvTh, Jg. 1 (1934/35), S. 189–215.
[3] Rot unterstrichen von Peter oder Karl Barth, ein Ausrufezeichen am Rand.
[4] Die ersten beiden Teile des in Anm. 2 genannten Aufsatzes.

Gott ist», und weiß auch, wenn auch dunkel, um Gottes Gesetz. Er hat eine cognitio legalis legis (nicht eine cognitio evangelica legis). Diese Götzenerkenntnis und gesetzliche Gotteserkenntnis ist nach meiner Anschauung der Anknüpfungspunkt jeder Predigt. Sie ist, nach meiner Anschauung, der Rest der imago, von dem auch Calvin spricht. Und dieser Rest der imago ist, nach meiner Anschauung, auch dasselbe wie die dem Menschen verbliebene Humanität – wie ich meine, ist dies auch Calvins Anschauung. Jedenfalls die einiger reformierter Dogmatiken des 16. (nicht erst des 18.) Jahrhunderts.

Daraus dürfte sich ergeben, daß Karl Barth mich sehr erheblich mißverstanden hat (was nun auch Diem zugesteht), woran aber – nach Diems Meinung – ich selbst hauptsächlich, nach meiner Meinung ich nur wenig mitschuldig bin.[5]

Doch das gehört nur sehr indirekt zu dem, was du jetzt für deine Arbeit wissen sollst. Daß ich Calvin mißverstanden habe, davon ist also wirklich keine Rede, höchstens davon, daß mein Calvinverständnis mißverständlich ausgedrückt worden ist. Die Differenz mit Karl aber liegt jenseits von Calvin. D. h. sie betrifft Calvin ebenso gut wie mich. Im Grunde noch mehr, denn meine eigene theologia naturalis ist noch vorsichtiger als die Calvins, und ich lege vielleicht darauf noch weniger Gewicht als Calvin, was aber in der polemischen Situation anders scheinen mag. Wenn man mir den kleinen Finger wegschlägt, so wehre ich mich, als ob mein Leben am kleinen Finger hinge.

Mit herzlichem Gruß

dein E. Brunner

*Ähnlich ist die Korrespondenz mit Wolf verlaufen.[6] Wolf hat einsehen müssen, daß ich tatsächlich dasselbe sage wie Peter Brunner.

---

[5] Der Satz ist weitgehend mit Rot unterstrichen, am Rand steht ein Ausrufezeichen.
[6] Vgl. Nr. 177.185.

## 188

[Peter Barth an Emil Brunner]                    Madiswil, 10.12.1934

Lieber Freund!

Ich bin dir immer noch eine Antwort schuldig auf deinen Brief vom 21. November. Meine Schrift[1] ist nun im Druck. Ich habe mich im Wesentlichen auf eine Gegendarstellung Calvins beschränkt, natürlich mit gelegentlicher Bezugnahme auf deine Sätze über Calvin. Ich weiß nicht, wie weit du auch mir gegenüber sagen wirst, was du Peter Brunner gegenüber sagst: genau das meinest du auch. Es soll mich freuen, wenn du es auch so meinst. Aber jedenfalls bleibt es eine merkwürdige Tatsache, daß deine Darstellung unser aller (Karl Barths, E. Wolfs, Peter Brunners, H. Diems[2] und meinen) spontanen, ablehnenden Protest hervorgerufen hat. Da mußt du uns allen doch offenbar Anlaß zum Mißverständnis gegeben haben! Bis die zweite Auflage von «Natur und Gnade» erschienen ist[3], sind wir alle zunächst sicher nicht überzeugt, daß es sich unsrerseits bloß um ein Mißverständnis gehandelt habe. Und *wenn* es sich bloß um ein Mißverständnis handeln würde, so müßtest du es schon auf dich nehmen, daß du dich ungeheuer mißverständlich und unpräzis ausgedrückt hast.

Ich war eigentlich sehr dringend von verschiedenen Seiten aufgefordert worden, deine 126 Belege[4] als Anhang zu meiner Schrift mit deinen Sätzen, die sie belegen sollen, zu konfrontieren. Karl und ich sind nun übereingekommen, daß wir dies zunächst unterlassen wollen. Er ist mit mir der Meinung, daß meine Darstellung deutlich genug sei. Eine erbauliche Sache wäre diese Synopse ganz sicher nicht geworden. Ich habe dir im Sommer auf dein revidiertes Stellenregister nicht mehr geantwortet. Ich sah damals jene ca. 40 Stellen, die ich als totale Fehlschüsse bezeichnet hatte, noch einmal durch und mußte, trotzdem du in etwa 30 Fällen «richtig» daneben schriebst, bei meinem negativen Urteil blei-

---

[1] P. Barth, *Das Problem der natürlichen Theologie bei Calvin* (ThExh 18), München 1935.

[2] Zu Harald Diems Stellung zu Brunners Schrift vgl. S. 258, Anm. 13.

[3] Die zweite Auflage erschien 1935, mit einem neuen Vorwort und einem die Schrift kommentierenden Anhang.

[4] Vgl. P. Barth, a.a.O., S. 4.

ben. Das sind aber lange nicht alle Stellen, die ich zu beanstanden hätte. Ich muß dir da schon den Vorwurf machen, daß du abgesehen von Belanglosigkeiten sozusagen nirgends in stichhaltiger Weise zitierst. Aber da stehen wir wohl wieder vor dem «Mißverständnis», d. h. vor der Sphinx, die du uns als Calvins theologia naturalis vorgestellt hast und für die du dich in einer uns andern ganz unfaßlichen Weise auf die klaren und eindeutigen Texte Calvins berufst. Ich kann also nur sagen: ich kann in deiner Sphinx (ich rede von deinem gedruckten Text) Calvin nicht wiedererkennen und finde diese Sphinx durch deine 126 Stellen nicht belegt. Deine Briefe (es liegen mir auch die 2 an Wolf[5] vor) und das Protokoll über dein Gespräch mit Diem[6] korrigieren ja nun nachträglich einiges, was aber im Text so nicht zu lesen war. Dein *Text* aber ist veröffentlicht und hat bei Freund und Feind die heillose Confusion angerichtet, die man nun zu beheben das Vergnügen hat. Du kannst es mir glauben: ich wollte, ich hätte an der Calvinausgabe bleiben können.[7] Ich könnte ohne dies Intermezzo mit dem in Arbeit befindlichen Bande jetzt wahrscheinlich fertig sein. Ich kann mir deine Calvindarstellung und deine mir ganz unbegreifliche Art zu zitieren nur damit erklären, daß du diese ganze Sache im Eiltempo in die Maschine hineingeworfen haben mußt (ich meine die Schreibmaschine), wahrscheinlich zwischen allerlei anderweitiger Betätigung, sonst hätte sie nicht so ausfallen können. Umso mehr würde ich es mit all den andern bekannten und unbekannten Interessenten begrüßen, wenn die 2. Auflage von «Natur und Gnade» nun dann eine umso sorgfältiger gearbeitete Darstellung der diesbezüglichen Dinge bei Calvin bringen würde. Ich würde es bedauern (die Zeit würde mich auch tatsächlich reuen), wenn ich doch noch die erwähnte Synopse herstellen und veröffentlichen müßte. Doch zunächst wird dich das nun bald erscheinende Heft der «Theologische Existenz» interessieren.

Somit sei herzlich gegrüßt

von deinem Peter Barth

[5] Vgl. Nr. 185.
[6] Vgl. S. 258, Anm. 13.
[7] Vgl. S. 417, Anm. 6.

Brunner                                        Zürich, 24.12.1935[1]

[...] Gestatte mir einige Worte der Erklärung:

In Zürich sind jetzt dank der Arbeit der Gruppenbewegung ein paar Hundert Menschen, die zum ersten Mal in ihrem Leben Weihnacht feiern, d. h. zum ersten Mal Gott danken und loben für das, was an Weihnachten für sie geschehen ist. Karl Barth darf sich dafür nicht interessieren, er darf nicht zugeben, daß das der heilige Geist getan hat, denn es ist dabei anders zu- und hergegangen, als es nach Karl Barth zu- und hergehen muß, wenn der heilige Geist wirken soll. Vom «Erfolg»[2] darf dieser unentwegte Verkündiger des Wortes Gottes nichts wissen wollen. Daß Menschen dazukommen, statt den Sportplatz oder das Variété zu besuchen, wieder zum ersten Mal seit der Konfirmation zum Abendmahl zu gehen, zum ersten Mal mit ihrer Familie die Bibel zu lesen, endlich wieder Gottes Wort in der Kirche zu hören, das alles darf nicht das Werk des heiligen Geistes sein, da nicht «die Kirche», sondern die Gruppenbewegung, – die wahrscheinlich, wie alle Bewegungen, vom Teufel ist[3] –, diese Menschen dazu gebracht hat. Man darf ja nicht am Erfolg oder Nichterfolg orientiert sein, sondern nur daran, daß man das tut, was nun einmal Karl Barth – durchaus nicht die Bibel – Gottes Wort verkündigen heißt.

Man darf die Druckerpresse geschäftig erhalten, um theologische Traktate in den Buchhandel zu werfen, man darf einen riesigen und ungeheuer teuern staatlichen Apparat, genannt «Kirche», mit staatlich bezahlten Pfarrern, staatlich gewählten Kirchenräten, Kirchenpflegern[4]

[1] Im folgenden ist der Teil des Briefes, den Brunner in seinem Schreiben vom 24.12.1935 an Barth durch einen neuen, kürzeren Passus ersetzt hat, abgedruckt, vgl. Nr. 115. In seiner hier wiedergegebenen ursprünglichen Fassung ist der Brief, der sich mit der von Barth abweichenden Sicht Brunners von der Oxford-Gruppenbewegung befaßt, nicht an Barth abgesandt worden.

[2] Anspielung auf K. Barth, *Nein! Antwort an Emil Brunner* (ThExh 14), München 1934, S. 61f.

[3] Vgl. K. Barth, *Theologische Existenz heute!* (ZZ, Beiheft 2), München 1933, S. 37.

[4] In den Schweizer Kirchen sind Kirchenräte die Mitglieder der kollegialen Leitung einer Kantonalkirche, Kirchenpfleger sind Presbyter in den Ortsgemeinden.

und Synoden, in Betrieb setzen oder in Betrieb erhalten, man darf die Verkündigung des Wortes Gottes durch einen riesenhaften wissenschaftlichen Betrieb, genannt theologische Fakultäten, samt deren Vorbau, humanistisches Gymnasium genannt, vorbereiten, denn das alles sind ja keine weltlichen Mittel, sintemalen es sich um «Kirche» handelt und Kirche ist doch nicht weltlich. Man darf die Menschen durch Verlagspropaganda auf die theologischen Schriften von Karl Barth aufmerksam machen, darf sogar seine interessante Photo dazu gebrauchen, man darf die Menschen durch das Tagblatt oder andere Pressereklame zu Gottesdiensten oder theologischen Vorträgen einladen, von den Kirchenglocken nicht zu reden, das alles sind nicht weltliche Mittel, da sie seit langem in der «Kirche» gangbar sind. Es ist dem Herrn Jesus viel lieber, daß all die Tausende, die jetzt durch die Arbeit der Gruppe wieder an ihn glauben, zu ihm beten, sein Wort lesen und hören und ihm zu gehorchen versuchen, das alles überhaupt nicht tun, als daß sie es tun, weil sie auf dem Gruppenweg zu ihm geführt worden sind. Denn es liegt dem Herrn alles an dem Weg der «Kirche», – der «Kirche», die vom Staat eingerichtet und bezahlt ist, – und daran, daß ja keiner auf dem Weg einer «Bewegung» zu ihm kommt. Der Herr der Kirche will es durchaus nicht haben, daß seine Diener sich fragen, ob die seit Jahrhunderten erprobten Mittel der Verkündigung auch heute noch die besten und die einzigen sind. Man *kann* das Wort Gottes nur so verkündigen, wie Karl Barth das als «biblisch» behauptet, während sonst wenige Menschen, die die Bibel kennen, gerade diese «Art» der Verkündigung aus der Bibel herauszulesen vermögen. Und wenn es tausendmal so wäre, daß durch den Weg der Gruppe Weltmenschen zu Jüngern werden, gemäß Matthäus 28,19, – dieselben Weltmenschen, die an dem, was Karl Barth Verkündigung des Wortes Gottes nennt, interesselos und verständnislos vorübergehen –, das darf uns nicht kümmern. Das Schielen auf solchen Erfolg ist böse, trotzdem Paulus um solchen Erfolges willen «Geburtswehen erlitt» [vgl. Gal. 4,19] und alles auf sich nahm, um ja «etliche zu gewinnen» [vgl. 1. Kor. 9,19–22].

Lieber Freund, wenn es nun einmal dem Herrn der Kirche gefiele, einen anderen Weg zu gehen, um *sein* Werk zu sehen und *seinen* Geist zu geben, als den, den seit einigen hundert Jahren «die Kirche» ging. Was willst du eigentlich dagegen sagen? Und wenn es auch heute noch wahr wäre, daß sein Wort und sein Tun an den Früchten erkennbar wäre

[Mt. 7,20]? Nämlich daran, daß Menschen sich zu ihm bekehren, seinem Wort glauben und gehorsam werden, zu ihm beten und auf seine Befehle hören. Und wenn diese Früchte zwar nicht ausschließlich, aber doch auch bei denen zu finden wären, die nicht auf dem Kirchen-, sondern auf dem Gruppenweg zu ihm, ja zur «Kirche» zurückfänden, die sie verachtet hatten, – was ist eigentlich dagegen einzuwenden? Es kann dir doch nicht verborgen sein, daß in der Bibel einiges als Merkmal, Tun und Weg der ekklesia vorgesehen ist, das unseren Kirchen seit Cyprian und Konstantin abhanden gekommen und auch durch die Reformation nicht mehr zurückgegeben worden ist, und das umgekehrt im neuen Testament allerhand nicht als Merkmal, Tun und Weg der Kirche vorgesehen ist, was heute von den meisten Kirchenleuten und auch von Karl Barth als spezifisch kirchlich angesehen wird. Ist dir die Frage nie gekommen, ob vielleicht die Art, wie man in den Gruppen das matheteuein und das didaskein [vgl. Mt. 28,19f.] versteht und übt, mit ebenso viel Recht sich auf die neutestamentliche Kirche beruft, wie das Tun und Reden der staatlich angestellten, mit Maturitätszeugnis und Universitätsdiplom versehenen Pfarrer? Es gefällt mir nicht alles, was in der Gruppe geschieht; ebenso wenig, als dir alles gefällt, was in den Kirchen geschieht. Das Eigengewicht der weltlichen Apparatur steht hüben und drüben oft in einer fragwürdigen Proportion zu dem, was hüben und drüben das eigentlich Gemeinte ist, die hypakoe pisteoos [vgl. Röm. 1,5], die Jüngerschaft, die nach Paulus und Matthäus der Sinn des «Auftrags der Kirche» ist. Aber ich sehe weder von der Geschichte noch gar vom neuen Testament her einen Grund für die Annahme, warum die «Kirche» das Monopol auf den Titel Kirche haben sollte, ebenso wenig als ich das Monopol der katholischen Kirche anerkenne. Die reformierte Landeskirche von Zürich ist mir lieb und ehrwürdig, aber ich weiß nicht, wie lange der Herr der Kirche dieses Werkzeug noch brauchen will, um seine Kirche zu bauen. Vielleicht hat er nicht *soviel* Interesse an den «kirchlichen» Dingen, sogar an den großen Kirchenkämpfen Deutschlands, wie du meinst, und vielleicht etwas mehr Interesse, als du meinst, an dem, was diese dir unsympathischen Oxfordleute in der Welt anstellen. Ich habe einige gute biblische Gründe, so etwas wenigstens zu mutmaßen, wenn ich mich auch hüten würde, es so kategorisch zu behaupten, wie du das Gegenteil zu behaupten wagst. Ich bin bereit, diese Frage mit dir vor jedem theologischen Forum auszutragen,

447

und ich würde dabei um nichts anderes bitten, als um vollste exegetische Sachlichkeit und Strenge. Ich fürchte als Anwalt der Gruppe nicht schlechter aus diesem Certamen hervorzugehen, wie du als Anwalt der «Kirche». Ich glaube mit einem Wort, daß die Gruppe, wenn man denn einmal den Maßstab des neuen Testamentes rigoros und ausschließlich anlegt, ein ebensogutes Recht hat, Kirche zu heißen, wie diese staatlich organisierten und rechtlich verfaßten Körperschaften, die man so nennt. Ich bin und bleibe «Kirchen»mann, weil ich noch an die Aufgabe der «Kirche», d. h. der reformierten Landeskirche Zürichs, als die Kirche Christi glaube; darum arbeite ich dafür und bitte ich darum, daß die Gruppe nicht neben, sondern in die «Kirche» sich stellt. Aber was von beidem im Plan Gottes wichtiger ist, weiß *ich* nicht, während du es zu wissen scheinst.

Eins möchte ich uns beiden für das neue Jahr wünschen: Daß wir beide der Begrenztheit unserer Einsicht in das, was der Herr der Kirche gesagt und getan haben will, und was er nicht gesagt und getan haben will, deutlicher bewußt würden. Jeder von uns sieht am andern, wie ihm solche Einsicht fehlt. Wollen wir nicht gemeinsam dem Herrn, dem wir doch mit allen Kräften dienen möchten, bitten, daß er uns beide williger mache, neu zu lernen, was es heißt, das Wort vom Kreuz als das alleinige Heil der Welt zu verkündigen.

Ich bleibe in aufrichtiger Freundschaft und mit herzlichen Wünschen

dein [Emil Brunner]


190

Zur Diskussion mit Barth. Die Probleme[1]

*A. Das Problem der allgemeinen Offenbarung und allgemeinen Gnade.*
1. Ist das ein echtes Problem? auch die Ablehnung gehöre nicht in Credo?[2] Aber doch Barmen[3], aber doch die heftige Abschüttelung der bisherigen Freunde[4], aber doch der leidenschaftliche Kampf.

[1] Der folgende Text enthält eine weitere Auseinandersetzung Brunners mit Barths Schrift *Nein! Antwort an Emil Brunner* (ThExh 14), München 1934, und so eine Verteidigung seiner eigenen Schrift *Natur und Gnade. Zum Gespräch mit*

2. B widerspricht sich selbst; S. 19 schroffste Ablehnung jeder zweiten Offenbarung neben der Schrift, S. 42 Anerkennung der objektiven Schöpfungsoffenbarung nach Röm. 1.

3. Ist die Lehre von einer, von der Bekanntschaft mit dem speziellen Offenbarungswort der Propheten und Jesu [zu unterscheidenden], in den Werken der Schöpfung gebotenen und insofern allgemeinen Offenbarung gemäß Röm. 1, Act. 17, 14[5] schriftgemäß oder nicht? Gilt Psalm 19? [Psalm] 8?

4. Ist Röm. 1[,19f.] ein Irrealis, oder aber zwar ein Realis, aber ein durch die Sünde nicht wirklich werdender?

5. Ist die Lehre, daß die Christen verpflichtet und in der Lage seien, auf Grund ihrer christlichen Erkenntnis auch in der Schöpfung Gott zu erkennen, schriftgemäß? Jedenfalls ist sie die calvinische. NG 25.

6. Die Barthsche Auffassung der reformierten Lehre über die Schöpfungsoffenbarung ist durch P Br und auch OP[6] Barth widerlegt.

---

*Karl Barth*, Tübingen 1934. Der undatierte, maschinenschriftlich verfaßte Text findet sich im Brunner-Nachlaß W 55/ 81. Brunner notiert hier, offenbar in einigem zeitlichen Abstand, vielleicht im Lauf von 1935 seine Gegenposition zur Kritik Barths unter systematischen Gesichtspunkten. Punkt 7 zu Abschnitt A setzt schon den Druck der *Erläuterungen* voraus, die Brunner der 2. Auflage seiner Schrift Tübingen 1935, S. 45–60, anfügte (das Vorwort ist auf Januar 1935 datiert); zur Datierung vgl. auch Anm. 26. Dem Text liegen zwei handschriftliche Notizzettel bei, die Stichworte zu ihm enthalten. Zu den Abkürzungen in Brunners Text: B / KB = Barth, S (= Seite) weist in der Regel auf Barths Schrift *Nein!* hin. NG = Brunners Schrift *Natur und Gnade*. P Br = P. Brunner, *Allgemeine und besondere Offenbarung in Calvins Institutio*, in: EvTh, Jg. 1 (1934), S. 189–215. Bohatec/ Boh = J. Bohatec, *Calvin und das Recht*, Freudingen in Westfalen 1934. Lau = Fr. Lau, *«Äußerlich Ordnung» und «weltlich Ding» in Luthers Theologie*, Göttingen 1933. Wolf = E. Wolf, *Martin Luther. Das Evangelium und die Religion* (ThExh 6), München 1934. Die Zahlen bei Calvin verweisen auf den Fundort in dessen *Institutio christianae religionis*.

[2] Bezugnahme auf Barth, *Nein! Antwort an Emil Brunner*, a.a.O., S. 11–13.

[3] Gemeint ist speziell die 1. These der Theologischen Erklärung von Barmen.

[4] Vgl. K. Barth, *Das erste Gebot als theologisches Axiom*, ZZ, Jg. 11 (1933), S. 297–314, dort besonders S. 311f.; wieder abgedruckt in: ders., Th.Fr.u.A., S. 127–143, dort besonders S. 141f.

[5] Gemeint ist: wie diese Lehre vertreten wird bei Brunner, *Natur und Gnade*, a.a.O., S. 14.

[6] Vielleicht eine Abkürzung für Joannis Calvini Opera selecta, deren Brunner für seine Thesen vor allem interessierender 3. Band, hrsg. von P. Barth und W. Niesel, 1928 in München erschienen war.

a) [Calvin,] Institutio 1–6 (P Br 1 u 2[7]) ist nicht Erkenntnis der Heiden, Cicero, sondern eben Schöpfungserkenntnis der Christen. Calvin, der mit der Brille im Buch der Schöpfung liest.[8] P Br 213 194/5 195 192.

b) Calvin unterscheidet scharf zwischen der von ihm (und jedem rechten Christen) erkannten Offenbarung Gottes in der Schöpfung und der minimalen und immer zugleich götzenhaften heidnischen rationalen Erkenntnis.

c) Die ganze heidnische rationale GE[9] nennt Luther cognitio legalis[10]. Er betrachtet also gerade das Gesetz als wesentlichen Inhalt der heidnischen GE und hält darum und insofern diese für wichtig, als alle Evangeliumspredigt das Gesetzeswerk voraussetzt. (davon später)

d) Der wirkliche Calvin ist der von P Br [und] Bohatec (PB?[11]), darum nicht der von Karl B. 39 ([dort] nur nicht ausdrücklich abgelehnt)

e) Der Begriff Erhaltungsgnade[12] ist durchaus calvinisch und hat gerade mit der Erlösung nichts zu tun. P Br 211 Bohatec 53.

7. Anerkennt B mein Zitat aus dem Vatikanum S. 55[13] als maßgebende katholische Lehre und anerkennt er die Identität dieser Lehre mit der von mir katholisch genannten und die Nichtidentität mit der von mir als reformatorisch vertretenen? Das und nicht Przywara[14] bestimmt, was katholisch ist.

---

[7]    Brunner bezieht sich wohl auf die ersten beiden Thesen P. Brunners: «Gott bezeugt sich von jeher und jeweils als Schöpfer und Erhalter in vielen mannigfachen Bekundungen, vornehmlich am Menschen selbst, in der Natur und in der Geschichte» (S. 189). Und: «Durch diese Urbezeugungen Gottes sollte der Mensch Gott erkennen. Denn diese Urbezeugungen sind für den Menschen in principio und prinzipiell erkennbar» (S. 195).

[8]    Vgl. Institutio I 6,1: Wie Schwachsichtigen erst eine Brille ein Buch zu lesen ermöglicht, «ita Scriptura confusam alioqui Dei notitiam in mentibus nostris colligens, discussa caligine liquido nobis verum Deum ostendit» (OS 3, 60, 28–30).

[9]    = Gotteserkenntnis.

[10]    Vgl. M. Luther, WA 46,668,9f.

[11]    PB = Peter Barth. Möglicherweise bezieht sich Brunner hier auf dessen Schrift *Das Problem der natürlichen Theologie bei Calvin* (ThExh 18), München 1935; das Fragezeichen könnte bedeuten, daß Brunner die Schrift noch nicht in der Hand hat oder daß er zweifelt, ob in ihr «der wirkliche Calvin» dargestellt wird.

[12]    E. Brunner, *Natur und Gnade,* a.a.O., S. 15f.

[13]    2. Auflage von Brunners *Natur und Gnade,* Tübingen 1935, S. 55.

[14]    K. Barth, *Nein!,* a.a.O., S. 36, sah Brunner und dessen Calvin-Deutung auf der Linie von Przywara, wenn auch «noch nicht so völlig, so klar und konse-

8. B will den reformatorischen Dualismus von Natur und Gnade noch überbieten S. 38 o[15]; er möge zusehen wie sich das in der Methodenfrage auswirkt. Je weniger die Gottbezogenheit der Vernunft im positiven Sinne anerkannt [wird], desto weniger bleibt die Möglichkeit einer Theologie, aber auch der Predigt.

## B. Das Problem der lex naturae

1. Ist der Begriff der lex naturae biblisch Röm. 2[,14f.]?

2. Er ist zweifellos reformatorisch und spielt sowohl bei Luther als besonders bei Calvin eine große Rolle (vgl. jetzt Bohatec, Lau 30ff.)

3. Insbesondere gibt Luther die ganze cognitio legis legalis den Heiden preis, vgl. dazu die Parallelen bei Bohatec; auch bei lex naturae ist zwischen der objektiven und subjektiven zu unterscheiden: die volle Gesetzeserkenntnis des eingegrabenen Gesetzes erst im Glauben – darum ein zweiseitiges Verhältnis zum Dekalog[16].

4. Das Naturgesetz ist ewig Boh 10. Dekalog ist Bezeugung des Naturgesetzes 12, das Gesetz des Moses führt nicht weiter [als jenes] 14

5. Das Naturgesetz [ist] durch keine Sünde auszutilgen. Luther und Calvin Boh 22/3

6. Darum ist Barths Leugnung der cognitio legalis, [B] 44, schriftwidrig und unreformatorisch, was B 47 an mir bekämpft, richtet sich genau so gegen die Reformatoren.

7. Was hat denn B für eine Lehre vom Gewissen der Ungläubigen und worauf gründet er seine Lehre von der Verantwortlichkeit?

quent» ausgedrückt, vgl. E. Przywara, *Analogia entis. Metaphysik. I. Prinzip*, München 1932.

[15] K. Barth, *Nein!*, a.a.O., S. 37f.: «Wir sind heute, wenn wir wirklich die ‹reformatorische› Linie gegenüber dem Katholizismus und gegenüber dem Neuprotestantismus innehalten wollen, zweifellos auch in der Gnadenlehre, etwa bei der Bestimmung des Verhältnisses von Rechtfertigung und Heiligung, nicht in der Lage, die Sätze Luthers und Calvins zu wiederholen, ohne sie gleichzeitig schärfer auszuziehen, als sie selbst es getan haben.» Aber noch nötiger sei das in der Frage der Gotteserkenntnis. Denn die Reformatoren «haben die Möglichkeit einer intellektuellen Werkgerechtigkeit in der Basis des theologischen Denkens wohl auch, aber nicht in derselben Breite, Schärfe und Grundsätzlichkeit gesehen und angegriffen wie die der moralischen Werkgerechtigkeit in der Basis des christlichen Lebens.»

[16] Nämlich in dem eben zuvor und in dem im folgenden Punkt genannten Sinn.

## C. Das Problem der imago

1. Ist wirklich die Tatsache, daß der Mensch Mensch ist und keine Katze oder Schildkröte, eine Belanglosigkeit?[17] Jedenfalls nach Calvin ist das eine «allgemeine Gottesgnade» P Br 191

2. Hat die Tatsache, daß der Mensch Mensch ist und keine Katze, mit der imago etwas zu tun?

a) Biblisch ist gerade dies der imago-Begriff Gen 1[,27], Gen 5[,1], und Ps 8[,5–7]

b) Ebenso ist für Calvin imago nicht nur, aber auch: die dem Menschen auch jetzt noch verbliebene Herrschaft und Unterscheidung vom Tier, die imago erstreckt sich auf alles, worin die menschliche Natur die der andern Species von Tieren übertrifft. I 15,3.

Gleichheit des Menschen als humani beruht auf imago Boh 45. imago Prinzip der Gemeinschaftsethik Boh 49 13. Lau 47/8.

c) «Dieses Band zwischen Gott und Mensch reißt nie ab». P Br 191, unzerstörbar Boh 22.

d) Diese Seite der imago ist wesentlich identisch mit der insculpta lex naturae, also mit der cognitio legalis Dei, bzw. mit der Notwendigkeit, entweder Gott oder Götzen zu haben, ebenso mit dem aliquis sensus numinis.[18] Schriftbeweis Act 17

## D.[19] Das Problem der justitia civilis

1. Daß die Heiden den Willen Gottes einigermaßen verwirklichen 24[20], ist die Lehre von der justitia civilis.

2. Die Ordnungen – und zwar nicht das Schriftwort von ihnen, sondern diese selbst in ihrer Realität sind Gottes Wort. Notabis autem Deum loqui etiam per homines, nämlich durch Eltern, magistratus et res publica, Lau 22.

3. So sind auch bei Calvin rechte heidnische Staatsmänner und Könige lieutenants und officiers de dieu.

4. Wer das tut, was seines Amtes und Berufes ist, tut Gottes Willen, auch wenn er ein Sünder ist. Es gibt ein «seinen Willen tun» im objekti-

---

[17] K. Barth, *Nein!*, a.a.O., S. 16.

[18] Vgl. dazu E. Brunner, *Natur und Gnade,* a.a.O., S. 12f.

[19] Brunner zählt den Abschnitt noch einmal mit dem Buchstaben C und die folgenden Abschnitte dem entsprechend.

[20] Von Barth ist dort diese These Brunners kritisch befragt.

ven Sinne der Ordnungen und ein subjektives, im Sinn des Glaubens und der Liebe aus heiligem Geist.

## E. Formale und materiale Imago

1. Die Unterscheidung schon bei den ältesten reformierten Theologen, bei Calvin selbst I 15.3: zuerst die tota praesentia proinde die integritas.[21] Ursin: imago = Vernunftnatur d. h. substantia intelligens (non sola animae substantia sed praecipue dona et virtutes). Martyr: praestantia.[22]

2. Sachlich ist die Unterscheidung notwendig, sobald auch der gefallene Mensch imago genannt wird, wegen seiner Herrschaft.[23] alttestamentlicher imago-Begriff

3. Sachlich notwendig, sobald erkannt, daß die Vernunft als solche nicht ohne Beziehung [ist] zu Gott, Gewissen und Humanität, cognitio legis – sensus divinitatis. Alle reformierte Dogmatiker beziehen dies auf die Reste der imago.[24]

4. Ob mein Begriff formal bleibt[25]? Formal heißt hier: das auch dem Sünder bleibende Menschsein, die auch ihm verbleibende Vernunftnatur. Es gehört dazu notwendig die Verantwortlichkeit und die Gottbe-

---

[21] « ... patere Dei effigiem ad totam praestantiam, qua eminet hominis natura inter omnes animantium species. Proinde hac voce notatur integritas qua praeditus fuit Adam»: seine seelischen Gaben, insofern sie wirklich die Herrlichkeit seines Schöpfers erkennen ließen.

[22] Nach *Die Dogmatik der evangelisch-reformierten Kirche*. Dargestellt und aus den Quellen belegt von H. Heppe, neu hrsg. von E. Bizer, Neukirchen 1958, S. 186f.: Z. Ursin in seinen Loci: Nur aus der Wiederherstellung der von der Sünde entstellten imago Dei durch Christus läßt sie sich erkennen. «Porro non in sola animae substantia quaerendam esse imaginem Dei, sed praecipue in virtutibus et donis, quibus a Deo in creatione ornata fuit.» Dabei ist die anima als spiritus intelligens der hervorragende Teil des Menschen. Ebd. von P. Martyr Vermigli: «Homo ideo factus (est) ad imaginem Dei ab initio, ut omnibus rebus creatis praeesset.»

[23] Vgl. ebd. die Verbindung der Gottebenbildlichkeit des Menschen nach Gen. 1,27 mit seinem Schöpfungsauftrag nach Gen. 1,28 in der alten reformierten Dogmatik.

[24] Vgl. *Die Dogmatik der evangelisch-reformierten Kirche*, a.a.O., S. 250.

[25] K. Barth, *Nein!*, a.a.O., S. 19. 26f.: Zu Brunners Unterscheidung zwischen formaler und materialer Gottesebenbildlichkeit und dem Verlust ihrer materialen Füllung, unter Beibehaltung ihrer formalen Gestalt nach dem Sündenfall, bemerkt Barth, diese Unterscheidung sei undurchführbar und werde denn auch von Brunner nicht durchgehalten: aus der formalen Ansprechbarkeit des Menschen für Gott ergäben sich inhaltliche Aussagen über seine Gotteserkenntnis.

zogenheit (entweder Gott oder Abgott). Nicht das Götzenhaben, sondern das Götzenhabenkönnen und -habenmüssen, diese theologische Struktur des Menschseins, die sich auch im falschen Gottdenken auswirkt.

5. Diese Formale ist die formale Voraussetzung wie aller Wissenschaft, so auch der theologischen Wissenschaft. Wie aller Rede, so auch der verkündigenden Rede, wie alles Verstehens, so auch des Predigtverstehens. Sie ist die conditio sine qua non, aber nicht die ratio sufficiens der Gotteserkenntnis; ohne sie gibt es keine, mit ihr allein aber gibt es auch keine.

6. Auf der formalen imago beruht es, daß der Sünder die allgemeine Offenbarung (γνόντες) [Röm. 1, 21] wahrnimmt, wie es auf der Sünde beruht, daß er sie umlügt.

7. Es ist mir unverständlich, warum B (26) daran keinen Anstoß nimmt, daß ich die formale imago als Verantwortlichkeit definiere. Dagegen daran, daß ich ihr eine gewisse Erkenntnis des Gesetzes vindiziere. Die Gesetzeserkenntnis ist ja gerade das Formale, das Wesen der Vernunft als Vernunft. Was ist Vernunft ohne Gesetz? Das praktische Vernunftgesetz gehört zum Wesen des Menschen als Menschen, das was ihn von der Katze unterscheidet.

8. Zur formalen imago rechne ich auch die Identität des Selbstbewußtseins, die auch in der regeneratio erhalten bleibt.

9. Wie setzt sich B mit dem methodologischen Problem der Theologie auseinander, daß wir mit einer gefallenen Vernunft, in der angeblich nichts Gutes mehr ist, richtige Theologie treiben aufgrund der Schrift, z. B. theologische Beweise führen wie er im Credobuch[26]?

## F. Das Problem des Anknüpfungspunktes

1. Anerkennt B, daß Acta 17 eine Anknüpfung vollzieht?

2. B versteht nicht, daß ich Anknüpfungspunkt durchaus immer, sofern es positiv verstanden, formal, sofern es material verstanden, negativ als Abstoßung (dieser Ausdruck N S. 44 stammt von mir) gebrauche.

a) Er versteht nicht, daß ich die «Belanglosigkeit» meine, daß man mit dem Menschen reden kann.

[26] K. Barth, *Credo. Die Hauptprobleme der Dogmatik,* a.a.O. (S. 264, Anm. 11). Die 1. Auflage des *Credo* wurde Mitte Juni 1935 ausgeliefert. Vielleicht denkt Brunner aber an K. Barth, *Fides quaerens intellectum,* a.a.O. (S. 202, Anm. 14).

b) Daß man ihn mit ihm verständlichen Worten von Gott unterrichten kann und dies auch mit ihm verständlichen Worten tun soll.

c) Daß darum das Problem der Anknüpfung dasselbe ist wie das formale Problem der Verkündigung, d. h. die eine Seite von Bibelübersetzung.

d) Daß darum Anknüpfungsmöglichkeit nichts von der Schärfe der Entgegensetzung von status corruptionis und gratiae wegnimmt; denn es handelt sich ja gerade darum, diesen Gegensatz dem Sünder mit deutlichen Worten – Worten, die für ihn verständlich sind – zu sagen.

3. Das Anknüpfungsproblem ist das spezifische Problem der praktischen Theologie; dieses ganze Wieproblem als belanglos, sozusagen von selbst sich lösend darstellen heißt, die Fragen der praktischen Theologie als belanglos darzustellen.[27]

4. Das Anknüpfungsproblem ist aber zugleich das Methodproblem aller Theologie. Wie ist es möglich, das Wort Gottes mit unserer Vernunft zu bedenken? Wenn es hier nur Gegensatz gibt (und nicht, wie ich meine, ein dialektisches Verhältnis, wie Wolf 12), dann ist theologische Wissenschaft nicht möglich, sondern nur direkte Inspiration – und deren direkte Ausrichtung.

5. Die Frage nach der Anknüpfung ist also die Frage nach dem Verhältnis von illuminatio per spiritum und ratiocinatio scientifica.

6. Sie ist, jetzt allgemein formuliert, die Frage nach dem Verhältnis von Gottes Sache und menschlichem methodus. Aller methodus geschieht in der Kontinuität, sei es der methodus von Karl Barths Dogmatik oder der seiner Predigt oder der seiner Katechese oder Seelsorge: immer qua methodus continuierlich mit der ratio peccatoris, qua Inhalt discontinuierlich. Also auch hier wieder das Problem von Form und Inhalt.

7. Entweder hat Karl Barth eine andere Vernunft als andere Sterbliche; oder dann ist die Vernunft (wie auch er sie gebraucht) nicht ganz untauglich zum Dienste Gottes, also nicht ohne eine positive Beziehung. Dies umso mehr, als ja auch nach Barth das Wort Gottes sich vollzieht als ein Wort von Gottes Vernunft an unsere Vernunft.

[27] K. Barth, Nein!, a.a.O., S. 61: Können wir denn das «Wie» – die praktische Frage, wie das zu sagen ist, was in der Verkündigung zu sagen ist – «auch nur auf einen Augenblick außerhalb jenes Was suchen? Könnte es uns dann auch nur auf einen Augenblick eine ‹entscheidende› Frage werden?»

8. Diese rein formale Aufeinanderbeziehung ist gerade das spezifisch reformatorische, während die katholische Lehre eine materiale Aufeinanderbeziehung kennt. Das Materiale wird in meiner Darstellung sofort als ein dialektisches, doppelseitiges, dargestellt. Von Religionsphilosophie[28] an bis jetzt.

## G. Das Problem der Eristik

1. Hier lasse ich am ehesten mit mir reden, ich glaube aber vorläufig auch da nichts zurücknehmen zu müssen.[29]

2. Wenn B eine innerkirchliche Eristik für möglich und sinnvoll hält – wovon seine Dogmatik etc. Zeugnis [gibt] – warum sollte dann eine außerkirchliche nicht möglich sein?

3. Die Christen werden ja nicht bloß von falschen theologischen Lehren, sondern von falschen bewußt antichristlichen Lehren gefährdet; sollte eine Auseinandersetzung mit diesen weniger Sinn haben als die mit Ketzereien?

4. Es geht zunächst um die Beschützung und Zurechtweisung der Christen. Aber wo ist die Grenze: Barth setzt sich doch mit dem theologischen Liberalismus auseinander, den er als heidnisch brandmarkt; warum dann nur mit diesem und nicht mit noch weiter vom Glauben abliegenden Lehren, die nun einmal unsere Zeit bestimmen.

5. Wenn B mir vorwirft, ich vertraue hier auf Künste, statt auf das einfache Wort Gottes, so muß ich diesen Vorwurf auf B selbst anwenden: warum verkündet er nicht einfach Gottes Wort, warum vertraut er auf theologische Argumentation? Ist dogmatische Argumentation etwa darum gottesfürchtiger, weil sie unmittelbar das Wort Gottes zum Gegenstand hat, als die eristische, die die Glaubenssurrogate zum Gegenstand hat?

6. Wenn B meiner eristischen Argumentation 53[30] den Vorwurf der rationalistischen Verwischung der Grenze von Gnade und Natur vorwirft: gilt das nicht von jeder theologischen Argumentation? Vertraut nicht auch die theologische Argumentation auf die Kraft ihrer Gründe –

[28] E. Brunner, *Religionsphilosophie protestantischer Theologie*, a.a.O. (S. 135, Anm. 1).

[29] Vgl. E. Brunner, *Die andere Aufgabe der Theologie*, in: ZZ, Jg. 7 (1929), S. 255–276.

[30] Es könnte eher S. 46 in Barths Schrift *Nein!* gemeint sein.

wenn nicht, warum geschieht sie denn? Der innerkirchliche Gebrauch der Vernunft im Dienste des Gotteswortes ist weder frömmer noch unfrömmer als der missionarische. Die Absicht, den Ketzer von seinem Irrtum zu überzeugen, ist so fromm oder gottlos wie die Absicht, den Gottesleugner zu überzeugen. Beides geschieht mit einem erheblichen Aufwand von methodus, von weltlich-didaktischer Klugheit oder Weisheit.

7. Schließlich aber geht diese Frage zurück auf die Frage nach der missionarischen Predigt überhaupt: wie können wir den ungläubigen Menschen Gottes Wort verkünden? Offenbar gibt es hier einen methodus zu berücksichtigen, der grundsätzlich weder frömmer noch gottloser ist als der dogmatische oder irgendein anderer, aber durch die besondere Beziehungsnähe des Methodus zur Sache besonders wichtig ist.

8. Die Wiefrage ist für den Missionar, der seiner Sache gewiß ist, unmittelbar die Hauptfrage, sofern *sein* Tun in Frage kommt. Ihm ist nicht das dogmatische Problem: wie ist Gottes Wort zu verstehen, sondern das homiletische Problem: wie muß ich dieses gut oder schlecht verstandene Gotteswort ausrichten, im Vordergrund, so gewiß sie die dogmatische immer wieder voraussetzt.

9. Der eigentliche Gegensatz zwischen B und mir liegt darin, daß B das Problem der Mission nicht kennt.

*H. Andere Fragen, die zwischen uns stehen:*

1. Bs orthodoxe Zusammenrückung von Theologie und Glaube

2. Barths altkatholischer und unbiblischer, orthodoxer Glaubensbegriff

3. Sein altkatholischer und unbiblischer, orthodoxer Kirchenbegriff

4. Seine falsche Lehre von der regeneratio und den Früchten des Geistes.

5. Seine Abneigung gegen die Gruppe[31] beruht auf folgenden Vorurteilen

a) Man darf von Jesus Christus nicht anders reden als in Form von Bibelauslegung. Er verwandelt die Kirche in eine Synagoge, mißkennt[32] 1. Kor. 14

---

[31] = Oxford-Gruppenbewegung.
[32] = mißversteht.

b) Man darf nicht anders verkünden als im kirchlichen Gottesdienst, verkennt die Eigentümlichkeit der Evangelisation und Mission.

c) Man darf nicht von dem reden, was Gott an unserer Seele getan hat, widerspricht Ps. 66,16 und dem paulinischen Missionsbericht.

d) Es gibt gar nichts zu berichten, was zum Lob Gottes dienen könnte, widerspricht der biblischen Lehre von der regeneratio und den guten Werken, die Gott zur Ehre gereichen.

e) Gleichgültigkeit gegenüber allgemeinem Priestertum, Seelsorge, missionarisch-evangelistischer Aufgabe.

Das Hauptgravamen aber ist: Lehre von der regeneratio, mit der er der Kirche schweren Schaden zufügt und der Schrift Hohn spricht.

## 191

## Zur Besinnung über Karl Barths Aufruf[1]

1. Worüber es nichts zu diskutieren gibt: Die Auffassung Barths vom totalitären Staat[2] vom Standpunkt des Christentums aus.

[1] Der folgende Text befindet sich im Brunner-Nachlaß W 55/81 und bezieht sich kritisch auf Barths Brief an Professor Josef Hromádka vom 19.9.1938, neu abgedruckt in: SchwSt, S. 58f. (daraus wird im folgenden zitiert). Angesichts der akuten militärischen Bedrohung der Tschechoslowakei durch Deutschland schrieb Barth an Hromádka, a.a.O., S. 58: «Mit der Freiheit Ihres Volkes steht und fällt heute nach menschlichem Ermessen die von Europa und vielleicht nicht nur von Europa.» Barth konnte darum nur mit Entsetzen zur Kenntnis nehmen, daß dann am 29.9.1938 im Münchener Abkommen die Westmächte die Tschechoslowakei dem Zugriff Hitlers preisgaben und daß dieser Vorgang weithin gar noch als «Frieden» gefeiert wurde. Jener Brief Barths wurde damals auch in der Schweiz publiziert und wird so Brunner bekannt geworden sein: *Karl Barth zur tschechischen Frage*, in: KBRS, Jg. 94 (1938), S. 348; ferner in: *Antwort von Prof. Dr. theol. Karl Barth*, in: Freitagszeitung für das reformierte Schweizervolk, Zürich, Jg. 17 (4.11.1938), S. 2. Die Freitagszeitung war das Organ der Schweizer Jungreformierten Bewegung, deren Anführer, H. von der Crone und R. Grob, in der vorangehenden Nummer der Zeitung (28.10.1938, S. 2f.) im Blick auf Barths Brief an Hromádka und im Sinn der von ihnen vertretenen Trennung des Kirchlichen und Politischen eine *Offene Anfrage an Herrn Prof. Dr. theol. Karl Barth in Basel* gerichtet hatten. Wann genau und zu welchem Zweck Brunner seine «Besinnung» notierte, ob zur persönlichen Klärung, ob für eine Diskussion oder einen Vortrag oder ob mit dem Ziel einer Publikation (zu

a) Es ist klar, daß der Totalitarismus als solcher widerchristlich ist. Er verlangt, dem Staat bzw. seinem Führer die Ehre zu geben, die allein Gott gehört. Er beansprucht den Menschen in seiner Totalität, wozu nur Gott das Recht hat. Er verabsolutiert den Staat bzw. das Volk. Er macht das Volk zum Gegenstand religiöser Verehrung.

b) Dieser Staat anerkennt nicht die gottgegebenen Rechte des Menschen und die göttlichen Ordnungen der Schöpfung.

c) Dieser Staat mißachtet die primäre sittliche Aufgabe des Staates, Rechtsschaffung und Rechtsschutz. Er ist ein ungerechter Staat. An die Stelle des Rechtes setzt er eine willkürliche Ordnung der Gewalt, statt die Menschlichkeit zu schützen, tritt er sie mit Füßen um politischer Machtziele willen oder um seine selbstgemachten Götter zur Geltung zu bringen.

d) Er ist ein bewußt antichristlicher Staat, ähnlich wie Rußland[3], insofern er die Verkündigung des Evangeliums hemmt, die christliche Erziehung der Jugend fast verunmöglicht und an ihre Stelle eine bewußt heidnische Einstellung und Auffassung des Lebens mit allen Mitteln der Schulung und Propaganda im Volk pflanzt und pflegt. Der Wille, das Christentum auszurotten, ist jetzt nur noch ganz dünn verschleiert und dieser Schleier ist vielfach ganz durchlöchert, so daß das nackte Antichristentum in bewußter Gestalt herausschaut.

2. Es kann darüber kein Zweifel besteht, daß wir als Christen die Aufgabe haben, das Widerchristliche einer solchen staatlichen Ordnung zu erkennen und uns ein möglichst klares Urteil darüber zu bilden. Wir haben die Aufgabe, die Glieder der Kirche über diesen Gegensatz zum christlichen Glauben deutlich zu unterrichten, damit sie nicht selbst von dieser verruchten Lehre erfaßt und mitgerissen werden. Die Lehre

der es freilich nicht kam), läßt sich aus dem Fundort im Nachlaß Brunners nicht erkennen. Unbekannt ist auch, ob Brunner seine Stellungnahme Barth vorgelegt hat. Als Entstehungsdatum der «Besinnung» ist der Spätherbst 1938 wahrscheinlich.

[2] Barth spricht in seinem Brief an Hromádka nicht davon und von dem, was Brunner unter 1. ausführt. Das eigentlich Furchtbare sei «nicht der Strom von Lüge und Brutalität, der von dem hitlerischen Deutschland ausgeht», aber der «Bann des bösen Blickes der Riesenschlange», unter den «die ganze Welt» gegenüber dem Hitlerstaat geraten zu sein scheint, a.a.O., S. 58.

[3] A.a.O., S. 59 spricht Barth davon, daß «die Möglichkeit russischer Hilfe», statt der der Westmächte, «die Austreibung des Teufels durch Beelzebub bedeuten würde». Vgl. KD II/2, S. 342f.

darüber gehört zum Unterricht über das ersten und zweite Gebot. «Die falschen Götter macht zum Spott.»[4] Unter den falschen Göttern steht heute oben an der Totalitarismus.

3. Nicht unbedingt klar ist, ob dieser Unterricht über falsche Götter zugleich zum Urteil über einen anderen Staat werden muß. An sich genügt es – was den christlichen Unterricht betrifft –, den Götzen als solchen klar zu machen, ohne zugleich zu zeigen, daß dieser Götze in diesem oder jenem Land angebetet wird. Aber es wäre wohl künstlich, den Begriff allein ohne die konkrete Veranschaulichung zu lehren, wo sie so naheliegt. Aber um der Gefahr des Pharisäismus willen, ist hier Zurückhaltung im christlichen Unterricht geboten.

4. Etwas ganz anderes ist die bürgerlich politische Aufgabe. Auch der bürgerliche Unterricht hat es zuerst mit Prinzipien zu tun, aber er geht notwendigerweise in die Beurteilung der gegebenen Situation und der darin eingeschlossenen Aufgabe über. Der Totalitarismus ist nicht nur ein geistiger Bazillus, der jeden Christen bedroht, er ist zugleich eine politische Macht, getragen von einer politischen Macht ersten Ranges, die als Nachbar uns bedroht.

5. Gegenüber jedem Feind, der unsere staatliche Unabhängigkeit bedroht, ist bürgerlicher Unterricht über die Gefahr notwendig. Ganz besonders aber gegenüber einem Feind, der nicht nur unsere politische Unabhängigkeit, sondern der unsere geistigen Güter und unter ihnen vornehmlich den Glauben und die Kirche bedroht. Ein Staat kann zwar nicht direkt den Glauben gefährden, denn er kann als solcher nicht Glauben ausrotten und Glauben pflanzen. Aber er kann nun allerdings als negatives Heilsmittel auftreten, als Unterdrücker christlicher Predigt und Handhaber antichristlicher Predigt.

Wie die äußeren Mittel der Kirche, Predigt, Unterricht usw. dem Glauben dienen, so muß ein solcher antichristlicher Staat mit seinen Mitteln des Unterrichts, der Propaganda einem heidnischen Glauben dienen. Er kann aber vor allem durch Verhinderung christlicher Predigt und christlichen Unterrichts die Pflanzung und Pflege christlichen Glaubens und christlicher Kirche hindern und beinahe verunmöglichen.

[4] Aus Str. 8 des Liedes «Sei Lob und Ehr dem höchsten Gut» von J. J. Schütz, RG Nr. 240, EG Nr. 326.

6. Darum gibt es einen Punkt, wo christlicher und bürgerlicher Unterricht zusammenfallen. Wie die Kirche, d. h. die Christenheit bestrebt sein und als ihre Aufgabe anerkennen muß, christlichen Unterricht zu erteilen, so muß sie umgekehrt bestrebt sein, die Hindernisse dieses Unterrichts und die Erteilung des antichristlichen Unterrichts nach Möglichkeit zu hindern. Sie muß also als Kirche das Bestreben haben, nach Möglichkeit die Unterwerfung unter einen Staat, der eben dies zur Folge hätte, zu verhindern.

7. Aber nun gehen die Wege[5] auseinander. Dem Bürger als solchem stehen die Mittel des bürgerlichen Handelns zur Verfügung, vor allem die des politischen Handelns bis zum Waffengebrauch. Der christliche Bürger macht darin keine Ausnahme, so gewiß er den Ausnahmecharakter des Kampfes mit Waffen zur Geltung zu bringen und dieses selbst auf ein äußerstes Minimum zu beschränken hat.

Anders steht es aber für die Kirche als Kirche. Die Kirche hat keine andere Waffe als das Wort Gottes, den christlichen Unterricht in jeder Form. Die christliche Mission hat einsehen müssen, daß alle Anwendung von Waffengewalt zum Schutz oder zur Ausbreitung der Kirche vom Übel ist. Die Kirche Jesu Christi kann niemals mit Waffen verteidigt werden. Die Kirche kann darum niemals als Kirche zu den Waffen rufen.[6] Sie hat das oft genug getan, aber immer zum Schaden der Sache Jesu Christi.

[5] = die Wege des Bürgers als solchen und der Kirche als Kirche, zugleich die Wege Brunners und Barths.

[6] Das bezieht sich wohl auf die umstrittenen Sätze in Barths Brief an Hromádka, a.a.O., S. 58f. «Jeder tschechische Soldat, der dann streitet und leidet, wird es auch für uns – und ich sage es heute ohne Vorbehalt: er wird es auch für die Kirche Jesu Christi tun... Merkwürdige Zeiten, ... in denen man bei gesunden Sinnen unmöglich etwas Anderes sagen kann, als daß es um des Glaubens willen geboten ist, die Furcht vor der Gewalt und die Liebe zum Frieden entschlossen an die zweite und die Furcht vor dem Unrecht, die Liebe zur Freiheit ebenso entschlossen an die erste Stelle zu rücken!» Das bedeute: «das gute Gewissen» beim Widerstand gegen den deutschen Macht- und Militärstaat hänge darum davon ab, «daß möglichst Viele ihr Vertrauen nicht auf Menschen, Staatsmänner, Geschütze und Flugzeuge, sondern auf den lebendigen Gott und Vater Jesu Christi setzen.» Unter Bezugnahme auf diese Sätze und auf eine von Zürich her geübte Kritik an ihnen präzisierte Barth seine These dann in seinem Vortrag vom 5.12.1938 *Die Kirche und die politische Frage von heute*, in: SchwSt, S. 69–107, dort S. 102f.: «Die Kirche kann nicht das Schwert, sie kann keine Kreuzzüge führen.» Aber sie kann sagen, «was unsere helvetischen Heimatschützler niemals sagen können: daß es *grundsätzlich* nötig ist, daß diese Verteidigung

8. So gewiß also auch für die Kirche der konkrete totalitäre Staat eine Bedrohung ist und so gewiß sie alles, was in ihren Kräften liegt, tun soll, um die Unabhängigkeit gegenüber einem solchen Staat zu verteidigen, so kann doch die Kirche als Kirche dies nie anders als mit geistlichen Mitteln tun. Als Kirche kann sie nicht die Mittel gebrauchen, die der Staat gebrauchen kann und muß. Sie kann niemals als Kirche zu den Waffen rufen.

9. Es bleibt dem Pfarrer und Theologen unverwehrt, seine Rechte und Pflichten als Bürger auch in der Weise auszuüben, daß er, wenn nötig, zu den Waffen ruft. Aber dann muß er sich und anderen völlig klar machen, daß er das nicht als Lehrer der Kirche, sondern als bürgerlicher Lehrer tut. Gewiß als christlicher Bürger, als einer, der unter den Gütern, die der Staat zu pflegen und zu hüten hat, die Kirche und ihre Arbeit an erste Stelle setzt. Aber er muß klar machen, daß der Ruf zu den Waffen nicht Sache des kirchlichen, sondern des bürgerlichen Lehrers ist.

10. Es scheint mir, daß Karl Barth diese Scheidung nicht mit wünschenswerter Klarheit vollzogen, sondern im Gegenteil, statt die Sphären zu scheiden, sie verwirrt und im Namen der Kirche zu den Waffen gerufen hat. Die Gründe, die er dafür angibt, halten der kritischen Sichtung nicht stand. Er zieht aus richtigen Prämissen, wie oben indirekt gezeigt wurde, falsche Konsequenzen.

Er vermischt das kirchliche Interesse an der Fernhaltung des totalitären Staates von unseren Grenzen mit dem bürgerlichen Interesse, diese Fernhaltung mit den Waffen zu vollziehen. Er proklamiert den heiligen Krieg. Der heilige Krieg ist eine wesentlich mittelalterlich katholische Idee, die aus der Vermischung der Sphären von Kirche und Staat kommt. So gewiß ich mich als Bürger von einem einsichtigen Bürger wie Karl Barth zu den Waffen rufen lasse und auch als christlicher Bürger im konkreten Fall diesem Ruf obschon schweren Herzens wie jedem Waffenruf folge, so gewiß lasse ich mich nicht als Glied der Kirche von Karl Barth dem Lehrer der Kirche zu den Waffen rufen, sondern muß ihn zur Ordnung rufen, als Lehrer der Kirche, der in diesem Falle klarer sieht.

stattfinde.» Es werde dann mit der Sache des rechten Staates «indirekt auch die Sache der christlichen Kirche verteidigt.»

11. Diese Tatsache gibt zu einer Reflexion über Karl Barth Anlaß. Karl Barth war bisher derjenige Theologe, der die Sphären der Kirche und des bürgerlichen Rechtes bisher in einer an Beziehungslosigkeit grenzenden Weise geschieden hat.[7] Es ist gar nicht zu bezweifeln, daß sein Brief an Hromádka, aber schon früher sein Brief an seine theologischen Freunde in Augsburg[8], einen Bruch in Barths Anschauungen darstellt. Barth pflegt solche Brüche erst lange hinterher einzugestehen, nachdem er und vor allem seine Schüler sie zunächst leidenschaftlich bestritten. Das wird auch jetzt geschehen, doch ist das an sich nichts Außergewöhnliches. Wir alle haben Mühe, frühere Fehler einzugestehen. Das Besondere bei Barth ist aber dies, daß er selbst seine Anschauungen in einem Maß mit Unfehlbarkeit zu umkleiden pflegt, die von seinen Schülern ins Maßlose gesteigert zu einer Gefahr für die Kirche werden. Es ist die Gefahr des Sektenstifters, der nicht einsieht, daß dank der Beschränktheit unserer Gotteserkenntnis innerhalb jeder Kirche ein gewisses Maß von gegenseitiger Duldung und ein großes Maß von Bereitwilligkeit, von anderen zu lernen, notwendig ist. Beides fehlt Barth in ungewöhnlichem Maße, in einem Maße, wie es gewöhnlich nur Sektenstiftern eignet.

12. Im konkreten Fall ist klar, daß Barth diesmal auf die entgegengesetzte Seite irrt, als dies gewöhnlich der Fall ist. Statt Grenzscheidung Grenzverwischung. Ich sehe dies darum als ein verheißungsvolles Zeichen an. Barth beginnt einzusehen, daß er Gräben aufgerissen hat, wo

[7] Zu dieser Deutung von Barths Schrift *Theologische Existenz heute!* (ZZ, Beiheft 2), München 1933, und zu Barths Widerspruch zu dieser Deutung s. o. S. 357 und 364.

[8] Es ist unklar, worauf sich Brunner hier bezieht. Er könnte hier denken an Barths Abschiedsbrief vom 30.6.1935 an die deutschen Reformierten, z. Hd. dem Moderator des Reformierten Bundes Pastor Dr. H. Hesse. Darin äußert sich Barth u. a. höchst kritisch im Blick auf die 3. Reichssynode der Bekennenden Kirche am 4. – 6.6.1935 in Augsburg und auf ihre positiven Aussagen zur «Obrigkeit». Er hält dieser Kirche vor, daß sie sich jetzt vielmehr offenzuhalten habe für das «Gebet um Befreiung von einer fluchwürdig gewordenen Tyrannei... Sie hat für Millionen von Unrecht Leidenden noch kein Herz. ... Sie redet – wenn sie redet – noch immer nur in ihrer eigenen Sache. Sie hält noch immer die Fiktion aufrecht, als ob sie es im heutigen Staat mit einem Rechtsstaat im Sinn von Röm 13 zu tun habe.» Barths Brief erregte Aufsehen, als er im Juli 1935 von K. Immer in Deutschland verbreitet wurde. Vgl. K. Immer, *Die Briefe des Coetus reformierter Prediger* 1933–1937, hrsg. von J. Beckmann, Neukirchen-Vluyn 1978, S. 69–75, dort besonders S. 73f.

keine sein sollten. Und nun tut er einmal das Gegenteil: er deckt einen Graben zu, wo einer sein sollte. Wenn andere genug da sind, die diesen Fehler sehen, kann das nichts schaden. Gefährlich ist bei Barth immer nur, daß er seine Gefolgschaft mit dem Bewußtsein der Unfehlbarkeit und darum mit einem kirchengefährdenden Fanatismus auszustatten pflegt.

13. Es wäre aber höchst gefährlich, wenn sich die Kirche von Barth verführen ließe, als Kirche zu den Waffen zu rufen. Ich will als Schweizer Bürger dies tun, so laut ich kann. Aber da man nun einmal in mir den Theologen und Pfarrer zu sehen pflegt, werde ich alles tun, um klar zu machen, daß ich das als Schweizer Bürger und nicht als Lehrer der Kirche tue, trotzdem in diesem Fall auch das Wohl der Kirche mit im Spiel ist.

192

*Im folgenden wird der Entwurf Brunners zu einem Brief an Barth abgedruckt. Obwohl sein Brief nicht abgesandt wurde, verdient er, hier abgedruckt zu werden. Der Abdruck bedarf freilich einer Erläuterung der Vorgeschichte und der Umstände, unter denen der Entwurf entstand. Im «Schweizerischen Evangelischen Hilfswerk für die Bekennende Kirche in Deutschland» (vgl. S. 303, Anm. 1) bestand namentlich seit Brunners Mitwirkung in dessen Leitung Uneinigkeit darüber, welche inhaltliche Verpflichtung die Beziehung des Hilfswerks zur Bekennenden Kirche bedeute und ob sie speziell eine Anerkennung der Barmer Theologischen Erklärung vom 31.5.1934 in sich schließe. In der Sitzung der Hilfswerk-Leitung am 8.10.1940 im Glockenhof Zürich gab es darüber einen Disput. Im Protokoll der Sitzung (im Karl Barth-Archiv, Basel) heißt es:*

«Prof. Dr. Karl Barth stellte fest:

1. Daß unser Hilfswerk allen Umständen zum Trotz seine Arbeit so gut als möglich fortsetzen solle.

2. Unser Name soll entgegen anderslautenden Wünschen derselbe bleiben, weil wir genau das und nichts anderes sind, als was der Name bezeichnet, und genau das und nichts anderes wollen, als was wir ursprünglich gewollt haben.

3. Wir wollen die Grundsätze der «Barmer Besinnung» beibehalten und weiterhin verfechten, solange wir dazu Gelegenheit haben und

4. sowohl die theologische als auch die charitative Tätigkeit fortsetzen.

Prof. Dr. Emil Brunner gesteht, daß ihm das Barmer Bekenntnis Schwierigkeiten bereite, Mitglied unseres Hilfswerkes zu sein. Als «bekenntnislose Gruppe» von Helfern stehe es uns nicht an, durch Annahme des Punktes 1 der Barmer Artikel sich an ein bestimmtes Bekenntnis zu binden. Art. 1 des betreffenden Bekenntnisses[1] erscheine ihm als untragbar, weil nach seinem Dafürhalten diese Formulierung (Bekenntnis zu Jesus Christus als dem alleinigen Herrn der Kirche) die Schöpfungs-offenbarung Gottes außer Acht lasse. [...]

Barth findet es für sehr wichtig, daß Brunner vor der Großversammlung im öffentlichen Vortrag in Wipkingen zu diesem Punkt Stellung nehme, wobei alle Hörer vorurteilslos Brunners Interpretation prüfen sollen, um festzustellen, ob eine gemeinsame Grundlage bestehe, auf welcher eine erkleckliche Zusammenarbeit möglich sei.

Brunner stellt sich im Sinne dieses Antrags als Redner für Wipkingen zur Verfügung, da vielleicht doch die Möglichkeit bestehe, daß beide Parteien auf gleicher Grundlage stünden. [...]

*Am 8./9.12.1940 fand in Zürich-Wipkingen die dritte der aus den Gemeinden beschickten, stark besuchten Wipkinger Tagungen statt. Zu deren Eröffnung hielt Brunner einen Vortrag über «Bekennende Kirche in Deutschland und der Schweiz.». Dazu legte er vier Thesen vor:*

I. Vom Bekennen und Bekenntnis

1. Das Bekennen gehört zum Wesen der Kirche.

2. Was heute meistens «Bekenntnis» heißt, d. h. die von einem bestimmten Kirchenkörper fixierte, proklamierte und kirchenrechtlich sanktionierte Zusammenfassung des Glaubens, ist ein Wagnis, das unter bestimmten Umständen die Kirche nicht unterlassen darf.

II. Vom deutschen Kirchenkampf und seinem Bekenntnis

3. Im deutschen Kirchenkampf ging und geht es um zwei Dinge, um die Autonomie kirchlicher Gestaltung und Regierung, und um ein neues Bekennen des Glaubens zur Abwehr lebensgefährlicher Irrlehre.

---

[1] Mit Punkt 1 resp. Art. 1 ist die 1. These der Barmer Theologischen Erklärung vom 31.5.1934 gemeint. Die «Theologische Erklärung» bezeichnet sich selbst nicht als Bekenntnis.

4. Die BK Deutschlands hat beide Aufgaben im Lauf der Jahre klar erkannt und in der Barmer Erklärung dem biblisch-reformatorischen Glauben in wirksamer Abwehr des Feindes sachgemäßen Ausdruck verliehen.

III. Von unserer Stellung zum Barmer Bekenntnis.

5. Der reformierte Glaube verträgt, namentlich in der Schweiz, keine Bekenntnisgleichschaltung, sondern schafft situationsbestimmte Bekenntnisse von bloß regionaler Geltung.

6. Das Barmer Bekenntnis hat die Unterscheidung von Schulmeinung und kirchlicher Substanz wohl im ganzen, nicht aber in allen Formulierungen eingehalten.

7. Das ist an zwei Einzelfragen nachzuweisen, bei denen die Schulmeinungen auseinandergehen, aber die Grundlagen der Kirche nicht berührt werden.

IV. Die Bekenntnisfrage in der reformierten Kirche der Schweiz.

8. Wir müssen als Kirche bekennende Kirche sein.

9. Der Verlust der klassischen reformierten Bekenntnisse ist von den schweizerischen Kirchen schwer zu beklagen.

10. Aber das von uns ersehnte neue Bekenntnis kann nur aus einer gewaltigen Glaubenserweckung und in erschütternden Kämpfen werden.

11. Bekenntniskampf bei uns kommt der Auflösung der Volkskirche gleich, die wir nicht mutwillig preisgeben dürfen. Bei dem engen Zusammenhang von Staat, Volk und Kirche ist angesichts der heutigen Bedrohung der Schweiz die Entfesselung des Bekenntniskampfes nicht zu verantworten.

12. Die beispiellose Gewalt des gemeinsamen Feindes aller Kirchen auferlegt uns die Pflicht, unser reformiertes Bekenntnis so zu formulieren, daß die ökumenische Gemeinschaft dadurch nicht zerstört, sondern gefördert wird.

*Über Brunners (bislang nicht publizierten) Vortrag und seine Diskussion schrieb der Schweizerische evangelische Pressedienst am 11.12.1940 (Nr. 50) unter der Überschrift: «Bekennende Kirche in Deutschland und in der Schweiz»:*

Im Mittelpunkt der Verhandlungen stand die Bekenntnisfrage, wie sie den Freunden und Gönnern des Hilfswerkes durch die Lage des eigenen Bekenntnisstandes im Blick auf die Bekennende Kirche Deutschlands als dringliche Frage heute gestellt wird.

Prof. D. Emil Brunner, Zürich, hielt ein eingehendes Referat zu dieser Frage über die «Bekennende Kirche in Deutschland und in der Schweiz», das geeignet war, den Ausgangspunkt aller weiteren Verhandlungen zu bilden. Seine Ausführungen bauten sich auf vier Hauptthesen mit 12 Punkten auf und hatten die grundsätzliche Frage des Bekenntnisses, das Bekenntnis der im deutschen Kirchenkampf zusammengeschlossenen Bekennenden Kirche, unsere Stellung zum Barmer Bekenntnis und endlich die Bekenntnisfrage in der reformierten Kirche der Schweiz zum Gegenstand. Zur ersten These «Vom Bekennen und Bekenntnis» betonte der Referent die Notwendigkeit des Bekennens als zum Wesen der Kirche gehörend, die im Glauben lebt und im Bekennen sich als lebendig erweist. Das Bekenntnis ist nichts anderes als die Antwort auf Gottes Wort, und darum ist das als Gebet gemeinte Bekenntnis seine eigentliche Urgestalt. Da sich die bekennende Gemeinde durch eben ihr Bekenntnis von der nicht bekennenden Gemeinde scheidet und unterscheidet, ergibt sich seine abschließende und ausschließende Funktion ebenfalls aus dem Wesen der Kirche. Sobald das Bekenntnis aber zu der für sich bestehenden Glaubensformel wird, ist es mit jenen Zweideutigkeiten belastet, die sich in der Kirchengeschichte immer wieder als Verhängnis ausgewirkt haben. Es bedeutet darum immer ein Wagnis für die Kirche, ein solches Bekenntnis als die von ihr «fixierte, proklamierte und kirchenrechtlich sanktionierte Zusammenfassung des Glaubens» aufzustellen, das nur unter bestimmten Umständen gewagt werden kann. Daß das Bekenntnis aber nicht nur ein Zeichen der Pflicht, sondern ebensosehr auch der Kraft sein kann, zeigt sich gerade im deutschen Kirchenkampf. Damit ging der Referent über zu These II, die eine Charakteristik des deutschen Kirchenkampfes als Kampf um die Autonomie der evangelischen Kirche Deutschlands brachte, dessen einzelne Etappen als bekannt vorausgesetzt wurden. Die enge Verbindung von Kirche und Staat wird immer in dem Moment untragbar, da der Staat seinem Wesen nach antichristlich wird, wie es im nationalsozialistischen Staat der Fall wurde. Dies wurde in der evangelischen Kirche Deutschland nicht von Anfang an, aber im Laufe der Entwicklung doch bald mit der nötigen Klarheit gesehen. Zu diesem Kampf um die autonome kirchliche Gestaltung kam aber auch die Gefahr der innerkirchlichen Häresie, und diese Gefahr war es vor allem, die die Kirche zum casus confessionalis nötigte und zu der Barmer Erklärung führte. In dieser Erklärung hat sie als die Bekennende Kirche ihren biblisch-reformatorischen Glauben bekannt und ihre Lehre als solche gegenüber dem eindringenden Feind gekennzeichnet. Was da vor sich ging, war für die ganze reformatorische Kirche von unmittelbarer Bedeutung und ruft darum auch uns zur Stellungnahme auf. Diese Stellungnahme erfolgte in der These III des Referates. Sie kann nur geschehen aus einer Besinnung über die Gesamtlage unserer Kirche und unseres kirchlichen Auftrages heraus. Der reformierte Glaube ist der «Bekenntnisgleichschaltung» abhold, besonders auf Schweizerboden, es entspricht seinem Wesen, daß jedes Bekenntnis aus eigenem Kampf erwachsen muß. Daraus ergibt sich die Notwendigkeit einer gründlichen kritischen Sachprüfung des Barmer Bekenntnisses. Nach der Beurteilung des Referenten treten darin manche Einzelformulierungen als weniger glücklich und am Kanon der Heiligen Schrift gemessen als fraglich hervor. Seine Bedenken äußerten sich in folgenden Punkten: Da sich die Unterscheidung von schultrennenden und kirchentrennenden Lehrdifferenzen in der Auslegung des Gotteswortes immer wieder als notwendig erweist und sich die theologische Überspitzung, die in der Abgrenzung geschieht, besonders verhängnisvoll auswirkt, ist das Barmer Bekenntnis vom Vorwurf nicht ganz freizusprechen, daß dies nicht in der erforderlichen Weise geschehen sei. Gewisse Schulmeinungen hatten eine Verengerung der Formulierungen zur Folge, die dann zu scharfen Ausscheidungen führen mußte. Das weitere Bedenken betrifft zwei Material-Punkte, nämlich 1. die Frage nach der Quelle und dem Inhalt der Verkündigung. Es geht in der Kirche allein um die Heiligen Schrift als das Urzeugnis der Offenbarung Gottes in Jesus Christus. Darum ist sie die einzige Norm der Verkündigung und müssen alle andern gleichberechtigten Normen verworfen werden. Nach der Barmer Erklärung ist darum Jesus Christus der einzige Inhalt der christlichen Verkündigung. Die Heilige Schrift aber ordnet die Schöpfung und Erhaltung der Welt eindeutig und exklusiv Gott dem Vater zu, so daß neben der Verkündigung des Sohnes auch diejenige des Vaters und des Heiligen Geistes besteht. Indem im ersten Artikel der Barmer Erklärung das Wort Gottes Heiliger Schrift als die einzige von der Kirche anzuerkennende Offenbarung gilt, wird damit die allgemeine oder Schöpfungsoffenbarung abgelehnt und setzt sich die Barmer Erklärung in Gegensatz nicht nur zum Consensus der Väter, sondern auch der Heiligen Schrift selbst, die eine allgemeine oder Schöpfungsoffenbarung bezeugt. Diese hat allerdings in sich selbst keinen Heilswert, sondern Jesus Christus muß die Augen dafür öffnen. Als Beleg zu dieser Stellungnahme dient vor allem der Eingang des Römer-Briefes [1,19f.]. Die allen Menschen durch die Schöpfung gegebene Offenbarung hat die Kirche bis zur Barmer Erklärung einhellig gelehrt. So auch muß sie weiterlehren. Das zweite materiale Bedenken betrifft die Lehre vom Staat. Nach einer gewissen Auslegung der Barmer Erklärung wird Luthers Lehre von den zwei Reichen als unbiblische Abweichung vom unbedingten Gehorsam, den die Kirche ihrem Herren Jesus Christus schuldet, abgelehnt. Ohne Frage ist Jesus Christus unser Herr in allen Dingen. Eine andere Frage aber ist es, ob er auch der Herr des Staates genannt werden darf, da er nach dem Neuen Testament immer nur Herr der Gemeinde heißt. Sein Herrschaftsbereich ist nicht die Schöpfung, sondern die Gemeinde, und im neutestamentlichen Sinn ist er immer der Mittler des Heils, das personhafte Prinzip der Offenbarung. Gottes Herrschaft aber umschließt Heil und Unheil, Glaube und Unglaube, Himmel und Hölle. Der Staat ist im neutestamentlichen Sinn eine Ordnung der Erhaltung. Er untersteht nicht dem Gebot der Liebe, sondern der zwingenden Gewalt. Luther hat gegen die Seite der Schwärmer und gegen diejenige der Römischen Kirche hin, die beide diese Unterscheidung durchbrechen wollten, seine Lehre von den zwei Reichen aufgestellt. Er brachte damit die Tatsache zum Ausdruck, daß der Staat nach einem anderen Gesetz und mit anderen Mitteln regiert werden muß als die Kirche. Der Christ steht in beiden Bereichen unter der einen Herrschaft Jesu Christi. Dies auch ist der Sache nach in der Barmer Erklärung gemeint, nicht aber in der Terminologie. – Die vierte These umfaßte die Schlußfolgerungen aus dem Gesagten unter der Frage, welches Ziel und welche Aufgabe sich der reformierten Kirche der Schweiz stellen. Auch sie muß bekennende Kirche sein, worüber allerdings nicht das Vorhandensein einer Bekenntnisformel entscheidet. Es hat sich aber gezeigt, daß die Kirche nicht ohne Gefahr auf die Dauer ohne Bekenntnisformel sein kann, darum ist der Verlust der klassischen reformierten Bekenntnisse von den schweizerischen Kirchen schwer zu beklagen. Es muß unser Ziel sein, wieder ein

Bekenntnis zu bekommen, das dem klassischen Bekenntnis unserer Väter nicht ganz unwürdig wäre. Es kann aber nur aus einer Bewegung und Erweckung heraus wachsen, die die ganze Kirche ergreift. Das «Muß», das uns allein zu diesem Bekenntnis befähigt, ist aber noch nicht über uns gekommen, da wir den Kampf der Kirche Deutschlands noch nicht als den unsrigen erlebten. Es käme darum auch einer Katastrophe gleich, wollte man diese Situation künstlich ins Werk setzen. Da jeder Bekenntniskampf zu Scheidungen führt, hätte er bei uns die Auflösung der Volkskirche zur Folge, die, wenn auch als gebrechliches Gebilde, immer noch da ist. Die gegenwärtige Zeit ruft auf zur Einheit, zum Kämpfen nicht gegeneinander, sondern umeinander und füreinander. Die gegenwärtige Zeit ist weiter dazu angetan, die Wichtigkeit der ökumenischen Gemeinschaft klarzustellen und uns die Notwendigkeit einer gemeinsamen Front gegen den gemeinsamen Feind eindrücklich zu machen. Das primäre Ziel unserer Bemühungen darf nicht die Bekenntnisformel, sondern muß der Aufbau der Kirche Jesu Christi sein.[...] Der folgende Tag [...] war völlig der Arbeitsgemeinschaft und gemeinsamen Aussprache gewidmet. Die Teilnehmer teilten sich in vier Diskussionsgruppen. [...] Da aus den Arbeitsberichten schwerwiegende Bedenken gegen die im Vortrag von Prof. Brunner besonders in seiner 3. These gemachten Ausführungen laut wurden und der Befürchtung Ausdruck gegeben wurde, daß durch sie die Einheit der Trinitätslehre gebrochen, der Herrschaftsbereich Christi auf unzulässige Weise eingeschränkt und der natürlichen Theologie Raum gegeben würde, [...] kennzeichnete Prof. Brunner nochmals seine theologische Stellungnahme, die er wiederum durch nichts als durch biblische Tatbestände zu erhärten suchte. [...] Das Gespräch nahm am Nachmittag seinen Fortgang und bildete ein ernsthaftes gemeinsames Ringen über den zur Diskussion stehenden Fragen. Prof. Karl Barth, Basel, rief der Versammlung in Erinnerung zurück, daß sie sich als das «Hilfswerk für die Bekennende Kirche in Deutschland» zusammengefunden hatte, bezeichnete die gegenwärtige Stunde als eine Stunde der Versuchung und gab seinem aufrichtigen Wunsch nach Einheit Ausdruck. Es darf aber nicht sein, daß das, was in der deutschen Kirche geschehen ist, für uns umsonst geschehen sein könnte. Es stellte sich uns die klare Frage: Wo haben wir die Offenbarung Gottes zu finden und wo nicht, wer befiehlt und wer befiehlt nicht? Die Antwort liegt in jenem «allein» der Barmer Erklärung[2], in dem es nicht um eine Schulmeinung, sondern um das Leben der Kirche geht. Als das Hilfswerk für die Bekennende Kirche in Deutschland müssen wir beim ersten Satz der Erklärung von Barmen mit dabei sein. Mit der «Bekenntniskirche» kann nur diejenige von Martin Niemöller gemeint sein. Prof. Barth stellte daher folgenden Antrag: «Die Versammlung des Schweizerischen evangelischen Hilfswerkes für die Bekennende Kirche in Deutschland vom 9. Dezember stellt fest: Die Bekenntniskirche in Deutschland, der wir als Hilfswerk zur Seite stehen, ist die Kirche, deren Bekenntnis in der theologischen Erklärung von Barmen ausgesprochen ist.» Dieser Antrag rief, bevor er zur Abstimmung gelangte, einer erneuten Erklärung von Prof. Brunner, deren Ergebnis Prof. Barth zu einer Präzisierung seines ersten Antrages veranlaßte mit folgendem Wortlaut: «Wir sagen mit ihr (der Bekenntniskirche): Joh. 14,6: ‹Ich bin der Weg, die Wahrheit und das Leben, niemand kommt zum Vater, denn durch mich›, und Joh. 10,1+9: ‹Wahrlich, wahrlich ich sage euch, wer nicht zur Tür hineingeht in den Schafstall, sondern steigt anderswo hinein, der ist ein Dieb und ein Mörder. Ich bin die Tür, so jemand durch mich eingeht, der wird selig werden[3] und wird ein- und ausgehen und Weide finden›. Jesus Christus, wie er uns in der Heiligen Schrift bezeugt wird, ist das eine Wort Gottes, das wir zu hören, dem wir im Leben und im Sterben zu vertrauen und zu gehorchen haben. Wir verwerfen die falsche Lehre, als könne und müsse die Kirche als Quelle ihrer Verkündigung außer und neben diesem einen Wort Gottes auch noch andere Ereignisse und Mächte, Gestalten und Wahrheiten als Gottes Offenbarung anerkennen.» Diesem doppelten Antrag folgte eine eingehende Diskussion, in der einerseits die Stimmen laut wurden, die ihre bisherige Solidarität mit der Bekennenden Kirche nicht auf die Festlegung mit ihrem Bekenntnis gründeten, in der andererseits aber auch die Frage gestellt wurde, was wir als das Hilfswerk der Bekennenden Kirche ihr selbst zu sagen hätten, wenn wir ihr auf ihrer eigenen Marschroute nicht zu folgen gedächten. Pfr. D. W. A. Visser't Hooft stellte einen dritten Antrag mit dem Vorschlag, die Kommission des evangelischen

---

[2] Gemeint ist die Rede von dem «einen Wort» in der 1. These, die im folgenden Abschnitt zitiert wird.

[3] Die folgenden Worte von Joh. 10,9 stehen nicht in der hier zitierten 1. These der Barmer Theologischen Erklärung.

Hilfswerkes möge beauftragt werden, eine Aussprache darüber vorzubereiten, welche Folgerungen aus dem ersten Satz der Barmer Erklärung für das Zeugnis und Leben der Kirchen der Schweiz zu ziehen seien. Es wurde klar, daß, falls man sich auf die Annahme dieses dreifachen Antrages einigen könnte, die Frage der Interpretation offen stehen zu lassen sei und somit die Auslegung von Röm. 1,19 nicht tangiert würde. Prof. Brunner gab unter dem Vorbehalt eines weiteren Gespräches über Röm. 1,19 seine Zustimmung, so daß der zweipunktige Antrag von Prof. Barth mit dem Zusatz von D. W. A. Visser't Hooft der Versammlung zur Abstimmung vorgelegt und nahezu einstimmig angenommen wurde.

*Wohl in den nächsten Tagen machte sich Brunner die folgenden Notizen für einen Brief an Barth, von dessen Ausführung er dann jedoch absah.*

[Brunner ohne Ort und Datum; wahrscheinlich Mitte Dezember 1940]
Brief an Karl Barth
Da ich wegen der vorgerückten Zeit auf mein Schlußwort verzichten mußte, möchte ich einiges von dem, was dort zu sagen gewesen wäre, in der Form dieses Briefes aussprechen.

1. Meine Wipkinger Hauptthese war: Obschon wir keinen Grund haben, uns der Barmer Erklärung im Sinn eines von uns übernommenen Bekenntnisses anzuschließen, anerkennen wir in ihm nicht nur ein gutes und echtes, d. h. kampfgeborenes Bekenntnis der reformatorischen Kirche, sondern können uns auch auf dem Boden dieses Bekenntnisses zusammenfinden, da die zwei Punkte, in denen wir auseinandergehen, nicht zur Substanz der Kirche, sondern zur Schulmeinung gehören. Dieses Zusammengehen ist notwendig, und wir müssen in diesem Sinne gemeinsam Buße tun.

2. Dieses Friedensangebot hast du mit einer scharfen Kriegserklärung beantwortet, indem du meine Theologie als schlecht, als eine Versuchung für die Kirche beurteiltest, vor der man die Kirche bewahren müsse.

3. Dieser Gegenthese entsprach deine Haltung, insbesondere dein Hauptvotum, indem du dein altes Nein an Emil Brunner[4] in seiner

---

[4] K. Barth, *Nein! Antwort an Emil Brunner* (ThExh 14), München 1934.

ganzen Heftigkeit und mit den schlag- und stichworthaften Zuspitzungen wieder aufleben ließest.

4. Wenn es trotzdem zu einer Art Konkordie kam, so lediglich darum, weil meine [Gefolgsleute] und ich uns nicht dazu hinreißen ließen, dir mit der gleichen Münze zurückzuzahlen. Da aber diese irenische Haltung der Mißdeutung fähig ist – wie deine boshafte Äußerung über die Weichheit der Ostschweizer zeigte –, ist es notwendig, dazu einen kurzen Kommentar zu geben.

5. Wir anerkennen keineswegs die von dir in Anspruch genommene Rolle eines arbiter theologiae, der über gute und schlechte Theologie Zensuren auszuteilen hat.

6. Findest du meine Theologie schlecht und gefährlich für die Kirche, so finde ich die deine willkürlich und gewalttätig, gerade in den Punkten, die so leidenschaftlich angreifst, schriftwidrig. Ich halte aber nicht dafür, daß es dem Gespräch dienlich sei, diese meine Meinung so hemmungslos in die Debatte zu werfen, wie du es getan hast.

7. Was für zukünftige Gespräche ein nicht unwichtiges Hindernis bildet, sind deine terroristischen Debattiermethoden. Du lässest die Gesprächspartner von vornherein wissen, daß jeder, der dir widerspricht, deinen ganzen Zorn zu spüren bekommt und daß du ihn zum Gegenstand deiner großen karikaturistischen Kunst machen wirst.

Das hat die Wirkung, daß viele, gerade von den besten, schweigen, da sie sich solchen Streites vor der Gemeinde schämen, so daß du oben-aufzuschwingen[5] scheinst und die Leute in Entscheidungen hinein-scheuchst, zu denen sie gar nicht recht stehen können, denen sie sich aber um des Friedens willen nicht widersetzen[6]. Damit hast du erreicht, was du wolltest.

8. Man wird daraus in Zukunft den Schluß ziehen müssen, daß man es entweder auf den bösen Krach muß ankommen lassen oder aber, um ihn zu vermeiden, dir aus dem Wege gehen muß, um nicht vergewaltigt zu werden.

9. Diesmal sind wir noch gerade zwischen dieser Scylla und Charyb-

[5] = siegen.
[6] Brunner denkt hier wohl auch an E. Thurneysen, vgl. seinen Brief an diesen vom 20.12.1940 im Anhang Nr. 193.

dis zwischendurchgekommen; aber ob die von dir Mißhandelten ein zweites Mal so viel Disziplin aufbringen, ist fraglich.[7]

10. Ich möchte darum als Bedingung künftiger Gespräche die Forderung aufstellen, daß derartige Urteile über die gegnerische Theologie unterbleiben und man den Gegner nicht als Versucher der Kirche hinstellt, wenn er von einem abweicht. Das ist darum gerechtfertigt und notwendig, weil beide sich auf die Schrift berufen und die Reformatoren für sich in Anspruch nehmen und weil sie nichts anderes zu tun behaupten als das sola gratia zu umschreiben. Ich glaube, mich an der letzten Tagung streng an diese Regel gehalten zu haben, und erwarte darum von dir, daß du es auch tust.

[Neues Blatt:]

Zum Bild der Tagung gehört auch die Art, wie mein Vortrag behandelt wurde:

1. Die Referate der Basler Gruppenführer boten kein Bild der wirklichen Diskussion, sondern der Meinung der Gruppenführer.

2. Meine Ermahnung zum Frieden angesichts der Lage der Schweiz wird als DC-Symptom angesehen.

3. Meine Unterscheidung des regnum Christi vom opus alienum dei[8] wird als Zweigötterei beurteilt.

4. Es wird behauptet, ich habe der Bekennenden Kirche gegenüber vor allem das Nein gesagt, während der größte Teil des Vortrags im Ja bestand und die Abweichungen vom Ja als relativ unbedeutend ...

5. Meine Aussage, daß am Barmer Bekenntnis in einigen Formulierungen die Schulmeinung den Sinn für die kirchliche Substanz etwas getrübt habe, wird dahin ausgelegt, ich habe das Barmer Bekenntnis als Produkt der Studierstube ausgegeben, während ich es gerade als echtes kampfgeborenes und darum seit langer Zeit erstes Bekenntnis deutlich genug charakterisierte.

[7] Zu dem offenen Streit, der u.a. zwischen Barth und Brunner an der 4. Wipkinger Tagung am 17.11.1941 über die Stellung zu den Juden ausbrach und in dem es auch um die Stellung zur Barmer Theologischen Erklärung von 1934 ging, vgl. E. Busch, *Unter dem Bogen des einen Bundes,* a.a.O. (S. 303, Anm. 1), S. 373–392.

[8] Vgl. E. Brunner, *Natur und Gnade. Zum Gespräch mit Karl Barth,* Tübingen 1934, S. 17f.

6. Entgegen meiner ausdrücklichen Erklärung, daß ich an Natur und Gnade[9] nichts als die Terminologie geändert habe, wird mir von Barth selbst in die Schuhe geschoben, ich habe auf die natürliche Theologie von früher verzichtet.

7. Dazu gehört ferner die Politisierung der Tagung durch das Verfahren einer Abstimmung, Abstimmung über einen Antrag. (Nach Vereinsrecht wäre ein solcher Antrag überhaupt ungültig, da er vorher dem Vorstand hätte gemeldet und auf die Traktandenliste gesetzt werden [müssen].) Daraus ist deutlich geworden, daß Barth ganz kirchenpolitisch denkt.

Wie wenig theologisch überzeugt er von seiner These war, zeigte sich ja darin, daß das, was zunächst den Hauptanstoß bildete, meine Lehre von der allgemeinen Offenbarung, nachher als offen gelassen bezeichnet wurde. Barth kämpfte um seine Macht und sein Prestige, darum nicht mit lauteren Mitteln und darum mit solcher Heftigkeit.


193

Brunner [an E. Thurneysen]                          Zürich, 20.12.1940

Lieber Freund!

Meinem Predigtbüchlein[1] möchte ich doch gerne einen persönlichen Gruß mitgeben. Leider hat uns Wipkingen[2] weder äußerlich noch innerlich eine wirkliche Begegnung gebracht. Alle, die ich bis jetzt über die Tagung sich äußern hörte, waren zwar froh, daß sie nicht mit einem offenen Krach, sondern mit einer bescheidenen concordiae endete, aber darüber sehr enttäuscht, daß die Basler mein Friedensangebot mit einer so heftigen Offensive beantworteten. Ganz besonders groß war die Verwunderung darüber, daß Barth es für richtig fand, meine Theologie als schlechte Theologie und als eine Gefahr, vor der man die Kirche bewahren müsse, darzustellen. Wenn wir mit derselben Münze zurückge-

---

[9] Die in der letzten Anm. genannte Schrift Brunners.

---

[1] E. Brunner, *Ich glaube an den lebendigen Gott. Predigten über das altkirchliche Glaubensbekenntnis*, Zürich 1940.

[2] Vgl. dazu und zum ganzen Hintergrund dieses Briefs Nr. 192.

zahlt hätten, so wäre der Krach furchtbar geworden. Wir haben wieder einmal den Eindruck gewonnen, daß man mit Karl Barth nur Frieden haben kann um den Preis völliger Unterwerfung unter sein theologisches Diktat. Selbstverständlich urteile ich über seine Theologie nicht günstiger als er über die meine, bin aber der Überzeugung, daß es nicht der Sache dient, solche Generalurteile hemmungslos in die Debatte zu werfen. Dazu kam noch, daß die zwei Gruppenleiter[3] statt ein Bild von der Diskussion zu geben, einfach ihre Kritik über mein Referat zum Worte kommen ließen, worüber viele Teilnehmer an diesen Gruppendiskussionen geradezu empört waren. Ein derartiges Vorgehen kann natürlich nur den Gegensatz verschärfen, was angesichts der Bedrohung der Kirche und des Landes unverantwortlich ist.

Lieber Eduard, ich möchte einmal einige Stunden lang mit dir zusammensitzen, als Freund und Bruder und dich fragen, ob du mit dem terroristischen Gebaren deines berühmten Freundes wirklich einverstanden bist und ob du dich bei seinen theologischen Prokrustes-Methoden wohl fühlst. Ich kann es mir gar nicht anders denken, als daß du den unheimlichen Bann, den dieser Mann über seine Leute legt, im tiefsten deines Herzens als ein Unrecht spüren mußt und daß es deinem Seelsorgerauge nicht entgehen kann, wie viel innere Ungelöstheit solcher äußeren Gewalttätigkeit zugrunde liegen muß. Kannst nicht du da einmal lösend, entkrampfend eingreifen? Jedesmal, wenn ich Barth wieder einmal sehe, ist er auch wieder um ein gutes Stück gewalttätiger geworden. Sagt ihm das niemand in Basel? Und wärest nicht du der Nächste, der es ihm sagen müßte? Mir scheint es, du müßtest es auch um deinetwillen tun. Du hattest eine viel größere innere Freiheit errungen, bevor Barth nach Basel kam. Du mußt sie wiedergewinnen! Gott hat dir Gaben und Einsichten geschenkt, die in der Ausrüstung dieses theologischen Systems einfach nicht zur vollen Auswirkung kommen können. Meine Liebe zu dir ist dadurch nicht kleiner geworden, in keiner Weise gemindert, aber mir ist immer, ich müßte dich anrufen:

---

[3] Die vier Arbeitsgruppen, die bei der 3. Wipkinger Tagung (vgl. Nr. 192) Brunners Vortrag diskutierten, wurden von Prof. O. Farner, Pfr. F. Bäumle, beide Zürich, von Pfr. A. de Quervain, Laufen, und Pfr. W. Vischer, Basel, geleitet. Diese Leiter erstatteten im abschließenden Plenum Bericht aus der Gruppenarbeit. Brunner denkt hier wohl kritisch an die letzteren beiden.

Komm doch heraus aus diesem Gefängnis!

Nimm es mir nicht übel, daß ich so offen rede. Es ist alte, treue Freundschaft, die mich dazu treibt. Ich höre nicht auf, auf dich zu warten; während ich allerdings – ich muß es gestehen – aufgehört habe, auf Karl Barth zu warten. Aber freilich, das sollte man sich sagen und nicht schreiben, und sollte es sich sagen, wenn man viel Zeit hat dazu. Vergib mir, daß ich es geschrieben habe, weil ich gar keine Möglichkeit sehe, es dir in der nächsten Zukunft so persönlich zu sagen, wie ich es möchte. Nimm es auch so, samt dem Buch, als ein Zeichen einer Verbundenheit in Christus, die von anderer theologischen Gegensätzlichkeit unberührt ist.

Mit den herzlichsten Segenswünschen für die kommenden Tage

dein Emil Brunner

194

Brunner [an den Christian Kaiser Verlag, München]    Zürich, 9.11.1965

Sehr geehrter Herr,

Sie haben mir die freundliche Erlaubnis gegeben, eine Anmerkung zum Stichwort «Offenbarungsmächtigkeit des Menschen»[1] in den Abdruck von «Natur und Gnade»[2] einzuflechten. Hier ist es.

«Dieses Wort ‹Wortmächtigkeit des Menschen›[3] ist an sich jedem unvoreingenommenen Leser verständlich, obschon neu. Allgemein bekannt und verständlich ist der adjektivische Ausdruck: des Wortes mächtig sein, d. h. sprechen können. Die Substantivierung dieses Ausdrucks war ungewohnt, und schon deshalb war es möglich, ihn mißzuverstehen. In der Aufregung jener Zeit (1934) wurde er tatsächlich von Karl Barth mißverstanden, der daraus die Offenbarungsmächtigkeit des Menschen machte, und mich so über zwanzig Mal in seiner Antwort an

---

[1] E. Brunner, *Natur und Gnade. Zum Gespräch mit Karl Barth,* Tübingen 1934, S. 15. Vgl. auch in der 2. Aufl. der Schrift Tübingen 1935, S. 47.

[2] Neudruck der in Anm. 1 genannten Schrift in: *«Dialektische Theologie» in Scheidung und Bewährung 1933–1936. Aufsätze, Gutachten und Erklärungen,* hrsg. von W. Fürst (ThB 34), München 1966, S. 169–207.

[3] A.a.O. (vgl. Anm. 1), S. 11.18f.; ferner in der 2. Aufl. S. 45.

Emil Brunner zitierte.[4] Selbstverständlich war dies ein verhängnisvoller Irrtum. Weder habe ich jemals von ‹Offenbarungsmächtigkeit des Menschen› gesprochen, noch war mir ein solcher Gedanke je möglich. Aber gerade dieses Falschzitat hat viele, die nur Barths Schrift, nicht aber die meine, kannten, erschreckt und meinen Namen stinkend gemacht [vgl. 1. Sam. 13,4]. Ich will gerne einen Teil der Schuld für dieses Zerwürfnis auf mich nehmen, da mein Ausdruck Wortmächtigkeit in der Tat unglücklich war. Aber jetzt, nach 31 Jahren, darf ich hoffen, daß es möglich ist, daß man Barths Falschzitat als solches zu erkennen vermag, und daß ich von dem schweren Schatten, den es auf mich geworfen hatte, befreit werde. Karl Barth hat inzwischen so vieles von dem, was uns damals trennte, auf seine Weise neu und besser gesagt, und auch ich habe seitdem hinzugelernt.»

Mit freundlichen Grüßen und bestem Dank

Ihr ergebener E. Brunner

---

[4] K. Barth, *Nein! Antwort an Emil Brunner* (ThExh 14), München 1934, S. 16f.24.50f.

# REGISTER

481

## II. NAMEN

Fett gedruckte Seitenzahlen weisen die betreffende Person als Empfänger (bzw. im Anhang: als Verfasser) des Briefes aus.
Normal gedruckte Seitenzahlen besagen, daß die Person im Brieftext genannt oder umschrieben oder daß sie Urheber eines im Text angeführten Zitates ist.
Kursiv gedruckte Seitenzahlen geben an, daß der betreffende Name nur in der Anmerkung genannt ist, ohne auch an der betreffenden Stelle des Brieftextes vorzukommen.

485

488

# III. BEGRIFFE

Die Stichworte des Registers finden sich auf den angegebenen Seiten nicht immer wörtlich. Verwandte Gedanken wurden für das Register unter gemeinsamen Stichworten zusammengefaßt.

# IV. VERZEICHNIS DER IN DEN BRIEFEN DIESES BANDES ERWÄHNTEN SCHRIFTEN BARTHS UND BRUNNERS UND DER ERWÄHNTEN VORLESUNGEN UND SEMINARE BARTHS UND BRUNNERS

Die Schriften sind in alphabetischer Reihenfolge angeordnet. Die im Abkürzungsverzeichnis (S. XVII–XIX) genannten Schriften werden hier mit der dort notierten Abkürzung angeführt. Noch genauere Angaben zu den angeführten Schriften finden sich in den Anmerkungen, auf die im folgenden verwiesen wird.

*Abschied,* in: ZZ, Jg. 11 (1933), S. 536–544; und in: Anfänge II, S. 313–321: 214, 227, 230, 233

*Alle!* Predigt über Röm. 11,32, in: Basler Predigten 21 (1957/58), und in: Predigten 1954–1967, Zürich 1979, S. 81–89: 384

*Amsterdamer Fragen und Antworten,* Karl Barth / Jean Daniélou / Reinhold Niebuhr (ThExh NF 15), München 1949: 367

*Ansatz und Absicht in Luthers Abendmahlslehre,* in: ZZ, Heft IV, [Jg. 1 (1923)], S. 17–51; und in: V.u.kl.A. 1922–1925, S. 248–306: 79, 82, 93, 112

*Antwort an P. Jean Daniélou (Oktober 1948),* EPD Schweiz 20.10.1948, und in: *Amsterdamer Fragen und Antworten* (ThExh NF 15), München 1949, S. 17–20: 371

*Antwort auf Herrn Professor von Harnacks offenen Brief,* in: CW, Jg. 37 (1923), Sp. 244–252; und in: Th.Fr.u.A., S. 18–30: 72

*Der Begriff der Kirche.* Vortrag, am 11.7.1927, in: ZZ, Jg. 5 (1927), S. 365–378; und in: V.u.kl.A. 1925–1930, S. 140–159: 204

*Biblische Fragen, Einsichten und Ausblicke.* Vortrag, München 1920; und in: W.G.Th., S. 70–98, und in: Anfänge I, S. 49–62: 43f., 155, 207, 398

*Br. 1961–1968:* 354, 386f., 390–392

*Brunners Schleiermacherbuch,* in: ZZ, Jg. 2 (1924), S. 49–64; und in: V.u.kl.A. 1922–1925, S. 401–425: 96–100, 113, 154

*Bw.B.:* 171

*Bw.R.:* 123

*Bw.Th.I:* 4f., 18–21, 34, 45, 55, 66, 96, 117, 152, 233

*Bw.Th.II:* 66, 76, 78, 90, 93, 101, 107f., 115, 121, 123, 125, 131f., 138, 141, 146f., 151, 153, 156f., 159–161, 166, 168, 172f., 182, 184, 186, 188, 191f., 204, 405–407

*Bw.Th.III:* 213, 216, 277, 286f.

*Der Christ in der Gesellschaft.* Eine Tambacher Rede, Würzburg 1920; und in: W.G.Th., S. 33–69; und in: Anfänge I, S. 3–37: 56, 57f., 233, 335

*Christengemeinde und Bürgergemeinde* (ThSt 20), Zollikon-Zürich 1946: 331

*Die christliche Dogmatik im Entwurf. Bd. 1. Die Lehre vom Worte Gottes. Prolegomena zur christlichen Dogmatik,* München 1927 und Zürich 1982: 163f., 170, 177, 180, 182, 201–204, 207f., 212, 259

*Christliche Gemeinde im Wechsel der Staatsordnungen. Dokumente einer Ungarnreise 1948,* Zollikon-Zürich 1948: 347, 357, 364f.

*Der christliche Glaube und die Geschichte,* in: Schweiz. Theol. Zeitschr., Jg. 29
(1912), 1–18.49–72; und in: V.u.kl.A. 1909–1914, S. 149–212: 78

*Das christliche Leben. Die Kirchliche Dogmatik IV/4. Fragmente aus dem Nachlaß.
Vorlesungen 1959–1961,* Zürich 1976, 1999³: 381

*Die christliche Verkündigung im heutigen Europa,* in: ders., *Zwei Vorträge* (ThExh
NF 3), München 1946: 351

*Credo. Die Hauptprobleme der Dogmatik dargestellt im Anschluß an das Apostolische
Glaubensbekenntnis,* München 1935, Zollikon-Zürich 1948: 264, 287, 454

*Die Deutschen und wir.* Vortrag, Januar und Februar 1945, Zollikon-Zürich 1945;
und in: SchwSt, S. 334–370: 340

*Die dogmatische Prinzipienlehre bei Wilhelm Herrmann.* Vortrag, am 13. und
17.5.1925, in: ZZ, Jg. 3 (1925), S. 246–280; und in: V.u.kl.A. 1922–1925,
S. 545–603: 123

*Drei Predigten* (ThExh 17), München 1934: 257

*Das Eine Notwendige* (Predigt über Gen. 15,6), in: Die XX. Christliche Studentenkonferenz Aarau 1916, Bern 1916, S. 5–15; und in: K. Barth, *Predigten 1916,*
Zürich 1998, S. 109–124: 7f.

*Das erste Gebot als theologisches Axiom,* in: ZZ, Jg. 11 (1933), S. 297–314; und in:
Th.Fr.u.A., S. 127–143: 247, 449

*Eschatologie,* Typoskr. der Vorlesung Wintersemester 1925/26: 135–137

*Ethik I. 1928,* Zürich 1973: 166

*Die evangelische Kirche in Deutschland nach dem Zusammenbruch des Dritten
Reiches.* Wipkinger Vortrag vom 14.10.1945, Zollikon-Zürich 1945: 342f.

*Fides quaerens intellectum. Anselms Beweis der Existenz Gottes im Zusammenhang
seines theologischen Programms,* München 1931 und Zürich 1981: 199, 202, 209,
326, 454

*Gegenrede zu dem Aufsatz von Friedrich Wilhelm Foerster,* in: Neuwerk, Jg. 5
(1923/24), S. 242–248, und in: V.u.kl.A. 1922–1925, S. 180–201: 79

*Die Gerechtigkeit Gottes.* Vortrag, am 16.1.1916, in: NW, Jg. 10 (1916), S. 143–154;
und in: W.G.Th., S. 5–17: 5f.

*Gespräche 1959–1962,* Zürich 1995: 302, 331

*Gespräche 1964–1968,* Zürich 1997: 352

*Gottes Wille und unsere Wünsche* (ThExh 7), München 1934: 233, 244–247

*«Der Götze wackelt.»* Zeitkritische Aufsätze, Reden und Briefe von 1930–1960,
Berlin 1961: 214

*Das Halten der Gebote,* in: ZZ, Jg. 5 (1927), S. 206–227; und in: V.u.kl.A. 1925–
1930, S. 99–139: 146, 157f.

*Der heilige Geist und das christliche Leben.* Vortrag, am 9. Oktober 1929, in: K.
Barth/H. Barth, *Zur Lehre vom Heiligen Geist,* München 1930, S. 39–105; und
in: V.u.kl.A. 1925–1930, S. 458–520: 195

*Im Namen Gottes des Allmächtigen! 1291–1941,* St. Gallen 1941; und in: SchwSt.,
S. 201–232: 313, 315, 316–318, 322

*Karl Barth an Karl Heim, Bonn, den 27.4.1931,* in: ZZ, Jg. 9 (1931), S. 451–453: 215

*Karl Barth zum Kirchenkampf. Beteiligung, Mahnung, Zuspruch* (ThExh NF 49),
München 1956: 360

*Karl Barth zur tschechischen Frage* (Brief an Prof. J. Hromádka vom 19.9.1938),
in: KBRS, Jg. 94 (1938), S. 348; und in: SchwSt, S. 58f.: 458–464

*Polemisches Nachwort (Stellungnahme zu W. Bruhn, Vom Gott im Menschen),* in: ZZ, Jg. 5 (1927), S. 33–40; und in: V.u.kl.A. 1925–1930, S. 44–56: 156

*Präliminare Gedanken zu Reinhold Niebuhrs Darlegung über die «kontinentale Theologie»,* in: ders., *Amsterdamer Fragen und Antworten* (ThExh NF 15), München 1949, S. 30–36: 372, 376

*Predigten 1916,* Zürich 1998: 7, 19

*Predigten 1917,* Zürich 1999: 15, 19f.

*Predigten 1935–1952,* Zürich 1996: 302, 311

*A preliminary reply to Dr. Reinhold Niebuhr,* in: The Christian News-Letter, No. 326 (8.12.1948), S. 9–16: 371f., 374–376

*Das Problem der Ethik in der Gegenwart,* in: ZZ, Heft II, [Jg. 1 (1923)], S. 30–57; und in: V.u.kl.A. 1922–1925, S. 144–175: 72

*Die protestantische Theologie im 19. Jahrhundert. Ihre Vorgeschichte und ihre Geschichte,* Zollikon-Zürich 1947: 12, 284

*Quousque tandem…?,* in: ZZ, Jg. 8 (1930), S. 1–6; und in: V.u.kl.A. 1925–1930, S. 526–535: 193, 229

*Rechtfertigung und Recht* (ThSt 1), Zollikon-Zürich 1938: 329–331

*Reformierte Kirche hinter dem «eisernen Vorhang»,* in: KBRS, Jg. 104 (1948), S. 135f., und in: *Christliche Gemeinde im Wechsel der Staatsordnungen. Dokumente einer Ungarnreise 1948,* Zollikon-Zürich 1948, S. 55–58: 347f., 355, 357

*Reformierte Lehre, ihr Wesen und ihre Aufgabe.* Vortrag, am 17.9.1923, in: ZZ, Heft II, [Jg. 2 (1924)], S. 8–39; und in: V.u.kl.A. 1922–1925, S. 202–247: 79, 85

*Römerbrief 1:* 21, 23–30, 33–38, 40, 43

*Römerbrief 2:* 55, 67–69, 71, 90, 103, 113, 132, 151, 160, 177, 207, 212, 288, 376

*Samuel Werenfels und die Theologie seiner Zeit,* in: EvTh, Jg. 3 (1936), S. 180–193: 299

*Schicksal und Idee in der Theologie.* Vorträge, Februar–März 1929 in: ZZ, Jg. 7 (1929), S. 309–348; und in: V.u.kl.A. 1925–1930, S. 344–392: 183

*Schleiermacher,* in: ZZ, Jg. 5 (1927), S. 422–464; und in: Th.u.K., S. 136–189: 154

*SchwSt:* 305, 316, 322, 340, 350, 360, 458f., 461

*Suchet Gott, so werdet ihr leben!* Predigten von Karl Barth und Eduard Thurneysen, Bern 1917: 16–19, 21f., 36

*Sunt certi denique fines. Eine Mitteilung,* in: ZZ, Jg. 3 (1925), S. 113–116; und in: V.u.kl.A. 1922–1925, S. 490–499: 106, 161

*Die Theologie der reformierten Bekenntnisschriften.* Vorlesung Göttingen Sommersemester 1923, Zürich 1998: 133

*Die Theologie und der heutige Mensch.* Vortrag, Juli 1930, in: ZZ, Jg. 8 (1930), S. 372–396: 199–201

*Die Theologie und der moderne Mensch,* in: V.u.kl.A. 1925–1930, S. 160–182: 208

*Th.u.K.:* 43, 139, 150, 154, 387

*Theologie Calvins:* 99, 116, 125, 335

*Theologische Existenz heute!,* München 1933; neu hrsg. in: ThExh NF 219, München 1984: 224f., 228, 230, 232f., 281, 357, 367, 445, 463

*Über die Grenze!* (Predigt über Mk. 10,32–34), April 1917 (Privatdruck); und in: K. Barth, *Predigten 1917,* Zürich 1999, S. 46–63: 15

*Unerledigte Anfragen an die heutige Theologie,* in: K. Barth / E. Thurneysen, *Zur inneren Lage des Christentums,* München 1920, S. 3–24; und in: Th.u.K., S. 1–25: 43, 45f., 61, 287

*Die Unordnung der Welt und Gottes Heilsplan.* Vortrag, an der Weltkirchenkonferenz in Amsterdam, 23.8.1948, Zollikon-Zürich 1948; und in: *Amsterdamer Fragen und Antworten* (ThExh NF 15), München 1949, S. 3–10: 375f.

*Unsere Kirche und die Schweiz in der heutigen Zeit,* St. Gallen 1941; und in: SchwSt, S. 157–178: 316

*«Unterricht in der christlichen Religion»,* Bd. I: *Prolegomena 1924,* Zürich 1985: 80, 94–96, 103, 108, 148

*«Unterricht in der christlichen Religion»,* Bd. II: *Die Lehre von Gott / Die Lehre vom Menschen 1924/1925,* Zürich 1990: 140, 144, 148, 178

*V.u.kl.A. 1905–1909:* 4, 388

*V.u.kl.A 1909–1914:* 384

*V.u.kl.A. 1922–1925:* 79, 103, 128, 134, 146, 176, 180

*V.u.kl.A. 1925–1930:* 156–158, 176f., 190, 195, 204, 208, 229

*W.G.Th.:* 6, 43, 166, 207

*Weihnacht,* München 1934: 274

*Wünschbarkeit und Möglichkeit eines allgemeinen reformierten Glaubensbekenntnisses,* in: ZZ, Jg. 3 (1925), S. 18–40; und in: V.u.kl.A. 1922–1925, S. 604–643: 176


# BRUNNER

*Das Ärgernis der Oxford-Gruppenbewegung,* in: NZZ, Jg. 156, Nr. 1951 (9.11.1935): 291

*Das Ärgernis des Christentums,* Zürich 1957: 384

*Die andere Aufgabe der Theologie,* in: ZZ, Jg. 7 (1929), S. 255–276; und in: Wort I, S. 171–193: 174f., 257, 269, 456

*Autobiographische Skizze,* in: *Emil Brunner in der Erinnerung seiner Schüler,* Zürich 1989, S. 28–49: 301

*Die Bedeutung der missionarischen Erfahrung für die Theologie,* in: Die deutsche evangelische Heidenmission. Jb. 1933 der verein. dt. Missionskonferenzen, Hamburg 1933, S. 3–11: 231

*Bekennende Kirche in Deutschland und der Schweiz (8.12.1940),* unveröff.: 465–470

*Die Botschaft Sören Kierkegaards,* in: Wort I, S. 209–226: 20, 29–31

*Christianity and Civilization. First Part: Foundations.* Gifford Lectures 1947, London 1948: 366

*Christianity in the World Today.* Four Lectures, Tokyo 1949: 370

*Die christliche Lehre von der Kirche, vom Glauben und von der Vollendung. Dogmatik, Band III,* Zürich 1960: 381

*Die christliche Lehre von Gott. Dogmatik, Band I,* Zürich 1946: 345

*Die christliche Lehre von Schöpfung und Erlösung. Dogmatik, Band II,* Zürich 1950: 367

*Die Christusbotschaft und der Staat,* in: Der Grundriß, Jg. 2 (1940), S. 33–56: 311

*Einleitender Bericht,* in: Die christliche Studentenkonferenz, Aarau 1912, Bern 1912, S. 3: 81

*Das Einmalige und der Existenzcharakter,* in: Blätter f. Deutsche Philosophie, Jg. 3 (1929), S. 265–282: 204

*Eiserne Ration* (Tornister Bibliothek, 1), Erlenbach 1939; und in: Wort II, S. 24– 42: 308

*Das Elend der Theologie. Ein Nachwort zum Zürcher Ferienkurs, zugleich ein Vorwort,* in: KBRS, Jg. 35 (1920), S. 197–199.201–203: 54, 67

*Erklärung zum Fall Gerstenmaier,* in: KBRS, Jg. 101 (1945), Nr. 19, S. 303: 346

*Erlebnis, Erkenntnis und Glaube,* Tübingen 1921, 1923²·³: 20, 53f., 58, 63, 65, 114

*Eros und Gewissen bei Gottfried Keller* (128. Neujahrsbl. Waisenhaus Zürich), Zürich 1965: 387–389

*Das Ewige als Zukunft und Gegenwart,* Zürich 1953: 381

*La foi et la morale,* Typoskr. im Emil Brunner-Nachlaß: 340

*Die Frage nach dem «Anknüpfungspunkt» als Problem der Theologie,* in: ZZ, Jg. 10 (1932), S. 505–532: 212, 218f., 383, 408f.

*Fraumünsterpredigten,* Zürich 1953, 1955²: 384

*Das Gebot und die Ordnungen. Entwurf einer protestantisch-theologischen Ethik,* Tübingen 1932: 213f., 222f., 246, 287, 378, 412

*Gegenwartsfragen und christlicher Glaube.* Vorlesungen an der Volkshochschule Zürich WS 1932/33, masch.schr.: 351

*Geist* (Zum Pfingstfest), in: Gemeindebl. f.d. Ref. Kirchengemeinden d. Kt. Glarus 3 (1916), Nr. 6, S. 31f.: 7, 12

*Geistige Strömungen im heutigen Japan,* in: NZZ, Jg. 170, Nr. 2514 (3.12.1949): 370

*Gerechtigkeit. Eine Lehre von den Grundsätzen der Gesellschaftsordnung,* Zürich 1943: 333–335, 365

*Gesetz und Offenbarung. Eine theologische Grundlegung,* in: ThBl, Jg. 4 (1925), Sp. 53–58; und in: Anfänge I, S. 290–298: 106, 109, 114, 116, 119, 121

*Gott und Mensch. Vier Untersuchungen über das personale Sein. Vorträge,* Tübingen 1930: 192–196

*Die Grenzen der Humanität,* in: Wort I, S. 76–97: 58

*Das Grundproblem der Philosophie bei Kant und Kierkegaard.* Vortrag, Dezember 1923, in: ZZ, Jg. 2 (1924), S. 31–46: 83, 114

*Grundsätzliches zum Kapitel «Die jungen Theologen»,* in: KBRS, Jg. 31 (1916), S. 57–59: 4

*Ich glaube an den lebendigen Gott. Predigten über das altkirchliche Glaubensbekenntnis,* Zürich 1940: 475

*Im Namen Gottes des Allmächtigen. 1291–1941,* in: K. Barth / E. Brunner / G. Thürer, *Im Namen Gottes des Allmächtigen. 1291–1941,* Zürich 1941, S. 31–42: 315

*Ist die sogen. kritische Theologie wirklich kritisch?,* in: KBRS, Jg. 36 (1923), S. 101f.105f.: 79

*Japanische Reiseeindrücke,* in: NZZ, Jg. 170, Nr. 2232 (31.10.1949): 370

*Der Kampf des Christen in der Gegenwart,* Zürich 1940: 311

*Kirche, Theologie und Gruppenbewegung,* Typoskr. im Emil Brunner-Nachlaß: 290

*Die Kirche als theologisches Problem der Gegenwart,* Typoskr. im Emil Brunner-Nachlaß: 417

*Die Kirche und die Todesurteile wegen Landesverrats,* in: NZZ, Jg. 163, Nr. 1743 (1.11.1942): 330

*Die Kirchen, die Gruppenbewegung und die Kirche Jesu Christi,* Berlin 1936: 239, 289, 297

*Konservativ oder Radikal?,* in: NW, Jg. 12 (1918), S. 55–70: 20

*Meine Begegnung mit der Oxforder Gruppenbewegung,* in: KBRS, Jg. 88 (1932), S. 338–343. 354–358; und in: Wort I, S. 268–288: 213

*Der Mensch im Widerspruch. Die christliche Lehre vom wahren und vom wirklichen Menschen,* Berlin 1937: 366

*Das Mißverständnis der Kirche,* Zürich 1951: 381

*Der Mittler. Zur Besinnung über den Christusglauben,* Tübingen 1927: 164, 167, 170, 247

*Die Mystik und das Wort. Der Gegensatz zwischen moderner Religionsauffassung und christlichem Glauben, dargestellt an der Theologie Schleiermachers,* Tübingen 1924: 73, 75–78, 82, 96–100, 110, 113, 287, 384, 2. Aufl. Tübingen 1928: 168, 170

*Natur und Gnade. Zum Gespräch mit Karl Barth,* Tübingen 1934, 2. Aufl. Tübingen 1935: 105, 250, 252, 256–258, 261, 264, 266, 268–271, 281, 287, 336, 363, 416, 420, 423, 426, 428, 431–440, 443f., 448–450, 452, 474f., 477f.

*Natural Theology. Comprising «Nature and Grace» by Emil Brunner and the reply «No!» by Karl Barth,* London 1946: 339, 341

*Der neue Barth. Bemerkungen zu Karl Barths Lehre vom Menschen,* in: ZThK, Jg. 48 (1951), S. 89–100: 377, 384

*Offenbarung und Vernunft. Die Lehre von der christlichen Glaubenserkenntnis,* Zürich 1941: 324–326

*Das ökumenische Problem und die Gruppenbewegung,* Typoskr. im Emil Brunner-Nachlaß: 290

*Ein offenes Wort an die Männer und Frauen von Obstalden und Filzbach. Zum Bettag 1917,* 1917 im Selbstverlag: 15f.

*Philosophie und Offenbarung. Die Offenbarung als Grund und Gegenstand der Theologie.* Antrittsrede an der Universität Zürich, 17. Januar 1925, Tübingen 1925: 112

*Die politische Verantwortung der Christen* (Kirchl. Zeitfragen 11), Zürich 1944: 350

*Psychologie und Weltanschauung.* Vortrag in der Philosophischen Gesellschaft Zürich, 13.8.1928, in: Neue Schweizer Rundschau, Jg. 22 (1929), S. 4–22: 172

*Reformation und Romantik.* Vortrag, München 1925; und in: Wort I, S. 123–144: 125

*Die reformierte Staatsauffassung,* Zürich / Leipzig 1938: 300

*Reiseeindrücke aus Japan,* in: NZZ, Jg. 170, Nr. 2394 (20.11.1949): 370

*Reiseeindrücke aus Korea,* in: NZZ, Jg. 170, Nr. 2586 (12.12.1949): 370

*Religionsphilosophie protestantischer Theologie* [so der Titel im «Handbuch der Philosophie», während die Einzelausgabe des Werkes den Titel «Religionsphilosophie evangelischer Theologie» trägt], in: Handbuch der Philosophie, Abt. II, Beitrag F, München / Berlin 1927: 135, 138, 141, 147, 164, 457

*Der Römerbrief* (Bibelhilfe für die Gemeinde, Neutestam. Reihe, Bd. 6), Leipzig / Hamburg 1938: 300

*«Der Römerbrief» von Karl Barth. Eine zeitgemäß-unmoderne Paraphrase,* in: KBRS, Jg. 34 (1919), S. 29–32: 36–40

*Schwarz auf weiß,* in: NZZ, Jg. 155, Nr. 1757 (1.10.1934): 265

*Der Staat als Problem der Kirche,* Bern / Leipzig 1933; und in: Wort I, S. 289–307: 225, 231, 350

*Über «Helden und Heldenverehrung»,* in: Korrespondenzblatt für studierende Abstinenten, Jg. 22 (1917/18), S. 36–39: 20

*Um die Erneuerung der Kirche. Ein Wort an alle, die sie lieb haben,* Bern 1934: 251, 256, 418, 433

*Unsere Stellung zur Oxford-Bewegung,* Typoskr. im Emil Brunner-Nachlaß: 290

*Vom Philister,* in: Korrespondenzblatt für studierende Abstinenten, Jg. 21 (1916/17), S. 45–48: 21

*Vom Werk des heiligen Geistes,* Tübingen 1935: 255, 279f., 288

*Wahrheit als Begegnung. Sechs Vorlesungen über das christliche Wahrheitsverständnis,* Berlin 1938: 300

*Die Wahrheit über Dr. Gerstenmaier,* unveröff.: 345

*Was heißt: Erbaut auf dem Grunde der Apostel und Propheten?,* in: Verhandlungen der schweiz. ref. Predigergesellschaft, Schleitheim 1925, S. 34–53: 112

*Was ist und was will die sogenannte Oxford-Gruppenbewegung?,* Typoskr. im Emil Brunner-Nachlaß: 290, 293, 295f.

*Was sollen wir tun? Eine Pfingstpredigt,* Bern 1936: 299

*Wie soll man das verstehen? Offener Brief an Karl Barth,* in: KBRS, Jg. 104 (1948), S. 180–184: 347–357, 364

*Das Zeugnis für die Ordnung der Gesellschaft und des nationalen Lebens,* in: F. Lüpsen, *Amsterdamer Dokumente. Berichte und Reden auf der Weltkirchenkonferenz in Amsterdam 1948,* Bethel 1952², S. 230–239: 376

*Der Zorn Gottes und die Versöhnung durch Christus,* in: ZZ, Jg. 5 (1927), S. 93–115: 149

*Zum Zeugnis für Dr. Gerstenmaier,* in: NZZ, Jg. 166, Nr. 1124 (22.7.1945): 343

*Zur christologischen Begründung des Staates,* in: KBRS, Jg. 99 (1943), S. 2–5.18–23.34–36: 329–331

*Zur Frage der kirchlichen Verantwortung,* in: KBRS, Jg. 98 (1942), S. 374–376: 330

*Zwischen Scylla und Charybdis. Betrifft Frage nach der Grundlage einer Lehre von den gerechten sozialen Ordnungen,* in: KBRS, Jg. 100 (1944), S. 354–356.372–376: 337


VORLESUNGEN UND SEMINARE

BARTH

WS 1923/24: Vorlesung: Theologie Schleiermachers: 78, 84–86, 94
SS 1924: Vorlesung: Dogmatik I: 123
WS 1925/26: Vorlesung: Johannesevangelium: 129
           Vorlesung: Eschatologie: 129, 135–138
SS 1926: Vorlesung: Geschichte der protestantischen Theologie seit Schleiermacher: 129, 150
WS 1926/27: Seminar: Schleiermachers Glaubenslehre: 154
WS 1928/29: Vorlesung: Ethik I: 173
WS 1932/33: Offener Abend: Brunners *Das Gebot und die Ordnungen*, 1932: 222
WS 1933/34: Vorlesung: Kirchliche Dogmatik I/2: 252f.
SS 1936: Antrittsvorlesung: Samuel Werenfels und die Theologie seiner Zeit: 299
SS 1939: Seminar: Der Staat als theologisches Problem: 305f.
WS 1948/49: Vorlesung: Kirchliche Dogmatik III/3 (De gubernatione): 372
WS 1949/50: Seminar (in Zürich): Calvin Institutio I,1–9: 371
WS 1957/58: Vorlesung: Kirchliche Dogmatik IV/3 (De vocatione): 384


BRUNNER

SS 1924: Vorlesung: Religionsphilosophie: 87
WS 1924/25: Vorlesung: Dogmatik (I und II): 101
WS 1924/25: Antrittsvorlesung: Offenbarung als Grund und Gegenstand der Theologie (17.1.1925): 112
SS 1925: Vorlesung: Dogmatik (III, als Grundlegung der Ethik): 101, 106f.
WS 1925/26: Vorlesung: Spezielle Ethik: 127
SS 1926: Seminar: Der reformierte Kirchenbegriff: 147
SS 1935: Seminar: Neuere Katholische Ethik: 278